Über dieses Buch J.R. von Salis, der sich mit seiner sechsbändigen ›Weltgeschichte der neuesten Zeit‹ einen Namen als Historiker gemacht hat, erweist sich in seinen ›Notizen‹ nicht nur als profunder Kenner historischer Vorgänge und politischer Ereignisse, die natürlich auch hier ihren Niederschlag gefunden haben. Es zeigt sich auch, daß ihm die Kunst als Zeugnis der Zeit ebenso wichtig war wie das politische Geschehen und daß er der Literatur bei der Erkenntnis historischer Vorgänge eine große Bedeutung einräumt, so zum Beispiel in seinen Aufzeichnungen über Proust und Flaubert.
Am 1. September 1981 notiert er: »Ich möchte mir Rechenschaft geben von dem, was mich betroffen macht.« Und so finden sich in seinen Aufzeichnungen neben den kleinen Begebenheiten des Alltags immer wieder längere Betrachtungen über Kernfragen der Politik, oder er berichtet über Begegnungen mit Menschen, die seinen Lebensweg gekreuzt haben, wie zum Beispiel Rainer Maria Rilke, Thomas Mann, Max Frisch oder Friedrich Dürrenmatt.

Der Autor Jean Rodolphe von Salis, 1901 in Bern geboren, studierte Geschichte in Berlin und Paris, wo er bis 1935 auch Korrespondent einer schweizerischen Tageszeitung war. Anschließend wirkte der Historiker und Publizist als Dozent an der Eidgenössischen Technischen Hochschule in Zürich. Über Jahrzehnte hinweg war er zudem als Berater für internationale Organisationen tätig.

J. R. von Salis

Notizen eines Müßiggängers

Fischer Taschenbuch Verlag

Ungekürzte Ausgabe
Veröffentlicht im Fischer Taschenbuch Verlag GmbH,
Frankfurt am Main, April 1989

Lizenzausgabe mit freundlicher Genehmigung des
Orell Füssli Verlags, Zürich und Wiesbaden

Umschlaggestaltung: Buchholz / Hinsch / Hensinger
Druck und Bindung: Clausen & Bosse, Leck
Printed in Germany
ISBN 3-596-25680-1

INHALT

1983

VORBEMERKUNG

Ich habe dieses Buch nicht geplant. Es entstand zufällig, ohne System, ohne vorbedachtes Thema. Das Schreiben kam aus dem Nichtstun. Ich las Benjamin Constants „Journal intime". Dies gab mir das Zeichen. Wenn ich in meinem Leben Tagebuchnotizen machte, was selten geschah, hatten sie den Zweck, eine bestimmte Begebenheit festzuhalten. Das kam ab und zu vor, auf Reisen, im Krieg, nach einem Gespräch, seltener, wenn ich mit mir selbst ins reine kommen wollte; wenn mitten im aktiven Leben etwas Äußeres oder Inneres meine Aufmerksamkeit erforderte.

Ich bin schon lange nicht mehr aktiv, genieße die Muße, versuche, darunter nicht zu leiden. Immer habe ich gern Briefe geschrieben. Vermutlich hatte ich eines Tages das Bedürfnis, Briefe an mich selbst zu richten. Weil man viel Zeit hatte, ertappte man sich bei Selbstgesprächen. Beim sogenannten inneren Monolog. Vielleicht wollte ich der Gedankenflucht Einhalt gebieten, indem ich das Gedachte aufschrieb. „Zum Papier sprechen", wie Michel de Montaigne diese Beschäftigung nennt. Das war ein Ausweg. Ich geriet dabei ins Improvisieren. Als junger Musikbeflissener improvisierte ich gern auf dem Klavier – eine schöne, aber liederliche Beschäftigung, die mein gewissenhafter Musiklehrer nicht billigte. Kunst sei Form, ohne die Befolgung der Formgesetze gebe es kein Kunstwerk.

Ich fürchte, diese (fast) täglichen Notizen, die dem Müßiggang ihre Entstehung verdanken, gehorchen nicht einem Formgesetz. Sie fielen mir zu, auf Grund des Tageslaufs, des häuslichen Lebens, auf Grund von Ereignissen, Begegnungen, Reisen, Lektüren. Es sind Zeugnisse der Wachsamkeit, des Beobachtens, des Fragens. Ich kam unwillkürlich an den Punkt, wo man, wie Sokrates, das Gefühl hat, daß man nichts weiß. Nichts Zuverlässiges, Gesichertes. Die Wissenschaft ist offen und bewegt – wie das Leben. Ich gehöre ihnen an, der Wissenschaft und dem Leben, mit einer Freiheit, die der Neugier förderlich ist. Ich empfand das Bedürfnis, meine Aufmerksamkeit den Begebenheiten und Handlungen des gewöhnlichen Lebens zuzuwenden. Man hatte Ideen, Meinungen, Theorien, und entdeckte, daß das Tägliche und Konkrete die besten Auskünfte bereithält. Auskünfte, die zu einem Bewußtsein führen, das sich selbst genügt. Das Sprechen zum Papier führt nicht von uns weg, sondern zu uns hin. Das Vorhandene und Besondere in unserem Leben, das einmalig ist in seiner Begrenztheit, schließt das Allgemeine nicht aus. Denn das Allgemeine ist in uns selbst. Das Leben und Denken ist ein unaufhörliches Wechselspiel von Besonderem und Allgemeinem.

Die Themen und Motive, über die ich schrieb, lagen auf meinem Weg, der sich lang hingezogen hat in der Zeit, wie er sich auch vor mir auftat, wenn ich über Land oder durch die Straßen der Stadt ging: als einem promeneur solitaire, dem etwas auffällt oder einfällt. Ob es wichtig war oder nebensächlich, kümmerte mich zunächst nicht. Ich hoffte bloß, es trüge dazu bei, zu Einsichten zu gelangen. Die Stoffe kamen aus Daseinstrümmern, aus Erinnerungsfetzen, aus Lebensepisoden, manchmal aus Anekdoten. Auch Anekdoten können Stoffe liefern, wenn sie einen betroffen machen. Letzten Endes schrieb ich selbst dann, wenn es mir auf den ersten Blick unbedeutend vorkam, aus Betroffenheit.

Ich verweilte manchmal bei einem Buch, einer Persönlichkeit, einem Haus, einer Landschaft, einem Kunstwerk, einem Ereignis. Ich hatte mich in meinem Leben mit Geschichte und Politik beschäftigt, das heißt mit der langen Dauer und mit der kurzen Frist. Politik, an den Tag gebunden, fließt schnell vorüber und plätschert immer von neuem daher. Der Anschein könnte aber täuschen. Ich habe in diesen Notizen auch über Politik geschrieben. Ihre Wirkung auf die Menschen hat mich zeitlebens gefesselt. Goethe hat, in der knappen und sachlichen Art eines Reporters, über das Gespräch berichtet, das er in Erfurt mit Napoleon führte. Der Kaiser verbreitete sich über das Drama „wie einer, der die tragische Bühne mit der größten Aufmerksamkeit gleich einem Kriminalrichter betrachtet . . . So kam er auf die Schicksalsstücke mit Mißbilligung. Sie hätten einer dunklen Zeit angehört. Was, sagte er, will man jetzt mit dem Schicksal? Die Politik ist das Schicksal."

Ich erlebte, noch unreif, aber aufmerksam, den Ersten Weltkrieg. Erwachsen, war ich Zeuge des Zweiten Weltkriegs. Alt geworden, beobachte ich eine Welt, die anders, aber nicht viel vernünftiger geworden ist. Die Politik ist zweifellos das Schicksal unserer Welt. Aus diesem Grund ist Geschichtliches in diese Notizen eingeflossen.

Was ist Zeit? Zeiten und Räume zu betrachten, sie zu befragen, ihrem

Bezugsnetz nachzuspüren, über ihre Wandlungen nachzudenken: Vielleicht war das – neben allem und dem Vielen, was in diesen Notizen zur Sprache kommt – das geheime Leitmotiv, das diese Tagebuchfragmente zusammenhält. Freunde, die mir wohlgesinnt sind, überzeugten mich, obgleich ich lange zögerte, daß ich sie der Öffentlichkeit übergeben solle – dem Fegefeuer einer kritischen Aufnahme durch das Lesepublikum.

J. R. S.

Man muß lernen zu ertragen,
was man nicht vermeiden kann.

Montaigne
Essais

Man tut nicht wohl, sich allzulange im Abstrakten aufzuhalten. Das Esoterische schadet nur, indem es exoterisch zu werden trachtet. Leben wird am besten durchs Lebendige belehrt.

Goethe
Maximen und Reflexionen

1981

24. Juli

Ich lese Benjamin Constant. In seinem Tagebuch (21. Juli 1804), nach einem Krankenbesuch beim Bruder des verstorbenen Genfer Financiers Necker: „Wie rauh doch die Natur gegen die Greise ist, die sich tausendmal wenden, um sie zu entwaffnen! Rätselhafte Welt, ich fürchte, sie habe nur zwei Wörter: für die Spezies Fortpflanzung; für die Individuen Schmerz, Schmerz, vermischt, das ist wahr, mit einigen Vergnügungen, die mehr wären ohne die künstlichen Leiden der Gesellschaft. Aber da das Alter und der Tod immer am Ende des Lebens sind, welche Aussicht, und wie sie einen dunklen Schatten auf die ganze Vergangenheit wirft!"
Gestern Besuch von Hieronymus Colloredo-Mannsfeld. Ein erfreulicher und gesprächiger alter Herr (aber jünger als ich), der ruhelos, Jahr für Jahr, von seinem kanadischen Wohnsitz auf Reisen geht. Er war wieder in Marokko, Spanien, Frankreich, wo er seine Mutter an ihrem 91. Geburtstag in ihrer Burg besuchte. Er erzählt von ihrer (seiner) Familie; die alte Dame hat eine Tochter, die ihrerseits fünf Kinder hat, davon Zwillinge von 29 Jahren, die zu den populärsten Sprechern der Télévision française gehören, wo sie jeden Samstagnachmittag über Science-fiction reden und die über dieses Thema Bücher veröffentlicht haben. Von ihrem Vater haben sie einen russischen Namen geerbt. Colloredos älterer Bruder hat ein großes Gut in der Steiermark und einen Neffen, den er adoptiert hat und der als Forstingenieur die Waldungen verwaltet. Dieser Neffe hat eine böhmische Jüdin geheiratet, worüber der Fürst und seine Familie nicht glücklich sind. Aber sie hat einen Stammhalter geboren; sie sei im Sacré Coeur erzogen worden, gebildet und gewandt. Elsie sagt, solche Blutmischungen seien manchmal ganz gut, wozu der Graf lächelt. Sein jüngerer Bruder ist Historiker, hatte in Amerika an einem College unterrichtet und lebt jetzt, von seiner Frau geschieden, in der Nähe von St. Pölten. Alle haben alles in der Tschechoslowakei verloren, wo die Ahnen vom Kaiser mit Titeln und Würden ausgestattet worden waren; dazu kam das Mannsfeldsche Erbe. Aber alles ist nicht hin. Jérôme Colloredo, sagte man mir, besitze Waldungen in Osttirol, er lebt von einigen

Einkünften, reist sparsam, fährt in seinem Auto durch ganz Europa. Überall sucht er Freunde, Bekannte, Verwandte auf, nimmt an der Jagd in der Steiermark teil, kam immer am 28. Juli zu Manuel Gassers Geburtstag nach Brunegg, zum letztenmal vor zwei Jahren zu Manuels siebzigstem, ein paar Wochen vor seinem Tod. Er überträgt seine Treue auf uns. Zum Abendessen wollte er nicht bleiben, er hatte eine Verabredung in Zürich, wo er bereits Ivan traf, der ihm mein Büchlein über die Brunegger Gästebücher auslieh. Ich gab ihm ein Exemplar mit Widmung. Es gibt nichts, was Colloredo nicht interessiert, unser provinzieller Erdenwinkel im Aargau mit seiner Familiengeschichte interessiert ihn kaum weniger als jede andere Art Literatur. Er liest, liest, nichts läßt er aus, eine beneidenswerte Beweglichkeit des Körpers und des Geistes in dem kleinen, weißhaarigen Junggesellen. Elsie und ich mögen ihn und seine Gesprächigkeit gern.
Mit Elsie heute bei Tisch: Unser Sohn ist mit seinen eigenen Sachen beschäftigt, ärztliche Praxis, Musik, Kongresse, Reisen, neues Haus in Zollikon, Erbschaften, zwei Kinder. Er und seine Frau haben sich hier ihr großes (das „rote") Zimmer schön hergerichtet und gute Stücke hineingetan; aber wir alten Eltern halten die Stellung, verwalten Haus und Gut, tragen die Bürde. Es ist eine liebe Last, sagte ich zu Elsie, sie solle sich nicht sorgen, ich habe heute für 10.000 Fr. Obligationen zu 7¾ Prozent der Compagnie française des Pétroles gezeichnet. Auffallend, daß mir der Wertschriftenverwalter der Bankgesellschaft am Telephon sagte, obgleich Frankreich eine sozialistische Regierung habe, halte er dieses Papier für sicher. Bei der fortschreitenden Geldentwertung (dieses Jahr mindestens 6 Prozent) machte ich auf meinem offenen Konto laufend Verluste. Dabei läuft die Anleihe bis 1991; da ich bis dann 90 Jahre alt wäre, kann sie Elsie erben. Ihr sei alles egal, sagt sie, aber mit den 775 Fr. Zins pro Jahr könne ich mir einen Anzug kaufen (oder ihr ein Abendkleid, sage ich). Du hast einen schrecklichen Mann. Ja. Aber wir haben immer zusammengehalten. Ich wüßte nicht, wen ich heute noch liebte, wenn nicht E., die meine einzige Stütze in diesem späten Leben ist. Denn mit ihren „künstlichen Leiden" hat die Gesellschaft auch mir zugesetzt. Was für eine seltsame Gesellschaft, heutzutage!

25. Juli

Constant in seinem Tagebuch (29. September 1804) wundert sich über die extreme Freundlichkeit, mit der ihn bei Tisch zwei Bekannte behandeln: „Warum bereitet mir die Böswilligkeit so viel Kummer und die Gutwilligkeit so wenig Freude?“ So ist es. Neulich, beim Abendessen mit einem Freund, beklagte ich mich über die Bosheit meiner Feinde, daß sie über mich Klatsch und Lügen verbreiten, mir schaden wollen usw. Mein Freund lächelte dazu, schaute mich aus seinen freundlichen Augen an, meinte, das sei alles nicht so schlimm, es gebe genug Menschen, die mir gut gesinnt seien usw. Das trifft natürlich zu, ich erfahre fortlaufend Freundlichkeiten, aber manchmal ist eben der Kummer über das eine größer als die Freude über das andere.
Morgenspaziergang mit Gioia. Das Land vom Nebel verhüllt, kühl, feiner Regen, der Weg auf den Berg stellenweise sumpfig. Das ficht den Hund nicht an, ich muß ihm Tannzapfen und Stecken werfen, wenn ich es unterlasse, bellt er mich an.
Gestern besuchte mich Dr. Willi Gautschi mit seiner Frau. Er brachte mir sein Buch über Lenin als Emigrant in der Schweiz und sagte, man habe ihn deshalb für einen Kommunistenfreund gehalten, das sei er nicht. Ich: Als ich zum ersten Mal eine Vorlesung über die Russische Revolution hielt, sagte mir ein Zeitgenosse: Sie sind wohl ein Sympathisant. Die Menschen können nicht unterscheiden zwischen dem Gegenstand, den ein Historiker behandelt, und seiner Gesinnung, die sie mit diesem Gegenstand identifizieren. Wir sprechen über Lenins Beziehungen zu Bern, wo Karl Moor sein Freund und Gönner war. Moor war der Sohn eines adligen deutschen Offiziers und wohlhabend, führender Kopf der Berner Sozialdemokraten. Ich war zu jung, um Lenin zur Kenntnis nehmen zu können, als er noch in der Schweiz weilte. Aber ich verkehrte später in Moors gepflegtem Haus, wo Lenin abstieg, wenn er nach Bern kam, und wo mein Schulschatz wohnte, eine kindliche Märchenbuchschönheit mit blonder Pagenfrisur und blauen Augen. Moor war damals bereits in Rußland, er kehrte nie zurück. Der ältere Bruder meines Klassenkameraden Alfred Feldmann, der spätere Bundesrat Markus F., erzählte mir einmal, er sei von unserer Schule aus manchmal ins nahe Volkshaus gegangen und habe dort Lenin reden gehört. Ich war 15 Jahre alt, als Lenin im April 1917 Zürich verließ und mit seinen Genossen nach Rußland fuhr. Als sein Bild zum erstenmal in der Zeitung erschien,

sagte mein Berner Cousin Philipp Thormann, diesen kleinen Mann mit dem rötlichen Bärtchen habe er in der Museumsgesellschaft, wo er Zeitungen las, manchmal gesehen.

26. Juli

Beim Morgenspaziergang mit Gioia sah ich, daß Rudi das Vieh in den leeren Wagenschopf getrieben hat. Es war auf der Weide tage- und nächtelang dem unaufhörlichen Regen ausgesetzt gewesen. Trotz dem traurigen Wetter haben zwei Dorfbuben den Holzstoß für das Feuer zum 1. August bereits aufgerichtet. Ich ging im Wald, die Feldwege sind in Pfützen verwandelt.

Nach dem Sieg Reagans im vergangenen November über den unglücklichen Jimmy Carter ist im vorigen Mai Giscard d'Estaing von François Mitterrand überrundet und hernach eine sozialistische Mehrheit in die Nationalversammlung gewählt worden. Ich verfolgte seit langem Mitterrands Karriere; in der Vierten Republik hat er als Minister Erfahrungen gesammelt, von 1958 an stand er in Opposition zu de Gaulle und seinen Nachfolgern. Aber als ein mit allen Wassern gewaschener Politiker und Taktiker hat er sich die bisher von ihm bekämpften Institutionen der Fünften Republik zunutze gemacht. Er ist in sie hineingeschlüpft. Und warum sollte er als Präsident der Republik nicht die gleichen weitreichenden Befugnisse haben wie seine Vorgänger? Warum sollte das Verhältniswahlrecht für die Parlamentswahlen eingeführt werden, wenn doch – wie während 23 Jahren die Rechte – dank der Majorzwahl diesmal die Linke die absolute Mehrheit im Parlament gewinnen konnte? Und warum sollten der neue Präsident und seine Minister aufgrund ihrer verfassungsrechtlichen Stellung nicht die politische Richtung bestimmen und dabei vorsichtig vorgehen dürfen? Sie wollen nicht, daß, wie einst die Volksfront unter Léon Blum, die Linke scheitert.

Vor sieben Jahren kam ich unmittelbar nach Giscards knappem Wahlsieg über Mitterrand nach Paris, da ich zu dem Empfang geladen war, der damals zu Jean d'Ormessons Wahl in die Académie française im Park des Schlosses Ormesson stattfand. Der junge Valéry Giscard d'Estaing schien einen neuen Anfang als Reformpolitiker machen zu wollen, mit dem noch jüngeren Jacques Chirac – dem er seine Wahl weitgehend verdankte – als Premierminister. Kein Zweifel, daß inzwischen der Streit zwischen

Giscard und Chirac und der unzeitgemäße, hochmütige Autoritarismus des Präsidenten Giscard dessen Wiederwahl verhindert haben. Außerdem ist es in einer normal funktionierenden Demokratie von Gutem, wenn die Rechte und die Linke an der Macht alternieren können.
Jean d'Ormesson, den ich vorigen Winter in Paris wiedersah, hat sich während dieser Ereignisse als Kolumnist des „Figaro" und publizistischer Wortführer der neuen Rechtsopposition hervorgetan. Ich versuchte, seinen Eifer ein wenig zu dämpfen. In seiner Antwort auf meinen Brief erklärt er sich uneingeschränkt einverstanden mit meiner Analyse der Ursachen, die zu Giscards spektakulärer Niederlage geführt haben. Pessimistischer beurteile er aber die Folgen des sozialistischen Sieges, denn er fürchte, schreibt er, daß auf die hochgestimmten Hoffnungen, zu denen dieser Sieg in Frankreich Anlaß gegeben habe, Enttäuschungen folgen werden.
Das ist zweifellos die Gefahr, die nach einer Schonfrist von einem oder zwei Jahren auf Mitterrand und seine Mannschaft lauert.
Nebenbei: Ein Artikel über die Ursachen von Giscards Niederlage wurde mir vom Auslandsredakteur der NZZ „aus Platzmangel" zurückgeschickt. Ich weiß wohl, die Katze kann das Mausen nicht lassen. Den ersten Kommentar zu französischen Wahlen schrieb ich 1928 für den „Bund", als Poincaré siegte. Seither . . . Aber Constant, ein echter Liberaler (die, welche sich heute in der Schweiz und in Frankreich liberal nennen, stehen zu weit rechts), könnte die neuen Herren der Fünften Republik in ihrem Vorhaben bestärken: „Ich glaube auch an die Perfektibilität, aber es ist nicht so individuell. Die Jahrhunderte führen sie herbei, aber jeder einzelne Mensch hat an ihr nur einen unbemerkbaren Anteil. Im übrigen ist die Illusion ein Vorteil – sie dient sogar dem öffentlichen Wohl, denn man arbeitet mit mehr Eifer, man macht weniger als man hofft, aber man macht mehr als diejenigen, die nichts hoffen" (2. Januar 1805).

27. Juli

Diese Notizen sind bloß eine unbeschwerliche Übung in meiner verlorengegangenen Arbeitsdisziplin. Ich habe in letzter Zeit wenig geleistet. Arbeit, die Dokumentation und Recherchen verlangt, langweilt mich. Viel gelesen: Seit seinem Erscheinen zum erstenmal wieder Thomas Manns „Doktor Faustus", von neuem die Romane von Max Frisch, das römische Buch von Paul Nizon, ein nachgelassenes Memoirenfragment meines Freundes Guy de Pourtalès, dessen Namen und Werk zur hundertsten Wiederkehr seines Geburtstages wieder gedacht wird, Shakespeares Komödien, jetzt den Constant-Band in der vortrefflichen Pléïade-Ausgabe. Nun will ich versuchen, im Schutz meines Bibliothekzimmers täglich während einer oder zwei Stunden niederzuschreiben, was mir durch den Kopf geht. Versucht der Mensch nicht, wenn er nicht denkfaul ist, über sich Klarheit zu gewinnen? Besonders, wenn alles schon fast vorbei ist.

Nochmals B. C. in seinem Tagebuch (15. November 1804): „Nichts zeigt das Gewicht des Lebens so deutlich an wie der Anblick von Menschen in vorgerücktem Alter, die es fröhlich zu verbringen vorgeben. Es ist etwas so Trauriges mit dieser Fröhlichkeit, etwas so Leidendes in dieser Resignation! Und wenn man bedenkt, daß das Ende dieser Bedrückung der Tod ist!" Als er alt war, sagte de Gaulle, es gebe eigentlich keinen Tag, an dem er sich vollständig wohl fühle. So ist es, und doch kann ich mich nicht beklagen; niederer Blutdruck macht müde, aber er ist nicht gefährlich, und krank war ich selten. Krankheit war für mich immer nur ein Anlaß, rasch wieder gesund werden zu wollen. Der Wille zum Gesundsein ist nicht Fröhlichkeit, aber das Gegenteil von Resignation. So überdauert man. Ich erinnere mich, wie mir einmal mein Vater sagte, er sei froh, daß ich nicht hypochondrisch sei wie mein älterer Bruder – dem diese angstvolle Selbstbeobachtung wie ein dunkler Schatten durchs Leben folgte.

Es ist wahr, daß Fröhlichkeit im Alter nicht mehr möglich ist oder sich künstlich und peinlich ausnähme. Ich habe auch gar kein Bedürfnis danach, es sei denn manchmal nach einer begehrenswerten inneren Heiterkeit. Unlängst veranstalteten unsere Jungen hier ein großes Fest, es war hübsch anzuschauen mit den vielen Gästen an langen Tischen unter freiem Himmel bei Speise und Trank. Im Garten spielte ein Orchester zum Tanz auf, vom Hof bis zum First blinkten viele Lichter durch die Nacht, und gab es schattige Stellen, es sah alles ein wenig verzaubert aus und erinnerte mich an das Fest im „Grand Meaulnes". Elsie und ich waren hier zum ersten Mal als Gäste und Zuschauer dabei, wir verließen noch vor Mitternacht das Haus und fuhren nach Zürich, wo wir übernachteten. Wir überließen es den Jungen, bis zum Morgengrauen zu tanzen, zu trinken und fröhlich zu sein. Den Hund hatten wir mitgenommen, und am folgenden Tag, einem Sonntag, fuhren wir über Land; es war ein heller und warmer Frühsommer über den Fluren und Bauernhöfen der Innerschweiz, zum Mittagmahl kehrten wir in einem Dorfgasthof ein. Gegen Abend waren wir wieder daheim. Diese Demonstration jugendlichen Frohmuts hatte uns daran erinnert, daß wir so etwas wie Ahnen geworden sind, die aber noch aufrecht stehen und gehen!

28. Juli

Ein komisches Gespräch über „Ahnen“: Als ich an jenem Abend mit zwei Ehepaaren ins Haus hinaufging, fragte mich eine junge Pariserin, wen das hübsche Knabenbildnis darstelle. Ich sagte, meinen Urgroßvater. Sie wunderte sich, daß man diese Dinge so genau wisse, das sei der ganze Unterschied, bei ihnen erinnere man sich nicht, wer der Urgroßvater war und wie er aussah. Ich fragte sie, ob sie nicht einen Großvater oder eine Großmutter gekannt habe? Doch ja. Nun, der Urgroßvater sei einfach der Vater von Großpapa! Das fiel mir ein anderes Mal auf, als ich bei Tisch irgend etwas von meinem Vater erzählte und der kleine Enkel dazu bemerkte, das sei sein Urgroßvater. Für ihn ist mein Vater, der für mich auch seit seinem Tod eine eindrückliche Gegenwart geblieben ist, ebenso unbekannt und gleichgültig, wie für mich mein Urgroßvater, von dem ich nur das Portrait bewahre.
Früh um sechs erhellte eine schwache rötliche Sonne mein Fenster. Bad, dann mit Gioia ins Freie, kein Wölkchen am Azur des Himmels, der Boden noch aufgeweicht von zehn Regentagen, das Land unter uns im Nebel. Dann den Kaffee gekocht und ein Ei, das bei den puritanischen Gepflogenheiten meines Elternhauses als unnötiger Luxus betrachtet worden wäre. Jetzt, zum erstenmal seit vielen Tagen, sitze ich morgens beim offenen Fenster am langen Tisch im Saal.
Im Fernsehen spielte Helmut Lohner den Fedia in Tolstois „Lebendem Leichnam“. Meisterhaft, auch alle andern Darsteller und Schenks Inszenierung. Wunderbar, daß man gutes Theater jetzt im Wohnzimmer haben kann. Lohner gab sein Bestes, er war bei uns am Schauspielhaus bewundert; die neue Direktion, ich weiß nicht warum, engagierte ihn nicht mehr. Vielleicht wollte er nicht. Ich mochte diesen Menschen gern; privat ist er ein leeres Gefäß, das auf Füllung wartet, auf der Bühne ist es randvoll von der Figur, die er darstellt.
Ob die heute Jungen noch Tolstoi lesen? Er wußte und konnte alles,

sogar Stücke schreiben, und er kannte wie kein anderer das menschliche Herz. Aber ist Herz noch gefragt? Kann es bei der sexuellen Freiheit, bei den permissiven Sitten, in einer formlosen Gesellschaft noch eine Anna Karenina geben? Neulich mit Nizon über „Krieg und Frieden" gesprochen. Für mich sei es ein Kriterium des bleibenden Wertes eines Dichters, daß er lebendige Figuren gestaltet hat, an die wir uns wie an gute Bekannte erinnern. Ich nannte als Beispiel Pierre Besuchow. Nizon zieht ihm den Fürsten Andrej vor. Ja, auch Fürst Andrej. Auch manche Figuren von Thomas Mann leben und überleben, man mag ihn heute noch so sehr als „Bürger" und als „19. Jahrhundert" abtun. Kann man große Schöpfer „abtun"? Den „Lebenden Leichnam" sah ich zum erstenmal, als Alexander Moissi den Fedia spielte, im Deutschen Theater in Berlin, in einer Inszenierung von Max Reinhardt (Saison 1922/23). Auch das ist unvergeßlich, aber Lohner war nicht schlechter als Moissi. Vielleicht sogar wahrer.

Übrigens halte ich auch Paul Nizon für einen begabten Gestalter, die Hauptfigur in seinem Roman „Stolz", auch die Schilderung der Atmosphäre in dem winterlich einsamen Bauernhaus, wo es so eigenartig riecht, sind mir eindrücklich geblieben. An jenem festlichen Abend hier war Nizon mit seiner jungen Frau (der Pariserin, die sich über den Urgroßvater wunderte) bei unserem Nachbarn Dieter Bachmann zu Gast. An manchen Romanen und Erzählungen heutiger Schriftsteller ist leider nicht viel dran. „Das kann man machen", sagte einmal Dürrenmatt bissig von solchen Büchern. Das Reportagehafte wiegt vor, man kann sich an das Gelesene nicht erinnern, wenn es nicht gestaltet ist. Doch wie könnten verunsicherte Schriftsteller in einer gesellschaftlichen Umwelt, die in Auflösung begriffen ist, eine Madame Bovary, eine Effi Briest, einen Stechlin erfinden? Vieles war im 19. Jahrhundert bedenklich und ungut, die harte kulturelle Schale, die es zusammenhielt und bereits Risse aufwies, mußte einmal springen; jetzt, da sie zertrümmert ist, können wir auch die Verluste erkennen. „Le stupide XIXe siècle", wie Barrès sagte, oder ein „großes" Jahrhundert? Gibt es große Jahrhunderte? Vollkommen war keines, aber einige haben Vollkommenes hervorgebracht.

29. Juli

Soeben am Fernsehen die Hochzeit des Prinzen Charles mit Lady Diana Spencer gesehen. Warum? Wenn man neugierig ist, bleibt man es lebenslang. Und warum sollte ich leugnen, daß ein fabelhaftes Spektakel in der Stadt London mit einem Gepränge von unbeschreiblicher Schönheit und Farbigkeit inmitten von Hunderttausenden begeisterter Menschen nichts Alltägliches ist? Dazu kommen auf der ganzen Welt viele Millionen Zuschauer des Satellitenfernsehens, die dieser Sendung auch folgen. Das elektronische Medium führt der heutigen Menschheit spektakuläre Vorgänge bis in jede Einzelheit vor Augen, was eine jener „Errungenschaften" der Technik ist, die es noch nicht lange gibt (im Zweiten Weltkrieg gab es erst das Radio – zum Glück, möchte ich sagen). Außerdem ein Wiedersehen mit London, diesmal an einem Festtag mit sommerlichem Festwetter. Ich weiß nicht, ob ich London liebte, aber ich habe es immer bewundert, seine Größe, seinen Stolz, seine Vitalität – als Fritz Wotruba aus London kam, sagte er, es würde einen dort nicht wundern, wenn auf einmal ein Löwe über die Straße käme. Heute fuhren die offenen Landauer des Hofes, Viererzüge und Zweispänner, mit den königlichen Herrschaften durch die bekannten Straßen, begleitet und gefolgt von berittenen Garden in roten Röcken. Dann die Zeremonie in der St.-Pauls-Kathedrale mit den Physiognomien unzähliger, oft einzeln von der Kamera hervorgehobener Menschen, exotischen Repräsentanten des Commonwealth, Familienangehörigen des Brautpaares, Uniformen, Geistlichen, Chören und Posaunen; wie ein breites rotes Band lag der Teppich vom Eingang bis zum Chor, über den die Brautleute schritten. Würde mit Heiterkeit, religiöser Brauch mit weltlicher Statisterie, viel Musik, vom Brautpaar ausgesucht. Und nicht weniger sensationell war die unübersehbare Menschenmenge, meist Junge in ihren lockeren Sommerkleidern und offenen Hemden, die zu guter Letzt – es seien 500.000 gewesen – vor dem Buckinghampalast, außer sich vor Begeisterung, das Brautpaar und seine Familie auf den Balkon rief: Sie traten mehrmals heraus, wie Schauspieler vor die Rampe, denen nach einer gelungenen Aufführung viele „Vorhänge" gegönnt werden.

Und all das in einem Land, von dem so viel in der Presse gesagt und am Bildschirm gezeigt wird, das nicht gut ist, Arbeitslosigkeit und Straßenkrawalle, eine darniederliegende Wirtschaft und eine hilflose Politik. Den Lesern schweizerischer Zeitungen werden die enormen Kosten vorgerechnet, die dieses Hochzeitsfest verschlingt; aber ich bin sicher, daß das aufgewendete Geld die Briten auf den Straßen und am Bildschirm am wenigsten kümmerte. Sie wollen kein sparsames Königtum, kein geiziges Vaterland. England war immer für Kontinentaleuropäer schwer verständlich. Ihr Nationalstolz läßt Engländer schamhaft schweigen über Schwierigkeiten und Nöte; ihre Freude an Tradition, Prunk und Zeremoniell ist größer. Wobei das Königtum mit Politik im engeren Sinn wenig, mit dem selbstbewußten Gemeinschaftssinn dieses Volkes viel zu tun hat. Ich hatte, als die jetzige Königin gekrönt wurde, versucht, in einer Zeitung die Bedeutung der Monarchie für die Engländer zu erklären. Im Café Odéon kam der Wiener Feuilletonist und Kritiker Alfred Polgar auf mich zu, sagte: „Ich habe zufällig Ihren Artikel gelesen, Sie haben das gut gezeigt – diese Valeur einer Nonvaleur."

Das heutige Brautpaar, gewiß gutartige, wohlgesinnte junge Leute, ein intelligent aussehender Offizier und ein liebreizendes Mädchen aus gutem Hause, sind natürlich „auch nur Menschen" und für die britische Politik zunächst eine Nonvaleur. Aber eine Valeur fürs Volk, mit der der Staat und die Parteien eben doch rechnen müssen. Ich denke, daß Symbole wichtig sind, daß zeremonielle Formen einen schwer definierbaren inneren Wert haben, daß repräsentative Personen Stützpfeiler der Gesellschaft sein können, solange sie intakt und fraglos anerkannt sind. Sie müssen allerdings an der Spitze der gesellschaftlichen Pyramide Vorbildlichkeit repräsentieren. Das hat etwas mit dem kollektiven Unbewußten zu tun, es hat Integrationskraft, Identifikationswert. Daher die geheimnisvolle Valeur solcher Institutionen und ihrer individuellen Verkörperung. Immer und überall bringen Gemeinschaften, Religionen, Völker, Staaten solche Formsymbole hervor, sie werden gepflegt, jedesmal, wenn Solidarität ein Bedürfnis, moralische Autorität eine Notwendigkeit, Gemeinschaftssinn lebendig sind.

Bei den Engländern kommt hinzu, daß ihr Sinn für Würde und ihre Vorliebe für überlieferte Formen diese Äußerlichkeiten zwar verlangen, daß sie gepflegt, aber von ihnen auch nicht ganz ernst genommen werden; dahinter steht der Humor, der den einzelnen davor bewahrt, sich wichtig zu nehmen, und ihn dank einem natürlichen Reflex befähigt, sich über sich selbst und über das, was er tut, lustig zu machen. Es gibt in diesem außergewöhnlichen Königreich mit seinem unausrottbaren Insularinstinkt gewiß nicht weniger Unrecht, Leiden und Kriminalität als anderswo, aber vielleicht ein wenig mehr Gesetzestreue, ich meine die

Selbstverständlichkeit, mit der das Gesetz angewendet wird. Und auch das in traditionellen Formen, bei denen bis heute die Perücke im Gerichtssaal nicht fehlt. Mit der gleichen Selbstverständlichkeit respektieren die Engländer ihre Staatsform. Beinahe hätte ich gesagt, die Engländer seien andere Menschen – ich meine damit, daß ihre Mentalität und ihre Verhaltensweise von derjenigen der kontinentaleuropäischen Völker sehr verschieden ist.

31. Juli

Gestern in Zürich, in unserer Wohnung, Geschäftliches. Heute schwül, ich mußte ein Schema für die Ansprache entwerfen, die der Brunegger Gemeinderat alljährlich zum Bundesfeiertag von mir verlangt. Zum erstenmal war es in dem Katastrophensommer 1940.
Freunde wurden im Juli achtzigjährig: der ehemalige Klassenkamerad Beat von Fischer in Bern, der als Diplomat Karriere machte, der Jagdkamerad Paul May, erfolgreicher Lebensmittelindustrieller, dem das Problem der Ernährung in der Dritten Welt zum Anliegen wurde, Gustav Knuth, großer Mime und guter Mensch, der an unserem Schauspielhaus Zuckmayers General, Frischs Biedermann, Dürrenmatts Physiker, den Falstaff usw. spielte – und zuletzt an einer Fernsehserie seine Kräfte verbrauchte.

2. August

Zu einem frühen Abendessen kam gestern Peter Bichsel mit seiner Frau. Dann, wie jedes Jahr, hatten sich viele Menschen am oberen Rand der Weide niedergelassen; ein wenig tiefer, gegen das offene Land, stand wie eine kleine Pyramide der Holzstoß. Wegen der Sommerzeit ist es um halb neun Uhr noch taghell. Der Männerchor – nach einem Begrüßungswort des Gemeindeammanns Schmid – singt ein Lied, dann meine Ansprache, stehend im hohen Gras. Die Knaben zünden mit Fackeln den Holzstoß an. Als die Männer die Landeshymne anstimmten, standen alle auf, sangen mit. Einige gehen wieder den Berg hinunter, manche bleiben beim lodernden Feuer, dazu farbige Lampions und ein wenig Feuerwerk. Raketen im schon nächtlichen Himmel, auf den Hügeln gegenüber und im

Freiamt Freudenfeuer. Das ist alles. Bichsel sagt nachher, wie sich der Männerchor aufstellte, wie alles vor sich ging, das hätte von einem Regisseur eingeübt sein können, aber es war spontan und zwanglos. Wieviel weniger natürlich würde alles vor sich gehen, wenn eine Kamera davorstünde! In der Stadt wäre es mir bei der „offiziellen“ Bundesfeier nicht recht wohl, weil sie künstlich ist, hier auf dem Land, mit den Leuten aus dem Dorf und aus der Umgebung, wirkt alles echt. Ich hatte u. a. gesagt, daß in der Schweiz die Demokratie am besten in der Gemeinde funktioniert, man kennt sich und weiß Bescheid, man faßt Beschlüsse und reklamiert manchmal auch, der Gemeinderat tut seine Arbeit nebenamtlich, man weiß ihm nicht immer Dank, aber er würde ihn verdienen. Wo Politik in weiterer Entfernung gemacht wird, in der Kantonshauptstadt, im Bundeshaus in Bern, ist sie dem Bürger weniger vertraut, und doch gehören wir dem gleichen Volk an; wir müssen unsern Beitrag leisten zu den Aufgaben des Staates und zusammenstehen, wenn eine Notlage entsteht usw. usw.
Dann mit Bichsels im Garten; als es kühl wird, wieder im Eß- und Wohnzimmer. Ich erinnere mich, wie Bichsel in jungen Jahren mit seinen Kurzgeschichten sich plötzlich einen Namen machte, von der „Gruppe 47“ ausgezeichnet wurde, jetzt ist er 46 Jahre alt. Der Arbeitersohn und Sozialdemokrat behielt Kontakt mit den Arbeitern; mir scheint, bei ihm sei alles richtiger, auch verständiger, als bei manchen „linken“ Literaten, die Bürgersöhne sind und mit salopper Kleidung den Anschluß an das „Proletariat“ markieren möchten. Er erzählt von seinem Freund Willi Ritschard, dem „Arbeiter als Bundesrat“, der als Heizungsmonteur und Gewerkschaftssekretär seine Laufbahn begann, dann in einem für die Partei hoffnungslos scheinenden Wahlkampf die Wahl gewann und von da an, als guter Redner und intelligenter Politiker, in hohe und höchste Ämter gelangte. In Bern bekam er die Macht der Verwaltung zu spüren, er muß sich gegen hohe Beamte, die ihre Sache kennen, durchsetzen, was im komplizierten Finanzministerium und in den parlamentarischen Auseinandersetzungen mühevoll ist und ihn in Versuchung führen könnte, zu resignieren. Ritschard sei nicht musisch, literarisch nicht gebildet, aber nicht ohne Charisma.
Wieder über Tolstoi. B. sagt, als man Hemingway fragte, was er sich am liebsten wünschen würde, habe er geantwortet, noch einmal „Krieg und Frieden“ lesen, so wie er ihn las, als er das Buch zum erstenmal gelesen habe. Von Goethe, sage ich, habe Benjamin Constant in Weimar in sein

Tagebuch geschrieben, er sei nicht ein „bon homme“ – nicht ein guter Mensch. Constant schreibe über die Koryphäen in Weimar, Wieland, Goethe, Schiller, mit denen er gesellschaftlich auf gleichem Fuß verkehrte, ohne Augenaufschlag, klug, anschaulich, nicht unkritisch. Wie es komme, fragt B., daß Goethe Minister war und so moderne Sachen schrieb wie den „Mann von fünfzig Jahren“ und die „Wahlverwandtschaften“, aber nicht „gut“ gewesen sein soll. Ich sage, weil Goethe amoralisch war, da ihm das Bewußtsein von Schuld und Sühne abging, aber pflichtbewußt und gewissenhaft seine Arbeit verrichtete. Man könne amoralisch sein und dabei gewissenhaft, weil alles, was man tut, gut getan sein will. Bichsel bleibt an der scheinbaren Antinomie: amoralisch aber gewissenhaft hängen, ich rate ihm, dies nicht den aufrührerischen Jungen zu sagen. Im Gegenteil, gerade das möchte er ihnen sagen, daß sie trotz ihrem amoralischen Verhalten gewissenhaft und pflichtbewußt sein sollten. – Es wird spät, beim letzten Glas Whisky muß ich zum Aufbruch mahnen, weil ich müde werde, nachdem ich seit 5 Uhr früh munter bin.

4. August

Den Kopf ausgeruht. Schlafbedürfnis. Gestern zum Tee Besuch aus Zürich. Small talk. – Nachtrag zum 1.-August-Abend. Bichsel unterscheidet zwischen ursprünglichen und abgeleiteten Eindrücken. So vieles ist vorgewußt, den Menschen durch Schrift und Bild eingeprägt, daß sie nur zu vollziehen brauchen, was sie schon kennen. Beispiel Tourismus: man weiß, was uns in Italien oder in Spanien erwartet, wie in Afrika eine Safari vor sich geht, man hat bereits Filme von fliehenden Tieren gesehen, wenn man im Auto in Kenya herumfährt.
Wir ziehen das Subtilere vor. Zum Beispiel die Erfahrung, daß Kunst unsere Art zu sehen, zu fühlen, Eindrücke zu vereinnahmen, verändern kann. Man fing an, die Natur anders zu sehen, als die Gemälde der Impressionisten bekannt wurden: keine harten Konturen mehr, Auflösung in Lichteffekte, das Flutende und Schimmernde, ehe die Fauves mit ungemischten Farben zu malen begannen und eine neuere Künstlergeneration die Erscheinungen als Kuben darstellte, die Abstraktion pflegte. Der Film vor allem, weil er alle Gesellschaftsschichten, Gebildete und Ungebildete, anspricht, hat wohl am meisten zur Veränderung des vormals

statischen Sehens beigetragen. An einem Abend in Rom befanden wir uns auf dem Kapitol. Nach einem Gang durch die Anlagen suchten wir vor einem Platzregen Schutz unter den Arkaden des Antikenmuseums. Gegenüber waren die Fenster des Stadthauses hell erleuchtet, elegante Automobile fuhren vor, Herren im Abendanzug und Damen in großer Toilette setzten unter Regenschirmen ihren Fuß auf die Schwelle des weit offenen Palasttores. Ein junges Liebespaar, das wir schon in den Anlagen bemerkt hatten, kam durchnäßt und triefend aus dem Regen in die Museumsarkade gelaufen, der Junge war nackt bis zum Gürtel, sein nasses Hemd in der Hand, dem Mädchen klebte sein Kleidchen am Leib. Ein Carabiniere in Galauniform trat auf die beiden zu und machte sie auf das Unpassende aufmerksam; aber in den himmlischen Gießbach konnte er sie nicht hinausschicken. Auf dem Platz des Kapitols hockte, im dichten Regen, dunkel und massig, Mark Aurel auf seinem antiken Pferd. Gegenüber fuhren ununterbrochen Automobile vor, aus denen elegante Gäste des Bürgermeisters von Rom traten – ich sagte zu Elsie, wie ist es möglich, daß das hier aussieht wie ein Film von Fellini? Weil wir es sehen wie Fellini. Denn die ganze Szene, die sich in Kontrasten abspielte, die Nacht vom elektrischen Kunstlicht erhellt, in dem die Silberfäden des Regens schillernd glänzten, vornehme Welt drüben und hier durchnäßte, halbnackte Proletarierkinder, vom Polizisten zur Rede gestellt, wir beide als Fremde neben ihnen, erweckte den Eindruck, solches schon einmal erblickt zu haben und es zu sehen wie einen Film von Fellini; es gehörte zweifellos auch in die Kategorie von abgeleiteten, an Vorbilder gewöhnten Eindrücken, auf die das Auge durch das Medium der Kunst vorbereitet war.

5. August

Es wird in Büchern vermerkt, daß Trauer um den Verlust eines geliebten Menschen, heftig zu Beginn, sich bald wieder auflöst. Leben ist stärker als der Tod. Aber vergessen kann man nicht. Jeder, der aus meinem Lebenskreis ausbricht für immer, nimmt „ein Stück von mir“ mit sich in sein Grab. Der Tod von Lily Ducrey hinterläßt eine sehr leere Stelle. Meine älteste und nächste Freundin, und sie war das Leben selbst. Wie eine Biene, schnell und laut, auch fleißig am Werk, sorgend und manchmal auch stechend. Gutherzig im Grunde, auch bedenkenlos dahinredend,

ein hochkarätiger Diamant für die, welche sie liebte, nicht ohne scharfe Kantigkeit gegen solche, welche sie nicht mochte. Ein Ausbund von Gesellschaftlichkeit und Konversation, impulsiv, gescheit und sprunghaft, mit einer angelernten und ein wenig ungeordneten Bildung. Ihr Haus ein summender Bienenkorb, wenn sie Gäste um sich versammelte, und nichts war ihr lieber. Immer, wenn ich sie besuchte, wollte sie mir etwas Besonderes bieten, sie glaubte, allein genüge mir ihre Gesellschaft nicht, sie müsse bedeutende Leute zu Tisch bitten; aber sie war nicht unzufrieden, wenn ich sie bat, niemanden einzuladen, damit wir uns richtig aussprechen konnten. Sie schickte mir Bücher, nahm mich mit in ein Restaurant oder ins Haus von Bekannten, aber am liebsten war es ihr, wenn ich mit ihrem Sohn Pierre sprach, dessen „geistiger Vater", wie er selber sagte, ich sei. Die Familie war ihr nicht alles, aber sicher das Wichtigste im Leben, ihr Herz gehörte den beiden Söhnen – die inzwischen ihren sehr beachtlichen Weg gemacht und Familien gegründet haben. Arztfrau, die im Sanatorium „La Moubra" in Montana ihren Mann klug unterstützt hatte, dann Herrin in ihrem zauberhaften Haus in Lutry am Ufer des großen Sees – denn Schönheit und Lebensfreude waren ihr elementares Bedürfnis. Deshalb auch unermüdlich reisend und Festspiele genießend, sie gehörte zu Salzburg, zu Luzern, zu Musik.
Es war sehr merkwürdig. Wir waren vor einigen Tagen aus Wien zurückgekehrt, am Telephon wollte sie alles von mir wissen, ganz genau, die Festvorstellung im Burgtheater zu Fritz Hochwälders 70. Geburtstag am 28. Mai, den Zentralfriedhof, wo wir Fritz Wotrubas Grab aufsuchten – beide hatte sie durch mich kennengelernt –, kurz alles, was wir gemacht und erlebt hatten. Ich fürchtete, daß dieses lange Gespräch sie anstrenge, sie war schwer herzleidend, aber sie redete, und ich redete, wie wir es immer zu tun pflegten. Am nächsten Tag der Anruf ihres Sohnes, die Mutter sei im Koma in ein Spital übergeführt worden; vier Tage später das Ende. Und, unvermeidlich, der Trauergottesdienst in Lausanne, ein Sarg unter Blumen, und die vielen Getreuen, die an sich hielten; man muß die Erschütterung mit Haltung tragen. Unvergeßliche Hin- und Rückfahrt, E. wie immer am Steuer. Und alles ist nur noch Vergangenheit, die vielen Briefe, die Telephongespräche, Lilys Gesellschaften, alles. Es ist vielleicht das Bedrückendste, wenn man lange gelebt hat, daß so viele tot sind. Man möchte nicht mit Gräbern leben, man versagt es sich, sie oft aufzusuchen – aber mit der Erinnerung kommt man nicht immer ins reine. Denn nachträglich macht man die Erfahrung, daß es Tote

gibt, von denen man glaubte, man habe sie geliebt und beweint, und auf einmal entdeckt man, daß man sie nicht vermißt. Doch gibt es die andern, und dann spürt man die Leere.

6. August

Bei den „Ehrengräbern" der Stadt Wien auf dem Zentralfriedhof. Lucy Wotruba hatte uns in ihrem Wagen hingeführt. Ein kantiges, schlankes Gebilde, eine Art Stele aus weißem Marmor, steht auf Wotrubas Grab. Lucy hatte diese geometrische Plastik seinem Atelier entnommen. Daneben ein kleines Gehäuse aus schwarzem Metall, in das Lucy eine Kerze tat; sie werde eine Woche lang brennen, sagte sie und schien glücklich. Die Stadt Wien sorgt für die Bepflanzung dieser Ehrengräber, die nicht aufgehoben werden dürfen. Ein wenig erschrocken war ich doch, als ich die Namen vieler Männer, die ich gekannt hatte, auf diesen Grabdenkmälern las. Franz Werfel macht den Anfang dieser Reihe; Alma hatte seine Asche aus Kalifornien, wo er im Krieg als Emigrant gestorben war, hierher gebracht. Hans Apostel, den Komponisten, hatte ich bei Wotrubas manchmal getroffen, und in der nächsten Reihe lag ein guter Freund, der Maler Herbert Boeckl, für den Fritz noch selber den Grabstein gemeißelt hat. Daneben Joseph Marx, ein Komponist, ihn hätschelten die Russen in der Besetzungszeit, weil er Marx hieß, an Empfängen trug er sein Künstlerhaupt mit der weißen Mähne recht hoch, wenn sie ihm Wodka reichten. Dann Hans Moser, der ein großer Spaßmacher, ein raunzender Wiener Clown war, man mußte ihn mögen. Noch andere. Etwas weiter, an der Ecke, Arnold Schönberg, dem Wotruba eine sehr eigentümliche Plastik aufs Grab gestellt hatte, ein schräg gestelltes, spitzes Dreieck aus hartem, geglätteten Stein.
Daß dann am andern Ende der großen Stadt, in Mauer, wo wir Wotrubas wunderbare Kirche aus Zementblöcken und Glas, frei stehend auf einer Anhöhe, besuchen gingen, daß in dieser Kirche ein Menschenkind getauft wurde, als wir eintrafen, hatte etwas Tröstliches. Hernach, als die Taufgesellschaft gegangen war, führte uns der Pfarrer durch die Kirche, über die er ganz glücklich ist. Wie diese harten Blöcke überraschend leicht wirken, untereinander in eine gleichsam musikalische Schwingung geraten, und wie die hohen Glasscheiben den Blick freigeben auf die umgebende Natur, das bleibt tief in mir haften. Es war schon immer eine

Art von unausgesprochener Ergriffenheit in Wotrubas Gegenwart, eine Mischung aus Ernst, Heftigkeit, Trauer, Humor und Kraft. Sein Pathos wurde sachlich im Stein. Aber sehr abwesend war nun der Freund inmitten seiner künstlerischen Hinterlassenschaft, die Lucy in ihrem Haus und Garten in Döbling zusammengestellt hat. Was die noch junge Witwe hier veranstaltet, ist gewissenhaft, verständnisvoll und rührend – aber es wirkt ein wenig museal; in einem Raum sind sogar die Möbel und Gegenstände, samt einigen Kleidungsstücken, aus Wotrubas Atelier ausgestellt. Auch die Portraitbüsten von Toscanini und Robert Musil sind dabei. An den Wänden hängen, wie früher in der Wohnung in der Blutgasse, die wertvollen Bilder und Graphiken von Schiele, Picasso, Giacometti usw. Das Wotruba-Museum ist als solches in diesem hübschen, großen Haus, samt den Plastiken im Garten, perfekt; bewohnt ist es nur von Lucy und von Fritzens geliebtem Kater. Sollte nicht Wien oder Österreich, als würdige Ergänzung zu ihrem reichen Museumsbesitz, dieses Wotruba-Museum erwerben – so wie es in Paris ein Musée Rodin gibt? Lucy, das ist verständlich, recht einsam hier draußen, möchte wieder in einer Wohnung in der Innenstadt leben. Sie war ein herrlich lebensvolles Geschöpf, als Wotrubas Frau Marian starb. Damals war Lucy 21, das war vor dreißig Jahren. Nach Marians Beerdigung sagte Fritz zu mir, er werde Lucy nicht heiraten. Er hat sie dann doch geheiratet, und sie wurde ihm eine sehr gute Frau.

8. August

Mich bedrückt seit einigen Jahren, daß es wieder eine „jüdische Frage" gibt. Vielleicht war sie nie verschwunden. Aber nach dem Holocaust Hitlers gab es eine Reaktion gegen den Antisemitismus. Jeder wollte mindestens einen Juden gerettet haben, und die überlebenden Juden erfuhren überall Sympathie, aufrichtige und geheuchelte. Der neue Staat Israel wurde ein Hort der Vertriebenen, Geächteten, Geflüchteten, Geretteten; er erhielt weltweite Hilfe, und die Bundesrepublik Deutschland zahlte Milliarden für Wiedergutmachung. Ben Gurion galt als bedeutender Staatsmann, und da der Respekt vor erfolgreichen Waffentaten unausrottbar ist, achtete man die Fähigkeit der Israeli, eine tüchtige Armee aufgebaut zu haben, mit der sie mißgünstige Nachbarn in Schach halten konnten.

Nur wenige Juden – vor dem Weltkrieg waren es in der Welt viele – mißbilligen heute noch den Zionismus oder betrachten ihn als eine fehlgeleitete Ideologie. Als in den zwanziger Jahren ein österreichischer Jude, ein Wissenschafter, an einer unserer Sitzungen im Pariser Centre international de Synthèse sagte, die Juden seien ein „Volk", protestierten anwesende französische Gelehrte, die jüdischer Abstammung waren: Nein, sagten sie, es gibt Franzosen katholischer, protestantischer oder israelitischer Herkunft, aber sie gehören alle dem französischen Volk an. Das hatten die in Deutschland ansässigen Juden auch gedacht, bis sie nach 1933 als Vertriebene antideutsch wurden und sich zu ihrem Judentum bekannten. Wir (ich spreche von vielen) waren über die Judenverfolgung des Hitler-Staates, über die Nürnberger Gesetze, über die entwürdigende und grausame Behandlung der Juden im Dritten Reich entsetzt und empört. Es war selbstverständlich, daß man jüdische Professoren, Kollegen, Freunde hatte. Während früher „Mischehen" bei uns selten vorkamen und von Christen nicht gern gesehen, von den Rabbinern und ihren jüdischen Anhängern mißbilligt wurden, hat seit dem Weltkrieg niemand mehr daran Anstoß zu nehmen gewagt.
Die Juden in der Schweiz waren Mitbürger vollen Rechtes, und wenn über Antisemitismus in der Schweiz gesprochen wurde, meinte man damit, daß sie in gewissen Berufen, auch in der Industrie und der Bankwelt, in der Presse, in öffentlichen Ämtern und im Militär weniger häufig in Erscheinung traten, als es im vorhitlerischen Deutschland der Fall war – unter den damaligen Verhältnissen vielleicht faktisch zu ihrem Vorteil. Die alteingesessenen schweizerischen Juden bekannten sich zum Vaterland, nur eine Minderheit sympathisierte mit dem Zionismus; Albert Einstein und der Hollywood-Regisseur Wyler haben zeitlebens an ihrem Schweizerpaß festgehalten. Nur eingefleischte Zionisten oder ausländische Juden warfen ihnen ihre loyale Haltung, ihre Assimilation an unsere Verhältnisse vor. Nach dem Kriege unterstützten dann auch sie, nicht zuletzt mit großzügiger finanzieller Hilfeleistung, den Staat Israel; die Auffassung, daß die Juden ein „Volk" seien, wurde mehr oder weniger Gemeingut in der jüdischen Gemeinschaft – wobei allerdings die alte Trennung in streng religiöse und in liberale Juden bestehen blieb. Aber auch in Israel ist die Mehrheit nicht religiös orthodox, manche sind überhaupt nicht religiös, und viele Israeli empfinden die großen Konzessionen, die der Judenstaat den rabbinischen Gesetzen und den religiösen Parteien macht, als lästig. Aber das ist nur ein Parallelfall zu der moder-

nen Gesellschaft und Zivilisation überhaupt, die weitgehend säkularisiert ist; der laizistische Staat, die laizistischen Parteien in Staaten, wo die Kirchen von den Gesetzen begünstigt werden, sind Ausdruck dieser Säkularisierung. In Israel scheint heute, da die nationalistische Rechte unter Menachem Begin regiert, die umgekehrte, die religiöse Richtung, das mosaische Gesetz, die Autorität des Rabbinats zu triumphieren.

Unlängst hatte ich an einer öffentlichen Veranstaltung der Hochschule St. Gallen einem katholischen, einem protestantischen und einem jüdischen Studentenseelsorger Rede und Antwort zu stehen. Bei der Vorbesprechung im kleinen Kreise fragte mich der Rabbiner, ob er mich zu der Situation in Israel und im Nahen Osten befragen dürfe. Selbstverständlich könne man mir alle Fragen stellen; zu diesem bestimmten Thema müsse ich sagen, ich sei nicht der Meinung, daß man Judentum mit der Politik des Staates Israel identifizieren dürfe. Mosaische Religion und das Judentum in der Welt seien *eine* Sache, die Politik, die die israelische Regierung macht, sei etwas anderes. Der Rabbiner, schien mir, war über meine Auskunft nicht unglücklich. Vor der Versammlung in der überfüllten Aula der Hochschule stellte er dann seine Frage, und ich erteilte meine Antwort.

Das ist leider nicht so selbstverständlich. Es gibt einen jüdischen Chauvinismus, der jede Kritik an Israel als Antisemitismus auslegt. Antizionismus (was übrigens etwas anderes ist als Kritik an der Politik Israels) sei Antisemitismus. Vor einigen Jahren schon, als noch Frau Golda Meir in Jerusalem regierte und keinerlei Anstalten traf, um nach dem israelischen Sieg von 1967 mit den Gegnern Verhandlungen über einen Friedensschluß zu führen, sagte ich zu dem Schriftsteller Robert Neumann, daß ich fürchte, die Politik Israels könnte in der Welt zu einem neuen Antisemitismus führen. Diese Politik *habe* schon Antisemitismus erzeugt, antwortete Neumann – selber Jude, kein Zionist, ehemaliger Emigrant, dessen Sohn im Krieg als britischer Soldat das Leben verlor. „Ich bin jetzt Antisemit", sagte Neumann bitter, denn er war von jüdischer Seite für seine grundsätzliche Haltung und seine Kritik am Judenstaat bös angegriffen worden. Er sei der Meinung, erwiderte er auf meine Frage, daß die Juden schon im Altertum weit verstreut in der Welt gewesen seien, und daß ihre Aufgabe nicht darin bestehe, in der heutigen Zeit einen nationalistischen Staat zu haben, sondern gemäß ihrer traditionellen und intellektuellen Eigenart ein Ferment in der sie umgebenden Gesellschaft zu bilden. Man könne – man kann – argumentieren, daß ohne Zionismus,

ohne Judenstaat, bedeutende Juden, Spinoza, Marx, Freud, Einstein und viele andere, dank dem Beitrag der Besonderheit ihrer Herkunft, eine große Wirkung ausgeübt haben.
Ich lieh damals Robert Neumann das Buch eines israelischen Rundfunksprechers französischer Abkunft und Sprache – da Neumann bald danach starb, habe ich dieses Buch nicht mehr unter der Hand. Wenn mein Gedächtnis mich nicht täuscht, lautete seine These, Israel fürchte sich vor dem Frieden mehr als vor dem Krieg; der Gedanke, mit großen arabischen Nachbarvölkern friedlich nebeneinander zu leben, erzeuge die Angst, als Kleinstaat von ihrem Gewicht erdrückt zu werden. – Neuerdings gestattete das Camp-David-Abkommen, Ägypten als den mächtigsten arabischen Staat aus der Reihe der Feinde Israels auszuschalten – aber nicht, wie es der ägyptische Präsident Sadat gewünscht hatte, den Friedensprozeß auf die andern arabischen Staaten und die Palästinenser auszudehnen.
Vor einigen Jahren, bei einer Fernsehsendung, an der Dr. Nahum Goldmann und der deutsche Journalist Scholl-Latour teilnahmen, meinte Goldmann, ein Volk, das 2000 Jahre lang keinen Staat hatte, verstehe eben nicht viel von Politik. Ich wandte ein, daß es bedeutende jüdische Politiker gegeben habe, Disraeli, Walter Rathenau, Léon Blum, Mendès-France. Scholl-Latour, ein Kenner der arabischen Welt, war nicht sicher, ob es den Arabern genügen würde, daß Israel und seine Nachbarn in vereinbarten, sicheren Grenzen leben könnten; die Existenz eines jüdischen Staates in Palästina sei ihnen überhaupt unerwünscht. Es mag sein, daß dieser Verdacht der Politik Israels zugrunde liegt; für viele Israeli ist der permanente Krieg mit den Arabern unvermeidlich. Scholl-Latour und ich konnten es Dr. Goldmann überlassen, als einer der Väter des modernen Zionismus vor der Kamera an der Politik Israels unverblümt Kritik zu üben. Aber Goldmanns Einfluß in Israel ist gering – obgleich Ezer Weizmann, General und Neffe des verstorbenen Staatspräsidenten Chaim Weizmann, seinen Ansichten nicht sehr fern steht. Goldmann äußerte sich wohlwollend über ihn. Weizmann hat sich mit Menachem Begin, in dessen Regierung er gesessen hatte, zerstritten.

9. August

Es war noch eine verhältnismäßig friedliche Zeit, als wir 1961 als Gäste der Regierung Israel bereisten. Man zeigte uns alles, die Aufbauarbeit im ganzen Land war bewundernswert, und wir kamen mit interessanten Menschen zusammen. An den Grenzen herrschte Ruhe, aber man durfte diese Grenzen bei Lebensgefahr nicht überschreiten. Jenseits des Sees Genezareth erhoben sich die Golan-Höhen, von denen aus die Syrer das Land überwachen oder gar beschießen konnten – seit 1967 ist der Golan in der Hand der Israeli. In Nazareth, das fast ganz von Arabern – viele von ihnen sind Christen – bewohnt ist, hatte unsere Ankunft in einem Wagen des Außenministeriums unliebsames Aufsehen erregt; unsere Begleiterin sagte, es sei doch schlimm, daß man den Feind im eigenen Land habe. In Nazareth, in Haifa, in Beersheva konnten wir diese anscheinend passive, aber spürbar feindselige Absonderung der arabischen Bevölkerung von den Juden feststellen.
Obgleich wir aufrichtig bewunderten, was die neuen Bewohner aus diesem Land gemacht hatten und mit welchem Eifer und Opfersinn sie ihrer neuen Heimat dienten, blieb tief in uns innen ein zwiespältiges Gefühl zurück. Ich glaube, sie sind noch ganz erstaunt, daß sie jetzt einen eigenen Staat haben, sagte E., als wir nach Griechenland weiterflogen. Daß hier eine Siedlungskolonie eines fremden Bevölkerungselementes in einem seit 1300 Jahren von arabischen Muslimen und auch von Christen bewohnten Landstrich entstanden war, konnte nicht abgestritten werden; auch nicht, daß die neuen Herren der Urbevölkerung in jeder Hinsicht überlegen waren.
Vor unserer Abreise nach Tel Aviv hatte mich mein Freund Kurt Hirschfeld in Zürich orientiert über die verschiedenartigen jüdischen Gemeinschaften, die es in Israel gab, auch über die Rivalität zwischen den frühen russisch-polnischen und den späteren deutschen Einwanderern; er hatte mir die politischen Verhältnisse erklärt und die Parteien geschildert. Zum Schluß sagte Hirschfeld: Dann gibt es noch die Faschisten. Gibt es die? Ja, besonders in der Armee.
In Jerusalem, bei einem Nachtessen im Hause des Rektors der Universität, erwähnten wir, daß wir von der Nordgrenze aus den schneebedeckten Berg Hermon erblickt hatten. Eine Frau sagte, früher habe man am Berg Hermon Ski fahren können, das sei jetzt nicht mehr möglich. Dazu bemerkte der anwesende Justizminister Rosén: Wenn wir am Berg Hermon

nicht mehr Ski fahren können, sind wir selber schuld. Dieser Minister war ein Liberaler, der Rechtsanwalt in Berlin gewesen war, ein Verteidiger des Rechtsstaates. Kurz vor dem Eichmann-Prozeß trat er zurück. Vielleicht hat Rosén die Art, wie der israelische Geheimdienst den Naziverbrecher Eichmann in Südamerika gefaßt und nach Israel geflogen hatte, wo ihm der Prozeß gemacht wurde, nicht gebilligt – er hat sich öffentlich nicht dazu geäußert. Als aber die ehemalige deutsche Emigrantin Hannah Ahrendt, die eines der intelligentesten Bücher über das totalitäre Nazi-Regime verfaßt hat, ihr ein wenig kaltschnäuziges Buch über den Eichmann-Prozeß veröffentlichte, brach unter Juden und Israeli ein Sturm der Entrüstung los. Die Ahrendt war Jüdin, aber nicht Zionistin. Sie war Professorin in Amerika.
Auf meinem Bücherbord steht eine kleine antike Phiole aus grünem Glas, die mir mein Kollege Professor Sambursky aus Jerusalem mitgebracht hatte. Diesen Physiker und Wissenschaftshistoriker hatte ich an der Generalkonferenz der UNESCO in Montevideo 1954 kennengelernt; wir erneuerten unsern freundschaftlichen Verkehr in Jerusalem und später wieder in Zürich. Archäologische Forschungen und Funde sind in Israel populär, man befragt den Boden, man sucht nach dem Ursprung des eigenen Volkstums. Ich freute mich, als ich kürzlich am Empfang zu Max Frischs 70. Geburtstag den Religionshistoriker und Talmud-Forscher Gershom Scholem wiedersah, der vor seinem Rückflug nach Israel einen Halt in Zürich einschaltete. Ich erinnerte ihn an unsere Gespräche in seiner großen Bibliothek in Jerusalem und bei Kurt Hirschfeld in Zürich. – Scholem ist eine der reinsten, edelsten und bedeutendsten Gestalten des modernen Judenstaates. Selbst Robert Neumann sagte mir, als ihn Scholem besuchte, habe er es nicht übers Herz gebracht, an Israel Kritik zu üben. Diese alten Väter des Zionismus, die verstorbenen Ben Gurion, Chaim Weizmann und Mosche Sharett, und die mehr als achtzigjährigen Nahum Goldmann, Gershom Scholem und Sambursky (diese drei sind deutscher Herkunft) waren und sind große Männer, die ein Ideal zu verwirklichen trachteten. Sie trugen dazu bei, den Mythos des wiederhergestellten Judenstaates zu begründen – dieser Staat mag zwar ganz anders aussehen als der biblische, als es im jüdischen Altertum zwei Staaten und zwölf Stämme des Volkes Israel gab. Völker brauchen Mythen, die sich ihrem Bewußtsein einprägen. Mythen haben eine mächtigere Wirkung auf die Phantasie der Völker als die Ergebnisse der kritischen Geschichtswissenschaft. Der Mythos von Tell und vom Rütli ist

den Schweizern vertrauter als die Forschungen der Historiker über die Ursprünge der Eidgenossenschaft.
Es fiel mir in Israel auf, daß dort auch das Interesse an den Kreuzzügen und am mittelalterlichen Königreich Jerusalem groß ist; ein israelischer Kollege sagte mir, dieser Staat sei untergegangen, weil die feudale Herrenschicht die gemeine Arbeit von der eingeborenen Bevölkerung verrichten ließ. Das sei im modernen Israel anders, alle Berufe, vom Gepäckträger am Flugplatz, von den Bauern in den Kibbuzim und den Arbeitern in den Fabriken bis zu den akademischen Berufen würden von Juden ausgeübt. Das traf damals zu. Seit den Eroberungen von 1967 beschäftigen die Israeli zahlreiche Araber. Sie könnten ein Element der Entstabilisierung sein.
In seinem großartigen Buch über eine Reise nach Israel meint Friedrich Dürrenmatt, die Symbiose von Juden und Arabern, die man heute dort antreffe, werde die ideologisch erzeugte Trennung und Feindschaft überwinden helfen. Das wäre richtig, wenn die Israeli sich nicht als fremdes oder gar als „westliches" Volk inmitten der östlich-islamischen Welt fühlten, sondern sich zu einem orientalischen Volk in der Levante, zu Semiten unter Semiten entwickeln würden. Ist es dazu zu spät? Können die Israeli über ihren eigenen Schatten springen, den Schatten Herzls, der von sich sagte, am Zionistenkongreß in Basel habe er den Judenstaat gegründet? Man muß in Dürrenmatts Buch die imaginären Gespräche zwischen einem jüdischen und einem islamischen Schriftgelehrten nachlesen, um zu verstehen, wie tief im Religionsgeschichtlichen, im Theologischen und in der Gottesfurcht die Konkurrenz des mosaischen und des mohammedanischen Glaubens und auch ihre geheime Verwandtschaft verwurzelt sind; der Pfarrerssohn F. D. kennt sich in Religionen aus. Aber als ich mit einem schweizerischen Journalisten jüdischer Abstammung über dieses Buch sprach, meinte er kühl, Dürrenmatt biete keine politische Lösung an. Gewiß nicht, mußte ich zugeben.
Was heute im Nahen Osten geschieht, hat nichts mit Gelehrsamkeit, nichts mit Religion und nichts mit Ethnographie zu tun, sondern mit schierer Militär- und Machtpolitik. Sie ist verkörpert in der missionarischen Gestalt des Ministerpräsidenten Menachem Begin, von dem Präsident Jimmy Carter sagte, er sei ein unmöglicher Gesprächspartner, und den Präsident Reagan im vertrauten Kreis einen „mad bomber" nannte, nachdem Begin von seinen amerikanischen Bombenflugzeugen einen Atomreaktor in Bagdad und ein Wohnquartier in Beirut hatte zertrüm-

mern lassen. Auch Begin kann nicht über seinen Schatten springen. In jungen Jahren stand er einer jüdischen Terroristenorganisation vor. Meine Generation erinnert sich sehr wohl der jüdischen Terroranschläge zur Zeit des britischen Mandats über Palästina, der Morde an englischen Soldaten und an Arabern, der Ermordung des schwedischen Vermittlers Folke Bernadotte, des Bombenanschlags auf das Hotel King David in Jerusalem, dem zahlreiche fremde Gäste zum Opfer fielen, der Flucht von Hunderttausenden palästinensischer Araber im Gefolge des jüdischen Befreiungskrieges. Ich weiß nicht, welchen Teil an solchen Untaten Begin hatte, ich weiß nur, daß Waffengewalt nötig war, um den Staat Israel zu gründen. Es hat übrigens etwas Zimperliches, wenn man in der friedlichen Schweiz nicht zugeben will, daß Staaten in den meisten Fällen der Anwendung von Waffengewalt ihre Entstehung verdanken. Hatten wir nicht Morgarten, Sempach und den Sonderbundskrieg?
Inzwischen ist es so weit gekommen, daß die palästinensische Befreiungsorganisation PLO mit dem Mittel des Terrors und mit Guerillaaktionen einen palästinensischen Staat erkämpfen möchte. Die Flüchtlinge, als welche die Palästinenser noch in der UNO-Resolution vom November 1967 bezeichnet wurden, haben sich zu nationalistischen Aktivisten gewandelt. Die Israeli machen geltend, daß es nie eine palästinensische Nation gegeben habe. Die Franzosen stellten zur Zeit des Krieges mit der algerischen Befreiungsfront FLN in Abrede, daß es eine algerische Nation gebe. Nationen entstehen in Kämpfen. Israel und Algerien sind Beispiele aus neuester Zeit. Es scheint mir für die Mentalität eines Menachem Begin und seiner Anhänger aufschlußreich, daß sie mit Entrüstung jeden Kontakt mit der PLO zurückweisen, mit der Begründung, sie seien Terroristen und Mörder. Das ist eine typische Projektion; man überträgt das, was man selber ist oder war, aber in sein Unterbewußtsein verdrängt hat, auf solche, in denen man die eigenen Eigenschaften und Taten, die oft Missetaten waren, wiedererkennt. Die PLO ist für die kämpfenden, sich gegen ihre Angriffe und Anschläge wehrenden Israeli ein typischer Projektionsträger. Auf sie projizieren sie ihr eigenes Tun. Leider bietet auch diese psychologische Erklärung keine politische Lösung an.
Vor zwei Jahren habe ich mich in Ägypten umgesehen. Meine Reise im Februar 1979 traf mit der Ausrufung der Islamischen Republik des Ajatollah Khomeini im Iran zusammen. In der regimetreuen ägyptischen Tagespresse – eine andere gibt es nicht – wurde die Revolution im Iran scharf verurteilt. Aber es konnte mir nicht entgehen, daß die Studenten

der Universität Kairo, die früher marxistisch waren, sich jetzt zum Islam bekennen. Ein mohammedanischer Geistlicher hält Predigten, die von Tausenden gläubiger Ägypter gehört werden; die Regierung wagt es nicht, sie zu verbieten, aber sie dürfen nicht im Druck erscheinen. Das Regime Sadats ist autoritär, die polizeiliche und militärische Überwachung ist allenthalben sichtbar.

Die Ägypter wollen zweifellos Sadat nicht daran hindern, die Vorteile des Abkommens von Camp David auszuschöpfen, bis die Sinaihalbinsel von den Israeli geräumt ist. An sich ist der Frieden mit dem nördlichen Nachbarn nicht unpopulär, nachdem mehrere Kriege Ägypten schwere Verluste an Gütern und Menschenleben zugefügt haben. Aber der Staatschef ist in seinem Land ziemlich isoliert, große Teile der politischen Elite versagen ihm ihre Gefolgschaft. Und die orthodoxen Muslime grollen. Die Isolierung Ägyptens innerhalb der arabischen und islamischen Welt lastet als eine schwere Hypothek auf der ägyptischen Politik. Sadat muß trachten, aus dieser Isolierung herauszukommen; das ist mit ein Grund, warum er die Begehren der Palästinensischen Befreiungsfront PLO unterstützt und in Amerika und Europa um deren Anerkennung als einer Vertreterin des palästinensischen Volkes auch in den israelisch besetzten Gebieten ersucht. Kissinger hatte sich, als er Außenminister war, verpflichtet, daß die Vereinigten Staaten die PLO nicht anerkennen würden. Bekanntlich anerkennt diese Organisation ihrerseits nicht das Existenzrecht Israels.

Würde die PLO einlenken, wenn den Palästinensern in Cisjordanien und im Gazastreifen die Gründung einer selbstverwalteten „Heimstätte" – was auf eine Staatsgründung hinausliefe – zugestanden würde? Wie könnte sie ihnen von Israel zugestanden werden, nachdem Begin in diesen von Arabern bewohnten Gebieten eine große Zahl jüdische Siedlungen zugelassen hat und eine höchstens durch Lokalautonomie gemilderte Souveränität Israels über „Judäa" und „Samaria" anstrebt? Es ist Eroberungspolitik mit biblischer Begründung. Man kann füglich auf Eroberungen und Landnahmen durch fremde Mächte auch in unserer Zeit hinweisen, um eine Landnahme der Israeli zu rechtfertigen. Es fragt sich nur, ob das, was man nicht verhindern kann, wenn es Großmächte tun, klug ist, wenn es ein Kleinstaat versucht. Jüdische Organisationen in Amerika haben Israel davor gewarnt, den jüdischen Einfluß auf die amerikanische Politik zu überschätzen; diese kann sich die Feindschaft aller arabischen und muselmanischen Staaten nicht auf die Schultern laden. Wenn ich

bedenke, wie stark früher die China-, eigentlich Taiwan-Lobby in Washington war, die mehr als zwanzig Jahre lang die Anerkennung der Regierung in Peking zu verhindern vermochte – und wie sie plötzlich nicht mehr da war, als Nixon und Kissinger dem großen Mao in Peking ihre Aufwartung machten, dann ist mir bang um die Zukunft der amerikanischen Israel-Lobby. Die Begeisterung und die Hilfeleistung Amerikas und der amerikanischen Juden für Israel waren immens. Israel überlebte dank unzähligen Dollar-Milliarden. Begin hat es fertiggebracht, daß die Amerikaner diese Last zwar weiter tragen müssen – aber kritisch geworden und lustlos. Ezer Weizmann erklärte kürzlich in einem Interview mit der „Weltwoche", es sei zwar sehr einfach, militärische Schläge anzuordnen und auszuteilen, aber viel schwieriger, politische Lösungen herbeizuführen. Können kritische Stimmen in Israel unter den heutigen Verhältnissen noch etwas ausrichten?
Gibt es einen kausalen Zusammenhang zwischen den Irrungen und Exzessen der israelischen Politiker und Militärs und dem neuen Antisemitismus, der sich in Europa regt? Das kommt mir nicht unwahrscheinlich vor, was nicht verhindert, daß mich diese neuen Manifestationen einer fluchwürdigen europäischen Tradition beunruhigen. Ich mag sie nicht aufzählen, sie sind mir widerlich, ob nun in Flugschriften von der „Auschwitzlüge" geschrieben oder in Paris eine Synagoge mit einer Bombe angegriffen wird.
Warum habe ich in diesen täglichen Notizen so ausführliche Überlegungen den Problemen Israels und des Judentums gewidmet? Es kommt mir selber ein wenig übertrieben vor. Soll ich meines Bruders Hüter sein? Aber ich kann nicht vergessen, daß die Tragödie der Juden zu Adolf Hitlers Zeiten und alles, was damit zusammenhängt, mich in meinem Leben tief betroffen gemacht hat. Auch nicht vergessen, daß ich Israel Erfolg wünschte. Auch nicht, daß die arabischen Völker und die islamische Welt mir nicht verhaßt sein können.

10. August

Im Vorwort zu seinen Aufsätzen über Literatur und Politik vom Jahre 1829 sagt Constant: „Ich habe vierzig Jahre lang das gleiche Prinzip, Freiheit in allem, verteidigt, in der Religion, in der Philosophie, in der Literatur, in der Industrie, in der Politik: und unter Freiheit verstehe ich den Triumph der Individualität sowohl über die Staatsautorität, die despotisch regieren wollte, als auch über die Massen, die das Recht in Anspruch nehmen, die Minderheit der Mehrheit zu unterwerfen." Es fragt sich, ob dieser glatten, klaren, scheinbar einleuchtenden Definition des Freiheitsproblems unbesehen zugestimmt werden kann. Im ersten Abschnitt handelt es sich um die Freiheit in allen Bereichen, was unbeschränkte Toleranz voraussetzt. Geistesfreiheit kann nur der postulieren, der nicht eine philosophische, religiöse oder ethische Position einnimmt, von der aus er eine Gegenposition als Denkfehler, als Irrtum oder als Unmoral verurteilen müßte.

Politische Freiheit stößt auf Schranken gesetzlicher Art, die den einzelnen verhindern sollen, die Freiheit, die Unversehrtheit und die Rechtsgüter seiner Mitmenschen sowie die öffentliche Ordnung zu verletzen. Der Spielraum der politischen Freiheit wird von Gesetzen eingeschränkt, die der Ausdruck von gesellschaftlichen Interessen und von praktischen Erwägungen, also letztlich Ermessensfragen sind. Die Versuchung zur Repression besteht in jeder Gesellschafts- und Staatsordnung.

Die Freiheit der Industrie, die in unserer Verfassung als Handels- und Gewerbefreiheit stipuliert und von den Ökonomen als freie Marktwirtschaft definiert wird, ist das Schlachtroß aller Liberalen. In einer Abhandlung über Benjamin Constant las ich, daß sein Zeitgenosse und Freund Sismondi, der auch ein Verteidiger freiheitlicher Grundsätze war, der modernere Denker gewesen sei. Sismondi hatte in seinen „Neuen Prinzipien der Nationalökonomie" die sozialen Folgen einer schrankenlosen laisser-faire-Wirtschaft und ihre ethische Fragwürdigkeit aufgezeigt – was Marx und Engels in ihrem „Kommunistischen Manifest" sagen läßt, Sismondi sei ein Vertreter des „kleinbürgerlichen Sozialismus". Die ganze Kontroverse seit hundertsechzig Jahren zwischen Liberalismus und Sozialismus läßt Constants Formel „Freiheit in der Industrie" als zu kurz, als ein die soziale Problematik des Wirtschaftsliberalismus nicht berücksichtigendes Denken erscheinen. Zum Schutz gegen unmenschliche Folgen dieser Freiheit hatte Sismondi schon 1818 sozialpolitische Maßnahmen gefordert.

Constant kommt es bei seiner Freiheitsdefinition auf den „Triumph der Individualität" an. Es ist auch meine Überzeugung, daß der Mensch individuell sein will. Und hier droht der Sozialismus, der als Korrektiv des Wirtschaftsliberalismus die Unversehrtheit und Sicherheit des Einzelmenschen zu schützen berufen ist, durch sein Ordnungsprinzip die Be-

wegungsfreiheit des Individuums einzuschränken. Soziale Sicherheit kann sich freiheitsbeschränkend auswirken. Man stößt – es mag paradox klingen – sowohl als Liberaler wie als Sozialist auf das Problem des Individuellen, auf die Frage, ob nicht im einen wie im andern System Gefahren für die Freiheit des Individuums verborgen sind. Im liberalen System steckt die Gefahr der Ausbeutung des wirtschaftlich Schwachen durch den wirtschaftlich Starken; im sozialistischen System verhindert eine kollektive Ordnung die freie wirtschaftliche Betätigung des Individuums, und sie schränkt auch die freien Verfügungsmöglichkeiten des Individuums über sich selbst ein. Es ist ganz allgemein eine gesellschaftspolitische Frage, in welchen Bereichen und in welchem Maß das Interesse der Kollektivität die Freiheit des Individuums einzuschränken berechtigt ist. Aktuell geblieben ist Constants Ablehnung einer Staatsautorität, die despotisch, in heutiger Terminologie totalitär, regiert. Dieser Kampf zwischen Freiheit und Staatsautorität zieht sich durch die ganze Menschheitsgeschichte und wird nie aufhören.
Der antidemokratische Pferdefuß der Altliberalen, die bis tief ins 19. Jahrhundert die Einführung des allgemeinen und gleichen Wahlrechtes mit dem Argument bekämpften, eine Massendemokratie führe zur Unterwerfung der Minderheit durch die Mehrheit, kommt in Constants letztem Satz zum Vorschein. Wohl lauert in jeder Demokratie die Gefahr der Majorisierung einer Minderheit – von Minderheiten. Aber man kann sie nicht durch eine Beschneidung oder Rückgängigmachung der demokratischen Spielregeln bekämpfen. Die Rechtsordnung einer Demokratie sollte so beschaffen sein, daß auch eine durch freie Volkswahl zur Regierung gelangte Mehrheit die Rechte der Minderheit respektieren und schützen muß. Diese Gedankengänge führen zu der Grundfrage der Menschenrechte schlechthin.

15. August

Am 12. eine Operation, um einen im Kieferknochen steckenden Weisheitszahn herauszumeißeln. Heute wieder aufgestanden, nach Schmerzbehandlung usw. Gestern „Krankenbesuche" von Dieter Bachmann und Hermann Burger. Gioia kam verwundert und verlegen schwänzelnd an mein Bett.

Körperlicher Schmerz ist abscheulich. Ich denke an Zahnschmerzen, an meine ausgeheilte Diskopathie, an die Folgen einer Operation vor sechs Jahren. Bemerkenswert aber ist, daß körperlicher Schmerz, wenn vergangen, keinerlei Spuren hinterläßt. Man kann nur aus dem Gedächtnis berichten, daß man zum Beispiel mehrmals eine äußerst schmerzhafte Luxation des Schultergelenkes erlitten hat; aber man könnte aus der Erinnerung die Sensation eines vergangenen Schmerzes nicht wiederholen. Der bohrende, heiße Schmerz im Unterkiefer ist zwar augenblicklich noch unangenehm; aber die scheußliche Operation vor drei Tagen hinterläßt keine seelische Erschütterung.
Verschieden davon ist die Dauer, die manchmal wiederkehrende Gegenwart eines seelischen Schmerzes, einer menschlichen Verletzung, selbst wenn man sie vor vielen Jahren erlitten hat. Trotz Verjährung bleiben Kränkungen – Treulosigkeit, Verrat, Bosheit, Verleumdung –, die einem zugefügt worden sind, nur allzu tief im Gedächtnis haften.

17. August

Unangenehme Nacht, die Schmerzen im Mund sind hartnäckig. – Wie ich vors Tor trete, kommt eine Familie auf mich zu, Fremde, die mich fragen, wie weit es sei bis zum Schloß Wildegg. Sind Sie Amerikaner? Nein, Israeli. Das ist das Paradies, sagt der Vater, seine Kinder stehen stumm dabei, so etwas haben wir bei uns nicht. Ich erwidere, in Nordgaliläa mit seinen Hügeln ist es ähnlich. Ja, aber nicht so grün. Sie haben ein anderes Klima. Schalom. Schalom. Freundliche Menschen. Ich weiß nicht, warum sie mir immer leid tun. Als ob es für sie keinen Ausweg gäbe.
Ein Gegenbeispiel. Der Papst hat den Sohn von polnischen Juden zum Erzbischof von Paris ernannt. Einem Journalisten, der diesen Erzbischof namens Lustiger fragte, wie denn sein Verhältnis zum Judentum sei, antwortete er, er sei eben Katholik *und* Jude. Von orthodoxer Seite, die heute bei manchen französischen Juden das Sagen hat, erfolgte eine ausführlich begründete, in säuerlichem Ton verfaßte Erklärung, ein zum Katholizismus übergetretener Jude sei kein Jude mehr; er habe nicht das Recht, sich als Jude zu bezeichnen. „Le Monde" brachte dazu eine Glosse, die mit den Worten schließt: „Hitler hätte sich nicht getäuscht." Ob der Papst mit dieser Ernennung klug gehandelt hat, ist eine andere

Frage. Die französischen Juden sind gekränkt, weil er einen „Abtrünnigen" zum Oberhaupt der Pariser Erzdiözese gemacht hat. Und so, wie nun einmal die Franzosen sind, im Herzen nationalistisch, müssen sich die Katholiken erst noch daran gewöhnen, daß ein „Fremder" Herr über die Notre-Dame-Kathedrale ist. Als Rolf Liebermann Direktor der Pariser Oper wurde, schrieb eine Zeitung: „Sogar unter der deutschen Besetzung war der Operndirektor ein Franzose." Um die bösen Mäuler zu stopfen, lud Präsident Pompidou Liebermann zum Essen ins Elysée ein, was am nächsten Tag in allen Zeitungen stand.
Ich bin Mitglied der Gesellschaft Schweiz-Israel. Gestern berichtete das Radio, daß diese und die entsprechenden Gesellschaften aus der Bundesrepublik Deutschland und Österreich eine gemeinsame Tagung abhielten. In einer Resolution sprachen sie sich gegen Verhandlungen mit der palästinensischen Befreiungsorganisation aus. Soll man von Mitteleuropa aus die unversöhnliche Linie der israelischen Politik unterstützen? Sind wir, in unserer Distanz vom Schauplatz und seinen grausamen Konflikten, nicht in der Lage, das Tragische dieser Gegensätze zu verstehen? Recht steht gegen Recht, wenn beide, Juden und Palästinenser, das gleiche Land für sich als ihre Heimat in Anspruch nehmen. Wenn die Menschen einmal fanatisch sind, helfen keine Vernunftgründe.

18. August

Nähe der Vergangenheit. Mir hat es von jeher die Generation angetan, die an der Wende vom 18. zum 19. Jahrhundert lebte. Sie mußte sich mit der Aufklärung, der Französischen Revolution, dem Beginn der modernen Industrie, mit Napoleon, mit der Romantik und mit einigen bedeutenden Dichtern und Philosophen auseinandersetzen. Keineswegs eine „gute alte", aber eine geistig, politisch und ökonomisch heftig bewegte Zeit des Aufbruchs. In meinem eigenen Umkreis ist sie auch familiengeschichtlich ziemlich dramatisch verlaufen. Ein Rezensent tadelte die „genealogische Langeweile" des Erzählers Alexander Lernet-Holenia. Genealogie ist auch Geschichte, und Geschichte hat sowohl bei ihrer Erforschung wie bei der Lektüre historischer Werke lange Weile nötig. Hier kommt mir ein Scherz in den Sinn, der beweisen soll, wie nahe die Vergangenheit bei der Gegenwart ist. Diese Scherzfrage lautet, wie oft

ein Händedruck zwischen Menschen, die vor hundert oder mehr Jahren gelebt haben, und uns Lebenden gewechselt wurde. Versuchen wir's:
Bei Daniel Halévy traf ich in den frühen 30er Jahren einen betagten Colonel Mayer, Dienstkamerad des legendären Hauptmanns Dreyfus und Mentor des damals jungen Charles de Gaulle, den er zu seiner militärwissenschaftlichen Arbeit über den Panzerkrieg angeregt hat. Er hatte noch den Historiker Hippolyte Taine gekannt – ihm die Hand gedrückt –, der seinerseits Victor Hugo und Flaubert im Atelier des Bildhauers Pradier kennengelernt hatte. Zwischen diesen beiden großen Schriftstellern und mir lag nur der Händedruck Taines und des Colonels Mayer, der mir nicht nur die Hand gegeben, sondern auch Bücher ausgeliehen hat.
Es geht auch mit Umarmungen. Nach der Schlacht bei Bautzen überreichte Napoleon einem Offizier namens Théophile Voirol die „rosette" eines Offiziers der Ehrenlegion, wozu die „accolade" oder Umarmung gehört. Voirol war der Onkel und Vormund meiner grand-mère, die er zweifellos auch umarmt hat und die mich auf die Wange küßte, wenn ich sie besuchte. Also nur der General Voirol und seine Nichte zwischen Napoleon und mir!
Bei Goethe ist's wieder der Händedruck, mit dem er 1790 den jungen Dichter Johann Gaudenz Salis in Weimar bei sich empfing. Als Fünfzehnjähriger besuchte ich in Malans, wo er in seinem „Gewölbe" dem eigenen Wein zusprach, den greisen Herrn Johann Ulrich Salis, Enkel des Dichters. Er hatte zweifellos seinem Vater, vielleicht schon seinem Großvater die Hand gedrückt, die dieser einst Goethe gereicht hatte . . .
Ein Spiel mit zeitlich-persönlicher Nähe, das heißt mit historischer Kontinuität.
Johann Gaudenz S. und Benjamin Constant haben sich beide in Weimar aufgehalten. Beide waren in den 1760er Jahren geboren, beide Schweizer, der eine aus Graubünden, der andere Waadtländer, beide Schriftsteller, die der europäischen Oberschicht angehörten und überall offene Türen fanden. Constant, der in Erlangen, Braunschweig und Göttingen gelebt hatte und zweimal mit deutschen Frauen verheiratet war, beherrschte das Deutsche und las fleißig deutsche Autoren (was ihm gestattete, Madame de Staël bei der Niederschrift ihres Buches „De l'Allemagne" behilflich zu sein – denn die berühmte Schriftstellerin konnte kein Wort Deutsch).
Es ist immer interessant, Aufzeichnungen von Zeitgenossen über Goethe und die andern großen Weimaraner zu lesen, auch wenn es bloß Tagebuchnotizen, gleichsam Momentaufnahmen sind, weil sie noch nicht

nach Heroenkult schmecken, wie zum Beispiel Emil Staigers großes Goethe-Buch.

Am 7. Februar 1790 (Goethe war 40 Jahre alt) berichtet Johann Gaudenz S. aus Weimar von einem Besuch bei Herder und einer Abendgesellschaft in Wielands Haus mit Knebel und Kalb. „Wielands Genius ward oft zum ausgelassenen Satyr (. . .), Herder dagegen ist voll reiner Anmuth (. . .). Das deutsche Vaterland galt ihnen wenig; Witz und Geschmack schimmerte (. . .). Von Wieland aus ging ich zu Goethe. Er empfing mich mit viel Anstand und Kälte. Wir speisten bei Herrn von Kalb, Major unter Royal suédois. Wieland, Herder und Goethe saßen mir gegenüber (. . .). Goethe scherzte viel, parodierte den Ton des Beisitzers der Nationalassemblée – vertheidigte Sophismen mit Laune, Deutschland mit Wärme. Knebel führte mich zu Frau Kammer-Präs. von Stein (. . .). Im Club fand ich Lips, den Kupferstecher aus Zürich, und Bode, den Uebersetzer von Tristram Shandy (. . .). Wieland liebt das l'hombre-Spiel bis zur Leidenschaft . . ."

Am 9. Februar aus Jena: „Hofrat Schütz war soeben Prorektor geworden (. . .), er lud Professor Reinhold, Schiller, die hier studierenden Herren Sprecher von Jenins und Fäsi in Zürich nebst anderen dazu. Schiller ist groß und schlank von Wuchs, röthlichblond, gebogene dünne Nase, nah beisammenstehende, feurige, helle Augen, die Augenbrauen verlaufen ineinander." Dieser Beschreibung fügt der junge Bündner eine kritische Glosse an. Aber Schiller selbst, der damals 30 Jahre alt war, schrieb an Lotte (seine Verlobte): „Salis ist hier und war diesen Nachmittag bei mir. Er erzählte mir von Wolzogen, von Paris, was mich interessierte. Ueberhaupt hat er mir wohl gefallen, er scheint etwas Stilles und Ernstes in seinem Wesen zu haben, was mich an ihm fesselt. Diesen Abend werde ich noch mehr mit ihm umgehen, ich verspreche mir viel Vergnügen." Bereits am 18. Februar kam Johann Gaudenz (er zählte 27 Jahre) auf seinem Pferd in Malans an, es war halb sechs Uhr in der Frühe, und da er niemanden stören wollte, blieb er im Stall, bis es Tag geworden war.

Bei Constant, der vierzehn Jahre später einen längeren Aufenthalt in Weimar machte, fließt mehr kritische Säure aus der Feder. 23. Januar 1804: „Goethe gesehen. Feinfühligkeit, Selbstbewußtsein, physische Reizbarkeit bis zum Leiden, bemerkenswerter Geist, schöner Blick, ein etwas zerfallendes Gesicht" (Goethe ist jetzt im 55. Lebensjahr, Constant ist 36). „Nach dem Essen Wieland, französischer Geist, kalt wie ein Philosoph und leicht wie ein Dichter. Herder (vor kurzem gestorben) eher warm als klar, ein warmes und recht süßes Bett, in dem man angenehm träumt."

24. Januar. „Essen mit (Johannes von) Müller, dem Historiker, ein lebhafter Mann, geistreich, liebt die Freiheit, befindet sich gegenüber seiner Regierung im Zustand unserer Philosophen vor der Revolution der ihren gegenüber. Kennt gut den Zustand Europas, voll Selbstbewußtsein, aber recht gutherzig. Wieland ist im Grunde ungläubig, möchte aber glauben, weil es seiner Phantasie zuträglich ist, die er poetisch machen möchte, und weil er alt ist."

27. Januar. „Goethe. Verlegenheit jedes Gesprächs mit ihm. Wie schade, daß die mystische Philosophie Deutschlands ihn mitgerissen hat. Er gestand mir, daß der Spinozismus dieser Philosophie zugrunde liegt (. . .). «Ich ziehe es vor», sagt Goethe, «daß der Katholizismus Schaden anrichtet, als daß man mich verhindern würde, mich seiner zu bedienen, um meine Stücke interessanter zu machen.» Seine Prätentionen in Chemie und den exakten Wissenschaften. Mißbrauch der Analogie. Seine Gleichgültigkeit gegenüber der Politik."

16. Februar. „Sehr bemerkenswertes Abendessen bei Goethe. Er ist ein Mann voll von Geist, von Einfällen, von Tiefsinn, von neuen Ideen. Aber er ist der am wenigsten gute Mensch, den ich kenne. Vom «Werther» sagte er: «Was dieses Werk gefährlich macht, besteht darin, daß es die Schwäche wie eine Stärke dargestellt hat. Aber wenn ich etwas tue, was mir behagt, gehen mich die Folgen davon nichts an. Wenn es Verrückte gibt, denen die Lektüre zum Schaden gereicht, nun dann . . .» Er erläuterte in mehreren Sätzen ein aufs beste zusammengesetztes Persönlichkeitssystem."

28. Februar. „Abend und Nachtessen mit Goethe und Schiller. Ich kenne auf der Welt niemanden, der so viel Vergnügtheit, Feinfühligkeit, Kraft und einen so weitgespannten Geist hat wie Goethe."

17. März. „Wilhelm Tell. Es ist eine schlecht arrangierte Laterna magica mit viel weniger poetischen Schönheiten als in den andern Stücken von Schiller. Die Szene mit Johann von Oesterreich im fünften Akt macht keinerlei Eindruck. Es gibt eine Menge lächerliche Vorkommnisse: die Zerstörung einer Burg durch einen einzelnen Mann, mit deutscher Ruhe und einem kleinen Hammer, die Brüder der Barmherzigkeit etc. In jedem großen Theater hätte man gepfiffen. Tells Charakter ist der einzige gut gelungene."

18. März. „Von Goethe verabschiedet. Eigenartiges System, welches das Publikum für nichts hält und zu allen Fehlern sagt: «Sie werden sich daran gewöhnen». Ich glaube, daß davon abgesehen Goethe nicht sehr verärgert ist über Schillers Absurditäten."
Constant konnte nicht voraussehen, daß Schillers „Tell" im Bewußtsein der (Deutsch-)Schweizer den Rang eines nationalen Helden- und Freiheitsdramas einnehmen würde. Hier erscheint eine der tieferen Unvereinbarkeiten der welschen und der alemannischen Sensibilität in unserem Land (wozu bemerkt werden muß, daß Schillers Pathos neuerdings auch bei den Deutschschweizern nicht mehr recht ankommt – unsere Jugend liest lieber Max Frischs „Wilhelm Tell für die Schule").

20. August

Der Name ist gefallen, er war längst fällig. Frisch hatte uns telefonisch zum Abendessen in der Stadt aufgefordert, bevor er nach New York abflog. Ich fragte ihn, ob er seinen 70. Geburtstag dort verbringen wolle. Nein, das müsse er doch in seiner Vaterstadt – er sagte „Vaterstadt". Und dann waren wir am 14. Mai im Auditorium Maximum der ETH, Hans Mayer sprach über „Max Frisch in zeitlicher Folge", nachher traf man sich in der „Meise". Dürrenmatts 60. Geburtstag war im Schauspielhaus gefeiert worden im vorigen Januar, das entsprach seiner wesenhaft theatralischen Sendung. Frisch hatte sein Architektendiplom an der ETH erworben, ich war damals in diesem Haus schon Professor, aber er saß wohl kaum je zu meinen Füßen. Später sagte er mir, mein Name sei ihm zum erstenmal aufgefallen, als ich im April 38 den „Anschluß" Österreichs in der „Neuen Schweizer Rundschau" kommentierte; er sei mir auch dankbar gewesen, als ich nach dem Mißerfolg seines „Graf Oederland" in einer von den Studenten organisierten Versammlung in der ETH dieses Stück verteidigte. Das war 1952. So ging es, von einer Begegnung zur andern, man sah sich oft lange nicht, aber wenn man sich traf, in Zürich, in Paris, in Rom, in Frankfurt, bei uns zu Hause, bei ihm in Berzona, war es, als ob man das Gespräch nie unterbrochen hätte.
Einmal, als wir nach einer Aufführung im Schauspielhaus die Rämistraße hinuntergingen, sagte Fritz Dürrenmatt zu mir: „Du bist ein Max-Frisch-Forscher." Der ironische Ton gab mir eine leise Mißbilligung zu

verstehen, außerdem ist „Forscher“ zu viel Ehre. Ich hatte bloß ab und zu etwas über seine Sachen geschrieben. Die beiden sind gar zu verschieden. Merkwürdig: mit Dürrenmatt ist der persönliche Kontakt ungezwungener, das Bernische verbindet, anderes, was man gemeinsam gemacht hatte, kommt hinzu; Frisch ist förmlicher, heiklig, ein Schwieriger. Aber Frischs Sprachkunst, seine klare, knappe, verständige Prosa steht meinem Empfinden nahe. Frisch hat nicht die metaphysische Dimension Dürrenmatts, die übrigens ein wenig unheimlich ist. Als Rilke mit mir in Muzot über Ramuz und Spitteler sprach, nannte er sie „die beiden großen Schweizer“ – heute, right or wrong, sind literarisch gesprochen Frisch und Dürrenmatt die beiden großen Schweizer. Sie haben bohrend, unterschwellig, aber unüberhörbar etwas am schweizerischen Gespräch verändert – seit der eine, am Ende des Weltkrieges, „Nun singen sie wieder“ auf die Schauspielhausbühne brachte und der andere mit „Es steht geschrieben“ im gleichen Haus einen Sturm entfesselte.

Unvermeidlich war es auch, daß sie einander unbequem geworden sind. Aber trotz allen Gegensätzen standen sie in einer ähnlichen Problematik. „Sowohl Dürrenmatts «Besuch der alten Dame» wie mein «Biedermann und die Brandstifter» hätten nicht entstehen können, ohne das kompakte Gegenüber eines noch weitgehend intakten Bürgertums. Die schweizerische Situation hat also auch ihre positiven Seiten, gewiß – wenn man sie aushält und sich immer wieder von ihr distanziert.“ So konnte Frisch 1960 schreiben. Inzwischen haben die Schweizer Dürrenmatt freundlicher bei sich aufgenommen als Frisch – aber das könnte ein Mißverständnis sein. Auch zwischen ihnen gab es Mißverständnisse, ein Auseinanderleben, das gab es schon zwischen Gottfried Keller und Conrad Ferdinand Meyer. In beiden Fällen aber gaben sich die beiden so verschiedenen Zeitgenossen wohl besser Rechenschaft über Wert und Bedeutung des andern, als es die journalistische vox populi vermag. Nach der Aufführung der „Alten Dame“ sagte Frisch zu mir (ich kann mich der genauen Worte nicht entsinnen), die Szene, wo Ill mit seiner Frau und seinen Kindern über Land fährt, ihnen die Schönheit der Landschaft zeigt und dabei schon ahnt, daß sie ihn verraten werden, das sei etwas, das er nicht machen könnte. Könnte Dürrenmatt gewisse Passagen in „Holozän“, in „Montauk“ machen? Sie sollten froh sein, daß sie zwei solche Kerle haben, soll Goethe von den Deutschen gesagt haben, als sie darüber stritten, ob er oder Schiller der Größere sei. Ein solches Scherzwort räumt natürlich das Grundsätzliche in der Verschiedenheit der Positionen und

der Kunstmittel nicht aus der Welt; darüber nachzusinnen und zu schreiben ist Sache der Kritiker und Philosophen.
An jenem Abend mit Frisch im letzten Frühjahr sprachen wir von dem Film, den Richard Dindo über ihn gedreht hatte. Mir hatten die Sequenzen aus New York, alltägliche Straßenszenen, der Blick aus dem Hotelfenster, ein schlichtes italienisches Restaurant Eindruck gemacht, weil sie Zeugnis ablegen von der bevorzugten Lebensatmosphäre des Autors der „Tagebücher". Auch der Strand von Montauk mit der langen Holztreppe und dem altväterischen Gasthaus, das Farbenspiel auf dem bewegten Meer, das rotblonde Mädchen, das über den Sandstrand schreitet und mit seltsamen Armbewegungen die Treppe emporsteigt, blieben in meinem Gedächtnis haften. Frisch erzählte, wie dieser Film entstanden war und wie der junge Dindo selber die Zitate aus seinen Werken ausgesucht hatte. Mir hatte diese Auswahl aus Frischs Texten ausgezeichnet gefallen; bei einigen dieser Sätze hatte ich bei der Lektüre einst selber innegehalten.
Mir war immer die Polarität in Frischs Schriften und Wesen aufgefallen, das einerseits der gesellschaftskritischen, sozialen Polemik verschrieben und andererseits eminent ichbezogen ist. Tief sitzt bei ihm die Leidenschaft für das eigene Ich, seine Bücher legen Zeugnis ab vom „Triumph der Individualität" – Frisch könnte sich keiner gesellschaftlichen Autorität, wie immer sie beschaffen wäre, unterordnen. „Wissen Sie", sagte ich, „als der Film im Studio noch lief, fragte ich mich, wie, kurz gefaßt, mein Eindruck von der dargestellten Persönlichkeit ist; es war der Eindruck einer gewissen Melancholie." Frisch murmelte etwas Zustimmendes. Starke Ichbezogenheit macht das Leben schwer. Leute, die Max Frisch wegen provokativer Aussprüche gram sind, ahnen nichts von der verhaltenen, verletzlichen Zartheit dieses Menschen. Es ist schade, daß „Bürger Frisch", wie Adolf Muschg seinen Geburtstagsartikel betitelte, daß der citoyen, der die dunklen Mächte der Privatwirtschaft anklagt und in politischen Versammlungen Reden hält, in der Meinung vieler seiner Landsleute den Dichter übertönt. Denn Poesie ist leiser als Politik . . . Gegen politische Gesinnung ist nichts einzuwenden. Den Glauben, daß Utopie die Menschheit vorwärtsbringen könne, zur Verbesserung ihrer Lage beitrage, mehr Gerechtigkeit in die Welt zu bringen vermöge, kurz, die Überzeugungen des *Moralisten* Frisch kann man respektieren. Oder man kann ihnen widersprechen. Was für mich in diesem Œuvre vorherrscht, es auszeichnet und trägt, ist Frisch der *Dichter.*

21. August

Was Frisch unter Dichtung versteht: Im „Tagebuch", Berlin 1947, sagt er zu einem Gedicht von Brecht: „Ehrlicher werden: nämlich nicht zu dichten, was die Vorfahren gemäß ihrem Bewußtsein zur Poesie gebracht haben, sondern wirklich zu dichten, unsere Welt zu dichten." Weiter: „Nicht alle seine Gedichte haben dieses Standhaltende, dieses Jederzeit-Sagbare. Die Schwäche der andern, finde ich, ist freilich nicht das Nur-Ästhetische, aber das Nur-Ideologische, eine andere Art, nicht wirklich zu sein. Wirklich, würde ich sagen, ist Goethe. In Faust II genügen oft vier Zeilen ..."
Schon in den „Blättern aus dem Brotsack" zitierte Frisch aus diesem Werk:

Gestaltung, Umgestaltung:
Des ewigen Sinnes
Ewige Unterhaltung.

Das ist das Gegenteil von Ideologie. Seine Bewunderung für Brecht liegt auf einer anderen Ebene. Nach einem Gespräch mit Brecht (in Herrliberg 1948, als das Schauspielhaus den „Puntila" herausbrachte) notiert Frisch im „Tagebuch": „... man ist geschlagen, aber nicht überzeugt. Auf dem nächtlichen Heimweg, seine Glossen überdenkend, verliere ich mich nicht selten in einen unwilligen Monolog. Das stimmt ja alles nicht!"
Drei Jahre früher, in der Uraufführung von „Nun singen sie wieder", hörten wir einen der Protagonisten sagen: „Ich meine – es gibt die Schönheit einer Illusion (...). Ich glaube an die Illusion. Auch das, was nirgends vorkommt auf der Welt, auch das, was man mit Händen nicht greifen und mit den Händen nicht zerstören kann, auch das, was nur als Wunsch vorkommt, als Sehnsucht, als Ziel über alles Vorhandene hinaus: auch das hat seine Macht über die Völker."
Ein anderer: „Glaubst du das?"
Antwort: „Sein Reich komme! Nichts ist wirklicher als diese Illusion ..."
Die Illusion hat das Bewegende (wir fanden das Lob der Illusion auch bei Constant), und Ideologie ist das Unwirkliche. Frischs dichterisches Werk gestaltet Wirklichkeiten – mit einer bei zunehmender Lebenserfahrung etwas gedämpfteren Sehnsucht, nüchterner, wacher, mit einer enger geschnürten Brust. Das Herz klopft weniger heftig als in den Jugendwerken (wie beim reiferen Goethe – am Sturm und Drang zerbricht einer, oder er streift ihn ab wie eine schlaff gewordene Haut). Dennoch: „Die

Utopie schafft, daß Menschsein etwas anderes sein könnte." (Ein Historiker, meine ich, müßte einmal mit dem nötigen Wissen untersuchen, was Utopien in der Geschichte hervorgebracht haben: die Utopie der Bergpredigt, Rousseaus Utopie, die Utopie von Karl Marx – das Bessere oder/ und das Verwirrende?)

Ein Suchender ist Max Frisch immer geblieben. Ich hörte in der Frankfurter Paulskirche seine Rede, die er nach der Überreichung des Friedenspreises des deutschen Buchhandels hielt; er dankte für „Zustimmung und Widerspruch als Herausforderung, den eigenen Standort in der Zeitgenossenschaft zu suchen". Ein Mann der Wirtschaft, ein an höchster Stelle wirkender Diener unseres Staates, Paul Jolles, zitiert diesen Satz in seinem Glückwunschbeitrag zu Frischs 70. Geburtstag; seine Dichtung habe ihm „den Blick für das Beunruhigende geschärft", aber als politischer Schriftsteller, der „sich mit dem schweizerischen Staats- und Wirtschaftssystem auseinandersetzt, schafft er nun seinerseits ein Feindbild, das einseitig ist und die Kräfte des inneren Ausgleichs (. . .) übersieht."

Möglich. Frischs kritische Bemühung um das Schweizerische ist ein Produkt seiner Betroffenheit. Seine Freunde, Peter Bichsel und Adolf Muschg, erblicken gerade in seiner Kritik – ohne das unleugbar Provokative in Abrede zu stellen – seine Art des Patriotismus. Er sei seinem Land nahegetreten, weil es ihm nahe war. „Enttäuschte Liebe", sagt Muschg. Als ich im Nachgang zu den Mai-Unruhen von 1968 mein Buch „Schwierige Schweiz" herausbrachte, schrieb mir Frisch, es sei wichtig, weil es die Fronten öffne, und zwar „vom konservativen Geist her". Von mir, wenn überhaupt, könnten Reaktionäre und andere Leute Kritik annehmen.

Konservativ? Darüber ließe sich diskutieren. Nun war ich meinerseits betroffen, als ich in Marcel Reich-Ranickis Beitrag (der in der „Zeit" 1972 als Kritik des „Tagebuch 1966–1971" erschien) las, Frisch gehöre „eher zu den Nachkommen der betont bürgerlichen Schriftsteller, der distanzierten und schmunzelnden Beobachter, der ironischen und meditierenden Zeugen, der urbanen Humoristen und leidenden Skeptiker, der – um Beispiele auf höchster Ebene zu geben – Keller, Fontane und Thomas Mann. Ähnlich wie sie ist auch Frisch ein Ankläger wider Willen. Denn er sehnt sich nach der Idylle, und er liebt den Ausgleich. Er, ein profunder Kenner bürgerlicher Schwächen, schämt sich nicht bürgerlicher Tugenden. Wie die Großen, in deren Nachfolge er gesehen werden sollte, überrascht er immer wieder mit der Ruhe, die seine Unruhe nicht

tarnt, sondern zum Vorschein kommen läßt, und die seine Betroffenheit nicht verbirgt, sondern akzentuiert."
Von diesem klugen Statement kann nur einer überrascht sein, der von Frisch mit der Nase auf Dinge gestoßen wurde, die ihn als Schweizer treffen mußten. Einem deutschen Kritiker ist die Schweiz Hekuba, und wenn er einen großen Schriftsteller deutscher Sprache beurteilt, hat er damit recht. Reich-Ranicki hat einfach das Wesentliche und, wie ich glaube, das Bleibende dieses Œuvres gekennzeichnet und den Autor eingeordnet als Gegenbeispiel zum „Geschlecht der Außenseiter, Ruhestörer und Rebellen, der Getriebenen, der Unversöhnlichen und Zerrissenen. Mit den schockierenden Amokläufern der Literatur hat er kaum etwas gemein." Da haben wir's. Mir tut es wohl. Ich weiß jetzt, warum ich immer ungezwungen mit Max Frisch umgehen konnte. Er selber meint, er sei der Progressive und ich der Konservative, mit dem er sich jedoch, wie er mir einmal sagte, besser unterhalten könne als mit gewissen andern Leuten. Es erheitert mich, daß ich ihm seine Bemerkung über den „konservativen Geist" mit der Bemerkung von Reich-Ranicki über den „Nachkommen der betont bürgerlichen Schriftsteller" heimzahlen kann.

22. August

„Wer alles gelesen hat, kennt Max Frisch durchaus nicht besser." Es gab Bewegung im Auditorium, als Hans Mayer diesen Satz sprach. In seinen Arbeiten, „den scheinbar so privaten und aufrichtigen vor allem", erweise er sich als „Künstler der Verwandlung, und als Meister des Verschweigens". Man kann um Dichter, um Künstler nur kreisen, aber man kommt nie ganz rundum – kennen wir Gottfried Keller, Thomas Mann? Aber auch an Frisch bewährt sich die Erfahrung, „daß ein geschaffenes Werk mithelfen kann, uns selbst und unsere Umwelt anders zu sehen" (ich sagte es schon, als wir in Rom mit den Augen Fellinis sahen).
Neulich plauderten wir unten beim Tor unter dem hellen Nachsommerhimmel. Ich sagte zu Dieter Bachmann: „Ich verstehe nicht, warum mich Romane von Frisch an solche von Goethe erinnern. «Stiller» und die «Wahlverwandtschaften», wie geht das zusammen?" Seine Antwort: „In den «Wahlverwandtschaften» wird auch alles geplant, organisiert, der Park und das Leben im Schloß, und dann ist das Schicksal auf einmal mittendrin."

Der Architekt Frisch wird von Kritikern wohl am Rande erwähnt, aber wissen sie, was ein Zürcher Polytechniker ist? Ich weiß es, ich habe dreiunddreißig Jahre unter ihnen gelebt und gelehrt. Frischs in die Geometrie verliebter Don Juan sagt: „Hast du es nie erlebt, das nüchterne Staunen vor einem Wissen, das stimmt? Zum Beispiel: was ein Kreis ist, das Lautere eines geometrischen Orts. Ich sehne mich nach dem Lauteren, Freund, nach dem Nüchternen, nach dem Genauen: Mir graust vor dem Sumpf unserer Stimmungen." Geometrie als Kontrast zu menschlichen Stimmungen. Der Architekt als Schriftsteller. Ich habe sie oft gesehen, die Architekturstudenten am Zeichentisch, den Stift in der Hand, wie aus der Skizze der Entwurf, aus der inneren Vision der organisierende Plan entstehen mußte. Im „Homo Faber" glaubt der Ingenieur, der für die UNESCO Lateinamerika bereist, alles berechnen zu können, vor allem das eigene Leben, und wie diesem Ingenieur Faber „die Wahrheit, und damit die Schönheit eines Dreiecks über alles zu gehen scheint". Aber die beiden Zürcher, Stiller und Faber, beide Männer, die ihr Leben voluntaristisch zu steuern vermeinen, werden aus der Bahn geworfen –, sie können die selbstgewählte Rolle nicht zu Ende spielen, verborgene Mächte nehmen ihnen ihre hartnäckig behauptete Lebenshaltung aus der Hand. Der eine bleibt, allein gelassen, in seinem traurigen Haus in Glion, der andere stolpert in eine Tragödie und stirbt in einem Spital in Athen; die Welt des Tragischen hat ihr vergeblich verteidigtes Dasein eingeholt (wie sie in den „Wahlverwandtschaften" die Protagonisten aus einer vernünftig organisierten Umwelt herausgerissen hat). Aber wir, die Leser, haben etwas dazugelernt. Es bewährt sich der Satz, daß ein Werk der Kunst uns helfen kann, uns selbst und die Umwelt anders zu sehen.
Ich habe mich wieder ereifert, wie schon so oft in meinen Gedankengängen. Seitdem ich sie aufzeichne, verflüchtigen sie sich wenigstens nicht, sie haben jetzt Konturen. Nur ein Wort zum „Holozän": hier ist nahtloses Gelingen, kaum geplant, einfach ganz und rund, mehr genuin als reflektiert, aber wie gezügelt, wie diszipliniert, wunderbar nüchtern und knapp die Sprache. Von der amerikanischen Kritik einstimmig gelobt und für den Nobelpreis empfohlen (die Schwedische Akademie war sparsam, was schweizerisches Schrifttum betrifft, erst Spitteler und Hesse erhielten den vielbegehrten Preis).
Frischs Erscheinung. Nicht sehr groß, aber nicht kraftlos, rundlich und von behender Beweglichkeit, früher mit kräftig dunklem Haar-Helm bedeckt, der jetzt grau und schütterer ist; ein Gegensatz zwischen der obe-

ren, männlich-harten Gesichtshälfte und der ungenaueren unteren Hälfte mit dem knabenhaften Mund. Das Trotzige dieses Mundes. Frisch blickt geradeaus durch seine schwarz umrandeten Brillengläser; wenn ihm die Gesellschaft oder seine Stimmung nicht behaglich ist, nimmt der Blick etwas Starres an. Wo er Vertrauen faßt, ist er entspannt, ganz Freundlichkeit, aber immer jenseits von bloßer Zutraulichkeit. Sein Lachen ist jung und arglos geblieben. Seine Urbanität. Er begleitete uns vom Restaurant über die Brücke und den Limmatquai zum Bellevue. Als ich das Tram besteigen will, fragt er, wann denn ich Geburtstag hätte, ich sage es ihm ins Ohr, und er: „Das geht ja noch lang bis dahin." Wendig und rasch verschwindet er in der belebten Nacht. Frisch hatte schon immer etwas Rasches, die Unruhe des Reisenden, des Emigranten. Aber der anscheinend Fliehende steht oder sitzt fest, unbeweglich und aufmerksam, wenn ihn das Gespräch interessiert, wenn er über ein Problem Klarheit haben, die Meinung des andern hören will. Aber er ist auch ein Entschwindender, sich Entziehender, der dann auf einmal wieder da ist, nicht zufällig, es hat immer irgendeinen Grund. Sicher ist er vielen gegenüber abweisend, er ist keineswegs, was man „verbindlich" nennt; aber er kann gefällig, entgegenkommend, hilfreich sein, und auch das immer aus guten Gründen.

Frischs Werk ist eine weite Landschaft, in der Menschen leben, lieben, leiden. Er konnte Jünger und Nachahmer haben. Für die einen eine verehrte, für andere eine verhaßte Vaterfigur; beides kann Epigonen hervorbringen. Manche, die früher Redaktoren, Kritiker oder Lehrer geworden wären, schrieben nun Romane. Die Versuchung, Dichter, Dramatiker, Romancier zu werden, ist groß. Mit ein wenig Talent und Phantasie kann man es schaffen. Einiges davon wird vielleicht bleiben, anderes nicht. Aber ich bin überzeugt, daß ohne die beiden Großen und Erfolgreichen, die mit Literatur und Theater ordentlich Geld verdient haben, die literarische Landschaft der Schweiz weniger bevölkert wäre. Jetzt sind schon Junge an der Reihe, die unbekümmert und frei von Vaterkomplexen schreiben und die den Gram der Älteren, im Schatten der Berühmten zu stehen, nicht kennen.

Es ist unschwer zu verstehen, daß die meisten Schweizer Literaten in der Nachfolge Frischs, nicht in derjenigen Dürrenmatts zu finden sind. Dürrenmatt ist eine Naturgewalt, die auch ein Intellektueller ist. Er richtet sein Teleskop aufs Weltall. Dieter Bachmann, in seiner Abhandlung anläßlich des 60. Geburtstages von Dürrenmatt, verglich sein Werk mit einem gewaltigen Gebirge. Ein Gebirge produziert Riesen, Ungeheuer, Engel, Hexen, Verbrecher, Abgestürzte, Rebellen, Bettler, Reformer, Sterngucker, die in Dürrenmatts Werk unter vielen Namen und in Handlungen auftreten, wo der Unterschied zwischen dem Tragischen und dem Komischen „hauchdünn" (Dürrenmatt dixit) ist. Was viele jüngere Schriftsteller, auch die Kritik im deutschen Sprachgebiet, selten ganz verstanden haben, ist die profunde, philosophisch geschulte Gescheitheit der Dürrenmattschen Texte. Aber „das ist ein weites Feld", würde Vater Briest sagen. – Ich fühle mich ein wenig ausgehöhlt. Heute ist Samstag.

23. August

Mario Schoenenberger ist gestorben. Ich hatte seit einigen Jahren nichts mehr von ihm gehört. Zuletzt teilte er mir mit, daß er an Entwicklungsprojekten in Afrika und Südamerika gearbeitet habe, seinen Wohnsitz im Tessin nehme. Wir waren befreundet, es lag ihm etwas an meiner Freundschaft, vermutlich der Wunsch nach Bestätigung. Als ich ihn im Katholischen Akademikerhaus in Zürich kennenlernte, war er Studentenseelsorger. Jesuit. Dr. theol. der Universität Innsbruck. Er habe keine Glaubenszweifel, er sei ein guter Katholik und ein guter Jesuit, sagte er. Ob die sexuelle Enthaltsamkeit nicht ein schwieriger Verzicht sei? Nein, das sei unwichtig. Der neue General der Gesellschaft Jesu, P. Pedro Arrupe, ein Spanier aus dem Baskenland, ehemaliger Provinzial des Ordens in Japan, berief P. Mario in die Regierung des Ordens, als „Assistent" für die Provinz Germania (samt Österreich, der Schweiz, den Niederlanden usw.). Es war zur Zeit des Zweiten Vatikanischen Konzils. P. Mario nahm das „aggiornamento" wörtlich. Ich verdankte ihm den Zutritt zur Jesuitenuniversität Gregoriana in Rom, zu den Historikern unter ihren Professoren, die mir die archäologischen Ausgrabungen unter dem Petersdom zeigten, zum Kardinal Bea, zu P. Arrupe, zu einer Audienz Pauls VI.
Schoenenbergers Stolperstein waren die holländischen Jesuitenpatres, Studentenseelsorger, die heiraten wollten. Er verteidigte ihre Wünsche in Rom. P. Mario war das gutherzigste, menschenfreundlichste, im besten Sinn naivste Menschenkind, das mir in so wichtiger Stellung je begegnet

ist. Nach einem Abend bei uns sagte E., das ist ja ein Protestant. Er schien nicht zu spüren, wie stark er vom Zürcher Geist, von den Schulen, die er in dieser Stadt besucht hatte, geprägt war. Der Konflikt mit dem Orden und mit der Kurie war unvermeidlich. Ich erinnere mich an seine Verwunderung, als ich ihm sagte, man solle in der Festung bleiben; wenn man drin sei, könne man vielleicht etwas erreichen. Es war noch vor seinem Ausbruch aus dem Orden. Er schien enttäuscht. „Es ist ja grotesk, wenn ich als Nichtkatholik so etwas sage, aber ich sehe die Verhältnisse politisch, taktisch; wenn Sie nicht mehr dabei sind, haben Sie keinen Einfluß mehr." Das war, als er mich zum Flughafen begleitete, seine frommen Augen blickten mich beim Abschied ein wenig verwirrt an.
Mario Schoenenberger war ein Befürworter der progressiven Richtung, die in den 60er Jahren und darüber hinaus viel von sich reden machte. Sicher hielt er sich nach wie vor, nachdem er 1969 aus dem Orden ausgetreten war, für einen gläubigen Katholiken. Die traditionsgebundenen Strukturen und Lehrmeinungen, das kanonische Recht, die Dogmen sind aber Dinge, mit denen eine Institution wie die katholische Kirche steht und fällt. Mario Schoenenberger, wird mir berichtet, arbeitete in letzter Zeit an einem Buch, das eine „gegenwartsbezogene Bibelauslegung" zum Thema hat. Ihm lag eine Glaubensvermittlung an heutige Menschen am Herzen. Sein Buch blieb unvollendet.
Schoenenberger hatte nicht die robuste, selbstbewußte Kraft, noch die propagandistische Geschicklichkeit eines Hans Küng, dem der Papst die Lehrerlaubnis entzogen hat. Aber wie sollte, um in der Logik der Römischen Kirche zu bleiben, ein Professor der Theologie angehende Priester unterrichten dürfen, wenn er in wesentlichen Punkten von der offiziellen Lehre abweicht? Küng hat in einem in der internationalen Presse verbreiteten Artikel hoch und heilig versichert, daß er Katholik, keineswegs Protestant sei (er scheint nicht zu merken, wie ähnlich denjenigen Luthers seine Stellungnahmen sind, und Pater Mario erkannte seine Verwandtschaft mit zwinglischem Geist auch nicht).
Im November des letzten Jahres war ich in Paris zu einem Mittagsmahl ins Kloster der Dominikaner eingeladen; am Tisch des Priors saß mir gegenüber der Père Congar, ein hochangesehener Theologe. Er steht in persönlichem Kontakt mit Küng, sagte von ihm, er könne predigen und sich als Priester betätigen; aber in bezug auf die Doktrin sei er unmöglich. Nachher, beim Kaffee, fragte mich ein alter Pater, was denn eigentlich diese Leute wollten. Ein wenig eingeschüchtert von dieser Umgebung

sagte ich, ich glaube, mehr Freiheit. Er hob die Hände zum Himmel: „Mon Dieu, liberté!"
Ich fürchte, an diesem „mon Dieu, liberté" ist Mario Schoenenberger, der stiller, feiner, zurückhaltender war als andere Abweichler, aber eigensinnig an seiner unorthodoxen Haltung festhielt, letzten Endes gescheitert. In der Todesanzeige, die in der NZZ erschien, heißt es von ihm: „Zusammen mit den vielen Menschen, die ihm in Freundschaft und Liebe verbunden sind, hat er suchend und fragend dem Willen Gottes und dem Geheimnis menschlichen Seins näherkommen wollen."
Ich erhielt Auskunft. In letzter Zeit lebte Mario Schoenenberger mit der die Todesanzeige unterzeichnenden Frau Katharina Schoenenberger in Montagnola. Er schrieb an seinem Buch. Einem plötzlichen Entschluß folgend fuhr er nach Einsiedeln. Dort ertrank er beim Baden im Sihlsee. Es habe sieben schreckliche Tage gedauert, bis seine Leiche gefunden wurde. Dann wurde er in Montagnola beigesetzt, auf dem Friedhof, wo Hermann Hesse ruht. Ich habe vielleicht Mario Schoenenberger nie ganz verstanden, ihn vermutlich enttäuscht. Er war ein lauterer Mensch – wie viele Menschen können es von sich sagen? Ich hatte ihn gern.

24./25. August

Wohin soll mich diese plan- und ziellose Schreiberei führen? Warum habe ich sie angefangen, fortgesetzt? Hatte ich das Bedürfnis, so zu tun, als würde ich arbeiten? Weil ich, wenn ich den Schreibstift nicht gebrauche, das Gefühl habe, zu nichts nütze zu sein? Aber wozu ist dieses tägliche, kleine Pensum nütze? Ich weiß es nicht. Ich weiß nur, daß der Mensch eine innere Melodie hat, die er zwar nicht immer deutlich hört, daß es aber nicht ratsam wäre, dieser Melodie nicht zu folgen. Ich lasse mich einfach gewähren. Das fällt einem in späteren Jahren leichter als es in jenen war, da man im aktiven Leben stand. Damals bestimmten Notwendigkeiten und Zweckmäßigkeiten den Gang der Werktage, Werkwochen, Werkjahre. Wie gut, zwecklos und ohne Not dahintreiben zu können: mit ein paar guten Büchern, einem bekömmlichen Wein, etwas Speise, drei oder vier Pfeifen im Tag (die letzte mit einem Glas Whisky), nicht mit großen, aber mit den drei oder vier genauen Bedürfnissen, die dem Tageslauf und der Nachtruhe zu einer mäßigen Behaglichkeit verhelfen. Man kann dann auch mit seinem Hund besser reden als mit Menschen, die so oft miß-verstehen. Ein Hund weiß nichts von Mißverständnissen, auch nichts von Gut und Böse; wenn ich einen Mord begehen würde, so daß alle alten Bekannten und guten Freunde mich verlassen und verleugnen müßten, wäre am nächsten Tag der Hund ebenso zutraulich, zu Schabernack und Zärtlichkeit aufgelegt wie zuvor. Der Mensch sollte wie die Tiere dem Leben recht geben können.

Eigentlich sind die Menschen oft ein Hindernis auf unserem Weg – aber wir könnten nicht leben ohne sie. Einer der zahllosen Widersprüche des Daseins. Selbst wenn man weiß, daß die bürgerliche Moral fragwürdig ist und man nicht an die Verbindlichkeiten von Konventionen glaubt, hat man im eigenen Leben doch das Bedürfnis, etwas Nützliches, etwas Sinnvolles zu tun. Nur darin erblicke ich echte Moral. Übrigens scheint es mir einleuchtender, an den *Nutzen* gewisser Handlungen und Verrichtungen zu glauben, als an ihren *Sinn.* Der Nutzen hat etwas unmittelbar Erkennbares. Wenn aber das eigene Beginnen doch nicht viel genützt haben sollte, so hatte man wenigstens geglaubt, Nützliches getan zu haben. Leistungen, Enttäuschungen, sogar Irrtümer: Vielleicht machen sie das Leben lebenswert, nicht anders als Genuß und das Genießen das Leben ein wenig freundlicher machen. Soweit ist das schon richtig, vermute ich. Bloß den Sinn in alledem vermag ich nicht deutlich zu erkennen. Sinn des Weltalls? Sinn der Natur? Sinn der Geschichte? Auch Sinn unserer eigenen, winzigen, unerheblichen, schon bald von den Nachlebenden vergessenen Lebensgeschichte? Man müßte viel mehr wissen über den Sinn, das Sinnvolle, den Sinngehalt der Dinge, über das einen Sinn Erfüllende.

Que sais-je? Montaigne ist eine der reinsten Quellen der Weisheit, die darin besteht, daß wir fragen müssen: Was weiß ich? Aber der gleiche Montaigne glaubte zu wissen, daß er vollkommen aufrichtig über sich und sein Tun Auskunft geben könne. M. F. hat diese berühmte Stelle aus Montaignes Essais einem Buch vorangestellt, in dem er viel Persönliches aus seinem Leben erzählt. Er weiß natürlich, wir wissen, wie es mit der Aufrichtigkeit bestellt ist. Menschen aus ungebrochenen Jahrhunderten, ungebrochene Menschen konnten an Aufrichtigkeit glauben. Wir Heutigen wissen, wie sich alles verwandelt, wenn wir reden, schreiben, berichten, auch von uns selbst erzählen. Nichts ist aufrichtiger als die „Aufzeichnungen des Malte Laurids Brigge“, als die „Suche nach der verlorenen Zeit“. Aber es kann nicht stimmen. Es muß anders gewesen sein. Auch was von Gelehrten beschrieben und beredet wird, ist nie ganz so.

Das Bedürfnis nach Verwandlung der Dinge in etwas uns Genehmes und der Drang nach Verschweigen des uns nicht Behagenden liegt in allen Werken des menschlichen Geistes verborgen. Deshalb kann dieser Geist auch nichts Reines, Redliches, Klares über den Sinn aussagen.
Jeder interpretiert den Sinn nach seinem Bedürfnis. Dieses Bedürfnis mag „aufrichtig" sein, wenn man zugibt, daß Aufrichtigkeit etwas durchaus Subjektives ist: „Ich sehe es so", oder: „Ich glaube" – das kann aufrichtig gemeint sein. Objektiv wahre Auskunft zu geben, ist ein Ideal, dem man sich mehr oder weniger annähern kann: ohne Gewähr der ganzen Wahrheit. Das beste, was wir aus dieser Unvollkommenheit unseres Strebens machen können, ist nicht *die* Wahrheit, sondern unser Bemühen *um* Wahrhaftigkeit. Wozu es gehört, daß wir über das eigene Denken nachdenken müssen, um Denkfehler möglichst auszuschließen; wozu auch das schwierige Unterfangen gehört, unser eigenes Verwandlungs- und Verschweigungsbedürfnis erkennen und korrigieren zu wollen.
Ob wir aber wirklich Bescheid wissen? Ob wir nicht doch Getriebene sind, die sich durchs Leben treiben lassen und zu guter Letzt fragen müssen: „Que sais-je?" Was wissen wir denn vom Leben? Von uns selbst? Da ist alles sehr geheim. Zur Lebensweisheit gehört auch, daß man das „Geheimnis des menschlichen Seins" (wie es in Schoenenbergers Todesanzeige hieß) als dazugehörend anerkennt. Das läßt uns bescheiden werden, ohne unsern redlichen Willen zu brechen, der sich dem Wahren annähern möchte. Also schreiben wir in Gottes Namen weiter, solange wir es nicht lassen können (wobei es nicht unweise ist, wenn wir, obgleich nur beiläufig, den Namen Gottes nennen).

27. August

Gestern nachmittag Michael Stettler und seine Frau. Erfreuliche Menschen. Menschen, die nicht zu träge sind, um von ihrem schönen Berner Landsitz aufzubrechen und hier vorzufahren – einfach so. Zu einem Besuch. Wer tut das schon? „Wir haben von der Autobahn zu Ihnen hinaufgeschaut", sagen die meisten – und nahmen sich nicht die Zeit, zu uns hereinzuschauen. Michael ist der einzige Berner aus unserem gemeinsamen Gesellschafts- und Verwandtenkreis, der ähnliche Bahnen einschlug und ähnliche kulturelle Interessen hat wie ich. Er erwarb sein Architektendiplom an der ETH, wurde Kunsthistoriker und hat, nach einer Direktionszeit am Berner Historischen Museum, die Sammlung Abegg in einem von ihm entworfenen Haus in Riggisberg zur Schau gestellt und lebendig erhalten. Er kannte Heinrich Wölfflin in Zürich, Stefan George in Minusio, Berenson in Florenz, war angesehen in internationalen Museumskreisen und unterhielt mit unsern eigenen Bekannten aus der Welt der Kunstsammler und -kenner, von den Winterthurern Reinhart bis zu Manuel Gasser, engen Kontakt. Zum letztenmal war Stettler hier vor zwei Jahren, als wir Manuel zu Grabe trugen. Er war mein unmittelbarer Nachfolger als Präsident der Stiftung Pro Helvetia. Vor kurzem ist ein Sammelband aus seiner Werkstatt unter dem Titel „Machs na" (so lautet die in Stein gehauene Inschrift am Berner Münster) erschienen. Nicht nur solid und klug, auch mit Charme dargestellt: eine unorthodoxe Betrachtung über Hodler, ferner das Zutreffendste, was über die mir seit meiner Kindheit vertraute Madame de Meuron geschrieben wurde, insbesondere auch eine Lebenschronik und Werkanalyse des einzigartigen Johannes Itten, mit dem ich zur Zeit seiner Direktion der Kunstgewerbeschule und des Museums Rietberg in Zürich bekannt war usw. In den „Kunstdenkmälern des Kantons Aargau" steht aus Stettlers Feder die beste Darstellung der Burg Brunegg und ihrer Geschichte. Als wir mit unsern Gästen beim letzten Dämmerlicht hinuntergingen zu ihrem Wagen, stellten Michael und ich fest, daß wir ganz aufeinander eingestellte Gesprächspartner sind. Das Redepingpong zwischen uns hatte uns gute Stunden bereitet. Es war ein Abend, wie sie hier selten sind –, „buchenswert", würde Thomas Mann sagen.

„Nachsommer." Die Lektüre des ledergebundenen Werkes von Adalbert Stifter, das mir Hermann Burger aus seiner Sammlung geschenkt hat, strapaziert meine Geduld. Gütig, lieb, zart, innig, edelmütig, wunderschön: zu viele Tugenden. Wieviel drängender, energischer, dämonischer ist die Schilderung ähnlicher Wanderungen über Berg und Tal in Goethes „Wilhelm Meisters Wanderjahre"! Auch hier ist jetzt Nachsommer, als ob die Natur den Atem anhielte, nachdem sie so viel geleistet hat. Alles ist Zeugung und Fruchtbarkeit, von der farbigen Blumenpracht im Garten und den Obstbäumen und Brombeerstauden bis zu den Rindern auf der Weide. Überall ist Reife, Fülle und Sättigung. Die Laubwälder liegen unter dem schweren, fast schwarzen Grün ihrer Blätterkronen. Wenn man hinunterschaut auf die Äcker im Tal, ist es, als ob die Erde stolz wäre auf die reiche Ernte, die sie hervorgetrieben hat. Eine große, stille Wartezeit. – Die Flur-Uhr hat neun geschlagen, Gioia wartet unten auf unsern morgendlichen Lauf. Nachmittags nach Zürich, zur Nachbehandlung meines traumatisierten Kiefers, der nicht mehr schmerzt.

29. August

Zufällig fiel mir eine von Karl Popper selbst verfaßte Zusammenfassung seiner Wissenschaftstheorie in die Hände. Ich kannte sie noch nicht. Sie spricht mich an, weil sie Parallelen mit meinen eigenen Gedanken über die Schwierigkeit der Wahrheitsfindung aufweist. Zwar komme ich von den Geisteswissenschaften her und Popper deklariert sein System als Theorie der Naturwissenschaft. Das bestätigt nur meine Ansichten von der Einheit der Wissenschaft, denn Poppers Gedankengang trifft für alle Wissenschaften zu. In meiner eigenen Lehrtätigkeit an einer Technischen Hochschule berücksichtigte ich bei meinem Geschichts- und Politikunterricht den Umstand, daß die Mehrzahl meiner Schüler vom naturwissenschaftlichen Denken herkam. Nun beruft sich Popper zur Begründung seiner naturwissenschaftlichen Theorie auf einen Dichter und Rhapsoden des griechischen Altertums, auf Xenophantes, dessen Homerkritik Popper zur Wissenschaftskritik angeregt hatte. Denn so wie Xenophantes zur Begründung einer monotheistischen Religionstheorie Widerspruch zu Homers Auffassung von der Götterwelt geübt hatte, habe Einstein eine neue Theorie der Gravitation geschaffen, indem er sich mit Newtons Gravitationstheorie in einen logischen Widerspruch setzte. Was mich an Poppers Gedankengang anspricht, ist die Freiheit, mit der er sich auf ein literarisches Vorbild beruft, um eine naturwissenschaftliche Theorie zu begründen. Ein Beweis mehr für die Einheit des menschlichen Denkens.

Popper: „Die Aufgabe der Wissenschaft – wie die aller denkenden Tätigkeit – ist, Probleme zu lösen", es mögen praktische oder theoretische Probleme, also „Neugier-Probleme" sein. Am Anfang aller wissenschaftlichen Entdeckungen stünden fruchtbare Probleme. Die Wissenschaft, das Denken überhaupt, ende aber auch mit offenen Problemen, weil jede Problemlösung neue Probleme aufwerfe. Für Popper hat die Naturwissenschaft (warum nicht auch die Geistes- und Gesellschaftswissenschaften?) drei Komponenten: „Die fragestellende Phantasie, die antwortfindende Phantasie und das kritische Denken, das auch an die Phantasie appelliert." Ein solches Bild der Wissenschaft, meint Popper, sei von dem, was bis 1934 vorherrschte, sehr verschieden –, damals „durfte Phantasie keine Rolle spielen, eher schon Sitzfleisch". Aber wenn er sagt: „Die immer erneute Kritik ist, was Wissenschaft zur Wissenschaft macht", dann fühle ich mich zum Zeugen dafür aufgerufen, daß wir bereits vor 1934 in dem Gelehrtenkreis, dem ich in Paris angehörte, Wissenschaft als „systematischen Zweifel" definierten.

Die Verschiedenheit von literarischer und wissenschaftlicher Kritik erblickt Popper darin, daß jene ein Werk der Literatur daraufhin zu beurteilen habe, ob es die Eigenschaften eines dichterischen Kunstwerkes besitze, während wissenschaftliche Kritik rationale Kritik sei. Ihr Hauptanliegen sei die Frage: „Ist es wahr?" Dazu gehöre die Frage, ob die vorliegende oder eine mit dieser im Widerspruch stehende Theorie befriedigend und nachprüfbar sei. „Ist sie experimentell nachprüfbar?" fragt Popper. An dieser Stelle erblicke ich den methodischen Unterschied zwischen Naturwissenschaft auf der einen, Geistes- und Gesellschaftswissenschaften auf der andern Seite; die Theorien der Geistes- und Gesellschaftswissenschaften sind experimentell *nicht* nachprüfbar. Man kann Luthers Reformation, die Französische Revolution, den Zweiten Weltkrieg nicht experimentell wiederholen, um nachzuprüfen, ob die von den Historikern dazu geäußerten Ansichten und Hypothesen richtig sind. Aber für beide voneinander verschiedenen Zweige der Wissenschaft gilt Poppers Forderung nach rationaler Diskussion als „Kritik im Dienste der Wahrheit". Erkenntniskritik kann auch geübt werden, wenn experimentelle Nachprüfung nicht möglich ist.

Die Originalität von Poppers Theorie scheint mir in seiner Relativierung des Wissens zu liegen. Theorien haben nur vorläufigen Charakter; es gibt wohl Fortschritte in der Richtung auf die Wahrheit, aber wir erreichen niemals sicheres Wissen. Jede Theorie ist zunächst eine Vermutung; im Lichte von Einsteins Theorie war auch Newtons Theorie nicht mehr als eine Vermutung.

Popper hat selber die einschlägigen Hexameter des Xenophantes, auf die er sich beruft, ins Deutsche übersetzt:

> Sichere Wahrheit erkannte kein Mensch und wird keiner erkennen
> Über die Götter und alle die Dinge, von denen ich spreche.
> Sollte einer auch einst die vollkommenste Wahrheit verkünden,
> Wissen könnt' er das nicht: es ist alles durchwebt von Vermutung.

Mich macht es glücklich, daß ein Naturwissenschafter mit der Autorität, die angeblich sicheres Wissen verleiht, unter Berufung auf diesen griechischen Dichter-Denker die Unsicherheit des menschlichen Wissens begründet. „Denn die vier Zeilen des Xenophantes", meint Popper, „sagen, daß selbst dann, wenn ich die vollkommenste Wahrheit verkünde, ich das nicht mit Sicherheit wissen kann. Denn es gibt kein unfehlbares Kriterium der Wahrheit: Wir können eben nie, oder fast nie, ganz sicher sein, ob wir uns nicht geirrt haben." Xenophantes lehrt, daß wir im Laufe der Zeit, suchend, das Bessere finden. Popper: „Er meint die Wahrheitsnähe, die Annäherung an die objektive Wahrheit."

Ich habe, was mein eigenes Fach betrifft, das heißt die historisch-gesellschaftspolitische Denkarbeit, nie einen höheren Anspruch als den der Annäherung an die Wahrheit gestellt – in der Hoffnung, daß das eigene Suchen, auch die Diskussion, rationale Kritik überhaupt, uns in der Erkenntnis weiterbringen würden. Zweifellos besteht die Wahrheit in der „Übereinstimmung des Aussageinhalts mit den Tatsachen". Aber sogar wenn wir aufgrund der kritisch erarbeiteten Kenntnisse die Wahrheit sagen, können wir nicht mit letzter Sicherheit wissen, ob unser Wissen stimmt. Es ist zu sehr mit Vermutungen, auch mit unserer subjektiven Denkart verwoben, als daß wir behaupten dürften, wir hätten in einer bestimmten Sache das letzte Wort gesprochen. Bei Historikern und Soziologen kann man unschwer beobachten, daß ihr weltanschaulicher Standpunkt und ihre politische Meinung ihr wissenschaftliches Urteil beeinflußt. Es fällt ihnen oft schwer, unbequeme Aspekte eines Problems als wahr anzuerkennen. Man sollte aber nicht mit Vor-Urteil, sondern mit Vor-Sicht die Wahrheitssuche betreiben.

Für Karl Popper ist auch ein ethisches Postulat von großer Bedeutung; er nennt es „intellektuelle Redlichkeit" und „intellektuelle Bescheidenheit". Er setzt sie gleich mit „Hochschätzung der Wahrheit, die wir nicht besitzen, sondern suchen". Einem Mann, der so spricht, möchte ich dankbar die Hand reichen. Er ist jedoch zu optimistisch, wenn er meint, „kein echter Wissenschafter beansprucht Autorität; weder für sich noch für seine Hypothesen". Aber Karl Popper räumt ein, daß es überall engstirnige Dogmatiker gebe, „sogar in physikalischen und biologischen Laboratorien". Es liege in der Natur der Sache, daß sie an jenen Plätzen häufiger seien, „wo Macht ausgeübt werden kann".

31. August

Nizons wieder beim Nachbarn. E. macht mich aufmerksam, daß Paul Nizon als Typus an Fritz Wotruba erinnert. Nicht die Gesichtszüge, aber die Kopfform, die Haarfülle, das Untersetzte und Kräftige des Körpers, das Gesammelte im Blick des Augenmenschen, auch etwas Mißtrauisches, das sich nicht ausliefert. Eine Ruhe und Scheu, die sehr wohl in rüden Zorn ausbrechen könnte. Langes Gespräch, das uns näherbringt. Ich mag das Echte, das sich mit langsam Vertrauen fassender Zurückhaltung mitteilt. Nichts von der fahrigen Nervosität vieler Intellektueller. Nicht Klatsch, keine Anekdoten, einfach Mitteilung, Feststellungen. Er mag die Sprache von Thomas Mann nicht, auch nicht die modischen „kunstgewerblichen" Filme neuerer Filmemacher. Ich verstehe, daß Dürrenmatt seine Bücher schätzt. Nizon hat in Bern als Kunsthistoriker zum Doktor promoviert und war während drei Jahren Assistent von Michael Stettler am Historischen Museum. Seine junge Frau, eine Französin, studiert Sprachen in Paris, wo sie leben.
Gestern vormittag kam der Enkel, leicht gekleidet, im Gesicht gerötet, schlanke Arme, eine heranwachsende Knabenpflanze. Er sprach mit Begeisterung von seinen Klarinettenstunden. Ich hatte ihm voriges Mal meine Klarinette geschenkt, die ich im Schülerorchester spielte. Erstaunlich, wie diese Jungen ganz erfüllt sein können von dem, was sie gerade entdecken und anfangen. Bereits vom Kindlichen ins Männliche übergehend, zutraulich, fähig zu innerer Freiheit und äußerer Expansion. Noch zart, aber schon kräftig in aufgeschossenem Körperwuchs, leidenschaftlicher Radfahrer, Reiter und Schütze, bereits Lateinschüler. Ich hätte nie gedacht, daß Großvatersein mich glücklich machen könnte.
Heute eine Buchbesprechung geschrieben: „Rechenschaft" von Albert Weitnauer, der vierzig Jahre, seit 1940, als Beamter im Bundesdienst stand, zuletzt als Staatssekretär für Auswärtige Angelegenheiten in Bern. Ich habe etwas übrig für Männer, die mit Intelligenz, Fleiß, Sachkenntnis und Charakter ihr Leben dem Dienst am Staate widmen. Weitnauer und Paul Jolles waren (sind) in der Bundesverwaltung die beiden Spitzenmänner unserer Außenhandels- und Außenpolitik. Hier ist einmal nicht von Ideologie und von Parteipolitik die Rede, sondern von Tatsachen und von Sachgebieten. Unterschied zum Journalismus, indem hier ein Mann der Praxis Rechenschaft ablegt. Gute Sprachform und gepflegte Kultiviertheit. Sinn für Staatsnotwendigkeiten, für die schweizerische

Neutralität aus Staatsraison, für den Außenhandel als Dienst an der einheimischen Prosperität. Überzeugung von der Richtigkeit des eigenen Tuns aufgrund eines fraglosen Patriotismus. Teilnahme an der Ausübung der Staatsmacht, im gekonnten Umgang mit administrativen und politischen Herrschaftsinstrumenten. Für mich ist Weitnauers Buch außerdem unterhaltend, weil ich fast alle schweizerischen Persönlichkeiten, unter oder neben denen er amtierte, gekannt habe. Gute Beobachtungsgabe. Hartnäckigkeit verbunden mit umgänglichen Formen. Ich hatte in einer von Weitnauer präsidierten Arbeitsgruppe mitgewirkt.

1. September

Ich glaube jetzt zu begreifen, warum ich das alles aufschreibe. Ich möchte mir Rechenschaft geben von dem, was mich betroffen macht. Zum Beispiel betroffen von den neuesten Informationen aus Radio und Presse, die ich Greuelnachrichten nenne, weil sie von vielen Greueln Kunde geben. In Teheran haben sie den Präsidenten und den Ministerpräsidenten getötet; aus Rache für die ununterbrochene Hinrichtungswelle, mit der sich in Iran das Regime des Ajatollah Khomeini an der Macht zu halten versucht. Betroffen auch von dem Anschlag auf die Synagoge in Wien, den die Regierung Israels zum Vorwand nimmt, um einmal mehr jeden Kontakt mit der palästinensischen Befreiungsorganisation abzulehnen. Diese hat das Attentat scharf verurteilt. Bemerkenswert die Vorwürfe von Bundeskanzler Kreisky an die Politiker in Jerusalem, denen er Schuld gibt, daß Araber immer von neuem Attentate verüben; das seien die „Früchte des Zorns", weil die Israeli den Palästinensern ihr Recht vorenthalten. Bruno Kreisky ist einer jener europäischen Bürger, die trotz ihrer jüdischen Herkunft ihrem angestammten Vaterland die Treue halten und nichts zu tun haben wollen mit dem Chauvinismus der Juden in Israel.
Heute Elsies Geburtstag. Sie feiert ihn nicht gern, weil an einem 1. September der Weltkrieg ausbrach. Aber wir werden uns abends mit unseren Jungen zum Essen treffen.

4. September

Im Verlag Orell Füssli in Zürich Exemplare meines Buches signiert: eine Neuauflage der „Weltchronik“, meiner Radiokommentare, die unter dem Titel „Eine Chronik des Zweiten Weltkrieges“ erschienen. Die Bekanntheit meines Namens verdanke ich meinen Sendungen über die politische und militärische Lage während der Kriegsjahre 1940–1945. Nach dem Kriege erwachte ich als berühmter Mann. Ich war in den von Hitler besetzten Ländern und in Deutschland abgehört worden. Es ist mir klar, daß ich ohne diese zeitbedingte Tätigkeit als Rundfunkkommentator zwar in akademisch gebildeten Kreisen, also beschränkt, als Dozent und als Verfasser einiger Bücher vielleicht bekannt geworden wäre. Das Abenteuer meines Lebens aber war, daß ich, zu meiner Überraschung, populär wurde. Der Ruhm sei die Summe aller Mißverständnisse, die sich um einen Namen bilden, sagt Rilke. Ich wurde den Ruhm des „Freitag-Professors“, des Mannes, der nach Carlo Schmids Worten „Widerstand gegen den Sog der Kriegspropaganda“ leistete, nicht mehr los. Ich werde heute noch daraufhin angesprochen, erhalte immer noch Briefe von Menschen, die trotz der Gefahr, die das Abhören von fremden Sendern unter der Nazidiktatur bedeutete, im Kriege meine Sendungen hörten.
Ich glaube, daß ich Bücher geschrieben habe, die mehr Substanz und wohl auch bessere Qualität haben als die jeden Freitagmorgen in den Kriegsjahren rasch auf der Maschine hingeschriebenen sechs Blätter, die das Pensum von fünfzehn Minuten Vortrag am Mikrophon erfüllen mußten. Aber die *Wirkung* – und auf diese kommt es bei einer öffentlichen Tätigkeit an – der Radiosendungen war größer als die meiner historischen und literarischen Arbeiten. „Du kannst dich darüber nicht wundern“, sagte Fritz Hochwälder, „deine Bücher werden von ein paar tausend Menschen gelesen, deine Rundfunksendungen wurden von Millionen gehört.“ Rosenbaum, mit dem ich darüber sprach, sah es anders. Daß ich die „Weltgeschichte der Neuesten Zeit“ geschrieben habe, sei für einen Geschichtsprofessor normal, man habe es von mir erwarten können. Die Radiokommentare im Krieg aber seien im eigentlichen Wortsinn „extra-ordinaires“, weil es etwas außerhalb der gewöhnlichen Ordnungen gewesen sei.
„Worte im Kriege sind keine Literatur. Sie sind verbindlicher als im Frieden, denn sie sind eine gefährliche Waffe. Ihre wöchentliche Wiederholung übt eine Wirkung auf die Stimmung und Meinungsbildung der

Hörer aus." Dies in meiner Einleitung zu der „Chronik des Zweiten Weltkrieges". Im übrigen wäre ich undankbar, würde ich mich als Autor anderer Bücher über geringes Echo beklagen. Vor einem Jahr kam die „Weltgeschichte" neu heraus. Dieser Tage erhielt ich vom Suhrkamp-Verlag den Bescheid, daß von „Rilkes Schweizer Jahren" etwas mehr als 5400 Exemplare verkauft seien; es handelt sich um die vierte Auflage eines Buches, das zum erstenmal vor 45 Jahren erschienen ist. – Draußen, wo wir im Wald zwischen Bäumen gingen, ist jetzt Herbst. Die Blätter fallen. Die Ernte ist eingebracht.

6. September

Gestern Lenzburg. Die Rathausgasse mit ihrer schönen, angestammten Organisation. Das Rathaus von würdigem Barock, an den Bürgerhäusern des 18. Jahrhunderts die Spuren von geschickten Steinmetzen und Kunstschmieden. Ein klassizistisches Gebäude mit Säuleneingang dient einer Gemäldegalerie. Vernissage einer Ausstellung der Aquarelle von Peter Mieg, der an diesem Tag seinen 75. Geburtstag feiert. Zur Eröffnung eine seiner Kompositionen, „Images d'Epinal", für Bratsche und Cello. Verdienter Applaus. Peter Mieg ließ es sich gern gefallen, daß ich ihn in meiner Ansprache als einen leicht angegrauten, jüngeren Mann beschrieb. Er stand da, aufrecht und schlank, gepflegt wie immer, im schmalen Gesicht die lange schnuppernde Nase, den fragenden Blick und den halb zögernden, halb schalkhaften Mund. Er hat seiner Vaterstadt die Treue gehalten, aber er hatte sich auch von ihr losgerissen. In Paris wohnte er mit mir unter dem Dach des alten Hauses Foyot. Wir arbeiteten beide an unsern Dissertationen. Beide waren wir Ausbrecher. Unsere Mütter waren Cousinen; das Wort „Verwandtschaft" können wir für uns in seiner doppelten Bedeutung verstehen. Zwar war ich an dem Punkte gescheitert, an dem Mieg reüssieren sollte: an der Musik. Wir hatten beide kindliche Kompositionen in einer tiefen Schublade verschwinden lassen. Ihm war es in seinem Leben vergönnt, reife Werke zu vollenden. In Paris waren es der „Groupe des Six", Strawinsky und Wanda Landowska, die uns anzogen. Später trat Frank Martin als der wichtigste seiner Lehrer in Peters Leben.
Lenzburg ist eine musische Kleinstadt. In der Jugend meiner Mutter hausten die Wedekinds auf dem Schloß. Frank und seine Geschwister

sind dort aufgewachsen. Die Einheimischen sangen, malten, musizierten viel. Ein „Musikdirektor" dirigierte das Orchester und führte mit Dilettanten sogar Lortzings „Waffenschmied" auf. Diese Menschen waren kleinstädtisch mit allem, was dieses Wort beinhaltet: biedermeierisch, würdig, aber tolerant, spannungsvoll, einige von ihnen künstlerisch begabt. Einer der Textilfabrikanten des 19. Jahrhunderts gab einmal ein Zeitungsinserat folgenden Inhalts auf: „Buchhalter gesucht. Fagott bevorzugt." Im Orchester fehlte ein Fagottist.

Das Französische hat Miegs Schaffen nachhaltig geprägt. Sein Vater entstammte einer elsässischen Familie. Viele seiner Kompositionen tragen französische Titel. Eine komplexe Gefühlswelt, zärtlich und schwebend, aber auch heftig und nicht ohne Bosheit, liegt diesen Tonschöpfungen zugrunde. Peter lebt mit einer Veranlagung, die mit Elfen und Erdgeistern vertraut ist. Kein Pathos, nichts Emphatisches. Mieg verrät etwas von seinen geistigen Quellen, wenn er von Annette Kolb, von Andersens Märchen, von „Alice in Wonderland" und von Thornton Wilder spricht und dazu sagt: „Der Nonsens, die Verrücktheit, der Irrsinn sind es, auf die ich so sehr anspreche."

Er ist ein kenntnisreicher Komponist und disziplinierter Arbeiter. Mit seinem Handwerk, mit allen Formen der Tonsetzung, auch mit der Reihentechnik eng vertraut, hat seine Kammermusik, haben seine Instrumental- und Vokalwerke eine bedeutende Dimension. In Peter Miegs Zweitem Klavierkonzert von 1961 ist, scheint mir, alles drin, was in seinen Arbeiten die Besonderheit der kantablen Themenführung, einer persönlich geprägten Harmonik und einer raffinierten Verwendung der Instrumente ausmacht. Das Merkwürdige liegt bei seinen Kompositionen in einer Gleichzeitigkeit ihres lyrischen Charakters mit etwas Elementarem, das rhythmisch vehement hervorbricht, dann aber mit sanfter Gebärde zurückgenommen wird.

Unlängst brachte ein Fernsehfilm das Junggesellendasein unseres Freundes in seinem Haus und Garten über den Dächern des alten Städtchens zur Darstellung. Er lebt in einer etwas verwunschenen Behausung, die angefüllt ist mit Möbeln, Bildern und Gegenständen einer verflossenen Zeit. Dieses Interieur, das eingehalten ist in einen mit Bäumen bestandenem Garten mit Teich und Blumenbeeten, ist fördernd für kreative Arbeit. Mir schien jedoch, daß der Mann mit dem Vogelprofil vom Filmregisseur und der Kamera gar zu sehr als ein „fin-de-race" dargestellt wurde. Peter ist kein „décadent", er ist gesellig, kultiviert Freundschaf-

ten, fühlt sich zu Hause in Paris, Wien, Salzburg, Bayreuth, in der Toscana; er ist ein Beweglicher, Lebendiger und Reisender. Ein immerzu Aufnehmender und fleißig Produzierender.
Es ist selten, daß ein Ohrenmensch auch Augenmensch, daß ein Komponist auch Maler ist. Wohl versichert Peter, daß Komponieren harte Arbeit sei, daß er aber nur zu seinem Vergnügen male. Ich habe die Aquarelle von Peter Mieg mit Interesse verfolgt und seine Entwicklung vom Schwelgerisch-Bunten zum Strenger-Abstrahierenden feststellen können. Höchstens die Gefahr, daß diese Blumenstücke bei zu großer Produktion zur Routine werden könnten, schien mir bei der Besichtigung der gestern eröffneten Ausstellung zu lauern. Manche haben etwas von Prozellanmalerei. Demnächst fährt er zur Vernissage einer Ausstellung seiner Sachen nach Wien. Ich konnte Peter kaum die Hand drücken, so sehr war er umringt von einer Menschenmenge, die ihn zum Geburtstag beglückwünschte.

9. September

In der Frühe nach 1 Uhr bei heftigem Regen aus Bern zurück. Es war eine Gesellschaft, die Erinnerungen an die Zeit weckte, als wir aus amtlichen Gründen an solchen Empfängen teilnehmen mußten. Der Polizeischutz samt Absperrung der Straße, an der die Residenz des österreichischen Botschafters liegt, war früher in diesem Umfang nicht nötig. Jetzt muß man möglichen Attentaten vorbeugen. Zum Abendessen hatte der österreichische Bundespräsident Kirchschläger geladen, der auf Staatsbesuch ist. Wiedersehen mit dessen Mitarbeiter Kurt Skalnik, der 1947 in Wien mein Schüler war (auch der Botschafter Hans Thalberg besuchte meine Vorlesungen – in den Kriegsjahren in Zürich). In zwei Räumen der ehemaligen Bonstetten-Villa, wo ich als kleiner Bub mit André von B. spielte, waren die Gäste untergebracht: im einen, dem „offizielleren", Kirchschläger mit den sieben Bundesräten und den österreichischen Ministern samt ihren Frauen, im andern, unterhaltenderen, an kleinen Tischen, alle anderen. Ich saß neben Frau Thalberg; sie war mit ihrem Mann schon in der Kriegszeit in Zürich zusammen. Nebenan, mit dem Botschafter, Elsie zwischen dem „großen" Jolles und Fritz Dürrenmatt. Sie trieben viel Spaß. Als sich die Tischgesellschaft auflöste, kam Willi

Ritschard auf uns zu; Peter Bichsel hatte ihm von unserer 1.-August-Feier erzählt. Ich fand alte Bekannte wieder, die damals junge Beamte waren und jetzt im Bundeshaus zu den oberen Rängen gehören.

10. September

Die Lektüre meines Briefwechsels mit Guy de Pourtalès hat mich ein wenig erschüttert. Er versetzt mich in die Jahre 1938–1940 zurück. Ich erhielt mit der Post die gedruckten Exemplare aus Lausanne. Sie haben für mich etwas Postumes, ich komme mir beim Wiederlesen wie gestorben vor. Die Zeitschrift „Etudes de Lettres" veranlaßte diese Publikation, gegen die ich mich anfänglich sträubte – Briefe von mir und von einem Toten, der vor vierzig Jahren starb? In der französischen Schweiz und in Paris wünschte man dieses Schriftstellers zu gedenken, der jetzt hundert Jahre alt wäre. (Pourtalès hatte noch Cosima Wagner in Bayreuth besucht.) Den Anknüpfungspunkt für unsern Briefwechsel bildete Rilkes Aufenthalt in Etoy im Jahre 1921, wo Pourtalès das Schloß bewohnte; die Anwesenheit Rilkes im Haus nebenan hatte er nicht bemerkt, was ihn nachträglich schmerzte. Pourtalès hatte für seinen interessanten Gesellschaftsroman „La pêche miraculeuse" den großen Romanpreis der französischen Akademie erhalten (das Buch erschien deutsch mit dem Titel „Der wunderbare Fischzug"). Nach der Lektüre meines Rilke-Buches bat mich Pourtalès um Auskunft über die Persönlichkeit von Nanny Wunderly-Volkart. In einem ausführlichen Brief entwarf ich für ihn ein Porträt dieser Freundin. Im Sommer 1939, auf der Durchreise zu einem Kuraufenthalt in Aix-les-Bains, besuchte ich Pourtalès in Etoy. Im folgenden Winter sahen wir uns fast täglich in Montana, wo er im Sanatorium „La Moubra" bei Dr. Ducrey seine kranke Lunge pflegte. (Im Ersten Weltkrieg war er einem deutschen Angriff mit Giftgas zum Opfer gefallen, von dem er sich nie ganz erholt hat. Er litt unter schwerem Asthma.)
In Aix-les-Bains las ich die Berlioz-Biographie des musikalisch versierten Pourtalès. Ich glaube, daß ich damals besser französisch als deutsch schrieb. Die innere Spannung meiner Zweisprachigkeit hat zeit meines Lebens nicht nachgelassen – auch Pourtalès gehörte beiden Kulturen an. In dem Brief, den ich aus Savoyen an ihn richtete, beschäftigten mich gewisse Parallelen, die ich zwischen Berlioz, Rilke und Benjamin Con-

stant zu entdecken meinte. Parallelen psychologischer Art. Ich will versuchen, meine damaligen Sätze ins Deutsche zu übertragen.
Die Gestirne, heißt es einleitend in diesem Brief, waren Berlioz nicht günstig gesinnt, er war ein halb Gescheiterter. Das schlimmste Trauma seiner Jugend hatte seine Ursache in der boshaften Persönlichkeit der Mutter des Komponisten, die einen theatralischen Fluch über ihn aussprach, als er sich nach Paris begab: „Ich bin kein sehr überzeugter Freudianer, aber dieser Konflikt zwischen Berlioz und seiner Mutter hat, scheint mir, eine ziemlich klare Bedeutung, wenn man dank Ihrer eindringenden Schilderung das verworrene Liebesleben des Künstlers zur Kenntnis nimmt. Denn diese Verwirrungen sind von sehr besonderer Art und beweisen, daß Berlioz, der zwischen dem unerreichbaren Ideal des shakespearischen jungen Mädchens und seiner zutraulichen Neigung für die reife Frau schwankte, immer an einem Zwiespalt seines fühlsamen und erotischen Lebens litt . . . Früher, als die Menschheit noch nicht bastardisiert war, hätte man einfach gesagt, daß der Fluch seiner Mutter Hector Berlioz durch sein ganzes Leben begleitet hat, bis zu der letzten Grausamkeit der Vorsehung, als sein Sohn Louis vor ihm starb. Heute würde man sagen, daß Berlioz Komplexe mit sich schleppte, die bis zu einem gewissen Grad den Mangel an Einheit seiner Persönlichkeit und daher auch das Fehlen einer Einheit in seinem künstlerischen Schaffen zu erklären vermögen. Es ist bei Berlioz schwierig zu unterscheiden zwischen dem Unglück, das dem Schicksal zugeschrieben werden kann, und dem klinischen Fall. Ich bin überzeugt, daß die Gestirne daran ihren Anteil hatten, denn er war unzweifelhaft ein genialer Mensch; aber ein anderer Teil muß einem psychischen Defekt zugeschrieben werden, der in seine frühe Jugend zurückreicht und seine vitalen Quellen getrübt hat. – Ich muß beifügen, daß ich auf diese Art Phänomen aufmerksam wurde, als ich von dem peinvollen und tragischen Konflikt erfuhr, der Rilke von seiner Mutter fernhielt. Auch der Einsame in Etoy und Muzot war ein unfreiwillig Isolierter, ein Scheuer, der nach Gesellschaft lechzte; ein nach Liebe und Zärtlichkeit Dürstender, dem es nie gelang, sich ein Zuhause zu bereiten, und der nie ein mehr oder weniger ausgeglichenes Leben zu zweit zu führen vermochte; ein Mann, dessen verstreutes und kompliziertes Gefühlsleben geteilt war zwischen köstlich platonischen Frauenfreundschaften und mittelmäßigen, aber stürmischen Liebschaften. Einer Künstlerseele fällt nichts schwerer als der Versuch, die konträren Strömungen, denen sie ausgesetzt ist, zu kanalisieren. Und am

schwersten ist es, wenn eine sehr empfindliche Sensibilität und Phantasie an eine hohe Intelligenz und an eine unerbittliche Luzidität angekettet ist. Das war nicht nur das Schicksal von Berlioz. Es war auch der Fall von Benjamin Constant, dessen Persönlichkeit mich immer so stark ergriffen hat. Welch ein Zufall, daß auch er in seiner Jugend keine Mutterliebe kannte, worauf er ein Liebesleben mit reifen Damen führte, die stärker waren als er und deren charakterloses Opfer er wurde; er machte gleichzeitig ununterbrochen Jagd auf das Phantom des jungen Mädchens, das die Namen aller guten Familien der Waadt und der Stadt Genf trug und das er zu heiraten wünschte, das sich aber dem ewigen Freier hartnäckig entzog. Und was für ein Mangel an Einheit im Werk dieses überragend gescheiten und entsetzlich sensiblen, schimärischen Menschen! Seine Exaltiertheit, seine Dürre, sein Scheitern haben die Züge seines edlen und schönen Antlitzes zerfurcht."

Zwei Tatsachen waren mir damals nicht bekannt. Einmal, daß Benjamin Constant zur nächsten Verwandtschaft der Familie meines Freundes Pourtalès gehörte; zum andern, daß auch er in früher Kindheit seine Mutter verloren und eine ungeliebte Stiefmutter hatte. Es würde mich nicht wundern – sein literarisches Œuvre könnte eine solche Vermutung stützen –, wenn Guy de Pourtalès bei aller Selbstbeherrschung, die er zur Schau trug, keine harmonische Persönlichkeit war. An einer Stelle seiner unlängst postum erschienenen Jugenderinnerungen beruft er sich ausdrücklich auf seine auch innere Verwandtschaft mit Constant, den er bewunderte. Ich selber sah Pourtalès meistens im Kreise seiner Gattin und Töchter, oder ich saß an seinem Krankenbett in Montana.

Ihm widerfuhr, was seinem Helden Berlioz geschehen war: Er verlor seinen einzigen Sohn. Auch davon findet sich die blutige Spur in unserem Briefwechsel. Es war Krieg, der jungverheiratete Raymond de Pourtalès kämpfte zur Zeit der deutschen Offensive vom Mai 1940 an der Front. Am 28. Mai dieses Jahres schrieb mir Guy de P. aus Etoy ein paar Zeilen, um mir zu sagen, daß „wir sehr ernste Stunden durchmachen und der Geist nicht frei ist"; er möchte mir rasch „ein Zeichen der Freundschaft geben und Ihnen sagen, daß ich an diesem Abend mit Vergnügen Ihre Radiosendung hören werde". Ich sprach an diesem Freitag am Mikrophon über die Schlacht um Frankreich, deren Beginn ich in Paris miterlebt hatte. – An diesem gleichen 28. Mai war Raymond de Pourtalès bei Armentières, nahe der belgischen Grenze, gefallen. Seine Familie, die lange ohne Nachricht blieb, erfuhr es erst im Juli.

Ich besuchte die Pourtalès am folgenden 12. September in Etoy. (Am 28. September heiratete ich.) Pourtalès versuchte, seine Zeit mit literarischer Arbeit auszufüllen und Distanz zu den Ereignissen zu gewinnen. Er lieh mir de Gaulles Buch „La France et son armée", das ich für eine kriegsgeschichtliche Vorlesung benützte. Der Name des jungen, nach London geflohenen Generals war am 18. Juni weltweit bekannt geworden, als er über den Sender der BBC die Franzosen zum Widerstand aufrief.
Aus meinem letzten Brief an Pourtalès, vom 25. November 1940: „Was den Krieg betrifft, sollte man keine endgültigen Schlüsse ziehen, sie wären verfrüht. In Frankreich selbst ist das letzte Wort nicht gesprochen. Wenn alles zu Ende ist, werden wir versuchen zu verstehen. Am Ende wird die Freiheit das große Motiv sein, das die Völker dazu bringen wird, sie sich zu verschaffen. Der gesunde Menschenverstand wird sich im Leben als härter erweisen als die Hysteriker der «Großräumigkeit». Man wird trachten, der krankhaften Disziplin der zerstörerischen Dynamik eine höhere Disziplin entgegenzustellen, die Disziplin des Geistes und des Herzens."
In seiner Antwort berichtete mir Pourtalès, daß er an seinen „Mémoires d'Outre-Tombe" schreibe; er habe sich „ein angenehmes Arbeitskabinett (eingerichtet), das mit einem guten alten Kachelofen ausgestattet" sei. Er hoffe, im Winter in Montana unser Gespräch wiederaufnehmen zu können. Der Brief schließt mit herzlichen Worten an meine junge Frau. Pourtalès konnte seine Memoiren nicht vollenden. Ich sah ihn nicht wieder. Er erlag seinem Lungenleiden im Alter von sechzig Jahren. – Die Broschüre aus Lausanne hat, wenn ich die kurze Zeit dieser Freundschaft überdenke, letzten Endes doch auch etwas Tröstliches.

11. September

In meinem Berliner Jahr, gerade großjährig geworden, sah ich in Max Reinhardts Inszenierung „Fräulein Julie" von August Strindberg. Die unübertreffliche Elisabeth Bergner spielte die Titelrolle, Heinrich George den Jean. Bestürzt, verwirrt, fasziniert verließ der junge Student das Theater. Das grausige Spiel zwischen der Grafentochter, die den Diener ihres Vaters verführt und sich nach der gierigen Vereinigung mit dem muskulösen Burschen erniedrigt und besudelt fühlt, endet mit dem

Selbstmord des Fräuleins. Ein Stück von festgefügtem dramaturgischen Aufbau zur Darstellung eines menschlich packenden, anstößig erotischen Vorgangs. Meine Erfahrungsarmut war aufgescheucht, meine Vorstellung von Liebe erschüttert von dieser Küchentragödie. Etwas Animalisches, Abenteuerliches, allen Verführungen Ausgesetztes schlummert aber in jedem phantasiebegabten, feinnervigen und vitalen jungen Menschen. Gefährdung hat etwas Anziehendes, zumal wenn ein Neugieriger alles vom Leben wissen möchte. Die äußerlich feste Dramaturgie des bürgerlichen Daseins schützt nicht vor innerer Unruhe, vor Qual und vor Begierde.

Strindberg ist einer meiner Helden. Ein Antiheld, sicher – wenn man es aushält, sein Leben als Akademiker hinzubringen. Georg Brandes, der ihn gut kannte, sagte: „Strindberg war ein großer Dichter, ohne ein führender Geist zu sein." Er sei kein Lehrer in der schweren Kunst des Lebens. Beides mag zutreffen. Aber wenn er kein Philosoph war und als Pädagoge nicht taugte, muß man fragen, warum Strindberg in seinem Leben ebenso leidenschaftliche Bewunderung und Verehrung wie Haß und Abscheu erregte. Seine Provokationen machten aus ihm einen Propheten für alle Benachteiligten und Aufrührerischen. Seine Entlarvungen empörten und ängstigten die Selbstzufriedenen und Etablierten. Strindberg war modern zu seiner eigenen Zeit, in den 1880er und -90er Jahren, er wurde von neuem modern nach dem Weltbrand des ersten großen Krieges in den 1920er Jahren, und er ist vermutlich den heutigen rebellischen, gegen das reale Leben protestierenden Schriftstellern und anderen Nichtkonformisten wieder modern. Strindberg ist ein Prototyp des Unzufriedenen in einer als ungerecht empfundenen Gesellschaft. Auch ein Einsichtsvoller, der die Schwäche idealistischen Tuns und utopischen Willens beklagt. Sein „Es ist schade um die Menschen" klingt uns in den Ohren nach. Im „Traumspiel" fragt Agnes den Advokaten, warum die Menschen nichts tun, um ihre Lage zu verbessern. Er gibt ihr zur Antwort, daß alle Verbesserer im Gefängnis oder im Irrenhaus enden. Dürrenmatt könnte so reden – hat er nicht Ähnliches gesagt?

Ich habe auch einen persönlichen Grund, des schwedischen Dichters zu gedenken. In dem Raum, wo ich diese Notizen zu Papier bringe, hat er viele Abende zugebracht. Er saß bei Wein und Tabak mit seinem Freund Heidenstam auf dem Sofa. Strindberg hat diesen Saal anschaulich beschrieben. Nur der Turmfalke, den er vor dem Fenster sah und der auch zu unserer Zeit noch unter dem Dach nistete, kommt nicht mehr. Wir sahen die Falken vor ein paar Jahren noch kommen, sie kreisten um das Haus und flogen wieder davon. Die Dohlen, ein lärmiges und wüstes Gezücht, das uns jedes Jahr heimsucht und alles verschmutzt, hat die edlen Falken vertrieben. Aber die Dohlen stehen unter Schutz; man darf sie nicht abschießen (wieviel schlechtes und lügnerisches Menschengezücht steht auch unter dem Schutz der Gesetze!).

Werner von Heidenstam und seine Frau Emilia, ein junges schwedisches Paar, nahmen am 1. Mai 1886 als Mieter meiner Großmutter Besitz von diesem Haus. Sie blieb noch mit ihren Kindern bis zum 3. Mai. Am 10. Mai klingelte es unten im Gang, Strindberg, der damals sechsunddreißig Jahre alt war, stand vor der Haustür, als Heidenstam öffnete. Er blieb zehn Tage hier, bis seine Frau Siri eintraf und er selber mit seinen Kindern, sechs- und vierjährigen Mädchen und einem zweijährigen Knaben, in einem Gasthof im nahen Othmarsingen Quartier bezog. Die Samstagabende und wohl noch andere Tage verbrachte Strindberg bei seinem Freund in Brunegg. Er hielt auch oft allein in der Dorfwirtschaft zum „Sternen“ Einkehr, von wo viele seiner Briefe datiert sind.

Strindbergs Biograph Olof Lagercrantz (im Insel Verlag 1980) erzählt von den beiden Dichterfreunden, die später erbitterte Feinde wurden: „Sie probierten mittelalterliche Rüstungen an, die im Rittersaal des Schlosses aufgestellt waren, und spielten ein Spiel, das Platske genannt wurde – man muß Messingstücke auf numerierte Löcher in einem Tisch werfen –, und sie diskutierten über Literatur und Politik. Knut Hamsun sagte einmal, Strindberg habe «ein Gehirn zu Pferd». Heidenstam war von derselben Art, wenn auch mit weniger Glut und Ernst. Sie wetteiferten in Paradoxen, sie verglichen ihr Leben, sie verstanden einander blitzschnell. Heidenstam nannte ihre Gespräche geistigen Beischlaf, und Strindberg charakterisierte ihr Zusammensein als ein «tägliches Öffnen der Sicherheitsventile».

In der «Prozeßreise» hatte Strindberg geschrieben, er zöge, wenn es Erotik nicht gäbe, eine Ehe mit einem Mann der mit einer Frau vor. Heidenstam, charmant, schön, aristokratisch und als noch Unbekannter der Schwächere, der Empfangende, entsprach dem Idealbild eines solchen ehelichen «Partners» (. . .).

Zwischen den Familien nimmt ein Verkehr seinen Anfang, in dem Siri Strindberg Heidenstam ebensowenig leiden kann wie Emili Heidenstam Strindberg. Wie hätte es anders sein können, nachdem die beiden Herren so deutlich zeigten, daß sie die gegenseitige Gesellschaft der ihrer Frauen vorzogen. Doch die Heftigkeit der Freundschaft machte sie auch für Risiken anfällig."

Anfänglich, sagt Lagercrantz, behandelten sich die Freunde ritterlich, gefühlvoll. Ihre Beziehung sei „eine kurze und heftige Affäre" gewesen. Nach einem gemeinsamen Ausflug, bei dem sich Strindberg über das Essen in einem Gasthof beschwerte, schrieb Heidenstam einen irritierten Brief, in dem er dem „Sohn einer Magd" (Strindberg schrieb zu dieser Zeit an seinem autobiographischen Roman) vorwarf: „Deine Empfindlichkeit ist in eine Monomanie übergegangen; Du brütest über Deiner fixen Idee, daß das meiste schlecht und ungenießbar sei. Du hast mit der Unzufriedenheit über die Gesellschaft begonnen, und Du endest mit der Unzufriedenheit über Beefsteaks, Forellen und allzu violette Billardkugeln."

Strindberg, verletzt, antwortete wie ein Mann, dessen Geliebte einen Ausbruch schlechter Laune hatte: „Ein Chronometer ist empfindlicher als eine Taschenuhr", erwiderte er, „aber was kümmert das die Welt, wenn er nur Hundertstelsekunden anzeigt." Er arbeite hart, da habe er auch das Recht, Entspannung und Vergnügen zu fordern und schmackhafte Speise mit guter Bedienung zu verlangen.

Im August zog die Familie Strindberg nach Weggis. In Othmarsingen lebte noch zu unserer Zeit eine alte Jungfer, die bei den Strindbergs als Kindermädchen gedient hatte. Vorhin, als ich meine Papiere und Zeitungen wegräumte, fiel eines jener Messingstücke, mit denen die beiden schwedischen Dichter gespielt hatten, zu Boden. Strindberg, der Vorahnungen, geheimnisvolle Vorgänge und seltsame Geschehnisse liebte, hätte darin einen Zusammenhang erblickt. Er sei zu abergläubisch gewesen, um seinen Namen in ein Gästebuch einzutragen, sagte mir ein schwedischer Literarhistoriker – und tatsächlich fehlt Strindbergs Namenszug im Gästebuch, in dem Heidenstam meiner Großmutter seinen Dank ausspricht. Natürlich kommen wegen ihres Interesses an dieser Episode aus der schwedischen Literaturgeschichte schwedische Professoren, Doktoranden, Journalisten, auch das schwedische Fernsehen, nicht selten zu Besuch in unser Haus. Die Teilnehmer am Internationalen Strindberg-Symposion, das vor zwei Jahren in Zürich stattfand, erschienen zahlreich im Saal, als sie in Brunegg, Othmarsingen und Weggis die Stationen von August Strindbergs Pilgerleben in der deutschen Schweiz aufsuchten (vorher hatte er sich mit seiner Familie längere Zeit in der französischen Schweiz, in Ouchy, Genf und Chexbres, aufgehalten).

12. September

„Mein Aufenthalt in der Schweiz war wie ein jahrelanger Sonntag“, erinnerte sich Strindberg. Nicht nur rückblickend sah er diese Zeit in verklärtem Licht. Die Schilderungen des Lebens und der Leute im Dorf Othmarsingen und der Spiele und Gespräche auf Brunegg bilden idyllische Stellen in seiner Autobiographie. Heidenstam spricht von der Fröhlichkeit Strindbergs und dem kindlichen Vergnügen, das ihm die kleinen Freuden des Lebens bereiteten. Auch Lagercrantz berichtet von seiner Teilnahme an Geselligkeiten, an ausgelassenen Festen im Kreise von Künstlern und schönen Frauen. Strindberg, der sich selbst als Gekränkter, Benachteiligter, Ausgestoßener und Verfolgter dargestellt hat und vor dem sich die bürgerliche Welt fürchtete, ist nicht leicht zu durchschauen. In der Künstlerkolonie Grez in Frankreich, wo die Strindbergs vor ihrem Schweizer Aufenthalt lebten, bekannte er dem jungen Schriftsteller Björnstjerne Björnson, er liebe ihn, er habe ihn lange gesucht, „weil ich selbst so unmännlich bin“. Es überrascht nicht, daß der Psychoanalytiker Th. Lidz Strindberg eine latente Homosexualität attestiert, dieser jedoch vehemente Vorurteile gegen homoerotische Beziehungen äußerte. Lagercrantz meint, Strindberg sei ein sehr weiblicher Mann, wenn man Empfindlichkeit, Weichheit, Ängstlichkeit, Fürsorge, Liebe zu Blumen, Neigung zu Tränen und häufigen Stimmungswechsel als weibliche Eigenschaften betrachte.

Strindbergs Einstellung zu Frauen aber war primitiv volkstümlich, er hielt den Mann für den Herrn der Schöpfung, emanzipierte Frauen waren ihm ein Greuel; er schrieb im Oktober 1894 in der Pariser „Revue blanche“ einen Artikel über „Die Unterlegenheit der Frau gegenüber dem Mann“. In Wirklichkeit war Strindberg ein schüchterner, verschlossener Mensch, der Mühe hatte, sich hinzugeben. „Die Schüchternheit ist ein Übel, das einem jeden Sinn für den eigenen Wert raubt“, bekennt Benjamin Constant. Lagercrantz sagt, Strindberg sei Frauen verfallen, „die kühn genug waren, sich ihm aufzudrängen“. In „Fräulein Julie“ hat er diesen Frauentyp gestaltet. Sein starker sexueller Trieb leistete keinen Widerstand gegen entschlossene Werbung, aber kaum waren die Zeiten der Verliebtheit und der erotischen Befriedigung vorbei, erwachte seine Feindschaft gegen die Partnerin – aus Angst, die in Haß umschlug. Strindberg hat sich mit seinen Prosa- und Bühnenwerken den dauerhaften Ruf eines Frauenhassers eingehandelt. Doch an dieser Stelle überrascht – oder überrascht nicht, wenn man in diese komplexe Seele einzudringen versucht – das Urteil einer westschweizerischen Bürgersfrau, die mit ihm in Chexbres verkehrt hatte. Sie erwähnt „Strindbergs von Feinheit und Rücksichtnahme geprägtes Auftreten, den unerhört gefühlvollen Zug um die feingeschnittenen Lippen, das wehmütige Lächeln und etwas Undefinierbares über seiner ganzen Persönlichkeit, was ihr alles die spontane Empfindung einflöße, «daß er zu denjenigen gehörte, die gleichsam prädestiniert zu einem mehr als gewöhnlichen Maß von Leiden sind»" (zitiert nach Lagercrantz).

Tiefer Schmerz gehörte zu dem Dichter, inspirierte seine Dichtung. Er klagt und leidet, betrachtet sich als ein Opfer, aber er ist ein glänzender und willensstarker Dichter. Seine physische Kraft und Gesundheit war beneidenswert; ein Berliner Arzt stellte Strindbergs stark untersetzten, muskulösen Körperbau und eine gewölbte, breite Brust fest. Er ritt und wanderte mit Genuß. Ein Schwede, der ihm in seinen späteren Jahren nahestand, urteilte: „Richtig glücklich war er im übrigen nur, wenn er tief unglücklich war, auf teuflische, triumphierende Weise unglücklich."

Dem jungen Heidenstam, der Schriftsteller werden wollte – und es wurde –, hatte Strindberg seine Auffassung vom Schriftsteller ein Jahr, bevor er zu ihm nach Brunegg kam, mitgeteilt: „Ein Wort, bevor Du Schriftsteller wirst! Es gibt keinen so rohen, so aller Feinfühligkeit beraubten Beruf wie diesen. Wenn Du wüßtest, wie das Leben aussieht, wenn man sich, wie es der Schriftsteller tun muß, nackt auf einem Platz ausgezogen hat, wenn man wie ein Vampir das Blut seiner Freunde, seiner Nächsten, sein eigenes aussaugen muß! Brrr! Und tut man es nicht, dann ist man kein Schriftsteller." Diese Art literarischer Pädagogik war 1885 zweifellos unzeitgemäß, das heißt neu. Sie wurde im 20. Jahrhundert modern.

Aber wie steht es nun eigentlich um Strindbergs Aufrichtigkeit? Sein Biograph: „Von seinen Ehen gibt er intime Berichte, doch mit anderen Beziehungen ist er ebenso diskret wie das Zeitalter." Das 19. Jahrhundert war so diskret, daß wir beispielsweise von Jacob Burckhardt und von Gottfried Keller, die beide unverheiratet geblieben sind, nicht wissen, ob sie je eine Frau berührt haben. Henrik Ibsen, unter dessen Ruhm Strindberg litt, blieb so zugeknöpft, daß sogar die einzigen Briefe, die Auskunft hätten geben können, vernichtet werden mußten. Im „Sohn einer Magd", als Strindberg sich für die „Unterklasse" einsetzte, sagt er, ein Mann könne nur eine Frau der eigenen oder einer höheren Klasse lieben.

Er klammert damit andere sexuelle Beziehungen aus. Als er die Baronin Siri Wrangel geb. von Essen, die aus einer vornehmen finnland-schwedischen Familie stammte, kennenlernte und sie nach ihrer Scheidung von ihrem adligen Offizier heiratete, kam er in Stockholm als ein Glücksucher in der besseren Gesellschaft ins Gerede. Aber auch Sohn einer Magd war Strindberg mitnichten, sondern der Sohn eines wohlhabenden, gesicherten Elternhauses mit sieben Kindern, wo die Diener und die Hausmamsell nicht fehlten; er selber konnte das Abitur machen und die Universität Uppsala beziehen. Seine Mutter starb, als ihr Sohn August dreizehn Jahre alt war. Der Vater heiratete die Mamsell; Strindberg hat später mit ihm total gebrochen. Einer Schwester stand er nahe; seine jüngere Tochter Greta heiratete deren Sohn, ihren Cousin.
Strindbergs autobiographische Werke, der „Sohn einer Magd", das „Plädoyer eines Irren", in dem er seine unglückliche Ehe mit Siri von Essen erzählt, und „Inferno", das seine schreckhaften Pariser Erlebnisse der 90er Jahre zum Gegenstand hat, sind in vielen Einzelheiten wahrheitsgetreu, im Ganzen aber als Quellen umstritten. Strindberg porträtierte sich selbst als einen Ausgestoßenen, als einen unglücklichen Vagabunden, der in Schweden seit seinem literarischen Durchbruch Mittelpunkt allgemeiner Verachtung und auch allgemeiner Aufmerksamkeit war. Er hatte mit seinem Lebensstil sich und Siri aus einer sozial normalen Gemeinschaft ausgeschlossen und gleichzeitig bei Freunden über die Erbärmlichkeit seines ehelichen Daseins geklagt. Ihm erschien Siri wie die Nora in Ibsens „Puppenheim"; in Wirklichkeit war sie eine durchaus selbständige, ziemlich maskuline Frau, die sich nicht gefürchtet hatte, aus ihrem gesellschaftlichen Milieu und aus ihrer Wrangel-Ehe auszubrechen, um Strindberg zu heiraten und Schauspielerin zu werden. Sie habe bei ihrer Abreise von Schweden in tiefer Resignation die Koffer gepackt, berichtete später ihre älteste Tochter Karin, als sie vom Theater Abschied nehmen mußte, um ihrem Mann nach Frankreich und in die Schweiz zu folgen.
Seit dieser Zeit ersparte Strindberg seiner Frau keine Beleidigungen, Schimpfworte und Verdächtigungen; Siri selbst empfand es als demütigend, von den Büchern ihres Mannes leben zu müssen, die ihr verhaßt waren. Die nicht mehr ganz junge Frau erlitt im Sommer 1886 in Othmarsingen Blutungen infolge eines Unterleibsleidens; ihre verblühende Weiblichkeit erregte den Ekel ihres Gatten. Ein Jahr später, in Dänemark, bekennt Strindberg, „Begriffe von Recht, Unrecht, Wahrheit, Unwahrheit sind bei mir aufgelöst". Sein dänischer Freund, Edvard Brandes

(Bruder von Georg B.), spricht im gleichen Jahr von den „entsetzlichen Leidenschaften und dem grauenhaften Ehrgeiz“ Strindbergs. Wenn vielleicht einiges erfunden ist in seinen Lebensbeichten, so hat doch allemal deren Held, ein halb-wahrer und halb-erdichteter Strindberg, eine innere Wahrheit. Es sind menschliche Dokumente. Als Strindberg, schon ein alter Mann, 1907 unter dem Titel „Schwarze Fahnen“ eine bitterböse Satire über das kulturelle und literarische Leben seiner Zeit veröffentlichte, schrieb Tor Hedberg, Kritiker von „Dagens Nyheter“: „Und da greift er sogar, wissentlich oder unwissentlich, tief in die eigene Brust, der grenzenlose Selbsthasser, der er mit all seiner grenzenlosen Selbstliebe ist.“

13. September

Strindbergs nächste Ehen dauerten weniger lang als die mit Siri, die 1891 geschieden wurde (sie hatten 1877 geheiratet). In Berlin lernte er seine zweite Frau, eine sehr unabhängige Österreicherin aus wohlhabendem Haus, kennen. Sie hieß Frida Uhl. Strindbergs Aufenthalt in dem behaglichen Landhaus der Schwiegereltern an der Donau war genußreich, und Frida schenkte ihm eine Tochter. Auch Napoleons zweite Frau sei eine Österreicherin gewesen, sagte Strindberg. Frida folgte ihm 1894 noch für kurze Zeit nach Paris; als sie ein Kind von Frank Wedekind erwartete, was sie ihrem Gatten wohlweislich verschwieg, beschleunigte sie die Scheidung. Von der Schauspielerin Harriet Bosse, einer blutjungen Norwegerin, die der Fünfzigjährige heiratete, sagte Strindberg, sie sei eine berechnende Person aus einer feindlichen Nation. Das Töchterchen, das er mit ihr zeugte, war zehnjährig, als der Vater dreiundsechzig Jahre alt starb. Strindberg war seinen Kindern, die er zärtlich liebte, ein heftiger und gefürchteter Vater. Aber sie verehrten ihn. Er hatte in jungen Jahren einen Traum von trautem Familienleben bei Lampenschein geträumt; er war trotz verzweifelten Versuchen nicht in Erfüllung gegangen.
Sein Schöpfer hatte Strindberg nicht mit einem zu systematischem Denken begabten, logischen Verstand ausgestattet. Seiner Weltanschauung mangelte es an einer folgerichtigen Dramaturgie, die er in seinen Theaterstücken so meisterhaft anzuwenden verstand. Trotzdem ging von seinem Tun und Schreiben eine starke Wirkung aus. Es ist kaum fraglich, daß seine Kritik an den politischen und sozialen Zuständen in

Schweden und daß seine Angriffe gegen die schwedische Gesellschaft zur Zeit des Königs Oscar II. einen Einfluß auf die nachmalige Entwicklung in diesem Land ausgeübt haben. Die Monarchie und die Klassengesellschaft mit ihrer Frömmelei und ihrer verlogenen Moral waren in der Person des Herrschers verkörpert, so daß Strindbergs Biograph sagen kann, die Fehde zwischen dem König und dem Dichter habe 35 Jahre gedauert. Dem Hof und seinen Nutznießern flößte Strindberg schiere Angst ein; weil sie aber mächtiger waren, lebte der Dichter jahrelang im Ausland, ein ruheloser Flüchtling. Doch das liberale Schweden erblickte in ihm den Verkünder einer freieren, demokratischeren und gerechteren Zukunft. Als Strindberg 1899 endlich zurückkehrte, nachdem ihn im Ausland Heimweh nach dem verhaßt-geliebten Vaterland und nach der Stockholmer Schärenwelt gequält hatte, blieb er in seiner Heimat bis zu seinem Tod Gegenstand wütender Angriffe und leidenschaftlicher Bewunderung.

Olof Lagercrantz, der in seiner Biographie Strindberg in so vielen Dingen der Phantasterei bezichtigt und von Strindbergs selbstgeschaffenem Mythos nicht viel übrig gelassen hat, läßt dennoch dem ungeheuren Talent dieses Dichters und Feuergeistes Gerechtigkeit widerfahren. Strindberg habe, als er alt war, geträumt, daß er den Teich eines seiner Kindheitsheime ausgetrocknet fand. Seine „Deutung des Traumes, der ausgetrocknete Teich sei das Bild eines Schweden, das er durch sein Buch drainiert und gereinigt habe, ist vielleicht berechtigt. Doch ein ausgetrockneter Teich aus der Kindheit ist auch ein vortreffliches Symbol für ein Phantasieleben, das dem Verwelken, Vertrocknen entgegengeht. In dieser unglaublichen Fähigkeit, die Strindberg all die Jahre hindurch besessen hat, sich in seiner Kunst den großen und unbewußten Kontinent zu öffnen: die Totenreiche, wo die vergangenen Geschlechter noch leben und die gesammelten Erfahrungen der Menschheit, die in Mythen und Märchen bewahrt sind, liegt eine Erklärung für die Größe und die Allgemeingültigkeit, die seine Dichtung erlangt hat. Der Traum scheint mir eine Gestaltung der Angst davor zu sein, daß sich diese Verbindung im Abbruch befindet, daß dieses große Reservoir im Austrocknen begriffen ist."

In einer solchen „Natur" – wie Goethe vermutlich einen Mann wie Strindberg bezeichnet hätte – ist der Widerspruch zwischen Egozentrik, Egoismus und Rücksichtslosigkeit einerseits und einem ethischen Ideal von menschlichem Fortschritt und sozialer Gerechtigkeit andererseits unvermeidlich. Strindberg hat immer ein bürgerliches Bedürfnis nach Ord-

nung gehabt und war doch auch immer ein Zigeuner. Er phantasierte gern von dem Sklavenblut, das angeblich in seinen Adern floß, pflegte aber die Lebensart der besseren Gesellschaft, aus der er auch seine Lebensgefährtinnen wählte. Dieser Volksfreund hat sich immer bedienen lassen und schleppte mit seiner Familie auch immer eine helfende Mamsell mit, auch wenn das Geld fehlte, um ihren Lohn zu bezahlen.
Warum sollte eigentlich ein Menschenfreund und Revolutionär nicht auch ein Genießer sein dürfen? Die Revolution werde kommen, sagte schon Stendhal, aber die Freuden des Lebens solle man sich nicht versagen. Jeder kann nicht Franz von Assisi sein. In den überlieferten Gesprächen, die Strindberg 1886 in Brunegg mit Heidenstam führte, hielt ihm dieser vor, er sei über die Klasse, zu der er sich im „Sohn einer Magd" zähle, durch Begabung und Erziehung hinausgewachsen: „Du als anerkannter Dichter bist Oberklasse gegen mich als unbekannten Dichter. Du gehörst zum neuen Nervenadel, der in ein neues Herrenhaus einzieht; ich gehöre dem aussterbenden Muskeladel an, denn wir sind im Begriffe, auszusterben; und wir sind schon halb getötet vom Geldadel, der jetzt langsam untergraben wird vom neuesten Adel, dem Arbeiter." Dieses soziologische Schema ist nicht schlecht. Es hatte nicht nur für Schweden Geltung. Karl Schmid, der diesen Ausspruch las, war entzückt von dem Wort „Nervenadel"; er meinte, Thomas Mann hätte daran seine Freude gehabt. Die Arbeiter aber, die begonnen hatten, die Macht des Geldadels zu untergraben, seien in ihrem Recht, sagte Strindberg. Seine Ideologie war allerdings schwankend und unklar. Sie stand den Anarchisten Kropotkin und Bakunin näher als Karl Marx, dessen System er offenbar nicht kannte. Alles Organisatorische, die Bürokratie, die Staatsautorität, auch der technische Fortschritt waren Strindberg verhaßt. Das Telephon sei eine überflüssige Erfindung. Er träumte von einer Gesellschaft von freien Bauern, von naturnahen Menschen, die ihr Auskommen haben, indem sie den Boden bebauen, aber bedürfnislos und frei von Zwang leben sollen. Merkwürdigerweise war das Jahr 1886, als er am Wirtshaustisch in Othmarsingen die dörfliche, die wahre Demokratie zu entdecken glaubte, wo Posthalter, Oberst, Handwerker und Bauern zusammen ihr Bier tranken, ein Wendepunkt in Strindbergs Leben. Im „Sohn einer Magd" hatte er sein revolutionäres Bedürfnis gleichsam aufgebraucht. Er war seines „Katechismus für die Unterklasse" überdrüssig geworden und ließ diese Schrift unvollendet liegen. Strindberg entdeckte Nietzsche und führte mit ihm einen Briefwechsel. Der Herrenmensch,

der der Masse überlegen und auf seinen eigenen Wert stolz ist, wurde vorübergehend zu seinem Ideal. Bei Nietzsche stehe alles, schrieb er jetzt an Heidenstam.

Aber der junge Hjalmar Branting, der die Arbeiterbewegung in Schweden in Schwung brachte, täuschte sich nicht: Strindberg war sein Mann. Branting wurde und blieb für den Rest von Strindbergs Leben sein treuester Freund und Bewunderer. Für ihn war der Dichterfürst auch der Dichter des Volkes, der Verkünder des menschlichen Fortschritts und der sozialen Gerechtigkeit. Branting, der später als Ministerpräsident die lange Herrschaft der Sozialdemokraten in Schweden einführen sollte – und unter unseren Augen zu den Koryphäen der Völkerbundsversammlung in Genf gehörte –, war wie der Schwedenpfarrer in Paris, Nathan Söderblom, der dort in den 90er Jahren Strindberg hilfreich beigestanden hatte und später als Erzbischof von Uppsala berühmt wurde, eine der maßgebenden Gestalten, die den schwedischen Staat und die schwedische Gesellschaft aus den Fesseln der Klassenherrschaft lösten. Ich glaube, Strindberg würde sich wundern, wenn er das heutige Schweden sähe. Als ich zum Dank für sein Strindberg-Buch Olof Lagercrantz Photographien von Brunegg und des Saales schickte, wo Strindberg mit Heidenstam Streitgespräche führte – und sich an Späßen und Spielen ergötzte –, antwortete er mir: „Daß Sie wirklich im Schloß Brunegg leben, scheint mir von meinem schwedischen Aussichtspunkt wie ein Märchen.“ Wie dem auch sei, Strindberg schrieb 1909 im Vorwort zum letzten Teil von „Sohn einer Magd“, er sei 1886 nicht fertig gewesen: „Fing vielleicht damals erst an.“ Das meiste, von dem er geschwärmt habe, sei im Grunde eitel, „so daß ich kaum noch mehr besitze als meinen großen schönen Haß gegen jede Unterdrückung und jede vergoldete Gemeinheit“.

Eine seltsame Bemerkung Strindbergs fiel mir auf. Er fühle sich, sagte er, wie „eine überladene Leidener Flasche und will nur noch Funken schlagen“. Das war zur Zeit von „Fräulein Julie“. Ich war verblüfft, als ich hier bei uns mit Thomas Mann über seinen „Doktor Faustus“ sprach, und er bemerkte, dieses Buch sei „wie eine Leidener Flasche“. Hatte Mann eine bewußte oder schon vergessene Erinnerung, daß er diesen Vergleich bei Strindberg gelesen hatte? Oder schöpfte er ihn aus seinem Eigenen?

In „Schwarze Fahnen“, die ein Spott- und Zerrbild von den Verhältnissen des Kulturlebens bieten, wie es Strindberg in Stockholm, Berlin und Paris erlebt hatte, steht der Ausspruch einer sterbenden Frau, die von der ganzen Mafia von Schriftstellern sagt: „Weißt du, ich frage mich manchmal, ob eure Bücher nützen oder schaden. Ihr Poeten steht ja außerhalb von Leben und Gesellschaft, ihr seid wie in der Luft lebende Vögel, die auf die Welt und die Menschen hinabschauen. Könnt ihr denn die Dinge richtig sehen? Können eure luftigen Lehren Anwendung auf das schwere Erdenleben finden? Eure Arbeit ist doch Spiel und euer Leben ein Fest? Ihr verachtet Bürger und ein bürgerliches Leben. Ihr nennt die Pflichtgetreuen und die Gesetzestreuen servile Kriecher, die Geduldigen Feiglinge, die Leidenden Heuchler. – Ich verfluche den Augenblick, in dem ich in eure Zigeunerwelt mit ihrer Verbrechermoral geraten bin, und ich preise Gott, der mir die Augen geöffnet, mir die Hoffnung und den Glauben an eine bessere zurückgegeben hat." Das Zitat ist nicht zu lang, ist an seinem Platz. Es öffnet einen Blick in Strindbergs wissenden und gerechten Sinn, in die Luzidität seines Urteils. An seinen Feinden, die er in diesem Buch grimmig anprangert, entdeckte er seine eigenen Fehler und Schwächen.

Die Maßlosigkeit, die Strindbergs Anklagen und Polemiken oft fragwürdig erscheinen läßt, kostete ihn den Nobelpreis für Literatur. An seiner Stelle hatte ihn 1909 Selma Lagerlöf erhalten. Nachträglich erscheint dieser Ostrazismus der Schwedischen Akademie grotesk; sie hat sich selber um die Ehre gebracht, den größten, nimmt man alles nur in allem, der damaligen schwedischen Dichter auf ihrer Liste verzeichnen zu können. Heidenstam, den seine „Karoliner" berühmt und populär gemacht hatten und der schöne Gedichte schrieb, war in der „Strindberg-Fehde", die zu jener Zeit die Geister in Schweden aufwühlte, zum erbitterten Feind seines einstigen Freundes geworden. Er warf ihm nicht nur das Fehlen von Selbstironie vor, was zutrifft, er nannte ihn auch einen „Vollblutbarbaren", ein Genie und einen plebejischen Naturmenschen (wo blieb der „Nervenadel"?), der kein großer Dichter sei. Ein Komitee, dem mehrheitlich Anhänger der politischen Linken, an ihrer Spitze Branting und Söderblom, aber auch nicht wenige Persönlichkeiten aus dem bürgerlichen, akademischen und finanziellen Establishment angehörten, erließ einen Aufruf zugunsten einer nationalen Sammlung für Strindberg; ihr Ergebnis sollte den verweigerten Nobelpreis ersetzen. Es war ein Akt des Protestes und der Anerkennung. Unzählige einfache Menschen steuerten ein paar schwer verdiente Öre bei. 40.000 Beiträge ergaben total 45.000 Kronen. Der Stockholmer Verlag Bonnier zahlte Strindberg für die Gesamtausgabe seiner Werke 200.000 Kronen. Er verschenkte das meiste, zum Teil seinen Kindern aus erster Ehe und ihrer Mutter Siri, die in Helsinki lebte, und der er, sagte er, etwas schuldig geblieben sei. Er selber hatte nicht mehr viel nötig.

Im Jahre 1896 hatte Strindberg seinen Glauben an einen persönlichen Gott wiedergefunden; die Unsterblichkeit der Seele sei vollkommen selbstverständlich. An Branting schrieb er, es gäbe Menschen, die ein religiöses Bedürfnis hätten: „Du darfst mich nicht als politische Person betrachten (. . .) Ich muß Kontakt mit dem Jenseits haben, um in meine Gemälde Perspektive und Tiefenschärfe zu bekommen, und in eurem physischen Vakuum kann ich nicht atmen . . . “

Diese ausdrückliche „Unterscheidung“, auf die Strindberg Wert legte, verhinderte nicht die immensen Huldigungen, die ihm das „Volk“, nicht nur Arbeiter mit ihren roten Fahnen, auch Studenten, Politiker, Fackelträger, Bürger aus allen Kreisen und Musikkapellen, zu seinem 60. Geburtstag (1909), dann wieder zu seinem 63. darbrachten. Denn es war ruchbar geworden, daß der Dichter unheilbar krank sei und nicht mehr lange zu leben habe. Strindberg wäre nicht er selber gewesen, wenn er nicht in einer in „Afton Tidningen“ veröffentlichten Danksagung ziemlich bissig auf die „Überschätzung“, deren Objekt er geworden sei, reagiert hätte. „Der «Gegenstand» selber“, schrieb er, empfinde „die tiefe Disharmonie zwischen dem, was er zu sein meint, und dem, wofür er bei passender Gelegenheit gehalten wird.“

August Strindberg starb am 14. Mai 1912 im Hause seiner Tochter Greta und seines Schwiegersohnes. Sie legten das Kruzifix, das er auf dem Schreibtisch stehen hatte, dem Toten auf die Brust. Strindberg hatte Hjalmar Branting gebeten, seine Beisetzung zu organisieren. Ein endloser Leichenzug begleitete den Sarg zum Friedhof. Erzbischof Söderblom predigte nach den Worten der Bergpredigt: „Selig sind, die da hungern und dürsten nach Gerechtigkeit, denn sie sollen gesättigt werden.“ Auf dem Grabkreuz stehen lateinische Worte, die Strindberg in Paris auf Gräbern im Montparnasse-Friedhof gelesen hatte: O Crux Ave Spes Unica.

17. September

Es fällt mir auf, daß in letzter Zeit Arbeiten über die Haltung der Schweiz im Zweiten Weltkrieg in Zeitungen, Zeitschriften und Büchern in großer Zahl erschienen sind. Viele Vorwürfe werden gegen den Bundesrat

erhoben, viel Lob wird der Armee gezollt. Am meisten geben die Wirtschaftsbeziehungen zu reden, da aus der Schweiz nicht nur zivile Güter, sondern auch Kriegsgerät an Nazi-Deutschland geliefert wurden.
Ich habe rückblickend und auch nach der Lektüre vieler Schriften zu diesem Thema den Eindruck, daß dieses Kapitel Schweizergeschichte banaler war, als es heute den Anschein hat. Was wollten wir? Erstens den Krieg von der Schweiz fernhalten, zweitens das Land verteidigen, wenn es angegriffen würde. Die Kriegswirtschaft war dabei ein zentrales Anliegen, zumal wir vier Jahre lang von der Macht des Dritten Reiches umschlossen und daher für unsere Versorgung mit industriellen Rohstoffen, Kohle, Fabrikerzeugnissen und Lebensmitteln vom Wohlwollen Berlins faktisch abhängig waren. Gleichzeitig war unser ziviler Bedarf aufs engste eingeschränkt. Der berühmte Sozialistenführer Robert Grimm wurde in einer Versammlung aufgefordert, vom Bundesrat zu verlangen, daß er die Lieferung schweizerischer Erzeugnisse an Hitler verbiete. Er sei einverstanden, antwortete Grimm, wenn die schweizerischen Arbeiter bereit seien, auf Arbeit, Lohn und Nahrung zu verzichten. Dazu möchte ich bemerken, daß die schweizerischen Unterhändler, die die Aufgabe hatten, in Berlin mit den dortigen Ämtern über Wirtschaftsverträge zu verhandeln, diese Aufgabe mit großer Festigkeit und Sachkenntnis erfüllten. Vorwürfe wurden (und werden) gegen den damaligen Außenminister Pilet-Golaz erhoben, der in einem Elfenbeinturm, ohne Kontakt mit der Öffentlichkeit, auf seine Art die Gefahr eines deutschen Angriffs auf unser Land abzuwenden versuchte. Abgesehen von seinem Mangel an menschlicher Kommunikationsfähigkeit, überschätzte Pilet lange die Macht Nazi-Deutschlands, unterschätzte er diejenige der angelsächsischen Alliierten, fürchtete er die russisch-kommunistische Gefahr und hielt er vermutlich die Politik des „kleineren Übels", wie sie von der französischen Vichy-Regierung betrieben wurde, für einen möglichen Ausweg, wenn es Hitler gelingen sollte, seine „Neue Ordnung" in Europa aufzurichten. In einer Aussprache, zu der mich Bundesrat Pilet Anfang 1943 aufgefordert hatte, waren wir uns darin einig, daß die Alliierten siegen würden – wobei es ihm, Pilet, nicht klar sei, ob die Amerikaner, die Engländer oder die Russen den Frieden diktieren würden.
Im Innern litten wir unter denen, die offen ihre Sympathie für die faschistische „Achse Berlin-Rom" bekundeten, und auch unter denen, die sich im stillen vorbereiteten, im schlimmsten Fall ihre Haltung einem zwar nicht erwünschten, aber möglichen deutschen Sieg – oder gar einer Beset-

zung der Schweiz durch die Nazi – anzupassen. Die faschistische „Fronten"-Bewegung war eine rührige Minderheit, die aber Sympathisanten sowohl in militärischen wie in politischen Kreisen besaß. Die Demokratie als Staatsform wurde von solchen Leuten in Frage gestellt und eine autoritäre Führung der Schweiz befürwortet. Der Kommandant der „Abteilung Presse und Rundfunk" des Armeestabes, das heißt der Zensur, ein Bundesrichter im Rang eines Obersten namens Hasler – der mich im Sommer 1940 wegen einer Kritik an der Praxis der Militärzensur anbrüllte wie einen Rekruten auf dem Kasernenhof –, war begeistert von Hitlers 1941 begonnenem antibolschewistischen Kreuzzug; dieser Bewunderer Hitlers kritisierte die schweizerischen Journalisten, die nach seiner Meinung „wie Gymnasiallehrer", ohne seine Begeisterung zu teilen, die Ereignisse nüchtern kommentierten. Der Bundesrat mußte sich energisch gegen Persönlichkeiten zur Wehr setzen, die die Beteiligung eines schweizerischen Freiwilligenkorps an Hitlers Rußland-Feldzug forderten. Man fand in Bern den Ausweg, die Entsendung einer Sanitätsabteilung mit Ärzten und Krankenpflegern unter dem Kommando des notorisch deutschfreundlichen Oberstdivisionär Eugen Bircher, der Chirurg war, an die deutsche Ostfront zu bewilligen. Das geschah im Zeichen „humanitärer Hilfe".

Als nach Kriegsende das Eidgenössische Justiz- und Polizeidepartement die Liste der „Zweihundert" veröffentlichte, die während des Krieges – erfolglos – vom Bundesrat die Absetzung von mißliebigen, das heißt antinazistischen Chefredaktoren und eine staatliche Lenkung der Presse verlangten, kam in Bern, wo ich im „Schweizerhof" eine Mahlzeit einnahm, Bircher auf mich zu und verlangte von mir, ich solle gegen diese unerhörte Bloßstellung besorgter Patrioten protestieren. Ich war verblüfft, daß ein Nationalrat und hoher Militär, der in den gefahrvollen Jahren nie mit mir den Kontakt gesucht hatte und dessen politische Gesinnungsgenossen mir spinnefeind waren, an mich plötzlich ein solches Ansinnen stellte. Leider waren wir nach Kriegsende, weil der Schweiz nichts zugestoßen war, nicht in der Lage, eine wirksame Säuberung in den Kreisen der ehemaligen Frontisten und anderer Hitler-freundlicher Politiker und Militärpersonen durchzuführen. Die meisten behielten ihre Sessel und ihr Kommando. Der Antikommunismus diente ihnen als Schlachtroß zur Verteidigung der schweizerischen Freiheit und Demokratie, deren Vorzüge sie plötzlich entdeckten; in den Jahren des Kalten Krieges übernahmen auch viele im Weltkrieg antifaschistisch gesinnte Politiker und

Journalisten die Parolen, die aus Rechtskreisen des westlichen Auslandes kamen.
In einer Zeit, als die Bundesrepublik Deutschland, die von Adenauer regiert wurde, bereits einen lukrativen Handel mit der Sowjetunion trieb, machten sich im bürgerlichen und sogar im gewerkschaftlichen Lager der Schweiz Kreise stark, die Handelsbeziehungen mit den Ostblockstaaten verbieten wollten. Es bedurfte der Verantwortlichen für den schweizerischen Außenhandel, des Bundesrates Hans Schaffner und des Delegierten für Außenhandel Albert Weitnauer, auch des „Vorortes" des Schweizerischen Handels- und Industrievereins, um unter Berufung auf die schweizerische Neutralität die Aufnahme von Handelsbeziehungen mit den osteuropäischen Staaten in Gang zu bringen. Die Schweiz war im Osthandel im Verzug gegenüber den im Natobündnis vereinigten westeuropäischen Konkurrenten.
Es gab einflußreiche Gremien, die auch der schweizerischen Sportwelt die Teilnahme an Wettkämpfen verbieten wollten, an denen Angehörige osteuropäischer Länder beteiligt waren. Bundesrat Petitpierre erzählte mir, nachdem man in Bern nach der Niederschlagung des ungarischen Aufstandes 1956 einen Fußballmatch mit einer ungarischen Mannschaft abgesagt hatte, hätten die ungarischen Fußballer geglaubt, man bestrafe sie in der Schweiz für ihre Beteiligung am Aufstand gegen die Russen! Es folgte die Absage der schweizerischen Beteiligung an den Olympischen Spielen in Australien – an dieser „Sanktion" gegen den Ostblock beteiligte sich die Sportwelt der Natoländer nicht. Das war eine Lektion, die sich die Schweiz gefallen lassen mußte und zur Folge hatte, daß ernstlich kein Einspruch mehr gegen die Internationalität des Sportbetriebes erhoben wurde.
Ich erwähne diese Erscheinungen, weil sie deutlich machen, daß der Einfluß der Kreise, die im Weltkrieg Hitlers antibolschewistischen Kreuzzug und nach dem Kriege die Kampagne des Senators McCarthy in Amerika mit ihrem Wohlwollen unterstützten, auf unsere Politik nicht ohne Folgen geblieben ist. Eine dieser Folgen war die Weigerung, der UNO beizutreten. Ich hatte den Eindruck, daß 1945 Außenminister Petitpierre diesen Beitritt wünschte. Es ist schwer, eine wirkliche, glaubwürdige Neutralitätspolitik zu machen, weil man sich in der Schweiz nicht damit abfinden kann, daß ungefähr ein Drittel der Weltbevölkerung unter einem kommunistischen Regime lebt und daß die Staaten der Dritten Welt eine blockfreie Politik befürworten. Aber auch in dieser

Beziehung ist unsere Haltung nicht konsequent. Denn als in der Schweiz aus Gründen des Antikommunismus gegen China – und gegen Beziehungen mit China – jahrelang der gleiche Bannstrahl geschleudert wurde wie gegen Sowjetrußland, wurde nach der Anknüpfung normaler Beziehungen zwischen Amerika und China dieses Land samt seinem Regime bei uns Liebkind. Seit ein paar Jahren laufen die Schweizer zahlreich nach China. Ich weiß nicht, ob die chinesischen Kommunisten sehr anders regieren als die russischen, ich weiß nur, daß die schweizerische Neutralität in unserer öffentlichen Meinung, auch bei vielen Politikern und Militärs, eine Schlagseite zugunsten Amerikas und der Nato aufweist.
Wir wünschen sicherlich keinen Kommunismus nach sowjetischem Muster bei uns oder bei unseren Nachbarstaaten. Aber ich zweifle aus guten Gründen, daß im sogenannten „Ernstfall“ – im Fall eines Krieges in Europa – die Amerikaner und ihre westeuropäischen Verbündeten uns in irgendeiner Form behilflich sein würden und könnten. Sie haben uns gegenüber keinerlei Verpflichtungen. Ich möchte aber Vertrauen in unsere Regierung und Armeeführung haben, daß sie, wie im Zweiten Weltkrieg, alles tun würden, um den Krieg von unseren Grenzen fernzuhalten. Das muß aus eigener Kraft geschehen – wie es in den beiden Weltkriegen tatsächlich und undiskutierbar geschah –, denn da wir im Frieden offiziell auf unsere Neutralität pochen und daher keine ausländischen Verbündeten haben, können wir von fremden Bündnissen nicht erwarten, daß sie uns in der Not Hilfe leisten würden. Wir konnten es auch nicht 1914–18 und 1939–45.

18. September

Geburtsdatum meines Vaters, dessen 60. Geburtstag wir vor 58 Jahren hier feierten . . .
Es gibt keinen Staat ohne Soldaten. Grundsätzlicher Antimilitarismus und Pazifismus waren mir fremd. General Jomini, „le devin de Napoléon“, war neben Clausewitz der bedeutendste Militärtheoretiker jener Zeit. Von der Schweiz sagte Jomini, sie liege strategisch in einem toten Winkel. Keine der großen Entscheidungsschlachten der europäischen Geschichte wurde auf dem Boden der Schweiz geschlagen; die Feldzüge der Franzosen, Russen und Österreicher von 1798/99 in der Schweiz

waren eine kurze Episode auf einem Nebenkriegsschauplatz. Die klassischen Schlachtfelder Europas befinden sich alle auf den großen Ebenen: auf der norddeutsch-polnisch-russischen, auch auf der ungarischen Ebene, auf der flandrisch-nordfranzösischen und auf der lombardischen Ebene. Heerführer vermeiden tunlichst den Gebirgskrieg. Das Hügel- und Alpengelände der Schweiz wurde von ihnen nicht gesucht. In den beiden Weltkriegen hatte unsere Landesverteidigung den Zweck, einen eventuellen Angreifer von einem schwierigen Gebirgskrieg abzuschrekken. Außerdem bot die Schweiz sowohl auf dem deutsch-französischen als auch auf dem italienisch-österreichischen Kriegsschauplatz den Kriegführenden einen willkommenen Flankenschutz. Hitler brauchte die Schweiz nicht anzugreifen, weil er im Falle seines Sieges in Europa – dessen Voraussetzung die Niederwerfung Rußlands gewesen wäre – die Schweiz politisch an die Kandare hätte nehmen können: eine Wirtschaftsblockade hätte genügt.
Ich beobachtete im letzten Krieg genau das Tempo des russischen Vormarsches, als sich die Deutschen zurückziehen mußten. Die Russen erlitten jedesmal einen großen Zeitverlust, wenn sie den Karpatenraum überwinden mußten; sobald sie in die Ebene vorstießen, ging ihr Vormarsch rasch voran. Der Gebirgskrieg bereitete den Russen große Mühe. Generalstabspläne müssen für jede denkbare Hypothese ausgearbeitet werden, daher in der Schweiz auch für die Hypothese eines russischen Angriffs. Dieser erscheint mir aber nicht sehr wahrscheinlich. Bei einer Offensive gegen Westen, sowohl aus dem polnischen als auch aus dem tschechoslowakischen Raum, würden die neutralen Alpenländer Österreich und die Schweiz dem russischen linken Flügel Flankenschutz bieten. Wenn sie an das Mittelmeer vorstoßen wollten, würde der Balkan den Russen ein besseres Gelände bieten als die Alpenländer, zumal sie bereits in Ungarn und Bulgarien stehen.
Als 1955 die Siegermächte den Staatsvertrag mit Österreich schlossen, konnten die Russen ohne Bedenken ihre Besatzungstruppen aus diesem Lande abziehen, weil infolge der österreichischen Neutralität die Verbindung der Nato zwischen Süddeutschland und Norditalien entzweigeschnitten wurde. Bis 1955 war die Schweiz von den Nato-Mächten rings umgeben. Seither bilden Österreich und die Schweiz einen neutralen Keil zwischen Nord und Süd, der sich von der ungarischen bis zur französischen Grenze erstreckt. Später mußten die amerikanischen Truppen auch Frankreich räumen, dessen Verteidigung seit de Gaulle vom amerikani-

schen Nato-Kommando unabhängig ist. Das Nato-Dispositiv ist zwischen Deutschland und Italien völlig unterbrochen.
Strategisch gesehen ist die schweizerisch-österreichische Ländermasse mit ihrem Alpenkamm eine größere Behinderung für die Natomächte als für Rußland. Strategie folgt eigenen Gesetzen, die nicht von einer Ideologie motiviert sind. Man beachtet, scheint mir, in der schweizerischen Publizistik diesen Widerspruch zwischen der strategischen Realität Europas und dem ideologischen West-Ost-Schema zu wenig. Die Frage, wie im Kriegsfall das Nato-Oberkommando die Nord-Süd-Verbindung wiederherstellen könnte, wird aus politisch-ideologischen Gründen lieber verschwiegen. Daß aber Generalstabspläne auch die Hypothese einer Durchstoßung des österreichisch-schweizerischen Keils durch die Streitkräfte der Nato in ihre Berechnungen einbeziehen müssen, liegt auf der Hand. Diese Überlegungen basieren auf der Hypothese eines Krieges mit konventionellen Mitteln; sie würden sich teilweise ändern, wenn Nuklearwaffen eingesetzt würden. Amerikanische Generäle sagten, daß der Übergang von taktischen zu strategischen Nuklearwaffen fließend sei; eine allmähliche Erhöhung der taktischen Sprengsätze würde unvermeidlich zur Anwendung strategischer Atomwaffen führen. An diesem Punkt angelangt, würde ein West-Ost-Krieg, dessen Schauplatz vor allem Deutschland und seine Nachbarn wären, unberechenbar. Europa würde das Opfer eines ungeheuren Vernichtungskrieges.

20. September (Sonntag)

Debussy sagte zu einem jungen Komponisten: „Nous sommes peu." Ein großes und demütiges Wort. Man muß viel gelebt haben, um einsehen zu können, daß wir wenig sind. Von diesem Punkt aus kann man Fragen stellen, die nicht den Alltag betreffen. Soll uns die Einsicht in das wenige, das wir sind, entmutigen? Ist es eine Aufforderung zur Resignation? Umgekehrt: Werden wir aufgefordert, aus dem wenigen etwas zu machen, es zu mehren? Es so anzuwenden, daß daraus etwas entsteht, das wir vorweisen können? Die Schöpfungsgeschichte behauptet, der Mensch sei nach dem Ebenbilde Gottes geschaffen. Das wäre ein sehr anspruchsvoller Auftrag an die Menschen, von denen wir wissen, daß es schade um sie ist; schade um das, was sie sein könnten und nicht sind. Den Schöpfergott vorausgesetzt: Was erwartet er von seinem menschlichen Geschöpf?

Warum hat er etwas in den Menschen gelegt, das ihn zum Irren, zur Feigheit, zur Lüge, zur Gewalttätigkeit und Grausamkeit befähigt? Hat Gott ein für alle Male dem Menschen Fähigkeiten verliehen, über die er frei verfügen und die er daher gut wie auch schlecht anwenden kann? So daß Gott gleichsam der Menschheit passiv zuschaut, wie sie von ihren Fähigkeiten jeglichen Gebrauch macht, den härtesten Egoismus, die böseste Herzenskälte, das verwerflichste Verbrechen nicht ausgenommen? Der Einzelmensch ist sicher wenig. Aber er trägt die Verantwortung dafür, was er mit dem wenigen macht. Darin ist er anscheinend frei. Aber ist er es? Wenn ja, welchen Gebrauch macht er von seiner Freiheit? – Die ganze Menschheitsgeschichte zeigt, daß es die religiöse Dimension gibt. Dem heutigen, in einer säkularisierten, auf weltliches Tun erpichten Gesellschaft lebenden Menschen fällt es schwer, an den unerforschlichen, unsichtbaren und nicht vernehmbaren Gott zu glauben. Er sei allmächtig und allwissend. Aber wie können wir wissen, was er mit seiner großen Macht bezweckt, und wie können wir erkennen, wie er sein großes Wissen anwendet? Wenn es Gott gibt, läßt er eine Menschheit gewähren, die ihre Gaben ziemlich schlecht gebraucht. Man kann Gott auch als eine Chiffre für das auffassen, was jenseits der greifbaren Wirklichkeit, was hinter den Dingen ist. Keine Wissenschaft kann uns zum Beispiel sagen, was Leben eigentlich ist. Es gibt große Geheimnisse. Religion entsteht aus dem metaphysischen Bedürfnis. Es ist auffallend, wie rührig in unserer materialistischen Welt die Anhänger aller drei monotheistischen Religionen sind, wie sich Juden, Christen und Mohammedaner ihrer Zugehörigkeit zu einer bestimmten Gemeinschaft von neuem bewußt geworden sind – wobei es dahingestellt bleibt, ob sie den „Glauben" haben. Auch der Agnostiker weiß um die Kultur, die von den großen Religionsgemeinschaften überliefert wurde; und der nichtgläubige Jude, Christ oder Moslem ist sich bewußt, daß eine aus langer Überlieferung in ihm vorhandene Anlage seine Wesensart mitgeprägt hat. Ich will nicht reden von heutigen Mißbildungen, die das religiöse Bedürfnis in Sekten, Gemeinschaften und geheimen Zirkeln hervorgebracht hat! Aber auch sie entstanden aus einem exaltierten religiösen Drang.
Ein jüdischer, religiös indifferenter Psychiater, Dr. Nathan, den ich in Paris kennengelernt hatte, erzählte mir, er habe seine Praxis im gleichen Haus wie ein Dominikaner-Pater, der als Seelsorger tätig sei. Ihre Zusammenarbeit bestehe darin, daß der Geistliche ihm Menschen in seine Praxis schicke, von denen er vermuten müsse, daß ihre religiösen Probleme in

das Gebiet des Wahnhaften, des Pathologischen gehören. Umgekehrt empfehle er Patienten, von denen er annehmen müsse, daß ihre psychischen Probleme religiöser Art seien, sich dem Seelsorger anzuvertrauen. Eines Tages berichtete mir der Dominikaner, sein Freund Nathan sei an einem Krebsleiden gestorben; er habe ihn während seiner Krankheit gepflegt, und da der Sterbende keinerlei religiöse Anliegen oder Wünsche geäußert habe, habe er es seinerseits vermieden, ihn mit solchen zu behelligen. So viel menschliche Größe, bei so gewissenhaftem Verhalten im Leben und im Sterben, hat mir einen tiefen Eindruck gemacht. Wir waren alle drei ehemalige Schüler und Freunde des Geschichtsphilosophen Henri Berr, bei dem wir uns kennengelernt hatten und der unsere Wege mit seinem toleranten Wohlwollen verfolgte. In solchem Kreise hatten Philosophie, Wissenschaft und Religion einen Treffpunkt.
Die eidgenössische Tagsatzung hat 1832 beschlossen, alljährlich auf den dritten Septembersonntag einen Dank-, Buß- und Bettag anzuordnen. Es fällt mir auf, daß der diesbezügliche Kommentar in der NZZ den heutigen Sonntag nur als „Bettag“ bezeichnet, und daß auch der Theologe, der im Fernsehen das „Wort zum Sonntag“ sprach, nur „Bettag“ sagte. Ist Danksagung, ist Buße schwerer als beten? Und ist beten nicht auch schwer? Diese Pfarrer sagen sich vielleicht, wofür sollen denn die Schweizer Gott danken? (Mir scheint, sie hätten einige Ursache dazu.) Schwerer tut sich der heutige Christenmensch mit der Buße. Der Begriff der Sünde ist in unserer weltlichen Zivilisation fragwürdig geworden. Die Einsicht in die eigene Schuld bringt uns mehr in stumme Verlegenheit, als daß wir wüßten, wie wir mit der dazugehörigen Zerknirschung diese Schuld sühnen sollten. Über das Gebet aber hat ein Zürcher Theologieprofessor, den ich als einen aufgeschlossenen und lebendigen Geist schätze, ein Buch geschrieben, das ich mit einer gewissen Hoffnung zur Hand nahm. Obgleich ich um die Schwierigkeit zu beten sehr wohl Bescheid weiß, war ich doch ein wenig enttäuscht, als ich aus diesem Buch über das Gebet nur erfuhr, daß dazu eine innere Sammlung gehöre, daß es sich um eine Form der Selbsterkenntnis, des Bewußtwerdens, eigentlich um eine Meditation handle. Da ich diese Gedankengänge – wie die meisten theologischen Gedankengänge – nur mit Mühe verstehen konnte, so schien es mir doch, daß der Verfasser dieses Buches weder das Dankgebet noch das Bittgebet für möglich, diese sogar für primitiv hält.
Aber wenn schon gebetet wird: richtet sich der Gläubige denn nicht an Gott, versucht er nicht, Gott zu erreichen, mit ihm in eine Verbindung

zu treten? Und wenn er an diese Möglichkeit glaubt, warum sollte er ihm nicht danken für erwiesene Wohltat, und warum sollte er in seiner Not Gott nicht um Hilfe bitten dürfen? Mit der hiesigen Pfarrerin sprach ich einmal über dieses Buch; resolut sagte sie: Nun, dann ist das Gebet eben primitiv! Ich glaube, im Bereich des Religiösen muß man das Einfache, das Schlichte, das demütig Gläubige bejahen können. Auch ein „primitiver" Glaube kann dem Menschen Kraft verleihen.

21. September

Sicher ist es für den profanen Verstand nicht leicht, Gebetserhörungen oder gar wunderbare Heilungen und den Glauben an das Jenseits nachzuvollziehen. Religion und ihre Wunder – sie ist im tieferen Sinn selber ein Wunder – scheinen im Widerspruch zu den Naturgesetzen zu stehen. Nun wissen wir, nach Karl Popper, daß die Gesetze, die von der Wissenschaft erforscht und formuliert werden, „Vermutungen" sind; Versuche, der Wahrheit möglichst nahe zu kommen. Wissenschaft befaßt sich mit der Natur, mit der Welt der Wirklichkeit. Theologie fragt nach dem Übernatürlichen und Außerweltlichen. Auf eine rationale Formel gebracht, ist der religiöse Glaube ein Einbruch des Übernatürlichen in die erkennbare Welt des Wirklichen. Nur dieses kann von der Naturwissenschaft, von den Geistes- und Gesellschaftswissenschaften erforscht und erkannt werden – mit dem Vorbehalt, daß diese Erkenntnisse von Vermutungen durchwebt sind. Nun könnte man sagen, daß religiöse Lehrmeinungen, die sich, wie die Erkenntnisse der Wissenschaft, als Wahrheit verstehen, ebenfalls – im Sinne Poppers – Vermutungen seien; das heißt, daß auch diese Lehrmeinungen und Glaubenssätze den Anspruch erheben, so nahe wie möglich an die Wahrheit heranzukommen. Es sei daher legitim, auch die Theologie als eine Wissenschaft anzuerkennen. Denn auch sie versuche, auf ihren spezifischen Wegen, die Wahrheit zu finden, unter dem Vorbehalt, daß einer, der die religiöse Wahrheit verkünde, nicht anders als jeder Wissenschafter, es nicht mit Bestimmtheit wissen könne. Ein solches Zugeständnis jedoch an den wissenschaftlichen Zweifel stünde im Widerspruch zum Absolutheitsanspruch des Glaubens. Die Theologen trennen diesen Absolutheitsanspruch von dem, was sie als Forschung betreiben.
Mich befriedigt Heideggers Ausspruch, Theologie sei „das andere Den-

ken". Sie kann niemals den Anspruch erheben, eine auf rationalem Denken beruhende Philosophie zu sein. Sie kann es nicht, weil religiöser Glaube auf Offenbarung beruht. Jehova gab Moses die Gesetzestafeln. Allah diktierte Mohammed den Koran. Gott sandte seinen Sohn auf Erden, damit er für ihn zeuge. Das Christentum beruft sich auf die offenbarte Wahrheit des Evangeliums. Eine positivistische und modernistische Theologie hat die biblische Wahrheit durch Textkritik, historische Forschung, religionsgeschichtliche Hinweise, Anleihen an das profane Denken relativiert. Liberale Theologie, sagt Thomas Mann, sei eine contradictio in adjecto. Sie ist zweifellos eine Auflösung der offenbarten Wahrheit durch rationales Denken. Karl Barth hatte das Verdienst, einer ins Ungewisse abgleitenden protestantischen Lehre, von der man nicht mehr wissen konnte, ob sie an Gott glaubte und Jesus Christus für den Verkünder von Gottes Wort hielt, Einhalt zu tun. Barth errichtete sein mächtiges dogmatisches Gebäude auf der offenbarten Wahrheit der Bibel. Damit schuf er eine neue Schwierigkeit: entweder mußte man glauben, oder man war ungläubig.

Ohne Zweifel geht von gläubiger Gewißheit eine große Kraft aus. Aber sie kann nicht jedermann ergreifen. Die katholische Kirche hat es besser: ihr Lehrgebäude steht fester als das der Reformierten, denen es freier steht, aus der christlich-biblischen Lehre auszusuchen, was ihnen paßt. In gewissem Sinne ist die Lehre der Römischen Kirche unantastbar; ihre höchsten Repräsentanten bleiben in der Logik ihrer Institution, wenn sie diejenigen ausstoßen, die auflösende Elemente in ihre Glaubenssätze einführen wollen und dies mit der Begründung tun, daß die „moderne" Menschheit einer neuen Auslegung der kirchlichen Lehre bedürfe. Vielleicht ist es so. Aber auch von der traditionellen und dogmatischen Glaubenswahrheit Roms geht eine große Kraft aus. Zugleich riskiert Rom wie Barth, daß bei weitem nicht mehr alle bereit sind, sich dem Glaubensdiktat der Kirche zu unterwerfen.

Es wird eine Wasserscheide sichtbar, die die Geister nach verschiedenen Richtungen auseinanderlaufen läßt. Auf der einen Seite berufen sich Menschen auf philosophische, weltanschauliche und moralische Überzeugungen, die, wie sie meinen, der heutigen, veränderten Gesellschaft angepaßt seien. Auf der anderen Seite befindet sich eine Glaubenslehre, die sich an die Offenbarung, an die Bibel, an die Tradition und an Dogmen hält, die unverrückbar sind. Diese Gegensätze sind in den Kontroversen unserer Zeit deutlich geworden. Zweifellos relativiert eine modernistische, liberale Auslegung der christlichen Religion – der reformierten wie der katholischen – die Gewißheit des Glaubensgutes und seine sittlichen Werte, die auf Demut, Gehorsam, Verzicht und Opferbereitschaft beruhen. Ich meine, daß religiöser Glaube nicht ohne eine bestimmte Verhaltensdisziplin auskommt. Das ist bei den Juden und den Moslems auch so. Gegen die kirchliche Disziplin, wie es Küng tut, sich auf Menschenrechte zu berufen, ist eine aus der rationalistischen Aufklärung stammende Haltung. Es ist eine profane, freiheitliche Ethik. Theologie hat im Gegensatz zur Philosophie wenig mit Freiheit zu tun. Denn die Lehre von Gottes offenbarter Wahrheit ist nicht ohne Unterwerfung unter seine Gebote möglich. Ob sich der einzelne Mensch ihr unterwerfen kann, ist Glaubenssache. Mir hat immer der Satz „credo quia absurdum" eingeleuchtet. Wer glauben kann, was rational als „absurd" erscheint, ist ein echter Gläubiger.

23. September

Ich wundere mich immer mehr über mein Beginnen. Über das, was aus meinem Kopf in den Kugelschreiber fließt. Und jetzt gar noch Gedanken zur Religion, wo doch allein die Tatsache, daß es Religion gibt, seit der Zeit, da ich das Beten verlernte, mich in Verlegenheit bringt. Meine Mutter, die auf eine so großmütige und tiefinnerliche Art gläubig war, hielt mir vor, ich sei zu intellektuell, um es begreifen zu können. Mich beschäftigt es, daß oft auch die Theologen so intellektuell sind. Was ist mit ihrem Glauben? Zur Zeit des „aggiornamento" fragte ein Pilger in Rom einen Jesuiten, ob es denn jetzt auch keine Hölle mehr gebe. Die gebe es wohl, war die Antwort, aber es sei keiner mehr drin! Ich fürchte, wenn keiner mehr in der Hölle ist, dann ist auch keiner mehr im Paradies. Vergil kann seinen modernen Dante nur noch durch das Fegefeuer führen – und das ist auf Erden; wir haben es gründlich kennengelernt. Selbst der Erzbischof von Wien, der ein wenig professoral wirkende Kardinal König, dessen Predigt im Stephansdom wir am Himmelfahrtstag hörten, verwahrte sich gegen die Vorstellung, daß man Christi Himmelfahrt wörtlich-leiblich auffassen und den Himmel als einen Ort im Weltall verstehen könnte.
Was ist aber mit dem „Jenseits"? Und mit dem Leben nach dem Tode?

Rilke polemisierte gegen die Verschleppung der Hoffnung hinter den Tod; wir seien im „Hiesigen“ von Aufgaben umstellt. Der Dichter war kühn genug, das Hiesige zu „rühmen“. Den guten Pater Mario, der ganz von seinen Glaubensfragen erfüllt war und nicht viel Humor hatte, brachte ich zu einem Lächeln, als ich ihm sagte, ich sei ein Weltkind. Mein ganzes Tun war auf die Dinge dieser Welt bezogen. Das Hiesige nahm mich voll in Anspruch. Bloß mit dem Rühmen des Hiesigen hatte ich Mühe – wie Jacob Burckhardt kann ich nur in den Meisterwerken der Kunst und der Dichtung etwas Höheres und Vollkommeneres erblicken als die Wissenschaft (die immerhin sein und auch mein Beruf war). Den Christenglauben hatte der Pfarrerssohn Burckhardt verloren.
Wohin soll das führen? Ich schreibe assoziativ, ohne von einem Tag zum anderen zu wissen, worüber ich meine Notizen machen werde. Das ist für mich neu. Bisher war alles, was ich schrieb, auf einen bestimmten Gegenstand bezogen und daher abgezirkelt und begrenzt. Auch zeitlich begrenzt. Meine Jugendwerke: Die Biographie von Sismondi (1773–1842), Rilkes Schweizer Jahre (1919–26) sind mit philologischer Akribie erarbeitet. Im Krieg schrieb ich jeden Freitag morgen sechs Blätter zu dreißig Zeilen mit der Schreibmaschine über das Wochengeschehen. Eine Vorlesung in der Hochschule mußte nach 45 Minuten beendet sein. Zeitungsartikel durften je nachdem drei oder sechs Blätter lang sein, Aufsätze für Zeitschriften länger. Der große Brocken der „Weltgeschichte“ (1871–1945) beschäftigte mich während zwölf Jahren. Dann folgten Bücher mit Sammelcharakter, „Im Lauf der Jahre“, „Schwierige Schweiz“, „Geschichte und Politik“. Die „Grenzüberschreitungen“ bezeichnete ich als „Lebensbericht“. All das war gründlich dokumentiert. Und alles ist ein wenig ferngerückt. Kinder haben ihr eigenes Leben, sie werden erwachsen und gehen den Weg allen Fleisches. Wie ihr Erzeuger. Jetzt benütze ich keine Quellen mehr. Auf meinem Tisch liegen nicht mehr viele Bücher und keine Auszüge, die ich früher aus Büchern und Dokumenten machte. Ich habe überhaupt keinen Gegenstand mehr im Sinn. Nur die Furcht, daß mir Ideen und Atem ausgehen könnten, begleitet mein neues Beginnen. Warum Furcht? Muß man denn schreiben? Man kann mit dem Hund spazierengehen, Zeitungen und Bücher lesen, Pfeife rauchen, Whisky oder Bier trinken; man kann Radio hören und fernsehen, in der Stadt Ausstellungen oder das Theater besuchen und gesund leben. Man kann Menschen sehen, mit ihnen reden. Man muß an Beerdigungen teilnehmen. Ab und zu gibt es noch eine Sitzung. Oder

ein Abendessen. Oder eine Reise (wozu ich neuerdings nicht mehr viel Lust aufbringe). Trotzdem. Ich bin nicht glücklich, wenn ich nicht denken, das Gedachte nicht niederschreiben kann. Ohne künstlerische Absicht. Das Artistische liegt mir nicht.

Aber der Kreis des Erlebten, des Gewußten und des Gedachten erweitert sich kaum mehr. Im assoziativen Fortschreiben liegt zwar etwas Frisches, Spontanes, Unbefangenes, ja Unbedenkliches. Aber am Inhalt wird man seines Alters bewußt. Tote, an die man denkt, von denen man erzählen möchte, sind oft interessanter (gehen einem mehr zu Herzen) als viele Mitlebende. Vergangenes steigt aus dem Gedächtnis oft lebendiger auf als der Anblick und das Anhören des Zeitgenössischen. Man hat im Leben viel in sich aufgenommen, aus verschiedenen Gebieten; aber man muß zugeben, daß man vor allem auf diese Dinge zurückgreift und sich nicht mehr viel Neues aneignet. Gewiß, man „nimmt zur Kenntnis", was rundherum, in den nahe liegenden wie in den weltweiten Umgebungen, vor sich geht. Ich glaube auch nicht, daß meine Interessen bloß rückwärtsgewandt sind. Die drängenden Fragen der Gegenwart beschäftigen mich tagein, tagaus. Das Aktuelle hat für mich seine Faszination keineswegs verloren. Vor allem die Zukunft möchte man kennen, ihre Möglichkeiten und Gestaltungen erraten. Die Phantasie hat noch nicht ausgedient, der kritische Sinn – der auch der Phantasie bedarf – erst recht nicht.

Was fehlt? Man ist nicht mehr aktiv, man kann es in meinem Alter nicht mehr sein. Man spürt das Alter an der Höflichkeit, an der Rücksichtnahme der Jüngeren. Man spürt es, weil man selber nicht mehr in das Getriebe eingreifen kann, weder als Lehrer der Jugend noch als verantwortlicher Leiter einer Institution, noch als Mitglied eines Kollegiums oder einer Kommission, nur ausnahmsweise noch als Mitarbeiter der Massenmedien. Die Transmission zwischen Individuum und Kollektivität ist stillgelegt. Kurz, man sitzt auf dem Altenteil. Das ermöglicht Distanz. Es gestattet Freimütigkeit und Unabhängigkeit. Es führt zu einem Alters-Radikalismus des Denkens. Denn handeln kann man nicht mehr. Um es ordinär zu sagen: man muß es den anderen überlassen, „den Dreck" zu machen. Man steckte lang genug mittendrin. Endlich kann man unbeschwert darüber lachen oder weinen. Man kann sogar, mit einem Schuß Skepsis, Nachsicht üben. Die Sanduhr sickert ohne Unterlaß; im oberen Stundenglas ist nicht mehr viel drin. Trauer darob zu tragen schiene mir lächerlich. Über die letzte Lebensstrecke, über die letzte Stunde können wir nichts wissen. Es wäre unweise, über diese Geheimnisse rätseln zu wollen.

24. September

Gestern abend kamen Ferencs und Ivan aus Zürich, sie brachten einen jungen Spanier mit. Zum Glück habe ich den Kontakt mit jungen Menschen nicht verloren. Wir lernten die beiden bei Manuel Gasser kennen, als er vor sieben Jahren in das renovierte Pächterhaus einzog. Das letzte Mal waren sie vor zwei Jahren bei uns: am 16. September 1979. Das Datum ist unvergeßlich, denn am Morgen dieses Tages war in einem Zürcher Spital Manuel gestorben. Wir sprachen von dem Fest, das unser vom Tode gezeichneter Freund zu seinem 70. Geburtstag hier veranstaltet hatte. An einem wundervollen Sommerabend, dem 28. Juli 1979. Manuel wußte, daß er an Lungenkrebs sterben werde, und seine Gäste wußten, daß er unheilbar krank war. Ich habe selten einen Menschen gekannt, der sein Leben so wie er zu genießen verstand. Er hatte, fast zu unserem Schrecken, an dem Plan festgehalten, im Kreise seiner zahlreichen Freunde und Freundinnen seinen „runden" Geburtstag zu feiern. Wir schauten gestern abend mit unseren Gästen die Photographien an, die Franco Cianetti – der Photograph von Gassers Kunstzeitschrift „DU" – an jenem Abend aufgenommen hatte. Ein Kreis von etwa vierzig Menschen, die sich vergnügten, trotz allem: der Gastgeber selber war munter mit den Munteren. Ein Weltkind mit starkem, ungebrochenem Willen.

Man saß und stand im großen Halbrund des Hofes, die Blumen leuchteten bunt im Sommerflor, auf einem langen Tisch standen Champagnerflaschen, junge Hände gossen ein und gossen nach. Vor dem Brunnen saß Manuel. Der weißhaarige, ehemals beleibte alte Mann war abgemagert. Die einen setzten sich zu ihm, die andern schwatzten im Kreis herum, es war ein Kommen und Gehen, beinahe fröhlich, wer hätte schon den Spielverderber machen wollen. Man nennt so etwas eine gemischte Gesellschaft, denn Manuel Gasser hatte in allen Kreisen, bei jedem Menschenschlag gute Beziehungen. Er frequentierte ohne Unterschied die Wohlhabenden, die gute Bilder sammeln und seinen Kunstverstand schätzten, und junge Männer, denen seine Zuneigung galt. Er verstand es, alle zusammenzuführen, Junge und Alte, Intellektuelle und solche, die es nicht sind, elegante Frauen und gescheite Männer. Die Treusten unter ihnen hatten die Reise hierher nicht gescheut. Wie jedes Jahr zu Manuels Geburtstag war Graf Hieronymus Colloredo da und das Ehepaar Wyss aus Küsnacht, Albin mit seiner jungen Frau Cécile, Ferencs, Ivan, und natürlich Franco und Manuels Diener Mohamed, ein Marokkaner.

Ich kann es mir nicht versagen, die Namen zu nennen, viele von ihnen waren unsere gemeinsamen Freunde. Natürlich war Peter Mieg aus Lenzburg gekommen, aus Ascona der Maler Italo Valenti mit seiner Frau Anne, Jacques Koerfer, dessen Sammlung in seinem Haus in Moscia zum seltensten und erlesensten gehört, was ein reicher und sensibler Kunstkenner von den größten Meistern, von Cézanne bis Picasso, Älteres und Neues, zusammenstellen konnte. Fritz Dürrenmatt mit seiner Frau Lotti war da – Manuel hatte zu dem Band mit den Reproduktionen von Dürrenmatts Bildern eine vorzügliche Einleitung geschrieben. Die Kunstkritikerin Margit Staber mit Ehemann Weinberg fehlte nicht, auch nicht die Betreuerin der Galerie Maeght in Zürich, Frau Kübler, nicht die schöne und elegante Anne-Marie Boveri, noch Frau Lucy Rudolph aus Zürich, in deren gastlichem Haus wir uns so oft mit Manuel und vielen anderen – auch mit den Castelbergs, die ebenfalls dabei waren – zusammengefunden hatten. Außerdem: Hanny Fries, die Malerin, Klara Obermüller, die Journalistin, die in Manuels „DU"-Redaktion gearbeitet hatte und der er testamentarisch seinen Nachlaß anvertraute, der Germanist Manfred Hoppe aus Chicago, der nach Gassers Letztem Willen mit Klara je zur Hälfte seine Bibliothek erbte, meine alte Schwester Marguerite, die ihren jährlichen Sommeraufenthalt bei uns verbrachte, Manuels Arzt Dr. Müller, seine Cousine aus Bern, auch Francos junge Frau, andere mehr. Ich habe das Bedürfnis, mir alle noch einmal ins Gedächtnis zu rufen, zu notieren, wie wir nach dem Trunk im Hof in mehreren Wagen nach Stilli in den Dorfgasthof an der Aare fuhren zu einem gemeinsamen Nachtessen. Und immerzu der warme, windstille Sommerabend, die allmählich sinkende Nacht. „Der Sommer war sehr groß", konnte man auch in jenem Jahr sagen.

Ein einziger Zwischenfall, der eigentlich keiner war. Man hatte gegessen, Dr. Oswald Wyss, Manuels ältester Freund, der schon mit ihm bei den Pfadfindern gewesen war, hatte die obligate Tischrede gehalten und dem Gastgeber den Dank ausgesprochen. Es war halb elf, Gasser stand auf, sagte: „Meine Zeit ist abgelaufen." Es war ein Schock, alle verstummten.

Ich glaube, Manuel hatte es ganz harmlos gemeint, der Tag war lang gewesen, die Zeit vorgerückt, er war müde, wollte nach Hause gehen. Mit Mohamed am Steuer fuhr er ab. Wir hinterher. Als E. und ich oben ankamen, stand Manuel, die ewige Zigarette zwischen den Lippen, aufrecht im Hof. Er schien nicht einmal angestrengt. So lange im voraus hatte er sich auf diesen Tag gefreut, daß seine Vitalität – noch einmal, Manuel war schon von Metastasen geplagt, die er als Rheumatismus interpretierte – siegreich durchhielt. Vier Tage später, am 1. August, als er gegen meinen Rat an der Bundesfeier auf der nahen Wiese, bei Rede, Gesang und Feuer, teilnahm, war er ein erschöpfter, gebrochener Mann. Mohamed mußte ihn, der sich schwer tat, stützen, als er mühsam im Schein des verlodernden Feuers heimging.
Dieses langsame Sterben, Tag für Tag, unter unseren Augen. Es war qualvoll und setzte uns zu; ich mag es nicht aufschreiben. Dieser Mann ohne Familie – mit Ausnahme einer älteren Halbschwester und einer Cousine – hatte alles geregelt. Ich kam herzu, als er seinen Freunden Manfred Hoppe und dem Winterthurer Museumsdirektor Heinz Keller mit klarem Verstand und letzter Mühsal Anordnungen für sein Begräbnis diktierte. Er wollte in unserem Dorffriedhof bestattet werden. Mit Pfarrer, fragte ich? Ja. Manuels Großvater war Pfarrer gewesen. Peter Mieg sollte den Grabstein entwerfen. Seine Todesanzeige redigierte er selber. Einen Berner Kunsthändler hatte er beauftragt, seine wertvolle Sammlung an einer Auktion zu verkaufen. Als die Pflege im Hause nicht mehr möglich war, wurde der Sterbende von Mohamed in ein Spital nach Zürich gefahren. An der Beerdigung nahmen viele von denen teil, die am Geburtstagsfest waren. Aus Paris war Henri Cartier-Bresson gekommen, ein guter Freund, der einmal Manuel auf seinem Spaziergang mit dem Hund hier oben photographiert hatte.
Ich brauchte einen Tapetenwechsel. Als ich bei Jacques Koerfer in Moscia zu Tische saß, fragte ich, ob ich von Manuel Gassers letzter Zeit berichten solle. Nein, entgegnete er, er hat mit Ausnahme der zwei letzten Monate das Leben gehabt, das er sich wünschte. – Ich hatte Gasser durch Eduard Korrodi, Feuilleton-Redakteur der „NZZ“, bei einem Mittagessen im „Foyot“ in Paris kennengelernt. Ich mußte ihm meine Mitarbeit an dieser Zeitung abtreten, da ich fortan exklusiv als Pariser Korrespondent des „Bund“ angestellt war. Manuel war 21, ich 28 Jahre alt. Meine Erinnerung ist undeutlich. Er war ein schlaksiger, sehr junger Mensch, eher scheu, wir befreundeten uns damals nicht. Näher bekannt

mit ihm wurde ich, als er mit Karl von Schumacher die „Weltwoche" gründete. Gasser hatte kein akademisches Studium absolviert. Er war ein Vollblutjournalist mit schlüssiger, treffender, knapper Sprache. Ein Meister der Kurzform. Ich habe beobachtet, daß Nichtakademiker oft bessere Journalisten sind. Sie sind und schreiben unbeschwerter. Ihre Phantasie und Anpassungsfähigkeit ist nicht eingeengt. Als Film-, Kunst- und Theaterkritiker machte sich Gasser einen Namen. Er erwarb sich Wotrubas Dankbarkeit, als er in den Kriegsjahren den Bildhauer, der als Emigrant in Zug lebte, öffentlich bekannt machte. Von einer Jünglingsplastik, die zu den besten Frühwerken Wotrubas zählt, schrieb er, sie habe eine „trotzige Anmut". Nach dem Kriege arbeitete Gasser in Deutschland und in London. Als Chefredaktor der Zeitschrift „DU" übernahm er von Arnold Kübler eine international angesehene Tribüne der Kunstbetrachtung. Manuel liebte das Erlesene. Die Tradition alter Schlösser, Kirchen und Klöster war ihm ebenso vertraut wie die großen Museen und Kunstsammlungen Europas und Amerikas. Viele lebende Meister kannte er persönlich. Seine Beweglichkeit auf Kunstreisen, begleitet von einem Photographen, hat er bis in seine Krankheitstage beibehalten. Im Februar 1979, als bei ihm keinerlei Anzeichen von Erkrankung zu erkennen waren, begleitete ich ihn und Mohamed nach Ägypten, wo mir seine Kenntnisse bei Besuchen des Museums in Kairo, im Tal der Könige, vor den Reliefs im Tempel der Hadschepsut, an den heißen Tagen in Luxor und Karnak und in Assuan, vor den Stufenpyramiden von Sakkara zugute kamen. Seine Leichtigkeit im Umgang mit Menschen verwandelte die zufällig zusammengewürfelte Reisegesellschaft in eine kameradschaftliche Gemeinschaft. Seine Spielleidenschaft konnte er im Hotel in Kairo ebenso befriedigen wie an seinen Jaßabenden in Brunegg. Und sein Talent als Anekdotenerzähler bewies er in jeder Gesellschaft. Am liebsten waren uns die Abende bei ihm im Dachgeschoß des Pächterhauses, wo wir Whisky oder Wodka tranken, ehe wir vor dem Nachtessen wieder unsere lange Treppe erklommen.

25. September

Ich war erschrocken, als Manuel im Mai 1979, bereits erkrankt (obschon die Diagnose noch nicht endgültig feststand) im Wagen eines Photographen nach Polen fuhr, um ein Buch über polnische Kunstdenk-

mäler vorzubereiten. Es war seine letzte Reise, die beiden waren an *einem* Tag von Breslau nach Brunegg zurückgefahren. Erschöpft mußte Gasser auf die Niederschrift dieses Buches verzichten. Nach einer gründlichen Untersuchung in Zürich kam er zu uns in den Garten hinauf und berichtete, ein junger Arzt habe ihm gesagt, er habe noch sechs, höchstens acht Monate zu leben. Ein anderer hätte sich vielleicht nach dieser brutalen Eröffnung ins stille Kämmerlein zurückgezogen. Nicht so Manuel. Er schrieb an seine Freunde und Freundinnen, daß er sterben werde. Von da an war ein unablässiges Kommen und Gehen im Hof und in seinem Haus, er hatte vier, fünf Besuche jeden Nachmittag, sagte danach, es habe ihn bis zur Erschöpfung ermüdet, aber sein Menschenhunger blieb ungestillt. Wenn niemand da war, telephonierte er. Ich glaube, Gasser hatte schon immer Angst vor dem Alleinsein. Deshalb rief er uns so oft an, wenn er allein war, und bat er uns, ihm Gesellschaft zu leisten. Er brauchte Zerstreuung, Ablenkung. Er mußte reden, erzählen. Er tat es mit so viel Lebendigkeit, Charme und Witz, daß wir mit Vergnügen zuhörten, selbst wenn wir seine Anekdoten fast alle schon kannten.
Meinen „Grenzüberschreitungen" warf Gasser vor, ich hätte die Menschen, von denen ich erzähle, nicht porträtiert; ich erwähne nur ihre Namen, aber der Leser könne sich kein Bild machen von ihrer Person; ich solle noch ein Buch mit Portraits schreiben. Ich erwiderte, dann müßte ich auch ein Portrait von ihm machen; er lachte und meinte, das sei ihm ganz egal. Manuel war ein Lebenskünstler, ein leichtfüßiger Genießer alles Schönen und Guten, aber auch ein fleißiger, gewissenhafter Arbeiter. Jeden Morgen, wenn ich mit dem Hund ausging, hörte ich aus seinem offenen Fenster die Schreibmaschine klappern. Er hatte es verstanden, sich aus dem Nichts ein Vermögen zu erwerben und aus den Zinsen und täglicher Arbeit ein ordentliches Einkommen zu sichern. Aber er schwankte zwischen unbedenklichem Geldausgeben und einer gewissen Altmännerängstlichkeit, was ihn einmal sagen ließ, er sei geizig. Das traf aber nicht zu, im Leben wie durch sein Testament hat er seinen Freunden großzügig geholfen.
Er übte durcheinander zarte Rücksichtnahme und schonungslose Rücksichtslosigkeit, ohne es zu merken. Ich glaube, daß er sein eigenes Tun kaum überprüfte, denn er war nicht ein Mensch, der sich selbst analysierte. Sein Leben richtete sich nach Laune und Umständen. Als ein im Zeichen des Löwen Geborener herrschte er über sein Redaktionsteam, über sein Haus, über seine Gäste und Freunde. Sternkundige sagen, daß

der Löwe immer den Mittelpunkt bilde, eitel und ichbezogen sei, Schmeichelei gern dulde, seine Meinungen für richtig halte und verwirrt und ungehalten auf Widerspruch reagiere. Etwas von alldem war bei Manuel vorhanden, aber mit soviel spielerischer Liebenswürdigkeit präsentiert, daß man dem Pascha, der er war, nicht böse sein konnte. Er konnte jähzornig werden, aber er vergaß seine Ausbrüche schneller als die, welche davon betroffen waren. Er war fähig, Größe zu bewundern, und diese suchte und fand er vor allem bei den Meistern der Malerei. In seinem Band „Das Selbstbildnis, Gemälde großer Meister" schrieb er zu jedem Selbstportrait einen kurzen Kommentar, der jeden Maler zutreffend charakterisiert. Aber auch seine gastronomischen Bücher, kenntnisreich und witzig, das erste unter dem Titel „Manuel Gassers Köchelverzeichnis", verraten in ihrer journalistischen Leichtigkeit den geistreichen Schreiber. Mit E. führte er in meiner Gegenwart lange Gespräche über Küche und Rezepte; beide wetteiferten in der Herstellung köstlicher Gerichte. Ich war dann der Glückliche, der bei uns oder bei ihm diese Werke der Kochkunst verzehren durfte. Auch das ist Kultur.
Gassers homoerotisches Liebesleben war frei von Hemmungen. Auch dazu nahm sich der Löwe erfolgreich das Recht heraus. Man akzeptierte ihn, wie er war; wer Vorurteile hatte, zählte nicht zu seinem engeren Bekanntenkreis. Zu diesem gehörten auch nicht wenige interessante Frauen. Manuel war einer der treusten Menschen, die mir begegnet sind. Seine Freunde begleitete er auf ihrem Lebensweg, und wenn sie heirateten, hielt er ihnen die Treue. Bis zu seiner letzten Krankheit, obschon allzu beleibt, aber wie viele dicke Männer elastisch und wanderlustig, war er körperlich kräftig, gesund und leistungsfähig.
Mit Hermann Hesse war Gasser seit seinen Jugendjahren befreundet. Er hat ihn oft in Montagnola besucht. Die vielen Briefe, die er von Hesse erhalten hatte, schenkte er dem Archiv in Marbach. Manuel hatte sie nicht zur Hand, als Hesses Verleger ihn aufforderte, als Beitrag zu einem Gedenkband zu Hesses 100. Geburtstag, seine Erinnerungen an den Dichter niederzuschreiben. Ich war Zeuge, als Gasser, nicht ohne Stöhnen, aus dem Gedächtnis einen vortrefflichen Aufsatz zustande brachte. Gasser war jedoch Hesses Werk gegenüber nicht unkritisch. „Narziß und Goldmund" fand er ziemlich konventionell. Ich sagte ihm, daß ich den etwas sektiererischen Zug in Hermann Hesses Büchern nicht mag – doch gerade aus diesem Grunde dürfte sich die enorme Beliebtheit erklären, deren sich nach dem Tode des Dichters seine Werke bei den amerika-

nischen und andern Blumenkindern erfreuten. Hesse wurde zum Abgott der Hippies, und viele Ausgeflippte kamen sich vor wie Steppenwölfe. Mir und Manuel hatte Hesses „Demian“ Eindruck gemacht und uns in unseren Nöten geholfen, als wir Jünglinge waren. Hesse, der Dichter der Jünglinge; er verstand sie. Manuel erzählte mir, daß ihm Hesse einmal sagte, er hätte gern mit einem Jungen geschlafen; aber als er jung war, habe er nicht gewußt, wie man es mache, und später habe er keine Gelegenheit mehr dazu gehabt.

Merkwürdigerweise empfand Thomas Mann Hesses „Glasperlenspiel“, das er hoch schätzte und ihn bewog, diesen Schriftsteller für den Nobelpreis zu empfehlen, als seinem eigenen Spätwerk verwandt. Ich bin der Ansicht, daß Frau Katia recht hatte, als sie sagte, sie könne keine solche Verwandtschaft entdecken. Auch die gemeinsame Freundschaft mit der Familie Mann verband uns mit Gasser. Wir nahmen mit ihm und anderen an Frau Katia Manns 90. Geburtstagsfest teil, als sie, präsent und gut gelaunt, eine Gästeschar um sich sammelte. An ihrem 95. Geburtstag war die Gesellschaft in ihrem Haus in Kilchberg auf ein kleines Häuflein Getreuer zusammengeschmolzen. Sie überlebte Manuel. Golo Mann war einer seiner engsten Freunde – oft erkannten wir unten im Hof seinen Wagen, wenn er bei Gasser war; oder Golo kam auf einen Sprung zu uns hinauf.

Zu Manuel: Er war ein Ästhet, nicht ein Grübler. Ein Buch befriedigte ihn, wenn es künstlerischen Rang hatte. Außerdem war er überzeugt, daß man nicht mehr mit Ernst das Tun von Romanhelden schildern könne, sondern daß parodistische Darstellungsart an der Zeit sei. Aus diesem Grunde entzückten ihn Thomas Manns Josephsgeschichten, die er für das beste Werk dieses Autors hielt. Gasser hätte es vorgezogen, sagte er, wenn ich meine Erlebnisse in Südamerika mit der UNESCO und ihrer bunten Gesellschaft in meinen „Grenzüberschreitungen“ als Parodie einer nicht ganz ernst zu nehmenden Begebenheit dargestellt hätte. In dem wundervollen Park des Hotels in Luxor, wo wir ein paar Tage verbrachten, sprachen wir über das Tagebuch, das dort André Gide geschrieben hatte und in dem dieser Schriftsteller ausführlich von den Sexspielen berichtet, die er mit kleinen Araberjungen trieb. Es gibt in der Homosexualität nicht anders als in der Liebe zum andern Geschlecht beides, die bloße Befriedigung der Triebe und echte Partnerschaft, die Menschen miteinander verbindet. Trotz größer gewordener Liberalität gehört dieses Thema noch weitgehend zu den gesellschaftlichen Tabus. Wer ohne

Scheu die Wirklichkeit zur Kenntnis nimmt, weiß sehr wohl, daß viele Menschen, die ein normales Verhältnis zum anderen Geschlecht pflegen, auch homoerotische Erlebnisse hatten oder haben. Proust ist in seinem Roman diesem Phänomen nachgegangen.
Meine Freundschaft mit Manuel Gasser blieb, bei aller Vertrautheit, in den Grenzen aufrichtiger, aber etwas distanzierter Teilnahme des einen am Tun und Denken des andern. Wir haben nicht du zueinander gesagt, wir nannten uns beim Vornamen und blieben beim Sie. Obgleich wir skeptische Kenner bürgerlicher Konventionen waren, übten wir beide die bürgerlichen Tugenden der Arbeit, Beharrlichkeit und häuslichen Ordnung. Bei diesem Verhalten mögen wir altmodisch gewesen sein. Diese diskrete Höflichkeit der älteren Generation hatte auch ihr Gutes. Man tut Diskretion vorschnell als Heuchelei ab. Sie erleichtert den Verkehr zwischen Menschen und das Leben in einer geordneten Gesellschaft. Die Engländer sagen, daß jeder Mensch ein Skelett in seinem Schrank habe, aber sie öffnen ihn nicht um nachzuschauen. Tu was dir gefällt, ist das Motto des Lebenskünstlers; erzähle nicht, was du getan hast, ist ein Axiom der Lebensklugheit. Manuel Gasser war keineswegs ein Rebell oder ein Gesellschaftsverbesserer, sondern ein Mensch, der sich in der vorhandenen Gesellschaft wohl fühlte. Denn politisch war er konservativ. Alles in allem hatte er ein glückliches Naturell. Er stand bis zuletzt tapfer über seinem Leiden, und es war ihm gelungen, nach seiner eigenen Gesetzlichkeit ein Leben für sich und für andere zu führen.

1. Oktober

Neuer Monat. Die letzten Septembertage, leuchtende Föhntage, haben wir in Ragaz zugebracht, wo die Rilke-Gesellschaft ihre Jahrestagung abhielt. Vor einem Jahr fand diese Tagung in Worpswede statt, wo der junge Dichter Clara Westhoff geheiratet hatte und bald nach der Geburt der Tochter Ruth fortzog. In Ragaz weilte Rilke in den Jahren 1924, 1925 und 1926 – seinem Todesjahr. Er liebte den Komfort von Bad Ragaz, wo die Fürstin Marie von Thurn und Taxis hofhielt. Rilke besuchte von Ragaz aus die freundlichen Ortschaften der Bündner „Herrschaft", das Schloß Salenegg in Maienfeld und das Schloß Bothmar in Malans. Die Teilnehmer an der Ragazer Tagung begaben sich an diese Orte, über die sich Rilke in Versen und in Briefen geäußert hat. Die bemerkenswerteste Dichtung, die ihm unter jenem Himmel gelang, ist zweifellos der Zyklus „Im Kirchhof zu Ragaz Niedergeschriebenes" – neun Gedichte. Rilke war Ende vierzig, er hatte schon im Winter 1923/24 eine quälende Krankheitszeit im Sanatorium Valmont durchgemacht. Aber im April 1924 fand ich ihn in Muzot frisch, gesprächig und wanderlustig. Das Auf und Ab einer ins Schwanken geratenen Gesundheit verließ ihn nicht mehr.

Die Friedhofgedichte aus Ragaz kann ich mir nur daraus erklären, daß Rilke das beginnende Leiden als Vorboten seines Todes erahnte. Denn alle Abwehr, Pflege und ärztliche Betreuung geboten seiner Blutkrankheit keinen Einhalt: „Wir können wissen, leider wir vermeidens", beginnt das vierte dieser Gedichte. „Befangen in den Formen unsres Leidens, / begreifen wir nicht mehr, wenn Leid sich löst / und *draußen* ist ..." Dann folgt das überraschende Bild von den „Schemen, / die selber nicht mehr leiden, sondern nur / ... das Maß des herrenlosen Leidens nehmen". Die Toten, die Schemen, „gleichmütig" in ihren Gräbern, leiden nicht mehr – das Leiden bleibt irgendwo „draußen": es ist „herrenlos" geworden.

Ich habe selber nichts mehr über Rainer Maria Rilke zu sagen. Mein Buch über seine Schweizer Jahre und einige kleinere Beiträge müssen genügen; ich „forsche" nicht mehr. Ich hatte es abgelehnt, einen Vortrag über Rilke in Ragaz und in Graubünden an dieser Tagung zu halten. Aber man schien etwas von mir zu erwarten. Am Schluß des Mittagessens in der „Krone" Malans dankte ich in einer Improvisation zunächst den verdienstvollen Spezialisten, die uns, wie Ernst Zinn, in den Ausgaben von Rilkes Werken die Texte philologisch getreu und vollzählig aufbewahrt und, wie Ingeborg Schnack, mit einer Lebenschronik des Dichters ein unentbehrliches Arbeitsinstrument an die Hand gegeben haben. Auch den drei Archiven, in Marbach, in Bern und in Gernsbach, wo der Enkel des Dichters und seine Frau den Nachlaß betreuen, gebührte Anerkennung. Nicht alle Dichter haben das Glück, daß ihre Manuskripte vollzählig erhalten und geordnet vorhanden sind und daß ihre Werke vorbildlich ediert wurden.

Ich versagte es mir nicht, eine Warnung auszusprechen. Es sei begreiflich und legitim, daß man die Orte aufsuche, wo Rilke geweilt und wo er Gedichte und Briefe geschrieben hat; und daß man der vielen Menschen gedenke, die er gekannt, die sich seiner angenommen, die dem „fahrenden Sänger" Wohltaten erwiesen haben. Denn seine Lebensbahn glich

derjenigen von Minnesängern des Mittelalters, die nichts hatten als ihre Leier, und ohne mit irdischen Glücksgütern gesegnet zu sein, Gastfreundschaft in schönen Schlössern genossen. Es sei wohl richtig, daß Rilke den Adel, sein Herkommen, seine Wohnsitze und Wappen, das Überlieferte und Angestammte liebte, was alles dem Schönheitssinn des Künstlers entgegenkam. „So nah am Snob vorbei", schrieb einmal Rilke über Marcel Proust, und darin liegt ein indirektes Selbstbekenntnis. Aber ich fuhr fort, Rilke habe auch das „Volk" geliebt; das kleine Arbeitermädchen Marthe in Paris stehe vermutlich für viele, und man sollte nicht vergessen, daß Gaukler und Artisten, die „Saltimbanques", denen er eine seiner „Duineser Elegien" gewidmet hat, seine Aufmerksamkeit fesselten. Auch nicht übersehen, daß Rilke Künstler, Bildhauer, Maler und Schauspieler kannte und mit ihnen enge Beziehungen pflegte. Nur das Bürgertum, ein geordnetes, seßhaftes, erwerbstätiges bürgerliches Dasein, sei ihm fremd geblieben. Mit der Einschränkung, daß er in seinen letzten Lebensjahren in der Schweiz Vertreter eines kultivierten Bürgertums, Gastfreunde und Mäzene, Werner Reinhart in Winterthur, Nanny Wunderly in Meilen, zu Freunden und Helfern gewann. Ihr Lebensstil kam seinem Bedürfnis nach Geschütztheit entgegen.
Das alles, meinte ich, gehöre zu Rilkes Biographie, man solle es erinnern und in Büchern aufzeichnen; aber das sei nur Vorwand zum Werk gewesen, Erleichterungen, die ihm auf seinen Lebensstationen gestatteten, seine Werke niederzuschreiben. All das war bloß notwendige Voraussetzung des Gelingens. Denn einzig die „Arbeit", wie er das Werkschaffen nannte, zählte für ihn. Nichts durfte diesem Werk im Wege stehn, auch Familie, Ehe, Liebe und Freundschaft nicht. Wenn die Zeit gekommen war, trennte er sich, begab er sich anderswohin – floh er. Was wir bewahren und kennen sollen und bewundern dürfen, sagte ich zu den Teilnehmern dieser Tagung, sei ausschließlich das, was als ein einzigartiges schöpferisches Werk der Dichtung auf uns gekommen ist. Denn obgleich nach Rilkes Tod, wie immer, wenn ein bedeutender Dichter diese Welt verlassen hat, sein Ruhm im Kreuzfeuer literarischer Kritik zu Kontroversen Anlaß gab, Höhen und Tiefen durchmachte, ist es heute, mehr als ein halbes Jahrhundert nach seinem Ableben, unbestritten, daß Rilke als Dichter zu den Großen der deutschen Literaturgeschichte zählt. Es war gut, daß ich mich, nach einigem Zögern, an ihrer jährlichen Tagung zu den Mitgliedern der Rilke-Gesellschaft begab; sie tragen zur Wahrung seines Gedächtnisses das Ihre bei. – In der alten schönen

„Krone", am 28. September, gedachten E. und ich, bei einem Liter Malanser, in bewährter Übereinstimmung unseres 41. Hochzeitstages. Wir hatten es unvorsichtigerweise unserem freundlichen Tischnachbarn anvertraut, der es am Schluß der Mahlzeit nicht lassen konnte, die Gesellschaft aufzufordern, auf unser Wohl die Gläser zu leeren. – Unter einem wolkenbruchartigen Regen, der bis Zürich nicht nachließ, fuhren wir heimzu.

2. Oktober

Leser meines Briefwechsels mit Guy de Pourtalès waren angetan von der Portraitskizze, die ich in einem meiner Briefe von Nanny Wunderly-Volkart entworfen hatte. Ich habe ihrer in meinen „Grenzüberschreitungen" gar zu kurz gedacht und will zur Auffrischung meines Gedächtnisses versuchen, einige Passagen aus jenem Brief ins Deutsche zu übersetzen. Pourtalès hatte sich am 26. April 1939 aus Etoy in einem ausführlichen Schreiben über mein Rilke-Buch geäußert und mich gebeten, ihm zu sagen, wer Frau Wunderly sei. In einem zweiten Brief kam er auf diese Bitte zurück. Ich schrieb ihm am 17. Mai aus Zürich, Rilke habe sich von Etoy aus ins Wallis begeben, wo er den Turm von Muzot „entdeckte", den ihm dann Werner Reinhart zum Bewohnen überließ. An Pourtalès: „Ich glaube, Sie haben recht, wenn Sie sagen, daß die Einsamkeit nicht sein (Rilkes) natürliches Klima war. Er litt sogar grausam darunter, aber er liebkoste diese Kette, die ihn verletzte. Er hatte sie zweifellos nötig, während einiger Zeit, um durch nichts und niemanden gestört arbeiten zu können, und es war in Muzot, von der «zu schweren Rüstung» geschützt, daß er endlich seine bedeutendsten Werke vollenden konnte: die «Duineser Elegien» und die «Sonette an Orpheus».
Und nun – wer ist Frau Wunderly? Sie ist die Frau eines Zürcher Industriellen, Tochter eines Großkaufmanns in Winterthur, ein paar Jahre jünger als Rilke. Sie hat nichts von den mondänen Damen und literarischen Frauen, die wir in Paris kennen. Kein Blaustrumpf, kein Snob; sie hat sogar eine ziemlich bescheidene Ausbildung gehabt – Mädchenpensionat, mit neunzehn Jahren verheiratet, Mutter mit zwanzig, vollendete Hausfrau mit einem ausgeprägten Sinn für ihre häuslichen Pflichten, den Garten liebend, ihr Haus und ihre Gäste pflegend, mit einer Abscheu vor vergeblicher Mondänität und literarischem Snobismus. Das verwundert

Sie? Meine Beschreibung ist jedoch unvollständig; denn es ist schwierig, das Wesentliche zu sagen, und die außerordentliche Ausstrahlung dieser Seele und dieses Herzens zu erklären. Ohne Ehrgeiz und ohne Machtstreben hat diese Frau wegen ihres Charmes und ihrer Güte die verschiedensten Menschen angezogen – Schriftsteller, Künstler, Gelehrte, Offiziere, Politiker –, denn sie hat Freunde im Parlament von Westminster, in den deutschen Universitäten und in den Ateliers der Maler, hier und dort. Und natürlich beten einfache Leute und Kinder sie an.
Dank ihrer Intuition und ihrem Feingefühl versteht Frau Wunderly gequälte Seelen und komplizierte Männer – in einem Wort den schrecklichen Menschenschlag der Künstler. Man spürt in der Tat eine Art tiefer Sicherheit, eine unerklärliche Seelenstärke, wenn man sich ihr nähert oder mit ihr durch den Garten geht, und man fühlt sich eigenartig beschützt, wenn man ihr Haus betritt, in dem ein etwas Louis-Philippeartiger Komfort herrscht, wo aber alles das sehr persönliche Gepräge der Hausherrin verrät. Sie schrieben mir, lieber Herr, daß Rilke eine bewundernswerte Kraft hatte, die einzige, gegen die der *Feind* nichts vermag: die Kraft der Transparenz, der Helligkeit. Nun, ich glaube, daß er in den Nöten seines ungewissen Lebens gerade *diese Kraft* in Frau Wunderly wiedergefunden hat. Er war kaum der Katastrophe entronnen, die über Deutschland und Österreich hereingebrochen war. In der Schweiz fühlte er sich natürlich fremd, er glaubte, daß sein hiesiger Aufenthalt nicht von langer Dauer sein würde; er hatte gerade das Refugium verlassen müssen, das während einiger Wochen die prekäre Genesung seiner verwundeten Seele umschlossen hatte: den rustikalen Palazzo in Soglio. Nach einer öffentlichen Lesung in Zürich brachte ihn eine Dame nach Meilen, zu Frau Wunderly – man trank Tee, man unterhielt sich –, das ist alles. Die Freundschaft hatte Bestand bis zum letzten Augenblick, wo Frau W. und die Ihren den Wunsch des sterbenden Dichters erfüllten, der auf dem kleinen Friedhof von Raron, unweit von Muzot, zur Ruhe gebracht werden wollte.
Man müßte dazu noch viel sagen. Gewisse Leute wundern sich, daß eine Frau wie diese, die alle Trümpfe in der Hand hielt, um einem gesellschaftlichen Kreis und einem literarischen Salon vorzustehen, davon keinen Gebrauch machte. Soll man sie dafür tadeln? Ich glaube es nicht, weil sie auch in dieser Beziehung einfach ihrem Wesen treu bleibt. – Sie ist aufrichtig, wenn sie sich einbildet, daß sie die Erwartungen von geistreichen Männern enttäuschen würde, die zu ihr kommen könnten; denn in ihrer

Geradheit und mit ihrem gesunden Menschenverstand hat sie ihren Geist nie dem Spiel der Salonkonversation angepaßt. Sie ist immun gegen alles, was künstlich und verlogen ist, ihre Redlichkeit verhindert sie, die Leute der oberen Gesellschaft nachzuahmen, bei denen alles Berechnung und verspielter Machiavellismus ist. Ich glaube, sie wäre unfähig, einen Salon zusammenzustellen und einer Konversation vorzustehen. Dennoch, sie hört gut zu – und sie versteht sehr wohl; sie beobachtet, und unter ihrem direkten und gern lachenden Blick, ihrem Lächeln ohne Ironie, sind schon viele Masken gefallen ... Sie hat etwas von der unnachgiebigen Autorität der schlichten Menschen und der Kinder an sich. Aus diesem Grunde versteht sie die Dichter – die wahren, meine ich. Erkennen Sie die Grenzen eines solchen Geistes? Er wird seine Nahrung kaum bei Proust und bei Thomas Mann suchen; aber er assimiliert Rilke, Carossa, Giono, La Varende. Sie nimmt mit diesen ohne weiteres den Kontakt auf, auch wenn sie weit fort sind, in Bayern, in der Provence, in der Normandie. Aber sie kam nie auf die Idee, eine Begegnung mit Thomas Mann herbeizuführen, obgleich er während einiger Jahre fast in ihrer Nachbarschaft, am Ufer des Zürichsees lebte. Sie bewahrt die gleiche Spontaneität vor der Malerei, der Musik, dem Gartenbau. Ohne daß sie vielleicht Goethes berühmtes Wort von der *Echtheit* kennt, hat sie den Kultus der Echtheit, mit einer selten irrenden Sicherheit des Blicks. Sie hat eine ziemlich deutsche, genauer deutschschweizerische Seite in der Zusammensetzung ihres Geschmacks, ihrer musischen Empfindsamkeit, in der Art sich auszudrücken; auch begibt sie sich nie nach Paris. Aber diese Eigenschaft wird gemildert durch eine weltbürgerliche Bildung und ihre Familientradition. Sie hat übrigens französisches, polnisches, irisches Blut in ihren Adern, was zweifellos das vollständige Fehlen von Schwerfälligkeit, ihre Agilität und eine Mischung von Verträumtheit und Frohmut erklärt, die dieser sehr kleinen Frau eigen sind, die sich mit ihren sechzig Jahren eine Jungmädchenfigur bewahrt hat. Der Maler Chodowiecki ist einer ihrer Vorfahren, desgleichen der berühmte Holzschnittkünstler des 16. Jahrhunderts, Jost Ammann. Eines Tages führte ich bei ihr eine junge Freundin ein, die auf das Erscheinen einer würdigen Großmutter gefaßt war – sie war so verblüfft, als sie ein jung wirkendes und kaum ergrautes Persönchen erblickte, das behende und mit einem fröhlichen Lächeln auf uns zukam, daß meine junge Begleiterin beinahe vergaß, ihr den Blumenstrauß zu überreichen, den sie mitgebracht hatte. Die körperliche Zerbrechlichkeit kompensiert diese Frau mit ihrer psychischen Tapferkeit, und ihre ziemlich zarte Gesundheit beherrscht sie mit einer Willenskraft, die schon viele Krankheiten überwunden hat. Viele Frauen rühmen sich ihrer Bekanntschaft mit Rilke und seiner Liebe zu ihnen. Frau Wunderly hat es nicht nötig, sich dessen zu rühmen. Was ist das Geheimnis der Beständigkeit ihrer Freundschaft und der Unveränderlichkeit des Tones in der Zuneigung, die sie verband? Wer könnte es sagen? Was mich betrifft, so möchte ich glauben, daß wohlgeartete, dem Absoluten verschriebene Seelen gefühlsmäßige Bindungen intakt bewahren können. Ich glaube außerdem, daß von allen Frauen diejenige, die mit großmütigem Herzen und ohne egoistische Klagen einem geliebten Freund niemals ein Leid zufügt, die größte Chance besitzt, ihn nicht zu verlieren. Soviel ist sicher, daß Rilke einen Menschen nötig hatte, in den er unbeschränktes Vertrauen haben konnte und dessen totale Desinteressiertheit ihm bekannt war. Dieser Freundin hat er die Aufgabe anvertraut, seinen letzten Willen auszuführen. An sie wandte er sich jedesmal, wenn das Leben ihn verletzte, oder wenn er es nötig hatte, sich zwanglos auszusprechen. Als er im Sterben lag, wollten sich seine Frau und seine Geliebte zu ihm begeben. Seine Furcht, sie könnten ihn aufsuchen, war so groß, daß man es in Valmont nicht wagte, ihn von der Ankunft dieser Frauen zu unterrichten. Da er dieses – übrigens natürliche – Eindringen vorausgesehen hatte, beschwor der Kranke seine Umgebung, diese unwillkommenen Besucherinnen unter allen Umständen von ihm fernzuhalten. Ich brauche Ihnen nicht zu sagen, wem die schreckliche Aufgabe zuteil wurde, den Unglücklichen den formellen Willen des sterbenden Dichters mitzuteilen. – (Diese Einzelheit erfuhr ich von Rilkes Arzt; Frau W. hat sie mir bestätigt.)

Sie sehen, lieber Herr, daß die Skrupeln, die Sie mir zu zweien Malen in bezug auf Ihre Frage Frau Wunderly betreffend ausgedrückt haben – eine Frage, die Ihnen indiskret vorkam –, mir das Vertrauen einflößten, das ich zu einer freimütigen Mitteilung nötig hatte. Dies um so mehr, als eine schon alte und gleichsam familiäre Freundschaft mich mit Frau Wunderly und den Ihren verbindet. Erlauben Sie mir, Ihnen einen Rat zu geben: Kommen Sie nach Zürich – ein Besuch der gut gelungenen Landesausstellung könnte Sie dazu verlocken –, und ich werde Sie nach Meilen begleiten, wo wir in der Intimität von Herrn und Frau Wunderly einen Nachmittag oder Abend verbringen werden. Wir werden Gespräche führen, und danach können Sie diesen Brief verbrennen, denn der Eindruck, den man nach der Begegnung mit einer Frau gewinnt, ist im-

mer sehr verschieden von dem, auf den man nach einer von einer Drittperson verfaßten Schilderung gefaßt war. Jedenfalls wäre Frau Wunderly entzückt, Sie kennenzulernen und sich mit Ihnen unterhalten zu können. Was mich betrifft, so hätte ich das größte Vergnügen, wenn ich Sie wiedersehen und unser Gespräch wiederaufnehmen könnte . . ."
Das waren Umgangsformen einer absterbenden Gesellschaft (schon vor hundert Jahren sagte Heidenstam zu Strindberg, sie sei am Absterben!). Eigentlich mochte ich jenen Stil lieber als die heutige Ungeniertheit. Aber man entrinnt nicht den Zeitläuften.

4. Oktober

Eindrücke: Vor ein paar Tagen fragte mich in Zürich ein Zeitungsmann, wie man die verbreitete Angst der Schweizer erklären solle. Gestern sagte mir ein alter deutscher Freund, der aus Hamburg kam, er wisse nicht, ob man über die forsche Politik des Präsidenten Reagan besorgt sein soll oder ob sie zweckmäßig sei. In einem Brief bittet mich d'Ormesson, ihm zu sagen, was ich von der Lage in Frankreich denke. Abends im Fernsehen eine Predigt von Dom Helder Camara im Zürcher Großmünster, hernach umarmte er den Pfarrer Sieber. Zwei Geistliche, die sich der Not von Menschen annehmen, die als Verstoßene, in Verlassenheit und Unbehaustheit leben. Die Kirche war überfüllt von jungen Menschen in ihrer ärmlichen und bunten Bekleidung, auch von älteren Leuten; aber es war nicht das bürgerliche Publikum des Sonntagsgottesdienstes.
Soll man sich wundern? Die Schweizer, die nie mehr den Krieg bei sich hatten, leben immerzu in der Furcht vor Katastrophen. Die einen erblikken sie in der kommunistischen Gefahr und in einem Krieg der Russen, die andern in einem wohlhabenden und egoistischen Bürgertum, das sie hassen, und in einer Bedrohung durch die Amerikaner. Wer könnte denn diese soziale Gespaltenheit der heutigen Gesellschaft leugnen, den Klassenkampf übersehen, der von unten nach oben und von oben nach unten in einer fortschreitenden Polarisierung, ohne Achtung vor den Mitmenschen geführt wird? Und wer wäre blind für die weltpolitischen Gefahren mit ihrem wahnwitzigen Rüstungswettlauf? Alles wirkt zusammen bei dem Aufstand verängstigter Massen, die von unwirtlichen Vorstädten mit ihren fürchterlichen Zementhochhäusern erdrückt werden und der geistlosen Eintönigkeit des Fabrik- und Büroalltags entrinnen möch-

ten. Aber nicht nur die sich immer weiter ausdehnenden Städte mit ihren Bauplätzen, aufgerissenen Straßen und sozialen Gegensätzen verderben die Lebensfreude. Es erstaunt nicht, daß Ökologie und Naturschutz, Bewahrung eines menschenwürdigen Lebensraumes und Verteidigung einer der Verwüstung durch Verkehr, Technik, Fabriken und Häuserproliferation preisgegebenen Landschaft in allen Gesellschaftsschichten Anhänger gewinnen. Denn die Lebensqualität nimmt fortschreitend ab. Ich wundere mich auch nicht, daß sogar das Wort Gottes, wenn es im Geiste der Bergpredigt verkündet wird und nicht in demjenigen pharisäischer Frömmelei, die die Kirche als Bollwerk gegen die Revolution betrachtet, wieder Anklang bei Trost und Stärkung suchenden Jugendlichen findet. Noch weniger erstaunlich ist es, daß der Leistungsdruck der Industrie- und Kommerzgesellschaft mit ihrer Philosophie des ununterbrochenen Wirtschaftswachstums eine Angstpsychose zur Folge hat. Selbst die Furcht vor dem Bau von Atomkraftwerken ist erklärlich, obgleich ihr ein irrationales Element anhaftet. Es mag sein, daß diese Strahlungen gering sind im Vergleich mit den in der Atmosphäre vorhandenen Strahlungen. Und es dürfte gefährlicher sein, wenn irgendwo in den Bergen eine Staumauer zusammenbrechen und die Wasser eines Stausees sich über menschliche Siedlungen ergießen würden. Aber die Menschen haben seit Hiroshima, auch seit einem schweren Unfall in einem amerikanischen Atomkraftwerk, die Angst vor der Kernenergie in den Knochen. Auch sie ist ein Politikum, wie der Aufruhr der Jugend, wie der Kampf gegen die Verwüstung und Verseuchung der Umwelt und gegen gesundheitsschädliche Lebensmittelproduktion, wie der Protest gegen den erbarmungslosen Leistungsdruck des Fabrik- und des Bürobetriebes, wie die enormen Einkommensunterschiede zwischen Reichen und solchen, die nie zu Reichtum gelangen können, wie die Ungleichheit der sozialen Aufstiegschancen, wie die schiere Angst vor einem Wettrüsten, das zu einem Vernichtungskrieg führen könnte.
Es stimmt nachdenklich, daß heute in vielen Ländern diese verschiedenen Ängste, Provokationen und Protestbewegungen zusammenwirken als ein sich ausbreitender Aufstand gegen die etablierte Ordnung. Obgleich sich deren Vertreter rechtfertigen und zur Bewahrung des wirtschaftlichen Wohlstandes, der technisch-industriellen Errungenschaften und einer in geordneten Bahnen verlaufenden Sozialpolitik, auch zur Versorgung mit Energie, zur Aufrechterhaltung der staatlichen Rechtsordnung und der militärischen Verteidigungsfähigkeit einleuchtende Argumente

ins Feld führen können, wird der Gegensatz zwischen den Unzufriedenen und den Etablierten immer schärfer ausgetragen. Gewiß müssen staatliche Organe für die öffentliche Ordnung besorgt sein. Aber die politisch Verantwortlichen verharren in einer erschreckenden Rat- und Hilflosigkeit, wenn es sich darum handelt, die Ursachen von aufrührerischen Bewegungen zu verstehen und Abhilfe zu schaffen. Daß es demonstrierende und randalierende, Steine werfende, Schaufenster zertrümmernde, Autos zerstörende und manchmal auch plündernde Jugendliche den Behörden und ihrer Polizei nicht leicht machen, ist offenkundig. Aber das eine feuert das andere an, die Spirale von Gewalt und Gegengewalt dreht sich immer bedrohlicher. Unter diesem Druck vermindert sich auch der Freiheitsraum. Da gleiches in Zürich, Basel, Berlin, Frankfurt, Amsterdam und andernorts vor sich geht, muß man einsehen, daß es sich dabei um eine allgemeine Erscheinung in der heutigen Leistungs-, Industrie- und Konsumgesellschaft handelt. Diese Nöte, Ängste und Proteste, und als ihr Gegenstück Untoleranz und Repression, gibt es überall.
Dazu treten die Demonstrationsmärsche, der internationale Terrorismus und die verbreitete Kriminalität, der Protest in Amerika gegen die antisoziale Politik Reagans, der Wahlsieg der Linken in Frankreich, die Radikalisierung der britischen Labourpartei, die Verseuchung der Jugend durch Drogen und Alkohol – und als Fazit die zunehmende Unregierbarkeit der Staaten. Denn Helmut Schmidt hat es trotz seiner parlamentarischen Mehrheit immer schwerer, sich durchzusetzen, Frau Thatcher hätte bei drei Millionen Arbeitslosen Mühe, wiedergewählt zu werden, in Italien ist die Staatsautorität inexistent, und es ist zu fürchten, daß, wenn einmal die Euphorie der noch jungen Präsidentschaft von François Mitterrand vorüber ist, auch in Frankreich keine Ruhe mehr herrschen wird. Holland, Belgien, Dänemark und auch die Schweiz haben Schwierigkeiten mit ihrer Politik, überall herrscht Staatsverdrossenheit; wenn man nicht auf die Straße geht, zieht man sich grollend, ohne Vertrauen in die Regierung, in seine Ecke zurück. – Von der „großen" Politik, von derjenigen, die keinen wirklichen Frieden auf der Welt zustande bringt und niemandem Vertrauen einflößt, mag ich heute schon gar nicht reden.

8. Oktober

Sadat ermordet. Wer wird der Nächste sein? Kreisky? Begin? Man stellt sich den aufgestauten Haß gegen Staatsmänner, die sich mit ihrer Politik stark exponiert haben, nicht vor. In diesem Jahr ist der ägyptische Präsident bereits der Dritte – mit dem Unterschied, daß Ronald Reagan und Johannes Paul II. die gegen sie verübten Attentate überlebt haben. Der Papst ist vor ein paar Tagen zum erstenmal, fünf Monate nach seiner schweren Schußverletzung, wieder auf dem Petersplatz erschienen.
Neu ist die Technik des Attentates auf Sadat. Eine Militärparade, der Präsident, in Generalsuniform, nimmt sie auf einer Tribüne ab, umringt von offiziellen Persönlichkeiten. Ein Militärfahrzeug hält plötzlich an, die Insassen des Gefährtes steigen aus und schießen mit Maschinenpistolen auf Sadat. In seinem Leichnam fand man 36 Einschüsse. Das wäre, glaube ich, nicht möglich gewesen ohne eine hochgestellte Komplizenschaft; denn eine Militärparade ist ein so minuziös organisierter Vorgang, daß ein einzelnes Fahrzeug nicht ohne verabredete Vorbereitung hätte halten und seine Insassen zur Tribüne hätten laufen können. Kein Zweifel, daß in der ägyptischen Armee, von der man seit Sadats Verständigung mit Israel und Amerika nie wußte, was sie von dieser Politik denkt, oppositionelle Nester sind. Sadat hatte bereits hohe Kommandoposten ausgewechselt; einer seiner ehemaligen Parteigänger, der Generalstabschef Shazli, hatte sich nach Libyen abgesetzt.
Eine Änderung von Sadats Politik wäre erst möglich geworden, wenn Ägypten im April des nächsten Jahres auch den Rest der Sinaihalbinsel von Israel zurückerhalten hätte. Die Ägypter müssen bis dahin Geduld üben. Wohl aus diesem Grund ist nach Sadats Tod für ein Jahr der Ausnahmezustand angeordnet worden. Ein unzufriedenes Ägypten wird unter einer Militär- und Polizeidiktatur leben müssen. Sie war schon vor zwei Jahren, als ich dort war, sichtbar am Flughafen in Kairo und sogar in unserem Hotel, wo zwei Polizisten am Eingang Wache hielten und die Taschen und das Gepäck der Hotelgäste nach Waffen durchsuchten. Wir sahen überall in Hotels und andern öffentlich zugänglichen Lokalen das offizielle Bild von Anwar el Sadat in weißer, ordensgeschmückter Uniform. Es wird durch das Bild des neuen Präsidenten Mubarak ersetzt werden müssen.
Sadat hatte zu den rebellischen Offizieren der ehemals königlichen Armee gehört, an deren Spitze Oberst Nasser stand und die im Zweiten

Weltkrieg den Kontakt mit Rommel suchten, damit dieser ihnen mit dem deutschen Afrikakorps helfe, die Engländer aus Ägypten zu vertreiben und den König zu stürzen. Die Erinnerung an den gleichzeitigen Kampf gegen die britische Herrschaft im Nahen Osten bildete eine Gemeinsamkeit zwischen Sadat und Begin. Auf dem Weg nach Indien durch das Mittelmeer, das Rote Meer und den Indischen Ozean sind zwischen 1946 und 1956 die letzten Bastionen des British Empire, in Palästina und in Ägypten, gefallen. Amerika wollte und möchte das Erbe der Engländer in jener Region antreten; in Israel, das die Amerikaner zu ihrem Stützpunkt im Nahen Osten gemacht haben, ist es ihnen gelungen; in Ägypten versuchte Präsident Sadat, ihnen einen zweiten Stützpunkt einzuräumen. Auf weite Sicht, glaube ich, werden die Ägypter die Freundschaft und Solidarität mit der arabischen Welt wieder suchen wollen und müssen.
Sadat hat großen politischen Mut bewiesen, als er den Friedensprozeß mit Israel einleitete. Die Ägypter hatten genug von den verlustreichen Kriegen, und sie erhielten den Sinai zurück. Inzwischen wurde Sadat von Begin hingehalten. Am vorigen 2. – 3. September ließ Sadat nach einer nächtlichen Razzia fast 1600 Oppositionelle in den Kerker werfen. Die meisten gehörten der Muslimischen Bruderschaft an, der Sadat als junger Offizier nahestand und Waffen vermittelte; jetzt war sie zu mächtig geworden und drohte, das Regime zu stürzen. Die islamischen Fundamentalisten haben Sadat nie sein Zusammengehen mit Nasser, nie seine proamerikanische Politik und seine Verständigung mit den „Zionisten" verziehen. Außerdem ließ Sadat auch Christen, Sozialisten, sowjetfreundliche Nasseristen und Mitglieder der Wafd-Partei einkerkern. Das war nicht mehr mutig, sondern tollkühn. Sadat hatte sich in seinem Land isoliert. Es trauert nicht um ihn.
Menachem Begin hat seinen einzigen zuverlässigen Partner in der arabischen Welt verloren, aber er hat es ihm mehr, als es politisch klug war, schwer gemacht. In der Frage der Autonomie der von arabischen Palästinensern bewohnten, 1967 eroberten Gebiete machte Begin seinem ägyptischen „Freund" faktisch keine Konzessionen. Sadat mußte wohl oder übel die Siedlungspolitik und Militärherrschaft Israels in Cisjordanien und im Gazastreifen schlucken. Das hatte er ursprünglich nicht beabsichtigt. Ich war im Fernsehstudio in Zürich, als im November 1977 Sadat seine Rede in der Knesset hielt; ich hörte sie live, der ägyptische Präsident lehnte ausdrücklich einen Sonderfrieden mit Israel ab, verlangte eine den

Nahen Osten umfassende Regelung und die Räumung der besetzten Gebiete sowie das Recht auf Selbstbestimmung für deren arabisch-palästinensische Bevölkerung. Der arabische und der israelische Journalist, mit denen ich gleich nach Sadats Rede vor der Fernsehkamera über diesen Vorgang diskutierte, waren beide wütend: der Israeli wegen der „maximalen" Forderungen Sadats, der Araber wegen Sadats freundschaftlichem Auftritt in Jerusalem.
Kurz nachdem ich im Februar 1979 Ägypten besucht hatte, ließ sich Präsident Sadat in Camp David auf den Vermittlungsvorschlag von Präsident Jimmy Carter ein; er stimmte einem Abkommen zu, das nichts anderes als ein Sonderfrieden mit Israel ist. Seither haben ihm alle arabischen Staaten (mit Ausnahme des Sudan) die Freundschaft aufgekündigt. Die Arabische Liga verlegte ihren Sitz von Kairo nach Tunis, was ein harter Schlag für das ägyptische Prestige war. Sadats politischer Mut schlug in Verwegenheit um. Vielleicht, so lange er lebte, waren bei den einen oder andern arabischen Staatsmännern und selbst innerhalb der palästinensischen PLO noch Hoffnungen vorhanden, Sadats Weg könnte unter gewissen Bedingungen doch noch zu einem umfassenderen Übereinkommen mit Israel führen. Ein saudiarabischer Friedensplan deutete in diese Richtung. Sadats gewaltsamer Tod könnte für kompromißbereite Araberführer eine Warnung sein. Nicht die Abwehr der sowjetischen Gefahr für die Golfregion, aus der die amerikanische Regierung den Angelpunkt ihrer nahöstlichen Strategie machen möchte, ist vordergründig für die arabischen Staaten, sondern die Feindschaft gegen Israel. Tot ist Sadat für die Araber und die Palästinenser jetzt nur noch ein Verräter an ihrer Sache.

9. Oktober

Das Malheur in Ägypten läßt mich an die alte Frage anknüpfen, welche Bedeutung dem Individuum in der Politik (Geschichte) zukommt. Ich habe diese Bedeutung im Unterschied von neueren Historikern und Soziologen, die alles aus den sozio-ökonomischen Verhältnissen erklären, ziemlich hoch eingeschätzt. Konkret: Die Verschwörer und Mörder des Präsidenten Sadat handelten im Glauben, daß die Beseitigung dieses Mannes zu einer Änderung der ägyptischen Politik führen könne. War nicht Sadat selber ein Beweis für die These, daß die Persönlichkeit einen großen Einfluß auf den Verlauf des Geschehens ausüben kann? Frage: Hätte ein anderer Nachfolger Gamal Abdel Nassers auch, wie Sadat, eine vollständige Kehrtwendung der ägyptischen Politik herbeigeführt, die Russen aus dem Land geworfen, die Amerikaner umworben, mit Israel Frieden geschlossen? Das ist fraglich.

Der Begründer der soziologischen Schule in Frankreich, Emile Durkheim, meinte, selbst wenn es den General Napoleon Bonaparte nicht gegeben hätte, würde ein anderer Revolutionsgeneral mit den gleichen Eigenschaften die gleiche Politik gemacht haben, da sie von der soziopolitischen Lage vorgezeichnet war. Sicher war der Ruf nach einem starken General-Staatschef 1799 in Frankreich verbreitet; der Kreis um Frau von Staël und Benjamin Constant schlug als Kandidaten Bernadotte vor. Aber diese liberale Gruppe erhoffte von diesem General die Gründung eines Regimes, das nach dem Vorbild des Generals Washington in Amerika eine freiheitliche, aber mit fester Hand geführte Präsidialrepublik erstellen würde. Frage: Hätte Bernadotte oder ein anderer General, wie Napoleon, auch ein autoritäres und eroberndes Kaisertum begründet – was offenbar Durkheims Ansicht war? Das ist kaum wahrscheinlich.

Es gibt zwei Schulen. Die eine lehrt, daß nicht die Individuen den Lauf der Geschichte bestimmen, sondern daß objektive Notwendigkeiten zu einem bestimmten Zeitpunkt die Persönlichkeit oder die Gruppen hervorbringen, die die öffentliche Gewalt in ihre Hand nehmen. Die „historischen Persönlichkeiten“ seien bloß Instrumente eines kollektiven und gleichsam vorprogrammierten Willens, den sie auszuführen hätten. Das klingt bestechend. Aber Jacob Burckhardt stand dem Begriff der „Notwendigkeit“ in der Geschichte ungläubig gegenüber. Beispiele: Stalin, der den „Sozialismus in *einem* Land“ etablieren wollte, hat Trotzki aus der Nachfolge Lenins verdrängt, obgleich vielleicht Trotzki mit seiner internationalistischen These von der permanenten Revolution dem dialektischen Denken von Karl Marx näherstand als Stalin. In diesem Fall hat der realistische Taktiker Stalin, der als Erster Sekretär der Kommunistischen Partei der Sowjetunion alle Machtmittel in der Hand hielt, den Rivalen verdrängt. Objektive Notwendigkeit? In England gab es nach der Niederlage Frankreichs und dem Rückzug der britischen Expeditionsarmee aus Dünkirchen im Sommer 1940 zweifellos ein Establishment, das Churchill gern durch einen Politiker ersetzt hätte, der mit Hitler Frieden geschlossen und das Empire gerettet hätte. Churchill hielt sich an der Macht und setzte den isolierten (damals nicht sehr hoffnungsvoll

aussehenden) Kampf gegen Hitler-Deutschland fort. Wo war das objektive Interesse Großbritanniens und seines Weltreiches? Es konnte je nach persönlichen Meinungen verschieden interpretiert werden.
Und wie stand es mit den einsamen Beschlüssen des Diktators Adolf Hitler? Nach dem Angriff der Japaner auf Pearl Harbour im Dezember 1941 waren die USA in einen sehr schwierigen Krieg im Pazifik und in Ostasien verwickelt, was die Aufmerksamkeit und Kraftanstrengung der Amerikaner vom Atlantik und von Europa ablenkte. In diesem Augenblick erklärten Hitler und Mussolini den Vereinigten Staaten den Krieg. Politisch vernünftig denkende Deutsche und Italiener waren konsterniert. Denn niemals hätte der amerikanische Senat angesichts des Krieges gegen Japan den Achsenmächten den Krieg erklärt. Wo war die objektive Notwendigkeit für Deutschland und Italien, unter den harten Verhältnissen des Krieges gegen England *und* Rußland, sich auch noch den Krieg gegen Amerika auf die Schultern zu laden?
Ich kannte zwei Staatsmänner, die diktatorisch ihre Länder regierten (und von denen der eine heute noch regiert). König Carol II. von Rumänien war von Hitler abgesetzt und aus seinem Land vertrieben worden. Carol hatte autoritär regiert und die faschistische „Eiserne Garde" blutig unterdrückt; er war unbarmherzig gegen den Antisemitismus in Rumänien vorgegangen (seine ihm mittlerweile angetraute Geliebte, Madame Lupescu, die Einfluß auf den König hatte, war Jüdin). Als er uns vor dreißig Jahren hier besuchte, fragte ich ihn, was nach seiner Ansicht in der Politik ausschlaggebend sei, der Wille der Machthaber oder, im Gegenteil, die äußeren Umstände. Nach kurzem Nachdenken antwortete der Ex-König, daß die Verhältnisse stärker seien als der Wille der Menschen.
Mit dem Präsidenten von Tunesien, Habib Bourguiba, der sein Land mit eiserner Hand regiert, machten wir in Schinznach Bad, wo er zur Kur weilte, einen langen Spaziergang an der Aare. Bourguiba befand sich damals im Konflikt mit dem ägyptischen „Rais" Gamal Abdel Nasser, der ihn einer nachgiebigen Haltung Israel gegenüber anklagte. Nach Nassers Tod war Bourguiba von dieser Hypothek befreit; aber später konnte auch er Sadats Sonderfrieden mit Israel nicht billigen, so daß er die aus Kairo weggezogene Arabische Liga bei sich in seiner Hauptstadt aufnahm. Innenpolitisch hat Bourguiba die Opposition unterdrückt. Er hat Versuche, seine persönliche Herrschaft zu erschüttern, mit allen Mitteln, auch mit blutigen, zunichte gemacht. Der Diktator ist jedoch außenpolitisch

ein Gemäßigter und gehört nicht der „Verweigerungsfront" der Syrer, Algerier, Libyer und Palästinenser an. Es gab aber und gibt in Tunesien Politiker, Bewegungen, Organisationen, Gewerkschaften, die an Bourguibas Stelle zweifellos eine andere Politik gemacht hätten.

Zu der Frage der Rolle der Persönlichkeit in der Politik und Geschichte kann ich zwei Dinge sagen. Erstens: Selbstverständlich muß sich jeder Staatsmann und jede Regierung mit vorgegebenen Verhältnissen innen- und außenpolitischer Art auseinandersetzen; der politisch Handelnde trifft Umstände sozio-kultureller und wirtschaftlicher Art an, denen er Rechnung tragen muß. Er ist außerdem der Exponent von staatlichen Institutionen und einer Rechtsordnung, die er allerdings, wenn nötig, ändern kann. Er muß mit vorhandenen Parteiungen und Stimmungen rechnen. Das Volk hat eine bestimmte Religion und Traditionen, moralische Vorstellungen, Vorurteile, eine soziale Schichtung, eine städtische und ländliche Umwelt, Arbeitsplätze; oder es gibt Arbeitslosigkeit, Unstabilität des Wirtschaftslebens, Armut, Inflation, Teuerung usw. Das sind objektive Gegebenheiten. Der politische Führungswille muß mit ihnen rechnen. Insofern spüren die Regierenden den Druck der Verhältnisse, der widerspruchsvollen Interessengruppen und der Staatsnotwendigkeiten. Man kann mit einem Staat nicht umgehen wie mit einer Fußballmannschaft.

Nun die zweite Überlegung: Man spricht von Staats-„Kunst". Diese Kunst wird ausgeübt an einem sehr lebendigen, komplexen, aber gestaltbaren Material. Politik ist keine Ingenieurwissenschaft, weil die menschliche Gesellschaft keine Maschine ist. Der Regierende kann nach Maßgabe einer Doktrin, einer Ideologie vorgehen. Dabei riskiert er, daß seine Theorie nicht an die Wirklichkeit angepaßt ist. Dann kann er sie, wenn er will und die nötigen Machtmittel besitzt, autoritär seinem Schema anpassen. Stalin und Hitler, auch andere, haben es gemacht – oder versucht. In Ägypten, um darauf zurückzukommen, machte es Nasser *so* und Sadat *anders*. Das ist möglich. Und es dauert seine Zeit.

De Gaulle sagte vom Staatsmann, er handle nach der Meinung, die er sich von den Umständen gebildet hat. Das ist eine undogmatische Ansicht. Bismarck sagte von der Politik, sie sei ein „flüssiges Element". Das Starre wäre demnach unpolitisch. Es ist nicht zweifelhaft, daß letzten Endes jeder Politiker, jede Regierung, jedes Regime bis zu einem gewissen Grad gezwungen ist, pragmatisch zu handeln. Das bedeutet eine Mischung von wohlverstandener Beachtung der Verhältnisse und Umstände und der Modellierung einer Politik nach den Ansichten und Interessen derjenigen, die mit politischem Kunstverstand über die Herrschaftsinstrumente verfügen. Politik sei das „Machbare“, sagte Max Weber.

Nichts liegt mir jedoch ferner als der Gedanke, Politik könne lediglich als ein „Geschäft“ verstanden werden, sie münde in eine rationale Verwaltung des Staates und seiner Diplomatie. Der letzte Premierminister der Königin Victoria, Lord Salisbury, definierte die Politik als eine „matter of business“. Das trifft nur sehr beschränkt zu. Auch ein dem geschäftsmäßigen Pragmatismus verschriebener Staatsmann hat irgendwelche Überzeugungen, Gefühle und Motive; denn kein Staat, kein Regime kommt ganz ohne Weltanschauung, ohne irgendeine Philosophie und eine Zielsetzung aus. Aber auch kein Politiker kann ohne Beachtung der permanenten Interessen des Staates, noch ohne Blick auf sein Volk und dessen tiefere Instinkte regieren. Er kann jedoch die Fragen des öffentlichen Interesses und die gegensätzlichen Optionen der Parteien und Gruppen verschieden werten. Der Staatsmann hat in diesem Rahmen die Wahl.

12. Oktober

Das gestrige Gespräch im Fernsehen, zu dem mich Hans O. Staub aufgefordert hatte, war nur ein Nachspiel. Das Thema war den politischen Folgen von Sadats Tod gewidmet. Die Gesprächspartner hatten ein gutes Niveau. Ich freute mich, den Chef des Auslanddienstes von „Le Monde“, Paul-Jean Franceschini, wiederzufinden; aus seiner langen Bonner Korrespondentenzeit bewahrt er eine geläufige Kenntnis des Deutschen. Ich war noch nie der gelehrten Orientalistin aus München, Frau E. Heller, begegnet, die sich in islamischen Fragen auskennt. Erich Gysling war am Morgen mit dem Flugzeug aus Kairo zurückgekehrt und konnte Gesehenes und Gehörtes über das Attentat und über die Beisetzung Sadats beitragen – von dieser Trauerfeier war das Volk ausgeschlossen; die offiziellen Gäste aus dem fast ausschließlich westlichen Ausland standen unter noch nie dagewesenen Sicherheitsmaßnahmen. Die arabischen Staaten (mit verschwindenden Ausnahmen) boykottierten die Beisetzungsfeierlichkeiten.

Warum nehme ich eigentlich noch an solchen Diskussionen vor der Fernsehkamera teil? Da man frei in einer Runde spricht, müssen sie gut vorbereitet sein. Außerdem bin ich nicht, wie die Gesprächspartner, ein ausgepichter Spezialist der Nahostprobleme – Staub erklärte meine Anwesenheit mit der Bemerkung, Sadats Tod habe weltpolitische Auswirkungen. Mir kam mein alter Mentor aus den Pariser Jahren, Dr. Jules Thiercelin, in den Sinn. Als ich Paris verließ, um meine Professur in Zürich anzutreten, sagte er zu mir: „Was zählt, Sie waren ein Pariser Journalist. Das hat bei Ihnen eine unaustilgbare Prägung hinterlassen." Wie recht hatte er! Denn abgesehen davon, daß ich in entscheidenden Jahren eine unauflösliche Symbiose von Geschichtskenntnis und journalistischer Erfahrung eingegangen war, hätte ich weder meinen Unterricht an der ETH, noch meine Radiokommentare in der Kriegszeit ohne das vorausgegangene, unmittelbare Erlebnis des Tagesgeschehens in einer Weltmetropole bewältigen können. – Übrigens war ich in meiner Journalistenzeit Zeuge von zwei politischen Morden: am Staatspräsidenten Paul Doumer in Paris und an König Alexander von Jugoslawien in Marseille. Soeben ruft Botschafter Thalberg aus Bern an, um mit mir über die gestrige Fernsehsendung zu sprechen. Er sagt, Franceschini und ich hätten die Ursachen von Sadats Ende richtig diagnostiziert; die Amerikaner hätten Sadat im Stich gelassen und mit Begin strategische Abreden getroffen, so daß Israel ohne Rücksicht auf Sadat seine Politik fortsetzen konnte. Ich hätte mit Recht hervorgehoben, daß eine Wendung in Sadats Politik eingetreten sei, als er seine ursprüngliche Absicht, eine Gesamtlösung des Konfliktes zwischen Israel und den Arabern herbeizuführen, in Camp David fallenließ und einem Sonderfrieden zustimmte. Sadat habe von Reagan und Begin keine Hilfe erhalten. Er, Thalberg, habe vor ein paar Jahren Kreisky nach Kairo begleitet. Bundeskanzler Kreisky habe zu Sadat gesagt: „Ich glaube nicht, daß deine Rechnung aufgeht." Sadat habe im Gefängnis Deutsch gelernt, als er in den 40er Jahren von den Engländern eingekerkert worden war.

13. Oktober

Ich bin abgeschweift. In diesen Notizen wollte ich den inneren, nicht den äußeren Weg gehen. Aber ich war, wie alle Welt, von den Vorgängen in Ägypten betroffen. Nun hat soeben der französische Außenminister Cheysson erklärt, Sadats Ermordung habe „ein Hindernis auf dem Weg zur innerarabischen Annäherung beseitigt". Der Tod des ägyptischen Präsidenten könnte auch eine positive Seite haben, sagte er. Eine innerarabische Verständigung wäre nach Cheyssons Ansicht eine Voraussetzung für einen umfassenden Frieden im Nahen Osten. Solange sich Ägypten nicht im arabischen Lager befinde, könne er nicht erkennen, wie die Probleme, die im Abkommen von Camp David ausgeklammert wurden, gelöst werden könnten. Kein arabischer Staat könne sich dem Friedensprozeß anschließen, wenn Ägypten nicht in den Rahmen der arabischen Nation zurückkehre. –

Warum diese Notizen zu Tagesfragen? Gewiß, seit mehr als fünfzig Jahren habe ich mich intensiv mit Politik befaßt, viel gesehen und gelernt, viele Beteiligte gekannt und gesprochen. Schon meine Mutter warnte mich aber vor einer politischen Laufbahn; ich nähme, meinte sie, die politischen Vorgänge „zu sehr zu Herzen". E. war entschieden dagegen, daß ich mich auf eine politische Tätigkeit einlasse. Sie war erzürnt, als man mir vor ein paar Jahren die Kandidatur für einen Ständeratssitz antrug. Meine Sensibilität, meint sie, hätte dem unvermeidlichen Ärger und den Reibereien in einer politischen Umwelt nicht standgehalten. Frauen hatten auf mich immer einen größeren Einfluß als meine Freunde – von denen einige nicht verstehen konnten, warum ich nicht eine politische Tätigkeit ausüben wollte. Es gab aber auch solche, die meine schriftstellerische Tätigkeit für nützlicher oder interessanter hielten.

Ich selber kann nicht sagen, ob ich richtig oder falsch handelte. Als mir eines Tages Alt-Bundesrat Petitpierre durch Carl Burckhardt die Übernahme des Präsidiums des Internationalen Komitees vom Roten Kreuz vorschlagen ließ (samt dem Angebot eines Gehaltes, das mein bisheriges Einkommen beträchtlich überstieg), lehnte ich sogleich ab. Erstens war ich schon zu alt, zweitens kannte ich diese Organisation und ihre Verhältnisse nicht (Burckhardt sagte, er habe immer meine Kandidatur für das IKRK unterstützt – sie war erfolglos, weil ich im Komitee Feinde hatte). Zu meinem ablehnenden Bescheid habe Petitpierre zu Burckhardt gesagt, im Grunde seien meine Schriften nützlicher für das Land, als wenn ich ein solches Amt übernähme. Beide, Petitpierre und Burckhardt, waren mir wohlgesinnt, vielleicht waren sie aufrichtig, wenn sie der Ansicht waren, ich solle lieber Bücher schreiben. – Also, denke ich nachträglich, habe ich *doch* richtig gehandelt!

14./15. Oktober

Mittwoch um Mitternacht aus Bern zurück. Wir hatten meine Schwester besucht, die mit ihren 85 ½ Jahren noch ihre kleine Haushaltung besorgt, viel ausgeht, aber nicht mehr sehr kräftig ist. Anschließend ein Nachtessen, zu dem uns Bundesrat Willi Ritschard mit Dürrenmatts, Bichsels und anderen eingeladen hatte. Frau Ritschard hatte ein vortreffliches Menu zusammengestellt. Fritz Dürrenmatt dankte mir beim Abschiednehmen für die Seiten, die ich ihm in meinem Erinnerungsbuch gewidmet habe. Er sagte, der zweite Band der „Grenzüberschreitungen" sei besser als der erste; in diesem hätte ich zu viele Belege aus Briefen und Tagebüchern aufgenommen, was den Fluß der Erzählung beeinträchtige; der zweite Band sei eindrücklicher. Auch E. ist der Ansicht, daß Band II „stärker" sei. Mich interessieren diese Stimmen. Ich selber war von den Kindheits- und Jugenderinnerungen und den Schilderungen aus meinem Berliner und Pariser Leben in Band I angetan. Adolf Muschg, der mich dazu angeregt hatte, stand mir bei seiner Ausarbeitung fördernd und beratend zur Seite. Der zweite Band enttäuschte ihn. Muschg und andere Kritiker meiner Schriftstellerei hätten mehr Persönliches aus meinem Leben erfahren wollen. Ich sagte es Dürrenmatt, der dazu lächelte. Mir war es darum zu tun, von meiner beruflichen und öffentlichen Tätigkeit Rechenschaft abzulegen. Diese hatte den größten Teil meiner Zeit, Mühe und Kraft in Anspruch genommen. Die private Lebensführung war für mich natürlich nicht ohne Bedeutung; aber sie mußte oft genug der Tagesarbeit geopfert werden. In den „Grenzüberschreitungen" war es nicht meine Absicht, eine Lebensbeichte vorzulegen. Dieses Buch ist ein Bericht über das Verhalten und die Gedanken eines aktiven Zeitgenossen in einer dramatisch bewegten Umwelt. –
Die Fahrt nach Bern und zurück bei trockenem, schönem Herbstwetter. Die Verfärbung der Wälder. Aber es war nur eine Pause zwischen zwei heftigen Herbststürmen. Der Wind pocht manchmal wie mit Fäusten gegen das freistehende, allen Wettern ausgesetzte Haus; die erneuerte Befestigung der Fenster verhindert den Regen nicht, durchzusickern und auf dem Fensterbrett Wasserpfützen zu hinterlassen. Wenn man abends die Läden schließt und sich dabei hinauslehnt, muß man nachher mit dem Frottiertuch Schädel und Gesicht trocknen. Die Himmelsdusche ficht Gioia auf unseren Ausgängen nicht an; sie tollt herum und bellt mich an, wenn ich ihr, vom Regenschirm schlecht geschützt, nicht Stek-

ken und Tannzapfen werfe. Dann, zu Hause, macht sie ein unglückliches Gesicht, bis man ihr das Fell gründlich getrocknet hat. –
Pierre Ducrey, der übers Wochenende hier war, schreibt mir, er habe „den grandiosen Charakter des Schlosses bei Sturm und Regen" sehr geschätzt. Sonntagnachmittag hat er mich ins Fernsehstudio gefahren. Er bestand darauf, ich sei sein „geistiger Vater". Jetzt ist er selber Ordinarius für Geschichte des griechisch-römischen Altertums und Dekan seiner Fakultät. Wir haben durch viele Jahre das Gespräch nie abgebrochen – aber es war das erstemal, daß ich seit der Beerdigung seiner geliebten Mutter mit ihm reden konnte. Er möchte ein Buch über die Kriege der Griechen schreiben, mit einer Einleitung über die Heere der orientalischen Despotien. Ich sagte, die Niederlage der Perser, die eine große kampferprobte Armee hatten, erkläre sich wohl daraus, daß die kleinen griechischen Stadtrepubliken mit ihren volkstümlichen Milizen eine bewegliche Kampftaktik entwickelten, die die Soldaten des persischen Großkönigs überraschte und aus der Fassung brachte. Das gleiche sei dem österreichischen Ritterheer passiert, als die rasch und unbedenklich zuschlagenden bäurischen Eidgenossen seine veraltete und schwer bewegliche Schlachtordnung in Verwirrung brachten. Man müsse beim Studium der Geschichte der Kriegskunst, wie es als erster Hans Delbrück lehrte, die politischen Strukturen und sozialen Verhältnisse analysieren, um die militärische Organisation, die Strategie und Kampftaktik der Armeen verstehen zu können. Auch die alten preußischen Generäle aus der Zeit des großen Friedrich hätten an den militärischen Verfahrensweisen festgehalten, mit denen dieser König einst gesiegt hatte; bei Jena erlebten sie eine bittere Überraschung, als Napoleon mit seinem Heer, das aus der Revolution und der „levée en masse" hervorgegangen war, mit einer neuartigen Strategie und Taktik die Preußen in die Flucht schlagen konnte. Die soziopolitischen Voraussetzungen und die Denkart der Menschen sind vom Militärischen nicht zu trennen.
Pierre Ducrey meint, daß meine Vision der Geschichte sich stark entwikkelt habe. Geschichte sei immer ein Kind ihrer Zeit. Braudel, heute der führende Kopf der französischen Geschichtswissenschaft, habe außer dem Sozialen, Ökonomischen und Geographischen auch die Geschichte der Mentalitäten ins Gespräch gebracht. Auch ich hätte die Wirtschafts- und Gesellschaftsentwicklung und die Ideologien in meiner „Weltgeschichte der Neuesten Zeit" berücksichtigt. Pierre Ducrey sagt, Braudel arbeite mit dem Begriff der „langen Dauer". Ich hätte diesen Weg auch

gesucht. Aber früher hätte ich ihm gesagt, die politische Geschichte und die der großen Persönlichkeiten sei am interessantesten, und jetzt rede ich von den Siegen von Volksarmeen über Berufs- und Feudalheere. Das entspreche der französischen „Nouvelle Histoire", das heißt der Geschichte der Massenphänomene und der Mentalitäten. Was ich von der heutigen Jugendbewegung und dem Fehlen einer Volkstrauer in Ägypten gesagt habe, bewege sich in der gleichen Richtung.
Nun, es ist ja freundlich, wenn ein heute junger Historiker mir attestiert, ich sei nicht verkalkt. Pierre Ducrey meint in seinem Brief, ich hätte auch im Fernsehen gezeigt, wie sich Sadat von den Massen abgesondert habe, und auch in meinem Brief an d'Ormesson zur Lage in Frankreich hätte ich einen populären oder populistischen, jedenfalls einen bewegenden Chirac dem „zu Ende gegangenen" Giscard entgegengestellt. – Bei all diesen Gesprächen, auch bei denen in Bern, frage ich mich, ob es überhaupt noch denkende Menschen geben kann, Historiker, Journalisten, Schriftsteller oder Politiker, welche die Bedeutung der Massen und der Mentalitäten nicht zu erkennen vermögen. Ohne diese Kenntnis und Erkenntnis bliebe man im Veralteten und damit im Unwirklichen stecken.

16. Oktober

Nun ist also Elias Canetti der Auserwählte für den Nobelpreis. Die andern bedeutenden Schriftsteller deutscher Sprache werden lange warten müssen, bis sie an die Reihe kommen; denn die Schwedische Akademie pflegt die deutsche Literatur nur in langen Zeitabständen zu berücksichtigen. Es ist eine Art salomonisches Urteil; Stockholm kommt damit an Namen wie Grass, Lenz, Frisch, Dürrenmatt und andern vorbei. Canetti ist unter ihnen der älteste an Jahren, nicht viel jünger als ich. Für mich gehört er gleichsam zur „Erbmasse" von Fritz Wotruba, der einer seiner nächsten Freunde war. Wir haben beide dem künstlerischen Werk von Wotruba Monographien gewidmet. Marian Wotruba lieh mir Canettis „Blendung" schon vor fast vierzig Jahren. Damals hatte dieses wichtige Buch noch kaum einen größeren Leserkreis erreicht. Ich sagte einmal zu Canetti: „Sie und Robert Musil sind von der Zeit spät eingeholt worden." Er war lange ein literarischer Geheimtip geblieben – bis dann die öffentliche Anerkennung, die Preise und Auszeichnungen kamen. Canettis „Masse und Macht" hat mich stark beschäftigt und mein Denken angeregt. Vorigen Winter verbrachte ich mit ihm einen Nachmittag bei Fritz Hochwälder. Als Freunde Wotrubas herrscht zwischen uns ein Ton kameradschaftlicher Verbundenheit. – Ich fragte einen schwedischen Diplomaten, warum die Schwedische Akademie nicht einen schweizerischen Schriftsteller ausgezeichnet habe. Er erwiderte, die Schwierigkeit habe darin bestanden, daß es in der Schweiz zwei große Schriftsteller gebe.

19. Oktober

Es gibt wieder eine „Deutsche Frage". Es gab sie schon immer, aber heute stellt sie sich anders. In früherer Zeit bedeutete sie Kriegsgefahr, heute Friedenssuche. Das wilhelminische und das nationalsozialistische Deutschland scheiterten an dem versuchten „Griff nach der Weltmacht". Die Niederlage von 1945 und die nachfolgende Teilung Deutschlands bereiteten diesem blutigen und selbstzerstörerischen Versuch ein Ende. Mir war es immer klar, daß früher oder später die Situation, die eine Folge des amerikanisch-russischen Sieges im Zweiten Weltkrieg war, nicht stabil bleiben könne. Trotz ihrer Rivalität verband der gemeinsame Wille zur Aufrechterhaltung des Status quo in Europa seit 26 Jahren die Politik Washingtons und Moskaus. Jeder hat das Einfluß- und Machtgebiet des andern in Europa respektiert, keiner hat die Demarkationslinie, die in Jalta gezogen und die Abreden, die in Potsdam getroffen wurden, in Frage gestellt. Keiner hat das seiner politisch-militärischen Macht in Europa unterworfene Territorium um eine Handbreite überschritten. Die Amerikaner blieben passiv, als in Ungarn und in der Tschechoslowakei die Russen unbotmäßige Völker mit militärischen Machtmitteln zur Ordnung riefen; sie ließen vor zwanzig Jahren ohne Widerstand gegen ihre Erbauer die Berliner Mauer errichten. Kennedy verbot eine Gegenaktion. Die beiden Machtblöcke haben alle Schwierigkeiten überdauert.
Man muß in der Politik unterscheiden zwischen der langen Dauer und dem kurzfristigen Geschehen. Nach dem Sieg einer Koalition bleibt die aufgrund der militärischen Ergebnisse errichtete Friedensordnung mehr oder weniger kurzfristig bestehen. Langfristig zählt in der Geschichte die wirtschaftliche und politische Erholung der Besiegten, in Verbindung mit der unvermeidlichen Entzweiung der im Kriege verbündeten Sieger-

mächte, die ihrerseits eine relative Schwächung erleiden. Nach dem Zweiten Weltkrieg war gleichsam ganz Europa besiegt. Der westliche Teil bedurfte der amerikanischen Krücken, um seine Knochenbrüche zu heilen; der östliche Teil erduldete die Roßkur der stalinistischen Herrschaft.

Diese Teilung weist heute Risse auf. In Frankreich sitzen Kommunisten wieder in der Regierung, in Italien stimmt ein Drittel der Wählerschaft kommunistisch, in der Bundesrepublik ist eine radikale Linke rührig. Im Ostblock tanzt seit dem Sommer 1980 Polen bedenklich aus der Reihe, in Ungarn und in Rumänien ist das kommunistische Regime nur in beschränktem Rahmen systemkonform. Das auffallendste ist, daß die Supermächte diesen Erscheinungen gegenüber zurückhaltender geworden sind. Die Sowjetunion könnte Polen wirtschaftlich blockieren oder militärisch besetzen; Moskau stand bisher passiv und unbeholfen dieser verworrenen Situation gegenüber. Die Amerikaner zögerten früher nicht, in Mittelamerika und noch 1958 im Nahen Osten ihre „Marines" einzusetzen, die umstürzlerische Bewegungen kurzerhand unterdrückten; sie haben früher auch bedenkenlos in Rom und in Bonn Druck auf die Regierungspolitik ausgeübt. Das ist schwieriger geworden.

In diesem Gesamtbild ist von neuem die Deutsche Frage von Bedeutung. Frankreich machte unter den europäischen Staaten mit seiner Emanzipation von der amerikanischen Vorherrschaft den Anfang, als de Gaulle aus der militärischen Organisation des atlantischen Bündnisses austrat und gegenüber Moskau eine Politik der „Entspannung, Verständigung und Zusammenarbeit" einleitete. Was de Gaulle einbrachte, war der Gedanke der Selbstbestimmung der europäischen Völker gegenüber den Sieger- und Supermächten und die Vision eines Europa, das aus unabhängigen, durch Verträge untereinander verbundenen Nationalstaaten besteht. Der oft ge- und mißbrauchte Ausdruck „Gaullismus" bedeutet kurz gesagt, daß ein französischer Staatsmann seinem eigenen Land eine selbständig urteilende und handelnde, von den Befehlen einer auswärtigen Macht unabhängige Stellung zurückerstattet hat – und daß eine solche Politik möglicherweise exemplarisch für andere Länder in West- und Osteuropa sein könnte.

Die Bundesrepublik Deutschland betrachtete sich lange als den wichtigsten Partner der Vereinigten Staaten in Europa – und die Amerikaner setzten auf die anpassungswillige Treue der Deutschen. Die Entwicklung im andern deutschen Staat verlief parallel; ohne die Russen hätte er sich nicht halten können. Es war bereits eine kleine Revolution, als die Bundesrepublik unter ihrem Kanzler Willy Brandt die Verträge mit den osteuropäischen Staaten und die innerdeutschen Verträge schloß. Was blieb aber seither vom Gedanken der „Wiedervereinigung" übrig? Sicher hat sich auch die Bevölkerung in West- und Ostdeutschland auseinandergelebt; aber Deutsche sind sie beide zweifellos.

Steht ein neues Verhalten der Bundesrepublik bevor? Hier nun ist die Beobachtung der Massenphänomene und der Mentalitäten lehrreicher als der Glaube an offizielle Parolen. Eine gewisse Skepsis gegenüber Amerika war früh zu beobachten. Ich traf 1964 und 1966 den von seinem Amt zurückgetretenen Konrad Adenauer in dieser skeptischen, von Amerika enttäuschten Stimmung an. Die vollständige Unfähigkeit der Amerikaner, irgend etwas von Europa zu verstehen – so drückte sich der alte Staatsmann wörtlich aus –, irritierte ihn. Er sagte: „Militärisch wird nichts geschehen." Ein anderes Mal: „Die Russen werden nicht militärisch vorgehen." Adenauers Prognose in seinen letzten Lebensjahren: Die Russen sind mächtig, sie können warten; wenn in Frankreich und in Italien die Kommunisten regieren, werden Frankreich und Deutschland helfen müssen, die russische Wirtschaft aufzubauen, nicht als Satelliten, sondern als intakte Länder. Das waren seine Worte.

Das war vor siebzehn und fünfzehn Jahren. Was dem greisen Begründer der Bundesrepublik Sorgen bereitete, könnte, mutatis mutandis, vielen heutigen Deutschen als Verlockung erscheinen. Denn es würde die Kriegsgefahr von Deutschland fernhalten. Die Friedensbewegung, die in der Bundesrepublik breite Massen mobilisiert hat, ist besorgt über die – von Präsident Reagan ausgesprochene – Vision der amerikanischen Führung, welche die Kriegsoperationen auf Europa beschränken möchte, unter Vermeidung des Risikos, den Krieg auf amerikanisches und sowjetisches Territorium auszudehnen. Das Trauma der Zerstörungen, das die Deutschen im Zweiten Weltkrieg erlitten haben, ist nicht vergessen. Man kann den Antiamerikanismus und pazifistische Schlagwörter „töricht" nennen: auf lange Frist könnte in der Bundesrepublik eine Stimmung überhandnehmen, die genug hat von Rüstung und Nachrüstung, die die Stationierung von atomaren Mittelstreckenraketen auf deutschem Staatsgebiet verhindern möchte und eine amerikanische Holzhammerpolitik, wie sie die Administration Reagan den Europäern empfohlen hat, fürchtet.

Es ist klar, daß dieses Friedensbedürfnis, das sich in einem demokrati-

schen Land wie der Bundesrepublik in Kundgebungen, Kirchentagen, Friedensdemonstrationen und auch in den Aussagen von liberalen und sozialdemokratischen Politikern freimütig äußern kann, latent auch in der DDR vorhanden ist. Die Russen können die Furcht ihrer eigenen Satelliten vor einem neuen Krieg nicht leichtnehmen, denn sie wären unzuverlässige Verbündete. Rußland hat seine eigene Rüstung auf einen sehr hohen Stand gebracht und kann sich infolgedessen über entsprechende Maßnahmen der westlichen Welt nicht wundern. Aber seit der Verständigung zwischen Washington und Peking sind auch die Sorgen der Sowjetregierung und ihrer militärischen Führer größer geworden.
Die Unfähigkeit der amerikanischen Führung, Außenpolitik mit politischen Mitteln zu machen und statt dessen das Heil in der strategischen Sicherung von geopolitischen Verbindungswegen und Stützpunkten zu suchen, hat im Grunde die Massen in Europa und Japan nie richtig zu überzeugen vermocht. Es ist kein Zufall, daß die Nato im Ergebnis eine Sache von Ministern und Generälen, aber nicht der Völker ist; diese ließen sich nie zu einer „levée en masse“ mobilisieren, sondern nur gezwungenermaßen zu einer mehr oder weniger glaubwürdigen militärischen Bereitschaft überreden. Kämpferisch gestimmt ist niemand in Europa. Nach der Katastrophe in Vietnam waren die Vereinigten Staaten zur Abschaffung der allgemeinen Wehrpflicht gezwungen: Was können die Amerikaner eigentlich den Europäern vorwerfen?
Ob in der Deutschen Frage, die für die Zukunft unseres Kontinentes ausschlaggebende Bedeutung hat, das nationale Argument bereits zur Mobilisierung einer eigenständigen deutschen Politik taugt, ist fraglich. Die Bedeutung, die Preußen, seine Geschichte und sein Staat, für die deutsche Öffentlichkeit plötzlich von neuem gewonnen hat, weist immerhin in die Richtung der preußisch-deutschen Vergangenheit. Dieses Preußen und seine großen Generäle Scharnhorst, Gneisenau und Yorck werden auch in der DDR geehrt, des großen Friedrich und seines Denkmals Unter den Linden nicht zu vergessen. Wäre es überhaupt denkbar, in einem Krieg zwischen West und Ost Deutsche gegen Deutsche kämpfen zu lassen? Ich möchte meinen, es wäre unnatürlich, wenn das deutsche Volk, anders als alle anderen Völker, sein nationales Bewußtsein unwiederbringlich verloren hätte. Man muß unterscheiden zwischen einem aggressiven Nationalismus, der sich vom Haß gegen andere Völker nährt, und einem nationalen Zusammengehörigkeitsgefühl, das etwas Normales ist.

Der Widerstand in der Bundesrepublik gegen die amerikanische Politik ist dreifach: links, christlich und deutsch. Ein Schweizer Journalist kommentiert: „Im Gegensatz zu den andern europäischen Ländern, wo Friedensbewegungen entstanden sind, haben sich diese Gruppierungen in der Bundesrepublik zu einer politischen Potenz entwickelt. Die alte, gelegentlich geradezu panikartige Russenangst der Deutschen hat sich verlagert – hin zu tiefem Skeptizismus den Amerikanern gegenüber." Selbst Schwankungen oder mögliche Veränderungen der innen- und parteipolitischen Landschaft in der Bundesrepublik Deutschland könnten solche Stimmungen und Bewegungen nicht zum Verschwinden bringen.

30. Oktober

Dr. M. schickte mir das Buch von Reinhold Schneider „Winter in Wien". Er verschrieb mir diese Lektüre als Vorbereitung auf unsere bevorstehende Reise nach Wien. Ich las aber das Buch „gegen den Strich", widerwillig. Ich will Schneiders Vision von Wien und Österreich, die in (fast) keiner Zeile die meine ist, von seiner Person trennen. Begreiflich, daß Werner Bergengruen ihm die Grabrede hielt. Sie gehören beide einer christkonservativen Geisterwelt an, an der ich keinen Teil habe. Ich kann die Gutgläubigkeit, das Lautere, „Sittliche" (ein Begriff, der in Schneiders Notizen oft vorkommt), das Saubere seiner Menschlichkeit anerkennen. Etwas in diesem irdisch-himmlischen Weltgefühl erinnert an Adalbert Stifters Edelmütigkeit. Aber mit Stifters diamantener Prosa kann sich diejenige Schneiders nicht messen. Dieses Wiener Tagebuch zeugt, wie ein Kritiker sagte, von Schneiders Wandermüdigkeit, seiner Glaubensmüdigkeit. Seine Lebens- und Glaubenskraft war schon am Ende; heimgekehrt, reichte er das satzfertige Manuskript der Druckerei fünf Tage vor seinem Unfalltod ein.
Es ist doch sehr merkwürdig: Schneider verbrachte die vier Monate in Wien, von denen er Zeugnis ablegt, zehn Jahre nach meiner eigenen Wiener Zeit, im Winter 1957/58. Ich habe noch das Ruinenhafte, das „Wilde" – wie Wotruba sagte – der unmittelbaren Nachkriegszeit in Wien erlebt, auch die leiblichen Nöte und den Hunger selber mitbekommen. Die Stadt war ein Heerlager von vier Siegermächten; überall waren die Offiziere und Soldaten aus Rußland, Amerika, Frankreich und England mit ihren Uniformen und Waffen gegenwärtig. Zum Schutz vor

Übergriffen dieser Soldateska fuhren die „Vier im Jeep", die interalliierte Militärpolizei, bei Tag und bei Nacht durch die Straßen, die keineswegs sicher waren. Schneider kam nach Wien, nachdem der Staatsvertrag mit Österreich geschlossen war, kein fremder Soldat stand mehr auf dem Boden dieser demokratischen Republik. Für mich war die Politik, die österreichische und die der vier verbündeten Besatzungsmächte, täglich gegenwärtig. Bei Schneider steht kein Wort von der neuen Wirklichkeit dieses freien und geordneten Kleinstaates. Nie wird ein Politiker beim Namen genannt, nichts in seinem Österreich ist Gegenwart und Zukunft, alles nur Vergangenheit und Trauer um das Gewesene. Kein geistiger Aufbruch fällt ihm auf, nichts Wirkendes und Bewegendes, nur Zerfall und Vergangenheit, Klage ohne Trost und Hoffnung.
Nur der gute Csokor kommt unter den lebenden österreichischen Schriftstellern in diesem Buche vor, aber es ist nicht der witzig-hintergründige Franzl Csokor, mit dem ich alle paar Tage in der Seilergasse am Mittagstisch der Wotrubas plauderte. Lernet-Holenia erwähnt Schneider bloß mit den Initialen L.-H., warum? Seine Namensnennung wäre er wert gewesen. Nichts von geretteten Heimkehrern aus den Konzentrationslagern – auch mein vortrefflicher Fachkollege, der Geschichtschreiber Österreichs, Hugo Hantsch, ein Benediktinermönch, gehörte zu ihnen. Hantsch und sein gutes Buch werden von Schneider nicht erwähnt. Auch nicht Musils Name – seine Parodie auf „Kakanien", auf die von Schneider beinah heilig gesprochene k. u. k. Monarchie, hätte ihn zweifellos gekränkt (falls er den „Mann ohne Eigenschaften" durchgeblättert hätte, was anscheinend nicht der Fall war). Auch einen andern Schriftsteller, mit dem ich vor dem Krieg in Paris unter dem gleichen Dach gelebt habe, Joseph Roth, kann Schneider nicht anerkennen – und doch war weiß Gott Roth „habsburgisch" bis auf die Knochen; Schneider liest wohl seinen „Radetzkymarsch", ist aber peinlich berührt von der Art, in der dort die Auflösung der kaiserlich-königlichen Armee geschildert wird. Natürlich besucht er Hofmannsthals Haus in Rodaun wie eine heilige Stätte und versucht, die Stelle ausfindig zu machen, wo der Dichter nach dem Selbstmord seines Sohnes tot zusammenbrach.
Sicher ist die Seite über Raimunds „Alpenkönig" gut und richtig; richtig ist auch Grillparzer gesehen, aber Schneider scheint es ihm doch zu verdenken, daß er sich so pessimistisch über Österreich äußerte. Reinhold Schneiders Hohelied gilt vornehmlich den „Feldherren" Daun, Radetzky, Benedek und sogar Conrad von Hötzendorf. Dem Feldmarschall

Radetzky gilt eine Verehrung, die von Schneider zu einer grotesken Sublimierung dieser Figur hochgesteigert wird. In der Schatzkammer, wo die Kleinodien des Heiligen Römischen Reiches bewahrt werden, verweilt Schneider am liebsten. Sein „Geschichtsverständnis", auf das er sich immer wieder beruft, besteht in der Verehrung für Monarchen und Generäle. Er lobt Ferdinand II., daß er den großen (Dreißigjährigen) Krieg „zur Rettung" des Reiches geführt habe, ohne zu bemerken, daß am Ende dieses Krieges die Schweden und die Franzosen dieses Reich besiegt und unwiederbringlich um seine Macht gebracht haben. Den klassischen Dichtern in Weimar wirft Schneider ihr Unverständnis für das Reich und für die Reichsidee vor – schlimmer, Schiller habe im „Wallenstein" und im „Tell" Rebellen gegen den Kaiser heroisiert, und Goethe habe im „Faust" das Kaisertum parodiert.

Ich bezweifle, daß Schneiders Geschichtsverständnis verständig war. Man kann als Geschichtsverständiger nicht nur vom fürstlichen Ornat der Geschichte, von den gloriosen Waffentaten ihrer Feldherren und von ihrer adligen Herrenschicht reden. Ich muß wohl oder übel feststellen, daß die Macht in regelmäßigen Abständen von einer Gesellschaftsklasse zu einer anderen, von einem politischen Regime zum nächsten, von einem Zustand zu einem veränderten, von einer Herrschaftsform zur entgegengesetzten, vom Personalen zum Kollektiven hinüberwechselt. Das ist *für mich* Geschichtsverständnis. Die historischen und seelischen Erschütterungen, von denen Reinhold Schneider in bezug auf Wien und Österreich Kunde gibt, können mich nicht erschüttern; ich sage Ja zum Leben und mag diesen ganzen nostalgischen Kram nicht. Das sind Fragen der Weltanschauung – und des Geschmacks.

Reinhold Schneider meint, es wäre eine „bedeutende Aufgabe", die Geschichte der Adelshäuser zu schreiben: „Aber einem Manne bürgerlicher Abkunft wird das nie gelingen" – das sei ein einfaches Gesetz (ein Mann adliger Abkunft würde es mit Distanz, nüchtern und sachlich, nicht mit Devotion tun). Adel sei, glaubt Schneider, ein „mit der Geschichte sich fortbildendes Mysterium, wie auch (. . .) Österreich ein Mysterium ist". Meinen Widerspruch gegen solchen Unsinn kann ich nicht unterdrükken. Ob Adel, ob Österreich: es handelt sich um Menschliches, dem nichts Menschliches fremd geblieben ist, im Guten wie im Bösen. Ich kann diesen mythologisierenden (obgleich gutgläubigen) Snobismus nicht ertragen, wohl gerade deshalb, weil er bei mir an Persönlichstes, an Herkunft, Ererbtes und Erlebtes, rührt: eine fatale Herausforderung

durch einen schwärmerischen Mönch, der keiner war. Tradition halte auch ich in Ehren, wenn es um kulturelle und ethische Werte geht; aber man muß sie in aufrechter Haltung, ohne Wehleidigkeit wegen eingetretener Verluste, betrachten.
Um unparteiisch zu sein: Ich will hier den auf das „Mysterium Österreich" bezüglichen Passus aus „Winter in Wien" zitieren: „Man kann dieses Mysterium ahnungsweise spüren in der Leopoldskapelle in Klosterneuburg – dem Sakramentshaus der Weltmacht –, vor Maximilians Grabplatte in Wiener Neustadt, in der Schatzkammer und Kapuzinergruft, am Grabe Eugens, in Mayerling(!), im Redoutensaal, in der Reitschule, unter den Fahnen Starhembergs, Dauns, Erzherzog Karls, Radetzkys, im Sterbezimmer in der Spiegelgasse, allein in der Galerie der Burg: wirklich bezeichnen kann man es nicht; das Antlitz entzieht sich in Schweigen und Ironie; es hat sich den Kränkungen der Geschichte nie überwunden; es zieht oftmals die Selbstzerstörung der Verteidigung vor."
Auch wer Pietät hat zu Dingen, die ihrer wert sind, darf ironisch darüber denken können. Leider ist Schneider vornehmlich pathetisch. Er hätte Dürrenmatts Parodieverfallenheit zweifellos nicht geschätzt, am wenigsten, als dieser Dichter von der Kapuzinergruft in Wien sagte, sie sei der „berühmteste Auslandschweizerfriedhof"! Bei Schneider ist „Habsburg" immer und ausschließlich österreichisch gewesen – ich erblicke hier aus meinem Fenster die Habsburg. Dr. Otto Habsburg, wie sich der Sohn des letzten Kaisers schreibt, sagte mir, er habe das Stammschloß seines Hauses im Aargau öfter besucht. Seine Mutter, die Kaiserin Zita, hat sich unweit von hier, in der von den Habsburgern gegründeten Klosterkirche von Muri, eine Begräbnisstätte für sich und ihre Familie ausbedungen. Rückkehr aller Geschichte zu ihren Ursprüngen. Das, ja, vielleicht, ist ihr tieferes Geheimnis.

1. November

Allerheiligen. Heute vor einem Jahr ging ich zum Montparnasse-Friedhof, nach einem Mittagessen in der „Coupole". Vorher hatten mich in meinem Hotel Dr. Olivier Jouve, ein pensionierter Chirurg mit krausen grauen Backenbärten, und seine schöne und intelligente Tochter, die als Ärztin tätig ist, besucht. Ich machte erst jetzt die Bekanntschaft des Sohnes und der Enkelin von Pierre-Jean Jouve, mit dem mich seit den

Kriegs-, seinen Exiljahren eine enge Freundschaft verbunden hatte. Nie hatte er seine Nachkommen erwähnt, denn, was mir bekannt war, er war mit dem Sohn zerstritten und weigerte sich bis an sein Ende, ihn wiederzusehen. Jouve hatte schon seinen Vater gehaßt und den Verkehr mit ihm abgebrochen. In unserem Gespräch verschwieg Dr. Jouve diese Familientragödien nicht, die sich, wie er sagte, in seiner eigenen Ehe fortgesetzt haben. Er und seine Tochter bemühen sich um die Weiterverbreitung der Werke des Dichters, die auch in der „Pléïade" erscheinen sollten. Hochwälder nannte Jouve den „Baudelaire des 20. Jahrhunderts". Vieles spricht für den hohen Rang dieses Dichters, auch Adorno hatte ihn gekannt und geschätzt. Ich spürte ein kurzes Zögern bei meinen Besuchern, als ich sagte, daß ich Pierres und Blanches Grab aufsuchen möchte; aber dann sagte mir die Enkelin schnell, wie ich es finden könne. Meine Betroffenheit war groß und schmerzlich, als ich die Grabstätte auf dem Friedhof endlich fand. Sie war mit einer rohen Zementdecke provisorisch gedeckt und von einem verrosteten Gitter umschlossen. Auf der Platte stand ein kleines, billiges Schild, das aber nur den Namen von Jouves Frau trug, die als Dr. Blanche Reverchon in Paris eine psychiatrische Praxis geführt hatte, bis sie 95 Jahre alt war. Jouve war ihr im Alter von 88 Jahren nachgestorben. Der Sohn hatte seinem unversöhnlichen Vater kein Grabdenkmal errichtet.

Ich wanderte traurig dem Ausgang zu. Die vielen berühmten Toten wollte ich nicht stören, nicht den alten Freund Léon-Paul Fargue, auch nicht Jean-Paul Sartre. Aber ein altmodisches, häßliches Kreuz zog meine Aufmerksamkeit auf sich: es trug den Namen des Generals Aupick, Baudelaires Stiefvater. Die Ämter des Generals, Senators und Botschafters Aupick sind deutlich in den Stein graviert, darunter steht der Name seiner Frau samt dem Vermerk, daß sie in erster Ehe mit einem Herrn Baudelaire verheiratet war. Zuunterst, klein: „Charles Baudelaire, Beaufils du Général Aupick". Der große Tote hier ist nicht Dichter, nicht Schriftsteller, er ist nur noch der Stiefsohn eines Generals, den er haßte und der die Ursache eines tiefen Konfliktes in seinem Leben gewesen war. Arme Dichter, denen noch im Tod, an ihrer letzten Ruhestätte, Unrecht geschah.

Das erinnerte mich an ein Grab, das ich im protestantischen Friedhof in Rom gesehen hatte. Auf diesem Grab geschah ähnliches Unrecht – an dieser Stelle ruht August von Goethe, der 1830 in Rom gestorben war. Auf dem Denkstein steht unter dem Namen des Toten: „Goethes

Sohn". Der Sohn des großen Dichters war schon in seinem Leben nicht aus eigenem Verdienst ein Herr von Goethe gewesen; er blieb auch im Tode nur Goethes Sohn. Das kam mir wie ein Unrecht vor, das gedankenlose Menschen einem Verstorbenen, der im Leben unglücklich über seine ihn erdrückende Sohnschaft gewesen war, zugefügt haben. Sein Vater war damals 81 Jahre alt. Eckermann, der August von Goethe nach Italien begleitet hatte und ohne ihn nach Weimar zurückkehrte, fürchtete sich vor dem Wiedersehen mit seinem gestrengen Meister. Aber Goethe schloß ihn nur stumm in seine Arme: „Seines Sohnes jedoch ward mit keiner Silbe gedacht." Der Brief an Zelter, dem der alte Mann den Tod seines Sohnes mitteilte, schließt mit den Worten: „Und so, über Gräber, vorwärts!"

Es war übrigens ein Zufall, daß ich auf der Wanderung durch diesen wundervollen römischen Totengarten, der neben der Cestius-Pyramide liegt, die Gräber von August von Goethe, von Shelley, Humboldt und anderen Berühmtheiten entdeckte; ich hatte vor meiner Abreise nach Rom Manuel Gasser versprochen, daß ich das Grab seines jüngeren Bruders aufsuchen würde. Hansuli Gasser war ein fröhlicher, lebenslustiger Bursche gewesen, der mit Kunsthandel zu Geld gekommen war. In der Friedhofsgärtnerei mußte ich mich lange gedulden, bis in dem dicken Folioband, in dem mit Handschrift die Gräber verzeichnet sind, die Lage der Ruhestätte des Jungverstorbenen endlich ausgemacht werden konnte (Hansuli G. war beim Baden im Meer bei Ostia ertrunken). Ein Gärtner führte mich, das Grabmal hat die Form einer schlanken Säule, die Bepflanzung war verwildert. Der Gärtner kam mir mit der Bemerkung zuvor, er werde das Gesträuch „tagliare", was ich mit einem Griff aus der Brieftasche unterstrich.

Vorhin, nach dem Gottesdienst in der kleinen Dorfkirche, die die Brunegger vor einigen Jahren selber erbaut haben, standen wir an Manuels Grab. Der polierte Stein, nach Peter Miegs Entwurf, ist würdig in seiner klaren, kantigen Form. E. hatte Winterastern mitgebracht, die als letzte Blumen auf unserer Terrasse blühen. Nach vielen Regentagen ist der Himmel wieder hell, unter der beinah noch wärmenden Sonne schimmert der Schloßwald in herbstlich bunter Pracht. Es ist ein Jammer, sage ich, als wir den Wagen besteigen, Manuel hätte gern länger gelebt. Wer denn nicht? Hat man je genug vom Leben? Die Menschen mögen schimpfen, klagen, behaupten, sie hätten genug von der elenden Plackerei – man hat nie ausgelebt. Ich stoße mich manchmal an Redensarten, die man auf Todesanzeigen und in Nachrufen liest. Man spricht dort von „Frühvollendeten", wenn sie jung starben, von einem „erfüllten Leben", wenn einer alt wurde. Solche Klischees sagen nichts darüber aus, ob sich der Jungverstorbene „vollendet" vorkam und ob ein Alter vielleicht daran zweifelte, daß sein Leben „erfüllt" gewesen sei . . .

. . . Sprich zum Leben so:
Verlier ich dich, so geb ich hin, was nur
Ein Tor festhielte. Sprich: du bist ein Hauch,
Abhängig jedem Wechsel in der Luft,
Der diese Wohnung, die dir angewiesen,
Stündlich bedroht; du bist nur Narr des Todes,
Denn durch die Flucht strebst du ihm zu entgehen;
Und rennst ihm ewig zu. Du bist nicht edel;
Denn alles Angenehme, das dich freut,
Erwuchs aus Niederm. Tapfer bist du nicht;
Du fürchtest ja die zartgespaltne Zunge
Des armen Wurms: – dein bestes Ruhn ist Schlaf,
Den rufst du oft und zitterst vor dem Tod,
Der doch nichts weiter. Du bist nicht du selbst;
Denn du bestehst durch Tausende von Körnern,
Aus Staub entsprossen. Glücklich bist du nicht:
Was du nicht hast, dem jagst du ewig nach,
Vergessend, was du hast. Du bist nicht stetig,
Denn dein Befinden wechselt seltsam launisch
Mit jedem Mond. Reich, bist du dennoch arm;
Dem Esel gleich, der unter Gold sich krümmt,
Trägst du den schweren Schatz nur einen Tag,
Und Tod entlastet dich . . .
. . . und bist du alt und reich,
Hast du nicht Glut noch Triebe, Mark noch Schönheit,
Der Güter froh zu sein. Was bleibt nun noch,
Das man ein Leben nennt? Und dennoch birgt
Dies Leben tausend Tode; dennoch scheun wir
Den Tod, der all die Widersprüche löst.

Shakespeare, „Maß für Maß", III, 1

6. November

Schade, daß mich äußerliche, unvermeidliche Umstände vom Schreiben ablenken. Vorgestern brachte uns Klara Obermüller den schmalen Band „Erinnerungen“ von Manuel Gasser, den sie aus dem Nachlaß herausgab. Auf dem Umschlag die Profilskizze von Marino Marini, der Emigrant war und solche Skizzen auch von Karl von Schumacher und von Thomas Mann machte. Klara ist eine kluge, auch eine attraktive Frau; wir lernten sie bei Manuel kennen, als sie mit Walter Matthias Diggelmann verheiratet war, der, noch jung, im gleichen Jahr wie M. G. starb. Er war ein schriftstellerisches Naturtalent, ein ehrlicher Rebell voll innerem Feuer, beherrschte aber, spätestens in seinen letzten Büchern, das Handwerkliche mit Geschick. Klara sprach fast den ganzen Nachmittag mit mir, sie will's als Interview oder Artikel verwenden. Das unablässige Knipsen der Photographien strengte mich an. Auch der Altweibersommer mit seiner lästigen Mischung von kühler Luft und grellem Sonnenlicht ist nicht angenehm. Gestern und heute die knifflige Niederschrift einer von der Wiener Universität angeforderten „Dankansprache“. Die Universität Wien will mir einen Doktorhut ehrenhalber aufsetzen. Mein ehemaliger Schüler Günther Hamann, Ordinarius für neuere Geschichte, hatte sich dafür stark gemacht. Er ist mir als ein gescheiter und gelehrter Freund liebgeworden; seine Vitalität und geistige Energie in einer massigen Körperfülle hat ihn zur starken, lebensvollen Persönlichket heranreifen lassen. Ich habe viele Fehler, aber nicht den lausigen der Blasiertheit. Man soll Auszeichnungen, die einem zugesprochen werden, nicht geringschätzen. Natürlich sind sie bereits Alterserscheinungen. Sie zieren das kahle Haupt oder blühen im Knopfloch. Also lieber dankbar dazu lächeln, als heuchlerisch den Mund zu verziehen. Ein guter alter Wein hat viel Bodensatz. Ein Freund lehrte mich, den Bodensatz eines alten Bordeaux in ein Cognacglas zu tun und viel Cognac darauf zu gießen. Ein wundervolles Getränk, das wärmt und zu Kopfe steigt. Im Alter sammelt sich viel Bodensatz aus trüben Gedanken, aus Abfällen des Lebens. Ich schütte gern ein kräftiges Getränk darauf, aus Lebensüberschuß. Das mundet, das wirbelt im Kopf, bis sich alles wieder klärt.

8. November

Ich muß das Mißverständnis ausräumen, wonach ich ein „konservativer Geist" sei. Offenbar stand ich zwischen den Fronten. Von manchen Jüngeren werde ich als konservativ, von Älteren als dem Neuen verhaftet empfunden. Zu meinem 60. Geburtstag schrieb mir Carl J. Burckhardt, der sich zu einer goethisch-abendländischen Geisteshaltung und zu einer traditionalistischen Gesellschaftsform bekannte, einen Brief, in dem er die Verschiedenheit unserer Standorte hervorhob: „Sie gehören dem 20. Jahrhundert an. Sie sind im Todesjahr der Königin Victoria geboren . . . Ich war 10 Jahre alt, erlebte ganz bewußt den Tod meines Großvaters, und erinnere mich aus den Gesprächen im Elternhaus an das damalige Tagesgeschehen. Zehn Jahre Altersdifferenz sind sehr viel. Ich blieb immer dem Lebensgefühl des «Neunzehnten» mit dem noch sehr nahen, in vielen Erscheinungen sehr lebendigen «ancien régime» verbunden. Den Entwicklungen des «Zwanzigsten», dem Ausdruck, den sie in Kunst und Literatur fanden, stand ich mit dem Gefühl gegenüber, Verfall vollziehe sich und Katastrophe werde unvermeidlich. Dies besagt nicht, daß ich vor einzelnen Leistungen des Saeculums nicht hätte mit Bewunderung verweilen können, aber ich hielt sie nicht für Auswirkungen eines Fortschritts, diese letztere Kategorie blieb mir immer verdächtig. So waren es Lebensbedingungen, die uns beide, Sie und mich, vor andere Perspektiven stellten . . ." Burckhardt fährt fort, er habe Anteil an meiner Schrift „Niedergang oder Wandlung der Kultur" genommen, „in Zustimmung und weitgehend auch in Widerspruch".
Es handelte sich um eine schmale Publikation, den Druck eines Vortrages, den ich 1957 in Düsseldorf hielt und den der Insel-Verlag veröffentlicht hat. In der Überzeugung, daß Kulturgeschichte und Kulturbewußtsein nicht unabhängig von der Entwicklung und den Formen der Gesellschaft, der Technik, der Wirtschaft und der Politik verstanden werden können, ersetzte ich das konservative Kulturverständnis, das sich an einem ästhetischen Kanon – und damit an stabilen Wertmaßstäben – orientiert, durch eine dynamische Auffassung der Kulturentwicklung, die alte Formen abstreift und in krisenhaften Übergängen ein anderes Kulturbewußtsein hervorbringt. Meine Ausführungen konnten daher von einem traditionsgesättigten Geist, wie ihn Carl Burckhardt in einer hochrangigen Ausprägung besaß, als eine polemische Absage an das 19. Jahrhundert und als ein Bekenntnis zum zwanzigsten aufgefaßt werden.

Er hatte keineswegs unrecht. Unser Lebensgefühl war nicht das gleiche: „Aber gerade daraus entstand für mich viel Anregung", setzte Burckhardt in seinem Brief hinzu. Daraufhin, was ich nicht verschweigen möchte, entwickelte sich unsere Freundschaft zu einem teilnahmsvollen Austausch im Geistigen und Menschlichen. Wir waren uns darin einig, daß wir nicht Platoniker, sondern Aristoteliker seien.
Nicht der Krieg von 1914, sagte ich in jenem Düsseldorfer Vortrag, habe eine Kulturkrise eingeleitet, sondern er habe die bisherige Kultur des Abendlandes vor sich selbst bloßgestellt und einen Prozeß beschleunigt, der, wie im Politischen, so im Geistigen, mindestens ein Jahrzehnt früher eingesetzt habe. Ein Jahrhundert der Stabilität, der Sekurität, der festen Werte, der anerkannten Staatsgrenzen, der Goldwährung, des Wissens um Recht und Unrecht, Schön und Häßlich, Gut und Böse, Schicklich und Unschicklich, sei zu Ende gegangen. Zwei neue Richtungen, die einander gegensätzlich gegenüberstanden, der Naturalismus Zolas, Ibsens und Hauptmanns, und die neue Poetik der Symbolisten, Stefan Georges, Rilkes, Maeterlincks, auch Oscar Wildes, die eine reiche Dichtung der ersten Jahrhunderthälfte einleiteten, waren die ersten Ausdrucksformen einer Wandlung, welche die künstlerischen Wertmaßstäbe des 19. Jahrhunderts in Frage stellten. Seit Cézanne, der die äußere Welt anders sah, war auch das Schauen verändert; das Schauen van Goghs, das Schauen der Kubisten, der Fauves, Picassos, in Deutschland der Expressionisten und Paul Klees gaben der Malerei eine neue Richtung. Was Gustav Mahler vorweggenommen, führte in der Musik weiter zu Strawinsky, zu Schönberg und seiner Schule.
Nach meiner Meinung müssen die Vorgänge auf den Gebieten des dichterischen Wortes, der Farbe, der Form und der Töne in Parallele gesetzt werden zu den neuen Erkenntnissen, die zur gleichen Zeit auf den Gebieten der Biologie, der Physik und der Psychologie gefunden wurden. Es ist ein Gemeinplatz, Freud und Einstein zu nennen, aber es war nicht wenig, als dank dem einen die Abgründe der menschlichen Seele sich auftaten und vom anderen die klassische Raum- und Zeitvorstellung in Frage gestellt wurde. Was allenthalben zusammenbrach und durch anderes ersetzt wurde, war die vertraute und scheinbar verbürgte Oberfläche: In der Malerei der Übergang vom Figürlich-Sinnfälligen zur Abstraktion, in der Literatur von einer traditionellen Poetik und einer überlieferten Erzählform zu einer neuartigen Ausdrucksdichtung und zu einer gebrochenen Denk- und Schreibform. In der Psychologie erfolgte die Entlarvung ehr-

barer Konventionen durch die Analyse des Unbewußten, in der Astrophysik durch die Entthronung des kopernikanischen Systems und die Neuformulierung der Relation von Raum und Zeit. Man hatte bisher die *Dinge* gesehen, man trachtete jetzt, *hinter* die Dinge zu kommen.
Nach meiner Auffassung bestand ein Sinnzusammenhang zwischen diesem Wendepunkt in der abendländischen Wissenschaft und Kunst und dem politischen Wendepunkt, den der Kriegsausbruch von 1914 herbeiführte. Eine scheinbar intakte, aber von innen her bereits erschütterte soziale Ordnung barst im Donner der Kanonen und in den sich ankündenden Revolutionen in Mittel- und Osteuropa. Schon können wir, in einer Distanz von nahezu siebzig Jahren, diese Vorgänge synoptisch überblicken.
Unter dem Eindruck des Ersten Weltkrieges entstand das Bewußtsein der Kulturkrise und die Furcht vor dem Untergang des Abendlandes. Mir scheint, daß diese Ängste, die Kultur könne verfallen und sterben wie ein Individuum, ihren Ursprung in den akademischen Wertmaßstäben und in einem klassizistischen Kunstempfinden hatten, für die beispielsweise Namen wie Hugo von Hofmannsthal und Paul Valéry repräsentativ sind. Es meldeten sich auch unheimliche reaktionäre Geister zum Wort, die einen Kultus mit dem Irrationalen trieben, den Geist zum Widersacher der Seele erklärten, Schwarmgeister, die für die politische Entwicklung Schlimmes ankündeten; sie orakelten von konservativer Revolution, vom „Dritten Reich", von einem neuen Cäsarismus, und weckten brutale Instinkte. Eine in ihrer wirtschaftlichen Sicherheit sich bedroht fühlende Gesellschaft erteilte den Idealen der Aufklärung, der Freiheit und der Menschenrechte eine ebenso hochmütige wie zu Gewaltanwendung entschlossene Absage. Thomas Mann hat einen Kreis von Münchner Rechtsintellektuellen in leicht zu entschlüsselnden Figuren seines „Doktor Faustus" parodierend geschildert. Aus dieser antiaufklärerischen Geisteshaltung, die zum Faschismus führte, entstand die Denunzierung der neuen Kunst als „kulturbolschewistisch" und „entartet". Was mich betrifft, so wußte ich damals schon genau, wem meine Sympathie und meine Antipathie galten. Rudolf Alexander Schröder, von dem Carl Burckhardt zu mir sagte, er sei der „letzte humanistische Dichter", ließ sich von den Nazi feiern; mir kommt sein Werk epigonal vor. Es war uns immer klar, Carl B. und mir, daß wir in manchen Fällen nicht die gleichen Optionen hatten. Die begabteren Geister unter den Konservativen, auch Valéry, waren Ästheten, die mit Schrecken das Gesetz der

Veränderung auch auf dem Gebiete von Kunst und Dichtung entdeckten – das doch das Gesetz allen Lebens und daher auch der Geschichte und der Kultur ist. Sicher ist Veränderung mit Verlusten und Zerstörungen verbunden, die von der Ökonomie der Geschichte gefordert werden. Alle, denen Kultur als ein statischer Wert erschien, als ein ästhetischer Kanon oder als eine akademisch abgesegnete Wahrheit und als eine unumstößliche wissenschaftliche und philosophische Erkenntnis, ergriff Schwindel und abwehrende Furcht vor dem Neuen, das die alten, wankenden Plätze für sich beanspruchte. Man schien zu übersehen, daß solcher Wandel im Lauf der Jahrhunderte immer vor sich gegangen war. Der Barock hatte das Ideal der Renaissance abgelöst, Rembrandt kam nach Raffael, auf Mozarts Klassik folgte die Revolution Beethovens, der Aufruhr Kleists und die Romantiker störten Goethes geistige Disziplin – obschon gerade er, aber auf seine gezügelte Art, mit den verborgenen Schicksalsmächten vertraut war.
Die Technik hat zweifellos viel Schönes und Wertvolles entthront. Die Druckerpresse machte die wunderbaren Miniaturen der Mönche des Mittelalters überflüssig, die prächtigen Druckerzeugnisse vom 16. bis zum 18. Jahrhundert mußten der Massenproduktion von Büchern und Zeitungen weichen, die heutzutage von den audiovisuellen Techniken in ihrer Existenz bedroht werden. Die Zauberlehrlinge der Photographie, des Films, des Radios, des Fernsehens sind in die geheiligten Hallen der Museen, Theater, Konzerte und Universitäten eingedrungen. Deren Schaustücke und Schätze werden von den Apparaten einer mechanischen Magie profaniert und auf dem Jahrmarkt der modernen Massengesellschaft verschleudert. Eine Kultursoziologie wird feststellen, daß auch hier der Weg vom Personalen zum Kollektiven geführt hat und daß die kulturelle Elite dem Konsumbedürfnis der Massen ein Opfer darbringen muß. Damit geht Hand in Hand ein Rückzug der klassisch-humanistischen Bildung und ihre Ersetzung durch die Kenntnis der modernen Sprachen, durch ein vermehrtes Studium der mathematisch-naturwissenschaftlichen Disziplinen und der technischen und ökonomischen Materien. Schon vor einem Jahrhundert entsagte die Architektur dem Bau von traditionellen und historisierenden Repräsentativbauten, um ihre Tätigkeit an Bahnhöfen, Meerhäfen, Fabriken, Kaufhäusern und Mietwohnungen zu entfalten – später folgten Stauwerke, Flughäfen, Verwaltungsgebäude, Hochhäuser. Es kamen in unserem Jahrhundert das Bauhaus Dessau und bahnbrechende Erneuerer der Architektur, die das Bauen und Wohnen,

das Gesicht der Städte und Landschaften veränderten. Der moderne Zweckbau und die neuen Materialien, der Grundsatz, daß die Funktion die Bauform bestimmen soll, triumphierten.

Diese Entwicklung hat sicher viel Bewahrenswertes zerstört. Aber ich frage mich, ob der ursprüngliche Sündenfall nicht im 19. Jahrhundert zu suchen ist. Denn als damals alles der freien Wirtschaft, ihrem Rentabilitätsdenken und der Spekulation in die Hände fiel, wurden Stadtmauern, Türme und viel erhaltenswertes Baugut niedergelegt; die überdauernden Stadtkerne blieben, obgleich von neuen Wohn- und Zweckbauten bedrängt, in einigen historischen Städten erhalten, während Außenquartiere regellos querfeldein quollen, gleich einer steinernen und backsteinernen Überschwemmung. Seither war die im Wachstum begriffene Industriegesellschaft vielerorts dazu verurteilt, in kläglich entstellten und wirr gebauten Monsterstädten ihr Leben zu fristen. Das sind Taten der bürgerlichen, den Erwerb zum Kriterium machenden, vom Staate nicht mehr geordneten und gelenkten Wirtschaft des vorigen Jahrhunderts, das in vielen seiner Erscheinungen bis heute fortlebt. Das 19. Jahrhundert frönte einem rücksichtslosen Materialismus im Ökonomischen und auch im Kulturellen; seine Dürftigkeit im Tun und Denken hat oft nur das Nicht-Lebenswerte erfunden, das Nicht-Wissenswerte erforscht und der Lebensqualität, der Gesundheit und Schönheit der Umwelt nicht geachtet. Diese Entseelung der Welt bis zum Triumph der fadesten Äußerlichkeiten war es, die als eine verhängnisvolle Kulturkrise in der zweiten Hälfte des 19. Jahrhunderts den Boden bereitete für die Katastrophen unserer ersten Jahrhunderthälfte. Gerade die bedeutenden Künstler, Denker und Dichter des ausgehenden 19. Jahrhunderts standen dieser Entwicklung kritisch gegenüber.

Mir scheint heute, da wir die Entwicklung des 20. Jahrhunderts bereits überblicken können, daß vieles, was in der neueren Philosophie, Wissenschaft, Technik und Kunst einer Auffassung von einem lebenswerten Leben zum Durchbruch verhelfen möchte, nicht als Zeichen des Verfalls aufgefaßt werden darf. Diese Impulse und Initiativen weisen in die Richtung eines Suchens nach neuen Werten, Weltbildern und Ausdrucksformen, wobei zweifellos manche fragwürdigen Experimente als leere Spielereien zurückbleiben werden. Irrwege müssen bei jeder Neubesinnung in Kauf genommen werden. Aber der Ernst, mit dem nach Wesentlichem und Substantiellem gefragt wird, ist unverkennbar. Man sucht wieder das Echte und Gültige, man ist demütiger geworden und weiß, daß man der

Wahrheit nur mit kleinen Schritten näherkommt. In der Kunst und Literatur ist eine Tendenz zu spüren, die auf schönen Schein verzichtet und einer empfindlicheren Sensibilität gemäß ist; sie verwendet die Materialien sparsam, sie ist zu neuer Zucht bereit, sie lehnt Ornament und Zierat ab. Kann man leugnen, daß die neueren Schulen, selbst wenn sie manchmal Auge und Ohr der Zeitgenossen zu beleidigen scheinen, daß die Architektur, Malerei, Tonkunst, Dichtung in der ersten Hälfte unseres Jahrhunderts (in der zweiten ist die Entwicklung noch nicht recht überschaubar) neuen schöpferischen Inspirationen gefolgt ist? Den heute Jungen ist vieles vertraut und selbstverständlich, was den Alten zu schaffen machte.

Manches bedarf sicher noch der Klärung und Verfestigung. Einer der namhaftesten unter den Surrealisten, deren Aufbruch wegweisend für die Suche nach einem neuen künstlerischen Bewußtsein war, André Masson, bekannte: „Wir hatten zuerst eine Ablehnung der Kunst, die rein theoretisch war, und dann, indem wir selber Kunst machten, ist man trotzdem ein Künstler geworden, ob man wollte oder nicht; aber was wir ablehnten, war der Geschmack, und wir fanden sogar einen gewissen Geschmack am schlechten Geschmack. Ich glaube, davon ist jetzt nicht mehr die Rede. Übrigens haben die neuen Generationen einen Instinkt in die Kunst gebracht, den die Surrealisten wiederfinden wollten, indem sie sich eben jener provokativen Seite entledigten."

Dies für die Malerei. Architektur und Tonkunst wurden, wie diese, flächiger, karger, sie entsagten dem Geschmäcklerischen und der Gefallsucht; sie verzichteten auf Dekoration und auf ästhetische Reizmittel. Man begann, sparsam zu komponieren und zu bauen, kunstgewerbliche Elemente abzustreifen; so wie die Psychoanalyse der „Persona", das heißt der äußerlichen Schaustellung von innerlich unsicheren Menschen, den Kampf ansagte, verzichteten die Künste auf Zierat, Fassade und großes Orchester. Nicht Prunk, Pathos, Glanz, Ornament und sinnlicher Zauber, die die Kunst des „Neunzehnten" mit Vorliebe kultivierte, sind vonnöten, sondern die Konstruktion und innere Organisation des Kunstwerkes. Das Lineare und Flächige hat das Repräsentative und Dekorative ersetzt.

Die große, vielleicht noch unbeantwortete Frage lautet, ob eine Kunst entstanden, eine Wissenschaft gereift, ein Denken geklärt, kurz ein Weltbild entstanden ist, das der neuen Zeit und ihrer Gesellschaft einen adäquaten Ausdruck verliehen und der abendländischen Kultur eine der technologischen und gesellschaftlichen Entwicklung gemäße Formsprache und Erscheinungsform geschenkt hat. Angesichts von neueren Hervorbringungen, in denen vieles blanke Rebellion, Zerstörungswut, Negation oder Exzentrik von sozialen Außenseitern, Schwarzsehern, Ruhestörern und Unversöhnlichen ist, muß diese Frage zunächst in der Schwebe bleiben. Denn es gibt auch in der Kunst und Literatur den Unterschied von Spreu und Weizen.

Es ist bekannt, daß in der zweiten Hälfte unseres Jahrhunderts technische Erfindungen eine neue Situation geschaffen haben. Ich denke vor allem an die Kernspaltung und an die Elektronik. Ich sehe ihre Auswirkungen auf dem gesellschaftlichen und politischen Gebiet. Ein Atomkrieg wäre gleichsam eine Abstraktion des Krieges, in dem nicht mehr Armeen in einer Schlachtordnung um den Sieg kämpfen würden, sondern Massenvernichtung, die Begriffe von Sieg und Niederlage sinnlos erscheinen ließe. Die Elektronik und andere technische Neuerungen sind dazu angetan, die menschliche Arbeitskraft weitgehend zu ersetzen, so daß Massenarbeitslosigkeit zum dauernden sozialen und politischen Problem würde – wenn nicht gerade das Neue auch neue Arbeitsplätze schafft. Bildreproduktion, Film und Fernsehen entheben die modernen Massen der Notwendigkeit des Lesens, so daß ein neuartiges Analphabetentum im Entstehen ist. Die Konsumbedürfnisse der Massengesellschaft sind ins Unermeßliche gestiegen, was wirtschaftliche und soziale Probleme aufwirft, zu deren Bewältigung neue Organisationsformen der Wirtschaft und des Staates notwendig wären. Aus diesen Veränderungen können schlimme Verfallserscheinungen der Kultur oder aber neuartige Formen des menschlichen Verhaltens entstehen; die Bewältigung dieser Aufgaben wird gewaltige Anstrengungen erfordern.

Es wird an den Menschen liegen, ob sie die neue Welt-Gegenwart luziferisch mißbrauchen werden oder ob sie sich an wohltätigen Ordnungsprinzipien orientieren wollen. Kann aus einer so tiefgreifend veränderten materiellen Zivilisation und einer nivellierten Gesellschaft ein adäquates Wissen um die Welt, ein Bewußtsein der notwendigen Beherrschung dieser Welt und eine geistige Überblickbarkeit der veränderten Weltwirklichkeit entstehen? Ich denke, das ist auch eine politische Frage. Es ist nicht verwunderlich, daß die heutigen Intellektuellen von der politischen Problematik dieser Weltstunde so sehr durchdrungen sind. Aber wer wird entscheiden, welches die richtigen politischen Antworten auf diese Fragen sind?

Wir haben, glaube ich, gelernt, daß sich die Kultur – um auf dieses zentrale Thema menschlicher Selbstverwirklichung zurückzukommen – im Wandel der zeitlichen, räumlichen und gesellschaftlichen Verhältnisse verschieden ausdrückt und daher verschieden gestaltete Formen hervorbringt. Die Problematik der Moderne könnte, um ein Bild zu gebrauchen, auf die physikalische Erkenntnis reduziert werden, daß Korpuskel und Welle zwei Erscheinungsformen des Gleichen sind – mit anderen Worten, daß die Dinge nicht nur einen festen Kern haben, sondern auch als Kraftfeld verstanden werden müssen. Wir haben nebeneinander beides erlebt: eine Zeittendenz, die ins Offene, ins Bewegte, ins Veränderbare und Wandlungsfähige wies, was oft genug als Auflösung erscheinen mochte und tatsächlich die Auflösung von vielem war, was einst als verläßlich und feststehend galt; und eine andere Zeittendenz, die das Dogmatische, Systematische, Formale, den ästhetischen Kanon und das wissenschaftliche Gesetz für verbindlich erklärten. Beide Zeittendenzen manifestierten sich in der Architektur, Poetik, Musik und der bildenden Kunst kaum weniger als in der Wissenschaft, der Theologie, den sozioökonomischen und den politischen Theorien.
Unser Zeitalter ist in Wahrheit quicklebendig, und es war voll Phantasie, als es neue Ideen, Formen und Gestaltungen hervorbrachte, auch als es die Dynamik und die Transparenz aller Dinge entdeckte. Wenn wir die Krisen, die wir erlebten und noch erleben, ohne Trübsinn betrachten, werden wir feststellen, daß ein Umschlagen des Seienden in etwas anderes nicht ein Kriterium des Verfalls sein muß. Der Mensch hat immer eine schöpferische und aktive Intelligenz besessen, die ihm gestattete, tiefe Krisen zu überwinden. Nach meiner Meinung ist eine künstlerische Ausdrucksform, eine wissenschaftliche Erkenntnis und eine technische Hervorbringung nicht anders als eine Staats- und Gesellschaftsorganisation im Blickfeld der Geschichte allemal dann „richtig", wenn sie ein adäquater Ausdruck für die in Zeit und Raum wirkenden seelischen, geistigen, materiellen und sozialen Kräfte ist.
Ich lasse Kategorien wie pessimistisch und optimistisch – die politisch mit den Begriffen konservativ und progressiv zu übersetzen wären – fürs erste beiseite. Sie helfen uns nicht, zutreffende Prognosen zu stellen. Der Fundus an Tradition, Kultur und Bildung, gleichsam der Kern der Sache, ist für meine Person unverlierbar. Aber es hat mir auch nie der Glaube gefehlt, daß Wandel notwendig, Fortschritt möglich, die Zukunft offen sind.

14. November

Aus Wien zurück. Im Hilton-Hotel trafen wir H. B., der zu der Feier mit uns in die Universität kam und am nächsten Tag einen Kollaps erlitt. Ist es möglich, daß junge Menschen weniger widerstandsfähig sind als wir Alten? Jung war ich auch labil. Meine Gesundheit wurde, wenn ich nicht irre, erst nach dem 40. Lebensjahr stabiler. Ihre Konsolidierung erlaubte mir, Strapazen auszuhalten, die ich mir in den Nachkriegsjahren nicht ersparte.

Im Senatssaal der Universität herrschte Würde ohne Pathos. Der Rektor, Professor Plaschka, Historiker für Ost- und Südosteuropa, stellte die akademische Feier unter den Gedanken des Übernationalen. Außer meiner Ehrenpromotion erfolgte die Ernennung des Professors Zacherl (Chemiker) zum Ehrensenator der Universität Wien. Die Mitglieder des Akademischen Senats waren in ihre Talare gehüllt. Das Quartett des Philharmonischen Orchesters spielte Mozart. Günther Hamanns Laudatio war klug und differenziert. Er überreichte mir das in rotes Leder gebundene, lateinisch verfaßte Diplom eines Doktors h. c. der Philosophie, an dem das Siegel der Alma Mater Rudolfina hängt. Meine Dankansprache las ich nach dem Manuskript. Solch feierliche Ehrung macht ein wenig verlegen, aber man freut sich doch. In gelöster Stimmung fand das Mittagessen statt, zu dem der Rektor geladen hatte.

Der Kontrast zu der Zeit von 1947, als die Hauptstiege der Universität von einer Bombe zertrümmert war. Die kaputten Fenster waren mit Brettern verschalt, die Studenten ärmlich gekleidet und hungrig. Mit Hugo Hantsch und drei andern Historikern machten wir den Neubeginn nach der Nazizeit. Man besann sich wieder auf Österreich; die leidvolle Periode der deutsch-nationalistischen Richtung, die der unglückliche Heinrich von Srbik im historischen Fach repräsentiert und gefördert hatte, mußte überwunden werden. Hugo Hantschs „Geschichte Österreichs" erschien damals in zweiter Auflage, nachdem die Nazis die erste Auflage eingestampft und Hantsch ins Konzentrationslager gesperrt hatten. Nach meiner Meinung war Alfons Dopsch, den ich als alten Mann damals in Wien kennenlernte, der interessanteste österreichische Historiker seiner Generation. Seine „Grundlagen der europäischen Kulturentwicklung" (in 2. Aufl. 1923), ein Werk, mit dem er eine sozio-ökonomisch verstandene Kulturgeschichte begründet hat, übte auf die neue Richtung in unserer Wissenschaft Einfluß aus. Das Werk von Dopsch wurde schon in

meiner Pariser Zeit von den neueren französischen Historikern (Henri Berr, Lucien Febvre, Marc Bloch) rezipiert.
Mein Wiener Gastsemester vor 34 Jahren war eine Sternstunde in meiner akademischen Laufbahn; nicht nur, weil ich einen interessanten Stoff einer den Verstörungen der Hitlerzeit entrinnenden Jugend vortragen und im Seminar quellenkritisch erläutern konnte, sondern weil manchen Beziehungen zu Schülern und Kollegen Dauer beschieden war. Der Professor für Zeitgeschichte in Wien, der damals noch nicht studierte, Gerald Stourzh, ist mir ebenfalls durch seine Forschungen und Publikationen persönlich verbunden. Seine Arbeiten befassen sich vornehmlich mit der Entstehung des Staatsvertrags mit den Alliierten und der Neutralität Österreichs; diese politischen Vorgänge hatte ich aus der Nähe verfolgt. Stourzh sagte, im Wiener Kapitel der „Grenzüberschreitungen" hätte ich zu diesen Fragen Einzelheiten mitgeteilt, die bisher unbekannt waren. Ich hatte nach dem Krieg persönlichen Kontakt mit den österreichischen Politikern, die die Zweite Republik aufbauten und mit den Alliierten verhandelten. –
Wie gut es doch tut, als urbaner Mensch mit urbanen Menschen zu verkehren. Und wie leicht stellt sich in Wien dieser Kontakt ein. Diese Umgänglichkeit des österreichischen Menschenschlags bildet zu der spröden, schwer durchschaubaren Hülle unserer alemannischen Landsleute einen wohltuenden Kontrast. Dort ist eine Stadt, ein Land, ein Volk, das seit den Türkenbelagerungen, den Kriegen mit den Franzosen und den Preußen, seit der Hitlerei und infolge der Zerstörungen der Kriegszeit und der Verluste an Menschenleben und materiellen Gütern lauter Katastrophen erlebt hat – und von neuem intakt, in seiner unveränderbaren Eigenart, lebensfroh, fleißig, auch verhältnismäßig wohlhabend und seiner selbst sicher dasteht. Die fünf Mächte, die von 1938 bis 1955 das Land militärisch besetzt hielten, die Deutschen, Russen, Amerikaner, Engländer und Franzosen, scheinen keine Spuren hinterlassen zu haben. Die Stärke der Österreicher beruht, glaube ich, auf ihrer Schicksalsgläubigkeit. Auch auf ihrem Beharrungsvermögen. Nicht weich, wie manche meinen, sondern zäh, auch nicht hart, aber unangreifbar in ihrer Substanz: so haben die Österreicher überdauert. „Was heißt siegen, überstehn ist alles." Man überstand Kriege, Zusammenbrüche, Diktaturen und Besetzungen. Jetzt gehört man sich wieder selbst an, und zwar in Freiheit.
Die Leistung kommt aus dem Innern, das elastisch und anpassungsfähig

ist, nicht aus dem äußerlich Kämpferischen, das zwar nicht fehlte, aber selten erfolgreich war. Der Ruhm ist trotz Kaisern, Staatsmännern und Feldherren weniger ein politischer und militärischer, als ein kultureller. Die Schweizer sagen von sich selbst, sie seien eine politische Nation; die Österreicher sind stolz auf ihre Kultur, die ihr Nationalbewußtsein geprägt hat. Sie sprechen deutsch wie die Deutschschweizer, und wie diese mit dialektaler Aussprache; beider geistig-kulturelle Eigenart ist nicht typisch deutsch. Die österreichische Mischung aus Elementen des ehemaligen Vielvölkerreiches, die weite Ebene, die nach Ungarn, nach Osten sich erstreckt, die Vertrautheit mit einer Welt, die dem Schweizer fremd ist, weil sie ihm balkanisch und orientalisch vorkommt, bestimmen die Besonderheit dieses Volkes: seine fatalistische Unverdrossenheit, seine unbeschwerte Lebensart, seine Phantasie, seine durch und durch musikalisch-barocke und instinktsichere Natur; aber auch seinen kritischen Verstand. Das Bäurische, Mißtrauische, Abwehrende, Insichgekehrte, Verschlossene und Sorgenschwere, das in der (deutschen) Schweiz die Bürger ihres Lebens nicht recht froh werden läßt, scheint der österreichische Mensch, zumal der Wiener, nicht zu kennen. Eigenartig ist die ständige Furcht der Schweizer vor Katastrophen, vor Kriegen, vor den Angriffsabsichten einer fremden Macht. Da sie seit langer Zeit von solchen Schicksalsschlägen verschont geblieben sind, konnten sie einen Reichtum ohnegleichen aufhäufen. Aber reiche Leute sind furchtsam, sie möchten nicht verlieren, was sie mit viel Fleiß erworben haben. Völker, die aus den Prüfungen ihrer Geschichte gelernt haben, können auch verlieren. Daß nicht Sieg, nicht Niederlage über das Fortbestehen der Völker entscheidet, sondern ihre Fähigkeit zu überstehen, ist unzweifelhaft. Ich glaube – oder fürchte –, daß nur Menschen und Völker wieder zu sich selbst finden, die auch verlieren können.
Am Stubenring, ein paar Minuten vom Hilton-Hotel, sitzt Radetzky in Bronze auf einem Pferd. Grillparzers Spruch: „In Deinem Lager ist Österreich" ist, ebenfalls in Bronze gegossen, auf dem Sockel befestigt. Die österreichischen Liberalen hatten Grillparzer seine Huldigung an den Feldmarschall, der 1848 die italienische Freiheitsbewegung niedergeworfen hatte wie ein Jahr danach die Russen die ungarische, zum Vorwurf gemacht. Radetzky war als Schürzenjäger, Verschwender und Schuldenmacher nicht weniger bekannt als für seine Kriegstaten. Beim Nachtessen in einem kleinen, vorzüglichen Restaurant erzählte mir mein alter Freund B. folgende Geschichte: Nachdem Kaiser Franz wiederholt

Radetzkys Schulden bezahlt hatte, übernahm ein unermeßlich reicher Heereslieferant namens Pargfrieder die Aufgabe, den Feldmarschall zu finanzieren – unter der Bedingung, daß er ihm seine Leiche verkaufe. Radetzky akzeptierte und unterschrieb diesen Handel. Nachdem er in Mailand gestorben war, wurde er samt einem anderen General auf dem „Heldenberg", dem Schloß des Kriegslieferanten Pargfrieder, in einem Mausoleum bestattet. Dieser Pargfrieder, von dem die Mär ging, er sei ein unehelicher Sohn, den Kaiser Josef mit einer Jüdin hatte, ließ gemäß letztwilliger Verfügung seine eigene Leiche in eine Ritterrüstung stekken, in der der tote Mann kniend neben Radetzkys Sarkophag Wache hielt. Als 1945 die Russen kamen und auf dem „Heldenberg" die Rüstung nehmen wollten, fiel aus dem Helm ein Totenschädel. „Sie hatten sich so erschrocken", schloß mein Freund seine Geschichte, „daß sie den Heldenberg ohne zu plündern schnell wieder verließen."
Es war amüsant, wie ein vornehmer Wiener mit trockenem Humor diese Geschichte erzählte, nachdem ich in Reinhold Schneiders Buch die Lobeshymnen auf den Feldmarschall Radetzky gelesen hatte, den Schneider zum Edelmenschen und antiken Helden emporstilisiert hat. Außer Grillparzers Gedicht, dem Mausoleum auf dem „Heldenberg" und dem Reiterstandbild am Stubenring gibt es noch den Radetzkymarsch von Johann Strauß, der mitreißend klingt. Radetzky hatte nicht nur in seinem Leben, sondern auch nach seinem Tode noch Glück. Die Legende des siegreichen Heerführers hat die einstige Kritik an seiner Unterdrükkung der italienischen Freiheitskämpfer vergessen lassen. Eine einzige Bitternis: Der junge Kaiser Franz Joseph legte 1856 dem neunzigjährigen Kriegsmann nahe, von seinem hohen Posten zurückzutreten. Radetzky unterwarf sich diesem Befehl, indem er „allerunterthänigst" den Kaiser bat, ihm die Gnade seiner Enthebung zu gewähren . . .

16. November

Man komme nicht um die Tatsache herum, daß die Russen Österreich 1945 befreit haben, sagt Hamann. Es waren unbequeme und plündernde Befreier. Er sagt, es sei beinahe pervers, wie man aus Haß gegen Hitler und die Nazis diese Befreier ersehnte und ihre Plünderungen als das kleinere Übel in Kauf nahm. Übrigens hätten auch die Franzosen geplündert, und was die Amerikaner, als sie Innsbruck befreiten, dort angerichtet haben, war auch nicht schön. Bei Hamanns Eltern holten sich die Russen dreißig Bilder und andere Wertsachen, aber sie sagten, das sei nicht so wichtig, wenn nur ihr Kind zurückkehre. Günther H. war als Soldat bei der deutschen Wehrmacht, samt seinem Haß gegen die Nazis und seiner Hoffnung, daß die Russen endlich sein Land befreien würden. Ich habe sie selber in Wien erlebt; sie waren bereits von ihren Offizieren und der Militärpolizei in strenge Zucht genommen. In ihrer Besatzungszone konnten freie Wahlen zu den lokalen Behörden und zum österreichischen Nationalrat stattfinden, Wahlen, bei denen die Kommunisten die Verlierer waren.

Es war eine Art Wunder, das ich mitansah, als es den österreichischen Politikern, mehrheitlich bürgerlich-katholischen, gelang, zwischen den vier Besatzungsmächten die Balance zu halten und sie zu guter Letzt alle loszuwerden, ohne Schaden für Österreichs freiheitliche Demokratie. Diese Politiker konnten es bei ihren Verhandlungen in Moskau durchsetzen, daß die Sowjetregierung der Neutralität Österreichs „nach schweizerischem Vorbild" zustimmte. Das war die einzig mögliche Lösung, und das österreichische Parlament formulierte das Neutralitätsgesetz nach dem Wortlaut der entsprechenden schweizerischen Erklärungen. Ich bin immer wieder erstaunt, wenn ich in der Schweiz, bei Politikern und in der Presse, auf Argwohn, ja Abneigung gegen Österreich stoße. Man kann hierzulande die Problematik und Geistesart des östlichen Nachbarlandes schwer verstehen. Es spielen auch Reminiszenzen aus dem Geschichtsunterricht mit; die alten Eidgenossen hatten gegen die Habsburger, gegen die Herzöge von Österreich, heißt es in den Lehrbüchern, ihre Freiheit erfolgreich verteidigt. Die Schweiz fühlt und denkt ausschließlich „westlich"; die Donauländer, der katholische Barock, der europäische Osten, die österreichische Sozialdemokratie und die Politik des Bundeskanzlers Kreisky sind ihr fremd. –

20. November

Aufbruchstimmung in Brunegg. Die Herbststürme sind vorbei. Eine milde Sonne. Morgens wieder mit Gioia, die hinkt, auf dem „Ebnet". Wir gingen bis zum Anfang des Gratweges, der über den Kestenberg zum Schloß Wildegg führt. Ich habe im Sommer diesen schmalen, holprigen Gang in Begleitung eines Dorfnachbarn gemacht (anderthalb Stun-

den, als Kinder brauchten wir eine Stunde). Zwölf schwarz-weiß gefleckte Rinder sind noch im Freien, auf der Weide ist immer noch viel Gras. Der Wald durchsichtig, nachdem alles Laub von den Bäumen gefallen ist. Schöne, helle Stämme. Der Pächter war da mit der Rechnung für Holzschlag und -transport. Brennholz für uns, Nutzholz für die Sägerei. Im Haus ist's warm, drei Kachelöfen mit Holzfeuerung, zwei mit Nachtstrom geheizt. Vorhin klingelte der Dachdecker, er bessert jeden Herbst die Schäden aus. Die Straßenarbeiter haben das dicht gehäufte dürre Laub auf der Zufahrt beseitigt. Als letzter kommt der Installateur, der die Wasserleitung leert.
Im Saal ist's kalt und dunkel, die Läden sind geschlossen, die Ritzen mit Zeitungspapier verstopft. In meinem Bibliothekzimmer dringt das grelle Tageslicht infolge des tiefen Sonnenstandes bis in die hinterste Ecke. Ich sitze allein hier, Gioia blieb im Garten, E. ist mit einer gehäuften Ladung Gepäck nach Zürich gefahren. Die Spettfrau, immer guter Dinge und guten Willens und stark wie ein Pferd, fuhr mit, um E. behilflich zu sein. Abends wird Elsie mit mir und Dieter Bachmann auf die Habsburg essen gehen. Ein Abschiedsessen. Wir haben diesen Mieter des Pächterhauses liebgewonnen, er war ein stiller Nachbar, als Journalist oft unterwegs im In- und Ausland. Ich hätte mir noch mehr Gespräche mit ihm gewünscht, als sein eigenes Fleißigsein und seine Abwesenheiten erlaubten. Er ist vierzig Jahre jünger als ich und verfügt über ein literarisches Wissen und eine Information, wovon mir manches zugute kam. Er ist „Schütze" wie ich, der die Veränderung liebt, ein Reisender, Voltigeur des Lebens, von Neugier getrieben, intellektuell vielseitig – unsere Naturen haben Ähnlichkeiten. Wir sind betrübt, daß sein Hiersein von kurzer Dauer war. D. B. wird das Pächterhaus im kommenden Frühjahr verlassen. Heute vormittag schrieb ich den Mietvertrag für den nächsten Mieter aus. Wieder ein Schriftsteller-Journalist und Privatdozent, Hermann Burger. Das Haus, wie es noch Manuel Gasser für sich eingerichtet und um einen großen Bibliothekraum erweitert hat, eignet sich für Geistesarbeiter.
Ich komme ins Plaudern, in einen monologischen small talk. Das sind Ausflüchte, ein Wegschauen vom Unvermeidlichen. Morgen muß ich den Schreibtisch räumen, die wertvollen Sachen in der Eisentruhe versorgen, wählen, was ich hierlassen kann und was ich mitnehmen will. Ich weiß nicht, ob diese milden Tage mit der tiefen Sonne den Abschied vom alten Gemäuer leichter oder melancholischer machen. Es ist jedes Jahr

um diese Zeit das gleiche. Man tauscht die großen, hohen Räume gegen die kleine städtische Wohnmaschine in einem Zürcher Miethaus. Man verläßt eine Landschaft, zu der man gehört, um wieder vom Fenster auf den Bahnhof, die City und das Industriequartier zu blicken. Aber der Winter hier wäre zu beschwerlich. Dieter B. sagte mit Recht, dieses Schloß sei hart, nicht wie die bequemen Landsitze der Berner Patrizier aus dem 18. Jahrhundert. Mischung aus einer kleinen Ritterburg und einem Interieur, das sich in der Biedermeierzeit mein Lenzburger Vorfahr als Sommersitz hergerichtet hat. Wir haben daraus ein bequemeres, mit modernen Geräten ausgestattetes Wohnhaus und eine Arbeitsstätte gemacht. E. sagte beim Mittagessen, wir seien in all diesen Dingen, die das Haus und Gut und jetzt den Umzug in die Stadt betreffen, gut aufeinander eingespielt.

Carl Burckhardt, als er uns hier besuchte, sagte mit einer Art Begeisterung, wie schön es doch sei, einen solchen Besitz zu haben. Eigentlich habe ich nicht viel Besitzsinn, mir kommt dieses Besitztum eher wie ein anvertrautes Erbstück vor, dessen treuhänderische Verwalter wir sind. Es war schon immer ein offenes, gastliches Haus, wir teilten seine Annehmlichkeiten oft mit anderen. Vor einem Jahr erschien als ein bibliophiler „Lenzburger Druck“ ein Büchlein, dem ich den Titel „Altmodische Geschichten“ gab. Untertitel: „Gästebücher aus 165 Jahren“. Ich kommentierte die Brunegger Gästebücher, die meine Voreltern seit 1815, meine Eltern seit 1907 und wir selbst seit 1945 führten. Es kamen Dinge an den Tag, die mich selbst überraschten.

Das ist alles sehr privat. Ich glaube, daß man auch in der heutigen, von kollektiven Interessen beherrschten Zeit das Private schätzen, es für die Menschen erhalten sollte. Man soll auch, so gut wie möglich, seine Mitmenschen daran teilhaben lassen. Egoismus und der damit verbundene Geiz, die Absonderung von den Mitmenschen, machen unglücklich, trocknen das Gemüt aus. Man darf nicht zu reich sein, reiche Menschen sind nicht Mit-Menschen, weil sie zu hoch über dem gewöhnlichen Leben stehen und es nicht verstehen können. E. und ich haben hier vor 36 Jahren mit fast nichts angefangen. Die Schloßanlage war mein einziges Erbteil, die anderen Teile des elterlichen Vermögens fielen an meine Geschwister. Wir machten uns zusammen an die Arbeit. Das damals recht bescheidene Professorengehalt hätte nicht gereicht. Was wir hier investierten, waren die Honorare aus journalistischer und schriftstellerischer Arbeit. Es bereitete Spaß und manchmal Sorgen.

24. November

„Warmschreiben nenne ich diese Notizen, mein tägliches Geschäft, ich hätte auch sagen können: warmlaufen. Warmlaufen, um nicht einzurosten, um mich in Gang zu halten." So Paul Nizon in seinem neuen Buch. Heute, Front zum Fenster, unten die Stadt Zürich wie durcheinander gerüttelte Würfel, denn von diesem Blickpunkt ist keine Gliederung der Straßenzüge zu erkennen; dahinter bildet der Uetliberg mit seiner flach geschwungenen Horizontlinie einen sanften Abschluß. Herauf tönen durcheinander das Elfuhrgeläute der Kirchenglocken, Geräusche von Automotoren und Tramzügen, die in ihren Schienen quietschen. Die Gleisanlage des Hauptbahnhofs ist sichtbar, die Eisenbahnzüge sind nicht hörbar. Auf dem Schreibtisch rechts die Bronzeplastik von Wotruba, die mir Lucy zum Andenken an ihn geschenkt hat. Mein Zimmer kommt mir zustimmend vor – „stimmig" lautet das Modewort. Es ist so etwas wie eine angereicherte Studentenbude: Schreibtisch, Büchergestelle, Bett, Schrank, Sitzgelegenheit, an den Wänden Bilder. Ich habe vor zwei Jahren die ganze Einrichtung erneuert, mit hellem Spannteppich und weißen Wänden, alles ist hell, auch das Sofa und der Fauteuil, italienische Arbeit mit Leinenbezug in Naturfarbe. Ein Bett mit Vorrichtungen, die auch im Krankheitsfall brauchbar sind. Der Schreibtisch eisern mit dicker schwarzer Holzplatte; zwei gar nicht tiefe, breite, nicht sehr hohe Kasten in good design für Wäsche und Akten. Das Ganze funktionell, ein modernes Nest, kühl und licht.

Ivan war mir als ein praktischer und geschmacksicherer Sachverständiger behilflich, auch beim Hängen der Bilder. Der Picasso von 1938, eine Radierung, die Picasso Gebser geschenkt hatte, als er aus dem spanischen Bürgerkrieg nach Paris kam, und die er mir schenkte. Die Wotruba-Graphiken, der Clemenceau von Vallotton schwarzweiß, ein Frauenakt von Derain und der große Varlin grau-gelb-rot: Picassos Geburtshaus in Malaga darstellend. Steinlens Plakat aus den 1890er Jahren mit dem sitzenden schwarzen Kater: „Tournée du Chat Noir avec Rodolphe Salis". M. B. hat es mir aus Amsterdam gebracht, wo ein holländischer Verleger Reproduktionen von berühmten alten Pariser Plakaten vertreibt. Ein einziger antiker Stich, den ich bei Daniel Keel gekauft habe: ein Original von Piranesi, die Cloaca maxima in Rom darstellend, vorn der Tiber mit Schiffen, darüber der römische Rundtempel und neben diesem der Campanile von Santa Maria in Cosmedin; eine Stelle in Rom, die ich beson-

ders liebe. Das hat alles Platz in dem rechteckigen Raum, den es nicht überfüllt. Eben telefonierte Ivan, daß die Zeichnung von Hans Erni, ein liegender nackter Knabe, gerahmt sei, er wird sie morgen bringen. Es ist kein typischer Erni, stärker, intensiver als vieles was er macht; Erni schickte mir das Blatt, die Figur des Jungen von einem briefartigen Text umrahmt, aus Saint-Paul-de-Vence. Wir werden dieses bräunlich getönte, horizontale Bild über das Sofa hängen, zwischen Piranesi und Picasso – es ist den Platz wert (Dürrenmatt nannte Erni einen „schweizerisch gemilderten Picasso").
Man muß sich ja wieder gut zureden, wenn man in die Stadt zurückgekehrt ist. Nebenan hat E. ihr Zimmer, dessen Einrichtung wir vor einem Jahr erneuert haben. Im Vorraum nehmen wir die Mahlzeiten ein. Küche und Bad sind vorhanden, ein wenig verbraucht und nicht so glänzig wie in neuen Häusern. Wir sind vor mehr als zwanzig Jahren hier eingezogen, im fünften Stock ist Helligkeit, keine Dächer vis-à-vis, viel Himmel, günstige Lage am Rand des Hochschulquartiers; der Bahnhof ist schnell erreichbar – ich brauche ihn, wenn ich vom Land komme und wieder zurückfahre. – Ich schreibe, denke ich, weil ich lebe. Schreiben als ein Beweis, daß man ist. Alles ist Leben: die Menschen auf den Straßen, im Tram, in der Bahnhofhalle, beim Einkaufen, die vielen Anonymen, die gar nicht anonym sind, jeder hat einen Namen, eine Identität, irgendeine Beschäftigung; ich rate manchmal, wenn mir eine Gestalt, ein Gesicht auffällt. Wie heißen sie, was tun sie, oder tun sie nichts? Auch die Politik ist Leben; gestern und heute ist Leonid Breschnew in Bonn, immer noch kommen mir solche Episoden bemerkenswert vor. Geschichte ist Leben, deshalb fesselt sie mich; sie ist wiedererstandenes, vom Historiker rekonstruiertes Leben, das gestorben war und dessen wir uns erinnern, das wir uns vergegenwärtigen möchten. Sie hilft uns, das Leben der Gegenwart zu verstehen. Kunst ist Leben, Töne sind Leben, Bücher – ich zögere, nicht alle sind Leben, manches ist nur hergestellt, gemacht, mich fesseln nur die Bücher, die intensiv und lebensvoll sind. Nizons Paris-Buch berührt mich so intensiv, daß ich es, wie einen starken Alkohol, nur in kleinen Schlucken genießen kann. Auch Gioia, jedes Tier, ist Leben. Zürich ist eine lebensvolle, auch eine helle Stadt. Die Hausfrauen halten streng auf Sauberkeit, und die zahlreichen Psychologen säubern das Innenleben ihrer Mitbürger. Es ist die Frage, ob ein wenig Staub, ein bißchen Verrücktheit nicht auch zum wahren Leben gehören.

29. November

Sonntag mit dem ersten Schneefall. Donnerstagabend wieder in Bern, Vernissage der Gedenkausstellung Guy de Pourtalès in der Landesbibliothek. Er war wie wenige ein geistiger Verbindungsmann zwischen der Schweiz und Frankreich. Nicht ein großer, aber ein redlicher, lebensnaher, kultivierter Schriftsteller, ein Edelmann und Homme de lettres, „von guten Eltern" in jedem Sinn dieses Wortes. Da er im Kreise der „Nouvelle Revue française" lebte und bei Gallimard seine Bücher herausbrachte, finden sich in den Vitrinen Briefe, Fotos usw. von den bedeutenden Franzosen, die wir in den zwanziger und dreißiger Jahren lasen und bewunderten. Eine solche Veranstaltung ruft eine Welt herauf, die im Zweiten Weltkrieg unterging, aber in Frankreich und in der Schweiz einen Fundus von bedeutenden Leistungen der Literatur und Kunst zurückgelassen hat. Natürlich illustrieren in dieser Ausstellung auch Bilder die damalige Lebensatmosphäre, samt, unter anderen, einer Reproduktion des berühmten „Wunderbaren Fischzugs" von Konrad Witz, der dem Genfer Familienroman von Pourtalès den Titel lieferte – und natürlich Etoy, wo ich ihn besuchte. Denis de Rougemont präsidierte das Organisationskomitee der Ausstellung, er hielt eine Ansprache in dem langen, breiten Gang der Landesbibliothek, an dessen Wänden die Exponate übersichtlich ausgebreitet sind.

Gilles Curien, der französische Botschafter, sagte mir gleich zu Beginn, Balthus sei da und suche mich. Er schloß mich in seine Arme. Wir sahen uns seit 1940 zum erstenmal wieder. In dieser langen Zeit ist Balthus zu dem großen Maler geworden, dessen Werke so hohe Preise erzielen, daß nicht einmal das Zürcher Kunsthaus eines erwerben konnte. Ich sagte ihm, daß mir vor einem Jahr sein wundervolles, großformatiges Gemälde im Centre Pompidou einen tiefen Eindruck machte. Seltsam, einen jungen, armen, unruhigen, innerlich gequälten Künstler als alten, erfolggewohnten Meister von souveräner Haltung wiederzufinden, der jahrelang der Ecole française de Rome als Direktor vorstand. Malraux, als er Kulturminister de Gaulles war, hatte Balthus auf diesen begehrten Posten ernannt. Vor Zeiten saßen wir alle abends im Café de Flore. In Rom ging ich oft die Scala di Spagna nach Trinità dei Monti hinauf und am Park der Villa Medici vorbei, wo Balthus die jungen französischen Künstler betreute, die das Privileg haben, auf Kosten des Staates dort zu leben und zu arbeiten. Ich erzählte Balthus, daß ich vor etlichen Jahren zufällig bei

Saint-Germain-des-Prés seiner alten Mutter begegnet bin; wir erkannten uns gleich wieder, nach so vielen Jahren. Madame Klossowska ist vor etwas mehr als zehn Jahren gestorben. Sie war in Rilkes Schweizer Zeit seine schwierige, aber unentbehrliche Gefährtin; Pierre und Balthus waren ihre Söhne, alle, auch Rilke, von materiellen Sorgen geplagt. Zu den Katzenzeichnungen des kleinen Balthus, der zwölfjährig war, schrieb Rilke ein Vorwort; das Büchlein mit diesen Zeichnungen erschien 1921 in einem Zürcher Verlag unter dem Titel „Mitsou, Quarante images par Balthus, Préface de Rainer Maria Rilke“, und erregte ein gewisses Aufsehen, weil der Dichter zum erstenmal mit einem französischen Text vor die Öffentlichkeit trat. Zur „unerbittlichen Korrektur“ dieses Vorwortes hatte Rilke sein französisches Manuskript dem Dichter Charles Vildrac nach Paris geschickt. „Mitsou“ war die Geschichte von den Abenteuern und dem Tod einer kleinen Katze, die sich in Nyon zutrug, als Rilke mit Frau Klossowska und ihren Knaben dort weilte.

Ich sehe noch den verwundeten, hinkenden Soldaten Balthus Klossowski vor mir, wie er im Mai 1940, von der Maginotlinie kommend, plötzlich in Saint-Germain-des-Prés auftauchte und mich bat, seiner Frau, die in Bern war, Nachricht von ihm zu geben. Antoinette, die ich gleich nach meiner Rückkehr aus dem französischen Debakel im Haus ihres Vaters, des Obersten von Wattenwyl, aufsuchte, war selber Bernerin (Balthus war eine Zeitlang in Bern zur Schule gegangen). Mittlerweile hat er eine Japanerin geheiratet, sie war da, trug einen Kimono, ein zierliches kleines Geschöpf, sie spricht französisch wie eine Französin und hat zweifellos viel zu der Stabilität im Leben ihres Mannes beigetragen. Beim Essen in der französischen Botschaft waren wir dann am gleichen Tisch, Balthus, Rougemont, Madame Curien, Madame de Pourtalès, der Bischof Mamie von Freiburg usw. Die Frau des Botschafters ist Malerin, ihre Bilder kamen mir wie eine ins Moderne übertragene Malerei der Marie Laurencin vor (aber ich kann mich täuschen; da viele Gäste die Räume der Botschaft füllten, konnte ich diese Gemälde nicht ruhig betrachten).

Lebensläufe sind geheimnisvoll untereinander verschlungen, man kommt und geht, man verliert sich aus den Augen und findet sich nach vierzig Jahren wieder, und da sich in einem solchen Augenblick auf einmal ein ganzes Leben im Gedächtnis wieder aufrollt, wie vor einem Ertrinkenden, ist man ein wenig benommen und erschüttert. Die Klossowskis (den Vater von Balthus, einen polnisch-deutschen Kunsthistoriker, der auch malte, kannte ich flüchtig) waren mit den Jouves befreundet; Pierre Jean Jouve besaß ein oder zwei Bilder von Balthus, wir sprachen über ihn, Pierre sei „unerträglich“ gewesen, sagte Balthus. Ich weiß wohl, wie der scharfzüngige und streitsüchtige Jouve, der immer mehr vereinsamte, sich mit seinen Freunden überwarf. Mich verschonte er mit seinem Zorn, im Gegenteil, Jouve hielt an unserer Freundschaft bis zuletzt mit einer Art von besorgter Liebe fest, die durch nichts zu erschüttern war. Am Tag, da seine Frau Blanche starb, telefonierte er nach Brunegg, wo er mich nicht erreichte, dann nach Zürich; seine traurige Mitteilung schloß er mit den Worten: „Das Außerordentliche ist, daß ich es nicht glauben kann.“ Seinen Tod erfuhr ich zu spät, als daß ich nach Paris hätte fahren können; ein Zeuge des Begräbnisses berichtete mir, es sei makaber gewesen auf dem Montparnasse-Friedhof, nur ein kleines Häuflein Getreuer war da, keine Reden, bloß das Ritual des Priesters. Die Lage der Jouves war so prekär geworden, daß sie in den letzten Jahren aus dem Erlös einer Landschaft von Courbet und der Bilder von Balthus lebten. Meine Beziehung zu Balthus ist in unserer Jugend nicht immer harmonisch gewesen. Meine Freundin Monique Saint-Hélier, die Rilke bewundert und geliebt hatte, haßte Madame Klossowska, nicht wissend, eine wie große Rolle sie in Rilkes Leben gespielt hat. Monique publizierte nach dem Tode des Dichters eine kleine Gedenkschrift, die unser ehemaliger Berner Professor Karl Jaberg in einem Brief an mich „prätentiös und sentimental“ nannte. Balthus sagte damals von Monique, „elle me dégoûte“, was mich kränkte. Er selber besaß, außer seinem künstlerischen Genie, viel Lebensklugheit; ohne seine Unabhängigkeit preiszugeben, stellte er sich gut mit den offiziellen Kreisen. Er sagte mir in Bern, Pompidou habe ihn ersucht, zu seiner Direktion der Villa Medici auch das Amt des künstlerischen Beraters der französischen Botschaft in Rom zu übernehmen, so daß er auch jetzt noch ab und zu nach Rom gehen müsse.

Eben telefonierte Pierre D. aus Lausanne, der mir unter anderem Grüße von Bruno Kreisky bestellte; er habe besonders freundschaftlich und herzlich von mir gesprochen. Es ist eine Freundschaft auf Distanz, ich sah ihn selten; vor zehn Jahren kam Kreisky nach Brunegg, seither traf ich ihn ein paarmal in Wien und in Zürich. Jetzt reist und geht er zwischen zwei Leibwächtern. In Wien kam er vor einigen Jahren noch vom Konzert ins Hotel Imperial, wo wir ohne Bewachung im vollbesetzten Restaurant aßen. Das wäre kaum mehr möglich. Die Staatsmänner sind heute alle gefährdet. – Unser Parlament hat zur Bekämpfung von Aufruhr und Terror zusätzliche Strafbestimmungen verabschiedet, die auch Absichten und Drohungen unter Strafe stellen. Da mithin auch Gesinnungsdelikte der Schnüffelei der Polizei und eventuell der Strafverfolgung preisgegeben werden, ist ein Referendum gegen dieses neue Gesetz ergriffen worden. Ich habe soeben den Referendumsbogen unterschrieben, als E. und ich im nahen Huttenschulhaus zur Urne gingen, um unser zustimmendes „Ja" für die neue Bundesfinanzordnung einzulegen. Man ist Staatsbürger, aber es gibt auch Dinge, die man nicht schlucken kann.

5. Dezember

Ich weiß nicht so recht, ob und wie mein 80. Geburtstag mich betroffen macht. Er findet in acht Tagen statt, aber es hat bereits mit Interviews, Blumen, Weinen, Büchern und Briefen angefangen. Vorgestern abend hat die Gemeinde Brunegg zwei verschiedene Veranstaltungen in ihrer Turnhalle durchgeführt. Zuerst die Gemeindeversammlung, die über eine lange Traktandenliste samt dem Budget für 1982 zu befinden hatte (was nicht ohne ein bissiges Oppositionsvotum und der nicht weniger bissigen Antwort eines Gemeinderates vor sich ging). Anschließend fand eine Feier zu meinem Geburtstag statt, zu der außer den Einwohnern des Dorfes Gäste aus dem Kanton zahlreich gekommen waren. Kindergesang, Reden, Männerchor. Ein interessantes Geschenk überreichte mir der Landammann des Kantons Aargau: das Faksimile einer Urkunde vom 27. Februar 1273 über einen Kaufhandel zwischen Anna von Brunegg und dem Kloster Frauenthal, der „ze Brunegge uf der Burch in der Stuben" getätigt wurde. Es ist die älteste Erwähnung der von habsburgischen Dienstadeligen bewohnten Burg – und eine der ersten Urkunden im weiten Umkreis, die in deutscher Sprache und nicht, wie zu jener Zeit üblich, lateinisch abgefaßt ist (die Urkunde befindet sich im Zisterzienserinnen-Kloster Frauenthal, Kanton Zug).
Goethes „über Gräber, vorwärts!" ist schon richtig, wenn ein alter Mann den Willen zum Leben hat. Knapp zwei Jahre nachdem er diese Worte geschrieben hatte, war Goethe tot. Man kann's nicht voraussehen, nicht wissen. Es fehlt mir an diesen Tagen nicht an gutgemeinten Wünschen für Gesundheit und Schaffenskraft. Aber dieser kurze Halt an einem späten Datum ist eben doch ein Memento.

7. Dezember

Gestern Matinée im Kino Le Paris, wo Alexander J. Seiler seinen Film über den vor einem Jahr in Genf verstorbenen Schriftsteller Ludwig Hohl präsentierte. Siegfried Unseld, der das Werk Hohls unter die mächtigen Fittiche des Suhrkamp-Verlags genommen hat, sprach einführende Worte. Hohls Wunsch, daß die bisher in zwei Teilen veröffentlichten „Notizen" in *einem* Band erscheinen sollen, wird von Unseld posthum erfüllt werden. Nach Alexander Seilers Worten hatte Hohl ein „Löwenhaupt", was nicht stimmt – im Film gewinnt man einen sehr lebendigen Einblick in diese Physiognomie. Hohl hatte einen Widderkopf, sein Profil mit gewölbter Stirn, der kräftig gebogenen Nase, dem fliehenden Kinn und dem starken Haarwuchs entspricht dem Typus des im Widder geborenen Mannes. Es ist nicht alltäglich, daß ein sehr abseitiger und exzentrischer Mensch geradezu verblüffend die Charaktereigenschaften besaß, die von der Astropsychologie dem Widdermann zugeschrieben werden. (Hohl war am 7. April 1904 geboren.) Hohl verkörperte diese Eigenschaften bis zum Exzeß, bis zur Karikatur. Das sagt nichts über seinen literarischen Rang aus, auf dessen Anerkennung er lebenslang warten mußte.

Ludwig Hohls „Notizen", deren ersten Teil er als junger Dreißiger in Holland geschrieben hatte, sind lange ein literarischer Geheimtip geblieben – wenig gelesen, fast nicht verkauft. Ein jahrelanger Prozeß mit dem Zürcher Artemis-Verlag, der bis vor das Bundesgericht gezogen wurde, verursachte ein verspätetes Erscheinen des zweiten Teils der „Notizen". Ein befreundeter Rechtsanwalt schilderte mir damals die grotesken Irrungen und Wirrungen dieses literarischen Rechtshandels. Es war nicht die erste Streitsache dieses Ungebärdigen; bereits mit seinen Eltern und Lehrern war Ludwig Hohl nie zurechtgekommen. Er bezeichnete sich selber als Autodidakten, denn einem regulären Lehrgang hatte er sich nicht fügen können oder wollen.

Es gab eine Hohl-Legende, die Mär von einem singulären Typ, der in einem Kellerloch in Genf hauste, sich unmäßig besoff und seine Manuskripte mit Klammern an einem Wäscheseil in seiner unterirdischen Klause aufhängte. Mit diesen Skurrilitäten und seinem literarischen Mißerfolg, die Zweifel am Rang seines Werkes nährten, führte dieser aus allen Gemeinschaften sich ausschließende Mann ein Leben als tragischer Clown. Er zog sich den Ruf eines Dickkopfs und permanenten Schnorrers zu, denn mit einem Eigensinn, der nicht nur seine wohlhabenden bürgerlichen Eltern zur Verzweiflung brachte, verweigerte er jede Art von Gelderwerb. Hartnäckig beharrte Hohl auf dem Standpunkt, er sei ein freier Schriftsteller; da er nur ein paar hundert Franken Honorar im Jahr verdiente, schrieb er unzählige Bettelbriefe, die nach seiner Aussage zum größten Teil erfolglos waren. Aber er fand auch gutmütige Geldgeber. Erst vor einigen Jahren bezog er eine Wohnung über der Erde, deren Eigentümlichkeiten im Film gezeigt werden. Der Mann Hohl selber, mit gefurchtem Greisenantlitz und weißer Mähne, verschmäht vor der Kamera kein Mätzchen, um seine Originalität sichtbar darzustellen. Commediante, Tragediante.

Sein Name sei „hohl", sagte er, er schreibe, um ihn auszufüllen. Witz und Bitterkeit, ächzendes Greisengehabe und rauchiges Reden, tiefsinniges Schweigen und Vorlesung aus seinem Werk mit stark dialektisch gefärbtem Deutsch: so erscheint diese in jedem Bezug auffallende Persönlichkeit auf der Leinwand. Ludwig Hohl ist Denker mehr als Dichter, denn er spricht wohl Gedanken aus und beschreibt Einzelheiten, aber es fehlt ihm für meinen Begriff an Gestaltungskraft. Unseld zitierte aus einem Brief, in dem Elias Canetti seinem Schriftstellerkollegen Hohl seine Verehrung ausspricht. Eine intellektuelle Verwandtschaft mit Canetti, vielleicht auch mit Musil, würde ich vermuten; aber mit Canettis natürlicher Einfachheit und Zartheit, mit den Umgangsformen der dem alten Österreich entstammenden Dichter hat der aus den Bergen und Schründen des Glarnerlandes kommende, rauhbeinige Schweizer nichts gemein. Glarus war bekannt für die vielen Selbstmorde, die sich dort ereignet haben. Hohl hatte genug Lebenswillen und Durchhaltevermögen, um sich nicht unterkriegen zu lassen. Er war und blieb ein Grübler, ein Spintisierer, ein Formulierer seiner Gedanken und Erkenntnisse, ein Literat von spitzer Offenheit und – neben Banalitäten und Wortspielen – tieflotenden Gedankengängen, die auf elitäre Geister ihren Eindruck nicht verfehlen. Was in dem Film derber Spaß und trauriges Dasein ist, hat Hohl selbst so gewollt. Seiler hat seinen eindrücklichen Streifen einfühlsam und von Bewunderung für seinen Helden erfüllt gestaltet. Man folgte gespannt, selbst dann, wenn der alte Bock mit seiner Ausgefallenheit zum Lachen reizte. Es war eine interessante Matinée.

An diesen Tagen denke ich viel an meine Eltern. Aber ich muß suchend fragen, wie sie waren, wer sie waren, was sie mir bedeutet haben. Lange ist die Beziehung Kind–Eltern so selbstverständlich – auch die Spannungen, die dieser Beziehung anhaften, sind selbstverständlich –, daß man sie kaum reflektiert hat. Das Naturgegebene widersteht der kritischen Betrachtung. „Wie sah Dein Vater aus, wie Deine Mutter?" schrieb mir Dürrenmatt nach der Lektüre meines Lebensberichtes. Ich bin ein schlechter Beobachter und Schilderer alles Äußeren, auch der menschlichen Körpermerkmale – selbst von meinen Nächsten kann ich nicht mit Sicherheit ihre Augenfarbe angeben. Daß mein Vater braune Augen, meine Mutter graue, ins Grünliche schimmernde Augen hatten, weiß ich aber bestimmt.

Der Vater: mittelgroß, aufgerichtet, gedrungener Körperbau und etwas schwere Gangart, eine aristokratische Erscheinung, gepflegt, distanziert, den Hakenstock in der Hand. Alle Energie, Intelligenz und kluge Männlichkeit ging von seinem Kopf, seiner Kopfhaltung aus: klare gerade Stirn, gebogene Nase, ein Schnurrbart, der das Gereizte des Mundes betonte. Mehr herausfordernd als nach innen gekehrt. Das schüttere, korrekt gescheitelte Haar dunkel, an den Schläfen angegraut. Die Augen blickten aufmerksam und kritisch, sie konnten zornig blitzen und belustigt lachen, wie denn überhaupt die Haltung und Stimmung dieses lebhaften Mannes überraschend wechseln konnte. Man wußte im voraus nie, ob er über etwas lachen oder sich erregen würde. Er liebte Geselligkeit und hatte einen amüsierten Humor. Vielleicht hat diese Beschreibung etwas von einem schlechten Roman, aber sie könnte zutreffen. Für seine Kinder war er ein schwieriger, ziemlich schulmeisterlicher Vater, dem alles Unordentliche ein Greuel war und der Unpünktlichkeit haßte. Widerspruch ertrug er schlecht, weshalb man ihn klüglich unterdrückte. Er lehrte uns nicht nur gutes Benehmen und anständige Gesinnung, sondern auch Pflichterfüllung. Obgleich nicht selber Militär (außer als Regimentsarzt in seinen jüngeren Jahren), hatte sein Habitus etwas Militärisches, so daß Unterordnung, Gehorsam gegenüber der elterlichen Autorität eine Selbstverständlichkeit war. Beim Überlesen fällt mir nicht nur das Unvollständige, sondern auch das Unzulängliche an dieser Schilderung auf. Er war eine souveräne Persönlichkeit.

Das Kapitel seiner Beziehung zu seinen vier Kindern ist kompliziert.

Es war, kurz gesagt, eine Tragödie, daß er sich mit seinem ältesten Sohn nicht verstehen konnte und daher zu ihm strenger, ja ungerechter war als zu den drei anderen Kindern. Er war ein zärtlicher Vater für Marguerite (die man als Kind Gigig nannte), ein verständnisvoller und zugleich kritisch abwehrender für Leni, die seinem Wesen am nächsten kam; er riet ihr nachdrücklich vom Studium der Medizin ab. Er bevorzugte den Jüngsten, das war ich, und die älteren Geschwister ließen es mich manchmal entgelten. Es ist schwierig, der Jüngste zu sein, Liebling der Eltern und vom älteren Bruder zurechtgewiesen und oft verspottet (was in unseren späteren Jahren sich in ein gutes Vertrauensverhältnis verwandelte). Es war gar nicht immer idyllisch in den Ferien in Brunegg, wenn der Vater eintraf und an uns etwas auszusetzen fand; was nicht weiter schlimm gewesen wäre, da wir auch seine Güte kannten und ihn verehrten. Schlimm waren aber die in dramatische Szenen mündenden Konflikte mit unserem Bruder Ado. Daß dieser eine unglückliche Art hatte, seinen Vater auf die Palme zu bringen, war bedauerlich und unkorrigierbar. Sie waren unvereinbare, ziemlich unverträgliche Naturen. Am schrecklichsten war ein Sonntagnachmittag des Sommers 1919 in Brunegg. In Anwesenheit der Eltern begleitete ich nach dem Mittagessen Leni am Klavier zu der G-Dur-Violinsonate von Beethoven. Das sollte zur Beruhigung beitragen, nachdem unser Vater wegen eines etwas überheblichen Briefes, den ihm Ado nach dem Krieg aus Kiel geschrieben hatte, in Zorn entbrannt war und Mama geweint hatte. Auf einmal erschien Ado, unerwartet und ahnungslos, unter der Tür. Wir brachen das Spiel sofort ab und blickten auf Papa, der, beherrscht, dem aus Krieg und Gefangenschaft zurückgekehrten Marineoffizier ruhig guten Tag sagte. Mein Bruder sagte mir später, an meinem Gesicht habe er sogleich abgelesen, was geschehen war. Daraufhin forderte der Vater Ado auf, ihn zu einem Spaziergang zu begleiten. Wir erfuhren nie, was sie gesprochen haben. Abends mußte mich Papa wegen einer Herzschwäche verarzten. Mit seiner begütigenden Verständigkeit, mit der er geschlagene Wunden zu heilen verstand, sagte er, mein Anfall sei eine Folge der Vorgänge des Nachmittags gewesen; morgen würde ich wieder gesund sein. Am nächsten Tag reiste Papa ab, Ado blieb mit uns zurück. Ich war damals 17, mein Bruder 24 Jahre alt. Er hatte den Dienst bei der Marine quittiert und blieb in der Schweiz.

In den folgenden Jahren verstand ich mich mit meinem Vater zunehmend besser. Wir konnten uns über Politik, über Geschichte, über Bü-

cher, die wir lasen, unterhalten. Meine Freundschaft mit Rilke stimmte ihn jedoch mißtrauisch. Er witterte – mit Recht – eine andere Welt, die mich faszinierte, eine Welt dichterischer Visionen und unbürgerlicher Lebensart, die dieser kühl denkende Mediziner vermutlich für verstiegen und verführerisch hielt. Meinungsverschiedenheiten hatte es schon gegeben, als ich mich ganz der Musik hatte verschreiben wollen (obwohl mein Vater, widerspruchsvoll wie er war, mir guten Musikunterricht geben ließ). Er hatte mich gekränkt, als er mir einmal vorhielt, einer seiner Schulfreunde, der auch habe Musiker werden wollen, habe es zum Bundesrichter gebracht. Bundesrichter – als ob mir das imponiert hätte! Ihn beunruhigte während meiner Gymnasialjahre meine „Vielseitigkeit", die sich für alles und jedes interessierte, ohne daß ich mich auf etwas entschlossen konzentrierte. Vom Tag an, wo ich mich in Berlin für das Studium der Geschichte entschloß, faßte mein Vater Vertrauen zu mir und lieh er mir seine Unterstützung. Er interessierte sich selber für Geschichte und las mit Entzücken Jacob Burckhardts Briefe.
Symptome eines Herzleidens lasteten früh auf seiner Tätigkeit. Magengeschwüre verursachten schwere Blutungen. Der Arzt als Patient trug schwer an der zunehmenden Pein, wozu finanzielle Sorgen traten. Die Angina pectoris konnte damals noch nicht medikamentös behandelt werden. Vor ein paar Tagen erwies mir die Tochter eines Arztes, der ein Freund meines Vaters war, eine freundliche Aufmerksamkeit, indem sie mir die Fotokopie eines warmherzigen Glückwunschbriefes meines Vaters an den ihren aus dem Jahre 1924 schickte. Nun liegt bei den vielen Briefen, die ich bereits zu meinem Geburtstag erhalten habe, auch ein solcher in der zügig fließenden Handschrift meines Vaters. Nachträglich denke ich, daß meine eigene Geistesart von der seinen gelernt hat. Er war gründlich und klar, strebte nach Objektivität und war in Fachkreisen bekannt für die Genauigkeit seiner Diagnosen und die Sorgfalt seiner Prognosen. Er genoß das Vertrauen seiner Patienten und die Achtung seiner Kollegen.

10. Dezember

Die Mutter: eher klein gewachsen, was nicht auffiel, da sie anmutig und lebhaft, körperlich wohlproportioniert und immer angemessen, das heißt nicht auffallend, elegant gekleidet war. Sie brauchte kein Make-up, aber

puderte ihre rundlichen Wangen, die manchmal rötlich anliefen. Der Kopf war harmonisch geformt, das hübsche, freundliche Gesicht, das von innerer Belebtheit erfüllt war, behielt lange etwas jugendlich Blühendes. Das volle kastanienbraune Haar war nach wechselnden Moden frisiert. Mama hatte kleine Ohren, einen sinnlichen Mund, aufmerksame Augen, die frohmütig oder bekümmert blickten, je nach Umständen und Stimmung. Sie liebte schöne Hüte, die vor 1914 radförmig ausladend und mit Bändern oder Blumen geschmückt waren. Mit zunehmendem Alter wurde das Äußere diskreter gestaltet, aber immer mit Geschmack und Sorgfalt. Sie behauptete, sie habe nicht schöne Hände; aber diese Hände waren geschickt, sie konnten „hantieren", in Haus und Küche, aber auch am Klavier, mit dem Pinsel, mit der Feder und mit dem Photoapparat. Denn sie war eine aktive und beschäftigte Hausfrau, Mutter, Briefschreiberin und Künstlerin. Die Stimme hatte sie ausgebildet, ihr Sopran war nicht groß, aber für Koloraturen geschult. Lachend meinte sie, gerne wäre sie eine „hochdramatische" Sängerin geworden, aber ihr Organ habe sich für ein anderes Fach besser geeignet. Ihre Malerei, nicht stark aber sensibel, bildete sie im Atelier einer Malerin in Bern weiter aus. Der Maler Charles B., der ein in Brunegg befindliches Knabenbildnis vortrefflich fand, das mich als Zehn- oder Elfjährigen darstellt, war überrascht, als ich sagte, es sei das Werk meiner Mutter. Auch Jouve, großer Kunstkenner, fragte nach dem Maler von zwei Früchtestilleben, die ihm gefielen, und erhielt die gleiche Antwort.
Ich fragte mich oft, wie diese anscheinend nicht kräftige, aber energische kleine Frau es geschafft hat, in Bern der Arztpraxis ihres Gatten, ihren Kindern und den Dienstboten, zwar nicht immer geschickt, aber beflissen und unentwegt vorzustehen, ohne dabei ihre musischen Liebhabereien zu vernachlässigen; und wie sie, mit einer Wagenladung Koffern und Vorratskisten, samt der um unsere Freunde und Freundinnen vermehrten Kinderschar nach Brunegg fahren und in den damals recht primitiven Verhältnissen des alten Gemäuers das lebhafte Treiben unter Kontrolle halten konnte. Eine Freundin meiner betagten Schwester Marguerite, die sich an diese alten Zeiten erinnert, schrieb mir soeben, meine Mutter habe mit Liebe und nicht ohne Strenge über uns geherrscht. Ihren Vater hatte sie früh verloren. Mutter und Großmütter betreuten ihre Kindheit, dann schickten sie das junge Mädchen in ein Pensionat nach Neuchâtel, wo es Unterricht in französischer Sprache und Literatur und im Klavierspiel erhielt. Sie sagte mir einmal, sie sei ein „Babi" gewe-

sen, als sie meinen Vater heiratete, alles habe sie mit ihm und später mit ihren Kindern gelernt. Sie teilte das Schicksal der Töchter aus bürgerlichem Haus im Zeitalter der Königin Victoria, die keine höhere Ausbildung erhielten. Es war viel Puritanisches in den moralischen Auffassungen meiner Eltern und durch sie in unserer Erziehung. Elternliebe und Elternstrenge bildeten eine Einheit. Meine Mutter verwöhnte mich, vielleicht erwartete sie von mir die künstlerische Meisterschaft, die für sie unerreichbar geblieben war. Deshalb förderte sie meine musikalische Ausbildung, aber ich glaube, sie war ein wenig enttäuscht, als ich mich, nach Berlin und in Paris, entschlossen der Wissenschaft zuwandte. Sie fand mich zu „intellektuell" – sie selber war Natur und Gefühl. Sie schätzte mein Buch „Rilkes Schweizer Jahre". Sie habe gehofft, bekannte sie, aus mir würde ein Dichter. Leider war ich keiner.
Wohlerzogen, aber mitnichten konventionell. Meine Eltern nahmen kaum am gesellschaftlichen Leben des Berner Patriziates teil, wenn es die fleißig gepflegte Geselligkeit im verwandtschaftlichen Kreis der von Büren und ihres Anhangs überschritt. Spitaldienst und Allgemeinpraxis des Vaters füllten die Zeit aus. Meine Mutter konnte sehr offen reden und leidenschaftlich urteilen; wie ihr Mann teilte sie Sympathien und Antipathien nie aus gesellschaftlichen Rücksichten, sondern nach menschlichen und moralischen Kriterien aus. Manchmal war sie ungerecht gegen andere, aber nie giftig oder boshaft. Für Mama gab es nicht Hohe und Niedere, sondern Gute und Schlechte. Wenn aber ein ehemaliger Pächter ins Zuchthaus gekommen war, umgab sie dessen Familie mit ihrer Fürsorge. Die Menschen fanden sie „lieb" – sie war es. Ich glaube nachträglich, daß sie etwas von einem Elementargeschöpf und Naturkind hatte, das durch Erziehung und soziale Stellung verhindert war, sich frei auszuleben. In ihrer frühen Lenzburger Jugend scheint sie etwas Jungenhaftes und Draufgängerisches gehabt zu haben; ihrem schwärmerischen Verehrer Donald Wedekind, Frank Wedekinds jungem Bruder, schenkte sie keine Gegenliebe. Sie war eine gute Reiterin, zeitlebens liebte sie Pferde und Hunde. (Sie sei, wurde mir erzählt, vom Pferd gestürzt, als sie mit mir schwanger war; seit meiner Geburt ritt sie nicht mehr.) Eine gewisse Naivität und Weltfremdheit, die sie ihrer kleinstädtischen Herkunft und ihren weiblichen Erzieherinnen verdankte, ist sie nie ganz losgeworden. Glücklich war sie nur im Kreis der Familie und einiger Freundinnen. Nicht immer glücklich. Die Unbeherrschtheiten ihres Mannes bekümmerten sie, aber sie verzieh ihm immer. Ihre Schwägerinnen, die Schwe-

stern meines Vaters, machten es ihr zum Vorwurf, daß sie ihrem Gatten nicht größeren Widerstand entgegensetzte. Sie sagte mir einmal, es hätte ihn gar zu unglücklich gemacht, wenn sie ihn zurechtgewiesen hätte, ihm entgegengetreten wäre. Er selber respektierte und liebte sie. Stürme kamen und gingen vorüber; die eheliche Treue blieb unerschüttert. Nach dem Tod ihres Gatten schrieb meine Mutter Übersetzungen aus dem Französischen, die als Feuilletons in den großen Tageszeitungen erschienen.

22. Dezember

Vor ein paar Tagen die Eisenbahnfahrt in das Tessin. Merkwürdigerweise lag jenseits des Gotthards mehr Schnee als im Norden. E. war mit dem Gepäck und dem Hund im Auto vorausgefahren. Ich fand die Wohnung, die wir in Ascona für zwei Monate gemietet haben, einladend vor. Ascona bot mir seit 1945, Jahr für Jahr, eine immer wieder wohltuende Zuflucht. Vieles an meinen Büchern habe ich in Ferienwochen hier geschrieben. Als wir oben im Sonnenschein hoch über dem See auf der Straße gegen Ronco gingen, fand ich mein Urteil bestätigt, daß dies die schönste Landschaft ist, die ich in meinem Leben gesehen habe. Jetzt schneit es ununterbrochen, der Schnee liegt hoch, auf dem Morgenspaziergang genoß Gioia diesen Zustand mehr als ich.
Soll ich zurückblicken auf die ziemlich bewegten Tage in Zürich? Weshalb feiern die Menschen einen Mann, weil er nun wirklich alt geworden ist? Ist denn langes Leben ein Verdienst? Ein Freund stellte trocken fest, ich hätte Glück gehabt. Sicher ist es so. Aber auch ein vitaler Mensch hat Energie nötig, wenn er nicht nur *am,* sondern auch *im* Leben bleiben will. Rilke, der an seinem 50. Geburtstag leidend und einsam in Muzot weilte, sagte von der vielen Post, die er erhielt, es sei ja Liebes dabeigewesen: „Aber wo ist das Liebe, das nicht wieder Mühe macht?“ Ich beklage mich nicht über die Mühe und Müdigkeit, die es verursachte. Tiefer, langer Schlaf in der hiesigen Zweisamkeit, wo E. wie immer für mein Wohlbefinden sorgt, hat das Zerknitterte ausgebügelt.
Nur Lumpen seien bescheiden, sagt Goethe, und nun war ich mal unbescheiden und ließ mir alles Freundliche, was mir zu meinem 80. Geburtstag widerfuhr, gefallen. Die beiden Abende, am 11. Dezember in den Räumen meiner mir immer liebgewesenen Hochschule in Zürich, und

am 12. im kleineren Kreis von Verwandten, Freunden und Kollegen, verliefen in gelöster, heiterer Stimmung; ohne Feierlichkeit, die meinem Wesen zuwider gewesen wäre. Der Verlag Orell Füssli hatte zu der Feier in der ETH geladen, von der Fritz Dürrenmatt, keines Spottes fähig, zu mir sagte, sie sei schön gewesen. Die Reden von Hamann und Bergier und die Mozart-Musik im großen Auditorium waren gefolgt von einem köstlichen Buffet-Abendessen im Dozentenfoyer, wo ich nun wirklich die „Häupter meiner Lieben" zählen konnte – soweit eine so zahlreiche Gästeschar gezählt werden konnte. Die kleinere Gesellschaft, die E. und ich am nächsten Abend zum Essen ins Hotel Baur au Lac geladen hatten, war gesprächig und vergnügt.

Wo war da Mühe? Wohl am ehesten beim Dankeschreiben, das ich hier besorgte und jetzt, noch vor Weihnachten, hinter mich gebracht habe. Im übrigen glaube ich nicht, daß ein „runder" Geburtstag einen Einschnitt in einem späten Leben bedeutet. Was mir aus diesem Anlaß widerfuhr, bereitete Freude und Genugtuung, warum sollte ich mich schämen, es mir einzugestehen? Ich erinnerte mich an den festlichen Abenden in Zürich an Lilys Ausspruch, sie habe noch nie einen so geselligen Menschen wie mich gekannt. „Ich bin so gern gesellig", heißt es im Westöstlichen Divan. Das steht nicht im Widerspruch zu der Tatsache, daß man als einzelner letzten Endes allein ist. Man muß mit seiner Individualität leben und sich damit auseinandersetzen.

24. Dezember

Natale. Geburt Christi. „Das Wort ward Fleisch." Auf intellektuellen Umwegen und mit komplizierten Gedankengängen pflegen Theologen das Wunder den heutigen Menschen verständlich zu machen. Ich finde das schade. Die Weihnachtsgeschichte appelliert an das Schlichte im Menschen: der Stall von Bethlehem mit der Krippe, die Hirten und ihr Stern, die drei Könige aus dem Morgenland, die Flucht nach Ägypten. Wem der Glaube schwer geworden ist, der bewahrt trotzdem diese Bilder in seinem Gedächtnis. Gestern im Fernsehen Arthur Honeggers „Cantate de Noël" in der Kathedrale St. Pierre von Genf, mit dem Orchestre de la Suisse romande, Orgel und Chören. Ich habe dieses Stück Musik immer geliebt, es zum erstenmal in London gehört, noch unter der Stabführung von Ernest Ansermet. Der Aufbau dieses hymnischen

Cantus von leiser Tiefe zu jubelnden Weihnachtsweisen, von hohen Kinderstimmen gesungen, ergriff mich von neuem. Eine Botschaft. Am ehesten bin ich ihr zugänglich, wenn sie von Musik vermittelt wird.
Der heutige Weihnachtsartikel in einer namhaften Zeitung verwirrt mehr, als er erbaut. Gewiß: das Geheimnis sei nichts anderes als „Gottes unergründliche Liebe zum Menschen, wie er ist". Dadurch, daß Gott seinen Sohn auf die Welt brachte, sei „Menschenerfahrung nun unablöslich auch Gottes Erfahrung". Das ist schon schwerer zu verstehen; denn wenn Gott – nach biblischem Glauben – den Menschen erschuf, mußte er doch von Anbeginn Menschenerfahrung einkalkuliert haben . . . Die menschliche Situation habe sich nach Christi Geburt grundlegend verändert durch die „entlastende, vergebende Gegenwart des Christus, der so mit uns sein will als Träger unserer Last". Hat sich aber in den letzten zweitausend Jahren die „condition humaine" grundlegend verändert?
Mir scheint, daß der pfarrherrliche Artikelschreiber sich am Schluß ein wenig verheddert, wenn er dem Menschen empfiehlt, sein „faustisches Vermögen aufzubieten", seine „dionysische Lebenslust einzusetzen", sein „prometheisches Streben darauf auszurichten, die Dinge zum Guten in den Griff zu bekommen". All das habe er nötig in seiner „Auseinandersetzung mit dem Schwierigen". Was um Himmels willen haben Faust, Dionysos und Prometheus mit der Weihnachtsbotschaft, mit der christlichen Lehre zu tun? Ich verabscheue die Vermischung von Ungleichem. Wenn schon Christentum, dann Demut, Nächstenliebe, Gottesfurcht, Verzicht, Gehorsam usw. Ist es denn nicht so, daß trotz Christus und seiner Botschaft – trotz der Utopie der Bergpredigt – das antikisch-griechisch-heidnische Lebensgefühl nie ausgestorben ist? Ich habe in meinem Leben reichlich von diesem Lebensgefühl gezehrt, das in Goethe, in Nietzsche und anderen seinen geistigen Ausdruck fand. Aber es ist nicht ein christliches Lebensgefühl. Es überlebte inmitten einer sich christlich nennenden Menschheit, nicht als eine Hilfe zur Verwirklichung der evangelischen Botschaft, sondern als ihr Gegenteil. Ich behaupte das nicht im Sinne einer Option für das Evangelium, sondern weil ich aus geistiger Redlichkeit nicht Unvereinbares miteinander in Übereinstimmung bringen kann. Der Apostel Paulus hat den Schnitt vollzogen zwischen antiker Lebensbejahung und christlicher Abwendung von Sinnenfreude.
„Mein Reich ist nicht von dieser Welt", sagt Christus. Das Reich des Prometheus, des Dionysos und Goethes Reich waren grundsätzlich und entschieden von dieser Welt. Ich bevorzuge saubere Trennungen. Tho-

mas von Canterbury hat seine Abwendung von den weltlichen Interessen zugunsten des Dienstes an der christlichen Kirche mit seinem Leben bezahlt: „Mord in der Kathedrale". Der von den Häschern des Königs ermordete Erzbischof war ein Heiliger. Es gibt nicht viele Heilige unter den vielen Millionen Menschen. Aber sie haben die christlichen Gebote ernstgenommen, und aus diesem Grund zollen wir ihnen Achtung und Verehrung. Denn sie zogen die äußerste Konsequenz aus dem Auftrag, den Christus durch das Evangelium den Menschen erteilt hat.

27. Dezember

Als der Papst in der Loggia des Petersdomes in Rom hoch über dem Menschengewimmel den Weihnachtssegen urbi et orbi erteilte, wartete man – nach seiner mit fester Stimme vorgetragenen italienischen Ansprache – auf die Ausführungen in seiner polnischen Muttersprache. Sie waren zurückhaltend, vorsichtig, er mahnte zur Verständigung und Zusammenarbeit zwischen den verschiedenen Elementen in seinem Vaterland. Worte von Gerechtigkeit und Mitgefühl mit Verfolgten und Gefangenen fehlten nicht, und ausdrücklich forderte der Papst Religionsfreiheit. Für Woityla ist Freiheit nicht irgendeine Freiheit, nicht geistige Freiheit im allgemeinen, sondern Freiheit für die Ausübung des religiösen Glaubens. Hier erscheint bei diesem in moraltheologischen Dingen konservativen Oberhaupt der katholischen Kirche, das nicht genug vor Abtreibung, Verhütungsmitteln, Ehescheidung, sexueller Freiheit, wie sie die heutige Gesellschaft übt, warnen kann und das seine Geistlichkeit an die Kandare eheloser Keuschheit genommen hat, eine deutliche Grenze. Der Papst sprach auch von denen, die den Glauben nicht haben, doch eher aus Mitleid mit ihrer Verstocktheit, mit einem Anflug von Barmherzigkeit. Aber die Seinen, die große Herde, deren schützender Hirte er ist, sollen sich an die Gebote halten, wie er sie versteht. Ich kann Johannes Pauls Stärke als einen Versuch, Ordnung in die Verwirrung der Geister zu bringen, verstehen, auf lange Frist aber nicht an seinen Erfolg glauben. Der polnische Papst bedeutet einen Stillstand auf dem Weg, den der „gute" Papst Johannes XXIII. als erster gewiesen hat. Nach Woityla könnte wieder mehr Bewegung in die Entwicklung einer in der Defensive befindlichen, aber in manchen ihrer Erscheinungen auch expansiven Kirche kommen. Politisch? Ich las oder hörte Reden und Kundmachungen dieses Papstes aufmerksam. Die Rede vor der UNO zum Beispiel – seither auch die Enzyklika – trug deutlich sozialistische Züge. Bei diesem Mann gibt es eine Trennung zwischen einem ungebrochen traditionalistischen Glaubensgut und einer sozialpolitischen Doktrin. Nicht vergeblich kommt Woityla aus einem sozialistischen Land, er ist ein Papst des Volkes und ein Befürworter der Rechte der Arbeiter. Seine Soziallehre knüpft an die epochemachende Enzyklika „Rerum novarum“ von 1891 an und geht weit über sie hinaus. Er stammt selber aus einer Arbeiterfamilie. Die so verstandene Kirche ist nicht eine Zuflucht für die bürgerlich-kapitalistische Oberklasse, auch nicht „liberal“, und längst keine Verbündete mehr der alten fürstlich-feudalen Gesellschaft, wie sie de Maistre, Haller und andere Theoretiker des Bündnisses zwischen Thron und Altar verstanden hatten. Ein Monarch ist der Papst nur noch als Verkünder einer gleichsam gesetzlich festgeschriebenen theologischen Lehre, nicht mehr als Helfer und Stütze konservativer Gesellschaftsmächte. Als solcher ist Pius XII. der letzte Papst-König gewesen, gleichsam der kirchliche Ludwig XVI., den man nicht zu köpfen brauchte, der einsam und verlassen starb, um dem Bauernsohn Roncalli das Feld zu räumen. Als vatikanische Berater den Papst Johannes XXIII. aufforderten, seine Verwandten in den Adelsstand zu erheben, wie es seine Vorgänger mit ihren Angehörigen taten, sagte er lächelnd von seiner Familie: „Sono contadini, non conti.“

Paul VI. hat auf die Tiara verzichtet, er schenkte den Erlös aus ihrem Verkauf den Armen. Seither ist der Papst nicht mehr König oder Kaiser, sondern der Präsident einer zwar autoritär regierten, aber sehr vielgestaltigen und weltumspannenden Republik; ihr geographischer Mittelpunkt befindet sich zwar in Rom, doch ihre Glieder in Afrika, Asien, der Südsee und Südamerika haben heute Einfluß und Gewicht. Auch hat mit dem polnischen Papst die Einwirkung des Vatikans auf die italienische Innenpolitik aufgehört. Er empfing den kommunistischen Bürgermeister von Rom in Audienz. Dem römischen Adel, der im Vatikan Privilegien genoß, hatte schon der Italiener Montini, Papst Paul VI., eine Absage erteilt. Man sollte auch diese Seite der Entwicklung sehen, die mit dem Zweiten Vatikanischen Konzil eingesetzt hat. Die neue Liturgie hat viel Archaisches abgestreift, Laien und Geistlichkeit einander nähergebracht. Die orthodoxe Auffassung, die Johannes Paul II. von der Disziplin und Moral verkündet, verhindert nicht, daß er bei den breiten Massen populär ist. Das ist aber auch der Zwiespalt dieses Pontifikates. Vielleicht wollen die Massen der Gläubigen diese Einheit von Liebe und Strenge bei einer Vaterfigur. Sie hat für sich, daß dieser Pole, dem westliches Denken und Fühlen fremd ist, in seiner Haltung und seinem Reden etwas so Festes, Einheitliches und Sonores hat, daß seine Unerschütterlichkeit Durchschlagskraft besitzt. Unerschütterlich scheint sogar sein Körper zu sein. Schwer verwundet und in Lebensgefahr nach dem Attentat im letzten Mai, saß und stand er an Weihnachten wie ein Fels in seiner Loggia; der energische Mund, das harte Kinn, der klare Blick gehören zu einem Gesicht mit gesunder Hautfarbe, nicht mager wie Paul, nicht fett wie Johannes, männlich herausfordernd in seiner naturgegebenen, in festen Anschauungen verankerten Autorität. Er ist ein unbequemes Oberhaupt für viele Kardinäle, Bischöfe, Geistliche, Ordensleute, Theologen – sogar in die Selbstverwaltungsrechte der Gesellschaft Jesu, die ihm wohl zu liberal ist, hat Johannes Paul eingegriffen, indem er aus eigenem Recht einen Verweser für den schwer erkrankten Jesuitengeneral Pedro Arrupe eingesetzt hat. Dieser Papst scheut sich nicht zu tun, was ihm richtig scheint.

Die Beziehung zu den Wirren in Polen liegt nahe, wo in der Nacht auf den 13. Dezember der Ministerpräsident und Parteiführer General Jaruzelski an der Spitze eines „Militärrates" das Kriegsrecht verkündet und alle Macht der Armee übertragen hat. Die „Rote Junta" betitelte eine Wochenzeitung ihren Leitartikel zu dieser überraschenden Wendung in einem Land, in dem bürgerkriegsähnliche Zustände herrschten, die Staatsautorität in Auflösung begriffen und die Wirtschaft beinahe zusammengebrochen war. Weltweit flammte Empörung gegen diese militärischen Zwangsmaßnahmen auf, die vor allem der Gewerkschaft „Solidarität" ein Ende bereiteten. Man hatte eine mögliche Intervention der Sowjetunion befürchtet, in der Nato sogar vorsorgliche Pläne für diese Eventualität vorbereitet –, und nun hat eine der Komponenten der polnischen Nation, die Armee, die in Polen populär war oder ist, durchgegriffen. Die Heftigkeit der Proteste im Westen kaschiert schlecht die Verlegenheit, in der man sich hier befindet. Die westliche Welt argwöhnt, zu Recht oder zu Unrecht, daß die Aktion des Generals Jaruzelski im Einvernehmen mit Moskau oder gar auf Befehl der dortigen Zentrale unternommen worden sei. Jaruzelski selbst und die von ihm vereinnahmten polnischen Massenmedien verkünden und versichern, daß es aus eigenem Antrieb und zur Aufrechterhaltung der Souveränität Polens geschah. Jaruzelski, dessen glattes, keine Gemütsbewegung verratendes Gesicht, schwarze Brillengläser vor den Augen, etwas Maskenhaftes hat, stammt aus bürgerlich-katholischem Haus und trat der kommunistischen Partei bei. Ein typisches Produkt der Nachkriegsjahre.

Eine innere Angelegenheit Polens, in die sich fremde Regierungen nicht einzumischen haben? Diese Auslegung, die auch eine Forderung ist, wird von Warschau und auch von Moskau vertreten; die andern osteuropäischen Staaten, offenbar die Völker selbst, sogar die Ungarn, die traditionell Polens Freunde sind, verstehen und rechtfertigen die Übernahme der Macht in Polen durch die Ordnungskräfte. Es ist immer traurig und schmerzlich, wenn innere Konflikte eines Landes manu militari „gelöst", das heißt die Freiheiten unterdrückt, die politischen Gegner verhaftet und eingesperrt werden – kurz, wenn brutale Repression politischen Konflikten ein Ende bereitet. Die anderthalb Jahre, in denen sich die Gewerkschaftsbewegung „Solidarität" zu einer Macht im Staate entwikkelt hat, Reformen verkündete, mit der Regierung verhandelte, endeten in einer Katastrophe. Viele Gruppen und Grüppchen haben in diesem Land, wo die kommunistische Partei den Staat regierte, wo die katholische Kirche über die Seelen herrschte, die Intellektuellen wenig Freiheit besaßen, die Arbeiter mit ihrem Los unzufrieden waren und die Versorgung der Bevölkerung mit Konsumgütern ungenügend war, allmählich das soziale, politische und administrative Gefüge dieses Staates zutiefst erschüttert. Sicher hat die zentral verwaltete kommunistische Wirtschaft schlecht funktioniert, sicher war die Landwirtschaft durch obrigkeitliche Eingriffe behindert, sicher fanden die Arbeiter trotz ihren Löhnen nicht die benötigten Konsumgüter, sicher war die Korruption in den oberen Rängen der Gesellschaft verbreitet. Aber hat nicht der Führer der Gewerkschaft Solidarität, Lech Walesa, eindringlich aber vergeblich, seine Anhänger vor radikalen Übertreibungen gewarnt? Hat nicht die katholische Hierarchie, beflissen aber vergeblich, ihre Vermittlerdienste angeboten? Hat man nicht zu schnell zu viel gefordert, die Arbeitszeit verkürzt, die Löhne angehoben, Fabrikdirektoren und Verwaltungsbeamte abgesetzt und sie durch Vertrauensleute ersetzt, die über wenig Managerfähigkeiten verfügten? Hat nicht eine Fluchtbewegung ins Ausland eingesetzt, und ist nicht die Korruption und die Bereicherung von Privilegierten und dunklen Elementen in diesen chaotischen Verhältnissen immer ärger geworden? Trotz 18 Milliarden Dollar Finanzhilfe, die das Regime Gierek vom westlichen Ausland erhalten hatte, fehlt es an Rohstoffen, modernen Maschinen, Ersatzteilen und Lebensmitteln. Was ist aus all diesem Geld ge-

worden? Warum hat es der polnischen Wirtschaft nicht aus ihrer Not geholfen? Und warum ist seit der „Solidarnosć“-Bewegung die Industrie- und Kohlenproduktion in dieser Periode neuer Freiheit um 35 Prozent gesunken? Kein Programm, kein Plan, keine Reform, keine Selbstverwaltung der Betriebe, kein Abkommen mit der Regierung, keine Versorgung mit Lebensmitteln und anderen Gütern des täglichen Lebens hat seit dem Sommer 1980, als in Danzig und danach im ganzen Land unter dem Kennwort „Solidarität“ alles in Bewegung geriet und Freiheit in Polen herrschte wie nie zuvor, zu einer Verbesserung der Verhältnisse geführt. Im Gegenteil. Man kann dem General Jaruzelski, ob ihm sein Kraftakt nun gelingt oder nicht, recht geben, wenn er sagt, das Land und seine Wirtschaft stünden vor dem Abgrund. Er will, sagt er, das Reformwerk nicht rückgängig machen, das Kriegsrecht nicht einen Tag länger aufrechterhalten, als wieder Ordnung herrsche im Land. Er weiß, daß Soldaten nicht alles machen können – regieren, verwalten und wirtschaften, sondern daß hernach geeignete, kompetente Leute den Staat und die Wirtschaft wieder in Ordnung bringen müssen. Unter der Voraussetzung, daß man sie findet.
Nur wenn es gelingt, muß man betonen. Ich kenne Polen, ich habe Freunde und hatte Verwandte in Polen. Es ist ein liebenswertes Volk, es ist patriotisch und katholisch wie kein zweites in Europa. Aber Fleiß und Tüchtigkeit haben die Polen nie ausgezeichnet. Sicher war die von den Russen aufgezwungene Herrschaft der Kommunisten ein Fremdkörper in einem zutiefst traditionalistischen und konservativen Land. Wenn die „Solidarität“ ihre aus machtpolitischen Gründen unmögliche Forderung nach freien Wahlen hätte verwirklichen können, wäre vermutlich nicht eine linksradikale, sondern eine konservative Partei an die Macht gekommen. Nie war Polen eine Demokratie. Das liberum veto – die Einstimmigkeit der Beschlüsse – hatte schon am Ende des 18. Jahrhunderts der Adelsrepublik ein Ende bereitet und allen Polen die Fremdherrschaft beschert. Als 1918 der polnische Staat wiederhergestellt wurde, löste die Diktatur Pilsudskis – der seine politische Laufbahn als Sozialist begonnen hatte – nach kurzer Zeit das funktionsunfähige parlamentarische Regime ab. Die Russen schenkten 1945 den Polen große deutsche Gebiete, deren Einwohner vertrieben wurden. Nicht nur die Deutschen, auch die Tschechen beschwerten sich über diese territoriale Ausdehnung ihres ungeliebten Nachbarn. Die Rechnung der Russen war einfach – *zu* einfach, wie sich jetzt herausstellt: Da allein sie, die Russen, die polnische Westgrenze

gegen deutsche und tschechische Begehren verteidigen könnten, glaubten sie, die Polen endgültig an sich gekettet zu haben. Was mich wundert, ist, daß die Polen offenbar glauben, sie könnten ohne russischen Schutz ihre Westgebiete auf immer gegen deutsche Wünsche und gegen den Groll der Tschechen verteidigen. Diese ganze Bewegung in Polen seit dem Sommer 1980 hatte, man kann es nicht verschweigen, noch übersehen, auf allen drei Ebenen etwas Selbstmörderisches: auf der innenpolitischen, auf der außenpolitischen und auf der wirtschaftlichen. Aus ideologischen Gründen kann die Bundesrepublik Deutschland die Vorgänge in Polen ebensowenig billigen wie andere westliche Länder; aus nationalen Gründen aber kann es den Deutschen in West und Ost nicht entgehen, daß – auf weite Sicht – ihre Interessen gegenüber Polen nicht allzu weit entfernt sind von den russischen und tschechischen Interessen. – Aber diese Zeit ist noch nicht gekommen. Vielleicht kommt sie nicht. Doch die Polen leben gefährlich.

Merkwürdig ist der Zwiespalt, der die Proteste im Westen kennzeichnet. Die amerikanischen Proteste sind moralisch wertlos, denn man kann nicht die Junta in Polen verurteilen, wenn man die grausameren Militärjunten in Chile, Argentinien und El Salvador unterstützt. Das Militärregime in der Türkei wurde auch nicht so kritisiert wie das polnische. Interessant ist der Gegensatz zwischen „linken" und „rechten" Protesten in Westeuropa. Links glaubte man, in der „Solidarität" mit ihrer Selbstverwaltung der Industriebetriebe ein Vorbild gefunden zu haben für die Gesellschaftsveränderung in der kapitalistischen Welt. Rechts fand man einen geradezu idealen Anlaß, zum Sturm auf den Kommunismus zu blasen. Am klügsten waren die Außenminister in Bonn und Paris, die wünschten, daß ohne sowjetische Intervention die Polen ihre Angelegenheiten selbst in Ordnung bringen. Denn das wäre die unerläßliche Voraussetzung für die Fortsetzung der amerikanisch-sowjetischen Verhandlungen über die Beschränkung der Nuklearrüstung.

Wenn Europa sich der von Amerika verhängten Blockade Polens anschließen sollte, könnte dieses Land mit einem solchen Mittel erst recht nicht in eine „westliche" Demokratie zurückverwandelt werden; es würde im Gegenteil auf Gnade und Ungnade der Sowjetunion ausgeliefert, von deren Wirtschaftshilfe fortan Polen ausschließlich abhängig wäre. Sollten die Vorgänge in Polen dazu benützt werden, antikommunistischen Emotionen in der westlichen Welt, dem Kalten Krieg und der heißen Kriegsgefahr freien Lauf zu lassen? – Man versteht, und damit kehre ich zum Anfang meiner heutigen Aufzeichnungen zurück, daß der polnische Papst in Rom alles aufbietet, damit die Kirche in Polen die ihr vom Schicksal bestimmte Rolle eines Vermittlers zwischen Volk und Staat, auch einer moralischen Ordnungsmacht, wieder spielen kann. Und auf weitere Sicht: damit größere Katastrophen verhindert werden können.

29. Dezember

Seit gestern schneit es wieder. In Arosa könnte der Schnee nicht höher liegen. Uns bleibt nichts übrig, als abends früh zu Bett zu gehen. Ascona als winterliche Schlafstätte. Die meisten Träume habe ich beim Erwachen vergessen. An einen aber erinnere ich mich. Ich geriet irgendwo, an einem nicht lokalisierbaren Ort, in einen Hörsaal, sah junge Leute, die einem Professor zuhörten. Ich erkannte Gonzague de Reynold. Er war vor nahezu sechzig Jahren mein Lehrer in Bern. Sein Einfluß auf mich betraf die Reinheit der französischen Sprache, nicht seine politischen Ansichten, die er in einem Kolleg über Joseph de Maistre vortrug. Katholisch sein bedeutete für ihn konservativ sein, royalistisch sein. Auf einem Kostümball im Bellevue-Palace trug Reynold die rote Uniform eines Schweizerregiments in französischen Diensten. Er wollte mich zum Katholizismus bekehren, vergeblich. Was würde er von den neuen Päpsten und vom Konzil sagen? Reynold hat ein Buch über Baudelaire geschrieben. Er konnte den Künstler verstehen, doch kaum den Menschen Baudelaire. Gonzague hatte einen ausgeprägten Sinn für Poetik und fand, ich sei nicht Künstler. Seine Gedichte haben etwas von einem formstrengen Klassizismus. Der junge Ramuz bewunderte diesen Dichter, das geht aus seinen Briefen hervor. Aber Reynold hat nicht, wie Grillparzer so schön sagt, „durch die Musik die Schönheit der Verse gelernt". Reynolds Geschichtskonstruktion, langatmig, einer Sekretärin in die Maschine diktiert, ist abseitig und veraltet. Er kämpfte vergeblich gegen das Jahrhundert. Salazar, der portugiesische Diktator, war, wie Mussolini, einer seiner Helden. Er hat auch ihm ein Buch gewidmet. Lebenslang anscheinend kränklich und ängstlich um sein Befinden besorgt, wurde Reynold fast 90 Jahre alt. Sein Schwiegersohn Carl Burckhardt sagte mir, mit dem Älterwerden sei er liberaler geworden; aber er sei ganz „Professor" geblieben und habe immerzu doziert. Wie kommt es, daß auf einmal diese Figur in meinem Traum erschienen ist – dozierend auf einem Katheder? Mit der Post kam ein seltsamer Brief eines mir nicht bekannten Arztes aus Basel. Er sei gleich alt wie ich und habe im Sommersemester 1923 auch in Berlin studiert. Er fragt, ob ich dort an einem späten Nachmittag im Café Josty, am Potsdamer Platz, mit ihm zusammengetroffen sei. Das Stelldichein sei „vielleicht durch Professor Alfred von Overbeck zustande gekommen". Das Gespräch sei „sehr eindrucksvoll" gewesen. Dieser Student habe ihn darauf aufmerksam gemacht, „das rege Leben, das wir von der Terrasse aus betrachteten, dürfe uns nicht täuschen. Vielleicht würden wir es noch erleben, daß hier nur noch Ruinen zu erblicken wären." Wir saßen oft im Café Josty, das einem Bündner Confiseur seine Entstehung und seinen Namen verdankte. Ich traf dort viele Schweizer Studenten, kann mich aber an den Namen des Briefschreibers nicht erinnern. Die Beziehung zu meinem Cousin Overbeck in Fribourg ist möglicherweise ein Hinweis auf die Richtigkeit der Vermutung des Briefschreibers, wir seien dort zusammengetroffen. Die Äußerung, die er mir zuschreibt, würde zu dem Pessimismus passen, mit dem ich damals die Zukunft Deutschlands beurteilte. Nach dem Kriege sah ich Berlin als Trümmerstadt wieder. Der frühere Potsdamer Platz ist heute nicht mehr zu erkennen.

PS.: Der Basler Arzt bestätigt in einem neuen Brief, daß ich zweifellos sein Gesprächspartner im Café Josty gewesen sei. Alfred von Overbeck habe unsere Bekanntschaft vermittelt.

30. Dezember

Wenn ich abends früh das Licht lösche, erwache ich mitten in der Nacht oder frühmorgens, wenn es draußen noch finster ist. Nur der Schnee im Garten erscheint in trüber Helligkeit. Mir kam in den Sinn, daß ich die Geschichte meiner Eltern nicht zu Ende erzählt habe. Sie hielten nichts von konventionellen Heiraten, die zwischen Familien arrangiert werden. Keines von uns vier Geschwistern hat in Bern geheiratet. Eine Geldheirat war in den Augen meiner Eltern moralisch verwerflich. Mein Vater kränkte seinen ältesten Sohn, als er einmal höhnisch zu ihm sagte: „Du willst wohl eine reiche Frau heiraten!" Er hat es nicht getan. Ich selber habe meine Freiheit lange Zeit beibehalten. Paris ist eine weibliche Stadt und eine erotische Stadt. Was Nizon in seinem „Jahr der Liebe“ erzählt, habe ich, als ich viel jünger war als er, in Paris ähnlich erlebt. Mit dem Unterschied, daß ich nicht fähig wäre, es mit solcher Gestaltungskraft sinnfällig zu schildern.

Nizons Buch, scheint mir, ragt in dieser Zeit der Romaninflation über die mit viel Publizität geförderte Durchschnittsliteratur hinaus. Das Wagnis des entschlossenen Losreißens vom Heimischen und der mit Schwierigkeiten aller Art verbundenen Freiheit in einer Stadt, in der man sich winzig vorkommt wie eine Laus, kenne ich aus eigener Erfahrung. Auf endlosen Gängen durch das Straßengewirr, auf Fahrten im Autobus und mit der Metro versucht man, die riesige Stadt zu erforschen, sie sich anzueignen. Wie Paul Nizon die Atmosphäre und die Menschen in der Metro schildert oder den Straßenmusikanten mit seiner Klarinette, ist bewundernswert. Ich sagte zu E., daß ich nicht fähig wäre, solches zu beschreiben. Sie meinte, ich sei eben kein Augenmensch; sogar in unserer Straße in Zürich, sagte sie, fielen mir die Menschen und merkwürdige Besonderheiten nicht auf. Ich habe wohl große musikalische Ohren, aber ich bin kurzsichtig. Nizons Buch erinnert mich an die Art, wie Rilke im „Malte Laurids Brigge“ seine Eindrücke aus Paris schildert; Rilke wanderte durch das Quartier Latin, Nizon durch die Quartiere um Pigalle, Clichy und Montmartre. Aber auch er schaut sich beim Pantheon um; dort fällt ihm die verborgene Place de la Contrescarpe auf, wo ich lange Zeit Tag für Tag hinging, um Monique zu besuchen; ihr Balkon ging auf dieses ärmliche Plätzchen mit seiner Gruppe von verkrüppelten Bäumen hinaus. Von Rilkes „Malte“ sagte ein Kritiker, dieses Buch sei wie die Aufzeichnungen einer Figur von Dostojewski, die dieser nicht erschaffen habe. Für mein Gefühl gehört Nizons singuläre Schreibweise zu einem ähnlichen menschlichen und literarischen Bereich. Er ist der Sohn eines Russen und einer Bernerin – eine spannungsreiche Heredität für einen schweizerischen Schriftsteller. Ich sprach selber immer stark auf das Osteuropäisch-Slawische an; ich habe es nicht aus meiner Herkunft, aber es ist eine Seite meiner Sensibilität. Es bewährte sich im Österreichischen, und ich spürte es in Böhmen und in Polen. Man muß von sich und vom Herkommen weggehen, um zu sich selbst zu kommen.

Zürich ist eine Männerstadt. Es gibt eine Menge Gesellschaften, Vereine, Zünfte, Stammtische, von denen die Frauen ausgeschlossen sind. Diese müssen in dieser Lage gleichsam „ihren Mann stellen“, so daß ihre Mentalität von der Bewährung in einer männlichen Gesellschaft geprägt ist. Sie tragen gern etwas Burschikoses zur Schau. In Paris sind die Frauen umgekehrt der Gegenstand von galanter Werbung durch die Männer. Zürich ist aber auch eine tolerante Stadt, man läßt den Nebenmenschen leben, wie es ihm beliebt, zumal man sich in der Regel um den Nebenmenschen und seine Anliegen wenig kümmert. Der Klatsch gedeiht freilich auch hier wie in allen Städten der Welt. Es gibt in Zürich nicht eine „Gesellschaft" wie in Bern oder in europäischen Hauptstädten, sondern Kreise und Cliquen, in denen die Menschen untereinanderbleiben. Ich fühlte mich zunächst fremd und eingeschüchtert, als ich als junger Professor in diese Umgebung versetzt war. Leute, die mich in dieser weit zurückliegenden Zeit kannten, sagten mir, ich sei außerordentlich scheu und zurückhaltend gewesen. Unter den Menschen, die ich in meinen frühen Zürcher Jahren kennenlernte, gab es eine Dame, die eines Tages zu mir sagte: „Man kennt diese Berner Patriziersöhne, die halb abgerissen nach Zürich kommen, um eine Tochter aus wohlhabendem Haus zu heiraten." Sie wollte mich vermutlich nicht kränken, ich gehörte in ihren Augen einer andern Kategorie an. Aber ich verstand: so dachte eine in sich abgeschlossene, wohlhabende Bourgeoisie, die es nicht gerne sah, wenn fremde, weniger begüterte junge Männer herzukamen, die um ihre Töchter warben. Ehen wurden – wenigstens damals noch – in jenen Kreisen mit wohlberechnendem Geschäftssinn geschlossen. Mit seinem unnachahmlichen Spott sagte einmal Carl Burckhardt von einer Heiratsanzeige von Kindern aus begüterten Zürcher Kaufmannsfamilien: „Das ist nicht eine Heiratsanzeige, das ist eine Bilanz!" Ein auf seine Unabhängigkeit bedachter junger Mann, wenn er nicht vorsätzlich in eine wohlhabende Sippe einheiraten wollte, konnte sich nicht wünschen, vom Geld einer fremden Familie zu leben.

Als ich Elsie Huber, die ein lebensvolles und lebenstüchtiges Stadtkind war, die Heirat vorschlug, war meine Mutter mit dieser Wahl zufrieden. Sie fragte, wie sie denn aussehe, und ich sagte, wie eine junge Rubensfrau. Elsies Frische und Schönheit und ihre edel geformten Hände gefielen meiner Mutter ausnehmend; in ihrer unverblümten Art meinte sie, es müsse wundervoll sein, diese Wangen zu küssen. Übers Jahr war sie glücklich, als ein gesunder Bub zur Welt kam. Aber sie blieb danach nicht mehr lange am Leben. Unlängst sagte E. zu mir, ich hätte unter meinem Stand geheiratet. Aber ich muß mir eingestehen, daß sie es war, die mir in ihrer Vaterstadt Brücken baute zum dortigen Leben, uns viele Türen öff-

nete, bei den Menschen beliebt war und mir half, mein gehemmtes und schwieriges Wesen zu überwinden – soweit man sein eigenes Wesen überwinden kann. Ich glaube, daß ich seither offener und sicherer den Menschen gegenübertreten konnte. Als der alte Max Huber, der zweifellos der hervorragendste Zürcher seiner Generation und außerdem ein sehr wohlhabender Mann war, eines Tages bei mir in Brunegg in der Bibliothek saß und gescheit plauderte, sagte er unvermittelt, es solle mich nicht kränken, daß meine Frau nichts in die Ehe eingebracht habe; was sie leiste und für mich tue, sei ebensoviel wert wie eine große Mitgift. Ich fand diese Bemerkung ziemlich taktlos und erzählte sie E. erst nach Max Hubers Tod. Aber sie lachte und meinte, das sei echt zürcherisch gedacht und überdies ein Kompliment an ihre Adresse.
Daß jede Ehe auch ihre Schwierigkeiten hat, versteht sich von selbst. Voriges Jahr, an unserem vierzigsten Hochzeitstag – den ich in männlicher Unachtsamkeit übersehen hatte –, sagte E. zu mir, sie danke mir, daß ich es so lange mit ihr ausgehalten habe. Ich war betroffen, denn natürlich hätte ich mit gutem Grund das gleiche zu ihr sagen können. Die schon zitierte Dame, die so unbekümmert daherreden konnte, sagte mir in jenen frühen Zürcher Jahren, ich solle nicht heiraten, ich sei ein Zigeuner, sie könne sich nicht vorstellen, daß ich als braver Familienvater mein Leben in einer Stadtwohnung zubringen könne. Nun, Zigeuner ist ein wenig übertrieben, aber als ein im Zeichen des Schützen geborener Mensch bin ich unruhig schweifend, neugierig und abenteuerlustig, also das, was ein Astrologe über den „Schützen" sagt: ein „fröhlicher Reiter". Zwar nicht immer fröhlich, das wäre schrecklich und ist nicht möglich; aber doch bereit, mit Zuversicht den langen Ritt zu bestehen. Alles was Leben ist, was Menschen und Wagnisse sind, hat mich zeitlebens gelockt. E. hatte sich ihrerseits ausbedungen, daß sie auch nach der Heirat ihren Sportliebhabereien nachgehen könne, was sie im Winter an manchen Skiausflügen und an vielen Tennistagen im Sommer denn auch tat, und was unentbehrlich für ihr Wohlbefinden war. Mich hat Sport eher gelangweilt und angestrengt, und da ich viel schrieb, blieb ich gern am Schreibtisch sitzen, oder ich begab mich auf Reisen. Allerdings, das sagte ich neulich zu E., kann ich mich nicht erinnern, daß ich je mit einer Freundin oder einem Freund eine Reise unternommen habe. Ich fuhr gern allein los, es gab aber auch die vielen Reisen, die ich mit E. zusammen unternahm. Da wir uns für das gleiche interessieren, waren wir vergnügt und einig, wenn wir in Paris, Wien, Rom, London, Genf, Athen,

Prag, Hamburg, Warschau, diese Städte durchstreiften, ihre Besonderheiten genossen und Menschen trafen; oder wenn wir, nach langen Autofahrten in Italien und in Deutschland, in Ischia, in Florenz, Apulien oder auf der Lüneburger Heide Ferien verbrachten.
Wir sind beide ziemlich unabhängige und unsentimentale Naturen und haben Verständnis für die Persönlichkeit und die Bedürfnisse des andern. Man ist es zufrieden, wenn man gemeinsam die Aufgaben löst, die das Leben an eine Ehe, an Kinder und Enkel, an ein Haus und Gut und an den Beruf stellt – denn lange Zeit ist auch E. ihrem Journalistenberuf und manchen Verpflichtungen nachgegangen. Ohne Nachsicht und Sinn für die Eigenschaften des Partners wäre eine Ehegemeinschaft nicht möglich – und deshalb sind wir beide einander dankbar, daß das eine dem andern zu leben geholfen hat. Es rührte mich tief, als mir Elsie zum 80. Geburtstag eine goldene Armbanduhr schenkte, die erste in meinem Leben. Warum sollte ich nach so vielen Jahren der ehelichen Gemeinschaft das Wort „Liebe" nicht mehr brauchen dürfen? Schließlich ist sie es, die das Zusammenbleiben ermöglicht, ebensosehr oder mehr als die lange Gewöhnung und Anpassung, und die dazu führt, daß man sich nicht vorstellen könnte, wie das Leben ohne gerade diesen Menschen möglich gewesen wäre. Jetzt, in meinen alten Tagen, wäre ich gänzlich verloren ohne meine Frau; ich kann nicht verstehen, und es erschreckt mich, wenn sie manchmal sagt, sie werde vor mir sterben. Das ist schon deshalb absurd, weil E. fünfzehn Jahre jünger und von robuster Konstitution ist. An einem Jahresende muß man einmal mehr froh sein, daß Krankheit zu keinen Sorgen Anlaß gab. Aber Carl Burckhardt irrte, als er mir einmal schrieb, ich hätte ein ungefährdetes Leben gehabt. Bei den unvermeidlichen Gefahren des Lebens war es oft Elsies Beharrlichkeit und Zuversicht, die mich rettete.

31. Dezember

Es ist kühl in dieser kleinen Kammer, wo ich viele Briefe schrieb. Mit kalten Händen kann ich nicht fortfahren. Was bedeutet es schon, daß heute wieder ein Jahr – eines von vielen – zu Ende geht? Ich muß mir noch darüber klar werden, ob ich im nächsten Jahr dieses Tagebuch fortsetzen will. Aber was hat die Kalenderzeit mit der eigenen, inneren Zeit – mit der langen Dauer zu tun? Jetzt macht eine Schneeräummaschine einen ohrenbetäubenden Lärm vor meinem Fenster. Wir wollen uns heute abend nicht in einem Restaurant in das Silvestergedränge von Ascona mischen und bleiben zu Hause. Unsere Freundin Elsbeth B. hat uns Leckereien und eine Flasche Champagner geschickt. Am Kaminfeuer und bei der hübschen Fernsehshow von Kurt Felix, die wir uns immer gern ansehen, werden wir uns gütlich tun.

Nachtrag
1. Januar 1982

Ein vormittägliches Neujahrskonzert des Wiener Philharmonischen Orchesters, von der Eurovision übertragen. Dieses Orchester wurde vor 140 Jahren gegründet, mit Nicolai als dem ersten Dirigenten; es spielte zu seinem Andenken die Ouvertüre seiner „Lustigen Weiber von Windsor". Dirigent Lorin Maazel lachte übers ganze Gesicht, als er Joseph und Johann Strauß spielte. Traditionsgemäß hat Holland den wundervollen Blumenschmuck für das Podium gespendet. Die jungen Orchestermusiker sind nicht mehr die gleichen wie vormals, man sagte mir aber in Wien, viele seien die Söhne der früheren. Die Wiener Sängerknaben sangen mit dem Orchester Volksweisen. Auf dem Bildschirm erschien zu den Walzern das Ballett in Schönbrunn, in der Oper und sogar inmitten der Lustbarkeiten des Praters; es tanzte natürlich auch zum „Kaiserwalzer". Als Zugabe – aber offensichtlich vorprogrammiert – erklang die „Schöne blaue Donau" und zum Schluß der Radetzkymarsch. Die Sonne drang in unser Zimmer. Mittenhinein kam ein Anruf von Thomas: Glückwünsche unserer Jungen; am Schluß des Konzertes auch vom Dirigenten in den Saal und an die Fernsehzuschauer gesprochene Neujahrswünsche in Deutsch, Italienisch, Französisch und Englisch. Das Publikum tobte. Ich war entzückt und stopfte meine Pfeife. Gioia kroch von ihrem Bett herunter und ging in die Küche, wo es Reste und Knochen von der Schafskeule gab. Das Leben geht weiter.

1982

10. Januar

Ich besuche den alten Freund Rosenbaum in seiner Casa Serodine. In dem geräumigen Barock-Palazzo sitzt er, wie eh und je, bei Kunstlicht in seinem kleinen Arbeitskabinett hinter dem Schreibtisch. An den Wänden die Vitrinen, in denen aufgereiht antike Schätze stehen, kleine Plastiken, Töpfereien usw. Viele aus „Großgriechenland", der weiten Landschaft um Taranto. Es ist wie mit dem Schweizer Käse, sagt er, den besten findet man im Ausland; ihre besten Kunstwerke exportierten die Griechen nach Süditalien. – Ich habe sie gesehen, im Museum von Taranto, im Museum in Neapel, in Palermo. Mehr als in Griechenland. – Ich sähe gut aus, sagt Ro. Er auch, unverändert seit vielen Jahren. Er sei im Dezember 87 geworden. – Gute Geschäfte? – Nein, katastrophal; aber er habe *einen* guten Kunden, der ab und zu komme, den Zufall. Dann läßt er mich durch eine starke Lupe die Fotos eines dreifüßigen hohen Ständers aus Kupfer betrachten, der mit Figuren verziert ist. Er sei in Basel, Kaufwert 180.000 Franken, kann vom Museum nur erworben werden, wenn Mäzene Beiträge leisten. – Römisch? – Nein, etruskisch. Drittes oder zweites Jahrhundert vor Christus. – Da herrscht aber schon Rom. Mir scheint, man sagt aus stilistischen Gründen oft etruskisch, wenn es eigentlich schon römisch ist; dieser Ständer weist auf die späteren, augusteischen Zierformen hin. Das Mediterrane mit seinen Stilmischungen als ästhetische Grundlage des werdenden Imperiums.
Der gedrungene Körper Rosenbaums ist halb hinter dem Schreibtisch verborgen. Der Kopf ist alles, jüdisch fleischig und geistig, der breite Mund erfahren lächelnd, der mächtige Schädel gedankenverbergend, die Augen hell, auf das Gegenständliche gerichtet. – Gibt es viele Fälschungen? – Ich habe so viele Erfahrungen gesammelt, daß ich mich selten täusche. – Aber es gibt Fälschungen, die nur durch wissenschaftliche Materialprüfung entdeckt werden können. – So ist es. Ro zählt die verschiedenen Verfahren auf. – Ob Madame Aline Valangin (R.'s erste Frau) demnächst 95 werde? – Am 9. Februar wird sie 93, präsent wie immer, höchstens wiederholt sie sich manchmal. – Aber Ro, und wir? Wenn ich

etwas erzähle, eine Anekdote oder sonstwas, unterbreche ich mich manchmal und frage, ob ich diese Geschichte schon einmal erzählt habe. – Natürlich, das kenne ich auch.
Ro hat einen Text von Montaigne vor sich, er liest ihn mir vor. Eine Variante zum Leitmotiv Montaignes, philosophieren heiße sterben lernen. Man müsse, denkend, völlige Freiheit dem Tod gegenüber lernen, meint Ro. Er sei mehrmals nah am Sterben gewesen, er habe sich davor nicht gefürchtet. – Ich war es auch vor ein paar Jahren auf einer Intensivstation infolge einer nachoperativen Komplikation; ich hatte viel Blut verloren und stellte fest, daß meine völlige Schwäche zum Tod führen konnte, aber es war keine Furcht. – Nein, die soll man nicht haben. – Aber ich glaube nicht recht an Montaignes Ansicht, man müsse leben, um den Tod zu erlernen. Man lernt ihn nicht, man weiß nicht, was er ist. Er kommt von selber, irgendeinmal. Ich halte wenig von Vorbereitung auf den Tod; meinem kränkelnden Bruder, der immerzu vom Sterben sprach, sagte ich einmal, man werde verrückt, wenn man ständig in Gedanken an den Tod lebt. Jeder stirbt, ob er kränkelt oder gesund ist. Solange man da ist, soll man ans Leben denken oder einfach leben, wie wenn es nichts anderes gäbe. – Ro selber lebt so wie immer, er ist Tag für Tag im Geschäft, tätigt Ankäufe, besucht die Antiquitätenmesse in Basel, macht jedes Jahr einen Aufenthalt in Berlin oder fährt nach Paris. Vorigen Sommer ist er von einem Dieb angefallen und zusammengeschlagen worden, worauf der Eindringling mit schnell zusammengerafften Antiquitäten verschwand.
Mir kommt eine hübsche Anekdote von Carlo Schmid in den Sinn. Mit vorsichtigen Worten versuchte er, den Bundeskanzler Adenauer, der hoch in den achtzig war, dazu zu bewegen, seine Nachfolge zu regeln. Da habe Adenauer gesagt: „Ach wissen Sie, Herr Schmid, in meinem Alter stirbt man nicht mehr." – Auf dem Rückweg kommt mir die alte Maria entgegen, die vor dreißig Jahren eine Schönheit war; sie serviert immer noch im Restaurant an der Piazza. Wir wechseln ein paar Worte. Maria: „La salute è la prima cosa."

11. Januar

Rosenbaum ist ein Mann, mit dem man über alles reden kann. Er hat keine Vorurteile; man soll „nachurteilen", sagte er einmal. Nicht sehr

belesen, schon gar nicht in Philosophie, ohne rationales Denksystem. Ein Intuitiver, dem Jungs Tiefenpsychologie als Leitfaden diente. Auch Kerényis Mythenforschung hatte ihm Eindruck gemacht. Er nahm regelmäßig an den Eranos-Tagungen teil. Solche Geister sind Antipositivisten und Antimaterialisten. Ro hatte als Rechtsanwalt praktiziert; im Riedel-Guala-Prozeß in Burgdorf, einer cause célèbre, hatte er im Revisionsverfahren den Freispruch seiner des Giftmords angeklagten Mandantin erlangt. Man müsse innerlich von der Unschuld eines Angeklagten überzeugt sein, um mit dem Plädoyer Erfolg zu haben. Ein anderer Fall: Ein Zahnarzt in Zürich war des Mordes an seiner Frau angeklagt. Ro war zunächst von der Unschuld seines Klienten überzeugt. Er besprach den Fall mit C. G. Jung, der diese Überzeugung nicht zu teilen vermochte. Daraufhin habe er selber Zweifel gehabt, und obgleich er auf Freispruch plädierte, sei der Angeklagte verurteilt worden. Er schrieb dieses Ergebnis seiner schwankend gewordenen Überzeugung zu, was die Geschworenen vermutlich gespürt hatten. Später wurde der gleiche Angeklagte im Revisionsverfahren rehabilitiert, da neue Fakten seine Unschuld an den Tag brachten. Ro selbst wurde infolge einer strafrechtlichen Verurteilung im Zusammenhang mit illegalen Waffenverkäufen an die spanischen Republikaner zur Zeit des Bürgerkrieges das Anwaltspatent entzogen.
Es gibt intelligente und sensible Menschen, die nicht lebensklug handeln. Ro selbst hielt seine damalige Verurteilung für juristisch korrekt, aber er trug schwer an seinem beruflichen und finanziellen Zusammenbruch. Er hat daraufhin einen Antiquitäten- und Kunsthandel im Tessin aufgebaut und sich damit bei Sachverständigen und Kunden Vertrauen erworben. Irgendwo ist er aber eine Abenteurernatur, ein Mensch am Rande der Gesellschaft; trotz Spürsinn und musischer Veranlagung stand er oft quer zum Leben. Zunehmendes Alter, geregeltes Tagwerk, eine dritte Heirat mit einer praktisch denkenden Frau, Liebe zur Echtheit von Kunstwerken und bei Menschen führten zu einer inneren und äußeren Verfestigung seiner unruhvollen Natur. Rosenbaum steht zu seinem Judentum russischer Herkunft. Daß gerade er in der Schweiz der 1930er Jahre die Zielscheibe antisemitischer Angriffe war, hing nicht zuletzt mit seiner mangelnden Integrierung in die soziale Umgebung und deren Konventionen zusammen. Wenn behauptet wird, „Schützen" seien taktlos, dann ist Ro ein richtiger Schütze. Was ist Taktlosigkeit? Sie wird auch mir angekreidet. Man bemerkt sie selber nicht, um so mehr schockiert sie die Mitmenschen. Im Grunde bedeutet sie, daß man nicht „im Takt"

durchs Leben geht, sondern auf eigene Art marschiert: nach der eigenen inneren Überzeugung, in einem selbstgesetzten Rhythmus. Man nennt solche Leute „Individualisten". Sie verstehen einander, aber die Gesellschaft versteht sie nicht immer, weil es solchen Menschen oft Mühe bereitet, sich den gegebenen Verhältnissen anzupassen.
Wir sprachen miteinander in der altgewohnten Weise, in der wir uns „aufs halbe Wort" verstehen. Ro rühmte Alfred Häsler, der ethisch denke; er habe seine Fragen im Fernsehinterview „Zeugen des Jahrhunderts" gut gestellt. Er habe mir seine politischen Fragen allerdings aus einer ethischen Gesinnung heraus gestellt, entgegnete ich; ob er, Ro, nicht wisse, daß Politik nicht nur aus ethischen Grundsätzen bestehe? Ironisch gab er mir recht: „Nein, nicht immer!" Daß ich politisch zwischen den Fronten stehe, findet er selbstverständlich; ich sei, meint er, wirklich „freigesinnt", anders als die „Freisinnigen" im parteipolitischen Sinn. Ich habe mich oft mit Sozialdemokraten, zum Beispiel mit dem kultivierten und intelligenten ehemaligen Bundesrat Willy Spühler, leichter verstanden als mit bürgerlichen Politikern. Ro: Die Sozialdemokraten hatten immer eine Sehnsucht nach Liberalismus. Es sei besser, fügt er hinzu, daß ich mich nicht aktiv am politischen Leben in Zürich beteiligt habe. Ich sage, manchmal hätte ich bedauert, daß ich davon ausgeschlossen war.
Ich hatte Feinde. – Aber natürlich hat man Feinde! – Als ich meine Lebenserinnerungen schrieb, fragte ich mich, ob ich diese alten Streitsachen und Feindschaften erzählen soll; es gab einflußreiche Leute, die mir Schaden zugefügt haben. Aber dann sagte ich mir: Wozu? – Ja, wozu. – Golo Mann machte mir den Vorwurf, ich sei in meinen Memoiren nicht boshaft. – Du bist nicht boshaft. – Das ist die Frage. Ich konnte grollen, ich konnte auch hassen. Aber nun war ich alt, ich mochte alten Ärger nicht aufwärmen. Ich hatte Distanz gewonnen. – Spöttisch lächelnd meint Ro: Man wird milder. – Wir lachen. Ja, die Milde des Alters. Immerhin, es gab den Stachel, den man kaum mehr spürt. Alte Leute sind bekanntlich nicht mehr sehr schmerzempfindlich. Was für den physischen Schmerz gilt, mag zwar für den seelischen, den gefühlsmäßigen Schmerz nicht ganz zutreffen. – Nein, sagt Ro, es bleibt von früheren Wunden immer etwas übrig. – Ja, immer. Aber das ist kein Grund zu öffentlichen Anklagen, nicht einmal zu Bosheiten.
Diese Rede und Gegenrede, die zu meinen Asconeser Aufenthalten gehört, begann 1945. Damals, kurz bevor ich im April den Operationen

der französischen Ersten Armee in Baden und Württemberg folgte, hatte ich Ascona entdeckt und Wladimir Rosenbaum kennengelernt. Seither komme ich jedes Jahr hierher.

12. Januar

Ich las das Geschriebene durch, es ist nicht alles. Rosenbaums Vater, ein russischer Rechtsanwalt und Duma-Abgeordneter, schickte sein Kind zur Zeit der zaristischen Judenpogrome in die Schweiz. In Lausanne besuchte der Knabe die Schulen. Als er nicht begreifen konnte, daß er an einer Kindereinladung nicht teilnehmen durfte, wurde er belehrt, ein Judenbub werde eben nicht eingeladen. Dieses Trauma verursachte schwere Entwicklungsstörungen des Knaben. Später kam er in das Landerziehungsheim Schloß Glarisegg, eine Lehranstalt für Söhne begüterter Eltern. Er kannte dort Carl Burckhardt, der etwas älter war, und befreundete sich mit Friedrich Glauser. Sein Berndeutsch lernte er während des Studiums an der Berner Universität. Als wir einmal über die Eigenschaften und Besonderheiten der Berner sprachen, sagte er: „Es sy rächti Lüt." Diese erdhafte Solidität, Zuverlässigkeit und Rechtschaffenheit des bernischen Menschenschlages, der auch stur sein kann, hat immer mein Vertrauen gehabt; einige von uns sind weggezogen, die Künstler Hubacher, Morgenthaler, Itten, die Schriftsteller Rychner, Glauser, Dürrenmatt, Nizon, auch einige Wissenschaftler usw. Ro's erste Frau, Aline, war die Tochter von Welschbernern. In Zürich bildete das Paar einen Mittelpunkt für Schriftsteller und Künstler. Von der „Fronten"-Bewegung wurde dieser Rechtsanwalt öffentlich angegriffen; ihre Zeitung titelte in fetten Lettern „Der Jude Rosenbaum" – ehe ihm zur Zeit des spanischen Bürgerkrieges das Waffengeschäft zum Verhängnis wurde.
Wie viele Juden ist auch Rosenbaum eine zutiefst konservative Natur. Das hat mit politischen Stellungnahmen nicht viel zu tun. Es ist ein instinktiver, lebenserhaltender Konservativismus. Das Judentum hätte die zweitausend Jahre in der Diaspora nicht überlebt, wenn es nicht in seinem tiefsten Wesen bewahrenden Sinnes gewesen wäre. Was wiederum mit seiner Religion nicht identisch zu sein braucht. Für Ro sind die mythologischen Vorstellungen aller Religionen nichts anderes als „Materialisierungen" innerweltlicher religiöser Erfahrung. Keine seiner drei Frauen war (ist) Jüdin. Seine beiden Töchter heirateten im Tessin. Übri-

gens war Rosenbaum Korporal in einem Tessiner Bataillon. Er hat im Ersten Weltkrieg am Gotthard achthundert Diensttage absolviert.
Seit dem Monte Verità und seit den Dadaisten war Ascona eine Zufluchtsstätte für Künstler, Schriftsteller, Emigranten, Nonkonformisten, für verkrachte Existenzen, Rentner und Pensionisten, auch für Buch- und Kunsthändler und für Boutiquebesitzer. Rosenbaum galt in dieser entwurzelten Kleinwelt als eine Art Orakel. Der Antiquitätenhändler wurde für vieles um Rat gefragt, das mit seinem Geschäft nichts zu tun hatte. Er bekannte mir einmal, er habe immer für Aristokraten etwas übriggehabt – in seiner Rede zur Eröffnung des Museums Marianne von Werefkin wies er auf die Bedeutung hin, die ihre gesellschaftliche Herkunft für den Werdegang dieser russischen Malerin hatte. Auch Jawlenski lebte damals in Ascona. Ich fragte mich manchmal, ob in der inneren Zusammensetzung von Rosenbaums Persönlichkeit das Russische nicht ebenso stark oder stärker ist als das Jüdische. Eine geistige Absolutheit mit Feinnervigkeit gepaart, Gutmütigkeit und Großzügigkeit, die Grobheit und Aggression nicht ausschließt, eine Unangepaßtheit an das spezifisch Westliche ist nicht jüdische Art. Er mochte die schweizerischen Juden nicht, denen er ihre Vorsicht und ihre Anpassung an die landläufigen Verhältnisse vorwarf; er nahm aber meines Wissens auch nicht an ihren Gemeinschafts- und Gemeindeangelegenheiten teil. Asconeser Freunde spotteten, wenn Ro mehr als vierzehn Tage in Israel bliebe, würde er zu seiner Frau sagen: „Es gibt zu viele Juden hier, gehn wir nach Hause!" Derartige Bosheiten haben so etwas wie eine ungerechte Aussagekraft. Als er sich eine deutsche Rundfunkmitarbeiterin, die die Zerstörung von Berlin miterlebt hatte, zur Frau nahm, bemerkte ich eine gewisse Zurückhaltung im hiesigen Emigranten- und Bohème-Milieu. Ro's Bekanntenkreis erweiterte und veränderte sich. Man solle nicht „die" Deutschen und „die" Juden sagen, meint er. Das ist vernünftig und gerecht, aber man schafft sich damit nicht nur Freunde.
Rosenbaum dürfte in seinem langen Leben ebenso beliebt wie verhaßt gewesen sein. Er kannte eine Menge Menschen. Aber kannten sie ihn? Er gehört zu einer seltenen Spezies, die man nie ganz erforschen und verstehen kann. Unsere persönlichen Beziehungen waren immer ungetrübt. Er schreibt Briefe, die andere Leute nicht schreiben könnten. Aber wer nur auf das abstellt, was er selber für wesentlich und wahr hält, kann gelegentlich auch danebengreifen. Solche Naturen sind schwer einzuordnen. „Ein Erdenrest zu tragen peinlich" haftet auch diesem Mann an. Er gab

zu reden, er hatte eine Aura, er stieß ab und zog an, genießt Ansehen als Kunstkenner. Er blieb sich selber treu. Das ist nicht wenig.

25. Januar

Ich erblickte auf meinen Hundespaziergängen Peter Schifferlis weißes Haus wieder, wo ich früher gern verkehrt habe. Es liegt frei auf halber Höhe, angelehnt an die Collina, oberhalb der Kapelle San Michele. Der Tod hat den liebenswerten Hausherrn frühzeitig weggerafft, nachdem schon seine Frau und sein jüngster Sohn gestorben waren. Als Verleger besaß Schifferli die beiden Eigenschaften seines Berufs: ein gutes Gespür und Geschäftssinn. Dürrenmatt und Bergengruen waren seine ertragreichsten Autoren. Sein letzter großer Wurf war die Herausgabe im Arche-Verlag der sechs Bände von Friedrich Glausers Werken, die in Deutschland Anklang fanden. Glauser gehört nicht zu den „großen" Autoren, aber er hat frühzeitig eine Thematik behandelt, die neueren Strömungen entgegenkommt. Seine Lebensschicksale, die aufs engste in das Werk verwoben sind, kreuzten sich während einiger Zeit mit meinem Leben. Ich möchte mich auf die Suche nach Friedrich Glauser machen: Ich hatte Peter Schifferli versprochen, über diesen Autor seines Verlages zu schreiben.
Der Feuilletonredaktor des „Bund", Hugo Marti, hatte mir im Jahre 1932 Glausers Besuch angekündigt. Dieser habe einen interessanten Fremdenlegionsroman geschrieben, den er leider in seiner Zeitung nicht veröffentlichen könne, weil darin homoerotische Episoden vorkämen. Glauser wolle diese Passagen nicht streichen – ein paar Jahre später, als die Zeitschrift ABC sich zur Veröffentlichung von „Gourrama" entschloß, stimmte Glauser solchen Streichungen zu.
Ich bewohnte damals im Dachstock des Hotels Foyot an der Rue de Tournon ein Mansardenzimmer. Das Fenster, eingelassen zwischen abgeschrägten Wänden, ging auf die Rue Condé. Über den Dächern war das Obergeschoß des Odéon-Theaters sichtbar. Rechts, wenn man sich hinauslehnte, erblickte man die Gipfel alter Bäume des Luxembourg-Parks. Statt eines Schrankes befand sich hinter einem Vorhang eine Aufhängevorrichtung für meine Anzüge. Auf dem Waschtisch stand eine Garnitur mit Waschschüssel und Krug. Der Tisch vor dem Fenster bot Platz für die Schreibmaschine samt Zubehör. In einem Alkoven stand das breite,

wohlige Bett. Das Tapetenmuster war bunt und altmodisch wie die ganze Einrichtung. Peter Mieg war eine Zeitlang mein Zimmernachbar gewesen. Unten, in einem der „guten“ Zimmer, hatte Rilke 1925 den Sommer verbracht – er hatte uns dieses Hotel empfohlen, wo ich auch mit Ernst Robert Curtius, Joseph Roth, Albert Schweitzer während kürzerer oder längerer Zeit unter dem gleichen Dach wohnte. Später ist das traditionsreiche Haus Foyot abgebrochen worden.
Da stand nun eines Tages ein mittelgroßer, nicht mehr ganz junger, blonder Mann in meiner Kammer, ein wenig scheu, mit bittenden Augen und lächelndem Mund und einer ungesunden Gesichtsfarbe. Er war sechs Jahre älter als ich und hatte abenteuerlicher gelebt als ich. Er brachte mir ein dickes Bündel Blätter, die mit Maschinenschrift bedeckt waren. Es war der romanhafte Erlebnisbericht des ehemaligen Fremdenlegionärs mit dem Titel „Gourrama“. Er sei frühzeitig wegen eines Herzleidens aus der Legion entlassen worden, sagte er, das sei vor neun Jahren gewesen. Ihn hätten die tendenziösen Bücher über die Fremdenlegion geärgert; wohl sei das militärische Leben in Nordafrika hart, aber es habe auch seine schönen Seiten. Das habe er richtigstellen wollen. „Das Land liegt fern von den Orten, wo der Verzweifelte, der Ungeduldige, der Unzufriedene die Hoffnungslosigkeit kennengelernt hat. Die Fremdenlegion nimmt ihm jegliche Verantwortung für sich und für seine Lebensführung ab“, schrieb Glauser in einem Feuilleton. Mich fesselte die Lektüre von „Gourrama“. Wiederholte Bemühungen, einen Verleger für dieses Buch zu finden, schlugen damals fehl.
Glauser interessierte sich für Kriminalfälle. Er wollte für Schweizer Zeitungen über Strafprozesse im Pariser Justizpalast Berichte schreiben. Ob ich ihm den erforderlichen Ausweis verschaffen könne? Dazu wäre ein formeller Auftrag einer Redaktion nötig gewesen. Glauser nahm diesen Bescheid passiv entgegen; entweder bemühte er sich nicht um das erforderliche Schriftstück, oder sein Vorschlag fand bei den Zeitungen keinen Anklang. Dann sagte er, er würde auch eine Stelle als Gärtner annehmen. Wieso als Gärtner? Er habe in Baumschulen und Gärtnereien gearbeitet, darin habe er Übung. Später entdeckte ich, daß das Leben in Baumschulen in Glausers Büchern ein mehrmals behandeltes Motiv ist.
Schon bei seinem ersten Besuch sagte er mir, er sei Morphinist. Dem freundlichen, ein wenig einschmeichelnden Menschen, der an Geldsorgen, Malaria und Herzbeschwerden litt, war nicht leicht zu helfen. Vielleicht lag es an seiner Süchtigkeit, auch an seiner hochempfindlichen,

etwas femininen Natur, daß mir der Kontakt mit ihm zunächst nicht leichtfiel. Eines Tages fand ich Glauser fiebernd auf seinem primitiven Lager in einem ziemlich unordentlichen Atelier. Ein Malariaanfall. Ich besorgte in einer Apotheke das benötigte Mittel.
In jenen Pariser Monaten schrieb Glauser an einem Roman – ich vermute, es sei der „Tee der drei alten Damen" gewesen, denn seinen Wachtmeister Studer hat er erst später erfunden.
Eines Tages war er einfach nicht mehr da. Ich erhielt von Glauser einen Brief aus Mannheim (vom 13. Juni 1932), in dem er sich entschuldigte, daß er sich von mir nicht verabschiedet hatte. Es ging aus diesem Schreiben hervor, daß er nach Deutschland gefahren war. Es sei ihm, schrieb er, sehr unangenehm, daß er mir die hundert Franken, die ich ihm geliehen hatte, vor seiner Abreise nicht habe zurückgeben können: „Es ist einfach alles schiefgegangen in letzter Zeit. Geld, das ich bestimmt erwartete, ist nicht eingetroffen. So bin ich zu meinem Vater gereist und schreibe hier den in Paris begonnenen Roman in Ruhe zu Ende." Das war im Jahr vor Hitlers „Machtergreifung". Glauser schildert in diesem Brief den „verstorbenen Eindruck", den die Leute in Deutschland auf ihn machten: „Ihr politisches Leben ähnelt mehr einem Krampf. Décidément la France est le seul pays où il soit possible de vivre." Es fiel mir nicht schwer, Glauser über seine Skrupeln zu beruhigen. Dieser Mann, der ein Leben außerhalb der gesellschaftlichen Ordnungen geführt hat, war ein höflicher, rücksichtsvoller Mensch. Seine gute Kinderstube verriet den Sohn aus bürgerlichem Haus.
Er verschwand lange aus meinem Gesichtsfeld, bis ein Brief vom 9. Oktober 1933 aus der Irrenanstalt Münsingen bei mir eintraf: „Nun hätte ich noch eine Bitte. Es ist mir eine Stelle in der Nähe von Paris vorgeschlagen worden, als fermier-jardinier, mit geringem Lohn wahrscheinlich – aber man wäre immerhin wieder in Frankreich." Neben Rosenbaum in Zürich und dem „Schweizer Spiegel" (dessen Mitarbeiter Glauser war) habe er mich als Referenz genannt. „Ich glaub', mein Morphinismus ist jetzt tatsächlich kuriert – ich habe wenigstens eine ganz andere Einstellung als früher. Und dann wäre es eine Möglichkeit hier herauszukommen."
Solange ich in Paris blieb, hörte ich nichts mehr von Glauser, auch nicht von dem erhofften Arbeitgeber. Den immer Bedrängten, Fliehenden, Selbstverlorenen traf ich zufällig noch einmal in Zürich. Ich saß, allein, im Café Odéon; auf einmal erblickte ich Glauser, auch er allein, am Tischchen mir gegenüber. Wieder dieses Lächeln, das sein weiches Ge-

sicht erhellte, als er mich wahrnahm. Begrüßung und Gespräch. Das war im Mai 1936. Später erfuhr ich, daß er an jenem Abend in R. J. Humms „Rabenhaus“ aus seinem „Wachtmeister Studer“ vorlas. Ich kannte damals Humm und seinen Kreis noch nicht. Glauser machte im Odéon einen etwas verlegenen Eindruck. Vielleicht war es ihm peinlich, daß er nichts mehr von sich hatte hören lassen. Es kam zwischen uns nicht mehr zu dem alten, vertrauten Verkehr.

Zweieinhalb Jahre nach dieser Begegnung meldeten die Zeitungen den Tod des bekannten Schriftstellers Friedrich Glauser. Der Erfolg hatte ihn spät eingeholt. Es war der Erfolg des Kriminalschriftstellers. Und das wiederum schadete seinem Ansehen in den einer „gehobenen“ Literatur verschriebenen Kreisen. Er schrieb leicht, flüssig, unmittelbar; die Frische von Glausers Prosa hat nichts Gesuchtes, er ist kein Juwelier der Sprache, ich würde meinen, sein spontaner Sprachduktus zeuge von unbefangener Sicherheit. Glauser hat etwas von einem peintre naïf; das Konkrete, das Dingliche, die Konturen und die Farben, die Schilderung einer Atmosphäre stehen ihm scheinbar mühelos zur Verfügung. Der Film „Wachtmeister Studer“, mit Heinrich Gretler in der Titelrolle, in der Regie von Leopold Lindtberg, lief erst 1939 an, ein Jahr nach Glausers Tod.

Ich konnte mit Menschen, die Glauser als Schüler des Landerziehungsheims Glarisegg gekannt hatten, über ihn sprechen. Mein Kollege an der ETH, Charly Clerc, war sein Französischlehrer gewesen; er hatte ihn gern gemocht, und Glauser selbst erwähnt ihn in seinem Aufsatz über Glarisegg mit Sympathie. Mein Freund Herbert Binswanger, der Psychiater, war Glausers jüngerer Mitschüler gewesen; er wußte Bescheid über Glausers Entziehungskuren, und es amüsierte ihn, in dessen Roman „Matto regiert“ die Irrenanstalt Münsingen und ihre Ärzte wiederzuerkennen. Mit Bewunderung spricht Glauser in seinem Glarisegg-Essay von einem älteren Mitschüler, in dem ich Rosenbaum erkenne; dieser hat später in Zürich Gelegenheit gehabt, Glauser in einer Strafsache zu verteidigen. Carl Burckhardt sagte von Glauser nur, er sei ein „gentil garçon“ gewesen.

Etwas an diesem Leben, das einem Trümmerfeld glich, aus dem literarische Werke wie frische Blumen wuchsen, hat es mir angetan. Mich schmerzte, daß aus dem Wiedersehen in Zürich kein Wiederfinden geworden war. Eine menschliche Wärme hatte uns einst einander nahegebracht.

Glauser war es lebenslang beschieden, zahlreichen Psychiatern als Objekt zu dienen. In Wien am 4. Februar 1896 als Sohn eines Schweizers und einer Österreicherin geboren, verlor er seine Mutter, als er vier Jahre alt war. Ehe er als Zwölfjähriger in die Schweiz kam, habe ihn sein Vater wegen eines geringfügigen Diebstahls zu einem Psychiater geschickt. „Weißt du nicht, daß du später ins Zuchthaus kommst, wenn du stiehlst", beschied ihn dieser Doktor. Glauser knüpft daran die Bemerkung, wenn ihn sein Vater statt zu diesem Mann zu Dr. Freud geschickt hätte, der damals in Wien praktizierte, wäre sein Leben vielleicht anders verlaufen. Später, in Genf, bescheinigte man ihm in der Klinik Bel-Air, er leide an dementia praecox. Hernach, in Zürich, lautete die Diagnose von Dr. Charlot Strasser auf „moralischen Schwachsinn". Was mag dieser Psychiater darunter verstanden haben? Vierundzwanzigjährig (1920) war Glauser im „Burghölzli" in Behandlung. In einem Tagebuch schildert er mit schmerzlicher Anschaulichkeit sein tristes Dasein in dieser geschlossenen Anstalt. Immerhin stellte der behandelnde Arzt die Diagnose auf Schizophrenie in Frage. Mit ihm konnte Glauser, der damals Gedichte schrieb, über Hölderlins Wahnsinn reden. Scherzend meinte dieser Psychiater, alle Dichter seien mehr oder weniger verrückt – mit Ausnahme von Goethe! Aber als ihm Glauser einmal sagte: „Vielleicht ist es bei mir eine unterdrückte homosexuelle Komponente", erwiderte der Arzt, verlegen und hastig Abschied nehmend: „Es wird Ihnen schon einfallen, Herr Glauser."
In der Rückschau auf die Zeit in der Fremdenlegion bekennt er: „Manchmal, in meinen ganz ehrlichen Stunden, komme ich mir vor wie einer jener Hunde, denen im Laboratorium jener Gehirnteil entfernt worden ist, welcher der Sitz des Orientierungsvermögens sein soll: der Hund kann seinen Weg nicht mehr finden." Er habe in der Fremdenlegion Kameraden gehabt, die wie er am Ende des vorigen Jahrhunderts geboren waren: „Und allen fehlte dieser Orientierungssinn." Anschließend, in Anspielung auf seinen autoritären Vater: „Wie gut waren sie daran, die Männer der vorigen Generation: sie hatten fertige Richtlinien, saubere Urteile, unverrückbare Ziele." Ein paar Seiten weiter die tiefblickende Aussage: „Ich suchte das Leid auf, ganz unbewußt sicherlich, aber irgendein Teil meiner selbst brauchte das Leiden. Erst durch das Leiden

kam ich wieder mit dem Leben, mit dem Schicksal in jene enge Berührung, die ich doch nötig zu haben schien."

Seine Arbeit „Morphium – eine Beichte" ist Glausers redlichstes Selbstbekenntnis. Hier flunkert er nicht. Er beschreibt, wie er in Genf bei einem Apotheker an Morphium herankam, indem er das für Sprachstunden verdiente Geld und den Erlös vom Verkauf eines gestohlenen Fahrrades dafür ausgab. Es folgte seine Verhaftung, die qualvollen Entziehungserscheinungen in der Gefängniszelle und die Überführung in ein Spital. Daraufhin kam Glauser zum ersten-, aber nicht zum letztenmal in die Irrenanstalt Münsingen und von dort nach Ascona zu seinen Dadaisten-Freunden. „Im Grunde gibt es nichts Uninteressanteres als das Leben eines Morphinisten. Es beschränkt sich auf Perioden, in denen ihn die Gesellschaft zwingt, sich das Zeug wieder abzugewöhnen. Alle Gründe, die man erfindet, um die Sucht zu entschuldigen, können sich literarisch und poetisch sehr gut machen; konkret ist es eine Schweinerei, denn man ruiniert sich sein Leben damit." Doch wenn „die ganz gescheiten Leute sagen", warum man denn damit immer wieder beginne, wisse er auf diese Frage keine Antwort. Auch in den Jahren nach der Fremdenlegion, als Glauser in den Kohlengruben von Charleroi als Handlanger arbeitete, nahm er wieder Morphium und anschließend auch Kokain. Ein Selbstmordversuch führte zu seiner Internierung in Belgien. Als ein Verwahrloster wurde er in die Schweiz abgeschoben und dort administrativ in die bernische Strafanstalt Witzwil eingeliefert.

Freiwillig unterzog sich Glauser hernach einer Analyse in der Anstalt Münsingen. „Man verlernt das Lügen in der Analyse", schreibt er; „das ist einer ihrer Hauptvorteile." Er meine damit nicht das „tagtägliche Lügen", ohne das das Leben in Gesellschaft nicht möglich wäre, sondern „das gefährlichere: das Sich-selbst-Belügen". Erzählen könne man eine Analyse nicht, aber er gibt uns einen wichtigen Hinweis: In der Analyse sei ihm plötzlich ein absurder Satz in den Sinn gekommen, den er lachend ausgesprochen habe: „Ich bin die Mutter." Um diesen Satz drehte sich dann die ganze Analyse. Als er nach dem frühen Tod der Mutter allein mit dem Vater zurückblieb, spielte er die Rolle der entschwundenen Mutter. Als der Vater wieder heiratete, quälte ihn kindliche Eifersucht. „Durch die überenergische Haltung meines Vaters wurde ich in eine passive, weibliche Rolle gedrängt." Den Konflikt mit dem Vater erklärt er damit, daß er „durch Katastrophen immer wieder das verlorene Interesse des Vaters zu erringen" versuchte. Das Nehmen von Rauschgiften,

glaubt Glauser, sei „eine willkommene Methode, immer wieder neue Konflikte zu schaffen, in denen ich der leidende, weibliche Teil war". Auf diesem Wege sei er ein „Leidsucher" geworden. „Zufrieden war ich eigentlich immer erst, wenn ich im Gefängnis oder im Irrenhaus war."
Um so bemerkens- oder bewundernswerter ist die Tatsache, daß dieser Schriftsteller zwischen Analysen, von denen er klagend sagt, sie hätten ihn ganz zermürbt zurückgelassen, und zwischen Entwöhnungskuren, die ihm große Pein bereiteten, imstande war, ein beträchtliches literarisches Werk zustande zu bringen. Glausers Kreativität ist nie versiegt. Auf den „Tee der drei alten Damen", der in Genf spielt, folgten 1934 die Studer-Geschichten. Zwei Jahre danach gelang ihm mit „Matto regiert" sein Meisterwerk – das in der morbiden Atmosphäre der Anstalt Münsingen spielt.
Nach dem Zwischenhalt in Zürich 1936, als ich zum letztenmal mit Glauser zusammentraf, war er ein ziemlich freier Mann. Er konnte mit seiner Freundin Berthe Bendel nach Frankreich übersiedeln. Die Feuilletons und Erzählungen aus den ärmlichen Dörfern bei Chartres und in der Bretagne trugen Honorare ein, die für ein bescheidenes Leben mit Gemüsegarten und Hühnerhof reichten. Da er wieder süchtig wurde, waren von neuem Entwöhnungskuren in der Schweiz nötig. Nervi war für Glauser und Berthe ihre letzte gemeinsame Lebensstation. Erschöpfung, Verzweiflung und chronische Vergiftung raubten dem Vielgeprüften allen Mut. Daß er am Tage vor der beabsichtigten Eheschließung bewußtlos zusammenbrach und folgenden Tags, dem 8. Dezember 1938, statt zu heiraten, starb, bedeutet für mich das letzte Rätsel dieses Lebens. Friedrich Glauser war 42 Jahre und 10 Monate alt geworden. Seine Urne wurde in Zürich beigesetzt.

27. Januar

In seinen autobiographischen Erzählungen kommt Glauser immer von neuem auf seine Diebereien zurück. Gottfried Keller, der im „Grünen Heinrich" erzählt, wie er seine Mutter bestahl, habe ihn getröstet: „Ich hatte daheim auch gestohlen." In der Novelle „Im Dunkel" berichtet er, wie er nach seiner Rückkehr aus der Fremdenlegion in einem Pariser Hotel als Tellerwäscher arbeitete und dort einem Arbeitskollegen aus dem Küchenschrank hundert Franken stahl. Ein Freund namens Marcel

machte ihm deshalb Vorwürfe. Glausers Rechtfertigung wirft ein erhellendes Licht auf seinen Seelenzustand: „Weißt du, Marcel, die Diebe, die sogenannten Gelegenheitsdiebe, die stehlen sicher nur aus Angst – sie stehlen, die kleinen Diebe, nicht um der Vorteile willen, sie denken im Augenblick des Stehlens gar nicht an die Vorteile, verstehst du, die ihnen der Diebstahl bringt, sondern sie stehlen, das mußt du mir glauben, und jetzt weiß ich es ganz sicher, sie stehlen aus Angst – und vielleicht töten die Mörder auch aus Angst, und vielleicht machen die Menschen auch Krieg, nur um aus der Angst herauszukommen, die in ihnen hockt (...). Und die Angst, die wirst du auch nicht mit einer besseren Weltordnung beseitigen können, die Angst ist in die Menschen hineingepflanzt – wer die Angst ausrotten könnte, der würde die Menschen erlösen (...). Wie ich etwa achtjährig war, habe ich auch meinen Vater bestohlen, und er hat mich geschlagen dafür – aber glaubst du mir, nach jedem Diebstahl war ich befreit, es war keine Last mehr da – das Grauen ließ sich doch begründen – verstehst du?"
Die Assoziation der Angstempfindung mit der Vaterfigur und mit dem, was dieser Vater unter „Erziehung" versteht, kehrt in Glausers bekennerischen Erzählungen immer wieder: „Die Kinder der Reichen liegen in weichen Betten, sie leiden keinen Hunger – und darum beneiden die Armen sie. Aber vielleicht ist Erziehung ärger als Hunger – schließlich darf ich mitreden, ich kenne beides –, und die Kinder der Reichen werden erzogen." Das Vater-Sohn-Zerwürfnis lag auf dem tiefsten Grunde von Glausers Erlebnisinhalten. Schlimmer als die Prügel seien die Rechthaberei, die Selbstgerechtigkeit, die starre Prinzipienreiterei dieses Vaters gewesen. Als dieser den Sohn fragte, welche Zensur er in der Schule erhalten habe, und der Junge antwortete „genügend", habe ihn der Vater mit der Bemerkung getadelt, er sei in seiner Klasse immer der Erste gewesen. Glauser beschreibt ihn als einen „Gentleman" mit einem „wohlgepflegten Bart". Ein paar Zeilen weiter: „Eine derartige Verständnislosigkeit lag in ihm, daß mir der Herr mit dem gepflegten Bart leid tat." Übertrieb Glauser die Härten seines Vaters? Ich besitze zwei voneinander unabhängige Zeugenaussagen, die für diesen Mann keineswegs günstig lauten. Sowohl Charly Clerc als auch Rosenbaum, die den Vater Glauser bei seinen Besuchen in Glarisegg kennengelernt hatten, sprachen mit Schrekken und Abscheu von diesem Mann. In seinem Aufsatz über Glarisegg sagt Glauser, geheult habe er nur, wenn der Vater auf Besuch kam. Dieser hat ihn, um ihn loszuwerden, selber in die Fremdenlegion gebracht.

Anlehnungsbedürftig ist er immer geblieben; er suchte und fand Ersatzväter, Bezugspersonen. Schon in Glarisegg scheint der etwas ältere und geistig reifere Rosenbaum für Glauser eine solche Bedeutung gehabt zu haben. Im Lager von Gourrama verehrte er den kommandierenden „Capitaine", in der Strafanstalt Witzwil den dortigen Direktor Kellerhals, der ihn in der Bibliothek beschäftigte. Natürlich waren die vielen Psychiater seine professionellen Bezugspersonen. In der imaginären Person des Wachtmeisters Studer schuf Glauser das Wunschbild einer zwar brummigen und eckigen Vaterfigur, die aber Mitleid mit den einfachen Leuten und Verständnis für kleine Schelme hat. Nur arrogante und korrupte Autoritätspersonen, die ihren Einfluß und ihre Macht mißbrauchen, fordern Studers – und natürlich auch Glausers – Zorn und Verachtung heraus. Er hält es mit den Bescheidenen, den Benachteiligten, den Verstoßenen des Lebens. Mittellos und hungrig, mit geringsten Arbeiten vorliebnehmend, hat Glauser oft selber zu ihnen gehört. Vielleicht hat der Fabulierer Glauser die in der Erzählung „Gesprungenes Glas" geschilderte Episode von der Flucht des geprügelten Knaben nach Preßburg, wo ein ungarischer Polizist ihn festnahm und in ein stinkendes Gefängnis sperrte, frei erfunden. Doch das ist unwesentlich. Es heißt dort: „Und doch spürte ich (in diesem Gefängnis) weder Angst noch Ekel (. . .). Schließlich gab mir der Mann einen Napf, und ich aß mit den Menschen, die man gemeinhin Gesindel nennt (. . .). Ich fühlte eine Zugehörigkeit zu den Leuten." Als ihn sein herbeigerufener Vater abholte, sagte der Polizist zu ihm: „Ein schönes Früchtchen, Herr Direktor. Stellen Sie sich vor, daß er hat bei dem Gesindel bleiben wollen." Am Schluß der Erzählung: „Vom ersten Augenblick an hab' ich gefühlt: Beim Gesindel ist deine Heimat. Dort gehörst du hin (. . .). Das wird niemand in der Welt ausrotten können, daß es zwei Sorten Menschen gibt: die einen lieben die Ordnung, die anderen die Unordnung, das Chaos. Wenn ich im Chaos daheim bin? Merkwürdig ist nur, daß wir, die Leute der Unordnung, Disziplin brauchen." Wo Glauser Disziplin, vorgeschriebene Unterordnung fand, im Militär, im Gefängnis, im Irrenhaus, fühlte er sich geborgen.

Ich glaube nicht, daß er zu tieferer Liebe und Freundschaft fähig war. Er schlüpfte einem aus der Hand wie Quecksilber. Glauser war jedoch neugierig und erfinderisch, kein harter, aber ein phantasievoller Arbeiter; er besaß auch einen analytischen Verstand. Im Leben suchte er Material zu literarischer Verwendung. Er war kein Mann, der sich festlegte, ablehnend gegen Tradition und Konvention, ein guter Beobachter von Natur und Mensch. Vielleicht, wenn ihm nicht ab und zu Ordnung von außen auferlegt worden wäre, hätte er sich schwerlich zu der Arbeitsdisziplin aufgerafft, von der sein schriftstellerisches Werk Zeugnis ablegt. Er scheint in psychiatrischen Anstalten viel geschrieben zu haben. Ein zwanghaft herbeigeführtes Mißverhältnis zur menschlichen Umgebung und zur gesellschaftlichen Wirklichkeit hat Friedrich Glausers Lebens- und Leidensweg bestimmt. Seine Lebensführung als Außenseiter mutet wie eine unentrinnbare Fatalität an.

28. Januar

Ein Wort zu Glausers Kriminalromanen. Wesentlich scheint mir, daß in dem traurigen Leben des Autors das Werk Befreiung bedeutet hat. Er besaß die Stärke und Ausdauer, diese erfindungsreichen Geschichten gestalten zu können. Sie erscheinen von seiner innermenschlichen Verstörtheit nicht getrübt. Zwar besitzen sie die Kennzeichen seiner Persönlichkeit; die Angst sitzt tief in den Figuren seiner Romane – aber kann es Kriminalgeschichten ohne angsterfüllte Spannung geben? Glauser hat in Briefen und in einem Traktat die Legitimität des Kriminalromans verteidigt. Braucht aber eine literarische Gattung, die von Poe bis Dürrenmatt einige Meisterwerke hervorgebracht hat, noch eine Rechtfertigung? Glauser hatte den Ehrgeiz, mit seinen Büchern eine Wirkung zu erzielen: „Ich möchte die Leute erwischen, die sonst Courths-Mahler lesen oder John Kling (. . .) Sehen Sie, erzählen, einfach, ein Bilderbuch schreiben, in dem der Zug, das Haus, die Straße vorkommen, die Dinge, die der Mann jeden Tag sieht und die er gar nicht mehr sieht, weil sie ihm zu geläufig sind. Sie ihm neu zeigen, mit ein paar Worten, die man sonst anders braucht, so daß er unbewußt aufmerkt." Glauser stimmt zwar der Meinung zu, der Kriminalroman sei ein Spiel. Aber durch das Spielerische, meint er, sei er verwandt mit seinem „salonfähigen Bruder", der sich kurzweg Roman nennt und „darauf Anspruch erhebt, zu den Kunstwerken zu zählen". Den neueren Produkten der Romanliteratur wirft er vor, sie hätten die „Hauptanforderung des Romans (vergessen), als da sind: Fabulieren, Erzählen, Darstellen von Menschen, ihrem Schicksal, der Atmosphäre, in der sie sich bewegen". Glauser sagt, weil der moderne Roman „die Spannung als unkünstlerisch verwarf, erlebte der verachtete

Bruder, der Kriminalroman, jenen Erfolg, der ihn in den Augen gewisser Leute zum Parvenü stempelt". Denn auch Spannung gehört zum Roman, wie er ihn auffaßt.

„Wir Schreiber", sagt Glauser, hätten die Pflicht, „immerfort (ohne zu predigen, versteht sich) darauf hinzuweisen, daß nur ein winziger, ein kaum sichtbarer Unterschied besteht" zwischen dem bösen Menschen und dem geschickten, findigen – also zwischen dem gesuchten Verbrecher und dem planmäßig vorgehenden Detektiv. Aus diesen Worten spricht ein Anliegen dieses Schriftstellers, das nicht frei ist von Selbstrechtfertigung, die der manchmal straffällig gewordene Friedrich Glauser brauchte. Die Missetäter seiner Kriminalgeschichten sind trotz der Schuld, deren sie überführt werden, nicht einfach Bösewichte, sondern arme und dumme Hunde, die sich in schiefe Geschäfte eingelassen haben, aus denen sie sich durch ein Verbrechen herauszuwinden versuchen. Glauser idealisiert weder die Ordnungsmacht, vom Fahnder-Wachtmeister Studer repräsentiert, noch die Schelme, Betrüger und Mörder; er will nur zeigen, daß sie alle in ihre „condition humaine" verstrickt sind, keine Tugendbolde, sondern irrende, strauchelnde, nicht selten korrumpierbare und verführbare Schwächlinge, oft auch von Angst geplagte, verzweifelte Geschöpfe. Studer selbst ist keineswegs unfehlbar.

In dieser Gesinnung hat Glauser eine ländliche Kleinwelt geschildert. Die Entlarvung ihrer Bewohner ist aus verschiedenen Quellen gespeist: aus Wahrheitsliebe, Respektlosigkeit, Mitleid, Gerechtigkeitssinn, Widerspruchsgeist, Humor, Menschenfreundlichkeit. Glauser fehlt es an tieferer Bosheit, an flammender Empörung, an rechthaberischer Anklage. Er kann einlenken, es nicht zum Äußersten treiben, versöhnlich urteilen. Diese Eigenschaft wird in seinen Romanen fruchtbar als vorurteilsloses Verstehenkönnen. In einer Würdigung von Glausers Gesamtwerk nennt ihn ein Kritiker „den bedeutendsten Schweizer Realisten der Zwischenkriegszeit, den kritischen Schilderer helvetischer Durchschnittlichkeit, den behutsamen Biographen der kleinen Leute, der «Verschupften», den Verspotter und Karikaturisten der dörflichen Macht- und Rechthaber" (Dieter Bachmann).

Nach Glausers eigenem Bekenntnis stand Simenons Kommissar Maigret seinem Wachtmeister Studer Modell. Simenon als Schilderer der kleinen Leute und als Schöpfer eines durchschnittlichen, ein wenig verträumten, menschenfreundlichen Sicherheitsbeamten, hat mit viel Routine und stereotypen Situationen in unzähligen Krimis aus einer Anekdote an-

sprechende Kurzromane gemacht. Obschon es zwischen Simenon und Glauser, zwischen Maigret und Studer Berührungspunkte gibt, sind denn doch Glausers Romane ungleich reicher, was die Erfindung, und differenzierter, was die Ausführung betrifft. Simenon stellt seine Krimis nach einem bewährten Rezept her. Bei Glauser ist die Machart komplizierter, weil weniger Rezept und mehr Tiefgang ins Spiel kommen. Auch seine Sprache ist reiner und origineller als die des belgischen Patenonkels des Wachtmeisters Studer.
Außerdem: Statt der Pariser Außenquartiere das Berner Land (ein Roman spielt in Genf, ein anderer in der Ostschweiz). Wenn man die internationalen Familienverhältnisse und Lebenswege Friedrich Glausers in Betracht zieht, ist es erstaunlich, daß er mit Treffsicherheit und wurzelhafter Echtheit seine schweizerischen und insbesondere seine bernischen Milieu- und Menschenschilderungen darzustellen vermochte. (Glauser war von Herkunft Berner.) Seit Gotthelf ist es keinem Schriftsteller so unbefangen und mühelos gelungen, Ausdrücke der Mundart in den hochdeutschen Text einzufügen. Man kann sich allerdings fragen, was ein deutscher Leser mit Wörtern wie Goofen, Anken, Guttere, pfuuse, klepfe oder Krachen anfangen kann! Wie Glauser eine Schankstube, das Labyrinth einer Irrenanstalt, die hilflose Zimmereinrichtung armer Leute schildert, ist beste Schriftstellerei. Von der Amtsstube der Berner Polizeidirektion sagt er: „Im Raum roch es nach kaltem Rauch, Staub und Bodenöl."
Vom Ordnungshüter Studer heißt es, es sei „ein seltsam sicherer Frieden" von ihm ausgegangen. Glauser selbst hat wenig Frieden und noch weniger Ordnung in seinem Leben gekannt. Seine Bücher verraten, daß er sich im geheimen nach beidem sehnte. Von seinen Romanen und von seinem Lebenslauf könnte man wiederholen, was Glauser von Simenons Kriminalromanen sagte: Es gibt an ihrem Ende kein Aufatmen. Und wörtlich: „Das Leben läuft weiter, unlogisch, packend, traurig und grotesk zugleich."

31. Januar

Nach einer Regennacht und einem Regenmorgen in Zürich floh ich schnell, um im Tessin die südliche Sonne wiederzufinden, die auch heute morgen wieder auf meinem Schreibtisch blendet und wärmt. Ich mußte

wieder an einem Geburtstagsessen teilnehmen. Willy Spühler sagte mir im vergangenen Dezember, er sei genau fünfzig Tage jünger als ich; seine Frau wünschte von mir eine Tischrede für den ehemaligen Außenminister. Ehren darf man nicht ausschlagen, außerdem machte ich es gern. Ich hörte meine Tischnachbarin zu jemandem sagen, es sei unglaublich, wie diese beiden Achtzigjährigen aussähen, sie möchte wissen, wie sie aussehen werde, wenn sie einmal so alt sei. Es sei Koketterie, schrieb mir D. B., wenn ich von meinem Alter rede. Ich antwortete, Koketterie zugegeben, so störe es mich eben, daß mir eine so große Anzahl Lebensjahre jetzt anklebe; denn früher sei man entweder schon tot gewesen, oder ein Achtzigjähriger habe einen weißen Bart gehabt und über Gebrechen geklagt, wenn er nicht geradezu senil war. Jedenfalls habe ich für längere Zeit genug von Geburtstagspartys.
Vor ein paar Tagen Abendessen bei Rosenbaums. Er klagte über Schwäche, sein Gesicht war eingefallen. Der Arzt habe gesagt, sein Nierenleiden sei „ernst". Ich mißbillige solche Wörter, weil sie alles oder nichts bedeuten; ein Arzt soll entweder die Zuversicht seines Patienten stärken, denn jeder lebt gern, oder er soll ihm klaren Wein einschenken. Ro trank Kamillentee und aß nur gekochte Kastanien. Sybille hatte für E. und mich eine vortreffliche Mahlzeit zubereitet. Es waren neue Gemälde ihres Sohnes Bernd da, der sich in San Francisco gut entwickelt hat und von seiner Kunst leben kann. Er hat vor etlichen Jahren mein Porträt im Profil gemacht, beinahe karikierend. Gebser sagte, Bernd habe mir die Nase von de Gaulle und das Kinn von Rosenbaum angehängt.
Trotz einer hintergründigen Bedrücktheit war die Stimmung bei Rosenbaums gelöst, wir wärmten alten Asconer Klatsch auf. Köbi Flach, dessen Marionettentheater berühmt war, lebt noch; vor mehr als zehn Jahren habe im Spital an seinem Sterbebett eine Nottrauung mit einer jungen Frau stattgefunden, mit Ro als Zeugen. Seither gehe es Flach wieder gut. Frau Seiler, eine Amerikanerin, mit der wir verkehrten, ist gestorben; ihr schönes, von dem bekannten Architekten Katzenstein erbautes Haus bei San Michele wurde von den Töchtern verkauft. Tot sind auch Karl Kerényi und Erich Maria Remarque. Der holländische Musikologe van Hoboken, der das Verzeichnis von Haydns Werken erarbeitet und publiziert hat, ist fortgezogen, nachdem direkt über seinem am Seeufer gelegenen Haus ein Nachtklub mit Jazz und Blues und Rock ihm den Schlaf raubte. Als wir vor fünfzehn Jahren den Winter in Ascona zubrachten, hatte ich auf Wunsch seiner Frau an Hobokens 80. Geburtstag

die Laudatio in den drei Landessprachen halten müssen. Danach stellte sich mir Hans Habe vor; E. und Gebser warfen mir nachher lachend vor, ich hätte die Höflichkeit dieses Schriftstellers mit gar zu sichtbarer Kühle erwidert. Am Abend bei Ro's kam die Rede auch auf betagte, aber immer noch unternehmungslustige Damen, die unsereinen in die peinliche Lage versetzten, uns so zu verhalten wie Joseph bei Frau Potiphar. „Greisengeilheit", sagte Ro. Sicher gibt es das, aber auch etwas anderes. Ein Schriftsteller sagte, die Tragödie des Alters sei nicht, daß man alt geworden sei, sondern daß man jung geblieben ist. Das macht vielleicht den Männern noch mehr zu schaffen als den Frauen. Ein hübsches Gesicht, eine blühende Jugend sind vielleicht um so anziehender, als man sie selber nicht mehr besitzt. Klassische Beispiele sind der alte Goethe in Marienbad, der die neunzehnjährige Ulrike heiraten wollte, und Stefan George, der auch in seinen letzten Lebensjahren nicht auf die Anwesenheit seiner bevorzugten Jünglinge verzichten konnte. Das Herz hat seine Gründe, die, wie Pascal sagt, die Vernunft nicht kennt.
Ich las in der Gotthardbahn im „Le Monde" die Reden, die bei der aufnahme von Jacques de Bourbon Busset in der französischen Akademie gehalten wurden. Früher habe ich selber solchen zeremoniellen Sitzungen unter der berühmten Kuppel beigewohnt, bei denen die Akademiker den grünbestickten Frack und einen Degen an der Seite tragen. Die Akademie ist seit dreieinhalb Jahrhunderten aufs engste mit der Geschichte der Nation verbunden, über deren Sprache sie skrupelhaft in ihrem „Dictionnaire" wacht. Ihre Ergänzungswahlen zeugen vom Ekletizismus ihrer Gesinnung, denn im Kreise der Akademie begegnen sich die verschiedensten Geister. Ich bedaure nachträglich, daß ich Pierre Jean Jouve, als ihm von einigen Akademikern Avancen gemacht wurden, davon abriet, seine Kandidatur anzumelden; ich fürchtete seine fast unüberwindliche Neigung zu persönlichen Streitigkeiten, die es in diesem illustren Kreis nicht geben darf (Pierre Emmanuel, der auch mit Jouve befreundet war, bleibt seit einer von ihm mißbilligten Wahl eines Schriftstellers den Sitzungen der Akademie fern). Als Claude Lévi-Strauss aufgenommen wurde, sagte er: „Sie (die Akademie) überwindet die Distanzen und nähert auf eine unvermutete Art geistige Familien und Individuen einander an."
Ich lernte Jacques de Bourbon Busset in der UNESCO kennen. Ich war damals bei ihm draußen in dem waldbestandenen Landsitz, welcher der Familie Colbert gehörte; denn seine Mutter stammte von dem Finanz-

minister Ludwigs XIV. ab. Vorher war Bourbon Busset (der keinen prinzlichen Titel trägt, aber ein Nachkomme der Capetinger ist) Kabinettsdirektor des Außenministers und Initiators der Europäischen Gemeinschaft, Robert Schuman. In seiner Rede in der Akademie rechtfertigte er seinen frühzeitigen Austritt aus der diplomatischen Karriere mit den Worten: „Das Buch war ein Mittel, mir Verpflichtungen aufzuerlegen. Meine früheren Worte verpflichteten mich nicht mehr. Durch meine Schriften würde ich mehr gebunden. Schreiben würde mir dazu verhelfen zu existieren, indem es mir eine Spielregel auferlegen und mich in mir selbst verändern würde." An anderer Stelle: „Ich bin ein Landjunker und erröte darob nicht. Meine Eigenart besteht darin, ein Landjunker zu sein, dessen Freunde fast alle Professoren sind, Philosophen vor allem."
J. de B. ist ein ehemaliger Absolvent der Ecole Normale Supérieure, wie einst Pasteur, Bergson, Henri Berr, Léon Blum, Herriot, Giraudoux, François-Poncet, Roger Caillois und wie Jean d'Ormesson. Von dieser Hohen Schule eines toleranten Humanismus sagte der neue Akademiker: „Es gibt wenig Orte auf der Welt, wo die geistige Freiheit, die heute so sehr beschmutzt wird und die doch die Ehre des Menschen ist, lebendiger gedeiht. Die Normaliens widmen sich mit Leidenschaft und Humor den Reibereien zwischen ihren Gehirnen und den wohltätigen Exerzitien der Gegenüberstellung von Verschiedenheiten. Ich bin mir der Gefahr bewußt, daß man vielleicht sein Leben lang ein alter Student bleibt."
Ich muß mir das alles notieren, denn es betrifft mich und meine eigene Jugend im Quartier Latin und auch meine heutige Lebensführung in einem alten Haus auf dem Land, nachdem auch ich ein wenig verfrüht in den Ruhestand getreten war. Er sei ein „von Metaphysik erfüllter Landbewohner", sagte Bourbon in seiner Rede. Er ist tief in das Geheimnis des Waldes, der frischen Quellen, der freien Ausblicke eingedrungen; die Magie der Natur und ihrer Tierwelt ist ihm vertraut. Zu oft, meint er, führten die Intellektuellen ein Doppelleben, ein Leben, das der Intelligenz und ihren erlesensten Produkten geweiht ist, und ein anderes, wo der Körper, die Leidenschaft, die Natur überhandnehmen. Sein Ideal ist die Einheit der Intelligenz und der Sinne, was man „Geist" nennen könne. Im Wald erblickt er das Uruniversum und vielleicht auch das Universum der Zukunft, wo man sich eigentümlich bei sich selbst fühlt. „Ganz leben heißt zweifellos, zwischen Bäumen gehen, diesen verschwiegenen und lebendigen Zeugen, die zu beweisen scheinen, daß es eine

verborgene Verbindung zwischen der extremen Stille und der extremen Vitalität gibt." Weiter: „Die Natur hat es nicht eilig."
P. S. Diese Eintragung war geschrieben, als ein vom 28. Januar datierter Brief von Pierre Emmanuel aus Paris eintraf. Er berichtet von „einigen Augenblicken, die uns im Friedhof Montparnasse an einem schneebedeckten Nachmittag vor der Granitplatte zusammenführten, die Blanche und Pierre beschützt. Wir dachten an Sie." Diese Treue alter Freundschaften rührt mich. Ich kann jetzt die traurige Erinnerung tilgen, als ich am 1. November 1980 Pierre Jean Jouves Grab ohne einen mit seinem Namen gekennzeichneten Gedenkstein vorfand.

8. Februar

Es gibt Erinnerungsfetzen, auch skurrile. Vor Blanche Jouve hatte ich immer ein wenig Furcht. Sie hatte den bohrenden Blick und die Verschwiegenheit der Freudianer, bei denen sie in hohem Ansehen stand. Charles B., der ihrer Autorität eines Tages entronnen war, nannte sie „Klytemnästra". Sie sah in Brunegg den Jungen unseres damaligen Pächters, der debil war, nicht lesen und schreiben konnte und epileptische Anfälle hatte. Ich fragte Blanche, ob man den armen Menschen nicht besser in ein Pflegeheim verbringen sollte. „Nein", sagte Blanche, „man muß das Leiden bei sich behalten." Zuletzt sah ich die fast hundertjährige Greisin, ihrer Sinne und Sprache nicht mehr mächtig, auf ihrem Krankenlager. Nach ihrem Tod ließ Pierre sich selber sterben. Er hatte eine Seite „Dandy". Die besten Hemden- und andere Schneider von Paris waren seine Lieferanten. Jouve war in allen Äußerungen seiner Existenz ein Perfektionist. Der graphischen Gestaltung seiner Werke schenkte er seine Aufmerksamkeit. Er stieg nur in den besten Hotels ab. Eines Tages fuhren die Jouves mit der Gräfin B., einer befreundeten Dame von mächtigen körperlichen Proportionen und mit slawischer Aussprache, nach Venedig. Ins Hotel Danieli. In der Halle spielte ein Geiger. „Ich wußte nicht, daß man im Danieli Musik macht", sagte Jouve und fuhr noch am gleichen Abend wieder nach Hause. Ein Jahr lang wollte er die Gräfin nicht mehr sehen. Eines Tages erblickte er sie in Paris auf dem Trottoir gegenüber. Jouve überquerte die Straße, reichte der Dame die Hand und sagte: „Ich verzeihe Ihnen Danieli." Ist es nicht gut, daß es Menschen außerhalb der bürgerlichen Ordnungen gab? Gibt es sie noch?

9. Februar

Drei Postsendungen aus Deutschland helfen mir, etwas zu verstehen, das mich seit dem Zusammenbruch des Hitler-Reiches immer von neuem beschäftigt hat: das Leiden an Deutschland oder, besser, das Leiden der Deutschen. Man hat nach Kriegsende in aller Welt „die" Deutschen mit Vorwürfen und Beschuldigungen überhäuft, als ob es ein Verbrechen gewesen wäre, wenn ein Deutscher unter der Zwangsherrschaft der Nazis und ihrer Gestapo kein Verlangen hatte, durch offene Auflehnung den sicheren Tod zu erleiden. Abgesehen von den Toten der Wehrmacht, die in vielen Ländern zwischen dem Ozean, Afrika und Stalingrad begraben liegen, hat man kaum Notiz davon genommen, daß während des Krieges rund 29.000 Offiziere, Unteroffiziere und Soldaten der deutschen Wehrmacht zum Tod verurteilt und hingerichtet worden sind. Wie viele es waren, die in den Bombennächten umkamen, in Konzentrationslagern umgebracht wurden oder auf der Flucht vor dem herannahenden Feind den Tod fanden, dürfte statistisch kaum erfaßt werden können. Viele starben unter dem Fallbeil oder am Galgen. In den ersten Besetzungsjahren, als durch alliierte Verordnungen Gegner des Hitler-Regimes, weil sie Beamte oder Offiziere waren, mit ihren Nazischergen zusammen in Straflager gesperrt wurden, geschah neues Unrecht an Deutschen – und ich spreche nicht von den zwölf Millionen Flüchtlingen aus dem Osten, die ohne Hab und Gut nach Westen in die Trümmerstädte strömten. Ich erinnere mich an unser Entsetzen, das von französischen Offizieren und Soldaten geteilt wurde, als wir im April 1945 das Unheil sahen, das in Süddeutschland durch die amerikanischen und britischen Bombenflugzeuge angerichtet worden war. Die alliierten Gerichte, die zur Aburteilung von deutschen Kriegsverbrechern eingesetzt wurden, kümmerten sich nur um solche, die in den besetzten Ländern Europas und in Deutschland gegen Ausländer und Juden Schuld auf sich geladen hatten. Die Nazi-Gauleiter, die die eigene Bevölkerung drangsaliert hatten, gingen frei aus, desgleichen die deutschen Richter, die auf Grund der Nazigesetze Deutsche zu Zuchthaus und oft auch zum Tode verurteilt hatten. Die sogenannten „Spruchkammern" mußten die „Entnazifizierung" nach schematischen Kriterien vornehmen, wobei Menschen, die innerhalb der Staatsverwaltung ihre Landsleute vor den Nazis geschützt oder ihnen Hilfe gewährt hatten, nach dem Motto „mitgefangen, mitgehangen" eingesperrt wurden.

Es war eine verständliche Reaktion, daß nach den Greueln des Hitlerkrieges das Mitgefühl der Welt zunächst den nichtdeutschen Opfern dieses Krieges galt: den Widerstandskämpfern in den besetzten Ländern, die gefoltert und getötet worden waren, den Gefallenen in den Rängen der verbündeten Armeen – davon 20 Millionen Russen –, den fünf oder sechs Millionen Juden, die von den Nazis ermordet wurden. Unter dem Titel „Sechs Herrenmenschen" berichtete Marion Gräfin Dönhoff in der „Zeit" (8. Juli 1954) von dem Prozeß, der in Metz sechs Lagerleitern des berüchtigten KZ-Lagers Struthof bei Straßburg gemacht wurde. Einer der Angeklagten erklärte vor dem Gericht: „Wenn ich irgend etwas dafür tun kann, den Haß gegen die Deutschen zu besänftigen, so will ich gern dafür den Tod erleiden." Der französische Gerichtspräsident entgegnete darauf: „Es stimmt nicht, daß Sie hier als Deutscher sind. Sie sind hier als Verbrecher. Reden Sie sich und anderen nicht ein, daß wir hier Deutschland den Prozeß machen." Diese Lagerleiter hatten unvorstellbare Grausamkeiten an ihren Häftlingen begangen.
Es gibt kein „Monopol des Leidens"; französische Publizisten warfen der israelischen Propaganda vor, ein solches Monopol für die Juden in Anspruch zu nehmen. Juden, Polen, Jugoslawen, Norweger, Franzosen, Russen, Holländer, Deutsche, Italiener haben alle gelitten. Wenn noch heute der israelische Regierungschef Begin in einer gegen Bundeskanzler Helmut Schmidt gerichteten Anklagerede alle Deutschen verantwortlich macht für die von den Nazis begangenen Missetaten, muß man sich fragen, ob denn die heute jungen und bis fünfzigjährigen Deutschen, aber auch die Mehrzahl der älteren Deutschen Schuld tragen sollen an dem Holokaust, dem so zahlreiche Juden zum Opfer gefallen sind. In Begins Beschimpfungen geht es um schieren Haß, nicht nur gegen die Deutschen, und es ist schlimm, wenn heute noch, heute wieder Haß die Welt regiert.
Aber ich wollte von drei Postsendungen aus Deutschland reden. Es sind zwei Bücher, beide von Frauen geschrieben. Wendelgard von Staden berichtet unter dem Titel „Nacht über dem Tal" von ihrer Jugend in Deutschland. Marion Gräfin Dönhoff legt in ihrem Buch „Von gestern nach übermorgen" Rechenschaft ab von der Geschichte der Bundesrepublik, wie sie sie als Schriftleiterin der Wochenzeitung „Die Zeit" miterlebt und beurteilt hat. Die dritte Post enthielt eine Besprechung auf fünf Blättern, die Walter Dirks am Deutschlandfunk meinem Buch „Chronik des Zweiten Weltkriegs" gewidmet hat.

Der schlichteste unter den drei vor mir liegenden Texten ist der ergreifendste. Ohne literarische Ambitionen, als treue und zuverlässige Chronistin der auf ihrem elterlichen Gutshof in Württemberg erlebten Kriegsjahre, erzählt Frau von Staden eine grausige Geschichte. In der Nähe des landwirtschaftlichen Familienbetriebes, in einem stillen Tal, nicht weit von dem Städtchen Vaihingen, hatten die Nazis ein Konzentrationslager eingerichtet. Eine Anzahl Häftlinge, halbverhungerte Elendsgestalten, wurden auf diesem Gutsbetrieb beschäftigt. Die Aufseher des KZ mit Peitsche und Polizeihund standen dabei und schlugen zu, wenn einer der Unglücklichen mit einem anderen sprach oder wenn er aus Schwäche zusammenbrach. Die Verfasserin, die selber wie eine Bauernmagd zusammen mit diesen Häftlingen auf dem Feld arbeitete, und ihre Mutter, die als eindrucksvolle Persönlichkeit im Zentrum dieses Buches steht, versuchten unter eigener, großer Gefahr, den Häftlingen zu helfen. Der Umstand, daß der Vater der Verfasserin der Bruder des ehemaligen Außenministers Konstantin von Neurath war, bewahrte diese Frauen vor dem Schlimmsten. In seiner Naivität begab sich eines Tages das junge Mädchen zu dem berühmten Onkel, um ihn um seine Hilfe gegen die grausamen Lagerleiter zu bitten. Sie erlebte eine peinliche Szene, als Neurath in panischem Schrecken das Ansuchen seiner Nichte ablehnte und sie fortschickte.

Merkwürdigerweise habe ich selber im April 1945 im Städtchen Vaihingen das Ende dieser Geschichte erlebt. Die Franzosen hatten dieses Konzentrationslager samt seinen halbtoten Insassen und Massengräbern entdeckt, die überlebenden Häftlinge in Spitalpflege gebracht und die Lagerleiter und Aufseher verhaftet. General de Lattre de Tassigny schilderte uns den furchtbaren Eindruck, den bei seinem Besuch im Spital die schwer leidenden Häftlinge auf ihn gemacht hatten. Einige von ihnen, die bereits wieder stehen und gehen konnten, aber bis auf die Knochen abgemagert waren, erblickte ich in einer Konditorei in Vaihingen. – Interessanter als meine eigenen Eindrücke ist die wirklichkeitsnahe, ergreifende Schilderung vom Krieg und von der Niederlage, die Frau von Staden in ihrem Buche macht. Sie habe es mir geschickt, schrieb sie, weil ihre Mutter im Krieg meine Radiokommentare abgehört hatte. Es gehörte zu den wahl- und kopflosen Repressalien, die die amerikanischen Besatzungsbehörden (die in diesem Teil Württembergs die Franzosen abgelöst hatten) ergriffen, als sie diese Frau verhafteten, längere Zeit einsperrten und ohne Verhör oder Gerichtsurteil endlich wieder freiließen.

Diese in das Räderwerk des Naziregimes und der alliierten Repressalien geratene adlige Dame trat später als Zeugin im Prozeß gegen die Lagerleiter des benachbarten KZ auf. Das Gericht sprach ihr seine Hochachtung für den Mut und die Hilfsbereitschaft aus, die sie im Krieg unter eigener Gefahr bewiesen hatte.

10. Februar

Daß die Gräfin Dönhoff zu den klügsten, bestinformierten, mutigsten und für Frieden und Freiheit kämpfenden deutschen Kommentatoren des politischen Geschehens gehört, ist allgemein bekannt. Das Aussehen und das öffentliche Auftreten dieser bedeutenden Frau hatten immer Stil und Schönheit. Ich habe gestern ihre Auseinandersetzung mit der Person und Politik Adenauers gelesen – man ist versucht zu sagen: ihr Leiden an Adenauer. Sie weiß um seine Verdienste: Herbeiführung eines demokratischen Regimes in Freiheit, Zurückgewinnung des Vertrauens des Auslandes, Versöhnung mit Frankreich. Sie kennt die eigentümliche Mischung von persönlicher Selbstlosigkeit dieses Kanzlers mit seiner Überzeugung, daß er allein der Bundesrepublik den richtigen Weg weisen könne und daher Einmischung und Kritik von seiten anderer Politiker und der Presse nicht ernst nahm. Auf seine aus eigener Autorität gefaßten Beschlüsse hatten selbst die Minister und das Parlament wenig Einfluß – am wenigsten bei der Gestaltung der Außenpolitik. Seine Mitarbeiter dienten ihm wie Vasallen einem Feudalherrn. Marion Dönhoff weiß auch, daß die schlichte Sprache und die Ablehnung theoretischer Feinheiten eine Stärke dieses Politikers war. Aber – ihre Aber sind so zahlreich, daß aus ihrer Sicht das Werk des greisen Kanzlers, der in den ersten vierzehn Jahren ihres Bestehens der Bundesrepublik das Gepräge gab, in wesentlichen Teilen fragwürdig bleibt. Sein taktisches Geschick, das kaltherzig, mit List und Tücke Gegner und mögliche Rivalen ausmanövrierte und Freunde nur so lange gewähren ließ, wie sie ihm nützlich waren, führte zu einer auf der deutschen Politik lastenden Einsamkeit des Staatsmannes, dem die Verfasserin seine Größe nicht absprechen kann. Ich habe diese tragische Vereinsamung Konrad Adenauers kennengelernt, als ich ihn in den Jahren nach seinem Rücktritt wiederholt besuchte und er das Bedürfnis hatte, mir seine Sorgen und Kritiken mitzuteilen: „Ich weiß es nicht, man sagt mir nichts“, antwortete er auf meine

Frage nach der Politik seines Nachfolgers Erhard; er machte kein Hehl aus seinem Haß gegen Erhard und gegen den Holländer Luns, der Adenauers mit de Gaulle zusammen ausgearbeiteten Plan einer europäischen Einigung zu Fall gebracht hatte. Er war traurig, weil hernach de Gaulle seiner Bitte, eine neue Initiative für ein vereinigtes Europa zu ergreifen, nicht stattgab.

Wie ein Leitmotiv geht durch die Betrachtungen der Gräfin Dönhoff die Trauer um möglicherweise verpaßte Gelegenheiten zur Rettung der deutschen Einheit. Marion Dönhoff kann aber ebensowenig wie ein anderer Zeuge der damaligen Vorgänge sagen, ob die Vereinigung des nach Kriegsende zwischen die Besatzungsmächte in West und Ost geteilten Deutschlands möglich gewesen wäre. Ich selber habe mir in den frühen fünfziger Jahren vorgestellt, daß die „österreichische Lösung" der deutschen Politik hätte als Vorbild dienen können. Adenauer selbst hat eine Verständigung mit der Sowjetunion über eine Wiedervereinigung Deutschlands unmöglich gemacht, als er mit dem Westen ein Bündnis schloß und die Bundesrepublik in die Nato einbrachte. Ich kann Adenauers Theorie verstehen: ein neutrales, zwischen West und Ost schwankendes Gesamtdeutschland wäre in der prekären Situation der ersten Nachkriegsjahre, als die Deutschen selbst weder ihre innere noch ihre äußere Sicherheit wiedererlangt hatten, ein mit Gefahren verbundenes Experiment gewesen. Der andere Grund – die Gräfin Dönhoff kennt ihn und setzt sich damit auseinander – war die tiefe Abneigung Adenauers gegen alles Preußische, gegen Berlin als Hauptstadt, gegen die Versuchungen des deutschen Nationalismus und Militarismus, kurz, das tiefe Mißtrauen, das der katholische, konservative Rheinländer gegen das deutsche Volk im allgemeinen in seinem Herzen trug. Er hielt es für politisch verführbar und unzuverlässig. Die Wiederbewaffnung der Bundesrepublik, die dieser durchaus zivilistisch denkende, den preußischen Generälen abgeneigte Kanzler selber einführte, durfte nach seiner Meinung nur innerhalb einer integrierten Militärorganisation der westlichen Welt unter amerikanischem Oberkommando verwirklicht werden. Seine nach meiner Meinung trügerische Hoffnung auf eine supranationale Einigung Europas mit gemeinsamer Regierung war in Adenauers Augen ein Mittel, die Deutschen an neuen außenpolitischen Abenteuern zu hindern. Aber die Bundesrepublik war auch eine Revanche der Rheinländer und Süddeutschen gegen das ungeliebte Preußen.

Marion Dönhoff spricht es nicht aus, aber nach meiner Meinung ist es die

Wahrheit, daß Adenauer nicht ein nationaler Politiker war. Ihm war es trotz vielen Lippenbekenntnissen kaum um die deutsche Wiedervereinigung zu tun, sondern um sein vom rheinisch-westfälischen Zentrum aus beherrschtes Westdeutschland, das er an Westeuropa vertäuen wollte wie ein Schiff im schützenden Hafen. Da Geschichte nur von dem handelt, was war, nicht von dem, was hätte sein können, wissen wir nicht, ob eine andere Politik, wie sie von den Sozialdemokraten unter Kurt Schumachers Führung vorgeschlagen wurde, möglich gewesen wäre. Sicher ist so viel, daß es seither ein deutsches Vaterland nicht mehr gibt. Ebenso sicher ist es, daß die Versteifung auf eine „Politik der Stärke" gegenüber der Sowjetunion, die von Amerika eifrig gestützt wurde, jede Initiative, jede Bewegung in der bundesdeutschen Außenpolitik unmöglich machte, solange Adenauer in Bonn regierte. Es war und ist heute noch eine Illusion zu glauben, daß eine immer ungeheuerlicher wachsende Rüstung der Nato dazu führen könne, daß den Russen der Atem ausgeht und sie dem Westen, auch den Deutschen, diejenigen Konzessionen machen müssen, von denen mir Adenauer sagte, seine Politik habe darin bestanden, ohne Krieg von der Sowjetunion Konzessionen zu erhalten. Er warf in diesen Gesprächen den Westmächten vor, daß sie an solchen Konzessionen nicht interessiert seien.

Es fiel mir auf, daß Adenauer nicht präzisierte, welche Art von „Konzessionen" er von den Russen verlangen wollte. Er hat mir gegenüber das Wort Wiedervereinigung nie ausgesprochen. Marion Dönhoff sagt zutreffend, daß es unter Adenauers Kanzlerschaft gar keine Ostpolitik gab; sie habe sich auf das Verlangen nach freien Wahlen in der sowjetisch besetzten DDR beschränkt. „Adenauer", sagt die Gräfin Dönhoff, „war eben die Verwirklichung der Westintegration wichtiger als der Versuch, die Ostintegration des andern Teils Deutschlands zu verhindern." Sie weist auch darauf hin, wie tief die Sorge der Russen vor einer neu entstehenden deutschen Militärmacht war, die sich mit der gewaltigen amerikanischen Militärmacht verbündet hatte. Aber der Westen habe sich die Furcht der Russen, die in zwei Weltkriegen eine deutsche Invasion erlebt und ungeheure Verluste und Zerstörungen erlitten hatten, nicht vorstellen, noch verstehen können. Die Zeit, da die Russen hätten Konzessionen machen können, sei nach dem Beitritt der Bundesrepublik zur Nato, nach Stalins Tod 1953 und nach dem XX. Parteitag in Moskau 1956 vorbei gewesen, sagt Marion Dönhoff. Auch Carlo Schmid klagt in seinem Erinnerungsbuch über die Umstände, welche die Rettung der deutschen Einheit verhindert haben. Marion Dönhoff erwähnt den Vorschlag, den 1957 George Kennan in den „Reith Lectures" machte, als er ein Auseinanderrücken der Blöcke in Mitteleuropa propagierte. Kennan war der Ansicht, ein wiedervereinigtes, neutralisiertes Deutschland, das nach einem Auseinanderrücken der beiden Militärblöcke entstanden wäre, hätte den Konflikt entschärfen können, der durch die Integrierung der beiden deutschen Staaten in gegnerische Militärallianzen explosiv geworden ist. Ich traf damals George Kennan und Paul Nitze (der gegenwärtig im Auftrag Präsident Reagans in Genf Verhandlungen mit den Russen über die Reduzierung der Mittelstreckenraketen führt) zu einer Aussprache über die Idee eines Auseinanderrückens der Blöcke in Europa; sie fand in Genf unter Jacques Freymonds Vorsitz im Genfer Institut Universitaire des Hautes Etudes Internationales statt. Damals wurde von den westdeutschen CDU-Politikern und ihrer Presse, von der „NZZ" leidenschaftlich unterstützt, mit glühenden Kugeln gegen Kennan und seine Ideen geschossen. Er fragte mich, wie es möglich sei, daß eine „technisch hervorragend gemachte" Zeitung wie die „NZZ" so „seltsame Kommentare" veröffentlichte. Ich mußte ihm antworten, daß ich wegen des Fehlens von persönlichen Beziehungen zu der Redaktion dieses Blattes keine Antwort wüßte.

„Willy Brandts Ostpolitik rückt die Bundesrepublik wieder in das Zentrum Europas": Dies ist der Titel des 5. Kapitels von Marion Dönhoffs Buch. Natürlich bewegten sich in all den Jahren, von denen sie in ihrer offenen und gescheiten Art berichtet, meine eigenen politischen Gedanken und Schriften in einer ähnlichen Richtung. Was die Politik Adenauers und seiner rheinisch-bayerisch-katholischen Anhänger einerseits, die Kritik der Gräfin Dönhoff andererseits betrifft, so illustriert sie den Gegensatz, der seit der Glaubensspaltung in Deutschland im 16. Jahrhundert, auch seit der Annexion des Rheinlands durch Preußen 1815 und seit der Reichsgründung von 1871 zwischen dem protestantischen deutschen Norden und Osten und dem katholischen Westen und Süden besteht. Zwar sagt Marion Dönhoff, die Gründung der überkonfessionellen CDU habe den historischen Zwist zwischen Katholiken und Protestanten aufgehoben. Aber ist es nicht auffallend, daß auf drei Bundeskanzler, die aus dem Rheinland, Bayern und Württemberg stammten, zwei Kanzler aus den Hansestädten Lübeck und Hamburg gefolgt sind? Das wird durch die Parteibezeichnungen CDU/CSU einerseits, Sozialdemokraten andererseits überdeckt. Und wieder sind die Gegenspieler von

Willy Brandt und Helmut Schmidt der Bayer Franz Josef Strauß und der Rheinpfälzer Helmut Kohl . . . Ich selber habe diese alten, aus der Glaubensspaltung und dem Preußentum beziehungsweise Antipreußentum stammenden Gegensätze und Affekte oft in Gesprächen mit Deutschen feststellen können.
Marion Dönhoff versichert mir, sie habe vieles von mir gelernt. Was heißt lernen? Habe nicht auch ich von ihr und ihresgleichen gelernt? Was machten wir im Leben? Wir wollten als Publizisten, aufgrund von historischen und politischen Kenntnissen und Ideen, eine Wirkung ausüben. Über das aber, was man die „Wirkung" der Medien nennt, dachte und denke ich ziemlich skeptisch. Leider. Gehn denn die Dinge nicht einfach so weiter, als ob sie von keiner besseren Einsicht beeinflußt werden könnten?

11. Februar

Betrifft: Deutschlandfunk „Die Kriegschronik eines Schweizers", von Walter Dirks. – Wir hier, die andern drüben, erlebten den Krieg – der in der Schweiz nicht stattfand – gleich und nicht gleich. Daher eine verschiedene Optik, eine andere Emotion. Dirks billigt mir die „Behutsamkeit" zu, welche die prekäre Lage unseres Landes uns aufzwang und die, hätte ich sie nicht aufgebracht, von der Zensur verlangt worden wäre. Weiter: „Wer wie ich gar nicht genug Hieb- und Stichfestes über Nazismus und Krieg lesen kann, über den geschichtlichen Hintergrund seines wachen Lebens, der hat in Salis' Werk ein zuverlässiges Lesebuch in der Hand. So verlief der Krieg, so und nicht anders."
Walter Dirks war Redaktor der „Frankfurter Zeitung", die bis 1943 relativ liberal schreiben konnte. Sie hatte bis zu diesem Zeitpunkt das gleiche Informationsmaterial zur Hand wie wir in der Schweiz: „Auch wir waren humane, an der Demokratie und dem Frieden orientierte Europäer – nur dazu in der tragischen Lage, Gefangene und in etwa auch Helfershelfer der kriegführenden Diktatur zu sein", sagt Dirks. Nach der Kapitulation des Dritten Reiches gaben Walter Dirks und Eugen Kogon die „Frankfurter Hefte" heraus – mit dem Anliegen, Europa, dem Sozialismus und dem Christentum zu dienen. Wir gehören bei geringem Altersunterschied der gleichen Generation an. Dirks versichert, daß „alle urteilsfähigen Deutschen" nach der Katastrophe von Stalingrad und der Nieder-

lage Rommels in Nordafrika wie wir in der Schweiz mit dem Sieg der Alliierten rechneten. Interessant für mich ist Dirks' Bemerkung, nach dem Text meiner Radiokommentare zu urteilen könne man nicht wissen, ob ich vor Ende 1942 die Chancen der beiden Kriegsparteien für gleich gehalten hätte. (Überzeugt von Hitlers Niederlage war ich von 1941 an gewesen: seit seinen Balkan- und Rußlandfeldzügen.) Im übrigen hätten sich, sagt Dirks, „unsere Meinungen über den Kriegsverlauf erstaunlich gedeckt". Mich erstaunt das nicht so sehr, weil eben geschulte, sachbezogen denkende und politisch erfahrene Menschen, wenn sie über einen einigermaßen gesunden Instinkt verfügen, zu ähnlichen Schlüssen (gleichen Meinungen) gelangen müssen.

Der Unterschied zwischen uns, den Walter Dirks in seiner Besprechung hervorhebt, liegt auf einer anderen Ebene. Er findet meine Kriegschronik „äußerst unterkühlt". Von dem, was der „betroffene Deutsche" fühlte, stehe nichts darin. Insofern sei mein Buch nicht „unser" Krieg, sondern ein Bericht über das militärische und politische Geschehen, „dessen Subjekte Nationen und deren Führergruppen sind". Am merkwürdigsten findet es Dirks, daß sich der schweizerische Radiokommentator „vor der Person Adolf Hitler ungemein zurückhält". Dieser werde „selten erwähnt, niemals beurteilt".

Dirks sagt mit Recht: „Der Krieg also war ganz und gar Hitlers Krieg." Falls dies der Schweizer Chronist auch erkannt habe, „so hat er es verborgen". Ob es von meiner Seite Abscheu war oder auch „Respekt vor ungeheuerlicher Leistung" könne er nicht sagen. *Ich* kann es sagen: Oberstes Gebot der Zensuranweisungen war, daß fremde Staats- und Regierungschefs nicht angegriffen werden durften. Ich kritisierte auch Stalin nicht, denn auch der Sowjetunion gegenüber sollten wir „zurückhaltend" urteilen, lautete die Weisung aus Bern. Unmöglich wäre es gewesen, Mitarbeiter am Radio zu bleiben, wenn man in einer Sendung seiner Abscheu, Empörung und Entrüstung Ausdruck gegeben hätte. – Dennoch: Die unzähligen Menschen in Deutschland und den von den Deutschen besetzten Ländern, die mir nach dem Kriege für meine Radiosendungen gedankt haben, sagten, sie hätten daraus Trost und Zuversicht geschöpft. Es ist klar, daß der gedruckte Text, 40 Jahre danach, den Ton der Stimme und ihre Gefühlslage nicht wiedergibt.

12. Februar

Ende Ascona. Morgen Rückkehr an die Clausiusstraße. Abschied von Rosenbaum und von den Valentis. Vorfrühling am Lido. Der See pastellfarbig in abgestuften Blautönen. Gegenüber die Berge als graue Kulisse. Diese sanfte, friedliche Landschaft ist unendlich ausruhend. Hier mache ich jedes Jahr „Kur", denn ich gebrauche nie Kuren. Es ist Erholung genug auf den vielen Spaziermöglichkeiten. Bald werde ich in meiner Stadtwohnung wieder eingehalten sein zwischen den Gebäuden und Instituten der ETH in Zürich. Ich hatte immer einen Lebensrahmen nötig, Haus, Familie, Beruf, Freundschaft, das Tägliche und das Außergewöhnliche. In der Unordnung, im Chaos konnte ich nie leben. Vielleicht, weil Gegensätze sich anziehen, interessierte ich mich oft für Menschen, die auf der andern Seite leben. Henry Miller hat in seiner Autobiographie Turgenjew einen „Akademiker" genannt. Das ist richtig gesehen. Große Dichter sind nicht Akademiker. Ein ehemaliger Professor ist es. Ich habe mich denn auch nie für etwas anderes gehalten. Aber von Einzelgängern und Außenseitern habe ich für das Leben mehr gelernt als von Professoren.

14./17. März

Voriges Jahr gedachte das Musée de Montmartre in Paris mit einer Ausstellung des Zentenariums von Rodolphe Salis und seines „Cabaret du Chat Noir". Er hatte sein Lokal 1881 eröffnet. Ein Katalog gibt Auskunft und hält das Andenken fest. Die Bergeller Stammheimat des Begründers dieses literarischen Kabaretts stand den Parisern nicht nach und veranstaltete in Stampa ebenfalls eine Gedenkausstellung an diesen fernen Sohn des italo-bündnerischen Tals. Ein Erforscher der Engadiner und Bergeller Familienschicksale hatte nachgewiesen, daß der Großvater des „gentilhomme cabaretier" (wie sich Rodolphe Salis titulieren ließ) in Vicosoprano als unehelicher Sohn eines dort ansässigen Salis geboren und mit dem Vaternamen ins Taufregister eingetragen wurde. Er wanderte nach Frankreich aus, wo sein Sohn als Ladenbesitzer in Châtellerault zu bescheidenem Wohlstand gelangte. Dessen Sohn Rodolphe, statt dem Vater hinter dem Ladentisch zu helfen, begab sich wie ein ehrgeiziger balzacscher Jüngling aus der Provinz nach Paris, um sich zum Maler auszubilden. Offenbar war es mit seiner Kunst nicht weit her; doch in der Ausstellung in Paris war ein Bild zu sehen, auf dem Toulouse-Lautrec, nebst andern bekannten und unbekannten Angehörigen der Bohème von Montmartre, im phantastisch ausstaffierten Lokal des „Chat Noir“ an einem Tische sitzend zu erkennen ist. Abenteuerlich, musisch und geschäftstüchtig, hatte es Rodolphe Salis geschafft, mit seinem Kabarett einen durchschlagenden Erfolg zu erzielen und einen erklecklichen Gewinn einzustreichen. Das elegante Tout-Paris füllte jeden Abend den Saal, amüsierte sich und klatschte Beifall, wenn Rodolphe Salis in seinen Conférencen mit seinem frechen und unerschöpflichen Mundwerk das Bürgertum verhöhnte und die Politiker an den Pranger stellte, wenn zu Klavierbegleitung lockere Chansons vorgetragen wurden und an kleinen Tischen berühmte Maler sich langsam vollaufen ließen. Die in seiner Zeitschrift veröffentlichten (später in einer illustrierten bibliophilen Ausgabe vereinten) „Contes du Chat Noir“ von Rodolphe Salis sind Spätblüten der erotischen Literatur in der Nachfolge des „Decamerone“. Sogar zu einer Heirat hatte sich dieser unermüdliche Spaßmacher und Satiriker noch entschlossen; sein Gewinn reichte zum Ankauf eines Schlosses, worauf sich Rodolphe selbst zum „Baron“ ernannte. Das berühmte Plakat, das Steinlen (auch er ein Pariser schweizerischer Herkunft) für die „Tournée du Chat Noir“ gemacht hat, scheint mit seiner tiefschwarzen und blutroten Färbung das traurige Ende vorauszuahnen: im sogenannt besten Mannesalter starb der beliebte „Cabaretier“ 1897, ehe seine Tournee in der Provinz beendet war. Übrigens: Ein berühmterer Mann und großer französischer Dichter, Guillaume Apollinaire, stammt auch aus der keineswegs philiströsen Bündner Aristokratie; man spricht meistens nur von Apollinaires polnischer Mutter und seinen Jugendjahren in Südfrankreich; aber sein (außerehelicher) Vater hieß Flugi von Aspermont und lebte in Rom. Dessen Bruder in Graubünden war ein Dichter in rätoromanischer Sprache . . .

Der Engadiner Familienhistoriker, der die Abkunft des Rodolphe Salis aus den Quellen nachgewiesen und nach der Geschichte vieler anderer Bündner Familien geforscht hat, die im Ausland als Confiseure, Cafetiers und Gastwirte ihr Auskommen fanden (unter ihnen die Josty in Berlin, die à Porta in Kopenhagen, die Salis in Warschau), regte mich unlängst in einem Gespräch zu neuem Nachdenken über bündnerische Familienschicksale an. Vielleicht waren meine Verwandten enttäuscht, daß ich die Geschichte unserer Familie nicht geschrieben habe. Mit Recht sagte jener gut unterrichtete Genealoge, als wir uns auch über diesen Punkt unterhielten, das wäre „heikel“ gewesen. Ich konnte und könnte es nicht, weil ich persönlich angesprochen wäre. Ruhm und Verfehlungen, Verdienste und Schwächen sind in dieser lebensvollen und unruhigen Sippe ununterscheidbar ineinander verwickelt. Eine Apologie wäre ebenso falsch wie eine Denunziation. Bestenfalls könnte einer gewissen Faszination über das Dramatische dieser Familienstory nachgegangen werden, da vielen dieser Lebensläufe, Handlungen, Erfolge und Tragödien, auch den Werken der Wissenschaft und Literatur, deren Verfasser den Namen Salis tragen, keine banale Alltäglichkeit anhaftet. Solange der aristokratische Stand wirkte und nachwirkte, war diese internationale Familie interessant. Sie verlor den Nimbus des Besonderen, als – unvermeidlicherweise – die ehemalige Oberklasse sich in eine bürgerliche Daseinsform integrieren mußte.

Es ist auffallend, wie diese Menschen immer (oder fast immer) einen guten Start hatten, aber nicht oder nur für kurze Zeit ganz an die Spitze gelangten; manche von ihnen verdarben sich ihre Chance durch eine vom Konformen abweichende Eigenwilligkeit. Da ist dieser Ritter aus dem 16. Jahrhundert, der auf seinem Porträt das Goldene Vlies um den Hals trägt. Er wurde aus diesem vornehmsten europäischen Orden ausgestoßen, sein Name im Register gelöscht, als er zur Reformation übertrat. Die Salis hatten kurz zuvor in Chur einen großen Skandal verursacht, als sie aus Protest gegen die vom Domkapitel vorgenommene Wahl eines Fürstbischofs einen Priester aus ihrer eigenen Familie „in aller Tüflen Namen“ auf den Altar der Churer Kathedrale hißten und in terroristischer Manier den bischöflichen Hof so lange besetzt hielten, bis Machtworte des Kaisers und des Papstes dem Spuk ein Ende setzten. Einer ihrer Vettern in Samaden, der gelehrte Friedrich, der mit den Reformatoren in Zürich Briefe wechselte, hatte mittlerweile die Verbreitung des neuen Glaubens im Engadin gefördert. Die übrige Familie folgte seinem Beispiel. Es gab aber noch Unklarheiten in „reformierten“ Köpfen; einer dieser Salis-Herren erteilte einem calvinistischen Prädikanten einen strengen Verweis, weil er gegen die heilige Mutter Gottes gepredigt hatte. Es dauerte einige Zeit, bis die neue Lehre die Marienverehrung aus den Herzen der Gläubigen austilgen konnte.

Der hugenottische Herzog Henri de Rohan, als er 1636 auf das Geheiß des Königs von Frankreich das Veltlin den Spaniern wieder entriß, hatte dem Hauptmann Jenatsch blind vertraut, als dieser ihn hinter seinem

Rücken an die Spanier und Katholiken verriet. Der Oberst Ulysses von Salis und andere Offiziere hatten den edlen, aber schwachen Herzog vergeblich vor dem verführerischen Jenatsch gewarnt, an dem er einen Narren gefressen hatte. Bekanntlich mußte Rohan mit seinen französischen Truppen das Veltlin und Graubünden wieder räumen. Sein erfolgreicher Verrat ließ Jenatsch im verklärenden Licht eines Freiheitshelden erstrahlen, der die Fremden vertrieben hatte, bis er an einem Fasnachtsabend von maskierten Gegnern im Gasthaus „Zum staubigen Hütlein" zu Chur mit einer Axt erschlagen wurde. Die Behörden unterließen es, nach den Mördern des unbequemen Mannes zu suchen. Ulysses von Salis, der nach diesen Rückschlägen der protestantisch-französischen Partei dem König Ludwig XIII. und seinem Minister Richelieu die Treue hielt, brachte es in Frankreich zum Maréchal de Camp. Aber dieser Generalsrang ist nicht zu vergleichen mit dem eines Maréchal de France, der dem französischen Hochadel vorbehalten war.

Einige Familienmitglieder wurden in Österreich Feldmarschall-Leutnants, aber keiner Feldmarschall; in England Obersten, einer Admiral, aber nicht Generäle; Sir, aber nicht Lord. Der Bischof Ferencs (oder Ferry) Salis in Zagreb, der nach dem Zweiten Weltkrieg während der Internierung des Erzbischofs Stepinac als sein Koadjutor an dessen Stelle amtierte, sprach zu uns vom „lieben Heiligen Vater" – der ihn jedoch nicht zum Erzbischof erhob. – Die einheimischen Salis hatten im alten Bündner Freistaat und im Veltlin lange Zeit eine Machtposition innegehabt; aber in der modernen Eidgenossenschaft gelangte keiner von ihnen zu höchsten Ämtern. In der Armee gab es Divisionäre von Salis, aber keinen Korpskommandanten, in der Diplomatie Gesandte und Botschafter. Johann Ulrich Salis-Soglio, ein Vetter meines Urgroßvaters, wählte die falsche Partei, als er sich 1847 zum General der Sonderbundstruppen ernennen ließ ...

Es gab unter ihnen immer Konservative und Liberale. Seine aufgeklärte Gesinnung hatte dem Ulysses von Salis am Ende des 18. Jahrhunderts den jähen Sturz nicht erspart. Als ein Menschenfreund im Geiste der neuen Philosophie hatte er in seinem Schloß Marschlins ein Knabeninternat eingerichtet, das er „Philanthropin" nannte; er selber war ins Nebenhaus gezogen. Der gelehrte Fritz Ernst sagte mir, Goethe habe bei der Konzipierung seiner „pädagogischen Provinz" in „Wilhelm Meisters Wanderjahren" das Modell von Salis (und das Fellenbergsche in Hofwil) demjenigen Pestalozzis vorgezogen. Als die französische Revolutionsar-

mee in Graubünden eindrang und die dortigen „Patrioten" oder Demokraten an die Macht brachte, mußte Ulysses von Salis fliehen, sein Schloß wurde geplündert, und er selber starb 1800 im Wiener Exil. Sein jüngerer, ebenfalls „aufgeklärter" Vetter, der mit der Französischen Revolution sympathisierte (obgleich er als Hauptmann in einem der Schweizerregimenter des Königs von Frankreich diente), Johann Gaudenz von Salis-Seewis aus Malans, hatte mit seinen lyrischen Gedichten in Deutschland Anklang gefunden; er wurde von Goethe und Schiller freundlich aufgenommen. Es blieb aber bei seinem einzigen Gedichtband aus den 1790er Jahren. Er selbst war fortan weltflüchtig. Johann Gaudenz machte sich in seiner Heimat in Ämtern und Kommissionen nützlich – bei seinen Landsleuten war er angesehen, im Ausland vergessen. Er hat nichts mehr publiziert. Der nächste Gaudenz aus dieser Malanser (oder Seewiser) Linie, ein überzeugter Radikaler, hielt 1848 in Berlin die Leichenrede für die Märzgefallenen. Es ist ein feuriges Stück Freiheitsrhetorik. Im neuen schweizerischen Bundesstaat wurde dieser Politiker freisinniger (was damals „fortschrittlich" bedeutete) Nationalrat; er galt in Bern als einer der besten parlamentarischen Redner. Frank Buchser hat ihn porträtiert.
Diese Menschen hatten im Ancien régime von fremden Monarchen Auszeichnungen und Titel erhalten. Einer von ihnen mit Namen Baptista von Salis-Soglio war am Ende des 18. Jahrhunderts vom König von Piemont-Sardinien zum „Principe" ernannt worden. Aber es war zu spät für fürstliche Würden; die Revolution pochte an das alte Tor, das überholte politische Institutionen und gesellschaftliche Privilegien nicht mehr zu schützen vermochte. Es kam in Chur zu einem Aufruhr gegen Ehrgeizige, die man verdächtigte, aus dem Veltlin ein Fürstentum für ihre Familie machen zu wollen. Bald waren sie nur noch Flüchtlinge. Der Bürgermeister von Chur wurde nach der Invasion der französischen Revolutionsarmee mit anderen Notabeln aus mehreren Kantonen in der Festung Aarburg interniert; seine jungen Söhne (mein Urgroßvater und sein Bruder) fanden eine Zuflucht im Elternhaus ihres deutschen Präzeptors in Württemberg.
Das Veltlin ging den Bündnern verloren. Der General Bonaparte soll zu einer veltlinischen Abordnung gesagt haben: „Se volete essere liberi scacciate gli Salis!" Aber als Napoleon Bonaparte 1804 zum Kaiser der Franzosen gekrönt wurde, vertrat in der Notre-Dame-Kathedrale zu Paris ein gewisser Vinzenz von Salis aus dem Schloß Baldenstein sein Land an die-

ser Feierlichkeit. Diese Menschen waren, glaube ich, als Stehaufmännchen begabt, biegsam, aber zäh. Auch meine Vorfahren konnten nach Chur zurückkehren, wo mein Vater 1863 in dem Haus geboren wurde, aus dem sie 1799 vertrieben worden waren ... Ich glaube, eine jahrhundertelange Vergangenheit mit ihrem Auf und Ab, die an die Zähigkeit und die Energie dieser Menschen in vielen Kriegen, Rückschlägen und Umstürzen hohe Anforderungen stellte, hatte die Nachkommen auf ihren eigenen Lebenskampf vorbereitet.
Einmal, Anfang der sechziger Jahre, hatte ich ein hübsches Erlebnis am Sender Berlin, wo ich mit dem Kritiker Willy Haas (einem gebürtigen Prager und Freund Kafkas und Werfels, der aus der Londoner Emigration zurückgekehrt war) diskutieren sollte. Haas, als er meinen Namen hörte, sagte spontan: „Bunt sind schon die Wälder,/Gelb die Stoppelfelder/Und der Herbst beginnt." – „Ja, das stimmt, ein Gedicht von Johann Gaudenz Salis, aber ich bin nicht sein leiblicher Nachkomme." Erstaunlich war, daß ein zugegebenermaßen sehr versierter Kenner der deutschen Literatur wie Willy Haas bei der Nennung des Namens Salis sofort diese Verse im Kopf hatte und sie aus dem Gedächtnis hersagen konnte. Übrigens haben die Gedichte des Johann Gaudenz bis heute viele Auflagen erreicht. Der verstorbene Charles Simon, ein Kenner der deutschen Dichtung, sagte, Salis sei in seinen Versen musikalisch, Gottfried Kellers Lyrik sei es nicht. Der bekannte Unterschied zwischen Ohren- und Augenmenschen.

21. März

Erst nach allem bis heute Notierten griff ich zu dem Buch „Außenseiter" von Hans Mayer (1975), das mir Ivan auslieh. Dieses Buch geht von der Prämisse (nach Mayer von der „Erkenntnis") aus, „daß die bürgerliche Aufklärung gescheitert ist". Dieses Scheitern stellt der Verfasser in allen heutigen politischen Systemen fest, in West und Ost, in Kuba und anderswo. Er bekennt am Schluß, daß seine Deduktionen nicht in eine Schlußfolgerung ausmünden. Es bleibt bei einer „Erhellung" des Problems, die Hans Mayer in einer „Phänomenologie der intentionellen und der existentiellen Außenseiter" leistet. Mit Recht stellt er fest, daß sowohl das bürgerliche Naturrecht des 18. Jahrhunderts als auch der soziale

Utopismus des 19., kurz „alle Philosophien des gesellschaftlichen Optimismus“ seit Rousseau, eine *leidende Menschheit* im Auge haben, der zu helfen sei, nicht aber „dem *erniedrigten und beleidigten Einzelnen,* dessen Tun wie Leiden keiner allgemeinen Gesetzlichkeit subsumiert werden kann“. Hans Mayer, im Gegensatz zu Ernst Blochs „Prinzip Hoffnung“, nimmt sich des Einsamen und Untypischen an, des Regelwidrigen, der gegen die gesellschaftliche Sitte verstößt, indem er durch Verhalten, Abkunft oder Anlage außerhalb von Regel und Norm lebt; der daher in irgendeiner Weise „deklassiert“, benachteiligt, vereinsamt und im schlimmsten Fall ein Opfer der gesellschaftlichen Ächtung oder gar der politischen Verfolgung ist. Der Außenseiter, sagt Hans Mayer, ist eine tragische Figur. Er wirft Ernst Bloch vor, die Philosophie des Michel de Montaigne zu mißachten, dem die „unreduzierbare und abseitige Subjektivität“ wichtig sei. Nicht auf die Trompetenstöße des „Fidelio“, die das Zeitalter einer freien und egalitären Menschheit angekündet hatten, kommt es hier an, sondern auf „eine Humanitätsphilosophie der menschlichen Heimatsuche“. Prinzipiell wichtig für die Chance einer „permanenten Aufklärung“ sei die Beantwortung der Frage, ob die Gesellschaft den Außenseitern eine echte und vorbehaltlose Gleichheit zuzuerkennen bereit ist. Eine Aufklärung müsse sich vor denen bewähren, die aus irgendwelchen Gründen von der Gesellschaft als normwidrig, regelwidrig, unnatürlich betrachtet werden.

Hans Mayer entwirft ein Inventar der Außenseitertypen. Einen umfassenden Katalog der Außenseiter findet er bereits im elisabethanischen Drama von Marlowe und Shakespeare: „Sie kennen bloß den realen Einzelmenschen, den sie durchaus nicht bemitleiden, doch verstehen möchten.“ Shakespeare war nachweislich von Montaigne beeinflußt, dessen Skepsis und angebliche Standpunktlosigkeit oft kritisiert worden ist. Hans Mayer verweist auf Horkheimers Essay von 1938 über „Montaigne und die Funktion der Skepsis“; dieser Autor vertritt die These, in Montaigne seien „wichtige Züge des bürgerlichen Geistes ausgedrückt“. Denn: „Der positive Gehalt der Skepsis ist das Individuum.“ Mayer fügt hinzu, im Kontrast zu dieser Beachtung des konkreten Individuums hätten die Reformatoren inhuman, die Utopisten unkonkret gewirkt. – Montaigne, das möchte ich als ein Adept seiner Art, das Leben und den Menschen zu betrachten hinzufügen, stand in seiner Zeit vor dem entsetzlichen Drama des Religionskrieges, des konfessionellen Hasses zwischen Katholiken und Protestanten, eines Kampfes zwischen dem angeblich Guten und Bösen, das heißt zwischen abstrakten Vorstellungen der „Menschheit“; nicht anders als wie wir heute zwischen abstrakten Vorstellungen von Liberalismus und Sozialismus, von West und Ost, von frei und unfrei und wiederum von Gut und Böse leben. Montaigne kommt zum Schluß (zitiert nach H. M.): „Wir nennen naturwidrig, was regelwidrig ist; nichts ist regellos. Möge diese universelle und natürliche Vernunft uns das Irren und das Erstaunen über die Neuartigkeit vertreiben.“ Mayer sagt mit Recht, das sei mehr als Toleranz. Die Forderung nach der Gleichheit aller, die Menschenantlitz tragen, geht aber davon aus, daß das Menschliche bestimmten Regeln oder Normen unterworfen ist und bleiben muß; sie „ignoriert jedoch die Ungleichheiten im Menschlichen, nicht bloß im Gesellschaftlichen“. In dem vorliegenden Buch stellt der Autor die Frage, ob die Menschheit „nur“ aus egalitären Männern und Frauen, Rassen, geistigen, körperlichen und seelischen Komplexionen bestand; oder „gehörten die Monstren aller Art zur Menschheit“, so daß die Gebote der Aufklärung auch für die Außenseiter Geltung hatten? Hans Mayer will in seinem Buch den Nachweis erbringen, daß die Aufklärung vor den Außenseitern versagt habe.

Wer sind sie? Er meint nicht einfach spleenige Einzelgänger und Sonderlinge, sondern jene Menschen, die „eingeschreint in die einmalige Körperlichkeit, Herkunft und Triebstruktur sind“. Gleich wie Marlowe, der die Fälle des Juden von Malta und des in die Liebe zu seinem Favoriten verstrickten Königs Eduard von England als Typen von Außenseitern auf die Bühne gebracht hat, schildert sein Altersgenosse Shakespeare im Königsdrama „Richard II.“ und im „Kaufmann von Venedig“ ebenfalls die Tragödie der beiden „existentiellen Außenseiter“, des sexuell normwidrigen und des jüdischen Außenseiters. Shakespeare gestalte „die spezifisch bürgerlichen Elemente von Tragik in einer säkularisierten Welt: die Ungleichartigkeit, die sich aller Gleichheitsforderung zu widersetzen scheint“. Ein Literaturwissenschafter, Leslie A. Fiedler, hat in seinem Buch „The Stranger in Shakespeare“ (1972) vier Außenseitertypen in dessen Werk festgestellt. „Zuerst «The Woman as Stranger» – die Frau als Außenseiter. Den Juden sodann. Den Mohr von Venedig. Endlich (. . .): Caliban aus dem «Sturm» als Inkarnation des Kolonialsklaven.“ Also Lady Macbeth, Shylock, Othello und Caliban. Die angelsächsiche Literatur hat bis heute die Frau als Außenseiterin und als Verderberin des Mannes in vielen Varianten dargestellt.

Vom 18. Jahrhundert weiß Hans Mayer zu berichten, „daß die Anerken-

nung von Lebensrecht und Würde der existentiellen Außenseiter am besten in jener Ära gesichert war, da adlige Aufklärer unter dem Ancien régime die bürgerlichen Forderungen vertraten". Die Forderung nach Privilegienlosigkeit sei im Bunde mit aufgeklärten Vertretern des Bürgertums von Sprechern aus Adelskreisen unterstützt worden. „Die aufgeklärten Helden bei Lenz wie beim jungen Schiller sind Aristokraten: gleich den Montesquieu, Condillac und Holbach in Frankreich." Im feudalen Bereich sei zur Zeit der großen Katharina, der Maria Theresia und der Marquise de Pompadour die Egalität der Geschlechter gesichert gewesen. „Das Laster Sodoms galt als derartig verbreitet unter den Monarchen, Offizieren, Höflingen der Rokokosozietät, daß bloß Medisance denkbar blieb, wie in Voltaires Bosheiten gegen König Friedrich, doch keine Repression." Auch in dem dritten Fall von „existentiellem Außenseitertum", das Hans Mayer mit schier unerschöpflichem Aufwand an Information und großem Scharfsinn in seinem Buch analysiert, im Fall, den er unter dem Kennwort „Shylock" abhandelt, galt im 18. Jahrhundert das System des Hofjuden als „eingespielt". Der Prozeß gegen den Juden Süß Oppenheimer sei ein Zwischenfall gewesen, aber nicht typisch für das Zeitalter. Reiche Juden besaßen ein Stadtpalais.
Aufklärung war demnach „harmonisch und nahezu konfliktlos, solange die Bourgeoisie von der politischen Machtergreifung ferngehalten war". Hans Mayer stellt dem ausgehenden Ancien régime das Zeugnis aus, daß sein „unermeßlicher Respekt" für die Literatur dazu geführt habe, daß Shakespeares Caliban als ein Erzieher zur allgemeinen Humanität verstanden wurde, daß die „edlen Wilden" bei Montesquieu, Voltaire und Lenz die Einübung in die Gleichheit befördern sollten – „nicht bloß in einer Toleranz, welche den Außenseiter und anderen zwar erträgt, aber nicht integriert". Nach Hans Mayer hat das 19. und 20. Jahrhundert „alles zurückentwickelt". Entscheidend dafür sei gewesen, daß die feudale Hierarchie durch eine neue, bürgerliche Hierarchie ersetzt wurde: „Von nun an gab es Art und Abart, lebenswertes und unwertes Leben. Jeder Außenseiter wurde zur Provokation."
Die Lektüre von Hans Mayers Buch hat mich gefesselt, weil es historisch und zeitbezogen, nicht psychologisch, mit unzähligen gut gewählten Belegen, von Heine bis Genet, das Problem des Außenseitertums in der Gesellschaft kritisch erläutert – und mit tiefem Pessimismus beurteilt. Seine Kritik richtet sich nicht nur gegen die bürgerliche – „liberal-demokratische" – Gesellschaft, sondern nicht weniger auch gegen die von

Stalin begründete des „realen Sozialismus“ (was im Widerspruch zu diesem Mayers Bewunderung für Leo Trotzki rechtfertigt). Mit Einzelheiten, insbesondere mit Mayers Überzeugung, daß nach 1945 ebenso wie vor 1939 die Juden von Vernichtung bedroht seien, bin ich nicht einverstanden. Den Unterschied zwischen Judentum und „Zionismus“ will der Autor nicht wahrhaben, obgleich dieser Unterschied nachweislich vorhanden ist. Kurz, es wäre viel anzumerken, mit Zustimmung, auch mit dem Einwand, daß eine Systematisierung der Außenseiterproblematik, die auf logische Schlußfolgerungen tendiert, sich gerade an der Grenze dessen stößt, was Mayer selbst an Montaignes Philosophie des Individuellen und Konkreten rühmt; das heißt, daß eine abstrakte Systematisierung nicht möglich ist, weil die individuellen Fälle verschieden sind. Hans Mayer weiß es wohl, sein letztes Kapitel ist „Offener Schluß“ betitelt. So bitter, so dunkel, so verzweifelnd an der Möglichkeit zum Besseren wie dieses Buch über weite Strecken erscheint, so, halb resignierend, halb mildernd, lautet Hans Mayers Konklusion – die keine ist, noch sein kann. Er sagt, die liberale Lösung des Außenseiterproblems habe „scheinbar Erfreuliches zu berichten“. Der Autor erwähnt zum Schluß den gesellschaftlichen Aufstieg und die politischen Karrieren von „Außenseitern“: von bekannten Frauen, Juden und Homosexuellen in unserer Zeit. Er macht die Einschränkung, daß allenthalben ein „Zwar-Aber“ mitschwinge. Ich meine, das sind genau die Probleme und ihre Lösungen, die dem konkreten Leben der Individuen, der sozialen und politischen Praxis, der allgemeinen Pragmatik menschlichen und gesellschaftlichen Verhaltens zugrunde liegen. Wo kämen wir hin ohne Pragmatik, ohne Kompromisse? Sie sind das Gegenteil der Abstraktion und der Systematik. Die letzten Sätze in Hans Mayers Buch sind Goethes „Maximen und Reflexionen“ entnommen: „Man tut nicht wohl, sich allzulange im Abstrakten aufzuhalten. Das Esoterische schadet nur, indem es exoterisch zu werden trachtet. Leben wird am besten durchs Lebendige belehrt.“ In dieser Auffassung finde ich mich mit dem Autor dieses bedeutenden Buches.

27. März

Hamburg. Sehr heller, reiner Frühlingshimmel. Nach ausgiebiger Zeitungslektüre im 20. Stock des „Plaza“-Hotels Gang durch die Anlagen zur Binnenalster. In Hut und Mantel auf einer Bank gesessen; rechts am Neuen Jungfernstieg der Übersee-Club, wo ich im November 78 mit Carlo Schmid Reden wechselte. Jetzt von neuem Gast der Stiftung FVS, die gestern mit Festakt im Rathaus und abendlichem Bankett ihr 50jähriges Bestehen feierte. Aufrecht, kurz von Wuchs und beweglich, beherrscht in Formulierung und Stimme, legte der 87jährige Gründer, Dr. h.c. Alfred Toepfer, seinen Rechenschaftsbericht ab. Der Selfmademan und Mäzen hat das Firmenvermögen auf die Stiftungen übertragen. Wie alle alten Männer ist auch Toepfer der Jugend zugetan, der er unzählige Stipendien gegeben hat; außerdem eine Menge Preise: Wissenschaft, Denkmalpflege, Naturschutz. Auf dem von ihm gekauften und betreuten Schutzgebiet in der Lüneburger Heide verbrachten E. und ich wanderlustige Ferien im Mai 79. Toepfers Herder-Preis ist für Wissenschafter der osteuropäischen Länder bestimmt (ein bulgarischer Musikologe nebst einem holländischen Architekten und einem bayrischen Forstmann waren in Toepfers Gästehaus auf der Heide unsere Mitbewohner). Seit 79 gibt es auch einen Preis für russische Gelehrte. Kein Wunder, daß hochkarätige Gratulanten sprachen: Bundespräsident Carstens vormittags im Rathaus, abends am Bankett im Kongreßzentrum der Präsident des französischen Senats, Alain Poher, natürlich auch Hamburgs Bürgermeister Klaus von Dohnany, von der sowjetischen Akademie der Wissenschaften in Leningrad Professor Glebov, nach ihm eine temperamentvolle Polin, Prof. Szarota, die für ein friedliches und humanes Europa, und zwar für das gesamte westliche *und* östliche Europa, plädierte, eine junge italienische Stipendiatin und zum Schluß, als bester und klügster Redner des Abends, der frühere britische Premierminister Edward Heath. Helmut Schmidts Frau, die Herr Toepfer als Vertreterin ihres „vielbeschäftigten und vielgeplagten" Gatten willkommen hieß, erhielt einen langen Sonderapplaus. Kaum eine politische Anspielung in alledem, aber Beschwörung einer menschenwürdigen Kultur und einer Versöhnung der Völker Europas.

Das hatte, ich weiß nicht recht was für einen leicht antiquierten Zungenschlag. „Alle Menschen werden Brüder" – geht das noch? Sicher, es gab auch hier, im Zeichen einer toleranten und supranationalen Gesinnung, Erfreuliches zu melden. Man brauchte nur die bunte Gesellschaft von 500 oder 600 Gästen und Banketteilnehmern anzuschauen, um Alfred Toepfer Glauben zu schenken, als er versicherte, daß außer Andorra und Monaco alle europäischen Länder (vom Atlantik bis zum Ural) vertreten seien. Es ist die Art der Selfmademen, daß sie komplizierte Sachverhalte geistig und ethisch vereinfachen; es ist aber auch ihre Stärke, weil sie bedenkenlos über Hindernisse schreiten und ihren kulturellen und gemeinnützigen Idealen große Opfer darbringen. Hauptsache: sie haben Erfolg und erzielen nutzbringende Ergebnisse. (Gottlieb Duttweiler in Zürich war auch so, ein nicht unbeträchtlicher Teil des Migros-Geschäftsgewinns muß für Kulturförderung verwendet werden.) Alfred Toepfer, der Milliardenumsätze verbucht, hat mehr als zwanzig Schiffe mit Getreide beladen auf den Weltmeeren schwimmen; daran hängen außerdem verschiedene andere Geschäftsinteressen. Neben mir beim Bankett seine Schwiegertochter und auf der andern Seite Jeanne Hersch aus Genf, mit der ich mich stritt. Als der russische Professor sprach, klagte sie zu mir gewandt ihn und seine sowjetischen Akademiekollegen an, daß sie nichts für Sacharow tun. Ich sagte, man könne doch nicht erwarten, daß dieser Professor in seiner Tischrede in Hamburg seine Regierung anklage! Wir wissen (und wußten damals schon), daß auch unter Hitler deutsche Professoren und andere Intellektuelle nichts unternahmen, um verfolgte Kollegen zu retten. Ich finde, wir hatten und haben, was grausame Regimes betrifft, in der Schweiz gut reden (*zu* gut); denn wir haben in unserem Land noch bei keinem Protest, bei keiner oppositionellen Haltung oder entrüsteten Rede Kopf und Kragen riskiert.

28. März

Daß „Die Entzauberung Amerikas" nicht eine vorübergehende Mode von Linken und Alternativen ist, beweist ein Artikel in der seriös-konservativen „Frankfurter Allgemeinen", der unter der obigen Überschrift den Ursachen dieser Wende nachgeht. Natürlich auf den Samtpantoffeln einer wohlerwogenen, höflich formulierten Argumentation (Verfasser des Artikels ist Adelbert Weinstein). Unter den Gründen der Entfremdung zwischen Deutschland und Amerika sei ein Element der Lage nicht genügend beachtet worden: „Der Wandel in der Strategie". Vor dreißig Jahren suchten die verängstigten Europäer Schutz bei Amerika; seither haben sich beide verändert, Europa und Amerika. Die nukleare Wirklichkeit lastete bereits früh auf der Nato-Allianz; aus der engen Verflechtung der amerikanischen und deutschen Sicherheit ging die Doktrin der „Vorwärts-Verteidigung" hervor. Gerade diese Doktrin, sagt Weinstein, sei „heute militärisch, politisch und strategisch fragwürdig". Früher sei die norddeutsche Tiefebene unterentwickelt gewesen und habe eine „Panzerrollbahn" dargestellt. Heute ist diese Landschaft zersiedelt, Großstädte und Industriebezirke sind entstanden, keine vorne eingesetzte Armee besitzt noch „operative Tiefe". Trotzdem sei die Planung von 1960 nie verändert worden. Da die Deutschen Nato-Politik mit amerikanischer Politik gleichsetzen, mußte das Unbehagen des Durchschnittsdeutschen „über unsere Sicherheitspolitik wachsen". Man könne wegen dieser Entwicklung niemanden anklagen, „aber im Unbewußten haben sich daraus negative Kräfte entwickelt, Emotionen, die gegen die deutsch-amerikanische Freundschaft arbeiten". Die Deutschen hadern mit ihrem militärgeographischen Schicksal und nehmen es den Amerikanern übel, daß sie zur Wahrung ihrer eigenen Interessen und zum Schutz Europas auf deutschem Boden Pershing-Raketen und Cruise Missiles aufstellen wollen. Das Wort Neutronenwaffe dürfe man schon gar nicht mehr aussprechen. Mit Recht weist dieser Militärschriftsteller darauf hin, daß auf vielen Gebieten die Amerikaner ihre militärische Überlegenheit eingebüßt haben. Selbst die von Reagan geplanten Rüstungsanstrengungen reichen nach Weinstein nicht aus, „um mit den Sowjets militärisch gleichzuziehen". Eine gewisse „Entzauberung der amerikanischen Macht" sei bei Freund und Feind die Folge dieses Zustandes. Die Europäer, trotz oder wegen ihrer relativen Schwäche, „versuchen sich mit dem möglichen Feind zu arrangieren". Der Autor meint zum Schluß, man müsse der westlichen Unsicherheit das „Chaos im Warschauer Pakt" entgegenhalten. Die polnischen Wirren hätten ein Loch in dieses Paktsystem gerissen, und die DDR sei heute „ohne strategisches Hinterland". Amerika und Europa, sagt Weinstein, sollten diese Situation nutzen und ohne Mißtrauen die neue Lage überdenken.

29. März

Große Autokolonnen auf der Elbchaussee an dem ersten warmen Frühlingssonntagmorgen. Ich fahre nach Blankenese zu der Gräfin Marion Dönhoff. Vor dem Haustor werde ich von einer Boxerhündin begrüßt – wie zu Hause von der unsern. Marion D. kam gestern aus Wien zurück, wo sie mit Bruno Kreisky sprach – auch diese Freundschaft verbindet

uns. Kreiskys Vorteil bestehe darin, sagt sie, daß er einem Kleinstaat vorsteht, so daß die fremden Politiker aller Lager sich mit ihm offener als mit Staatsmännern aus großen Ländern aussprechen können, denen sie vorsichtiger gegenübertreten; deshalb sei er der bestinformierte Regierungschef in Europa. Er sollte nach Amerika gehen, er zögere noch, aber es wäre nötig. Allerdings – und in dieser Klage ist sich heute jedermann auf der Welt einig – interessieren sich Reagan, Weinberger usw. nicht für Informationen. Sie haben vorgefaßte Meinungen und können oder wollen die Probleme Europas, auch des Nahen Ostens und der Blockfreien nicht verstehen. Soeben (in der heutigen Ausgabe von Springers „Welt") auch aus Tokio ein Bericht, daß der japanische Ministerpräsident Suzuki seinen Besucher Weinberger vergeblich davor gewarnt habe, durch amerikanische Begünstigung Taiwans und Waffenlieferungen für diesen Inselstaat eine Wendung Chinas zur Sowjetunion zu fördern; auch eine Ausweitung der japanischen Seeverteidigung nach dem südwestlichen Pazifik habe Suzuki abgelehnt. Es ist erstaunlich, wie diese amerikanische Regierung, die durch ihre Wirtschaftspolitik das eigene Land und Europa in Schwierigkeiten bringt, auch auf außenpolitischem Gebiet, unbelehrbar und unverdrossen, eine wirklichkeitsferne Haltung einnimmt. Nixon und Kissinger, sagte Marion Dönhoff, seien außenpolitisch besser informiert und erfolgreicher gewesen, insbesondere auch als sie die Verständigung mit China zustande brachten.
Als erste westliche Journalistin seit dem 13. Dezember konnte M. D. Polen besuchen (es gibt dort akkreditierte westliche Korrespondenten, aber sie können ausgewiesen werden, wenn sie unliebsam über die dortigen Zustände berichten). In der neusten Nummer der „Zeit" hat die Gräfin Dönhoff einen ersten Artikel über Polen veröffentlicht – es sei sehr schwer, sagte sie, heute über Polen zu schreiben. Ihr Gespräch mit dem regierenden General Jaruzelski sei nicht ein „Interview" gewesen. Auf ihren Einwand, durch Internierungen, Kontrollen und erzwungene Loyalitätserklärungen von Professoren, Schriftstellern, Gewerkschaftsangehörigen usw. könne sich die Militärregierung wichtige Bevölkerungsgruppen, deren Unterstützung sie nötig hätte, entfremden, habe Jaruzelski entgegnet, das werde sich alles mit der Zeit wieder beruhigen. M. D. hat mit vielen Leuten, auch Jugendlichen gesprochen, die alle gegen das Regime protestieren und sagen, so könne man die Polen nicht behandeln. Sie habe eine Studentin gefragt, was sich denn die polnische Jugend wünsche. Antwort: „Heimat, Freiheit und Ehre." Marion Dön-

hoff sagte mir, das seien unbekannte Worte für die heutige deutsche Jugend: Heimat kennen sie nicht, Freiheit auch nicht, weil sie sie haben, Ehre ist unbekannt.
Im Gespräch mit dieser gescheiten Beobachterin des Gegenwartsgeschehens wird mir klar, daß die heutigen jungen Deutschen kein nationales Gemeinschaftsgefühl besitzen. Der deutschen Jugend sei die übrige Welt gut bekannt, aber nicht die DDR. Dorthin reisen sie nicht. Selbst die Geographie der ehemaligen ostdeutschen Provinzen sei ihnen nicht mehr bekannt; vom früheren „Reich" sagen diese Jungen, da habe man so unsinnige Sachen gemacht wie Hitler und Krieg. Davon wollen sie nichts mehr wissen. Keinerlei Geschichtsbewußtsein – das ist allerdings überall in Europa verlorengegangen; die heute Jungen haben das Gefühl, die Welt habe mit ihnen angefangen. Sicher ein wunderbares Gefühl! Die Angehörigen der KPD bilden zwar einen aktiven Kern, aber sie seien nicht zahlreich; sie versuchen überall, wo Opposition sich regt, sich einzudrängen. Die deutsche Jugend wolle auch vom Kommunismus nichts mehr wissen; das sei für sie mit Begriffen von Unterdrückung, Verfolgung von Intellektuellen, Bürokratie usw. verbunden. Die letzten diesbezüglichen Ideale Mao und Kuba gebe es auch nicht mehr (übrigens ist all das auch in Frankreich und in andern Ländern so).
Rußland, sagte Marion Dönhoff, fühle sich von allen Seiten, im Westen und im Osten, bedrängt; auf längere Frist, vielleicht in 20 oder 30 Jahren würden vielleicht die schon heute aufmüpfischen nichtrussischen Nationalitäten, Balten, Ukrainer, Georgier, Asiaten, die Sowjetunion ins Wanken bringen. Die osteuropäischen Länder ohne Ausnahme warteten nur auf den Augenblick, wo sie sich losmachen können; sie verstehen sich als Europäer. Außer dem Militär scheine in der Sowjetunion nichts mehr richtig zu funktionieren, von der Lebensmittelversorgung bis zur Technologie ...
Eine große Frau, ein gutes Gespräch, ein Haus vor der Stadt, eine alte Bedienerin, ein Mittagessen, ein Hund, ein Garten, viele Bücher, alles auf die eine und unverwüstlich wahrgenommene Lebensaufgabe dieser internationalen Journalistin zugeschnitten. Ich nehme als ein von solchen Verhältnissen angetaner Mensch von der Gastgeberin dankbar Abschied, ehe ich ins Taxi steige. Dann, am späten Nachmittag und Abend, bei dem alten Freund Kurt Hartwig Siemers und seiner Frau. Fortsetzung von früheren Gesprächen.
Montag zum Mittagessen bei Eric M. Warburg, Seniorchef des 1798 ge-

gründeten Bankhauses. Er war am Ende des Ersten Weltkrieges in einem deutschen Garderegiment, im Zweiten Weltkrieg bei der amerikanischen Luftwaffe. Er hat die Landungen in Nordafrika, Italien und der Normandie mitgemacht. Interessanter, lebhafter, gescheiter Mann; er gehört zur fünften Generation der Hamburger Firma. Sein Sohn ist neuerdings in der Geschäftsleitung tätig. Wir aßen in einem kleinen Raum des Bankgebäudes. Warburg ist befreundet mit Helmut Schmidt, er begleitete den Kanzler vorigen Sommer nach Washington; nahm an den Gesprächen mit Präsident Reagan, mit Haig, Weinberger usw. teil. Der letztere ist ein Rechtsanwalt aus Kalifornien, der auf den Präsidenten Einfluß hat und über geringe Kenntnisse der Weltpolitik verfügt.
Warburgs Interpretation: Männer großen Kalibers wie Woodrow Wilson, Roosevelt, Kennedy stellen sich in den USA als Politiker nicht mehr zur Verfügung. Die beiden letzten Präsidenten, Carter und Reagan, waren als Gouverneure von Georgia und Kalifornien Lokalpolitiker. Sie wurden vom amerikanischen Volk aus einer Art Verzweiflung gewählt. Carter als ein unbescholtener Boy aus dem Süden, der mit dem arg angeschlagenen Washington nichts zu tun hatte und nach dem Watergate-Skandal die Ehrenhaftigkeit und Lauterkeit darstellte. Infolge der zu Carters Zeit erlittenen Demütigungen – amerikanische Geiseln in Teheran usw. – kam in Amerika eine nationalistische Welle hoch, die die Größe der Vereinigten Staaten als Weltmacht wiederhergestellt sehen wollte: dies der Grund für die Wahl von Reagan, der anfänglich säbelrasselnde Reden hielt. Diese Bewegung sei jetzt ein wenig abgeebbt.
Mir ist bei Menschen Format wichtiger als Herkunft, Meinungen, Ideologie oder Lebensgewohnheiten. Herrn Warburgs dezidierte Art wirkt autoritär. Er ist klug, erfahren, präsent, rasch, aktiv. Herr Siemers hatte ihm meine Schrift über die Brunegger Gästebücher ausgeliehen, was den alten Eric Warburg („Sie sind ja noch ein Kind“, sagte er, und ich: „Sie sind ja bloß ein Jahr älter“) auf die Idee brachte, auch über das Gästebuch seines Familienhauses etwas zu schreiben. „Es ist doch hübsch, taktlos zu schreiben, nicht?“ fragt er. „Ja, sehr hübsch.“ In dem Raum, in den mich bei meiner Ankunft ein Angestellter geführt hatte, hängen viele Andenken an die Vorfahren und Freunde des Bankhauses an der Wand, hauptsächlich Fotos (eines von Wilhelm II. und ein anderes von Albert Ballin, dem Gründer der Hamburg-Amerika-Linie und Patenonkel von Eric Warburg, von Blohm, dem Gründer der Werft Blohm und Voss usw.). Ferner ein Familienfoto von 1881, wo E. W.s Urgroßmutter (geboren 1805)

mit ihren zahlreichen Kindern und Enkeln matriarchalisch in der Mitte sitzt. Auch der Kreditbrief, den der Onkel Salomon Heine dem jungen Heinrich Heine auf das Bankhaus Rothschild in London als „Notpfennig“ mit auf den Weg gab, hängt unter Glas; natürlich ging der junge Dichter sogleich zu Rothschild, wo ein solennes Diner seiner wartete. Daß er aber die 10.000 Gulden in London restlos ausgab (ein damals sehr hoher Betrag), quittierte der Hamburger Onkel mit einem empörten Tadelsbrief. Heinrich Heine hat in seinen Pariser Jahren auch bei den dortigen Rothschilds verkehrt.

Allen Kunstgelehrten ist das Warburg-Institut bekannt, das Eric W.s Onkel Aby Warburg in Hamburg mit den Mitteln des Bankhauses gegründet und aufgebaut hatte (den Band mit den Abhandlungen Aby Warburgs über die Florentiner Kunst zur Zeit der Medici hatte mir bei meinem vorigen Aufenthalt in Hamburg Herr Warburg mitgegeben). Im Jahre 1933 wurde das Inventar des Instituts samt den 80.000 Bänden der kunstwissenschaftlichen Bibliothek auf zwei Schiffen die Elbe hinunter gebracht; als Goebbels und seine Leute die Hand auf das wertvolle Institut legen wollten, schwammen die Schiffe bereits auf hoher See. Das „Warburg Institute“ ist heute ein Bestandteil der Universität London.

Das jüdische Bankhaus war von den Nazi „arisiert“ worden. Zwei höhere Beamte der Firma leiteten es unter dem „Dritten Reich“. Als Eric Warburg nach dem Krieg zurückkehrte, wollten die beiden Treuhänder die Bank ihrem rechtmäßigen Eigentümer zurückerstatten. Doch Herr Warburg machte die beiden zuverlässigen Männer zu Teilhabern der Firma. Das erzählte er mir natürlich nicht selber; Herr Siemers hatte es mir gesagt. Die Firma – ich las es auf der Messingtafel neben dem Eingang –, ursprünglich „M. M. Warburg & Co.“, hat diesem Namen die Namen der beiden nichtjüdischen heutigen Teilhaber hinzugefügt. – Ich hatte das Gefühl, daß in diesem großen Haus, das man nicht unangemeldet betreten kann, jedermann genau weiß, *wer* der Chef ist. Wie sein Vater Max Warburg, der unter dem Kaiserreich und in der Weimarer Republik politischen Einfluß hatte, dürfte Eric M. Warburg heute auch Einfluß ausüben. Das ergibt sich aus der Wichtigkeit dieser Firma und aus der persönlichen Beziehung zu Helmut Schmidt. Eric Warburg will uns in Brunegg besuchen. Es gibt, scheint es, unverwüstliche Alte . . .

Abends wieder in zahlreicher Gesellschaft, hauptsächlich Professoren der Hamburger Universität, in anregenden Gesprächen im Hause Siemers.

9. April

Brunegg. Das Leben besteht zu einem guten Teil aus Handgriffen. Elsie ist schon seit ein paar Tagen in Brunegg, wo sie alles für unser Leben hier vorbereitet, geordnet hat. In Zürich gestern viele Handgriffe in unserer Wohnung: aufstehen, duschen, Kaffee kochen, Morgenessen, Zeitung heraufholen, Geschirr spülen, Bett machen, rasieren, einen Schüblig und Salat einkaufen. Von 10 Uhr an Schreibtisch und Bücher räumen: Schreibsachen und Akten in die Mappe, Bücher in den roten Swissairsack, aus dem Badezimmer Toilettengegenstände und Medikamente holen. Mittagessen bereiten und verzehren. Radionachrichten. Kaffee. Thomas holt meinen Wein aus dem Keller, für Brunegg. Vom Estrich schwarze Tasche holen, weil im Koffer die Wäsche nicht mehr Platz hatte. Schreibmaschine nicht vergessen. Jalousien herunterlassen, Blumentöpfe gießen. Gashahn abstellen. A. R. kommt um 16 Uhr, hilft Gepäck hinunter bringen; in seinem Auto nach Brunegg. Er trägt die meisten Sachen hinauf, ich kann nur noch leichtere Gegenstände die lange Treppe hinauftragen. Eine Flasche Bourgogne Blanc mit A. R. in der Bibliothek. E. ruft zum Essen. Dann Fernsehen. Zu Bett gehen, nachdem der Koffer ausgepackt, die Garderobe eingeräumt ist. Heute um 7 Uhr mit Gioia bis zum alten Gemüsegarten. Kaffee, Milch und Ei kochen, mit E. frühstücken, Ostertag planen. Um 9 läßt mir Gioia keine Ruhe mehr – Spaziergang auf den „Ebnet". Um 10 will ich auf dem Fauteuil lesen, erwache aber um 11 aus einem unvermuteten Schlaf, das Buch auf dem Schoß. Dann den hiesigen Schreibtisch einräumen.
Es ist bedenklich, daß man im täglichen Dasein so viel Zeit mit „Handgriffen" zubringen muß. Diesmal wegen des Umzugs. Endlich wieder seßhaft in den alten Mauern, die man jedes Jahr von neuem erobern muß; man kann lesen, schreiben, Schallplatten hören und mit dem Hund den Berg hinauf oder in den Wald gehen. Es ist noch sehr kühl, der Frühling hat sich heuer verspätet. Aber Osterglocken, Primeln, Hyazinthen machen ein paar Farbflecken auf den Terrassen; die Ziersträucher blühen zögernd; die Knospen der Kastanienbäume beginnen sich zu öffnen. Aber man sieht durch den Wald hinunter ins Dorf, denn die Bäume grünen noch nicht. Von neuem in Prousts „Recherche" gelesen. Als absoluten Kontrast zu allem Handgreiflichen.

16. April

Proust sagt von der Romanlektüre, sie sei „magisch wie ein tiefer Traum". An einer andern Stelle: „La vraie vie, c'est la littérature." Das Wort ist vieldeutig. Es kann bedeuten, daß sich in der Literatur das wahre Leben spiegelt; es kann aber auch aussagen, daß sich im literarisch Schaffenden das wahre Leben vollzieht. Im ersten Band der „Recherche du temps perdu" sagt Odette zu Swann: „Du kannst nicht sein wie jedermann" – und meint es als Vorwurf. Auch der Dichter, der Künstler, der Wissenschafter ist nie „jedermann". Was nicht bedeutet, daß er nicht auch Teil einer Gesellschaft ist und sich in seiner konkreten Lebensführung irgendwie den vorgegebenen Verhältnissen anpassen muß. Im Werk von Marcel Proust spiegeln sich die Gesellschaft seiner Zeit, die Gebräuche und Regeln der Sozietät, der „großen Welt", des begüterten Bürgertums und des Adels des Faubourg Saint-Germain. Zu welcher „Kaste" seine Figuren gehören, wie einige von ihnen in eine höhere Kaste aufsteigen, und was es braucht, um „dazuzugehören", wer davon ausgeschlossen ist und warum, nimmt in der „Recherche du temps perdu" einen großen Raum ein. Daher: „So nah am Snob vorbei", womit Proust der Salonlöwe, der beliebte Gast der Oberklasse gemeint ist; aber eben nur „nah", denn der leidende, schreibende, zurückgezogen lebende, von der Außenwelt und ihren Geräuschen abgeschirmte Schriftsteller Proust hatte in letzter Konsequenz nur *ein* Anliegen: das Anliegen des Künstlers, des Schöpfers eines literarischen Werkes, dessen Wichtigkeit daraus zu ersehen ist, daß kein irgendwie und aus irgendeinem Grunde geistig interessierter Zeitgenosse oder Schriftsteller an diesem Riesenwerk vorbeigehen kann. Denn man hat endlich begriffen, daß der Vorwurf, den die Mitlebenden Proust machten, er sei nur ein Sucher und Sammler von Details, unberechtigt war. Er selber hat am Schluß seiner Romanfolge diesen Kritikern geantwortet: „Da wo ich die großen Gesetze suchte, nannte man mich einen Detailkrämer." Wenn es nötig wäre, zu beweisen, daß große Werke der Literatur uns auf große Gesetze aufmerksam machen, würde auch Prousts „Recherche" solche Beweise liefern.
Ich gestehe, daß, unabhängig von der Reflexion über dieses Werk, seine Lektüre – die dritte oder vierte in meinem Leben – auch mir von neuem „magisch wie ein tiefer Traum" vorkam. Proust erzählt im ersten Teil, wie ihm seine Großmutter, als er als kleiner Junge mit seinen Eltern Osterferien in Combray verbrachte, Romane von George Sand schenkte.

(Mir hatte, wie die Widmung vom 12. Dezember 1925 verrät, Monique Prousts ersten Band in der Ausgabe von 1919 und von da an alle anderen Bände geschenkt – mit Ausnahme von „Sodome et Gomorrhe", von dem sie sagte, es widerstehe ihr, mir diese abstoßenden Schilderungen zu geben, ich solle sie mir selber kaufen; so prüde war diese junge Frau, die hernach in ihren eigenen Romanen den erotischen Erschütterungen ihrer Figuren Aufmerksamkeit schenkte.)
Proust knüpft an seine Jugendlektüre einen aufschlußreichen Kommentar über das Verhältnis zwischen dem Erlebnis einer Romanlektüre und der Art, wie der Mensch sein wirkliches Leben erlebt. Ich will versuchen, diese zentrale Stelle ins Deutsche zu übertragen: „Der Fund des Romanciers war, daß er auf den Gedanken kam, die unfaßlichen Teile der Seele durch eine gleichwertige Quantität von unmateriellen Teilen zu ersetzen, das heißt, daß sie sich unsere Seele aneignen kann. Es verschlägt dabei wenig, daß die Handlungen, die Emotionen dieser Wesen einer neuen Art uns als wahr vorkommen, da wir sie uns angeeignet haben, da sie sich in uns selbst produzieren und uns von ihnen abhängig machen, während wir fieberhaft die Seiten umwenden, rasch atmen und intensiv zuschauen. Nachdem uns der Romancier in diesen Zustand versetzt hat, in dem wie in allen rein inneren Zuständen jede Emotion verzehnfacht ist und uns sein Buch wie ein Traum erschüttert, aber wie ein Traum, der klarer ist als diejenigen, die wir im Schlaf haben, und an den wir uns länger erinnern, dann entfesselt er in uns während einer Stunde alle denkbaren Glücks- und Unglücksgefühle, von denen wir im Leben während Jahren nur einige kennenlernen und deren intensivste uns nie offenbart werden, weil die Langsamkeit, mit der sie sich einstellen, uns ihre Spürbarkeit entzieht (dergestalt wandelt sich unser Herz im Leben, und das ist der schlimmste Schmerz; aber wir kennen ihn nur bei der Lektüre, in der Einbildung: in der Wirklichkeit wandelt es sich, wie sich gewisse Erscheinungen in der Natur ereignen, so langsam, daß, wenn wir jeden seiner verschiedenen Zustände feststellen können, uns umgekehrt die Empfindung selbst dieses Wandels erspart bleibt)."
Daß „das wahre Leben die Literatur" sei, wird von ihm zum Gesetz erhoben. Denn im „wirklichen" (im Unterschied zum „wahren") Leben werden wir in unserem Leben allmählich unempfindlicher, vergangene seelische Erschütterungen bleiben nur als blasse Erinnerungen in uns haften, ohne uns ein Leiden zu bereiten; die Konflikte, die uns nicht erspart geblieben waren, das Absterben einer Liebe, die uns kostbar und einmalig

erschienen war, als sie uns lange Jahre in ihren Fängen hielt, der Bruch einer Freundschaft, die uns unersetzlich vorgekommen war, die Tränen, die wir bei endgültigen Trennungen vergossen haben, hinterlassen keinen Schmerz. Man hat Narben, man beachtet sie nicht mehr. Wenn wir Proust Glauben schenken, erleben wir diese Emotionen, Leiden, Glücks- und Unglücksgefühle bei der Lektüre eines Romans intensiver als in der Erinnerung an das eigene Leben – an die „verlorene Zeit". Wir haben sie tatsächlich verloren, denn das Ergriffensein und die Rührung haben sich in nichts aufgelöst; der Zauberstab des dichtenden Schriftstellers, der in seinem Roman diese verlorene Zeit „recherchiert", erzählt, heraufruft, in uns wieder lebendig werden läßt, versetzt uns durch die Magie seiner gestaltenden Worte in jenen Traumzustand, der wirklicher, eindrücklicher ist als die nächtlichen Träume, die sich am Morgen verflüchtigen, an die wir uns nicht mehr erinnern. Die Juristen kennen den Begriff der „Verjährung". Nach soundso vielen Jahren ist ein Verbrechen nicht mehr strafbar, weil es gleichsam nicht mehr vorhanden ist. Ich glaube, daß auch das, was wir im Herzen nicht mehr spüren, verjährt ist.
Der kleine Marcel, der in Prousts Erzählung kalte Ostertage mit seiner Familie in Combray verbringt (auch die unsern hier, obgleich hell, waren von einem eisigen Nordwind durchweht), glaubte nicht an seine schriftstellerische Begabung: „Wie traurig kam es mir seit jenem Spaziergang auf der Seite der Guermantes vor, daß ich keine Eignung für die Literatur hatte und daß ich endgültig darauf verzichten mußte, jemals ein berühmter Schriftsteller zu werden. Das Bedauern, das mich bewegte, während ich ein wenig abseits träumte, ergriff mich so sehr, daß, um es nicht mehr zu spüren, mit einer Art Hemmung vor diesem Schmerz, mein Geist völlig aufhörte, an die Verse, die Romane, an eine dichterische Zukunft zu denken, die mir mein Mangel an Talent verschloß. Aber dann, außerhalb von irgendwelchen literarischen Bemühungen, zu denen es keinerlei Beziehung hatte, ließ mich aus einer Freude, die sie mir verschafften, plötzlich ein Dach, ein Sonnenstrahl auf einem Stein, der Geruch eines Weges aufmerken, auch weil sie jenseits von allem, das ich sah, etwas zu verbergen schienen, was sie mich zu ergreifen aufforderten und ich doch nicht zu entdecken vermochte. Da ich fühlte, daß sich all das in ihnen befand, stand ich da, unbeweglich, ich schaute, atmete, versuchte, mit meinen Gedanken hinter das Bild oder den Geruch zu kommen . . ."
Hinter die Dinge kommen: das ist nichts anderes als das Bemühen um Erkenntnis, wobei es zunächst unwichtig ist, ob diese Erkenntnis die Ge-

stalt eines literarischen Werkes oder einer wissenschaftlichen Forschung annimmt. Übrigens ist jener Unglaube an die eigene Begabung, die den kleinen Marcel an seiner schriftstellerischen Zukunft zweifeln ließ und ihn betrübte, ein untrügliches Zeichen dafür, daß gerade diese und keine andere Begabung in ihm vorhanden war. Prousts literarische Anfänge wurden lange von der Kritik nicht hoch eingeschätzt. Eigentlich ist Proust in Frankreich erst durch den Goncourt-Preis nach dem Ersten Weltkrieg allgemein bekannt geworden. Er starb 51jährig 1922. Als ich vier Jahre später nach Paris kam und in einem Studentenhotel nächtelang seine Romanfolge las, lernte ich bald darauf im Faubourg Saint-Germain die Nachzügler der Gesellschaft kennen, die Proust in seinem Werk unsterblich gemacht hat.

17. April

Es wäre verfehlt, wenn man in Proust vornehmlich den Chronisten der „distinguierten" Gesellschaft – des „monde", der sich als „Welt" schlechthin versteht – erblicken würde, obgleich er das auch ist. Als ein in einsamer Zurückgezogenheit ein Epos gestaltender Schriftsteller hat Proust in seiner „fiction story" eine das Innerste erforschende Beobachtung und Darstellung des menschlichen Seelenlebens geliefert. Wenn ich Professor der Psychologie wäre, würde ich meinen Studenten die „Recherche" zur Pflichtlektüre und – zum Beispiel – die lange Erzählung „Un amour de Swann" zum Gegenstand eines Seminars machen (desgleichen die „Prisonnière", in beiden Stücken eine unvergleichliche Studie zur menschlichen Verstrickung in Liebe und Eifersucht).
Proust berichtet, wie Charles Swann sich von der frischen und pummeligen Schönheit einer Arbeiterin stärker angezogen fühlte als von Odette, die nicht seinem bevorzugten Frauentypus entsprach. Dennoch entwickelt sich aus der Begegnung mit ihr eine Leidenschaft, die ihn vollständig gefangennimmt, so daß er alle anderen gesellschaftlichen Beziehungen vernachlässigt und Abend für Abend im Salon der Madame Verdurin diese Frau antrifft, sie in seinem Coupé nach Hause bringt, bis sich endlich, nach langer Inkubationszeit, wie eine ansteckende Krankheit, die ihm ein unnennbares Leiden bereitet, ein Liebesverhältnis mit dieser verwöhnten und kostspieligen Kokotte einstellt. (Wobei Swann, aller Evidenz zum Trotz und obwohl er Unsummen für sie ausgab, nicht

wahrhaben wollte, daß Odette zu der Klasse der von reichen Männern ausgehaltenen, treulosen, frivolen, ungebildeten Luxusgeschöpfe gehörte.) Wenn Swann abends seine kleine Arbeiterin verließ, denn so beginnt diese Geschichte, fand er Odette de Crécy im Salon Verdurin wieder. Ich muß zitieren: „Der Pianist spielte für sie beide die kleine Tonfolge von Vinteuil, die wie die Nationalmelodie ihrer Liebe war . . . Die kleine Phrase erschien, tanzend, pastoral, eingeschoben, episodisch, einer andern Welt zugehörend. Sie verlief in einfachen und unsterblichen Rhythmen, teilte hier und da Gaben ihrer Grazie aus, mit immer gleichem, unverwechselbarem Lächeln: aber Swann glaubte nun Entzauberung zu unterscheiden. Sie schien die Eitelkeit dieses Glückes zu kennen, das sie anzeigte. In ihrer leichten Grazie hatte sie etwas Vollkommenes, wie die Ablösung, die auf das Bedauern folgt. Aber das schien ihm unwichtig, er betrachtete sie weniger in sich selbst (. . .) als wie ein Pfand, eine Erinnerung an seine Liebe, die, sogar für die Verdurins und den kleinen Pianisten, an Odette und gleichzeitig an ihn denken ließ, sie miteinander vereinte (. . .) Es ist *unser* Stück, sagte Odette."

Alles was auf unzähligen Seiten dieser Erzählung folgt, ist die Geschichte einer Verzauberung und ihrer Entzauberung, einer Hörigkeit und ihrer Ablösung, einer Leidenschaft und einer Enttäuschung, die am Ende zur Erkaltung und zur Gleichgültigkeit führt. Nichts ist bezeichnender für ein verwundetes Herz, das endlich heilt, als der Schluß dieser langen Erzählung. Swann erwacht aus seinem süßen und bösen Traum. Alles, was er am Anfang dieses langen Liebesverhältnisses an Odette bemerkt hatte, ihre mageren Wangen, ihr blasser Teint, ihre scharfen Gesichtszüge, ihre verkappten Augen, und was er seit dem Beginn seiner Liaison vergessen hatte, trat ihm in der Erinnerung von neuem vor Augen: „Und mit jener zeitweiligen Grobheit, die er wiederfand, sobald er nicht mehr unglücklich war, die auch das Niveau seiner Moralität gleichzeitig absinken ließ, rief er sich selber zu: zu denken, daß ich Jahre meines Lebens verdorben habe, daß ich sterben wollte, daß ich meine größte Liebe erlebte, für eine Frau, die mir nicht gefiel, die nicht mein Genre war!"

Wenn ich an meine eigenen frühen, empfindsamen, verliebten, unfertigen Jahre zurückdenke, erlebe ich bei der Lektüre dieses Romans Emotionen, die die Erinnerung an Selbsterlebtes, nachdem es längst vergangen und verblaßt ist, von neuem zu erwecken vermögen. Da ich mittlerweile lange genug gelebt habe, um nicht mehr viel Freude an Ausgängen, Reisen, Begegnungen und Freundschaften zu empfinden, kann ich in demselben ersten Teil der „Recherche" das müde Dasein der alten „tante Léonie" nachempfinden, von der Proust sagt, sie hätte gern den Monsieur Swann in seiner unweit von Combray gelegenen Besitzung besucht: „Aber ihr Wunsch", heißt es an dieser Stelle, „genügte den Kräften, die ihr blieben; seine Verwirklichung hätte sie überstiegen. Manchmal verlieh ihr das schöne Wetter ein wenig Kraft, sie stand auf, kleidete sich an; die Müdigkeit begann, ehe sie ins andere Zimmer gelangte, und sie wünschte sich wieder ihr Bett. Was für sie begonnen hatte – nur früher als es gemeinhin geschieht –, das war dieser große Verzicht des Alters, das sich auf den Tod vorbereitet, sich in die Puppe einhüllt; es ist nichts anderes, als was man am Ende der lang sich hinziehenden Leben beobachten kann, sogar zwischen alten Geliebten, die sich sehr geliebt hatten, zwischen Freunden, die durch geistige Bande geeint waren und die von einem bestimmten Jahr an aufhören, die Reise oder den nötigen Ausgang zu machen, um sich wiederzusehen, auch aufhören, einander zu schreiben, und wissen, daß sie in dieser Welt nicht mehr miteinander verkehren werden. Meine Tante wußte sehr wohl, daß sie Swann nicht wiedersehen würde, daß sie das Haus nie mehr verlassen würde; aber diese endgültige Abgeschiedenheit wurde ihr gerade aus dem Grunde leicht, der sie ihr für unser Gefühl hätte schmerzlicher machen müssen: denn diese Abgeschiedenheit wurde ihr von der Verminderung ihrer Kräfte auferlegt, die sie täglich feststellen konnte und die, indem sie aus jedem Handgriff, aus jeder Bewegung eine Ermüdung, wenn nicht ein Leiden machte, ihr die Unbeweglichkeit, die Isolierung, die Stille als die heilende und gesegnete Süßigkeit der Ruhe erscheinen ließ."

Diese Beschreibung erfordert keinen ausführlichen Kommentar. Gewiß, jeder alternde Mensch verbringt nicht seine späten Tage und Jahre in seinem Bett, wie die Tante Léonie. Keiner verzichtet gänzlich auf Ausgänge und Geselligkeit. Aber die allmähliche Erkaltung und Teilnahmslosigkeit, auch daß einem die Aufrechterhaltung alter Beziehungen und Freundschaften nicht mehr so wichtig ist, und, um ehrlich zu sein, daß die meisten Handlungen, Reisen, Gespräche und sogar das Briefeschreiben eine Müdigkeit zur Folge haben, von der wir nicht gern reden, weil sie uns beschämt, obgleich sie an gewissen Tagen den Grad einer Erschöpfung und eines unerklärlichen Leidens annimmt, sind Symptome des alternden Menschen. Anhand der halbrührenden Kunstfigur der Tante Léonie hat Marcel Proust diesen Zustand gleichsam mit einem Vergrößerungsglas, das ihn übertrieben und grotesk uns vor

Augen führt, mit seiner außerordentlichen Gabe der Einfühlung in die verschiedensten Menschen und Verhältnisse darzustellen vermocht; er wußte auch um die „heilende und gesegnete Süßigkeit der Ruhe“ ... Der Bezüge zum Eigenen und Naheliegenden gibt es bei solcher Lektüre oft, ohne daß man weit suchen muß. Wir waren heute vormittag, E. und ich, an den Hallwilersee gefahren, wo wir nach einem Spaziergang am Ufer in einem Landgasthof ein Fischgericht genossen. Auf der Rückfahrt, das Seegelände verlassend, durch Wiesengründe, Dörfer und Waldstücke, wo bald der Kirchturm von Othmarsingen auf uns zukam und in der Ferne, auf ihrer Bergkante, klein und besonnt, die Brunegg erschien, sagte ich zu E., eigentlich habe diese sanfte Landschaft Ähnlichkeit mit der normannischen, die Proust beschreibt. Diese sei aber weniger hügelig als die unsere, meinte E.; aber ich bemerkte, daß wohl der „Côté de Méséglise“, wo Swanns Besitzung Tansonville liegt, in eine Ebene münde, daß aber der „Côté de Guermantes“ durch das Tälchen der Vivonne erreicht werde, mit seinen Abhängen, Unebenheiten und Baumgruppen. Nun kommt es bei diesem Vergleich weniger auf topographische Ähnlichkeit an als auf die pastorale Atmosphäre der Gegend im Umkreis des Städtchens Lenzburg und auf dieses selbst, das mir zuweilen wie eine helvetische Replik von Prousts Städtchen Combray erschienen ist: man ist in der Provinz, hier und dort, und wenn ich „Provinz“ sage, meine ich etwas Positives und Fruchtbringendes. Mit gutem Grund rühmte Herder in seiner Besprechung von Pestalozzis „Lienhard und Gertrud“, daß dieser Autor in seiner Geschichte das Daseln in der Provinz lebensnah geschildert habe. Proust in seinen Schilderungen von Land und Leuten in Combray und dessen ländlicher Umgebung hat nichts anderes gemacht.

Ich will damit sagen, daß die lebenskräftigen Ursprünge der höheren Kultur und der Menschen, die sie schufen und pflegten, aus ländlichen und kleinstädtischen Verhältnissen kamen: Provinz, Kleinstadt und Ländlichkeit als Wurzelgrund, heimatliche Umgebung und Wohnstätte für viele, die selber am größeren Leben teilhaben. Weil man, was Frankreich betrifft, immer an Paris denkt, übersieht man oft die Blutbahnen und Stränge, die Verwurzelungen, die das Pariser Bürgertum, auch die französischen Aristokraten, Politiker, Schriftsteller und Künstler mit einem Ort in der Provinz, einem Bauernhof, einem Rebgut, einem Familienbesitz oder einem Schloß verbinden – auch Herr Mitterrand hat sein Landhaus in der Provinz. Ähnliches läßt sich vom Leben in Italien und in England sagen.

Mir ist das Leben in den kleinen Gassen, alten Häusern, in den Läden und Werkstätten, in der Kirche und im Rathaus und auf dem Schloß in Lenzburg, wenigstens in früherer Zeit, als Mama in der „Bleiche“ am Aabach unter der Obhut ihrer Mutter, von Großmüttern und Tanten aufwuchs und die Wedekinds im Schloß hausten, immer ein wenig „Proust-verdächtig“ vorgekommen – wenn man an das Leben in Combray denkt, wie es sein berühmter Chronist in den 1870er und -80er Jahren (die auch die Kindheitsjahre meiner Mutter waren) erfahren hat. Ich sah und besuchte in meiner Jugend noch jene alten, gut bewohnten, bürgerlich geordneten Häuser mit ihren kleinen Vorgärten „hinter der Kirche“; sie waren halb biedermeierlich, halb viktorianisch möbliert, hatten Bildnisse von Vorfahren an der Wand über dem Sofa, tickende Pendülen auf den Kommoden und dufteten nach gelagerten Äpfeln, frischen Blumen, Lavendel und altem Staub, der trotz sorgsamer Pflege noch nicht mit einem elektrischen Staubsauger gänzlich vertilgt werden konnte.

In Peter Miegs Haus auf halber Höhe, unter der mächtigen Schloßanlage, ist noch viel vorhanden von diesen alten Dingen aus den elterlichen und großelterlichen Häusern. Eingerahmt von einem Garten mit breitschattenden Bäumen, Blumenrabatten und einem Wasserstück lebt und arbeitet Mieg in diesem Wohnsitz, ohne sich übrigens darin zu „vergraben“. Von hier aus gelangen seine Werke in die Konzertsäle und Bildergalerien des In- und Auslandes. Er besucht gern die Aufführungen und Ausstellungen seiner Werke. Daß er als ein Einzelgänger die Selbständigkeit seiner Tonsprache wahrt, erklärte er am Rundfunk mit der Bemerkung, ihn kümmere die Frage nicht, ob seine Auffassung von Musik „heutig“ sei. Ich komme, beinahe zu meiner Überraschung, auf diesen alten Freund zurück, weil er mir seit jeher Proust-ähnlich erschienen ist. Er ist einer der profundesten Kenner von Prousts Werk und Leben, die mir begegnet sind. Zur hundertsten Wiederkehr von Marcel Prousts Geburtstag, im Jahre 1971, wanderte Peter Mieg auf seinen Spuren, er besuchte Prousts Eltern- und Kindheitshaus in dem Städtchen, das im Roman Combray heißt. Ich glaubte zu erraten, daß sich Peter in den frühen seelischen Regungen des zarten Knaben aus Prousts Erzählung wiedererkannte. Wir telefonierten einmal fast eine Stunde lang, um herauszufinden, aus welchem Musikstück und von welchem Komponisten die „phrase de Vinteuil“ sein könnte.

Wenn ich aus Miegs zauberischem Haus zwischen Stadt und Schloß trete und zu der mächtigen Feudalburg hinaufblicke, beschleicht mich der

Verdacht, daß die längst nicht mehr vorhandenen Grafen von Lenzburg in Peters verschwiegener Phantasie eine entfernte Verwandtschaft haben mit den Ducs de Guermantes, denen die geistreichsten und amüsantesten Partien in Prousts großem Werk gewidmet sind. Ein wenig vom „esprit des Guermantes" haben wir beide, Peter und ich, mitbekommen. Es gab, es gibt da und dort immer noch, fast verschämt und ein wenig abseits, eine Gesellschafts- und Wohnkultur, die nicht einfach als rückwärts gewandte Existenz einer in Auflösung begriffenen Gesellschaftsform und ihrer letzten Repräsentanten abgetan werden darf; auch aus ihr, weil sie vielleicht mehr Lebenskraft in sich birgt als man gemeinhin annimmt, kann Kreatives entspringen. Man sollte zumindest objektiv feststellen, daß aus solchen verborgenen, „kleinen" Ursprüngen in der Kulturgeschichte Europas viel Bedeutendes und Großes hervorgegangen ist. Ich bin in diesen Zusammenhängen überzeugt, daß mit Sartres Definition von Prousts Werk, es sei eine „analyse bourgeoise", das letzte Wort nicht gesprochen ist. Seine Bedeutung weist über diese Analyse hinaus.

30. April

Beim Wiederlesen fällt mir auf, daß ich in einem Nebensatz etwas geäußert habe, was in den Mittelpunkt meiner Meditationen gehört. Ich schrieb, daß es zunächst unwichtig sei, ob die Erkenntnis – das heißt die Wahrheitsfindung – „die Gestalt eines literarischen Werkes oder einer wissenschaftlichen Forschung" annehme. Es ist aber bedeutungsvoll, ob wir durch das Medium der Literatur oder durch dasjenige der Wissenschaft „die" Wahrheit – unsere immer von neuem in Frage gestellte Bemühung um Wahrheit – zu erkennen vermögen. Im bisher Geschriebenen habe ich Proust als Psychologen gerühmt, aber als Darsteller gesellschaftlicher Vorgänge ist er nicht weniger bemerkenswert.
Der Beitrag der „schönen" Literatur zur Kenntnis der Geschichte und der Soziologie hat mich zeitlebens beschäftigt. Ich hielt ihn für wichtig, indem er den Wert einer „Quelle" besitzt, die, wie mir scheint, von den an den Universitäten betriebenen Wissenschaften nicht genügend beachtet und gewürdigt wird. Wissenschaft, wie sie das positivistische 19. Jahrhundert bis weit ins 20. hinein betrieben hat und wie sie uns gelehrt wurde, stützt sich auf Faktentreue und Faktengläubigkeit. Damit

verbunden war die strikte Ablehnung all dessen, was mit Mythen, Legenden und Fiktion etwas zu tun hat. Nun ist es selbstverständlich, daß die Wissenschaft nach überprüfbaren Erkenntnissen sucht, die auf rationalem Wege gewonnen werden.

Ich anerkenne vorbehaltlos die Trennung von wissenschaftlicher Erkenntnis und Fiktion. Die Frage aber bleibt, ob wir die Fiktion, wie sie in literarischen Werken vorliegt, unbeachtet lassen dürfen, oder ob wir in solchen Werken Hinweise finden, die für unsere Wahrheitssuche hilfreich sind. Unser Psychologieprofessor in Bern, Paul Häberlin, lehrte, daß in literarischen Werken – er verwies insbesondere auf Dostojewski – wertvolles Material für den Psychologen zu finden sei. Es ist hinlänglich bekannt, daß die Darstellung seelischer Vorgänge, die von Dichtern geschildert werden, Sigmund Freud Einsichten in den Hergang von Leidensgeschichten und krankhaften Vorgängen gewährten. Literarische Einbildungskraft und wissenschaftliche Analyse hielt Freud für ebenbürtig; er hob den literarischen Charakter der Psychoanalyse ausdrücklich hervor.

Ich will mich hier auf dasjenige Gebiet beschränken, das mir am vertrautesten ist. Von Jacob Burckhardt stammt der Satz – fast ein Lehrsatz: „Der Rangstreit zwischen Geschichte und Poesie ist endgültig geschlichtet durch Schopenhauer. Die Poesie leistet mehr für die Erkenntnis des Wesens der Menschheit."

Das ist zunächst eine Behauptung, die apodiktisch vorgetragen wird. Ich möchte sie auf die schlichtere Frage hin untersuchen, ob Werke der dichterischen Literatur, die „Poesie" also, hilfreich sind bei der Erforschung des geschichtlichen Lebens. Proust öffnet einen Zugang. Es ist auffallend, daß er nie eine Jahrzahl nennt. Anscheinend ist die „Suche nach der verlorenen Zeit" unhistorisch – obgleich Geschichtsforschung nichts anderes ist als eine solche Suche. Indirekt gibt uns Proust Anhaltspunkte. Er erwähnt, daß Swann bei Grévy, dem Präsidenten der Republik, zum Essen ins Elysée eingeladen wird; Grévy hatte dieses Amt von 1879 bis 1887 inne. Von Odette heißt es, sie habe abends das Kabarett „Chat Noir" besucht; dieses war seit den 1880er Jahren en vogue. Das populäre Lied „En revenant de la Revue", von Proust erwähnt, wurde gesungen, als der revanchistische General Boulanger 1886 Kriegsminister war. Marcel Proust schildert in seinen ersten Romanbänden eine Epoche, ihre Gesellschaft und Personen, die in seine frühste Jugend fällt; er selber war 1871 geboren. Diese Zustände hat er rückblickend und durch Befragung älterer Zeitgenossen beschrieben; doch mündet seine Erzählung in die Zeit der Dreyfus-Affäre und des Ersten Weltkrieges.

Die Gesellschaft, der Proust ihren Mythos schuf, hatte den historischen Wendepunkt überschritten, der den Adel seines politischen Einflusses in Frankreich beraubt hat; die Republik der Herzöge und der royalistischen Notabeln war endgültig in die Hände des Bürgertums, der Nachfolger der Revolutionäre von 1848, der Liberalen und Freimaurer, der kleinbürgerlichen Radikalen und Nationalisten übergegangen. Soziologisch aufschlußreich ist Prousts Schilderung einer Gesellschaftsschicht, die ihre Stellung als Oberklasse und ihren Reichtum zwar beibehält, aber aus dem staatlich-politischen Leben – über das der Romancier nicht viele Worte verliert – endgültig ausgeschieden ist. Das Gesellschaftsleben mit seinen Sitten und Gebräuchen, seinen Riten und Vorurteilen, seinem Luxus und sozialen Prestige, verläuft in einer erstaunlichen Bezugslosigkeit zum politischen Geschehen (nur die Dreyfus-Affäre geistert durch die Salon-Konversationen); diese Klasse ist bloß noch wirtschaftlich stark, wobei der Adel und das Großbürgertum zwar beide dank ihrer finanziellen Macht und ihrer Kultur den „Ton angeben" können, gesellschaftlich aber als Kasten voneinander unterschieden sind und nicht miteinander verkehren (wie auch der Clan des alten Adels im Faubourg Saint-Germain mit dem von Napoleon geschaffenen Neuadel nicht verkehrt). Swann ist, als reicher Sohn eines Börsenmaklers, ein wohlgelittener Eindringling in der vornehmen Oberklasse (was auch Proust selber war); es ist jedoch bezeichnend für seine soziale Doppelstellung, daß Swann in den aristokratischen Salons seine Beziehungen zu dem bürgerlich-republikanischen Staatspräsidenten verschweigt (ich habe noch selber zwischen den beiden Weltkriegen diesen Zustand erlebt, als die Politiker der Republik von den Salons des „Faubourg" ausgeschlossen waren oder sich selbst davon ausschlossen: beide Teile hätten sich kompromittiert, wenn sie miteinander verkehrt hätten).

Dieses Schema sozio-politischer und, was bei Proust an herausragender Stelle steht, kultureller Zustände bildet den historischen Rahmen seiner monumentalen „fiction story", die, wie mir scheint, dem Erforscher der französischen Gesellschaftsstruktur am Ende des 19. Jahrhunderts – bis zu dessen Endpunkt 1914 – ein reiches und äußerst differenziert ausgelegtes Material anbietet. Nicht die fiktiven Personen des Romans sind „historisch"; aber indem Proust das Sein und Benehmen von erfundenen Figuren darstellt, komponiert er mit ihrer Hilfe ein Bild der französischen

Gesellschaft, die dem soziologisch interessierten Historiker erhellende Auskünfte gibt. Ob er, wie eine neuere Studie über Proust vermutet, die Thesen des französischen Soziologen Gabriel Tarde kannte, wissen wir nicht; aber Proust entwirft im Verhalten jeder einzelnen Figur seines Romans ein verkleinertes Bild der Gesellschaft, womit er allerdings – bewußt oder unbewußt – die Theorie von Tarde bestätigt hat. Proust habe für die Gesellschaft seiner Zeit ähnliches geleistet wie der Duc de Saint-Simon für die Gesellschaft der Zeit Ludwigs XIV., wurde gesagt; wobei Saint-Simon in seinen Memoiren nicht fiktive, sondern wirkliche Personen geschildert hat.

1. Mai

Im Werk Leo Tolstois finden wir eine ungleich handfestere Schilderung historisch-politischer Vorgänge als bei Proust. Er war ein Nachgeborener der Gesellschaft, die sich 1812 gegen Napoleon verteidigen mußte und ihn schließlich besiegte. Tolstoi, 1828 geboren, konnte die älteren Zeitgenossen jenes großen nationalen Abwehrkampfes noch befragen, den er im Roman „Krieg und Frieden" dargestellt hat. Auch hier ist eine aristokratische Klasse, wie sie zur Zeit Alexanders I. in Rußland lebte und dachte, geschildert – der Übergang vom kosmopolitischen 18. Jahrhundert zum nationalen Bewußtsein des 19. erscheint in der erheiternden Episode, die davon berichtet, wie in den vornehmen Salons beschlossen wurde, auf den Gebrauch des Französischen zugunsten des Russischen zu verzichten.

Das Militärische war Tolstoi, der selber als junger Offizier im Kaukasus gedient hatte, vertraut. Im „Überfall. Erzählung eines Kriegsfreiwilligen" sagt Tolstoi: „Der Krieg hat mich immer interessiert. Krieg nicht im Sinne der Kombinationen großer Feldherren – meine Phantasie weigerte sich stets, solchen großen Unternehmungen zu folgen; ich verstand sie nicht. Mich interessierte die Tatsache des Krieges an sich, das gegenseitige Töten. Es interessiert mich mehr, wie und von welchen Gefühlen getrieben ein Soldat den andern tötet, als wie die Armeen bei Austerlitz oder Borodino verteilt waren."

Es sind aber gerade diese Schlachten, die Tolstoi in „Krieg und Frieden" um so anschaulicher und menschlich eindrücklicher zu schildern vermochte, als er die Gefühle, das Verhalten und die Mentalität der Kämp-

fenden verstand. Er polemisiert in diesem Roman gegen die Darstellung des französischen Geschichtschreibers Adolphe Thiers, der die strategischen Pläne und Vorkehrungen der Feldherren eingehend untersucht hat. Was gewinnen wir als Historiker aus Tolstois Roman? Ich möchte behaupten, daß er die gesellschaftliche und menschliche Ergänzung zu den professionellen Kriegshistorikern und Militärschriftstellern liefert; sein realistischer Beitrag zu den theoretischen Ausführungen eines Clausewitz und eines Jomini scheint mir unentbehrlich. Da aber Tolstois Geschichte die führenden Persönlichkeiten und die herrschende Klasse, die Adligen, Generäle und Offiziere zum Gegenstand hat, ergänzte der sowjetische Historiker Eugen Tarle seine Schilderung, indem er den Kampf gegen die Invasion der Franzosen unter Napoleon als „Volkskrieg" versteht und darstellt (nicht ohne unausgesprochenen Bezug auf den „großen vaterländischen Krieg", den das russische Volk unter Stalin gegen Hitlers Armeen führte).
Aber Tolstoi hat nicht nur über den Krieg von 1812 geschrieben. Er plante einen (nicht vollendeten) Roman über die „Dekabristen", politische und soziale Reformer, die sich, von Offizieren angeführt, welche im Krieg gegen Napoleon westliches Ideengut kennengelernt hatten, gegen die Autokratie des Zaren und seine reaktionäre Herrschaft auflehnten. Aus späterer, selbsterlebter Zeit erzählt Tolstoi kriegerische Episoden in seinen „Kosaken. Eine Geschichte aus dem Kaukasus" und in den Aufzeichnungen aus dem Krimkrieg: „Sebastopol 1854 und 1855".
Die Darstellung des Leidens an einer ausweglosen Liebschaft im Roman „Anna Karenina" führt uns in den Bereich des psychologischen Romans des Westens zurück. Aber auch der Soziologe kommt in diesem Roman Tolstois auf seine Rechnung, wenn er die Verhaltensweise, die Sitten und Vorurteile der vornehmen Gesellschaft von St. Petersburg in den 1870er Jahren kennenlernen will. Es sind, nebenbei bemerkt, die gleichen Jahre, in denen der junge Carl Spitteler in dieser Gesellschaft der russischen Hauptstadt gelebt hat – worauf er nach seiner Rückkehr in die Schweiz den Roman „Imago" schrieb. Dieser Roman hat die Psychologen interessiert und einer von Freud herausgegebenen psychoanalytischen Zeitschrift ihren Titel geliehen. Doch als Schilderung eines bürgerlichen Milieus, wie es damals in der Schweiz existierte, ist Spittelers „Imago" auch für den soziologisch interessierten Leser bemerkenswert. Bei seinen schweizerischen Landsleuten erregte Spitteler mit seiner Formulierung „Tasso unter den Demokraten" gekränkten Widerspruch. Also auch ein

Beitrag zur Geschichte der bürgerlichen Mentalität, die das Anderssein des Dichters und Künstlers übel vermerkt.
Eine Erinnerung: An einer Sitzung der „Société d'Histoire moderne" in Paris referierte ein Geschichtsprofessor über den Roman „Les Dieux ont soif" von Anatole France. Dieser behandelt den Terror der Jakobiner zur Zeit Robespierres. Der Referent konnte nachweisen, ohne Widerspruch bei seinen gelehrten Kollegen hervorzurufen, daß die Darstellung des Romanschreibers ein historisch getreues, von ihm lebensnah geschildertes Bild dieser Episode entwirft. Natürlich sind die Figuren des Romans erfunden. Nach dem Wiederlesen dieses Buches komme ich zum Schluß, daß auch hier in einer literarischen, das heißt fiktiven Erzählung, eine ungemein eindrückliche Evokation dieser grausigen Episode aus der Französischen Revolution vorliegt, an der wir trotz zahllosen wissenschaftlichen Werken über dieses Thema nicht achtlos vorbeigehen können. Dazu die Bemerkung, daß Georg Büchner in seinem Drama „Dantons Tod" seinen Personen Reden in den Mund legt, die er teilweise wörtlich den authentischen Quellen entnommen hat.

3. Mai

Da meine Spezialgebiete die Geschichte Deutschlands und Frankreichs – etwas weniger einläßlich auch Rußlands und Englands – waren, lag die Beschäftigung nicht nur mit Quellen und Darstellungen im engeren Sinn, sondern auch mit der Literatur und Dichtung dieser Nationen nahe. Zu den Elementargeistern der Literaturgeschichte gehört Balzac, über dessen Oeuvre der Schatten Napoleons liegt. Aber da Balzac gründliche kaufmännische Kenntnisse hatte und ausführlich über Geld und Geldgeschäfte schrieb, ist die „Comédie humaine" auch eine Fundgrube für den Gesellschafts- und Wirtschaftshistoriker. Karl Marx trug sich mit der Absicht, eine Abhandlung über dieses monumentale Werk zu schreiben. Friedrich Engels behauptete, er habe von Balzac mehr gelernt als von allen Historikern, Ökonomen und Statistikern seiner Zeit. Wolf Lepenies sagt in seiner wertvollen Abhandlung über das Verhältnis von Literatur und Wissenschaft einschränkend, dergleichen polemische Äußerungen bedeuteten nicht, daß Marx und Engels ihre Theorie aus dem Romanwerk von Balzac abgeleitet hätten. Was sich in ihren Worten ausdrücke, sei „eine ähnliche Bezugnahme auf die Literatur, wie wir sie später bei Freud wiederfinden: wie dieser sich gegen die etablierte Experimentalpsychologie seiner Epoche, so richten sich jene gegen die in der Universität vertretenen ökonomischen und historischen Disziplinen und ihre hervorstechendsten Vertreter (...), um ihnen durch den Vergleich mit Einsichten der schönen Literatur ihre mindere wissenschaftliche Qualität vorzuhalten".

Auch ich habe manchmal unter der minderen Qualität einer gewissen Fachliteratur gelitten und bei der „schönen" Literatur nicht nur Trost, sondern auch Orientierungshilfe, Erkenntnisse und Vorbilder gesucht. Was beispielsweise die gelehrte Schriftstellerin Marguerite Yourcenar in ihren romanhaften „Memoiren Hadrians" über diesen römischen Kaiser, die Politik, die Kriege und die Kultur seiner Zeit geschrieben hat, verglich ich mit der „wissenschaftlichen" Abhandlung eines Geschichtsprofessors über dieses Thema; zu meinem Leidwesen bot sie im Vergleich zu Yourcenars Buch ein betrübliches Beispiel dürrer, unbeholfener und unzulänglicher Darstellung. Daß die Schriftstellerin etliche Lücken unserer Kenntnisse durch ihre Kombinationsgabe ergänzt hat, darf der Fachmann beanstanden – etwa so, wie der Kunsthistoriker Ergänzungen, die ein Restaurator dem Torso einer antiken Skulptur hinzugefügt hat (wie es beispielsweise mit den Ägineten geschehen war), beanstandet ... Große Sünden? Oder kleine Sünden?

In meiner Vorlesung über französische Geschichte des 19. Jahrhunderts gab ich den Studenten den Rat, Flauberts „Education sentimentale" zu lesen, wenn sie Bescheid wissen wollten über die Februarrevolution von 1848 und ihre Folgen. Ich wußte, als ich diese Äußerung tat, noch nicht, daß Georges Sorel jenen Roman für das Verständnis der Zeit, die dem Staatsstreich des Prinzen Louis Napoleon von 1851 vorausging, für unentbehrlich hielt.

Flaubert, wie nach ihm Zola – und in Deutschland Thomas Mann – stützten ihre Romanwerke auf wissenschaftliche Studien. „Je weiter die Kunst geht", sagt Flaubert, „desto wissenschaftlicher wird sie sein, so wie die Wissenschaft künstlerischer würde." In einem anderen Augenblick, in etwas anderer Stimmung, schrieb Flaubert: „Die Literatur ist die am wenigsten verlogene aller Lügen." Was ist nun richtig? François Bondy sagt in einem Artikel zu Gustave Flauberts 100. Todestag 1980: „Es ändert nichts, daß seine Evokationsgabe mehr mit Magie als mit Wissenschaft zu tun hat." Sind wir wieder bei Prousts Aussage angelangt, als er von der Romanlektüre sagte, sie sei „magisch wie ein tiefer

Traum"? Proust, der neun Jahre alt war, als Flaubert starb, bewunderte ihn, wie ihn Gorki, Kafka, Joyce, Céline bewundert haben – Sartres monumentale Studie über Flaubert ist leider Torso geblieben. Als Nachgeborene dürfen wir die herbe, abschätzige Kritik, welche die Zeitgenossen an den Großen der französischen Literatur geübt haben, mit Ironie zur Kenntnis nehmen: „Sie (die Zeitgenossen)", schrieb Proust, „mögen mich mit Flaubert zusammen verurteilen. Eine edlere Gesellschaft kann ich mir nicht vorstellen."

Flaubert hat die Zeitumstände, die Gesellschaft und die Ereignisse, die er in der „Education sentimentale" geschildert hat, bis ins letzte Detail auf einer genauen Kenntnis der Dokumente, geschichtlicher und sozialphilosophischer Werke, sowie auf einer Befragung von Zeugen des Geschehens aufgebaut. (Sein Freund Alphonse Daudet, mit weniger Genie, hat Episoden und Persönlichkeiten aus der nachfolgenden Ära des Zweiten Kaiserreichs in seinem „Nabab" dargestellt.) Man möchte bei der Lektüre solcher Werke geradezu von „Verhaltensforschung" sprechen; sie mündet aber in eine Vision der Epoche, vom epischen Erzähler nachfühlend und erfinderisch gestaltet. Dem „historischen Genre" machte Flaubert den Vorwurf, „daß die Hintergründe das Vordergründige aufzehren". Das Vordergründige sind die Individuen als Keimzellen der Gesellschaft, mit ihren Gefühlen, Taten, Gesinnungen, Leiden und Schicksalen: diese Rollen überträgt der Romancier den fiktiven Figuren, die die Träger und Akteure seiner (auf historischem Hintergrund handelnden) Geschichte sind. Sie liefern das typische Detail, die charakteristische Fabel innerhalb eines authentischen Geschehens. Aber wie Flaubert die Wildheit der entfesselten Volkswut bei der Erstürmung und Plünderung der Tuilerien schildert, ist wahre Geschichte, desgleichen die Rachsucht der Bürger, als sie im Juni das Volk bekämpften und niedermachten. Ein Wort, das kaum ein professioneller Historiker niedergeschrieben hätte, fiel mir auf, als ich las, was der Held des Romans dachte, der dem plündernden, ungewaschenen Volk in den Tuilerien zuschaute; er sagt: „La liberté sent mauvais." Welcher Geschichtschreiber würde es wagen, zu sagen: „Die Freiheit riecht schlecht?"

Flaubert dachte skeptisch, pessimistisch über Geschichte (wie Dürrenmatt, der die Geschichte den „gnadenlosesten Stoff" nannte). Die Grausamkeit des Volkes und die Brutalität des Bürgertums sind beide schlecht und verwerflich. Die Wiederholung der Geschichte kommt Flaubert vor wie der Kreislauf der Natur. An seinen Freund Maxime du Camp schrieb er nach der Tragödie der Pariser Kommune von 1871: „Wenn man die Education sentimentale verstanden hätte, wäre das alles nicht geschehen.“

Für Flaubert ist Geschichte „l'éternelle misère de tout“. Er war nicht progressiv gesinnt; vielleicht erschien ihm die Februarrevolution von 1848 vorerst als eine Hoffnung (er habe daran geglaubt, meinte seine Freundin George Sand). Aber die Ernüchterung folgte auf das Ereignis, und er wunderte sich nicht, obgleich er auch dafür keinerlei Begeisterung aufbrachte, als Louis Napoléon mit Militär und Polizei den republikanischen Wirren ein Ende bereitete, seine Diktatur aufrichtete und sich zum Kaiser der Franzosen ausrufen ließ. In seiner nachgelassenen sozialphilosophischen Satire, einer der gescheitesten und bösesten der Weltliteratur, „Bouvard et Pécuchet“, goß Flaubert seinen Hohn aus über Ideologien, soziale Theorien, politische Klischees, wirklichkeitsferne Schablonen und über den Fortschrittsglauben. Dieses Buch ist eine Parodie von allem, was mit Utopie zu tun hat.

Das hat nicht verhindert, weil „links“ und „rechts“ keine Kriterien der künstlerischen Qualität sind, daß heutige französische Schriftsteller Flaubert als ihren Meister anerkennen. Literarischer Rang und politische Gesinnung sind verschiedene Dinge. Es ist auffallend, wie in der französischen Literatur und Kunst die Kontinuität – eine auf Kriterien der Qualität basierende Kontinuität – unbeschadet von politischen Meinungen und Ereignissen gewahrt wurde und wird. Das ist ein Unterschied zur deutschen Kunst und Dichtung, wo es von vielen Jungen nicht immer vermieden wird, schöpferische Persönlichkeiten und ihre Werke aus weltanschaulichen und gesellschaftspolitischen Gründen als „überholt“ zu verwerfen oder abzuwerten.

4. Mai

Thomas Mann sagte von seinem „Zauberberg“, dieses Buch sei „eine phantastische Enzyklopädie, mit hundert Ausschweifungen in alle Welt, und die um ein episches Zentrum Visionen aller Gebiete, der Natur, des Sports, der Medizin und Lebensforschung, der politischen Geschichte und so weiter“ einbezieht. Hier ist, in unbewußter Parallele zu Proust, aber anders als bei diesem, jene späte bürgerliche Gesellschaft abgebildet, die am Ende in die Katastrophe von 1914 wie in einen Abgrund stürzte.

Wir haben hier alles: das Epische, aufgebaut mit erfundenen Figuren innerhalb einer historischen und sozialen Wirklichkeit, eine Vision all dessen, was die Gesellschaft einer Zeitenwende beschäftigt hat, Kontroversen über philosophisch-politische Theorien, charakteristische Details aus dem Sanatoriumsleben, Erotik und Träume. Über all dem Episodischen und Anekdotischen steht das Wort vom „Zauber-Berg" – auch hier eine Evokation, die trotz allen wissenschaftlichen Hilfsmitteln, deren sich der Autor bedient hat, mehr mit Verzauberung oder Magie als mit Wissenschaft zu tun hat.

Doch ist es nicht allein die Endzeit des 19. und der Beginn des 20. Jahrhunderts, welche hier zum Ausdruck kommen. Thomas Mann schrieb seinen Roman nach dem Ersten Weltkrieg. Wenn man genau hinhorcht, bemerkt man im Ablauf seiner Erzählung etwas Gebrochenes im Geiste des Verfassers selbst. Er hatte diese Sanatoriumsgeschichte noch unter dem Eindruck seiner „Betrachtungen eines Unpolitischen" konzipiert, als er aus deutsch-romantischer und konservativ-nationaler Gesinnung gegen die „Zivilisationsliteratur", lies: gegen den Zola-Essay seines Bruders Heinrich und damit gegen westliches Aufklärertum und menschheitsbeglückende Fortschrittsgläubigkeit polemisierte. Im „Zauberberg" ist anfänglich der schwadronierende Liberale, Freimaurer, Pädagoge und Rhetor Settembrini mit etwas lächerlichen Zügen ausgestattet. Sein Widerpart Naphta konnte mit seiner anti-aufklärerischen, konservativ-mystischen, politisch-terroristischen Philosophie als der geistig Überlegene bewertet werden. In die Arbeit an diesem Roman fiel Manns Wendung zu einer humanistisch verstandenen Auffassung von Demokratie, zu der er sich im November 1922 in seiner Rede „Von deutscher Republik" bekannte (die ihm prompt von der damals nationalistisch gesinnten deutschen Jugend den Vorwurf des Verrats am Deutschtum eintrug). Im „Zauberberg" dreht sich, kaum spürbar, das ideologische Rad; Settembrini findet Gehör, seine Reden und seine Menschlichkeit machen Eindruck auf den lernbegierigen Hans Castorp, und als ein Verzweifelter begeht Naphta Selbstmord. Gerade in solchen Schwankungen des philosophisch-politischen Weltverständnisses, die wir bei einigen bedeutenden Schriftstellern und Dichtern beobachten können, spiegelt sich etwas vom Gang der Welt, von der Veränderung der Verhältnisse, von der Zerrissenheit des Menschengeistes.

Das Psychologische und das Mythische – und der Versuch einer Verbindung von beidem in seinen Josephsgeschichten – hat Thomas Mann im

Grunde mehr interessiert als das konkret Politische. Aber Hitler und der Nationalsozialismus haben ihn während entscheidender Jahre zu einem politisch engagierten Polemiker werden lassen. Wie sagte er doch, nachdem der fürchterliche Spuk vorüber war? „Hitler hatte den großen Vorzug, eine Vereinfachung der Gefühle zu bewirken, das keinen Augenblick zweifelnde Nein, den klaren und tödlichen Haß. Die Jahre des Kampfes gegen ihn waren gute Jahre."
Ich zähle auch den „Doktor Faustus" zu den epischen Werken, die zur Aufhellung der Geschichte beitragen können. Für die Zeit zwischen den beiden Weltkriegen in Deutschland, von München aus gesehen, bedeutet dieser Roman ein wertvolles Zeugnis. „Doktor Faustus" ist ein Schlüsselroman. Die satirisch geschilderte Gesprächsrunde bei Kridwiss (recte Emil Preetorius), in der einem politisch gefährlichen Irrationalismus gehuldigt wird, vereinigt Individuen, die dem Nationalsozialismus geistige Wegbereiterdienste geleistet haben (wie der Germanist Nadler unter dem Namen Georg Vogler, wie Derleth alias Zur Höhe, Wilhelm Wätzold alias Holzschuher, Edgar Dacqué alias Unruhe).
Die Kritik von Zeitgenossen und Nachgeborenen hat Thomas Mann arg gebeutelt. Wenn Bertolt Brecht nach einem Gespräch bei Thomas Mann in Kalifornien bemerkte, wenn man ihn sprechen höre, habe man den Eindruck, es sei von dreitausend Jahren die Rede, dann ist das zwar spöttisch gemeint, aber auch ein unfreiwilliges Kompliment. Fängt denn die Weltgeschichte immer erst bei der gerade heranwachsenden Generation an? Darf ein Dichter die Jahrhunderte und Jahrtausende, die Äonen und Sternbahnen nicht in seine Betrachtungen einbeziehen? Etwas anderes ist die künstlerische Form, die ein Kind ihrer Zeit ist. Thomas Manns Sprache ist nicht mehr unsere Sprache, seine Romanform nicht mehr die Form, die deutsche Schriftsteller nach dem Zweiten Weltkrieg geschaffen haben. Aber wenn sein etwas jüngerer Zeitgenosse Robert Musil meinte, es sei nicht die Aufgabe der Literatur, ein „Gschichtl" zu erzählen, darf man dazu ein Fragezeichen setzen. Es wird immer Leute geben, die eine Geschichte lesen wollen, und solche, die Geschichten schreiben möchten – die heutigen Schriftsteller tun es noch, oder wieder. Übrigens erzählt Musil im „Mann ohne Eigenschaften" auch einige „Gschichten" (ich erkannte, parodistisch verfremdet, in Musils Roman bekannte Persönlichkeiten seiner Zeit wieder, denen ich im Leben zufällig begegnet war: Ludwig Klages – vorzüglich vom satirischen Porträtisten getroffen! –, den Pazifisten Friedrich Wilhelm Förster, Alma Mahler, Franz

Werfel als „Dichter Feuermaul"). Historisches Material liegt massenhaft auf den Straßen, in den Gruben, auf den Gipfeln und bis in die Abfallhaufen der Weltliteratur.
Um noch einmal auf Thomas Mann zurückzukommen: auch er bekannte sich zu Vorbildern; er nannte Theodor Fontane „unser aller Meister". Ich kann diesen Namen bei meiner Betrachtung nicht verschweigen. „Effi Briest" ist, wie „Madame Bovary" und „Anna Karenina", ein Liebesroman. Aber ich wüßte keine charakteristischere Beschreibung eines vergangenen, aber historisch wichtigen gesellschaftlichen Milieus als die preußischen Junker, Beamten, Offiziere und Bürger, die Fontane in diesem Roman und andern Erzählungen lebensnah und zutreffend geschildert hat. Aber nachträglich wurde ihm vorgeworfen, er habe diese Verhältnisse „verniedlicht".

5. Mai

Die positivistische Wissenschaft des 19. und 20. Jahrhunderts war und ist gekennzeichnet durch ihre Absage an ihre literarischen Ursprünge. Was zählte – und weitgehend noch zählt – ist „Forschung" als Feststellung von historischen Fakten und sozialen Strukturen, mit dem idealen Ziel, die „Wahrheit" zu finden. Geschichte, allgemeiner die Geistes- und Sozialwissenschaften, haben sich „entliterarisiert". Der Nachteil dieser Entwicklung war, daß sich diese Wissenschaften nicht immer verständlich mitzuteilen vermochten, ein „Fachchinesisch" pflegten, das nur noch von Spezialisten verstanden werden konnte, und den Anspruch erhoben, die einzig erlaubte Art von Wissenschaft zu sein. Ob dadurch die Funktion der Wissenschaft, die Menschen zu unterrichten, ihnen Kenntnisse zu vermitteln und – was das wichtigste ist – ihnen Orientierungshilfe zu leisten für das Verständnis einer schwierig und kompliziert gewordenen Gegenwart, erfüllt werden kann, ist fraglich.
Es war eine große Leistung der Geschichtswissenschaft, die von Deutschland ausging, als sie zu Beginn des 19. Jahrhunderts auf Grund einer streng rationalen Methode, durch Quellenkritik, das überlieferte, von Traditionen, unkontrollierten Kombinationen und mythischen oder legendären Vorstellungen belastete Geschichtsbild revidierte und es auf eine nüchterne Feststellung der Tatsachen und Vorgänge zurückführte. Das hinderte aber diese deutschen Historiker nicht, in ihren darstellen-

den Werken, das heißt in epischer Form, die Ergebnisse ihrer Forschungen mitzuteilen. Diese Geschichtssynthesen beruhten auf sorgfältig erarbeiteten Analysen. Ich glaube, daß Werke der Geschichtschreibung, wie zum Beispiel Rankes „Deutsche Geschichte im Zeitalter der Reformation" oder Mommsens „Römische Geschichte", immer noch lesens- und bedenkenswert sind; als eine persönliche Leistung und formvollendete Darstellung sind sie großartig. Man hat die Kenntnisse dieser Geschichtschreiber inzwischen „auf den neuesten Stand der Forschung" gebracht – wobei man sich klar darüber sein muß, daß es einen fortschreitend neueren Stand der Forschung, insbesondere auch andere Fragestellungen und Interpretationen, gibt. Was die narrativen Werke des 19. Jahrhunderts nicht genügend zur Kenntnis nahmen, die sozio-kulturellen, wirtschaftlichen und geographischen Komponenten des historischen Geschehens, hat mittlerweile einen bevorzugten Gegenstand der Forschung gebildet. Man untersucht heute Strukturen, Massenphänomene und Mentalitäten. Die Frage bleibt im Raume stehen, wie man sie darstellen und mitteilen soll. Einer der Begründer der neuen Schule, Lucien Febvre, sagte, das Wort sei der „Rohstoff der Geschichte". Wir haben keinen andern. Wir können uns nur durch das Wort, durch die sprachliche Form verständlich machen. Es gibt kein Bild der Geschichte und der Gesellschaft, wir müssen es mit Worten rekonstruieren. Nur so kann der Historiker, welches immer der Inhalt seiner Forschung ist, sein Wissen mitteilen. Nur durch seine Schriften kann er seine Aufklärungsmission erfüllen: den Mitlebenden nicht nur zu sagen, wie es gewesen ist, sondern auch wie es dazu kam. Bild-, Film- und Tonmaterial sind bloß Hilfsmittel; den Zusammenhang, den erläuternden Kommentar, das Verständlichmachen muß der Historiker liefern.

Es gibt heute eine Rückkehr der „Literatur" in die Wissenschaft, in der Form einer mitteilenden, interpretierenden Geschichte, aber auch der darstellenden Soziologie und Ethnographie. Wir suchen nicht unbedingt nach „Gesetzen" – auf diesen Gebieten ist es schwer, solche verbindlich festzustellen. Aber wir können nach der Bedeutung von Ereignissen, Verhältnissen, Umständen, Zeiterscheinungen, auch von Entschlüssen, Taten und Gedanken handelnder Persönlichkeiten fragen und in unseren Schriften kraft des eigenen Urteils eine Antwort erteilen. Man soll als Historiker nicht Angst haben vor der individuellen Verantwortung bei der Formulierung solcher Antworten. Wir müssen es wagen, dem Leser zu sagen, was für eine Wirkung vom Geschehen ausging. Daß das letzte

Wort nie gesprochen werden kann, müssen wir uns mit intellektueller Bescheidenheit eingestehen. Aber der Bemühung, die Resultate unserer Forschung und unserer Gedankenarbeit so mitzuteilen, daß sie verständlich und überprüfbar sind, dürfen wir uns nicht entwinden. Gerade darin aber liegt die Kunst der Darstellung.

Ich sage wieder „Kunst" und meine damit nicht Belletristik. Aber es gibt eine darstellende und erklärende Kunst der Wissenschaft, wie es eine Staatskunst, eine Kriegskunst, eine Kunst der architektonischen und der technischen Konstruktion gibt. Es ist angewandte Kunst, etwas Ähnliches wie das Good design im Kunstgewerbe. Fiktion ist nicht erlaubt; aber vor dem Begriff der Vision darf der Historiker nicht zurückschrekken. Was von den großen griechischen und römischen Geschichtschreibern bis zu den modernen auf uns gekommen ist, sind Visionen der Geschichte. In der Fragestellung, Stoffwahl und Sprachform sind sie Kinder ihrer Zeit. Wenn ich in Rankes erwähntem Buch die Darstellung der Persönlichkeit Martin Luthers oder in Mommsens Werk die Beschreibung der Taten und der Persönlichkeit Caesars nachlese, scheue ich mich nicht vor der Frage, ob es sich hier um eine wissenschaftlich verbindliche Darstellung von historischen Persönlichkeiten handelt oder ob diese mit Sehergaben ausgestatteten Geschichtschreiber aus Worten einen Mythos von Luther und einen Mythos von Caesar geschaffen haben. Denn was hier vorliegt, ist vermutlich nicht ein endgültiges Urteil über die Bedeutung von Caesar und Luther, aber es sind gültige Bildnisse – wie die Portraits, die Tizian von Karl V. gemacht hat: so und nicht anders hat dieser Kaiser, von einem begnadeten Künstler gemalt, ausgesehen. Wie könnten wir wissen, ob Caesar, Karl V., Luther anders ausgesehen haben, als sie von Mommsen, Tizian und Ranke gesehen wurden?

Man sollte mit weniger wissenschaftlichem Hochmut, mit mehr Demut eingestehen, daß der Boden, auf dem die Human- und Sozialwissenschaften stehen, manchmal schwankend ist. Es würde dann den Einsichtigen leichter fallen, auf Grund dessen, was sie zu kennen und zu erkennen glauben, Fakten zu interpretieren, Strukturen zu erläutern und von Sinnzusammenhängen zu sprechen. Das würde es ihnen auch erleichtern, ohne den Rückgriff auf einen unverständlichen Fachjargon – der so oft ein Zeichen intellektueller Verlegenheit ist – ihr Wissen mitzuteilen.

Was endlich Jacob Burckhardts Satz betrifft, die Poesie leiste mehr als die Geschichte für die Erkenntnis des Wesens der Menschheit, so zielt er weiter und höher als es die Feststellung von Beiträgen literarischer Werke zum Verständnis von historischen und gesellschaftlichen Erscheinungen vermag. Diese bleiben an die Zeit-Raum-Problematik gebunden; das „Wesen der Menschheit“ aber transzendiert diese erdgebundenen Kategorien. Poesie ist nicht historischen und sozialen Verhältnissen verpflichtet. Große Dichtung ist überzeitlich und vom Stoff unabhängig; sie ergreift Geist und Herz, sie führt ins Zentrum des Menschseins. Was Goethe in Gedichten und Prosa auf uns brachte, hat mit Geschichte kaum etwas zu tun, mit dem Wesen der Menschheit aber sehr viel. Goethe interessierte sich wenig für Geschichte, für Politik oder für soziale Fragen, wohl aber für das Leben und die Natur. Was Burckhardt sagen will, ist, daß Poesie unmittelbar zur Erkenntnis des Wesens der Menschheit hinführt, daß sie das Nur-Historische transzendiert. Geschichte kann nicht transzendieren, sie bleibt der Materie verhaftet. Historische Abhandlungen und Darstellungen versetzen uns nicht, wie die Lektüre von literarischen Kunstwerken, in einen „tiefen Traum“; denn die sachbezogene Mitteilung und Erläuterung geschichtlicher Vorgänge hat mit Magie nichts zu tun. Man sagt vielleicht von einer gut geschriebenen Darstellung, sie lese sich „wie ein Roman“; aber solche Darstellung kann und darf nichts „erfinden“, sie ist dem Auffinden des Wirklichen verpflichtet. Es muß genügen, wenn der Historiker eine Vision des Gewesenen vermitteln kann und dessen Bedeutung zu erklären vermag. An dieser Grenze, scheint mir, scheiden sich Literatur und Wissenschaft. Dazu Goethe: „Die Frage, wer höher steht, der Historiker oder der Dichter, darf gar nicht aufgeworfen werden, sie konkurrieren nicht miteinander, so wenig als der Wettläufer und der Faustkämpfer. Jedem gebührt seine eigene Krone.“ („Maximen und Reflexionen“)

13. Mai

Schlagzeilen und Leitartikel in der „NZZ“ und im „Spiegel“ nannten die englische Reaktion auf den militärischen Handstreich der Argentinier gegen die Falkland-Inseln „absurd“. Ich kann das nicht verstehen. Nicht die Distanz zwischen England und den Inseln im Südatlantik, nicht ihre Kleinheit oder die geringe Zahl ihrer – britischen – Bewohner sind ausschlaggebend. Wesentlich ist das Prinzip – das gleiche wie 1939. Churchill sagte damals, nicht wegen Danzig führe England gegen Deutschland Krieg, sondern weil es die militärische Aggressionspolitik Hitlers nicht dulden könne. Warum sollten die Engländer die Aggression der argentinischen Generals-Junta dulden? Einmal mehr entdeckte ich die Verständnislosigkeit für alles Englische. Man schüttelt über die Entsendung der englischen Flotte in den Südatlantik den Kopf, wie man ihn voriges Jahr über die Prinzenhochzeit geschüttelt hat. Wie Kleinkrämer rechnet man den Engländern vor, daß diese Expedition viel Geld kosten werde und unkalkulierbare Folgen haben könne. Darauf kommt es in englischen Köpfen und Herzen nicht an; bei solchem Kalkül hätten sie 1940 mit Hitler Frieden geschlossen, als er fast ganz Europa beherrschte und nachdem die britische Armee aus Dünkirchen ohne ihre Waffen zurückgekehrt war. Man will nicht verstehen, daß England das Leben von Marine- und andern Soldaten für dieses „Absurde Theater" aufs Spiel setzt. Als vorige Woche in Großbritannien Lokalwahlen stattfanden, haben diese, nicht anders als die Meinungsumfragen, die Politik der Regierung in Sachen Falkland-Konflikt deutlich gebilligt; selbst die Labour-Opposition billigt die Entsendung der Flotte gegen die argentinische Besetzung britischer Inseln. In einer Rede in London sagte Henry Kissinger: „Großbritannien ruft heute uns allen in Erinnerung, daß gewisse Prinzipien wie Ehre, Gerechtigkeit und Patriotismus nach wie vor gültig sind und mit mehr als bloßen Worten verteidigt werden müssen." Die Leitartikler in Zürich und in Hamburg scheinen diese Prinzipien geringzuschätzen. Oder sind nur die Russen die Bösen, wenn sie in Afghanistan einmarschieren, nicht aber argentinische Generäle, deren Diktatur auch nicht zimperlich ist? Ich gehöre nicht zu den bedingungslosen Bewunderern von Mrs. Thatcher. Diesmal aber bin ich für sie.

14. Mai. In der Frühe.

Anschaulicher Traum. Mit Lily Ducrey und einem Unbekannten stand ich am Ufer eines ziemlich breiten Teiches. Es war vielleicht ein kleiner See. Der Unbekannte sagte, wir sollen durch den See zum andern Ufer gehen. Ob das Wasser nicht zu tief, nicht zu kalt sei? Der Mann lächelte. Lily ging als erste. Sie schritt tapfer voran, das Wasser reichte ihr bis zur Hüfte. Sie schaute nicht zurück. Später ging ich ihr nach. Das Wasser war nicht sehr kalt, es war unbewegt. Ich ging auf festem Grund. Als ich wieder auf trockenem Boden war, wunderte ich mich, daß meine Hose und die Schuhe nicht naß waren. Lily war verschwunden. Der Mann auch. Auf der Terrasse eines Restaurants saßen Unbekannte an kleinen Tischen. Sie waren nicht laut. Der Mann hatte ein freundliches, aber gewöhnliches Gesicht. Er war bürgerlich gekleidet. Dunkelblau. Hermes Psychopompos ohne mythologische Attribute. Ängstlich war ich nur am Ufer, vor dem Eintreten ins Wasser gewesen. Das Durchschreiten, das Herauskommen war dann einfach. Ganz ohne Panik. Es mußte so sein. Selbstverständlich. Aber allein. –

Ein Jahr Mitterrand und sozialistische Parlamentsmehrheit in Frankreich. Die Zeitungen haben es erwähnt. Eine kluge Analyse des „Times"-Korrespondenten in Paris und eine warnende Stimme des alten Edgar Faure sind bedenkenswert. François Mitterrand sitzt im Elysée im Arbeitszimmer de Gaulles, ein Olympier wie dieser, aber republikanischer als die gewählten Monarchen, die dreiundzwanzig Jahre lang „bürgerlich" regiert hatten. Es war vor einem Jahr ein größeres „changement" als je zuvor; die Sozialisten haben zum ersten Mal seit 45 Jahren eine Regierung mit dem Auftrag bestellt, ihre spezifischen sozio-politischen Ziele zu verwirklichen. Aber diese Revolution, wenn es eine war, ist ohne Unordnung, ohne Blutvergießen, ja ohne Änderung der Verfassung über die Bühne gegangen. Die Institutionen, bemerkte Mitterrand nicht ohne Humor, seien zwar nicht mit der Absicht gemacht worden, ihn an die Macht zu bringen, „aber sie sind gut für mich gemacht". Er ist, wie die bisherigen Präsidenten der Fünften Republik, Herr des politischen Spiels, er bestimmt dessen Einsatz und kennt seine Regeln und Grenzen; er ist mehr als nur der Schiedsrichter seiner Minister, und das Parlament wird seine Entschlüsse zu billigen haben. Aber François Mitterrand, erfahrener Taktiker, hat seine Karten noch nicht aufgedeckt.

Das erste Jahr sozialistischer Herrschaft war weder eine Katastrophe noch ein Triumph. Die Wahlen zu den Generalräten der Departements – die infolge der Dezentralisierung des Staates mehr Rechte und Selbständigkeit erhalten haben – sind unlängst zu fast zwei Dritteln zugunsten der bürgerlichen Opposition ausgefallen. Aber die Zentralgewalt, auf die es ankommt, wird erst in vier Jahren bei der Wahl der Nationalversammlung, in sechs Jahren bei der Präsidentenwahl vom Volk neu bestellt werden. Daß vor einem Jahr die Linke zur Macht kam, die es selber kaum erwartet hatte, war ein Ereignis von großer Tragweite. Für die französischen Sozialisten ist „Sozialdemokratie" ein Schimpfwort – ihr progressiver Flügel mißbilligt die Haltung von Willy Brandt, von Palme oder der

britischen Labour-Partei. Ihr Programm bekennt sich ausdrücklich zum Marxismus und zum Klassenkampf. Aber sie waren ebensowenig auf die Rolle einer Regierungspartei vorbereitet, wie die Gaullisten und die Giscardisten auf die Rolle der Opposition. Zwar hat der Machtwechsel von der Rechten zur Linken anstandslos auf demokratischem Wege stattgefunden. Aber die neuen Herren, die vielen Parlamentarier der sozialistischen Mehrheit, zu vierzig Prozent Lehrer und Intellektuelle, besaßen keine oder nur geringe Erfahrung im Regierungs- und Gesetzgebungsgeschäft. Sie betraten mit vorgefaßten Meinungen, mit Vorurteilen und mit einer gewissen ideologischen Naivität die Ministerialbüros und die Kommissionszimmer des Palais Bourbon. An Plänen und Projekten fehlte es ihnen nicht; die Neununddreißig-Stunden-Woche, die Rechte der Angestellten und Arbeiter in der Betriebsführung, die Verstaatlichung von 39 Banken und mehreren Schlüsselindustrien, die Freigebigkeit für die Alten, die Rentner, die Kinder, die Zuschüsse und Subventionen aller Art: die Rechnung wird einmal bezahlt werden müssen. Aber Frankreich war immer und ist noch ein reiches Land. Die Franzosen, auch die neuen Minister, verstehen sich aufs Geldgeschäft.
Dem schweizerischen Bundespräsidenten Fritz Honegger versicherte Herr Mitterrand vor ein paar Tagen, die nationalisierten Firmen würden weiterhin im Rahmen der marktwirtschaftlichen Ordnungsprinzipien Geschäfte tätigen. In so alten und differenzierten Strukturen und Körperschaften, wie sie Frankreich besitzt, leisten die wirtschaftlichen Mächte zähen Widerstand gegen allzu radikale Veränderungen. Es gibt Pressure groups und wohlerworbene Rechte, es gibt ein geübtes und unentbehrliches Personal auf allen Stufen der Staatsverwaltung, der Industriebetriebe, der Banken, des Handels, des Gewerbes usw. Der Rückschlag, den die sozialistische Regierung bei den Lokalwahlen in Kauf nehmen mußte, war ein Schock und eine Warnung. Aber es hat sich im ersten Jahr sozialistischer Herrschaft kein Zusammenbruch der Wirtschaft ereignet; mit der Inflation und der Arbeitslosigkeit wird Frankreich ebenso wenig fertig wie die Bundesrepublik, wie England und Amerika; und wie anderswo hapert es auch in Frankreich mit den Investitionen und mit der Zahlungsbilanz.
Charles Hargrove von der „Times“, der das alles in Erinnerung ruft, sagt, die Franzosen hätten wohl für das „changement“ gestimmt, aber nicht für eine Senkung des Lebensstandards. Eine solche würden sie nicht wie die Engländer mit Resignation in Kauf nehmen, wenn die „englische

Krankheit“ auch in Frankreich ausbrechen sollte. Das ist gut gesagt, weil wahr.

François Mitterrands Geist und Charakter hatten in seiner langen politischen Laufbahn immer etwas schwer Durchschaubares. Er wahrt sein Geheimnis in dem wundervollen Palast, der jetzt sein Amtssitz ist. Wir werden sehen, was er machen wird, wenn die Stunde der Wahrheit schlägt. Seine Außenpolitik? Eine Fortsetzung mit minimen Korrekturen derjenigen, die de Gaulle begründet hat und die auf dem Konsens aller Parteien beruht. Ob auch die Innenpolitik mit einem Schuß Pragmatismus gelockert wird? Der Wirtschaftsminister hat sich bisher als ein geschickter Pragmatiker ausgewiesen. Mr. Hargrove spricht in diesem Zusammenhang von einer „doppelten Illusion“: derjenigen der Sozialisten, daß man sofort und alles verändern könne, und derjenigen der bürgerlichen Opposition, daß auch eine sozialistische Regierung gezwungen sein würde, zwar nicht die Politik der Rechten, aber doch eine maßvoll sozialdemokratische Politik zu machen. Es ist sicher nicht eine Politik wie die von Helmut Schmidt.

Der alte Edgar Faure, der in der Vierten, parlamentarischen Republik, wie François Mitterrand selbst, in Ministerämtern regiert hat, aber im Gegensatz zu diesem mit der Fünften Republik de Gaulles seinen Frieden schloß, warnt im „Le Monde“ vor der „logischen Sackgasse des Sozialismus“. Daß dieser die Wohlfahrt verbessern und die Ungleichheiten abbauen könne, bestreitet Faure nicht; daß aber die Widerstände gegen eine solche Zielsetzung sich längst vermindert haben, beweise die Erfahrung. Die Sklaverei, die Feudalrechte, die Inquisition seien verschwunden, das Gewerkschaftsrecht, der Wahlzettel, das Schulwesen seien unbestritten, niemand mehr würde Kinder zwölf Stunden in Bergwerken arbeiten lassen, und keiner würde bei einem Arbeitsunfall fragen, ob die Maschine vom Arbeiter beschädigt worden sei. Faure besaß immer eine Dosis Zynismus. Der Feind des Sozialismus, sagt er, stehe nicht außerhalb, sondern in diesem selbst, sein Feind sei das Dogma. Die Zeit sei aber immer ein Feind des Dogmas, auch des Dogmas der Rechten. Edgar Faure definiert den Begriff Dogma und Dogmatismus: „Der Dogmatiker ist einer, der die absolute und unantastbare Wahrheit zu besitzen glaubt; er lehnt es ab, daß sie durch Kritik und Erfahrung in Frage gestellt werden könnte.“

Faure sagt nichts Neues, wenn er meint, daß der Marxismus das Beiwort „wissenschaftlich“ zu Unrecht trage. Zu viele seiner Voraussagen haben

sich nicht erfüllt, zum Beispiel diejenige, der Pauperismus der Massen werde sich fortschreitend verschlimmern; auch das Elend des Proletariates des 19. Jahrhunderts ist nicht mehr aktuell, und die Verarmung der bürgerlichen Mittelschicht hat diese nicht in die Arme des Sozialismus getrieben. Die Rechte sei im allgemeinen weniger dogmatisch als die Linke, die leichter der Gefahr erliege, einer weltlichen (nicht theologischen) Mythologie zu huldigen. Politik, die zwar nicht ohne philosophische oder gesinnungsmäßige Zielsetzungen auskommt, muß sich aber vor einer Mythologisierung ihres Tuns hüten. Faure stellt die Frage: „Warum führt der (marxistische) Sozialismus notwendigerweise zur Ablehnung der Freiheit und der Menschenrechte?" Antwort: „Weil er ein materialistischer Mythos ist, der die geistigen Kreationen zu einer Nebenrolle der Produktionskräfte erniedrigt; und vor allem weil er ein Mythos ist, der sich als eine Wissenschaft versteht." Für das religiöse Dogma befindet sich die Hölle im Jenseits, während in der hiesigen Welt laizistische und sogar antireligiöse Mythen, die sich als Wissenschaft verkleiden, den Zugang zur Hölle bereits jetzt und hier zu öffnen vermögen. So weit Faure.
Zweifellos ist der Marxismus sowjetischer Herkunft kein anziehendes Modell. Edgar Faure hat, wie andere Beobachter, die Neigung zur Intoleranz, zur Verteufelung des politischen Gegners und daher den Wunsch zu seiner Vernichtung bei vielen Fanatikern des „socialisme à la française" festgestellt. Für mich ist und bleibt es bedenklich – und nicht nur auf politischer Ebene gefährlich –, wenn Wissenschaft, wie sie der Positivismus und Materialismus versteht, Anspruch auf unfehlbare Wahrheit erhebt. Keine Wissenschaft hat endgültigen Erkenntniswert. Wissenschaft ist nur, was durch Kritik und Erfahrung in Frage gestellt werden kann.

15. Mai

Vor ein paar Tagen brachte Lothar Kaiser, Direktor des kantonalen Seminars Hitzkirch, in seinem Wagen den Professor Hans Jürgen Baden zu uns, der über Nacht blieb. Wir hatten Herrn Baden, als wir von der Lüneburger Heide kamen, in seinem gemütlichen Haus am Waldrand, ein wenig außerhalb der Stadt Celle, besucht. Er war Pfarrer, dann Professor in Münster i. W., ein literarisch interessierter lutherischer Theologe. Ich erzählte den beiden Herren bei einem Glas Wein, daß tags zuvor zwei

junge Betreuer von Jugendhäusern aus der Nachbarschaft zu mir gekommen waren und mir Fragen stellten. Auch ich befragte sie nach ihrer Jugendarbeit. Sie haben es mit Jungen und Mädchen von 16 bis 20 Jahren zu tun, Absolventen der Sekundar- oder Realschule. Es sei schwierig, weil diese Jugendlichen zu keiner Führungsarbeit vorbereitet oder willens seien. Das hiesige Schulsystem habe sie nicht auf selbständiges Denken vorbereitet, sie hätten nur „Stoff" gelernt – keinen sehr anspruchsvollen Stoff. Ich sagte ihnen, wir hätten als Schüler „Helden" gehabt, zum Beispiel den Mitschüler, der der beste Fußballer in unserer Klasse war. Ob die Heutigen keine solchen Helden hätten? Vielleicht den, sagten sie, der am schnellsten mit seinem „Töff" fahre oder der am geschicktesten gestohlen oder etwas kaputt gemacht habe. Ob sie denn nicht Sport treiben? Sie schauten wohl gern im Fernsehen einen Match an, aber sie spielten nicht selber. Sie seien ziemlich passiv. Ich erzählte diesen Jugendbetreuern, wie vor ein paar Jahren bei uns von einem Jungen eingebrochen wurde; es habe Mut und Geschicklichkeit gebraucht, um über die Felsen hinaufzuklettern, den Laden wegzureißen, das Fenster einzuschlagen und meine Jagdflinte mitzunehmen, die im Gang an der Wand hing. Überrascht habe es mich, daß der junge Dieb nichts anderes aus dem Haus mitgenommen habe. Nicht einmal die Munition zum Jagdgewehr, die im Patronengurt dabei war, habe er mitlaufen lassen. Der Diebstahl sei sinnlos gewesen, er geschah nicht um eines Vorteils willen, denn mit dem Gewehr konnte der Junge nicht schießen, er hat auch nicht versucht, es zu verkaufen. Es stellte sich heraus – nachdem er von einem Kameraden verpfiffen worden war –, daß der kleine Schelm die Flinte auf eine Abfallhalde geworfen hatte, wo sie seither mit neuem Schutt zugedeckt wurde. Die Jugendbetreuer meinten, gerade die Sinnlosigkeit dieses Diebstahls sei bezeichnend für die Mentalität dieser Jugend (der Vorfall bestätigte mir, was Friedrich Glauser von seinen jugendlichen Diebereien berichtet hat, die er nicht um des Vorteils willen, sondern, wie er meinte, aus Angst, aus Verzweiflung verübt hatte).
Ich gab diesen Leitern von Jugendhäusern zu bedenken, daß immer nur eine kleine Minderheit Phantasie, Neugier und Wissensdurst hat. Das sei nicht ein soziales Problem, es komme in allen Gesellschaftsschichten vor. Ich hätte auch auf der Gymnasial-, dann auf der Hochschulstufe die Erfahrung gemacht, daß es immer nur wenige seien, die sich wirklich für das interessieren, was man sie lehrt. Da das Geschichtsfach an der Technischen Hochschule nicht obligatorisch ist, hätte ich in mehr als dreißig

Jahren festgestellt, daß ziemlich genau zehn Prozent der gesamten Studentenschaft meine Vorlesungen besuchten. Man erkennt die Wißbegierigen, die Phantasiebegabten unter seinen Schülern unschwer, es sind oft solche, die nach der Vorlesung dem Dozenten eine Frage stellen. Manchmal kamen drei oder vier von ihnen nachher mit mir die Treppe hinunter, und wenn ich ihr Interesse feststellte, forderte ich sie auf, mit mir im nahen „Sunnehus" zu einem Gespräch ein Glas Bier oder eine Tasse Kaffee zu trinken; oder es ergab sich eine persönliche Beziehung zu einem Schüler.
Es schien mir, daß die Pädagogen, die ein wenig deprimiert waren über ihre Erfahrungen mit Jugendlichen, von meinen Auskünften befriedigt waren. Es sei sicher so, daß immer nur ein paar wenige sich wirklich für die Arbeit interessieren, sagten sie. Ich riet ihnen, Wanderungen mit den Jungen zu machen, wo dann der natürliche Kontakt mit denjenigen am leichtesten zustande kommen kann, die Fragen stellen. Der Seminardirektor, dem ich das erzählte, sagte, meine Erfahrung habe auch für ihn etwas Tröstliches. Nun ja, die meisten, die man auf einen Beruf vorbereitet, egal auf welcher Stufe, werden eben „Fachidioten"; sie betrachten ihren Lehrabschluß als Möglichkeit, eine Stelle und einen Lohn zu erhalten – zu etwas anderem reicht ihr Ehrgeiz nicht. Auf der andern Seite habe ich auch erfreuliche Erfahrungen gemacht; zum Beispiel eine Frage- und Antwortstunde vor ein paar Wochen in einer Zürcher Maturitätsklasse, die lebhaft und aufmerksam mitging.
Ich hatte gern und oft Kontakt mit jungen Männern, nicht nur mit Akademikern. Für einige wurde ich zur Bezugsperson. Es fiel mir nicht schwer, mit ihnen zu reden, sie anzuhören, ihnen zu raten; oft waren es solche, die keine höhere Bildung hatten, kaum Bücher lasen; mit Ehrgeiz und Energie haben einige von ihnen den beruflichen Aufstieg geschafft. Ich mochte diese jungen, unfertigen Menschen.
Wir sprachen soeben bei Tisch davon. E. meinte, ich hätte eben nicht, wie viele Akademiker, „geistigen Hochmut", ich könne unbefangen mit schlichten Menschen verkehren. Das sei kein Verdienst, sagte ich, ich hätte diese Leichtigkeit und Vorliebe, mit einfachen Menschen umzugehen, schon bei meinem Vater beobachtet, der seine armen Spitalpatienten am liebsten hatte und umgekehrt manchmal ungeduldig mit reichen und anspruchsvollen Privatpatienten war. Ohne aktive Sympathie, die ein Ausdruck des Eros ist, ohne Verständnis für andere Konditionen kommt keine menschliche Beziehung und Freundschaft zustande.

Über den Besuch von Professor Baden nur so viel, daß ich mit ihm über sein neues Buch „Das Erlebnis Gottes. Was bedeutet uns die Erfahrung der Mystik?" sprach. Alles, was Kreatur ist, trage „das Siegel Gottes", heißt es dort. „Die Verbindung Gottes mit der Natur ist die innigste, die man sich vorstellen kann, weil er sich als der Herr in allem vergegenwärtigt." Baden polemisiert gegen die Theologen, die zur Welt, zur Natur kein Verhältnis haben und diese „von jedem religiösen Bezug reinigten". Merkwürdig ist seine Behauptung, grün sei „nicht nur die Farbe der Schöpfung, sondern zugleich die Couleur Gottes, wie dies Hildegard von Bingen mit einem untrüglichen Instinkt für solche Zusammenhänge dargelegt hat". Grün müsse gleichnishaft verstanden werden: „Gemeint ist die Nähe Gottes, die das Wachstum der Natur bewirkt, gemeint auch die Üppigkeit einer grünen Aue, über welche der gute Hirte seine Herde treibt (Psalm 23)." Baden klagt, daß „der Mensch nichts mehr von seiner ursprünglichen Verbundenheit mit den Geschöpfen weiß. Die mystische Verwandtschaft zwischen Menschen und Tieren, Pflanzen, Wolken, Steinen und Erde muß wieder entbunden werden." Einer solchen Predigt öffne ich gern mein Ohr!
Es kümmert mich wenig, daß dieser sympathische religiöse Schriftsteller und von Mystik bewegte Christ mit seiner Naturverbundenheit unmerklich in die Nähe des Magischen gerät. Für mich ist zum Beispiel mein Verhältnis zu Bäumen und zu Tieren, zu meinem Hund, wohl eher ein magisches – sicher kein rationales. Die Übergänge von Mystik und Magie sind fließend und geheimnisvoll. – Der freundliche Besuch des Pädagogen aus Hitzkirch, der Herrn Baden in seinem Auto zu uns chauffierte, hat mir die Aufforderung eingetragen, in seinem Lehrerseminar zu sprechen und mit seinen Schülern zu diskutieren. Man kann so etwas nicht ablehnen.

19. Mai

Anruf aus der Redaktion einer Zürcher Tageszeitung (einer „bürgerlichen" Zeitung). Frage: Ob ich mich persönlich nicht betroffen fühle von dem Ausspruch des neuen Ausbildungschefs der Armee, der die „müden Intellektuellen" für die Mentalität der heutigen Jugend verantwortlich machte und die Wiederherstellung des „Geistes der alten Eidgenossenschaft" forderte? – Nun, Intellektuelle sind wir alle: Professoren, Schriftsteller, Architekten, Ärzte, Journalisten, Juristen usw. Die absurde

Anklage gegen die „müden Intellektuellen" stammt aus dem Wortschatz des französischen Vichy-Régimes der vierziger Jahre, als Generäle und konservative Politiker die „Intellektuellen" für die Niederlage verantwortlich machten! Es ist mehr als bedenklich, wenn der höchste Pädagoge unserer Armee nicht weiß, daß die Ursache einer gewissen Orientierungslosigkeit und Entwurzelung unserer – schweizerischen und europäischen – Jugend eine Folge des Industriezeitalters und seiner gesellschaftlichen und zivilisatorischen Auswüchse ist. Eine Folge auch der unwirtlichen Umgebung der großen Städte und des atemlosen Lebensrhythmus. Wenn einige „Intellektuelle" diese Zustände kritisch beurteilen oder gar leidenschaftlich anprangern, dann hat solche Kritik ihre Ursache in den Zuständen selbst. „Müde" sind die Faulen, die Gedankenlosen, die Gleichgültigen. Ich bin selber kein Staatsfeind, aber ich weiß um die Probleme unserer Zeit.

Es ist auch unsinnig, dieser Jugend, die zum Militärdienst einberufen wird, den Geist der alten Eidgenossen einimpfen zu wollen; es ist auch militärisch betrachtet falsch, denn jene mittelalterlichen Bergbauern kämpften mit Morgensternen, Hellebarden und Spießen, die modernen Armeen benützen ein hochtechnisiertes Kriegsmaterial, das ebenfalls ein Produkt des Industriezeitalters und seiner Technologie ist. Hellebardenromantik ist heute fehl am Platz. Die Frage der militärischen Ausbildung ist nicht, ob man den Geist der „alten Eidgenossen" wiederherstellen soll und kann, sondern wie man den heutigen jungen Schweizern den Sinn und Gebrauch des modernen Kriegswerkzeuges plausibel machen kann; ferner, ob und wie eine Landesverteidigung unter so stark veränderten Verhältnissen möglich ist. Man muß ihnen sagen, daß der moderne Krieg schrecklich ist, warum man aber auch unter den zeitbedingten Verhältnissen das Kriegshandwerk erlernen muß. Außerdem sind bei uns, nicht anders als in andern europäischen Ländern, das Geschichtsverständnis und die Kenntnis der Geschichte gering. Mit der Berufung auf eine ferne Vergangenheit kann man bei der Jugend nicht viel ausrichten. Gebildete Bürgersleute, die vor ein paar Jahren zur Bundesfeier nach Brunegg kamen, fragten mich nachher, was es eigentlich mit dem 1. August auf sich habe und warum man dieses Datum in der Schweiz feiere; sie (und wie ich feststellen konnte, viele Schweizer) wissen nichts vom ältesten Bundesbrief vom August 1291. Heutige Menschen haben kaum konkrete Vorstellungen von der „alten Eidgenossenschaft".

Es wundert mich, daß Bundesrat Chevallaz, den ich als Wirtschaftshisto-

riker und ehemaligen akademischen Lehrer schätzte (nach meiner Emeritierung lehrte er vorübergehend auf meinem Lehrstuhl der ETH in Zürich), einen Walliser Obersten, der offenbar keine Ahnung vom Leben und Geist der städtischen Industriegesellschaft, ihrer Mentalität und ihrer Jugend und kein pädagogisches Flair hat, zum Ausbildungschef der Armee ernannte.
Die Frage der modernen Landesverteidigung ist kontrovers. Man hat Mühe, sich den Krieg der Zukunft vorzustellen. Nach der Aussage von amerikanischen Luftwaffenoffizieren würde eine an der Schweiz interessierte Macht beim Kriegsausbruch zuerst die schweizerischen Flughäfen in Besitz nehmen. Wenn das zuträfe, wäre primär nicht ein Angriff auf unsere Grenzen zu erwarten; in dieser Hypothese kämen zunächst unsere Luftwaffe und die Boden-Luftabwehr zum Zuge. Mit Helikoptern und Transportflugzeugen würde dieser Feind versuchen, in kurzer Zeit Truppen und Material in der Schweiz abzusetzen und mit seinen Panzern unsere Autobahnen zu benützen. Unser dichtes, sogar die Alpen überwindendes Autobahnnetz hat weitgehend den Vorteil des Geländes zunichte gemacht. Es gäbe keine „Front", sondern bewegliche, mechanisierte feindliche Einheiten, die im Innern des Landes Stützpunkte errichten würden. Die Verteidigung müßte äußerst beweglich und schnell, im Gelände an vielen Stellen präsent sein und mit kleinen mechanisierten Kampfeinheiten gegen den Feind eingesetzt werden. Die feindliche Luftwaffe und vom Feind auf eroberten Stützpunkten eingesetzte Bodenwaffen würden versuchen, unsere Abwehr zu vernichten. Es gäbe „punktuelle" Kämpfe an vielen Stellen unseres Landes bis in den Alpenraum. Massierte Infanterieeinheiten des Verteidigers wären dem feindlichen Feuer ausgesetzt. Das schweizerische Milizsystem mit seiner infanteristischen Tradition könnte sich angesichts einer solchen Kriegführung als schwerfällig erweisen, die Verluste wären groß. Eine formalistische, sogenannte „harte" Infanterieausbildung mit Drill und Fußmärschen wäre in der Perspektive eines derartigen, mechanisierten Zukunftskrieges wenig sinnvoll. Die „Härte" besteht in der Beherrschung des technischen Materials. Was not täte, wären hochspezialisierte, aus Technikern und Mechanikern gebildete, zu eigenen Initiativen fähige Einheiten und ein entsprechendes hochmodernes Waffensystem. Wir müßten imstande sein, rasch dem Feind auf Flugplätzen, Stützpunkten und Autobahnen entgegenzutreten und ihn zu hindern, das Land völlig zu besetzen. Die Ausbildung der Armee sollte einen beweglichen Abwehrkrieg mit den Mit-

teln des Industriezeitalters und seiner technisch geschulten Soldaten vorbereiten, nicht einen bäurischen Infanteriekrieg in der Tradition der „alten Eidgenossenschaft". In der heutigen Schweiz leben zwei Drittel der Bevölkerung in Städten. Dies alles unter der Voraussetzung, daß der Feind zunächst keine Atomwaffen einsetzen würde.

23. Mai

Die Engländer sind auf den Falkland-Inseln gelandet. Ich zweifle nicht an ihrem Erfolg. Verluste an Material und Menschenleben gibt es bei jeder kriegerischen Auseinandersetzung. Das ist für ein Berufsheer selbstverständlich. Daß Amerika die Sache der Engländer unterstützt, beweist erstens, daß Washington die argentinische Generals-Junta verloren gibt und daß zweitens das eklatante Beispiel eines militärischen Gegenschlages gegen einen Angreiferstaat der amerikanischen Politik gelegen kommt. Die Sowjetunion hatte auch zwei Gründe, um den Import von argentinischem Getreide und Fleisch einzustellen. Sie wollte ihre Frachtschiffe nicht ins Kriegsgebiet des Südatlantiks schicken, wo sie gefährdet wären, und sie könnte keine Kreditgeschäfte mehr mit Argentinien tätigen. Der Finanzplatz London, auf dem alle Fäden zusammenlaufen, hat die internationalen Geld- und Kreditgeschäfte mit Argentinien gesperrt. Der argentinische Wirtschaftsminister Aleman, ein gebürtiger Schweizer, war vor acht Tagen in Zürich, wo er in seiner Not von den Banken Geld bettelte. Der Finanzplatz Schweiz ist aber nicht stark genug, um dem Finanzplatz London die Stirn bieten zu können. „Absurdes Theater"? Man hat in Zürich seit langem die Macht Englands unterschätzt, sowohl seine finanzielle als auch seine politische und militärische Macht. Man hat auch den tiefen Nationalismus der Engländer nicht in Rechnung gezogen. Daß die Engländer mit Resignation ein bescheideneres Leben auf sich genommen haben, ist eine andere Sache; auch eine andere Sache, daß die konservative Regierung der Inflationsbekämpfung den Vorrang vor der Bekämpfung der Arbeitslosigkeit einräumt.
In Bonn und in Rom ist man unglücklich über die englische Expedition nach den Falklands; viele italienische und deutsche Landsleute leben in Argentinien. Aber deren Interessen sind nicht erst jetzt gefährdet, die argentinischen Generäle haben die Wirtschaft schon vorher ruiniert; und nun sind ihnen auch die amerikanischen und die sowjetischen Felle

davongeschwommen. Der französische Präsident Mitterrand, der eine gute politische Witterung hat und als einziger europäischer Staatsmann der Premierministerin Thatcher vor ein paar Tagen in London einen Freundschaftsbesuch abstattete, unterstützt gelassen und unerschütterlich den britischen Verbündeten. Die Engländer hatten im entscheidenden Moment den richtigen Reflex. Darauf kommt es an.
Unbequem sind die Engländer allerdings in der Europäischen Gemeinschaft; es war vorauszusehen, daß England ein widerborstiger Partner in der EG sein würde. Im November 1968 habe ich in Bonn in einem privaten Gespräch mit leitenden Beamten des Auswärtigen Amtes – natürlich vergeblich – von der Aufnahme Englands in die Europäische Gemeinschaft abgeraten: nicht nur, weil dessen Konjunkturgefälle ein anderes ist als das Kontinentaleuropas, sondern weil das insulare England maritime und Commonwealth-Interessen hat, die von den andern Mitgliedstaaten der EG nicht geteilt werden. Aber Bonn hat dann Präsident Pompidou gedrängt, der Aufnahme Englands in die Europäische Gemeinschaft zuzustimmen. Ein junger englischer Historiker sagte mir neulich, der Beitritt zur EG sei ein Irrtum gewesen. Dieser wird nichts anderes übrigbleiben, als wegen der britischen Sonderinteressen eine gewisse Schwächung ihrer Solidarität in Kauf zu nehmen; aber die EG-Staaten haben trotz Bedenken Italiens und Irlands gegen Argentinien eine Einfuhrsperre verhängt. In Hamburg, Bonn, Rom, Dublin und Zürich war man mit der britischen Reaktion auf die militärische Besetzung der Südatlantikinseln durch die Argentinier unzufrieden – aber niemand konnte die Engländer zurückhalten. Daß man nach dem Debakel der dummen und kriminellen argentinischen Generäle mit politischen Erschütterungen in diesem Land rechnen muß, liegt freilich auf der Hand.

6. Juni

Nachdem Brechts „Puntila“ im Schauspielhaus uraufgeführt worden war, inszenierte Leopold Lindtberg auf der gleichen Bühne das nächste Stück. Bertolt Brecht wohnte einigen seiner Proben bei. Teo Otto, der die Ausstattung besorgte, fragte ihn, warum er das mache, es sei doch das Gegenteil. Wenn es wirklich das Gegenteil ist, erwiderte Brecht, dann ist es *auch* richtig. Die Anekdote wurde in der heutigen Matinee zu Ehren von Lindtbergs 80. Geburtstag erzählt. „Lindi“, wie ihn die Freunde

nennen, hatte wieder ein volles Haus und ein beifallsfreudiges Publikum. Ich hatte die Aufforderung der Direktion abgelehnt, an dieser Feier die Laudatio zu halten, nachdem ich vor einigen Jahren schon auf unserer Bühne bei der Verleihung des Hans-Reinhart-Ringes für Schauspielkunst über und zu Lindtberg gesprochen hatte. Man soll sich nicht wiederholen; als ich die vortreffliche Rede des jetzigen Präsidenten des Verwaltungsrates, Werner Weber, und die andern Reden anhörte, bereitete mir meine Ablehnung kein schlechtes Gewissen mehr – im Gegenteil. Ich wäre zu solcher Erneuerung des Themas in veränderten Verhältnissen nicht fähig gewesen. Vor dem Beginn der Matinee traf ich am Eingang des Pfauentheaters Lindi und die Seinen, wir legten uns die Hände auf die Schulter, ich sagte: „Wir waren doch immer brüderlich, und dabei machten wir im Leben ganz verschiedene Sachen." – „Gerade deshalb", erwiderte Lindi. Im Direktionszimmer des Schauspielhauses nahm ich während mehr als zwanzig Jahren teil an den Sitzungen des Verwaltungsrates. Wir waren ein Freundeskreis – in der Stadt sagte man „eine Clique". Aber haben wir es denn so schlecht gemacht?
Lindtberg war ein großer, schöner Mann, er ist es noch, mit funkelnden Augen und einem großen Mund, dem die rasche, gescheite Rede leicht von den Lippen geht, und dem dichten, jetzt ein wenig ergrauten Haar. Er saß heute vormittag auf der Bühne, die er seit 49 Jahren künstlerisch mitgestaltet hat (wofür er vom Stadtpräsidenten 49 Rosen erhält). Es gab mehrere Reden, die Lindi nicht ungern über sich ergehen ließ: in jedem Theatermann stecke ein Pfau, sagte er, weshalb „Pfauentheater" eigentlich ein Pleonasmus sei. Direktor Gerhard Klingenberg verschwieg nicht, daß die bösen Kritiken und Beschimpfungen, mit denen heutige Neuerer Lindtberg überschüttet haben, ihn tief verletzten. Ist Lindtbergs Kunst der Inszenierung denn nur noch kalter Kaffee? Oder sind jene dogmatischen „Erneuerer" des Theaters im Besitz unfehlbarer ästhetischer Wahrheiten? Ist es nicht eher so, daß diesen Heutigen, die neue Formen erfanden und in der Überzeugung inszenieren, daß der Regisseur wichtiger sei als der Autor, das Organ fehlt für das, was man „Werktreue" nennt?
Vor zwanzig Jahren, als wir Lindis 60. Geburtstag feierten, machte Kurt Hirschfeld in einem lapidaren Satz die Feststellung: „Die Inszenierungen (Lindtbergs) waren die Wiedergabe dessen, was die Stücke meinten." Der verstorbene Ernst Ginsberg, der zu den führenden Köpfen und Künstlern des Zürcher Ensembles gehörte, schrieb in dieser literarischen

Geburtstagsgabe: „Ich hätte gern für Dich und für dies Buch einen kleinen Aufsatz über den Begriff der Werktreue versucht, dem wir Zürcher Emigranten – jeder in seiner Art und Geschmacksrichtung – verschrieben sind, über diesen heute so vielfach als «akademisch» mißverstandenen, viel verlästerten Begriff, der gleichwohl für uns das Schwerste und Erstrebenswerteste bedeutet, dem unser künstlerisches Bemühen gilt." Auf dem Gebiete der Musik, fährt Ginsberg fort, verstehe sich dieser Begriff von selbst, und er sagt zu Lindtberg: „Du bist ja fast ein Musiker."
Das ist ein Stichwort zum Verständnis von Lindtbergs Persönlichkeit und Schaffen. Nicht bloß weil er auch Operninszenierungen machte, sondern weil seine Kunst eine eigentümliche Symbiose von Intellekt und Musikalität ist. Ihm geht es darum (mit seinen eigenen Worten), „ein Publikum geistig wach zu halten, es bewußt aus emotionellen Regionen auf die Ebene des Mitdenkens zu zwingen"; nur die „erhöhte und veredelte Emotion" läßt er gelten. Aber was dieser geistig wache, in den Text eindringende Interpret macht, ist genuine Gabe dessen, der um das Spiel und das Spielbare weiß und in den tieferen Schichten seines Wesens etwas Kontemplatives, Lyrisches, Phantasievolles, kurz Musikalisches besitzt. Ich denke an seine Hamlet-Inszenierung in Wien 1947, als man zwar hungerte, aber mit Begeisterung spielte (nicht in dem damals noch in Trümmern liegenden Burgtheater, sondern im Ronacher), und er mir in ausführlichen Gesprächen seine psychologische Auffassung der Hauptfigur dieses Stückes erklärte. Ich lernte vielleicht damals erst L. L., dessen Inszenierungen von Klassikern und Modernen am Zürcher Schauspielhaus ich schon seit Jahren in mich aufgenommen hatte, richtig verstehen: sein intelligentes, eindringliches, um die ständige Infragestellung zur Wahrheitsfindung bemühtes Wesen. Aber es war wie bei den großen Dirigenten: das Ergebnis ist jener Kunstgenuß und das Vergnügen (in diesem Fall) des Zuschauers, der ja auch Hörer ist. Daß dieses höhere Vergnügen der Zweck des Theaters sei, „bestreitet", nach Lindtbergs eigenen Worten, „nicht einmal der strengste und radikalste unter seinen modernen Theoretikern, bestreitet nicht einmal Bertolt Brecht".
Für die heute Jungen ist es freilich nicht leicht, zu verstehen, wieviel Kämpfe und Nöte die Schauspieler- und Regisseur-Generation, der Leopold Lindtberg angehört, zu bestehen hatte. Das Zürcher Ensemble, das zu Hitlers Zeiten und im Kriege das einzige freie in deutscher Sprache war, bestand aus verstörten, verschreckten Menschen, die das Leben in der Emigration erst noch lernen mußten. Manche von ihnen kamen aus

Kerkern und Konzentrationslagern. Die Zukunft war damals ein Angsttraum. Sehr zum Mißfallen eines Teils der schweizerischen Öffentlichkeit spielte man am „Pfauen" auch harte politische Stücke. Sogar in den Klassikeraufführungen war ein bekennerischer Ton herauszuhören. Allmählich wuchs dann auch bei uns der Geist des Widerstandes gegen die Barbarei, der dieses aus politischen Flüchtlingen zusammengesetzte Theatervolk erfüllte. Nachdem 1938 die „Neue Schauspiel AG" gegründet worden war, kam unter Oskar Wälterlins Direktion und Kurt Hirschfelds Dramaturgie eine von der öffentlichen Hand unterstützte Bühne zustande, die sich als moralische Anstalt verstand. Shakespeare, Goethe, Schiller standen auf dem Spielplan, die österreichischen Schauspieler und ihr Regisseur Lindtberg leiteten eine Renaissance von Nestroy und Raimund ein, 1949 schuf Lindtberg die später von andern Theatern übernommene Grundform von Brechts „Mutter Courage". Max Frisch, Dürrenmatt, Faulkner, Thornton Wilder, Giraudoux, Sartre, Osborne: sie alle und viele andere verdankten Ur- und Erstaufführungen in deutscher Sprache der schier unerschöpflichen Schaffenskraft dieses Regisseurs.

Vor ein paar Tagen brachte das Fernsehen den Film „Die letzte Chance" erneut zur Aufführung: ein Schwarzweißfilm, mehr als dreißig Jahre alt, technisch nicht mehr in sehr gutem Zustand – und trotz diesen Nachteilen noch einmal zeugend und zeigend, was Lindi als Filmregisseur mit bescheidenen Mitteln zu einer Zeit zustande brachte, die noch nicht wie die heutige von technisch, farblich und ästhetisch hochrangigen Filmen verwöhnt war. Lindtbergs Person hatte für mich in all den Jahren, da wir befreundet waren und ich viele seiner Inszenierungen, auch seinen „Jedermann" in Salzburg, sehen konnte, etwas Verblüffendes; er besaß eine nie nachlassende Beweglichkeit, Elastizität, Vielseitigkeit, Unermüdlichkeit und Gesprächsbereitschaft. Sein an jungen Schauspielern geübtes, ebenso strenges wie menschlich taktvolles erzieherisches Wirken gehört der Theatergeschichte an. Zur heutigen Feier kam Lindi aus Düsseldorf, wo er inszeniert, angeflogen. Vermutlich ist der Achtzigjährige zu dieser Stunde auf dem Rückflug irgendwo ein paar tausend Meter hoch im Sommerhimmel, während ich hier immer noch über ihn und seine Lebensleistung nachdenke.

Die Spannweite, die den Erfolgen und einigen Mißerfolgen des Emigranten-Ensembles in Zürich das Gepräge gab, war groß. Die aus künstlerischer Instinktsicherheit hervorgegangenen Inszenierungen von Oskar Wälterlin, die aus literarischer, an Karl Kraus geschulter Theaterkultur entstandenen von Kurt Hirschfeld waren anders als die Lindtbergschen. Der vierte unter diesen Regisseuren bildete zu den drei genannten einen heftigen Kontrast: Leonard Steckel. Ein Basler, ein Bürgersohn aus Hannover, der Wiener „Lindi" und der Berliner „Stecki" – mit einer Art von verschämter Zärtlichkeit waren am Schauspielhaus Diminutive üblich: auch „Hirschi" für Hirschfeld, „Opi" für den über allen nicht bloß schwebenden, sondern wenn nötig auch energisch eingreifenden Präsidenten des Verwaltungsrates Emil Oprecht. Denn auch an Spannungen fehlte es nicht, sie gehörten zu dieser vom Schicksal zusammengeschmiedeten Theatergemeinschaft in einer Stadt, an deren gemäßigtes Klima sie sich erst gewöhnen mußte. Mit verstehender Liebe sagte mir einmal unter vier Augen der Direktor Wälterlin, als sich die Verwaltung über private Verstöße oder Torheiten von Schauspielern beschwert hatte: „Das kann man nicht ändern, es sind doch Narren." Diese manchmal ausartende Narretei gehört zum Komödiantentum wie die Melodie zum Lied.

Leonard Steckels Ende war schrecklich. Ich fand eines Morgens im Künstlerzimmer hinter der Bühne einen jungen deutschen Schauspieler, den ich nicht kannte, in großer Erregung. Er sei mit Steckel im Schnellzug von München nach Zürich gefahren; als zum Mittagessen gerufen wurde, habe es Steckel abgelehnt, mit ihm in den Speisewagen zu kommen, da er eine Diät einhalte. Der Speisewagen wurde beim Eisenbahnunglück verschont, Steckel in seinem Abteil getötet.

Das war 1971. Im Blick zurück bleibt Steckel in meiner Erinnerung haften als ein Schauspieler und Regisseur aus Leidenschaft, dessen Leidenschaftlichkeit maßlos sein konnte – nicht aus Bösartigkeit, sondern als Ausfluß eines machtvollen Temperamentes. Sein Zorn auf den Proben, seine verbalen Ausbrüche, wurde erzählt, seien manchmal furchterregend gewesen; da aber die Schauspieler wußten, daß dieser Zorn wie ein heiliges Feuer ausbrach, scheute sich weder der Direktor noch das Ensemble, immer von neuem gerade diesem Mann Inszenierungen anzuvertrauen – und sich seinem Gebot zu unterwerfen. Steckel lebte in seiner Umgebung wie ein Brand. Seine großen Rollen: Richard III., Herr Puntila, Wolfgang Schwitter in Dürrenmatts „Meteor“ kamen dem Ungeheuren, dem Monströsen dieser Komödiantennatur entgegen. Steckels Wildheit konnte erschrecken, sowohl in seinen Rollen als auch in seinen Inszenierungen; aber wir bewunderten diese Leidenschaft, dieses exzentrische Temperament, das Elementare seiner starken Natur (als Lehrer von Schauspieleleven konnte er mit Geduld, mit pädagogischem Verstand junge Talente in die ihnen gemäße Bahn lenken – oder ihnen unverblümt sagen, daß sie sich für diesen Beruf nicht eignen).

Denn es fehlte Steckel keineswegs an künstlerischem Verstand, einem Verstand, der die komödiantische, artistische Leistung leitete und kontrollierte. Er konnte das Spiel der andern und sein eigenes sachlich beurteilen und führen: mit Genauigkeit. Einer Genauigkeit, die, wie mir Dürrenmatt versicherte, in einer verborgenen und immer wachen Sensibilität wurzelte. Wie jeder bedeutende ausführende Künstler beherrschte er seine Technik in einem Ausmaß, das bewirkte, daß der im Banne seines Spiels stehende Zuschauer die Technik nicht bemerkte. Noch eine Korrektur zu Steckels Charakterbild ist notwendig: die Selbstkorrektur des anscheinend Zügellosen durch seine Intelligenz. Mit viel Klugheit spielte er die Rolle des Galileo Galilei, des Gelehrten, der die Wahrheit weiß, aber erfahren muß, daß die Wahrheit keine Macht hat, und sich der Autorität beugt, die die Macht – aber nicht die Wahrheit – besitzt. Nicht ein Intellektueller, wie Lindtberg, Ginsberg und Hirschfeld, war Steckel, aber ein mit natürlichem Verstand begabter Künstler. Seine Gescheitheit verhinderte auch ihn, wie seine Kollegen am Schauspielhaus, ein Dogmatiker des Theaters zu werden.

Das Zusammentreffen von Figur und Handlung ist der Ackergrund jeder Dramaturgie (nebenbei gesagt: auch der Dramaturgie der Geschichte und Politik). Aus beiden Elementen, Schauspieler und Stück, entsteht eine neue Einheit. Jeder Schauspieler aus Berufung ist einmalig, mit seinem Körper, seiner Stimme, seiner Motorik, seinen Unarten. Ich erlebte an zwei Beispielen, was Leonard Steckel aus einem Stück machen konnte (beidemal an ihrer Uraufführung), und wie er den Autor inspirierte. Das einemal war er Brechts „Puntila“, der Herr über große Ländereien, der menschlich wird, wenn er zuviel getrunken hat; wie nun der betrunkene Puntila auf einem Tisch steht und mit Worten und Gebärden die Herrlichkeit des ihn umgebenden Landes beschreibt, war ein Bravourstück an Intensität und Eindrücklichkeit; in dem fast leeren Bühnenraum zauberte der Schauspieler die Illusion hervor, wir sähen die Wälder, die Seen, die Weiten Finnlands.

Ein anderes (auf unserer Bühne sein letztes) Auftreten Steckels erlebte ich in Friedrich Dürrenmatts „Meteor", in Lindtbergs Regie; der Autor wohnte den Proben bei, wie Brecht den Proben des „Puntila" unter Hirschfelds Regie beigewohnt hatte. Ich zweifle nicht, daß Steckel selber Dürrenmatt inspiriert und ihm vielleicht den Mut gegeben hat, die Figur des Nobelpreisträgers Schwitter zu erfinden und ihm Fleisch und Blut zu geben, damit dieser außerordentliche Komödiant ihm Gestalt, Stimme und Gebärde gebe; eine erstaunliche Symbiose von dichterischer Erfindungsgabe und schauspielerischer Darstellungskraft. Am Abend der Uraufführung des „Meteor" konnte ich, wie es selten vorkommt, dieses Zusammentreffen von Figur und Handlung, von Schauspieler und Stück bewundern. Auch in ganz andern Rollen war dieser verwandlungsfähige Komödiant (in des Wortes rühmlicher Bedeutung) bestaunenswert: als Schillers Philipp II., aber auch als Loman in Arthur Millers „Tod des Handlungsreisenden" – ich muß mir anhand solcher Kontraste und Spannweiten gestehen, daß Steckels Vielseitigkeit und Ideenreichtum kaum gestatten, zu sagen, was an seiner Kunst „typisch" war. Sie war jedesmal einmalig, indem er sich in die ihm aufgegebene Figur vollkommen verwandelte.

Auch die lange Liste seiner Inszenierungen deutet die Besessenheit an, mit der dieser Vollblutkünstler sich an die verschiedensten Autoren und Aufgaben wagte: Calderón, Lope de Vega, Shakespeare, Molière, Goldoni, Schiller, Büchner, Gogol, Ibsen, Strindberg, Hauptmann, Shaw – und Hofmannsthals „Turm"!

Um von unvergeßlichen Uraufführungen von Stücken von Max Frisch nicht zu reden, und nicht von García Lorca, von O'Neill – was Steckel nicht hinderte, der „Kleinen Niederdorfoper" von Paul Burkhard zu ihrem durchschlagenden Erfolg zu verhelfen (was alles zur Illustrierung der Geschichte dieser wahrhaft illustren Bühne beiträgt).

Daß solche Gaben Zartfühligkeit nicht ausschließen, habe ich entdeckt, als ich neulich in dem Buch, das 1958 zum zwanzigjährigen Bestehen der Neuen Schauspiel AG erschien, Leonard Steckels Beitrag nachlas. Er ist betitelt „Schnee in den Wimpern". Steckel erklärt hier, was ihm als Aufgabe und Gelingen der Kunst des Schauspielers wesentlich scheint:
„In den Kriegsjahren 1943/44 spielten wir im Schauspielhaus «Der Mond ging unter» von John Steinbeck. Das harte, aufsehenerregende

Stück berichtete vom Mut und der Unbeugsamkeit einer kleinen Menschengruppe in einem vom mächtigen Eindringling besetzten Land. (Es wurde im Schauspielhaus 70mal aufgeführt.)
Ich hatte dieses Stück inszeniert und zugleich den Part eines Sprechers übernommen, der die einzelnen Szenen durch kurze Kommentare vor dem Vorhang verband. Wir nannten diese Figur den «Betrachter».
Es galt, ohne Sentiment – klar und sachlich – den Gang der Handlung fortzuführen (. . .), das Szenische, die auftretenden Figuren zu kennzeichnen und gewisse Zeitangaben zu machen.
Solch eine Zeitangabe im Verlaufe des Stückes war folgende: «. . . mittlerweile war es Winter geworden – der erste Schnee fiel»; bevor ich den Satz «der erste Schnee fiel» begann, pflegte ich den Blick in den Scheinwerfer, der mich aus einer Loge im Zuschauerraum traf, zu richten; ich kniff die Augen etwas zu und bewegte die Lider derart, daß durch die schnell vor dem Auge auf und ab zuckenden Wimpern und das dadurch ins Flirren geratene scharfe Licht bei mir der deutliche Eindruck entstand, nasse Flocken träfen mein Auge, und ich senkte den Blick schnell wieder. – Diesen Eindruck regelmäßig wieder in mir hervorzurufen, war eine stillschweigende Abmachung, die ich mit mir traf (. . .).
Ein paar Jahre später – das Stück war längst vom Spielplan abgesetzt – erzählte mir ein Kollege am Biertisch im «Pfauen», einem Freund von ihm hätte ich als Schauspieler in jenem Steinbeck-Stück besonderen Eindruck gemacht, ich hätte darin erzählt, «es fiele Schnee», und diesem Freund sei es so gegangen, daß er tatsächlich glaubte, den Schnee fallen zu sehen.
Es gab kaum eine Anerkennung oder lobende Kritik in einer großen Rolle oder Inszenierung, die mich je so befriedigt hätte wie diese Bestätigung, daß es mir gelungen war, von der Bühne herab einem Mann für einen Moment vorzuzaubern: es fiele Schnee."
Ich mußte mir das abschreiben. Weil es ein anderer Steckel ist als der, den wir vordergründig in „großen Rollen und Inszenierungen" kannten? Nein, es ist der gleiche, der vielgestaltig, genau und sogar zartfühlend sein konnte; der ein Mann war, der auch in der Rolle eines „Betrachters", ohne Sentiment, klar und sachlich, das Spiel der andern und sein eigenes beherrschte; und der um die Wichtigkeit, weil Eindrücklichkeit, des Details wußte. Regieeinfall und Ausführung kamen zur Deckung.

Soeben über nasses Gras und Pfützen und unter tropfenden Bäumen hindurch mit Gioia oben gewesen. Mit Stiefeln an den Füßen. Die Nässe tut dem Land gut. Nach den vielen Sonnentagen mit subtropischer Hitze, an denen das Heu rasch trocknete, sah die gelbe Dürre der Weiden und des Rasens im Garten traurig aus. Schade für die Rosen, die prächtig aufgegangen sind und jetzt vom Regen zerzaust werden. E. hat mir, nachdem das Radio den Wettersturz prophezeit hatte, noch einen wundervollen Strauß hinaufgebracht. In der Frühe zeigte heute das Thermometer im Hof nur 10 Grad Celsius an; aber das Haus ist von den glühenden Sommertagen noch so erwärmt, daß mir die Zimmer wie geheizt vorkommen. Es gibt von neuem zu tun: Die elektrische Zuleitung zum Schloß mußte erneuert werden; da die Mäuerchen am alten Rebhang zerfallen sind, rollte ein schwerer Stein in das Anwesen eines Dorfbewohners; diese Steilhalde muß jetzt gesichert werden.

„Zwischenrufe des Lebens" nannte Rilke jene Ablenkungen und mehr oder weniger unvermeidlichen Störungen und Pflichten, die das Oberflächenmuster des sozialen Lebens ausmachen. Es kommt mir vor wie die Stickerei auf einem Sessel, dessen Aufgabe zwar nicht ist, daß er hübsch bezogen ist, der aber auch nicht ohne Überzug gebraucht werden kann. Ich entzog mich in meinem Leben den unabwendbaren „Zwischenrufen" nicht, obgleich sie manchmal lästig sind und ihre Befolgung sicherlich nicht immer nötig war. Wir gehen ab und zu nach Bern, öfter nach Zürich. Warum sollte ich mich der Geselligkeit in guten Häusern an gedeckter Tafel entschlagen? Man erfährt allerhand, was auch zum Leben gehört, und ich unterhalte mich gern mit gescheiten Leuten, die in der Welt herumkommen. Anarchisierende Ideologen stellen sich vor, daß in solchen Häusern lauter Haifische leben, die an nichts anderes denken, als kleine Fische zu fressen. Meine Bekannten denken natürlich an ganz andere Dinge, und Haifische, falls es solche gibt, kenne ich nicht.

Besuche hatten wir bisher wenige; an einem Sonntag einen deutschen Diplomaten, der, betonte er, „ganz privat, ohne Auftrag" zu uns kam, um mit mir über die bevorstehende Staatsvisite des Bundespräsidenten Carstens zu sprechen. Dieser wird auch dem Kanton Aargau einen offiziellen Besuch abstatten. Auch Strindberg und Heidenstam werfen noch ihre Schatten, diesmal in der Person des sympathischen Presseattachés der schwedischen Botschaft, der heute nachmittag kommen wird. Auch das sind Zwischenrufe.

Nächsten Samstag fahren wir wieder nach Bern, wo die Schwester Marguerite seit vielen Wochen, alt und krank, im Spital liegt. Im Stundenglas – in den Stundengläsern – sickert es. Wir werden bei dem alten Freund Armand von Ernst in seinem Schloß Muri zu Mittag sein; er war meines Bruders Ado Klassenkamerad (beide Jahrgang 1895) und schon als ein von mir bewunderter Gymnasiast 1912 bei uns in Brunegg. Er hatte damals blaue Flecken im Gesicht, Folgen einer Explosion von Schießpulver, die mein Vater verarzten mußte. Armand war neulich mit uns in Zürich bei Frau von O., wir sprachen von Ado, dessen Andenken uns verbindet. Er hatte sich nie ganz vom Krieg in der deutschen Marine erholen können, sagte Armand. Ich bestätigte das, denn ich weiß, wie die vielen verstümmelten Toten auf seinem Kreuzer, der von einem englischen Torpedo aufgerissen wurde, dem jungen Seekadetten einen unauslöschlichen Eindruck hinterlassen hatten; die Auslieferung der Flotte an die Engländer, nachdem die meuternden Matrosen an Bord ihre Offiziere verhöhnt hatten, und die Gefangenschaft bei Hunger und Kälte in Scapa Flow hat er schwer verwunden. Unser kluger Vater hatte recht, als er meinte, sein dem Meer und der Marine verfallener Sohn sollte weiter zur See fahren.

Ado hat mit trotzigem Sinn dem Element, das seine einzige Liebe war, entsagt. Segelfahrten auf der Ostsee in Ferienwochen und die Sonntage auf seiner Jolle am Thurnersee waren bescheidene Entschädigungen. Eigensinnig klammerte er sich an die Schweiz, wo er wohl nur das Engadin wirklich liebte; in Bern, seinem Wohnsitz, kam er mir oft wie ein Fisch auf dem Trockenen vor. Ado wurde ein eidgenössischer Beamter; er war ein Technokrat, der sich durch sein Fachwissen und Pflichtbewußtsein, durch seinen eisernen Fleiß, seine Erfindungsgabe und sein Organisationstalent in der PTT-Verwaltung auszeichnete. Rastlos widmete er sich diesen Aufgaben. Aber er hielt seinen Freunden aus der Marine und Kriegszeit die Treue; er besuchte sie in Deutschland. Einige von ihnen kamen im Zweiten Weltkrieg ums Leben. Hemingway sagte von den jungen Menschen, die den Ersten Krieg mitgemacht hatten, sie seien eine „verlorene Generation". Auch Ado blieb ein Unangepaßter und Zerrissener. Er fand kein unbeschwertes Lebensglück, nach dem er sich vergeblich sehnte; trotz seiner manchmal durchbrechenden Heiterkeit und Begeisterungsfähigkeit und bescheidenen Genüssen, die er sich ab und zu gönnte, blieben ihm Enttäuschungen und Zurücksetzungen nicht erspart. Von Natur war er tapfer, zu Liebe und Freundschaft fähig, aber besorgt und verschlossen, auch argwöhnisch; er konnte sich anderen Menschen nicht restlos anvertrauen. Die Hindernisse lagen in seinem eigenen, wenig anpassungsfähigen Wesen. Auch ein Leben und eine Laufbahn haben eine Dramaturgie, bei der die Person und die Handlung eine Einheit bilden sollten; diese Einheit zu verwirklichen fiel ihm schwer. Sein Leiden am Leben war mit häufigen gesundheitlichen Störungen verbunden; sie waren Folgen des unharmonischen Verhältnisses von Anlage und Umwelt. Wir hatten Ado gern, der sehr an der Familie und an seinen Freunden hing. Langes Kranksein blieb ihm nicht erspart, ehe er sterben konnte.

14. Juni

Man wird Goethe nicht los, ich beklage mich darüber nicht. Ein Buch über Goethes Enkel hat mich von neuem ins Haus am Frauenplan zurückgeführt, wo ich, wohlverwahrt unter Glas, vor vielen Jahren folgende Todesanzeige vom 23. März 1832 gelesen habe:

> Gestern vormittag halb zwölf Uhr starb mein geliebter Schwiegervater, der Großherzoglich Sächsische Wirkliche Geheime Rat und Staatsminister
>
> Johann Wolfgang von Goethe
>
> nach kurzem Kranksein am Stickfluß infolge eines nervös gewordenen Katarrhalfiebers.
>
> Geisteskräftig und liebevoll bis zum letzten Hauche schied er von uns im 83. Lebensjahre.
>
> Ottilie von Goethe, geb. von Pogwisch zugleich im Namen meiner drei Kinder Walther, Wolf und Alma von Goethe.

Als ich zum letztenmal dieses Haus betrat, standen neben dem Lehnstuhl auf einem Tischchen in Goethes Arbeitskabinett eine alte Teekanne und daneben eine Tasse. Auf dem Pult waren mineralogische Gegenstände liegen geblieben. Im „Grünen Heinrich" erzählt Gottfried Keller (er hat diesen Passus leider in der endgültigen Fassung gestrichen), wie ein deutscher Handwerker, der im Haus am Rindermarkt etwas richtete, zu seiner Mutter sagte: „Der große Goethe ist gestorben." Ich möchte wissen, ob mein Großvater, der ein Jahr älter war als Keller und in Chur die Kan-

tonsschule besuchte, auch etwas von dem Tode des großen Dichters erfuhr. Hat damals ein Lehrer den vierzehnjährigen Schülern etwas von der Bedeutung Goethes gesagt? Ich konnte meinen Großvater nicht mehr danach fragen. Mein Sohn, der beim Tod von Thomas Mann gleich alt war wie mein Großvater beim Tod von Goethe, sagte mir, sein Lehrer in Lenzburg habe der Klasse dieses Ereignis mitgeteilt und ihr die Bedeutung dieses Dichters zu erklären versucht. Ich lasse mir Goethe nicht nehmen, obgleich neben obligaten Huldigungen zum 150. Todestag auch Schnödigkeiten über Goethe laut wurden. Die vier letzten Werke zumal, „Dichtung und Wahrheit", „Die Wahlverwandtschaften", „Der West-östliche Divan", „Faust. Zweiter Teil", *bleiben.* Goethe wußte ‚alles', wie Shakespeare auch alles gewußt hat. Beide konnten es sagen.
Aber die Enkel! Eines ist Goethe nicht gelungen: Ehe und Familie. Es wundert mich nicht. Man spricht zuviel vom „Klassiker", vom Maßvollen, Geordneten, Vernünftigen; vom Wirklichen Geheimen Rat und Staatsminister, von seinem gepflegten Rock und seinen Orden. Man glaubt ihn nachträglich zu rehabilitieren, wenn man in Schriften und auf Theaterzetteln das „von" wegläßt. Man bedenkt nicht, in welcher Zeit und Gesellschaft er lebte und daß er, wäre er nicht geadelt worden, in Weimar hinter dem letzten Kammerjunker bei Hofe rangiert hätte und an der herzoglichen Tafel nicht hätte speisen dürfen. Von Schiller sagte Goethe zu Recht, er sei viel mehr Aristokrat gewesen als er. Schiller hatte selber um seine Ernennung zum Hofrat gebeten, und er ist vom Kaiser in Wien („nicht ohne sein Zutun", sagt Thomas Mann) in den erblichen Adelsstand erhoben worden. Das war, wenn man in Weimar den gebührenden Rang einnehmen wollte, nötig – unsere Bürger sollten deshalb den Mund nicht spöttisch verziehen, denn ihre demokratischen und begehrten Adelstitel sind „Doktor" und „Professor".
Goethes Daimon hat ihn nie verlassen. Ich spüre das Unterschwellige auf jeder Seite im romanhaften Geschehen der Wahlverwandtschaften; deshalb können Heutige dieses Buch als „modern" empfinden. Aus dem gleichen Grunde stammte Goethes Unfähigkeit, Ehe und Familie bürgerlich „normal" zu führen. Er hat nicht jung heiraten wollen, und er hatte eine Neigung für unerreichbare, weil verlobte oder verheiratete Frauen. Friederike war gerade gut genug für die Sesenheimer Idylle, und Lotte inspirierte „Werthers Leiden"; beides Wunschmädchen, mit denen Goethe keine Bindung eingehen konnte, noch wollte. Der derbe Betthase Christiane Vulpius – das war einfacher und besser, es erlöste ihn von

der sehr zurückhaltenden Frau von Stein. Daß Goethe die Christiane noch heiratete, als der Sohn August schon sechzehn Jahre alt war, war für den hohen Fünfziger eine Lösung aus Not und Billigkeit. Christiane, das „Mamsell", blieb auch als Frau von Goethe nicht präsentabel. Für August aber fand sich eine standesgemäße Gattin, deren Großmutter eine Gräfin Henckel von Donnersmarck war. Das wurde in der Weimarer Hofgesellschaft gut aufgenommen und August eine Zeitlang im Staatsdienst beschäftigt. Christiane war gestorben, die Rolle der Hausherrin fiel der Schwiegertochter zu. Man kann sich fragen, ob Ottilie von Pogwisch, die Goethe wie einen Vater liebte und verehrte (ihren eigenen Vater hatte sie kaum gekannt) und seiner dichterfürstlichen Hofhaltung vorstand, August wegen des berühmten Alten geheiratet hat.
Im Mansardenstock des Hauses am Frauenplan, berichten die Biographen dieser Familie, lebte das junge Paar in einem dreizehnjährigen Krieg, ohne Liebe, mit berechtigter Eifersucht; denn beide suchten anderswo Trost. Ottilie verliebte sich immer von neuem in hübsche Engländer, die Goethe besuchten, und August machte sich's einfacher – er hatte die mütterliche Derbheit und Ungezügeltheit und den Hang zum Alkohol geerbt. Goethe, der Menschenbraucher und -verbraucher, nahm Sohn und Schwiegertochter für seine vielfachen Beschäftigungen in seinen Dienst, wie er Sekretäre, Abschreiber und andere Menschen in seiner Abhängigkeit festhielt. Ich habe von und aus seinen Werken geistig gelebt, aber ich hätte nicht sein Sohn noch sein Eckermann sein mögen. Zu der Lebensführung des alternden Dichters ist – in parodistischer Verfremdung und aus Wahlverwandtschaft entsprungen – Thomas Manns Buch „Lotte in Weimar" eine durchaus berechtigte, tief in das zugleich Grandiose und Vampirhafte von Goethes Wesen eindringende Darstellung. In und um den Abgott wurde ein Kult getrieben, der Menschenopfer forderte.
Sicher war der Sohn August selber ein solches Opfer. Vielleicht waren seine Anlagen nicht schlecht; er war nicht unintelligent. Aber da er wie alle anderen nach der Pfeife des Vaters tanzen mußte, der ihm alles vorschrieb, auch manches verbot, ist es nicht verwunderlich, daß er diese Zurücksetzung mit Hochfahrenheit und Schroffheit kompensierte und allmählich, an der Seite einer ziemlich ungebärdigen, romantisch-gefühlsbetonten Frau, die ihn betrog, zu dem harten und, wie manche behaupteten, wilden und ausschweifenden Mann wurde. Obwohl Goethe sie wie eine Tochter liebte, nannte er Ottilie einmal seinen „verrückten

Engel", dem er „hohles Treiben" vorwarf. Sie verreiste eines Tages mit ihrem geliebten Charles Sterling kurzerhand nach Berlin. Besonders ihre Verschwendungssucht machte dem Schwiegervater zu schaffen, der, obschon sie eine unordentliche Hausfrau war, Ottilie alles verzieh und sie nötig hatte; aber die Geldbörse verwahrte er nachts unter seinem Kopfkissen. Diese kleine Person mit dem pikanten Gesicht war phantasievoll, gewandt und repräsentativ genug, um an der Tafel in der Gesellschaft von Goethes geistreichen Gästen die Dame des Hauses vorstellen zu können. Wenn August sich bitter vom Vater abwandte, vergötterte Ottilie diesen, und sie heuchelte keine Trauer, als ihr nach Italien davongelaufener Gatte in Rom starb. Als viele Jahre später Augusts Sohn Wolf der preußischen Gesandtschaft beim Heiligen Stuhl zugeteilt war, besuchte er seines Vaters Grab bei der Cestius-Pyramide nicht. Begründung: Zu Fuß war es zu weit, fahren in der Kutsche bereitete dem Rheumatiker Schmerzen.

Goethes unschuldigste Opfer waren seine Enkel. Er sprach selber von seiner „großväterlichen Affenliebe" zu ihnen. Sie wuchsen in einer abgeschirmten, künstlichen, in jeder Hinsicht außerordentlichen Welt auf, in der der „Großpapa" alles galt – was ihren Vater bewog, sich grollend abzuwenden, weil der Alte auch bei der Erziehung seiner Kinder das Leitseil in der Hand hielt. Vom Besuch einer öffentlichen Schule war nicht die Rede, Spielgefährten hatten die Knaben kaum, außer dem gleichaltrigen Erb- und späteren Großherzog; denn Goethes Enkel lebten an zwei „Höfen", dem des Dichterfürsten und dem großherzoglichen. Mit ihrem Hauslehrer führten sie sich ungebärdig auf; als Goethe diesem riet, er solle ihnen sagen, der Großpapa will es, kam der Präzeptor kleinlaut zurück, um dem Olympier zu berichten, das habe nichts genützt. Der alte Mann sagte nur „Hm".

Sein Lieblingsenkel Wolf, das „Wölfchen", durfte den Großvater zu Bett bringen, nachdem er ihm den Rock ausgezogen, die Krawatte gelöst und ausgeharrt hatte, bis der alte Herr in seinem Bett lag. Erst dann ging der Junge schlafen. Die heilige Ungestörtheit des Arbeitskabinetts brauchten die „Lümmel", wie er sie denn doch einmal anschrie, nicht zu respektieren; auf einer Wendeltreppe stiegen sie ungeniert ins Gemach hinunter, wo Faust Zweiter Teil vollendet wurde. Walther, der ältere der beiden, war für Musik begabt; Goethe stellte ihn dem von ihm geliebten Jüngling Felix Mendelssohn-Bartholdy vor, der sich, ein Wunderkind, auch allerhand Freiheiten gegen den unheimlichen alten Mann herausnehmen durfte. Der Jüngere, Wolf, Wolfy, Wölfchen, der Bevorzugte, in des Großvaters Augen der „charmantere“, schien für das Schreiben so begabt, daß Goethe hoffte, er werde ein Dichter. Daß die Eltern der Knaben zu alledem nicht viel zu sagen hatten, verstand sich von selbst. August starb bekanntlich vor seinem Vater. Da Walther erst 14, Wolf 12 Jahre alt war, als sie 1832 dem feierlichen Kondukt folgten, der Johann Wolfgang von Goethe zum Grabe begleitete, waren sie und ihre kleine Schwester Alma fortan ganz auf ihre Mutter angewiesen. Wolf sagte später von Ottilie: „Wir sind durch unsere Mutter auf das Große, auf edle Gesinnung dressiert worden, mit Liebe, und wenn es sein mußte, auch mit Sporn und Peitsche.“ Ottiliens Herz war auch einfühlsam genug gewesen, um Verständnis für die Liebe des greisen Schwiegervaters für die neunzehnjährige Ulrike von Levetzow aufzubringen.

15. Juni

„Verfall einer Familie.“ Ein Mannscher Titel; er eignet sich für die „Buddenbrooks“. Er wäre zu schwach für die bizarre, absurde, traurige Geschichte der Familie von Goethe – ohne Goethe! Ottiliens bewegtes Liebesleben zunächst, das sie nach Wien verschlug, wo sie Sterlings Kind zur Welt brachte, das unter falschem Namen bei Kosteltern bald starb, während die Goethe-Kinder in Weimar bei der Groß- und der Urgroßmutter blieben. Sterling verschwand auf Nimmerwiedersehen aus Ottiliens Leben. Goethe hatte weniger hinterlassen, als man erwartete, und alles den Enkeln vermacht. Ottilie fand Freundinnen, die freigebig aushalfen, und ihre Großmutter zahlte ihre Schulden in Weimar. Aber dann, endlich, nach neuen und späten Abenteuern, widmete sie sich ganz den Söhnen (die Tochter Alma starb jung in Wien; Grillparzer, der zu Ottiliens Verehrern gehörte, hat auf den Tod des Mädchens ein Gedicht geschrieben).

Walther und Wolfgang von Goethe gehörten bloß noch zum Nachlaß des Großvaters. Nicht Minderwertigkeitsgefühle, sagt ihr Biograph, quälten sie, sondern die Überbewertung ihres Namens, ihrer Stellung im Leben, kurz ihre Unfähigkeit, sich von dem Zauber zu lösen, der sie ihr Leben lang in seinem Bann festhielt. Der Himmel erwies ihnen nicht die Gnade, wie der kleine Hanno Buddenbrook jung sterben zu können; anscheinend waren sie begabt und zart wie dieser und ebenso lebensuntüchtig. Walther hatte jeden Tag dem „Großpapa“ auf dem Flügel vorgespielt, und auch Wolf hatte auf diesen Tasten improvisiert. Walther, klein gewachsen und schwächlich, hielt nicht, was seine Musikalität zu versprechen schien. Trotz Mendelssohn und trotz dem Balladenkomponisten Karl Loewe, der sein Lehrer war, haben seine Kompositionen in der Musikgeschichte keine Spuren hinterlassen. Eine einaktige Oper wurde in Weimar aufgeführt, seine beiden andern Opern fanden keine Bühne. Franz Liszt, der oft junge Talente förderte, hat in London, wo er damals wirkte, trotz einem verzweifelten Bittbrief von Ottilie Walthers Oper „Enzio“ nicht aufgeführt. Aus den acht oder neun Liederheften dieses Komponisten, die verlegt wurden, hat kaum eine Sängerin sich der Werke Walthers von Goethe angenommen. Eine schwache Begabung, sicherlich. Mit 34 Jahren stellte er seine Versuche im Reich der Tonkunst ein.

Wolf war der kränklichere. Zeitlebens litt er Schmerzen, brauchte er Kuren, schonte er sich. Er hatte immerhin die Maturität bestanden und an mehreren Universitäten die Rechte studiert. Anonym (wie könnte es anders sein bei diesem Namen) veröffentlichte er „Studentenbriefe“. Auch dies eine schwache Talentprobe. Es war ein Unrecht, als Cotta in einem späteren Jahr unter dem illustren Autornamen „Wolfgang von Goethe“ einen Gedichtband des Enkels veröffentlichte; denn mit diesen Versen konnte und kann man nichts anfangen. Immerhin war Cotta nobel genug, die Schutzfrist von Goethes Werken zu verlängern, um den Enkeln finanziell behilflich zu sein. Auch die diplomatische Tätigkeit in preußischen Diensten des immerfort kränklichen, leidenden Wolf, in Rom und in Dresden, währte nicht sehr lange. Wolf von Goethe wird als ein förmlicher, zeremoniöser Mann geschildert, der nie aus sich herausging; er sei starrsinnig und unfügsam gewesen. Er hatte einen guten Freund namens Otto Mejer. Seinem Bruder Walther hielt sein Jugendgespiele, der Großherzog Carl Alexander von Sachsen-Weimar, zeitlebens die Treue.

Die Goethe-Enkel sind ihren allzu berühmten Namen, genauer das zwanghafte Bewußtsein, diesem Namen etwas schuldig zu sein, was sie aber nicht einlösen konnten, nicht losgeworden. Man muß sich fragen, warum ihnen die Natur so wenig Kraft, Vitalität und Lebensfreude übrig gelassen hat. Den Großeltern und auch den Eltern hatte es daran keineswegs gefehlt. Woher kam diese Schwächlichkeit, diese Erschöpfung und Erstarrung, diese Mutlosigkeit, dieses Unbegabtsein für das, was selbst mittelmäßige Männer können? Welch groteske Ironie des Schicksals, daß

Goethes Enkel das Wagnis der Liebe nie unternommen, keine Frau berührt haben! Hatte das Märchendasein im Weimarer Haus, wo die Jungen beim „Großpapa“ verwöhnt, glücklich und, wie dieser glaubte, vielversprechend herangewachsen waren, bereits ihr ganzes Leben vorweggenommen, alles Feuer aufgezehrt und nur kalte Asche zurückgelassen? Denn es war wirklich wie nach einem Brand in ihrem jungen Leben, er erlosch und wurde immer grauer. Oder wie die Versandung einer Gegend, einer Flur, eines Gartens, wo einst reiche Ernte, farbenprächtiger Blumenflor war.

Es hat einmal in Weimar ein Dichterfürst gelebt. Aber es stimmt nicht, daß Goethe ein Fürst war. Er war ein Dichter und Schriftsteller. Er benahm sich wie ein großer Herr, und er hatte den Enkeln ein prinzliches Dasein vorgegaukelt; doch sie waren nur falsche Prinzen. Es ist, als ob der gewaltige, der vampirhafte Alte sie schon verbraucht, ihr junges Leben aufgezehrt hätte. „Ich möchte“, klagte einmal der Musikus Walther, „lieber Kümmeltürk als Goethe heißen, denn da soll man singen wie Mozart und sprechen wie der Großpapa!“ Wolf, dem die Frau seines Freundes Otto Mejer in irgendeinem Zusammenhang zurief: „Aber, Herr von Goethe, wenn das Ihr Großvater gehört hätte!“, entgegnete ihr: „Ja, liebste Frau, mein Großvater war ein Hüne, und ich bin ein Hühnchen.“ Unnötig und eine falsch verstandene Huldigung an den großen Namen war es, als die Brüder in den Freiherrnstand erhoben wurden. Arme Barone! Im 19. Jahrhundert, das andere Anforderungen an die Menschen stellte, hielt es keiner der beiden in einer bürgerlich-beruflichen Stellung aus; mit kargen finanziellen Mitteln zogen sie wieder ins Haus am Frauenplan, dessen Unterhalt große Summen verschlang. Die Mutter, die ein hohes Alter erreichte, hauste von neuem im Mansardenstock wie zur Zeit, als sie sich mit August stritt und in hübsche Engländer verliebte. Ab und zu empfing sie den Besuch von Neugierigen.

Warum machte mich das Buch von Oskar Jellinek, „Die Geistes- und Lebenstragödie der Enkel Goethes“ (Zürich 1938), dem ich die meisten Angaben verdanke, so betroffen? Ich kann's mir nicht recht erklären. Dachte ich an die Familie Mann? Man soll freilich die Proportionen respektieren – aber der „Zauberer“ Thomas Mann war denn doch ein hochbedeutender Nachfahre Goethes im Geist. Mir kamen seine Kinder, wenn sie um ihn zu Tische saßen, auch ein wenig prinzlich vor, da doch der „Alte“ ebenfalls ein großer Herr in bürgerlichen Verhältnissen und ein gütiger Gastgeber war. Ich sah ihn auch mit den Enkeln auf seinen

Knien; eigentlich war es nur einer, den er bevorzugte, und der wie der kleine Wolf Goethe „charmant" war. Sein Großvater hat ihn im „Doktor Faustus" (auch Faust ist unter dieser Feder wiedererstanden) zur Rührung des Lesers als das Kleinkind „Echo" porträtiert – und ihn in seinem Buch sterben lassen. Wie grausam können doch Dichter sein! – Oder dachte ich an einen vermutlich fiktiven, aber berühmten Goethe-Nachfahren? Goethe war über sechzig Jahre alt, zur Zeit seiner Liebe für Marianne von Willemer und des in ihrem Umkreis entstandenen „West-östlichen Divan". Marianne war eine geborene Jung. Ein Herr Jung aus ihrer Stadt, der seinem Alter nach Mariannes Sohn hätte sein können, wanderte in die Schweiz aus. Carl Gustav Jung war dessen direkter Nachfahre, und er ließ nicht ungern durchblicken, daß Goethe möglicherweise sein Ahne sei. Würde es zutreffen, dann hätte Goethe in dem berühmten Tiefenpsychologen einen wahrhaft interessanteren Enkel gehabt als die Enkel, denen seine großväterliche (und unbewußt schuldhafte) Affenliebe gegolten hatte.

Ein großes Verdienst hatten Walther und Wolfgang von Goethe: sie haben mit unverbrüchlicher Treue und unter drückenden Opfern das großväterliche Haus in Weimar und den darin befindlichen Nachlaß des Dichters bewahrt, gehütet, gerettet. Allerdings gestatteten sie aus Furcht vor „Indiskretion" und „Pietätlosigkeit" den Forschern keinen Einblick in diese Schätze, die sie wie zwei Zerberusse hüteten. Wolf, der sich mit dem Bruder zerstritten hatte und weggezogen war, starb zweiundsechzigjährig 1883 in Leipzig. Der ältere, Walther, folgte ihm zwei Jahre später im Tode nach. Das Goethe-Haus samt seinem ganzen Inventar und sonstigen Besitz vermachte er dem Weimarischen Staat. Walthers Testament verfügte außerdem, daß er zur Erbin des Familienarchivs die „Frau Großherzogin Sophie von Sachsen" einsetze. Sie möge, heißt es in diesem Letzten Willen, „dieses Goethesche Vermächtnis in dem Sinne empfangen, in dem es Höchstderselben durch mich entgegengebracht wird, als ein Beweis tief empfundenen, weil tief begründeten Vertrauens."

Endlich, dreiundfünfzig Jahre nach Goethes Tod, hatte sich der vom großväterlichen Schatten verfolgte und verfinsterte Enkel zu der großen Geste entschlossen, die fällig war. Die hundertdreiundvierzigbändige Ausgabe der Goetheschen Werke und Lebenszeugnisse, die monumentalste Ausgabe, die je dem Werk eines Dichters zuteil wurde, heißt „Großherzogin Sophien-Ausgabe". Diese Fürstin, eine Prinzessin aus dem holländischen Königshaus, gab den von den Enkeln unter Verschluß gehaltenen Nachlaß Goethes der seit langem ungeduldig darauf wartenden Forschung zur Verwendung und Publikation endlich frei. – Es wurde aus Anlaß von Goethes 150. Todestag so viel über ihn gesprochen und geschrieben, daß ich der Ansteckung erlegen bin.

17. Juni

Goethe sagt in seiner Abhandlung über Winckelmann: „Ausharren soll man da, wo uns mehr das Geschick als die Wahl hinstellt." Seine Ehe und Familie hatte er als ein Geschick aufgefaßt, bei dem er ausharrte; es war mächtiger als die Wahl einer Liebschaft. Walter Benjamin hat in seinem großen Aufsatz über die „Wahlverwandtschaften" viel Bedenkenswertes über Goethes Schicksalsgläubigkeit ausgesagt. Sein großer Altersroman war ein Bekenntnis zur schicksalshaften Art des Daseins. Er steht in enger Beziehung zum Dasein des Dichters selbst. Durch den ruhigen und scheinbar heiteren Gang der Erzählung wirkt Goethes Lebens- und Naturbejahung wie ein epikuräisches Bekenntnis. Es spielt sich kein Kampf ab zwischen Pflicht und Neigung. Der Neigung, und sei sie schuldhaft, gibt Goethe recht, weil sie ein Naturereignis ist. Das Sittliche triumphiert nicht, es unterliegt, als ob im stillen der Dichter auch diesem Unterliegen recht gäbe. Bettina meinte, Goethe habe „Tränen für manches Versäumte" geweint; aber es ist unwahrscheinlich, daß er über Schuldgefühle weinte. Was mitnichten das Humane seines Geistes und Werkes in Frage stellt; nicht ein Humanes im Sinne seines Antipoden Kant, der vom Menschen als Vernunftwesen fordert, daß er das Sinnenwesen überwinde und dieses dem Kategorischen Imperativ unterwerfe: nichts liegt der Natur- und Schicksalsgläubigkeit Goethes, seiner Bejahung der Sinnenwelt ferner als Kants Ethik. Ich bereue mein Wort nicht von der „Amoralität" Goethes – wobei ich natürlich nicht Unmoral im konventionellen Sinn oder gar bewußt schuldhaftes Handeln meine. Vielmehr entsprang diese Entfernung von dem Moralgebot dem Glauben an die „ewige Wiederkehr des Gleichen" als einem unentrinnbaren Gebot des Schicksals, das den Menschen immer von neuem verblendet und straucheln läßt. Man kann Schuld nicht vermeiden. „Dieses wirklich schauerliche Werk", sagte Wieland von den „Wahlverwandtschaften", und mit flammender Empörung F. H. Jacobi: „Eine Himmelfahrt der bösen Lust." Am Ende des Romans sühnt die Unschuldige durch ihr Opfer die Schuld.

Goethe sagte, in diesem Werk habe er das Humane zur Schau stellen wollen. Wörtlich zu Riemer: „Die Menschen betragen sich wie vornehme Leute, die bei allem inneren Zwiespalt das äußere Dekorum behaupten (. . .). Entweder siegt das Sittliche oder es wird überwunden (. . .), denn am Ende muß doch irgendein Moment dem Sinnlichen das Übergewicht über das Sittliche geben (. . .). Zu solchen Darstellungen muß stets das Sinnliche Herr werden; aber bestraft durch das Schicksal, das heißt durch die sittliche Natur . . ."

Also enthält die Fabel doch eine moralische Lehre? Es ist komplizierter: das Sinnliche wird zwar Herr über das Sittliche, aber die Natur, die sittlich ist, bedient sich des Schicksals, um die Schuld zu sühnen. Aber solch abstrakt logische Beweisführung würde dem Intellekt und dem Wesen Goethes nicht gerecht, der davon abrät, uns im Abstrakten aufzuhalten, weil Leben am besten durchs Lebendige belehrt werde. Wenn es überhaupt eine Lehre der „Wahlverwandtschaften" gibt, dann ist es, einfach ausgedrückt, die, das Leben sei eben so und nicht anders. Da er dem Leben recht gibt, ist es Goethe nicht darum zu tun, uns in diesem Roman einen Kampf zwischen Pflicht und Neigung vorzuführen. Er zeigt Menschen, die möglicherweise – wenn es der sittenstrenge Leser so auffassen sollte – ihre Pflicht verletzen, aber „sich wie vornehme Leute betragen".

Wenn Walter Benjamin vom „beispiellosen Selbstkultus der letzten Lebensjahrzehnte" Goethes spricht, so mag dieser übersteigerte und die Umgebung verbrauchende Selbstkultus uns Nachgeborene schockieren; er diente jedoch der Selbstüberwindung, der Selbstbeherrschung, der Selbsterhaltung und der Selbstbestätigung, die dieser innerlich gefährdete Mensch nötig hatte. Auch Goethe bewahrte bei allem inneren Zwiespalt das äußere Dekorum. Indem er sich selber wie ein vornehmer Herr betrug, brachte er zwar seinen Dämon keineswegs zum Schweigen; aber dessen Herr und Meister kannte die Beschwörungsformeln und das Ritual, um sich vor der Zerstörung durch ihn zu schützen. Walter Benjamin spricht von der „Gewalt uralter Mächte in dem Leben dieses Mannes". Er ist in Schillers Terminologie ein „naiver" Charakter; ein solcher kennt das Sollensgebot nicht (ist in diesem Sinne amoralisch), während das Sollensgebot dem „sentimentalischen" Charakter – Schiller – aufgetragen ist.

Letzten Endes liefert Goethes Fragment über die Natur von 1780, zu

dem er sich im späten Alter noch bekannte, den Schlüssel zu diesem Daseinsverhalten. Im Schlußwort: „Sie (die Natur) hat mich hereingestellt, sie wird mich auch herausführen. Ich vertraue mich ihr. Sie mag mit mir schalten; sie wird ihr Werk nicht hassen. Ich sprach nicht von ihr; nein, was wahr ist und was falsch ist, alles hat sie gesprochen. Alles ist ihre Schuld, alles ist ihr Verdienst." Nach Walter Benjamins Auffassung ist in dieser Weltbetrachtung das Chaos; dahinein münde „zuletzt das Leben des Mythos, welches ohne Herrscher oder Grenzen sich selbst als die einzige Macht im Bereiche des Seienden einsetzt". Ich denke, wenn ich diese Worte lese, an die griechische Schicksalsmacht, die Ananke, die Spitteler mit „gezwungener Zwang" übersetzt. Es scheint mir zu bestätigen, daß im tiefsten Grunde Goethe nicht der jüdisch-christlichen, sondern der antik-griechischen Welt angehört – Benjamin spricht ja selber von den „uralten Mächten im Leben dieses Mannes".
Goethes Wort „Alles Vergängliche ist nur ein Gleichnis" hat mich seit Beginn meines bewußten Lebens begleitet – wenige Aussagen sprechen mich so unmittelbar an. Aber es bleibt die bohrende Frage: „Gleichnis wofür?" Das ist die metaphysische Frage. Es lag nicht in Goethes Art und Geist, sie zu beantworten. Aber er verweist uns auf seine „Farbenlehre", ein Buch, an dem ihm vielleicht mehr als an manchen seiner literarischen Werke gelegen war. Sie sei ein „Buch", sagt er, „worin die Natur lebendig, menschlich und umgänglich geworden ist. Mich dünkt, es gibt auch den «Wahlverwandtschaften» einiges Licht." Weiter: „Es ist nur die Natur, die spricht, ihr Dasein, ihre Kraft, ihr Leben, ihre Verhältnisse."
Ich glaube, wir sollten uns mit diesen Bekenntnissen des großen und abgründigen Mannes begnügen. Nie, wenn ich nicht irre, spricht Goethe vom „Absoluten", weshalb er immer und in allen Dingen undoktrinär, unabstrakt, undogmatisch bleibt. Das Wirkliche ist ihm wichtiger als das Absolute. Vom Wirklichen handelt sein Werk. Als eine Dame zu ihm sagte, die „Wahlverwandtschaften" seien ein so unmoralisches Buch, daß sie es ihren Kindern nicht zu lesen geben könne, schwieg Goethe einen Augenblick. Dann sagte er: „Das ist schade, es ist mein bestes Buch."

18. Juni

Manchmal fühlte ich in mir das Bedürfnis, Goethe gegen seine Verehrer zu verteidigen. Ich meine Verehrer, die keinen Einwand gegen den „Olympier" ertragen können, die keinen Blick in die Untergründe seines Wesens gestatten. Alles ist für sie heilig, unantastbar, Goethes Größe, seine Lebensführung, seine Edelmütigkeit, seine Weisheit, seine Würde, die Heiterkeit und Anmut seiner Erscheinung wie der Ernst und die Tiefe seines Geistes. Ich leugne diese Eigenschaften keineswegs; aber es sind nicht die einzigen. Wenn umgekehrt aufsässigen Kritikern dieses Dichters Goethes Respekt vor dem Dekorum, seine Bemühung, sich wie die vornehmen Leute zu benehmen und sich der Etikette eines Fürstenhofes zu fügen, gegen den Strich geht, dann verteidige ich ihn auch gegen hemdsärmelige Einwände.
Ich möchte einfach auch *diesen* Menschen in seinem Widerspruch würdigen können, ihn auf seinen Wegen und Abwegen zu verstehen versuchen. Denn er ist auch auf vielen Abwegen gegangen, genauer: er hat zeitlebens am Rand von Abgründen gelebt. Er war dabei nicht immer tapfer, er hat oft weggeschaut, beschönigt, die Angst seiner Seele und die Not seines Herzens übertönt und übermalt mit schönen Worten und wundervollen Bildern. Er hat auch vom Tod weggeschaut, er konnte den Gedanken an ihn schwer ertragen: er versagte sich den Anblick seiner Frau auf dem Totenbett und sprach nicht vom Tod seines Sohnes. Goethe lebte keineswegs, um das Sterben zu lernen, er war kein Montaigne; über den eigenen Tod nachzudenken, fehlte ihm der stoische Sinn. Er starb, und weil ihn die Gunst des Schicksals nie verließ, bereiteten ihm die Götter ein leichtes Sterben (wenn es das gibt: leicht zu sterben). Gesundheit und Leistungsfähigkeit waren ihm zwar in überreichem Maße beschieden gewesen – aber wenn er dann doch ab und zu erkrankte, war es jedesmal heftig und gefährlich. Doch auch solche Zwischenfälle überwand und vergaß er, und wenn man ihm *eine* große moralische Eigenschaft zuschreiben darf, dann ist es die, daß er ein unvergleichlicher, ein sieghafter Überwinder war. Vor allem ein Überwinder seiner selbst, seiner eigenen Besessenheit, seiner oft wiederkehrenden Verfallenheit an Frauen und seiner schwierigen Familienverhältnisse. Denn in allem hatten Goethes Selbstbeherrschung und geistige Energie, seine Liebe, seine Vitalität und allem voran seine Kunst das letzte Wort. Sein Leben war voll Fehler, Versäumnisse und Schuld. Seine Erfüllung

fand er im dichterischen Kunstwerk. „Geisteskräftig und liebevoll bis zum letzen Hauche“ sei er gewesen, schrieb die Tochter Ottilie in der Todesanzeige. Das versöhnt.

21. Juni

Nur eine Fußnote zur Schreiberei der letzten Tage. Jeden Abend, wenn ich beim Schein der Nachttischlampe im Bett liege, erblicke ich mir gegenüber den alten Kachelofen. Er wurde 1648 von einem Hafner in Winterthur angefertigt. Seine farbigen Kacheln mit moralischen und allegorischen Szenen zeigen Bilder zu Bibelsprüchen. Einer dieser Sprüche lautet: „Laß mich mein bescheiden theil speiss /Dahin nehmen/ Prov. 3. Kap.“ Die Zeichnung stellt ein weidendes Pferd dar, das, mit der Hinterhand an einen Pfahl gebunden, in einem kleinen Rund grast. Im Hintergrund sieht man eine Mühle.
In meiner Studienzeit las ich Goethes Werke in der „Vollständigen Ausgabe letzter Hand“, die der Dichter mit Eckermanns Hilfe herausgegeben hat. Es sind fünfundfünfzig Bändchen, auf deren Rücken mein mütterlicher Vorfahr mit Tinte den Inhalt angeschrieben hat. Der 16. Band, der 1828 erschien, enthält „Werthers Leiden“ und die „Briefe aus der Schweiz“. Darin entdeckte ich folgende Stelle:
„Es ist etwas Schönes und Erbauliches um die Sinnbilder und Sittensprüche, die man hier auf den Öfen antrifft. Hier hast du die Zeichnung von einem solchen Lehrbild, das mich besonders ansprach. Ein Pferd mit dem Hinterfuße an einen Pfahl gebunden grast umher so weit es ihm der Strick zuläßt, unten steht geschrieben: Laß mich mein bescheiden Theil Speise dahin nehmen. So wird es ja wohl auch bald mit mir werden, wenn ich nach Hause komme und nach eurem Willen, wie das Pferd in der Mühle, meine Pflicht thue und dafür, wie das Pferd hier am Ofen, einen wohl angemessenen Unterhalt empfahe. Ja ich komme zurück, und was mich erwartet war wohl der Mühe werth diese Berghöhen zu erklettern, diese Thäler zu durchirren und diesen blauen Himmel zu sehen, zu sehen, daß es eine Natur gibt, die durch eine ewige Nothwendigkeit besteht, die unbedürftig, gefühllos und göttlich ist, indes wir in Flecken und Städten unser kümmerliches Bedürfnis zu sichern haben, und nebenher alles einer verworrenen Willkür unterwerfen, die wir Freiheit nennen.“
Ein Forscher, der ein Inventar der Winterthurer Öfen erstellt hat, sagte,

daß diese Kachel ein Unikum sei; sie befinde sich auf keinem anderen Ofen aus dieser Zeit und von dieser Herkunft. Hat sie der junge Goethe auf einer seiner Wanderungen durch Täler und auf Berghöhen in unserem Hause gesehen? Wir wissen es nicht, weil nicht bekannt ist, wann dieser Ofen hier gesetzt wurde. Vielleicht hat ihn erst mein Vorfahr, der die Brunegg 1815 erwarb, gekauft und hierher gebracht. Das ist nebensächlich. Sicher ist nur, daß Goethe auf seiner ersten Schweizer Reise im Jahre 1775 diese Ofenkachel gesehen, abgezeichnet und beschrieben hat. Wo mag diese Zeichnung sich befinden, falls sie erhalten ist? Die kenntnisreiche Historikerin von Goethes Schweizer Reisen, Barbara Schnyder-Seidel, vermutet, der damals sechsundzwanzigjährige Goethe habe diesen oder einen ähnlichen Brief an seinen Vater oder seine Mutter gerichtet. Sie erwähnt in diesem Zusammenhang, daß der Rat Goethe zu derselben Zeit an Lavater nach Zürich geschrieben hat, wenn der Wolfgang denn nicht nach Italien weiterreise, möge er jetzt, nach sechs Wochen, endlich heimkehren; diese Heimkehr stellt der junge Mann, bestimmt aber betrübt, in Aussicht.

Es ist wohltuend, nach den Betrachtungen über den alten Goethe, der anscheinend so fest in sich und seinem großen Ruhm ruhte, diesen Brief des jugendlichen Dichters zu lesen. Er war eine Naturkraft, ungestüm, rebellisch, aber von den Verhältnissen in Frankfurt eingeengt. Sein Brief aus der Schweiz zeigt, daß er nicht wußte, wohin sein Weg führte und wie sich seine Zukunft gestalten werde. Bald danach überraschte und erlöste ihn die Berufung nach Weimar.

24. Juni

Goethe überwand sich, den so andern, seinem Wesen keineswegs gemäßen Schiller anzuerkennen und zum Freund anzunehmen. Er erinnerte sich: „Nichts genierte ihn, nichts engte ihn ein, nichts zog den Flug seiner Gedanken ab. Er war am Teetisch so groß, wie er es im Staatsrat gewesen wäre." Schillers Art war in gewissem Sinne deutscher als Goethes Weltläufigkeit. Das Wagnis des hohen Stils, die eingängigen Verse und Sentenzen und die pathetischen Aussagen verhalfen Schiller zu größerer Popularität, als sie Goethe zuteil wurde. Thomas Mann spricht in seinem Versuch über Schiller von seiner „Grandiosität", vom „Ewig-

Knabenhaften" dieses Dichters und von seiner „Abenteuerlust, die seiner Erhabenheit so eigentümlich, kindlich ansteht".

Ich habe in einem Vortrag in Hamburg versucht, diesem Geist auf dem Umweg über sein Geschichtsverständnis näher zu kommen. Während Goethe mit Geschichte nicht viel anzufangen wußte, wurde Friedrich Schiller mit dreißig Jahren Geschichtsprofessor an der Universität Jena. Er hatte Angst, als er dieses Amt antrat, daß er weniger wisse als seine Studenten; denn der ehemalige Regimentsmedikus war in diesem Fach ein Autodidakt. Schiller war trotzdem ein Geschichtschreiber von hohen Graden. Denn aus allem, was er anfaßte, machte er etwas Bedeutendes. Doch ist dabei ein Werk entstanden, das in der darauffolgenden deutschen Geschichtschreibung von Ranke bis Treitschke – und bis heute – keine Spuren hinterlassen hat. Warum?

Sicher nicht nur deshalb, weil nach ihm eine Forschergeneration in Deutschland heranwuchs, die mit quellenkritischer Methode eine positivistische Geschichtswissenschaft begründet hat, sondern vor allem, weil die deutschen Historiker des 19. Jahrhunderts einer nationalen Ideologie huldigten. Ihr Anliegen war die deutsche Einheit: das gemeinsame Vaterland. Nicht so Schiller. Es wurde oft darauf hingewiesen, daß kein deutsches Freiheitsdrama in seinem Bühnenschaffen vorkommt. Im „Don Carlos" geht es um den Freiheitskampf der Niederländer, im „Wilhelm Tell" um denjenigen der Schweizer, in der „Jungfrau von Orléans" ist die Heldin eine Französin. In seinen beiden großen Geschichtswerken, der „Geschichte des Abfalls der Niederlande" und der „Geschichte des 30jährigen Kriegs" behandelt Schiller diese großen Stoffe nicht mit einer nationalen Zielsetzung. Seine Begeisterung gilt der Reformation, in der er die Quelle der Freiheit ganz Europas erblickte, und ihren Helden: den aufständischen Niederländern, den Königen Heinrich IV. von Frankreich und Gustav Adolf von Schweden. Der Inquisition und den Jesuiten gilt sein Haß. Er war in tiefster Seele antikatholisch. Während neuere deutsche Historiker Kaiser Karl V. als tragischen Kämpfer für die Wiederherstellung der Einheit des Reiches feierten, erblickte Schiller in diesem Herrscher bloß den gefährlichen Feind einer guten Sache. Aus dem gleichen Grund stammt Schillers Parteinahme für die böhmischen Aufständischen und sein tiefes Mitleid mit dem Volk Böhmens, das nach der Schlacht am Weißen Berge grausam bestraft, beraubt und vom Kaiser in Wien unterdrückt wurde. Schiller spricht vom „ununterbrochenen Schauspiel von österreichischer Herrschbegierde und österreichischem

Länderdurst". Die mit epischer Breite und dramatischen Höhepunkten von ihm geschilderte Tragödie des Dreißigjährigen Krieges erhält, nach Schiller, ihre Größe dadurch, daß „ein lebhafteres, näherliegendes Interesse als der Nationalvorteil oder die Vaterlandsliebe (anfing), die einzelnen Bürger und ganze Staaten zu beseelen". Die deutsche Freiheit und die deutsche Reformation mußte nach seiner Überzeugung gegen die Macht Österreichs und des Kaisers in Wien verteidigt werden; so setzt Schiller die Werte, um die es ihm in diesem Geschichtsbuch zu tun ist. Nur so kann man verstehen, daß in seinem Sinn der Westfälische Frieden von 1648 die deutsche Freiheit begründet habe. Diese „deutsche Libertät", wie sie auch genannt wurde, war nichts anderes als die Demütigung und Schwächung des österreichisch-katholischen Kaisertums und die Unabhängigkeit der deutschen Fürsten, Stände und freien Reichsstädte. Ein Nationalist war Schiller nicht – dazu sein auffallender Vers:

Das ist nicht der Deutschen Größe
Obzusiegen mit dem Schwert.

Den Siegen Friedrichs des Großen und dem Aufstieg Preußens schenkte er keine Beachtung. Ihm lag es an der geistigen und moralischen Größe der Deutschen, an ihrer Philosophie und Dichtung; und an einer Gesittung, die dem Menschen und Bürger, wo er auch lebe und welchem Volk er angehöre, Freiheit gewährt und den Staat zur Toleranz verpflichtet.
In seinen Jugenddramen hat Schiller als kühner Doktrinär der Freiheit, Gerechtigkeit und Menschlichkeit gegen die traurige Wirklichkeit gewettert, die er mit Feuer und Schwert verändern wollte. Er klagte das Gesetz an, das „zum Schneckengang verdorben, was Adlerflug geworden wäre". Karl Moor wirft sich in den „Räubern" zum Richter auf über eine Welt, die er für ungerecht und verdorben hält. Schiller verlangt nach sittlicher Größe – dies ein Motiv nicht nur im frühen „Fiesko", sondern auch in den späteren Geschichtswerken. Zwischen Macht und Recht, zwischen Wirklichkeit und Ideal besteht ein Gegensatz, den Schillers Feuergeist überwinden möchte. Er befindet sich auf der geistigen Ebene des Aufklärungszeitalters, wo Aristokraten sich mit bürgerlichen Denkern verbünden, die den Menschenrechten das Wort reden.
Wolfgang Binder hat aufgezeigt, wie Schillers Begegnung mit der Philosophie Kants in den Lebensabschnitt zwischen dem „Don Carlos" und dem „Wallenstein" fiel, in welchem er während mehrerer Jahre auf kreatives Schaffen verzichtete, um sich mit Philosophie, Ästhetik und Geschichtswissenschaft zu beschäftigen. Schiller habe, sagt Binder, Kant

nicht einfach übernommen, sondern schöpferisch weitergedacht und in seiner Art umgebildet. Der himmelstürmende Ideologe lernte kritisches Denken. Jenseits von Kant aber fand er auf seiner Suche nach Wahrheit Goethe, und von ihm lernte er den Begriff der „Natur" kennen. Aber während für Goethe die Natur die Mutter aller Dinge ist, die alles fügt und welcher der Mensch unentrinnbar unterworfen ist, soll für Schiller der Mensch auf die Natur, die ihn mit Freiheit ausgestattet hat, hören, damit er von der Freiheit den rechten Gebrauch machen kann. Nach Binder: „Die naiven Dichter haben das Glück, Natur zu «sein», die sentimentalischen (. . .) müssen die Natur «suchen»." Mit dieser Definition unterscheidet sich Schiller von Goethe. Diese Verschiedenheit kennzeichnet auch ihre Auffassung von Ethik; wenn Goethe dem Sinnlichen recht gibt gegen das Sittliche (das er der schicksalsträchtigen Natur anheimstellt), erwirbt für Schiller der Held einer Tragödie seine Würde, „wenn er (wie Binder formuliert) seine sittliche Person gegen seinen sinnlichen Zustand durchsetzt".

Diese Grundsätze bestimmen auch Schillers Werturteile bei seiner Betrachtung der Geschichte. Indem er dabei subjektiv wertet, beispielsweise die protestantische, in seinen Augen „ungekünstelt lebendige Gottesfurcht" Gustav Adolfs der „kriechenden Andächtelei eines Ferdinand" (gemeint ist Kaiser Ferdinand II.) entgegensetzt, verstößt Schiller gegen die Gebote eines differenzierten, um Objektivität bemühten Denkens; aber er merkt es anscheinend nicht. Mitten in seiner Schilderung des Dreißigjährigen Krieges steht die Äußerung: „Die Pflicht der Unparteilichkeit, die heiligste des Geschichtschreibers . . ." Sie steht aber bei Schiller in einem Konflikt mit der anderen Pflicht, die Welt zum Guten zu bekehren und daher das Böse zu bekämpfen, dem Sittlichen den Sieg zu wünschen über das bloß Sinnliche.

Auch als Geschichtschreiber ist Schiller ein Moralist, der zu seiner Überzeugung steht. Auch in diesem Metier hat er Kant und seinen kategorischen Imperativ nicht vergessen. Und doch quälte ihn, nachdem er das bei seinen philosophischen Studien erlernte kritische Denken nicht mehr ablegen konnte, der unauflösliche Gegensatz von Ideal und Wirklichkeit. Er war als Historiker ehrlich genug, in seiner Antrittsrede in Jena darauf hinzuweisen: in so behutsamen Worten, wie man sie von ihm nicht gewöhnt ist. „Das übereinstimmende Ganze", sagte Schiller, das ein philosophischer Geist in der Universalgeschichte verwirklicht sehen möchte, sei „nur in seiner Vorstellung vorhanden". Es falle dem Historiker schwer, sich zu überreden, „daß die Folge von Erscheinungen, die in seiner Vorstellung so viel Regelmäßigkeit und Absicht annahm, diese Eigenschaften in der Wirklichkeit verleugnet". Das ist eine Absage an ein teleologisches Denkgerüst. Zu der auf jede beschönigende Rücksicht verzichtenden Frage Dürrenmatts: „Wo gibt es einen gnadenloseren Stoff als den der Geschichte?" hätte Schiller schwerlich eine befriedigende Antwort gewußt.

Im Grunde lagen Schiller die abstrakten Denkschemata, um die er sich bemühte, fast ebensowenig wie Goethe. Er bekannte, es sei nur die Kunst, „wo ich meine Kräfte fühle, in der Theorie muß ich mich immer mit Prinzipien plagen. Da bin ich bloß ein Dilettant." Dieser Dilettantismus des Künstlers (nicht in seiner Kunst, aber im theoretischen Denken) kennzeichnet auch Schillers Verhältnis zur Politik und Gesellschaft. Er war auch Realist – nirgends hat er es nüchterner bewiesen als in seiner „Wallenstein"-Trilogie. Der Professor und Hofrat, der sich in den Adelsstand erheben ließ, war Realist auch in seinem Verhältnis zur gesellschaftlichen Umwelt. Schiller wollte Erfolg haben und Ruhm erwerben in der Welt, wie sie ist. Nichts illustriert diese Denkart besser als sein Urteil über Hölderlin, der ihn schwärmerisch verehrte und den er enttäuschen mußte. Er erblickte in diesem Jüngling „einen höchst subjektiven Idealisten, der in sich hineinlebt und die Brücke zur gegenwärtigen Welt nicht zu bauen vermag".

Peter Härtling hat in seinem eindrücklichen „Roman" über Hölderlin von der Verehrung, die die jungen Landsleute Schillers im Tübinger Stift dem großen Mann entgegenbrachten, berichtet. Härtlings aus dem geistigen Aufbruch des 1968er Jahres hervorgegangenes Hölderlin-Buch möchte der Utopie recht geben als einer dem Menschen zur Veränderung der Gesellschaft aufgegebenen Fähigkeit. Verbessern wollte Schiller die Gesellschaft auch – aber an seiner Gestalt erkennt man den Unterschied von Idealismus und Utopie. Die Tübinger Stiftler täuschten sich, als sie glaubten, Schiller teile ihre Begeisterung für den Republikanismus der französischen Jakobiner; es war das gleiche Mißverständnis, das den französischen Nationalkonvent veranlaßte, den Dichter der „Räuber" (einen anderen kannten sie nicht) gleichzeitig mit Heinrich Pestalozzi zum Ehrenbürger der Einen und Unteilbaren Republik zu ernennen.

Es mag überraschen, daß Schiller dem revolutionären Geschehen in Frankreich ziemlich ratlos gegenüberstand. Freiheit, Gleichheit und Brüderlichkeit – waren sie nicht auch seine Ideale? Der geordnete, gesetzte

Mensch, der er in reifen Jahren war, der Historiker und Dichter, der zwar das Gute will, aber nicht ein Gutes, für das Greuel in Kauf genommen werden, erschrak über die Schreckensherrschaft der Jakobiner und ihre blutigen Exzesse. „Der Mensch in seinem Wahn" war für Schiller „der schrecklichste der Schrecken". So allgemein ließ er sich zu Gegenwartserscheinungen vernehmen. Die Zeitenwende, die Goethe in Valmy entdeckte, war ihm nicht bewußt. Genau besehen hielt Schiller an dieser Wende vom 18. zum 19. Jahrhundert die deutschen Zustände, wie sie aus dem Westfälischen Frieden hervorgegangen waren, für befriedigend. (Er hat Napoleons Siege, unter denen das Reich auseinanderbrach, gerade noch erlebt, aber nicht mehr die preußische Niederlage von 1806.) Wenn man bedenkt, daß Hans Mayer der vorrevolutionären, aristokratisch-bürgerlichen Aufklärungsgesellschaft einen größeren und echteren Respekt für die Menschenwürde attestiert als dem untoleranten und härteren Bürgertum, dem die Französische Revolution zur Macht verhalf, dann gewinnt man ein besseres Verständnis für die durchaus unrevolutionäre Haltung der Weimarer Klassiker. Auf eine einfache Formel gebracht: Der Idealist Friedrich von Schiller, auch ein Mann von Welt, war kein Utopist.

26. Juni

Man könnte in der Jetztzeit, da die Bundesrepublik Deutschland und ihre Bewohner betont international ausgerichtet sind, besser begreifen als früher, daß Schillers eigentümliche Deutschheit ein europäisch-universalhistorisches Geschichtsverständnis hervorgebracht hat. Als seine „Geschichte des 30jährigen Kriegs" im nationalistischen Deutschland des 19. Jahrhunderts beinahe vergessen war, fand dieses Werk in seinen englischen und französischen Ausgaben eine größere Verbreitung als es der originalen deutschen zuteil wurde. Ob aber diese wortstarke und mit rednerischem Schwung geschriebene, in eine übersichtliche Ordnung gebrachte, mit kritischen Akzenten durchsetzte Darstellung bei den heute jungen deutschen Historikern Anklang finden könnte, scheint mir zweifelhaft. Denn diese wenden ihr Interesse nicht mehr den Haupt- und Staatsaktionen, der Diplomatie und Politik, den Kriegen und den „großen Männern" zu, sondern den sozialen und ökonomischen Problemen. Es interessiert sie weniger, wie es oben auf der sozialen Pyramide zuging, als wie das arme Volk in seinen primitiven Hütten in Dörfern und in stinkenden Gäßchen in engen Städten lebte. Die „formale" Freiheit und Gleichheit, die eine bürgerliche Gesetzgebung gewährleistet hat, verhindert die „reale" Unfreiheit der wirtschaftlich vom Reichtum der Oberschicht abhängigen Massen nicht. Das marxistische Schema, in Abwandlungen als engagierte Soziologie und militante Politik verstanden, hat seit der Frankfurter Schule, seit Sartre und Marcuse ein anderes Geschichtsverständnis bei der jungen Generation erzeugt.

Was ist nun aber das Freiheitspathos Schillers, das er aus der Reformation und der Aufklärungsphilosophie herleitete? Nichts anderes als jener deutsche Idealismus, der bei den neomarxistisch ausgerichteten Historikern, Politologen und Soziologen in Verruf geraten ist. Diese neue Schule hat auch in Frankreich, England, Italien und der Schweiz ihre Adepten. Im „Wilhelm Tell", sagt Schiller, habe er einen „Volksgegenstand" dramatisch gestaltet, und daß auch und gerade er ein Fürsprecher des Volkes war, das von seinen Unterdrückern befreit werden muß, unterliegt keinem Zweifel. Das „Märchen vom Tell", wie Schiller diese Geschichte zutreffend nannte, ist als solches kein historischer Gegenstand, sondern ein mythischer Vorgang, bei dem ein Meisterschütze mit seinem Apfelschuß und seinem Tyrannenmord als Volksbefreier die Handlung zu einem glückhaften Ende bringt. Aber von wirtschaftlicher Freiheit und Gleichheit wußte Schiller nichts; sein Problem, ob im „Tell" oder in seinen Geschichtswerken, ist ein moralisches. Ihn befriedigt es, wenn in einer Fabel oder in der geschichtlichen Wirklichkeit der Kampf zwischen Gut und Böse mit dem Triumph des Wahren und Gerechten siegt. Eine gewisse Doppelmoral vermag er jedoch nicht zu vermeiden. Da Wilhelm Tell ein reiner Held ist – „Reinheit" war für Schiller ein fundamentaler menschlicher Wert –, glaubt dieser Volksheld, er dürfe den Johann von Schwaben für seinen Mord an König Albrecht moralisch verurteilen. Also gibt es „gute" und „böse" Attentäter und Tyrannenmörder? Die Fragwürdigkeit dieser Unterscheidung ist anhand der Schlußszene im „Tell", wo dieser den Parrizida von sich weist, nicht zu Unrecht bemängelt worden. Wie allen Ideologen und Doktrinären fehlte es auch Schiller nicht an Selbstgerechtigkeit.

Letzten Endes stimmte die Beschäftigung mit Geschichte seinen die Harmonie liebenden Geist dennoch skeptisch. Die Würde der Geschichte fand er in den edlen Individuen, die für Gerechtigkeit und Wahrheit kämpften. Schiller ist so etwas wie ein deutscher Plutarch: ein Heldenverehrer. Den

Massen galt sein unverhohlenes Mißtrauen. Für ihn war Volkes Stimme nicht Gottes Stimme – in diesem Sinne war Schiller kein Demokrat. Seinem Ekel vor menschlicher Niedrigkeit gab er im Epigramm „Majestas populi" krassen Ausdruck:

Majestät der Menschennatur? Dich soll ich beim Haufen suchen?
Bei wenigen hast du von jeher gewohnt.
Einzelne wenige zählen, die übrigen alle sind blinde Nieten;
Ihr leeres Gewühl hüllet die Treffer nur ein.

Vom Zweifel, vom Zwiespalt, von Kritik ist Schiller – ich sage es zu seiner Ehre – ebensowenig verschont geblieben wie irgendein redlicher Denker, Dichter oder Historiker. Zwischen dem existentiell Seienden und dem sittlich Erstrebenswerten erkannte er den kaum zu überbrückenden Gegensatz. Vorwerfen kann man diesem großen Geist, daß er sich manchmal mit Deklamationen begnügte, wo Gedankenschärfe besser gewesen wäre. Dafür bietet auch die erwähnte Antrittsrede in Jena ein Beispiel, in der er von dem „reichen Vermächtnis von Wahrheit, Sittlichkeit und Freiheit" sprach, „das wir von der Vorwelt überkamen und reich vermehrt an die Folgewelt wieder abgeben müssen". Sicher, aber was und wie? Seine Studenten entließ der junge Geschichtsprofessor mit den hochgemuten Worten: „Jedem Verdienst ist eine Bahn zur Unsterblichkeit aufgegeben, zu der wahren Unsterblichkeit, meine ich, wo die Tat lebt und weitereilt, wenn auch der Name ihres Urhebers hinter ihr zurückbleiben sollte."

27. Juni

Vorgestern Klassenzusammenkunft in Bern. Maturität 1920, Freies Gymnasium. Die meisten von uns Jahrgang 1901, zwei Jahrgang 1900. Ich spreche von den Lebenden. Mein bester Schulfreund, Herbert Binswanger, war ein Jahr älter als ich; er nahm zum letztenmal an unserer Zusammenkunft teil, als sie 1974 bei uns stattfand. Er starb ein Jahr darauf. Ein anderer guter Freund, mit dem ich hier in den Sommerferien das Maturitätsexamen vorbereitet habe, Hugo Schmid, starb schon 1972. Sein Vater war Apotheker an der Kramgasse gewesen, ich machte mit Hugo zusammen den halben Schulweg. Seine Schwester erzählte mir, er sei auf einem Spaziergang in Thun (wo er Richter war) plötzlich tot zusammengebrochen; man nenne diesen Tod „le baiser de Dieu". Hebby

Binswanger, der Psychiater war – er lehrte an der Uni Zürich forensische Psychiatrie –, wurde eines Morgens tot in seinem Bett gefunden; wir waren mit ihm auf den übernächsten Abend zum Essen in ein befreundetes Haus eingeladen gewesen. Das Essen fand trotzdem statt.
Wir waren sechsundzwanzig Kandidaten, als wir die Matur bestanden. Es leben noch elf. Statistisch ist das eine befriedigende Proportion – für die Frühverstorbenen weniger befriedigend. In Bern waren wir vorgestern unserer acht, drei sind mehr oder weniger leidend; für Attilio Torricelli in Lugano war die Fahrt nach Bern zu beschwerlich. Vor zwei Jahren hatten wir das sechzigjährige „Jubiläum" unserer sogenannten Reifeprüfung bei ihm im Tessin gefeiert. Als er einmal in der Physikstunde bei Dr. Rudolf Huber nicht glänzte, sagte dieser sarkastisch: „Was würde der berühmte Ahne von einem solchen Nachkommen sagen?" Der berühmte Torricelli, ein Florentiner, war der Erfinder des Barometers. Sein Nachkomme hat dann eine erfolgreiche Laufbahn gemacht. Ich sagte zu einem der Freunde, merkwürdigerweise hätte ich in Physik und Mathematik die Prüfung mit den besten Noten bestanden; er fragte: „Weißt du warum?" – „Ja, natürlich, ich war im Orchester." Dr. Huber war unser Dirigent. Einer sagte: „Du hast aber damals schnell die Klarinette spielen gelernt, im Orchester fehlte ein Klarinettist." Unter den so verschiedenartigen Patienten meines Vaters befand sich auch der erste Klarinettist des Berner Stadtorchesters, zu ihm schickte er mich. Ich war eifrig bemüht, manchmal spielte ich auf meinem Instrument auch den Part der zweiten Oboe, denn wir hatten nur einen Oboisten; meine C-Klarinette hatte einen etwas scharfen Ton.
Bei Tisch, im Garten des Kasinos, der Sommertag strahlte und wärmte, sagte die Frau von Roland Münch: „Es ist merkwürdig, keiner von Ihnen hat Runzeln." Ich schaute sie der Reihe nach an, es stimmte. Roland Münch, der ein hübscher und zierlicher Junge war, wir erinnerten uns, wie wir zusammen in die Aare schwimmen gingen, wurde Opern- und Operettentenor; vorher hatte er an der Uni Bern seinen juristischen Doktor gemacht. Während des Krieges hatte er Engagements an Theatern in Deutschland, samt Bombennächten.
Hernach wanderten wir über die „Plattform" am Münster vorbei an die Junkerngasse, wo uns Wolf Bürgi in seinem Haus inmitten seiner außerordentlichen Kunstsammlung zum Tee empfing. Bürgi war Professor an der St. Galler Hochschule, ein geschätzter Jurist. Bei Tisch hatte er zu mir gesagt, am meisten habe ihn eigentlich die Kunst und die Erwerbung

seiner Sammlung interessiert. „Du weißt", entgegnete ich, „daß auch ich mich immer mit Literatur und Kunst beschäftigt habe. Schau, wir beide sind Phantasiemenschen, das sind die glücklichsten im Leben." Das schien ihn zu befriedigen. Bürgi verlor voriges Jahr seine Frau; seine Tochter und eine Nichte machten die Honneurs. Er war nicht der einzige Witwer in unserer Runde.
Früher sah man alten Männern ihr Alter schon an der Kleidung mit dem gestärkten Kragen an, sie war meistens schwarz, manchmal mit gestickter Weste, an der eine goldene Uhrkette sichtbar getragen wurde; diese Herren hatten Schnurrbärte, manchmal auch Backenbärte oder einfach Bärte, die weiß oder mindestens grau waren. Keiner von uns trägt Schnauz oder Bart. Das war, als wir jung waren, die Haartracht der Väter, Onkel, Lehrer und Professoren. Heute ist es umgekehrt, viele Junge sind bärtig. Es fiel mir auf, wie gepflegt alle gekleidet waren, sommerlich hell, mit ausgesuchten Hemden und Krawatten. Vermutlich „wirken" wir weniger alt als die Alten unserer Jugendzeit – oder wir machen uns Illusionen. Good looking auch der ehemalige Bundesrichter Hans Wüthrich, einer der besten in der Klasse, begabt für alles, eminent musisch (er schrieb im Gymnasium für mich ein Opernlibretto, aber ich brachte die Partitur nicht zustande). Die Gespräche, die wir führten, waren nicht gelehrt. Wüthrich sagte, er beziehe seinen Wein nie vom Weinhändler, er kenne ein paar Vignerons, zu denen gehe er, dann wisse er, woher der Wein kommt und daß er sauber ist. Die großen Weinhändler gießen Wein aus verschiedenen Weinbergen zusammen. Nun ja, ich bediene mich bei Weinhändlern, mit Ausnahme eines Merlotproduzenten im Tessin. Münch sagte, am liebsten habe er Mozart, Puccini und Lehár gesungen. „Für Lehár brauchst du dich nicht zu entschuldigen, er war trotz Konzessionen an das breite Publikum vielleicht der letzte Operettenkomponist, dem Genie gegeben war; ich sah ihn noch am Dirigentenpult."
Überlebende. Nur zwei der acht trugen Stöcke bei sich. Keiner ging gebeugt. Die knabenhaften Späße, die Nachahmung von Lehrern, das Auflüpfische, das Besserwissen, das Schimpfen und die Eifersüchteleien, kurz die jugendlichen Unarten der Schulzeit, sind endgültig vorbei. Wir waren friedlich, heiter, ungezwungen, beweglich, nicht mehr heftig. Die Natur tut, was sie kann, und man paßt sich an. Es ist etwas Schönes um Schulfreundschaften. Mit den wenigsten verkehrt man regelmäßig, wir wohnen ja auch nicht alle in der gleichen Stadt. Aber an den in Abständen von zwei Jahren stattfindenden Zusammenkünften fehlt man nur,

wenn eine Verhinderung nicht zu umgehen ist. Wir beschlossen, uns inskünftig jedes Jahr zu treffen. Man ist ja nun älter geworden, es entstehen Lücken, und bisher dauerte es vier Jahre, wenn man einmal nicht dabeisein konnte. Ohne unsern Jean Ruffy (einen Chemiker), der die Liste mit den Adressen führt, die Einladungen zu den Tagungen verschickt, uns mitteilt, wenn einer gestorben ist, zum 80. Geburtstag gratuliert, vor der Zusammenkunft noch jedem telephoniert, damit er das Rendezvous nicht vergißt: ohne diesen rührend aufmerksamen Freund wäre das alles nicht möglich. (Er ist Waadtländer, sein Vater, der ein Rebgut in Lutry einem seiner Söhne hinterließ, war vor unzähligen Jahren zum Bundesrat gewählt worden und nach Bern gezogen.) Ruffy bemerkte, daß ich zum Fisch Mâcon Blanc trank. „Schau", sagte ich, „eure wunderbaren Waadtländer Weine sind so teuer geworden, daß ich die Médinette meines Jagdfreundes B. nicht mehr beziehe."

Wir sprachen nicht von den Toten. Sicher dachte jeder an sie. Man soll sich's nicht schwer machen. Es ist doch ein kleines Fest, wenn man sich wiedersieht. Die Lebenden haben's schwer mit den Toten. Man hatte sie betrauert. Man hatte manchmal an ihrer Beerdigung oder Kremation teilgenommen, hörte bei solchen Gelegenheiten unbefriedigende Ansprachen von Pfarrern, die unsere Angehörigen oder Freunde nicht so gut gekannt haben wie wir. Ruffy fügt der Liste von uns Lebenden samt unsern Adressen und Telephonnummern eine Liste der Verstorbenen mit ihrem Todesjahr hinzu. Es sind fünfzehn. Sie waren Pfarrer, Kaufleute, Ingenieure, Ärzte, Richter, Lehrer, ein Bankier, ein Professor, ein Rechtsanwalt. Einer war am Leben gescheitert. Als ich 1935 nach Zürich kam und zum ersten Mal ins Kino ging, sagte mir der uniformierte Aufseher, der am Eingang die Eintrittskarten kontrollierte: „Salü Hansruedi!" Ich erkannte sogleich Leo B.; seine Mutter hatte einen Laden an der Kramgasse, er selber entschwand später unsern Blicken. Niemand wußte, wo er sich herumtrieb. Aber Ruffy hat herausgefunden, daß er am 1. August 1963 gestorben ist.

2. Juli

Brief eines jungen Freundes (für mich ist „jung" 40 Jahre): „... Ich akzeptiere bei Dir nicht die Vorstellung eines Alterswerkes, denn alles was Du schreibst, ist ja immer orientiert nach einem personellen Zen-

trum; ist die Geschichtschreibung mit stets anderen Mitteln und dem immer gleichen Engagement der Person. So betrachte ich Deine jetzige Arbeit auch nicht als Memoiren eines emeritierten Professors, sondern als das neuerliche Umspaten eines Ackers, auf dem Du schon immer tätig warst. Du selbst magst Zweifel an Deiner Arbeit haben – wer, der nicht ein Tölpel ist, hätte sie nicht stets? –, aber fest steht doch, daß Du mit Deiner jetzigen Schreiberei (bei aller Lockerheit im Anspruch), den Spaten manchmal tiefer hineinstößt als in den «Grenzüberschreitungen», die sozusagen noch ein offizieller von Salis waren. Wenn es mir anstehen würde, würde ich Dich genau darin ermuntern, zum Weitergrübeln und Immer-mehr-ans-Licht-Bringen, ermuntern auch zu zwei Dingen, die Dir weniger gegeben sind: zu Hemmungslosigkeit und Rücksichtslosigkeit. Am Ende ist Wahrheit nur das, was rückhaltlos gesagt worden ist. Und Rücksichten: das braucht es für Dich nicht mehr zu geben."
Das ist richtig und beherzigenswert. Im übrigen habe ich oft im Widerspruch zu den Denkgewohnheiten der Umwelt gelebt und geschrieben: der Wahrheit zuliebe. Aber das meint mein zuverlässiger Freund nicht. Er hat recht, hemmungslos und rücksichtslos war ich nicht. Schlimmer: ich war manchmal gehemmt, hatte Zweifel an mir, an der Richtigkeit dessen, was ich tat, dachte und sagte, vor allem am eigenen Können – einen Mangel an Selbstvertrauen, verbunden mit der Sorge, ich könnte andere verletzen. Aufrichtigkeit? War ich nicht aufrichtig? Muß alles ausgeplaudert werden? Ich habe die Bekenntnisse Rousseaus, die Tagebücher von André Gide und Thomas Mann, die Bücher von Henry Miller gelesen – mit großer Betroffenheit, auch mit geheimer Bewunderung für die Hemmungslosigkeit, mit der sie alles vor dem Leser ausbreiten. Es ist viel Selbstentblößung in solchen Bekenntnissen, und die Leser sind begierig, alles, auch das Intimste, zu erfahren. Es gilt als literarische Tugend, keine Geheimnisse zu haben. Schon Montaigne sei „exhibitionistisch", sagt sein neuester Kommentator Jean Starobinski. Mit der Psychoanalyse ist die Sexualität literaturfähig geworden, auch filmfähig, es gibt keinen Film mehr, in dem nicht Darsteller nackt auf der Leinwand erscheinen. Es gab eine Zeit, da sich in Frankreich der Strafrichter mit Baudelaires und Flauberts Werken stirnrunzelnd auseinandersetzte, ihre Werke zensurierte; in den angelsächsischen Ländern sind „Lady Chatterley's Lover" und die Werke von Henry Miller lange vom Büchermarkt ausgeschlossen gewesen. Es ist gut, daß solche Zensur jetzt nicht mehr üblich ist. Fraglich bleibt, ob das Individuum nicht ein Recht auf den Schutz seiner

persönlichen Sphäre hat. Es fiel mir auf, daß ein so hemmungs- und rücksichtsloser Mensch wie Manuel Gasser in seinen nachgelassenen Jugenderinnerungen im Kapitel „Die Liebe der Matrosen“ zwar seine Erlebnisse mit Verve und Humor erzählt, in einem andern Kapitel aber für die Respektierung des Privatlebens von Menschen, die ins Öffentliche gewirkt haben, eine Lanze bricht. In diesem Kapitel mißbilligt Gasser die Neugier von Biographen, die partout alle intimen Geheimnisse von berühmten Leuten ans Licht zerren. Gasser war schockiert, als Paul Claudel und André Gide noch zu ihren Lebzeiten ihren Briefwechsel, in dem alles aufgedeckt wird, der Öffentlichkeit preisgaben.

Ich glaube übrigens, daß mein Freund in seinem Brief etwas anderes meint. Er und einige andere haben sich gewundert, daß ich meine schriftstellerische Tätigkeit nicht in die Bahnen literarischer, persönlichkeitsbezogener Bahnen gelenkt habe. Manche fragten: „Warum hast du keinen Roman geschrieben?“ Ich antwortete, dazu fehle mir die Phantasie, ich könne keine Geschichten erfinden, keine Fabel durchführen; ich könne nur über Geschichten (oder Geschichte) schreiben, die sich wirklich zugetragen haben. Das: „Ich stelle mir vor“, das Max Frisch in seinem „Gantenbein“ regelmäßig voranstellt, wenn er eine Begebenheit erzählen will, hat mich manchmal veranlaßt, mich selber zu fragen: „Was stelle ich mir vor?“ Ich liebe dieses Fabulieren, diese Erzählungen und Romane, in denen man mit erfundenen Figuren und fiktiven Begebenheiten Eigenstes bekennen kann. Denn Romane sind Selbstbekenntnisse im Gewande der Fiktion. Dieses „Vorgestellte“ ist Tarnung für Selbsterlebtes und Selbstgedachtes. Ich mag diese talentierten Schriftsteller, an denen es in jüngerer Zeit (seit dem Zweiten Weltkrieg) in der Schweiz nicht fehlt. Ich las die Bücher von Frisch, Muschg, Bichsel, Nizon, Loetscher, Federspiel, Otto F. Walter, Kurt Marti, Jörg Steiner, Ernst Halter, Hermann Burger, Gerold Späth und anderen, auch die Bücher von Deutschen, Franzosen und anderen, und ich spüre einen leisen Neid, daß ich gerade das nicht konnte. Aber auch das ist aufrichtig: zu gestehen, was man nicht kann.

3. Juli

Beim Wiederlesen des Gestrigen fällt mir auf, daß diese Literaten mehr mit Individuellem als mit Allgemeinem sich auseinandersetzen (einen klassischen Roman wie „Stiller", auch das eine oder andere Buch ausgenommen). Die verworrenen, spannungsgeladenen Bedingungen der Umwelt versetzen in heutiger Zeit das Individuum in eine schwierige Lage. Ich bestreite daher die Legitimität solch zeitbedingt-persönlichkeitsbezogener Stoffwahl im Rahmen eines bestimmten Milieus keineswegs. Die Lebensphilosophie und die Schicksalskunde kommen dabei aber manchmal zu kurz. Aus Anekdoten werden Erzählungen gemacht; das Kolportagehafte läßt sich nicht vermeiden. Einer der besten dieser Schriftsteller berichtet von einem Mann, der sich als Blinder ausgibt, der eine Umgebung, die ihm seine Blindheit glaubt, aus diesem selbstgewählten Versteck beobachten, den Leuten auf die Schliche kommen kann. Dergleichen ist geistreich, eine gewisse Enge der Perspektive aber unbestreitbar. Ein anderer schildert die Qualen eines schwer hypochondrischen Lehrers, der sich mit einem skurrilen Psychoanalytiker herumplagt. Ein Dritter schreibt einen Schlüsselroman, in dem leicht identifizierbare Personen und Vorgänge mit aggressiver Feder angeprangert werden. Das ist alles geschickt dargestellt, in kunstgerechter Sprache, mit Begabung für das Gestalterische. Es fehlt solchen Büchern die metaphysische Komponente.

Nun hat jede Erzählung, jeder Roman, jedes Theaterstück, auch die der Großen im Reich der Dichtung, einen kolportagehaften Einschlag. Gottfried Kellers Meisternovelle „Romeo und Julia auf dem Dorfe" geht auf ein Fait divers zurück, das der Dichter in einer Zeitung gelesen hat. Jeder muß zu sich sagen, ehe er schreibt: „Ich stelle mir vor." Ich stellte mir einmal vor, nachdem ich auf der Treibjagd einen flüchtigen Fuchs im Visier hatte, aber einen Jäger in seinen Fuß traf, wie es gewesen wäre, wenn ich meinen Jagdkameraden getötet hätte. Ich erzählte folgende erfundene Geschichte in einem Bekanntenkreis: Bei einer Treibjagd, an der zahlreiche Jäger beteiligt waren, ist einer erschossen worden. Die polizeiliche Untersuchung konnte die Frage „Unfall oder Mord" nicht klären. Ich wollte das Schicksal des Mörders – denn es war Mord –, der ungestraft davonkam, erzählen; die individuelle Tragödie eines Mannes, der einen anderen erschossen hatte, von dem er überzeugt war, er habe ihm in seinem Leben ein schweres Unrecht zugefügt. Ich ging davon aus, daß in jedem Menschen ein potentieller Mörder steckt. Mein „Held" hatte seine Tat nicht geplant; er führte sie in einem Augenblick aus, als sich ihm eine Gelegenheit bot, mit einem Menschen abzurechnen, den er für seinen Feind hielt. Diesen Mörder wider Willen – oder doch mit Vorsatz? –

stellte ich mir als einen älteren Mann vor, der lange an einer verborgenen Verbitterung getragen hatte, von der niemand etwas wußte; nicht einmal seinem Opfer war bekannt, daß es ihm sein Leben vergällt hatte. Diese Tat war der Durchbruch einer lange unterdrückten Aggression, wie sie jeder von uns in sich trägt. Der heimliche Stachel führte in diesem Fall zur Katastrophe. Mein Mörder war ein Mensch, der in einem unbeherrschten Augenblick gehandelt hatte; ich vermutete in ihm einen trübsinnigen, aber integren, gebildeten, sensiblen Mann, einen „Stillen im Lande", der bis zu seinem Ende sich innerlich mit der Frage quälte, ob er Schuld trage an diesem fast zufälligen Schuß, seine Schuld manchmal innerlich verneinte, was ihm nicht gelang, daran litt und zugrunde ging. Ein verschwiegenes Schicksal ohne Wirkung auf die Umwelt, aber doch ein bohrendes Unrecht, das nach menschlicher und gesellschaftlicher Auffassung bestraft gehörte – und ungesühnt blieb. Eine menschliche Studie, nicht ohne metaphysische Dimension, angeregt durch ein eigenes, banales Jagderlebnis. Wenn ich diese Geschichte niedergeschrieben hätte, wäre sie nach meiner Auffassung dem Vorwurf des Kolportagehaften nicht entgangen. – Ein oder zwei Jahre später hatte ich eine komische Überraschung. Vor einer Reise kaufte ich am Bahnhofkiosk einen Krimi. Ein Schriftsteller hatte aus meinem Stoff einen ziemlich billigen Kriminalroman gemacht, den ich, verblüfft und amüsiert, in der Eisenbahn las.

Shakespeares Dramen sind grandiose Kolportagegeschichten. Der Schriftsteller und Mozart-Biograph Wolfgang Hildesheimer hat in seinem neuen Buch „Marbot" einen jungen Engländer geschildert, einen musischen, aber zur künstlerischen Kreation unfähigen Menschen, der sich das Leben nimmt. Dieser Romanheld lebt am Beginn des 19. Jahrhunderts; in Weimar besucht er Goethe, den er verehrt, er ist ein Zeitgenosse von Wordsworth, in Edinburgh wohnt er Aufführungen von Shakespeare-Dramen bei. Dieser Marbot sagt von Shakespeare: „Bei ihm lernen wir nicht nur, was es – im Guten wie im Bösen – bedeutet, ein menschliches Schicksal zu tragen, sondern wir lernen auch, diesen Schicksalsträger als ein Rätsel zu betrachten und uns gleichzeitig von der Unlösbarkeit dieses Rätsels zu überzeugen und jenen Schwindlern zu mißtrauen, die behaupten, das Rätsel lösen zu können. Wir lernen aber nicht, uns mit dem Rätsel abzufinden. Doch hat Shakespeare so viel Trost für uns bereit, daß wir die Frage nach der Lösung vergessen . . . "

Zwei Dinge kann man vielen heutigen Schriftstellern vorwerfen: Einmal glauben manche, die Rätsel lösen zu können. Zum andern haben sie keinen Trost für uns bereit. Schade, schade . . .

5. Juli

Was bleibt von der Fahrt nach Genf und Lausanne? Äußerer Anlaß: Ein von Jacques Freymond in seinem „Centre“ für internationale Verhandlungen veranstaltetes Symposion über „Das eine und verschiedene Europa; der Beitrag der nationalen Kulturen“. Ich kann dem alten Freund Freymond, mit dem ich in früheren Jahren eng in seinem Institut in Genf und in der Pro Helvetia in Zürich zusammengearbeitet habe, nichts ablehnen. Mein Referat „L'Allemagne d'hier et d'aujourd'hui“ habe ich auf neuste Publikationen (und auf meine Erfahrungen in Hamburg) abgestützt. Es war ein geschlossener Kreis in Genf; man saß in einem Raum der Villa Moynier, die sich in dem wundervollen Park zwischen der Rue de Lausanne und dem See befindet, um einen langen Tisch. Leider habe ich die Referate, die an den Tagen zuvor gehalten wurden, nicht gehört; aber ich erhielt die vervielfältigten Texte. Die Begegnung mit ausländischen Fachleuten war interessant. Man möchte bei solchen Gelegenheiten dazulernen oder wenigstens Anregung erhalten. Vor mir sprach Lord Briggs vom Worcester College in Oxford, Professor für Sozialgeschichte Englands, mit gutgewählten Beispielen über englische Kultur und Gesellschaft. Ich hatte immer ein Faible für die Oxforder Historiker, weil sie mit nüchterner Präzision, ohne Voreingenommenheit, lebendig und originell den Stoff zu behandeln verstehen. Nach meinem eigenen Referat, das er im voraus gelesen hatte, hielt Fritz Stern (dessen ausgezeichnetes Buch über Bismarcks jüdischen Bankier Bleichröder neue Aspekte aufgrund von bisher unbekanntem Material aufzeigt) ein ergänzendes Koreferat zu meinem Thema. Stern ist Professor an der Columbia University (City of New York). Hernach im Hotelrestaurant englische Gespräche bei Tisch mit Lord Briggs und Herrn und Frau Stern. Auch Professor A. Tschubarian, ein Armenier, Mitglied der sowjetischen Akademie der Wissenschaften in Moskau, hatte sich an der Sitzung kurz zu meinem Referat geäußert. Seine Begleiterin, Prof. Udaltsova, auch aus Moskau, ist Spezialistin für byzantinische Kunst und Kultur. Ich machte sie auf den soeben bei Orell Füssli in Zürich herausgekommenen, prachtvollen und aufschlußreichen Band über „Die Orthodoxe Kirche in Rußland" aufmerksam; die Farbphotos, die im Laufe von anderthalb Jahren der Photograf Fred Mayer in der Sowjetunion von Kirchen, Klöstern, Fresken und Ikonen, Priestern, gottesdienstlichen Handlungen und frommen Gebräuchen gemacht hat, zeigen eindrücklich die byzantinische Herkunft der russischen Kunst und des kirchlichen Kultes. – Gute Gespräche konnte ich mit einem jüngeren türkischen Historiker, der Professor in Istanbul ist, führen, auch mit einem ungarischen Fachkollegen aus Budapest, der mir ein Exemplar seiner Zeitschrift „The New Hungarien Quarterly" mit auf den Weg gab. Die auf langer Tradition beruhende Internationalität Genfs habe ich immer als eine Wohltat empfunden.

Dann bei Pierre und Marina Ducrey in Pully, ein freundschaftlicher Abend und eine ruhige Nacht. Ich hatte Pierre telephonisch gebeten, sich auf ein Gespräch über den französischen Historiker Fernand Braudel vorzubereiten. Als ich bei ihm eintraf, lagen alle Werke Braudels auf dem Tisch. Despektierlich gesagt ist Braudel der „Modeschöpfer" der neuen französischen Historikerschule. Der unbestrittene Meister hat heute viele Epigonen. Braudel ist gleich alt wie ich, er war Schüler von Lucien Febvre, dem ich im Kreise von Henri Berr oft begegnet bin. In seiner Sorbonne-These „La Méditerranée et le monde méditerranéen à l'époque de Philippe II. Civilisation matérielle et capitalisme" (1946 beendet) bearbeitete Braudel ein weites Feld für eine strukturgeschichtliche Forschung, die der kritischen Schule meines Doktorvaters Charles Seignobos eine Absage erteilt hat. Aber ich las in Braudels Antrittsrede am Collège de France (1950) inmitten seiner Auseinandersetzung mit der traditionellen Geschichtswissenschaft, daß er die „intelligence aiguë" von Seignobos anerkennt. Mit Recht!

9. Juli

Was für ein Sommer, was für ein Sommer! Ein Tag heller und heißer als der andere. Für heute sind mehr als 30 Grad am Schatten angekündet. Wenn ich morgens mit Gioia übers Feld gehe, ist das Gras so trocken, daß kein Tautropfen die Schuhe netzt. Am Fernseher die endlosen Schlangen der Wagen, die nach Süden fahren wollen, stundenlang in der glühenden Sonne schleichen oder stehenbleiben müssen. Wir bleiben hier. Es ist der herrlichste Augenblick im Garten, die Rosen genießen die

Wärme; hoher Rittersporn und bäurische Schafgarben; die wilden Wikken wuchern über die halbe Terrasse. Blau, gelb, rot, grell und dunkel die Beete und Rabatten. Wir aßen die Kirschen, die Beeren, die Elsie pflückte, und einen großen Steinpilz, den sie im Wald fand. Thomas und seine Kinder verzehrten mit uns im Garten das Fleisch, das E. auf dem Grill briet, und seinen Geburtstagskuchen. Diese böse Welt kann – sie *will* schön sein; sie feiert ihren Überfluß. Zum erstenmal seit zwei Jahren ließ ich wieder den Plattenspieler im Saal laufen: Gustav Mahlers Orchesterlieder und Symphonien. Ich sitze gegen das offene Fenster im Saal, dann sehe ich nur Himmel. Nicht mehr der Turmfalke fliegt vorbei, lautlos zieht ein Segelflieger seine Schleifen.
Wie paradox das alles ist. Nur zwei „Ereignisse" bewegen die Menschen, die vor dem Fernseher sitzen: der grauenhafte Krieg, den Israel im Libanon führt, und die Fußball-Weltmeisterschaft in Spanien; diese WM oder „Mundial" interessiert, erschüttert unsere Zeitgenossen mehr als das entsetzliche Morden und die Greuel eines erbarmungslosen Krieges. Ich schaue mir beides an: die Explosionen, Bombardierungen und Zerstörungen in Beirut und die Fußballkämpfe in den riesigen Stadien spanischer Städte. Es sei eine mörderische Hitze dort, die Stadien ein Brutofen, sagt der Kommentator; die modernen Gladiatorenkämpfe faszinieren Zehntausende auf den Tribünen, Millionen auf der ganzen Welt an der Mattscheibe. Der Nationalismus feiert Orgien im Sport – immer noch besser als in Kriegen. Aus Italien, Frankreich, Deutschland vernimmt man, wie in diesen warmen Sommernächten die Menschenmassen feiern, jubeln, brüllen, wenn „ihre" Mannschaft über Südamerikaner, Briten, Polen gesiegt hat und wenn sie in den Final gelangt. Dieser wird übermorgen zwischen Italien und Deutschland ausgetragen. Ich schäme mich nicht zu gestehen, daß auch wir dieses Spiel anschauen werden. Mit dem Enkel konnte ich darüber reden. Mit dem Sohn über die Kriege: Falkland, Libanon. Er führt diese nationalistischen Aufwallungen auf Triebhaftigkeit zurück. Ich sage, es sei der Ausdruck der Vitalität von Völkern. Er gibt zu, daß beides nicht leicht zu unterscheiden sei. Ein vitaler Mensch ist doch triebhaft, meine ich. – Die Geschicklichkeit der Fußballer wird auf der ganzen Welt gelobt, der rabiate Herr Begin und seine Kriegführung überall verurteilt.

Gustav Mahlers Tonsprache hat mich durch das Leben begleitet. Seltsam, daß ich am Ende anfing, als mir als erstes das „Lied von der Erde" einen tiefen Eindruck machte. Dieses Werk gehört der Zeit der Vollendung dieses Musikerlebens an, es ist ein Abgesang, ein Abschiedslied. Ich war zwölf Jahre alt. Zehn Jahre später verstand ich auch Rilke in seinen vollendetsten Werken zum ersten Mal, in den „Sonetten" und „Elegien", ehe ich zurückgriff auf die früheren Gedichte und den „Malte". So geschah es auch mit Mahlers Orchesterliedern und Symphonien, die ich später kennenlernte. Wo große Künstler am Werk sind, genuin Begabte, kann man im nachhinein zwar ihre Entwicklung verstehen lernen, ihre Persönlichkeit aber, ihre Handschrift und innere Melodie, sind von Anfang an da. Bei Rilke wurde, nach Musils Wort, aus Porzellan Marmor. Mahlers Klangvorstellung war seit Anbeginn vorhanden, der Rest war Arbeit an sich selbst, am Material, an der Kunstform. Kurz, innere Reife und Beherrschung der Mittel. Auch das ist eine Parallele zu Rilke. Beide stammten aus Böhmen und Mähren, einem musikantischen, gemütstiefen und unheimlichen Land, das beide verließen, um in anderer Umgebung zu sich zu kommen. Unterschiede: Mahler, der ältere der beiden, als Sohn eines jüdischen Händlers mit vielen Geschwistern im kleinen Iglau aufgewachsen, Rilke als einziges Kind eines getrennt lebenden katholischen Ehepaares in Prag zu Hause. Ähnlichkeiten: Schwärmerische Lebensbejahung und Weltschmerz, Schönheitskult und Leidensfähigkeit, Kindlichkeit und Geschicklichkeit, Träumerei und wache Beobachtungsgabe, Wanderlust und Getriebenheit, energischer Aufschwung und jäher Absturz – Eigenschaften der Herkunft sowohl wie individuelle Anlage. Beide in ihrer Zeit geachtet und dennoch Entwurzelte und Einzelgänger. Beider Werke waren der Kritik ausgesetzt, beide hatten Mühe, sich für die Zeitgenossen verständlich zu machen. Und dann, im Laufe der Zeit, ein ungewöhnliches Nebeneinander von breiter Publikumswirkung und Anerkennung durch anspruchsvolle Kenner. Übrigens zweifle ich, daß der eine den andern zur Kenntnis nahm, ihre Lebensbahn, ihre Umwelt, ihr Bekanntenkreis waren verschieden. Mahlers Literaturverständnis war schlicht, rückwärtsgewandt romantisch, Rilke kein Musikkenner. Beide starben in reifem Alter, aber doch früh, mit einundfünfzig Jahren (wie Proust). In ihrer Frühzeit Stimmung des Fin de siècle und Spuren des Jugendstils, beide im 19. Jahrhundert wurzelnd, aber Aus-

drucksformen des zwanzigsten vorwegnehmend. Tradition und Modernität, Neues ankündend, von Überliefertem zehrend. Auf der Jahrhundertschwelle ein widerspruchsvolles Lebensgefühl, nicht eindeutige Persönlichkeiten, die unter ihrer Obdachlosigkeit leiden, sie im Werk überwinden. Übernational aus Weltverständnis beide, auch im Künstlerischen und seiner Wirkung ins Weite. Untertanen des österreichischen Kaisers, woraus sie sich nicht viel machten, was aber dazu beitrug, daß Nationales sie nicht einengte. Einzigartige Individualitäten, Künstler aus seelischer Notwendigkeit.
Mahler war zu seiner Zeit vor allem als Operndirigent geschätzt und berühmt. Das Werk hat er sich neben einer aufzehrenden Tätigkeit abgerungen. Er litt sogar unter seinem Ruhm als Dirigent; unwirsche Kritiker hielten seine Kompositionen für Kapellmeistermusik. Sie warfen ihm vor, Elemente aus Berlioz, Meyerbeer, Verdi, Bizet usw. zu verwenden. Er hatte noch Wagner und Liszt gesehen und gehört. Mahler selbst nannte nur drei Komponisten, an denen er nichts auszusetzen fand: Mozart, Beethoven und Wagner. Nichts vom strengen Stil Bachs und anderer Alten hat er übernommen. Aber er konnte eine Fuge bauen. Als junger Dirigent schwärmte er für Carl Maria von Weber, dessen „Freischütz" er unzählige Male aufgeführt hat. Er liebte Smetana; Tschaikowskys effektvoller Orchesterklang sagte ihm zu. Mahler hatte Anton Bruckners Vorlesungen an der Wiener Universität besucht, aber innerlich stand er nicht in der Bruckner-Nachfolge. Er warb, er bettelte um die Anerkennung des damaligen Königs des deutschen Konzertlebens, Hans von Bülow, auch um die Gunst von Brahms; er bewunderte sie beide; aber als er in Hamburg auf dem Klavier Bülow seine Erste Symphonie vorspielte, hielt dieser sich die Ohren zu und sagte, wenn das Musik sei, so wisse er nicht, was Musik ist. Mahler besuchte Jahr für Jahr in Ischl Brahms, dessen sprödes, ablehnendes, trübsinniges Wesen ihn verletzte. Mahlers Kampf mit der Tradition hat ihn viel, sehr viel gekostet. Die Kritik warf seinen Orchesterwerken, die er Symphonien nannte, vor, sie hätten nichts mit der symphonischen Form zu tun. Dem Neuerer wurde Originalität abgesprochen. Dazu kam, daß ihm im deutschen Musikleben sein Judentum schadete; es sei undenkbar, sagte man ihm, daß er an eine der großen Hofopern berufen würde. Das war mit ein Grund, daß er in den 90er Jahren lange im republikanischen Hamburg wirken konnte; und der Grund, warum der jüngere Richard Strauss und nicht Mahler nach München an die Hofoper berufen wurde. Auch Strauss war mit „Sa-

lome" und „Elektra" ein Neuerer gewesen; hernach stand er mit seinen Erfolgsopern am Ende einer Tradition. Mit Mahler begann in der Musikgeschichte etwas anderes. Es hat sogar den jungen Schönberg verwirrt. Dieser gestand, daß er beim Hören von Mahlers Zweiter Symphonie ergriffen, aufgewühlt war. Als er nachher die Partitur studierte, enttäuschten ihn die einzelnen Teile. Nichts, stellte er fest, stimme richtig in dieser Komposition. Ergriffenheit durch das Ganze, Aussetzungen an der Struktur und dem technischen Detail: das ging vielen Professionellen der Musik beim Studium Mahlers so. Aber Schönberg meinte, wie sich Mahler die Krawatte binde, sage mehr über das Geheimnis seiner Kunst aus, als eine Theorie der Kompositionstechnik!
Gustav Mahlers Wirken unter seinen Zeitgenossen ragt hinein in unser Jahrhundert. Es ist für mich fast verwirrend zu denken, daß der große Dirigent Arthur Nikisch, den ich noch hörte und bestaunte, älter war als Mahler und diesen aus Leipzig verdrängt hat, nachdem er als zweiter Kapellmeister eine Zeitlang neben dem allmächtigen Dirigenten des Gewandhausorchesters gewirkt hatte. Aber auch Jüngere, die ich gehört oder getroffen habe, Strauss, Weingartner, Busoni, Bruno Walter, waren seine Kollegen und in verschiedenem Grad seine Freunde. Um die Anerkennung von Richard Strauss warb Mahler nachhaltig; er war ihm dankbar, als er seine Zweite Symphonie in Berlin aufführte. Beide empfanden jedoch ihr Verschiedensein, ihr Briefwechsel bezeugt es. Neben der schwierigen Natur Mahlers, der lange um das Gehör der Kollegen und die Gunst des Publikums ringen mußte, wirkte Strauss wie ein Kind des Glücks, ein Götterliebling, dem alles gelang, ein „genialer Kegelbruder". Doch von dem Adagio in Mahlers Vierter Symphonie sagte Strauss anerkennend, er hätte es nicht machen können. Große Dirigenten waren beide. Ich sah Strauss, als er Mozart dirigierte, einfach, durchsichtig, ohne äußeren Aufwand. Mahler soll als Dirigent, besonders in seinen jüngeren Jahren, überaus intensiv, zapplig und heftig gewesen sein. Dazu gibt es eine Serie von aufschlußreichen Karikaturen. Entscheidend war, daß von ihm eine starke Suggestion ausging, verbunden mit einer Einstudierung, die als tyrannisch, quälerisch, pedantisch von den an ihre Routine gewöhnten Orchestermusikern und Opernsängern empfunden wurde. Aber sie konnten sich seiner Autorität nicht entwinden. Die Musikpäpste des ausgehenden 19. Jahrhunderts hielten Mahler für einen der besten Dirigenten seiner Zeit. Nachdem er, noch in Hamburg, zum Katholizismus übergetreten war, öffnete sich für ihn 1897 das Tor zu der Stellung

eines Direktors und Ersten Dirigenten der Wiener Hofoper. Mahler war siebenunddreißig Jahre alt. Es war der Höhepunkt seiner Dirigentenkarriere. Von ausübenden, reproduzierenden Künstlern bleibt bestenfalls eine legendäre und daher unscharfe Vorstellung haften. Was bleibt, oder nicht bleibt, ist die künstlerische Produktion. Nur zu dieser haben die Nachgeborenen unmittelbaren Zugang.

11. Juli

Der große Operndirigent, der das ganze Repertoire kannte und durchgespielt hat, schrieb keine Oper. Die Dramatik, die Mahler als Ausführendem vertraut war, brachte er in seine breit angelegten, epischen Symphonien ein. Mir scheint aber, daß seine innerste Anlage eine lyrische war. Es ist auffallend, daß Mahlers Schaffen dem Lied und dem Orchesterwerk gehört, nichts anderem. Selbst seine Lieder sind nicht kammermusikalisch, er hat sie zu Orchesterbegleitung geschrieben. Diese Liedkompositionen führen über den sich verfeinernden Lebensteppich dieses Künstlers, von seinen gestrickten Anfängen bis hin zur delikatesten Seidenstikkerei. Nirgends kommt die Subjektivität dieser Musik mit ihren autobiographischen Elementen so sinnfällig zum Ausdruck wie in Mahlers Orchesterliedern. Er hatte, wie Rousseau, etwas von einem plebejischen Gefühlsmenschen und Naturfreund. Nur daß Mahlers ursprüngliche Naivität gepaart war mit einem raffinierten ästhetischen Empfinden. Beim Anhören der frühen „Lieder eines fahrenden Gesellen“ sollte man mit gutem Willen und einem schlichten Sinn versuchen, diese Verse und Tonmalereien in sich aufzunehmen. Man muß überdies verstehen, daß aus Mahlers kindlichem Gemüt seine volkstümlichen Tonfolgen, auch seine vielgenannten „Banalitäten“ entspringen. Dem „Fahrenden Gesellen“ liegt ein enttäuschendes Liebeserlebnis zugrunde. Dieses Werk lehnt sich thematisch an Schuberts Liederzyklus an (auch Schubert war ein Kind der mährischen Landschaft und wurde, wie Mahler, von Wien mit seinen starken, weichen Armen aufgenommen). „Böhmischen Volkes Weise“, von der der junge Rilke sprach, ist in seinen Liedern zum Klingen gekommen.

Mahler hat nach Gedichten von Clemens Brentano und Achim von Arnim die Verse zu diesem Liederzyklus arrangiert. Sie sind einfach: „Ging heut' morgen übers Feld“ – „Und da fing im Sonnenschein/Gleich die

Welt zu funkeln an" – „Auf der Straße stand ein Lindenbaum", und so weiter. Er liebte „Des Knaben Wunderhorn"; seine Symphonien 2 bis 4, alle mit Gesangsstimmen, wurden die „Wunderhorn-Symphonien" genannt. Die Hälfte seiner Liedtexte stammt aus diesem romantischen Gedichtbuch. Daß Mahler auch Gedichte von Rückert seinen Liedern unterlegte, wurde ihm zum Vorwurf gemacht. Aber man muß auf die Musik hören, die diese einfachen Verse verzaubert. Die „Kindertotenlieder" entstanden an der Jahrhundertwende. Sie sind vor dem Unglück entstanden, das Mahler traf, als eines seiner Kinder starb. Er hatte, als er dreizehn Jahre alt war, seinen Lieblingsbruder, hernach noch andere Geschwister verloren; es war späte Trauer und eine tief in ihm bohrende Wehmut, die ihn zu den Gedichten Rückerts greifen ließ, der in ihnen den Tod seiner Kinder beklagt: „Nun will die Sonn' so hell aufgeh'n/Als sei kein Unglück die Nacht gescheh'n!" Und: „In diesem Wetter, in diesem Braus,/ Nie hätt ich gesendet die Kinder hinaus." Zum Schluß liegen sie „von keinem Sturm erschrecket, /Von Gottes Hand bedecket. /Sie ruh'n wie in der Mutter Haus." Keine große Dichtkunst, sicherlich, aber sie hat Mahler zu einem sublimen Liederzyklus inspiriert.
Intimeres, Delikateres als die später entstandenen Rückert-Lieder gibt es wenig in Mahlers Schaffen. Die Mezzo-Sopranistin Janet Baker hat sie unübertrefflich mit dem New Philharmonia Orchestra in London unter Sir John Barbirollis Stabführung für eine Schallplatte interpretiert. Hier klingt aus Stimme und Instrumentation eine Feinheit der Empfindung, die den Atem stocken läßt. Das Hymnische, das Mahler gelang, erreicht Höhepunkte zu den Versen: „Liebst du um Schönheit, o nicht mich liebe!/Liebe die Sonne, sie trägt ein goldnes Haar!" „Ich bin der Welt abhanden gekommen." Ich muß zitieren, nicht weil die Worte außerordentlich sind, sondern weil der Komponist verstand, solche Worte in seiner Musik kostbar zu machen. Und weil beides, Wort und Musik, etwas aussagt über die Seele dieses Menschen, der weinen und jubeln konnte und beides unbefangen, hemmungslos tun konnte. Daß im Schlußgesang seines Lebens Gustav Mahler für sein „Lied von der Erde" Bethges einstmals vielgelesene „Chinesische Flöte" verwendete, die kein Höhepunkt der Dichtkunst ist, hat auch diesen Gesängen künstlerisch keinen Abbruch getan. Ich bin versucht zu sagen: im Gegenteil! In dieser Dichtung fand Mahler die Schönheit und den Jammer der Erde, den Lebensgenuß und die Einsamkeit wieder, denen Ausdruck zu geben dieser aus seiner Emotionsfähigkeit schaffende Komponist nicht müde wurde.

Lyrik und Monumentalität sind in Mahlers Werken eine Symbiose eingegangen. Volkstümlichkeit und erlesene Kunst sind darin ununterscheidbar verwoben. In seinem Mahler-Buch von 1960 sagt Adorno: „Mahlers Musiksprache hat ihre Dignität daran, daß sie ganz und gar sich verstehen läßt und sich selbst versteht, aber der Hand entgleitet, die das Verstandene packen will." Ein Weltkind, ein natur- und gottesgläubiges Weltkind, gibt in seinem Werk einer „Welt" Ausdruck, wie es sie erlebte und verstand. Diese Kunstmusik ist pastoral in der Ersten Symphonie, die Mahler nach Jean Pauls Buch „Titan" nannte. Er schrieb dazu: „Frühling und kein Ende. Die Einleitung schildert das Erwachen der Natur am frühen Morgen." Mit Gefühlsüberschwang ging der Komponist zu Werk, er zitiert im ersten Satz dieser Symphonie den Passus „ging heut morgen übers Feld" aus den „Liedern eines fahrenden Gesellen". Ein Hang zum Pathetischen, Emphatischen, Heftigen, aber auch zum Zarten und Sangbaren kommt von der Ersten an in seinen Symphonien zum Klingen. Er meinte, noch nie habe man so Unerhörtes geschaffen. Es war denn auch im genauen Sinn des Wortes „unerhört", weil es noch nie gehört worden war (und beim Anhören Hans von Bülow sagen ließ, das sei keine Musik). Aber nie macht sich's Mahler leicht; denn auch wo die Diskrepanz zwischen Aussage und Kompositionstechnik dem Musikwissenschafter Rätsel aufgibt, ist das gestaltete Werk mit der Sorgfalt eines Juweliers gefertigt.

Ich denke, daß das Geheimnisvolle dieser Musik in ihrer einzigartigen Tonalchimie seinen Grund hat. Die genaue Ausarbeitung jeder Einzelheit, um die sich Mahler bemühte, das kalkuliert Artistische, dem eine enorme Kenntnis der Musikliteratur zugrunde lag, zeugt vom Wissen und Können des Komponisten; aber was zählt und den Hörer aufwühlt, ist die Magie dieser Klangmischungen. Mahler selbst bearbeitete und überarbeitete unablässig seine Partituren, ihre Tonfolgen, ihre Harmonik, ihre Instrumentation. Bemerkenswert ist seine Aussage, er könne nicht verstehen, daß einer am Klavier komponiere (wie es Wagner tat). Den Klaviersatz, auf den die klassische Symphonie aufgebaut ist, hat er anfänglich – doch schon mit deutlichen Abweichungen – eingehalten, in den folgenden Orchesterwerken dann mehr und mehr verlassen (was ihm den Tadel der Kritik eintrug). Es war zwar nicht unberechtigt, wenn man Gewöhnliches, auch Abschweifendes und Ausschweifendes an seinen Symphonien bemängelte. Aber welcher Große des 19. Jahrhunderts, bei Beethoven angefangen, verwendete nicht volkshafte, eingängige Motive, schweifte nicht ab ins Ausladende, Effektvolle, schrieb nicht triviale Tonfolgen – wenn sie nur eingebettet waren in ein großes Ganzes. Man sollte auch bei der Beurteilung von Beethoven, Berlioz, Wagner, Verdi über dem „Edlen“ und „Erhabenen“ das „Geschmacklose“ nicht überhören: es steckt wie der Teufel im Detail, auch wenn die Engel Sphärenmusik dazu machen . . .

Nichts Tönendes war Gustav Mahler fremd. Das Musikantische der böhmischen Heimat war ihm angeboren. Er liebte aber nicht nur Smetana, er mochte auch österreichische und preußische Militärmärsche. Trauermärsche ergriffen ihn. Sogar das Posthorn, dessen Klang ihn auf Landstraßen erfreute, hat er in eine seiner Symphonien eingeführt. Wie alle Nachromantiker und wie Richard Strauss verwendet er ästhetische Reizmittel. Aber sein Natursinn verkümmerte dabei nicht. Mahler liebte über alles die österreichische Landschaft, in ländlicher Umgebung hielt er sich im Sommer zwischen zwei Opern-Saisons in einem einsamen Haus auf; umgeben von dieser lieblichen Natur arbeitete er an seinen Werken. Mahler sagt von einer seiner Symphonien, was ihm die Felsen, die Wälder, die Tiere, die Blumen erzählten, habe er niedergeschrieben. Dieser vielstimmige Gesang, den er in der bukolischen Landschaft vernahm, mag ihn dazu veranlaßt haben, daß er in mehreren Symphonien das Instrumentale durch Vokalstimmen erweiterte. Auch Tanzrhythmen, Ländlerweisen, burleske Scherzmotive geistern durch seine Orchesterwerke. Die Frage, ob es sich bei Mahler um „absolute Musik“ im Sinne der traditionellen Symphonik oder um „Programmusik“ handle, dürfte in seinen frühen Werken zugunsten der letzteren zu beantworten sein. In seinen späteren Werken wollte Mahler das Publikum dazu bringen, „ein Werk auch ohne Worte, einfach und rein musikalisch aufzunehmen“. Es finden sich in Partiturüberschriften und Konzertprogrammen zahlreiche Hinweise, die auf Programmatisches seiner Inspiration verweisen. Zum Scherzo des zweiten Satzes der Vierten Symphonie schrieb Mahler: „Freund Hein spielt zum Tanz auf.“ Er spricht in anderem Zusammenhang von Engelreigen und Schlaraffenland. „Die Welt als ewige Jetztzeit“ stand anfänglich über dem ersten Satz der Vierten Symphonie. Wie Berlioz und Liszt setzt Mahler ein Programm in Musik um. Literarische und bildliche Ideen stehen als Vorbilder am Anfang einiger Kompositionen. Seine Klangvorstellungen sprudelten aus vielen Quellen.

Seine Zweite Symphonie (1895 uraufgeführt) nannte Mahler „Auferstehungssymphonie". Seine Frau Alma sagte von ihm, er sei ein „christgläubiger Jude". Er hatte diese Symphonie vor seiner Konversion geschrieben. Offenbar spielte das mosaische Gesetz in seinem Leben keine Rolle; die Vorstellung von Erlösung und Auferstehung nahm er – nicht ohne mit dem Geistlichen, der ihn im katholischen Glauben unterrichtete, viel zu diskutieren – als religiösen Lebensinhalt in sich auf. Mit heftigen Kontrabässen setzt in der Zweiten Symphonie der erste Satz ein. Der Tanzrhythmus des zweiten Satzes ist im Dreivierteltakt geschrieben. Es ist spannend, im dritten Satz der abwechslungsreichen Instrumentation des Anfangsthemas zu folgen, mit der Pauke beginnend, vom Fagott eingeleitet, übergehend zu den Violinen, den Klarinetten, die wieder mit den Streichern abwechseln, ehe die Flöten einsetzen und die Steigerung mit den Trompeten herbeigeführt wird. Nur ein Beispiel. Unorthodox ist es, daß diese Symphonie einen fünften Satz hat, „Im Tempo des Scherzos", worauf der Chor einsetzt und das Ganze in einen religiösen Hymnus ausklingt. Auch die Vierte Symphonie in G-Dur, 1901 uraufgeführt, hat Mahler am Schluß mit einem Gesang aus „Des Knaben Wunderhorn" angereichert. Modern empfunden das Scherzo, ein parodistisch verfremdeter, grotesker Totentanz. Seltsam, im vierten Satz, der Titel „Das Lächeln der heiligen Ursula"; ein sehr süßes, getragenes Stück Musik, das am Schluß in einem Jubelausbruch endet. Die Kritik hat das Gezügelte dieses Orchesterwerkes angemerkt, es als „klassizistisch" katalogisiert. Mahler selbst nannte den erwähnten vierten Satz, den er auf das Gedicht „Das Himmlische Leben" schon 1892 für Sopran geschrieben hatte, eine „Humoreske".

Musikhistoriker zählen die vier ersten Symphonien zu Mahlers „Wanderschaft", die Symphonien Fünf bis Sieben und die „Kindertotenlieder" zur Meisterschaft – zur Wiener Dirigentenzeit. Die letzten Kompositionen werden in dieser etwas pedantischen Einteilung als „Spätwerk" und „Vollendung" bezeichnet; es umfaßt die Achte Symphonie (auch „Symphonie der Tausend" genannt), die ich mit einer Monsterbesetzung von Instrumentalisten und Sängern in meiner Studienzeit, im Zirkus Schumann in Berlin, gehört habe, die Neunte Symphonie, das Fragment einer Zehnten und das „Lied von der Erde".

„Auf der Höhe des Lebens, der Kraft und des Könnens", sagt Bruno Walter – der Mahlers treuer Mitarbeiter an der Wiener Oper war –, sei die Fünfte Symphonie entstanden. Nach der Uraufführung in Köln, die er selber leitete, unterzog sie der immerdar selbstkritische Komponist einer Überarbeitung. Der Trauermarsch, mit dem diese Symphonie beginnt, ist nicht der einzige, aber der monumentalste, den Mahler geschrieben hat: „In gemessenem Schritt, streng wie ein Kondukt", heißt die Vorschrift. Eine große Distanz trennt diese gravitätische Marschmusik von dem parodistischen Trauermarsch, den er auf den Kanon „Frère Jacques" – „Bruder Jakob" in seiner Ersten Symphonie gemacht hatte. Moritz von Schwinds Zeichnung „Des Jägers Leichenbegängnis" hatte den Anstoß zu diesem entzückenden Musikstück gegeben. Auf Schwinds Darstellung geben die Tiere des Waldes dem toten Jäger das letzte Geleit ... Mahler war ernster gestimmt, als er seine Fünfte Symphonie mit einem Trauermarsch einleitete. „Da sind mir aus meiner genauesten Orchester- und Instrumentenkenntnis heraus die kühnsten Passagen und Bewegungen entschlüpft", urteilt er über dieses Werk, dessen Stimmen „eigentlich lauter Solisten bedürfen". Alles, was Mahler gemacht hat, ist ausgezeichnet durch sein koloristisch-orchestrales Können, durch seine zauberhaften Farbmischungen bei der musikalischen Schilderung.

Es war sicherlich eine Wende, als er in den Symphonien seiner besten Zeit auf die vokalen Zutaten verzichtete. Von der Fünften sagt Kurt Blaukopf: „Was Mahler von hier an orchestral entwirft, ist völlig aus dem Geist und der Technik des Orchesters geschaffen. Um diese Methode hat er lange gerungen." „Vom Klavieristischen ganz abgelöst": das ist eine Formel, mit der Mahlers Schaffen von der traditionellen Symphonik unterschieden wird. Bruno Walter meint, von der Fünften Symphonie an habe sein Meister genug gehabt „vom Kampf um die Weltanschauung mit den Mitteln der Musik ... Er wollte nur Musik als Musiker schreiben." Mahler sei von da an voll Kraft und gesundem Selbstgefühl und dem Leben zugewandt gewesen. Das mag für diese Zeit zutreffen. Aber ein paar Jahre später ertönte aus dem „Lied von der Erde" eine andere Gefühlslage, eine zerrissenere, zwischen Lust und Leid schwankende. Eine neue Dimension hatte sein Schaffen zweifellos erreicht, der Hang zum Volkstümlichen trat zurück, ein geläutertes Musikverständnis weitete sich zu seinen späten, herben Werken.

Die zeitgenössische Kritik wurde nicht müde, neue Kühnheiten zu beanstanden, Regelwidrigkeiten, Unvollkommenheiten oder zumindest formale Neuerungen festzustellen. Wohl hat Mahler in der Musikgeschichte Grenzen überschritten. Vom anfänglichen Konflikt mit musikalischen Konventionen gelangte er zu hoher Reife, aber zuletzt auch in eine gefährliche Nähe von Chaos und Tod. Es fragt sich, ob Kunstkritik dem kreativ Schaffenden zu sagen hat, wie er es hätte machen *sollen,* oder ob sie herauszufinden hat, wie er es machen *wollte.* Ein prinzipieller Unterschied. Ich neige zur zweiten Art der Kunstbetrachtung; denn ich respektiere die „seelische Notwendigkeit des Künstlers“ (Hildesheimer). Die Frage lautet, ob das, was einer machen wollte, ihm gut oder weniger gut gelungen sei.

Daß der genießend *und* kritisch Aufnehmende, Betrachtende, Hörende reflektieren soll, versteht sich von selbst – wenn er versucht, seine Reflexion dem Geist des Schöpfers eines Kunstwerkes zu entnehmen. Es ist aber doch erstaunlich, wenn noch 1965 Hans Renner in seinem Musikführer von Mahler sagt: „Ihm fehlte im letzten Sinne Stilgefühl. Er war im aufreibenden Hin und Her der Dirigententätigkeit, im zermürbenden Trubel der Großstadt ständig tausenderlei Einflüssen seiner Zeit ausgesetzt . . . Zur letzten Konzentration fehlte ihm die Fähigkeit und wohl auch die Stille.“ Biographisch ist daran zu erinnern, daß Mahler sich in ländlicher Stille in seinen Sommerpausen sehr wohl konzentrieren konnte und sich auch die Zeit nahm, seine Werke mit einem Hang zur Perfektion zu überarbeiten. Ich frage mich, ob in dem zitierten Urteil Stil nicht mit Geschmack verwechselt wird. Zweifellos war von Anfang an Befremdliches, Unheimliches, für die Hörgewohnheit der Aufnehmenden Anstößiges in Mahlers „Stil“ – und aus diesem Grunde bereitete seine Tonsprache zunächst dem Publikum Unbehagen. Ein solches hatte aber das Publikum auch schon empfunden, als Beethovens erste Symphonien aufgeführt wurden. Hörgewohnheiten, oder einfach die akustische Aufnahmefähigkeit der Menschen, werden immer strapaziert, wenn etwas Neues erklingt. In Berlin hörte ich vor sechzig Jahren das Publikum pfeifen, als Furtwängler mit den Philharmonikern ein Werk von Schönberg spielte, ein paar Jahre später war ich Zeuge, als in Paris ein Stück von Alban Berg nicht zu Ende gespielt werden konnte, weil das Publikum laut protestierte.

Wer „heile“, „geschmackvolle“ Musik liebte, protestierte gegen Mahler. Es erinnert mich an Stendhal, der von seinen Werken sagte, sie würden erst in hundert Jahren verstanden werden, wenn Mahler prophezeite, seine Zeit werde erst nach seinem Tode kommen. Ein Musikkritiker sprach noch 1957 im Zusammenhang mit der Zweiten Symphonie von Mahlers „schwieriger Musik“. Aber 1964 legte ein Kompositionslehrer in Deutschland seinen Schülern nahe, Mahlers Partituren zu studieren.

Eine Mahler-Renaissance setzte ein, wobei der seltene Fall eintrat, daß populäre Werke wie die Erste und Vierte Symphonie und das „Lied von der Erde“ – sie wirken heute eingängig – auch Musikologen und Tonschaffende nachhaltig interessierten. Die Werke dieses Komponisten, der von der Beunruhigung des Fin-de-siècle erfaßt war, am Trubel der Großstadt und an den Spannungen seiner Dirigententätigkeit litt, haben nicht zufällig dem heutigen Stadtbewohner in seiner Ruhelosigkeit und seiner Spannung das Gehör geschärft für Mahlers unruhige, sprunghafte, oft harte und schrille Tonsprache. Man fragt heute nicht nach Geschmack, sondern nach Ausdruck des Zeitgefühls. Eine Ausdrucksmusik, wie es die Mahlersche ist, mit allem Problematischen, das ihr anhaftet, kommt dem vielleicht heil-losen Stilempfinden der Rock- und Schlagermusik entgegen. Einer Zeit, die aber nicht nur heiße Rhythmen, sondern aus Sehnsucht nach Tröstlichem oder Schwermütigem, auch das Kantable, den Gesang von „Liedermachern“ liebt. Ein sublimer Liedermacher war auch Gustav Mahler. Ich kann trotz dem offenliegenden Qualitätsunterschied den inneren Zusammenhang von Rhythmischem und Sangbarem in Mahlers Tonsprache mit dem heutigen Musik-Populismus nicht überhören.

13. Juli

Mit der letzten Bemerkung vom gestrigen Abend meinte ich nicht, daß die gleichen, die Punk und Schnulzen lieben, ohne weiteres auch Hörfähigkeit für Mahlers Tonsprache aufbringen könnten. Ich dachte dabei an eine bestimmte musikalische Sensibilität. Weil die Möglichkeit, Mahlers Werke zu hören, für diese musiksüchtige Jugend und die breite Masse kaum vorhanden ist, brachte Luchino Visconti das „Adagietto“ für Streicher und Harfe aus der Fünften Symphonie als Hintergrundmusik in seinen Film „Der Tod in Venedig“ ein; auf diesem Wege, sagte mir Visconti, wollte er Mahlers Musik zu einer Breitenwirkung verhelfen. Tatsächlich sind nach diesem Erfolgsfilm unzählige Platten mit der Fünften Symphonie unter die Leute gekommen.
Aus der seelischen Konstitution Gustav Mahlers sind die häufig vorkommenden emotionalen Extreme seiner Orchestermusik zu erklären. Das lyrische Melos wird von ekstatischen Ausbrüchen unterbrochen, von etwas Jubelndem, Jähem oder Erschreckendem, das mit schrillen Violinen

und heftigen Kontrabässen, mit viel Blech und reichlichem Schlagzeug instrumentiert ist. Mahler brauchte großes Orchester, auch mit zahlreichen Holzbläsern. Seine Steigerungen, ihre Steilheit, die ab und zu in Lärm ausartet, fallen ebenso plötzlich ins Leise, Melodiöse zurück. Oder auf das Absacken folgen spielerische Floskeln und überleitende Ranken. Es kommt einem beim Hören oft vor, als ob dieser Tonschöpfer seine Vehemenz nicht durchhalten könne; seine Heftigkeit sinkt ebenso rasch zusammen, wie sie auftrat. Umgekehrt folgt auf den gemächlich parodistischen Trauermarsch für den toten Jäger unvermittelt ein Aufschrei im Orchester. Auch das Kantable, den süßen Klangschimmer, hält der Komponist nicht immer durch (im erwähnten Adagietto der Fünften führt er ihn aber ganz und sanft bis ans Ende dieses zauberhaften Stükkes).

Als ein sein Metier beherrschender Tonsetzer verleiht Mahler seiner Emphase, seiner visionären Musik durch Farbmischung und differenzierte Klangvorstellungen eine große Aussagekraft. Aber es ist verblüffend, wenn auf Eruptives ein unheimlicher Einsturz des musikalischen Duktus folgt. Etwas Gebrochenes ist in Mahlers klingender Sprache zweifellos vorhanden, gleichsam wie depressive Anwandlungen, als ob seine Weltfrömmigkeit sich plötzlich vor der Hölle fürchtete. Was der romantische Schwärmer Wackenroder 1799 von der Musik forderte, daß in ihr „menschliche Gefühle auf eine übermenschliche Art“ ausgedrückt werden sollen, kann dieser Polyphoniker nicht schlackenlos, nicht ohne Härten und Schwächen durchhalten. Thematisches und Stimmungshaftes, Form und Beseeltheit, Ernst und parodierender Scherz, Gläubigkeit und Ironie, Süßigkeit und Burleske, das expressionistisch Ausdrucksstarke und das schimmernd Impressionistische dieser Musik führen dazu, daß sie sowohl ergreifen wie verwirren kann. Was die „Mache“ betrifft, so haben heutige Komponisten auf gewisse Kompositionsprinzipien Mahlers, auf seine Montagetechnik und auf das Verfahren der musikalischen Collage zurückgegriffen.

Ich gestehe, daß ich beim Hören und Wiederhören meiner Mahler-Platten an gewissen Stellen für mich anmerkte: „So nah am Kitsch vorbei!“ Nur nah, sicher – aber von welchem Romantiker und Nachromantiker könnte man es nicht auch sagen (Siegmunds Frühlingslied mit seiner trivialen Tonfolge oder Stolzings Preislied könnten eine ähnliche Anmerkung rechtfertigen, und vom Finale von Beethovens Neunter sagte ein bekannter Dirigent, es sei „Zirkusmusik“). Doch kommt bei Mahler et-

was Seltenes, Einmaliges hinzu, das keine Nachfolge hatte (auch seine jüngeren literarischen Zeitgenossen Proust und Rilke hatten dieses Rare, das sich nicht wiederholen läßt). Das Unverwechselbare dieser Musik, ihre Besonderheit, erblickt Adorno im „vokabularen, gleichsam musikalisch umgangssprachlichen Benennen der Wirklichkeit und des Reagierens auf sie".
Gustav Mahler hat nach zehn Jahren voll Mühe, Arbeit und Verdruß seine Stellung an der Wiener Oper verlassen. Wozu viel später, als Hitler eine Katastrophe über die Kultur Europas heraufbeschwor, viele Dirigenten, Musiker, Künstler und Schriftsteller gezwungen waren: nach Amerika überzusiedeln, das hat Mahler ohne Not schon 1908 getan. Er wirkte in seinen letzten Lebensjahren als Dirigent in New York. Er starb 1911, nicht ganz einundfünfzig Jahre alt, in Wien. Bruno Walter dirigierte ein Jahr nach seinem Tod die Uraufführung der monumentalen Neunten Symphonie.
Vielleicht könnten Verse, die Lorenzo in Shakespeares „Kaufmann von Venedig" spricht, dem moralischen Sinn von Mahlers Musikempfinden nahekommen:

> . . . Drum lehrt der Dichter,
> gelenkt hat Orpheus Bäume, Felsen, Fluten,
> weil nichts so stöckisch, hart und voll von Wut,
> das nicht Musik auf eine Zeit verwandelt.
> Der Mann, der nicht Musik hat in ihm selbst,
> den nicht die Eintracht süßer Töne rührt,
> taugt zu Verrat, zu Räuberei und Tücken;
> die Regung seines Sinns ist dumpf wie Nacht,
> sein Trachten düster wie der Erebus.
> Trau keinem solchen! – Horch auf die Musik!
> (Fünfter Aufzug, Erste Szene).

Musik sei „un message de beauté et d'émotion", sagte mir einmal Arthur Honegger. Ein Wort, das an die Gläubigkeit Mahlers an die Schönheit und Gefühlsseligkeit der Musik gemahnt. Zwischen der unmittelbaren Ergriffenheit, die vom Ganzen seiner Werke ausgeht, und der formalen und technischen Untersuchung der Partitur, die eine Aufgabe des Fachmannes und Theoretikers ist, wird sich immer eine Lücke auftun. Es ist eine Besonderheit von Gustav Mahlers Tonsprache, die er in seine Parti-

turen einbrachte und emotional und kennerisch zugleich mit großer Sorgfalt verarbeitete, daß im Ergebnis eine Verbindung von Volkstümlichem mit Hochkunst vorliegt. Auch wenn ich beim Hören das stellenweise Zwiespältige und Herbe dieser Musik als befremdend empfinde, kann es mir ihren Genuß nicht vergällen.
Große Mahler-Dirigenten, Bruno Walter, Barbirolli, Karajan, Kubelik, Boulez und andere bemühten sich in Konzertaufführungen, auch in Schallplattenaufnahmen um diese Werke. Gelehrte Musikologen schrieben über Mahler Bücher. Es ist ein Wetteifer entstanden um die Interpretation und Enträtselung dieser Kompositionen. Nichts sei „so stöckisch, hart und voll von Wut, das nicht Musik auf eine Zeit verwandelt". Ich glaube, Shakespeares Versen hätte Gustav Mahler aus vollem Herzen zugestimmt.

18. Juli

Was Wolfgang Hildesheimer die „Prüfung des Verhältnisses zwischen Kreativität und Lebensbewältigung" nennt, macht es zur Pflicht, dem Biographischen und Psychologischen bei der Betrachtung einer Künstlerpersönlichkeit unsere Aufmerksamkeit zu schenken. Oder vielleicht doch nicht? Denn man sollte auch dem Unreduzierbaren solcher Individualitäten Rechnung tragen, einer Subjektivität, die schicksalhaft bestimmt ist. Mahler war ein Gezeichneter. Solche Menschen können nicht anders. Ein Meister des biographischen Genres wie Lytton Strachey hielt sich an die Regel „to illustrate rather than to explain". Ich frage mich aber doch: Was gibt es zu erklären? Ein armer Judenjunge aus einem Provinznest kommt nach Wien, um Musik zu studieren; dann führt ihn sein Weg zu Erfolgen, Mißerfolgen, Ansehen, Kämpfen und Weltberühmtheit. Man kann sich schwer eine Vorstellung machen von dem brennenden Ehrgeiz, der gewaltigen Energie, der Fähigkeit und Begabung, die solche Steilheit eines Lebensweges ermöglichten. Früher nannte man dergleichen „Genie"; aber wir ahnen, wieviel Mühe und Arbeit zur Verwirklichung einer naturgegebenen Genialität nötig sind – und wir kennen auch das Fragwürdige, das allem Genialen anhaftet, es belastet, es schweren Anfechtungen aussetzt, der Anfechtung durch sich selbst und durch andere. Bis es sich endlich durchsetzt.

Ein permanenter Zug in Gustav Mahlers Lebensführung war sein Familiensinn. Ein typischer Zug dessen, was er selber sein Judentum nannte. Ein tyrannischer Vater, der von den Seinen verehrt wird. Geschwister, von denen mehrere jung sterben; den andern schenkt der erfolgreichste unter ihnen eine lebenslange Anhänglichkeit und eine nie erlahmende Hilfsbereitschaft. Der jüngste Bruder geht auch zum Musikstudium nach Wien; aber er hat kein Beharrungsvermögen, sein Leichtsinn kostet den älteren Bruder viel Geld; er ist ein Sorgenkind, dann nimmt er sich, dreiundzwanzig Jahre jung, das Leben. Mit der debütierenden Anna von Mildenburg, die eine der gefeiertsten Opernsängerinnen ihrer Zeit wurde, hat Mahler stunden-, tage-, wochenlang ihre Rollen einstudiert. Ein Liebesverhältnis war das Ergebnis dieser Mühen. Sie konnte aber Mahlers kompositorisches Schaffen nicht verstehen, auch nicht begreifen, daß dieser Mann zunächst und vor allem für sein Werk lebte. Mahler verliebte sich an jeder Station seines Wirkens, in Leipzig, Prag, Kassel, Budapest, Hamburg und Wien; meistens waren seine Angebeteten Opernsängerinnen. Seine Gefühlslage hatte etwas Schwärmerisch-Jünglinghaftes, von dem die „Lieder eines fahrenden Gesellen" und seine Briefe zeugen. Der Mildenburg gab er an, er könne sie nicht heiraten, solange er für seine Schwester sorgen müsse, das heißt, bis diese in einer Ehe Sicherheit finden werde. Diese Abwehrhaltung, die Hindernisse vorschützt, um sich nicht endgültig binden zu müssen, was zwar Schmerzen bereitet, aber dem Werkschaffen des Künstlers förderlich ist, weil es seine Freiheit rettet, kommt mir aufschlußreich vor. Es gestattet überdies häufigen Wechsel des geliebten Gegenstandes. Auch Rilke verliebte sich oft und floh immer. Mahlers Freundschaften mit Männern haben ihm mehr Stärkung, Bestätigung und Aufrichtung verliehen als diese wechselnde Verfallenheit an Frauen; ihnen war auch mehr Dauer beschieden.
Er hatte das vierzigste Lebensjahr überschritten, als er die Tochter des Wiener Malers Emil Jacob Schindler heiratete. Alma war fast zwanzig Jahre jünger als Mahler. Aus seiner Biographie und seinem Nachruhm ist diese außerordentliche Frau nicht wegzudenken. Von ihr hatte er zwei Töchter, von denen die eine als junges Mädchen starb. Vermutlich war Mahler für Alma Geliebter und Vaterfigur in einem. Sie hat seinen berühmten Namen beibehalten, auch als sie nach seinem Tode Walter Gropius, hernach Franz Werfel heiratete. Alma war eine kongeniale Gattin für den gefeierten und umstrittenen Komponisten und Direktor der Wiener Oper. Sie war gescheit, vital, musikalisch, gebildet, aber auch

herb, besitzergreifend, egoistisch und von großer Willenskraft. Alma war hochgewachsen, fleischig und blond, Mahler war klein, ausgemergelt und dunkel. Ein alter Offizier, der dieses Paar lustwandelnd im Schönbrunner Schloßpark gesehen hatte, erzählte mir sein verständnisloses Erstaunen, in das ihn dieser groteske Anblick versetzte. Almas Ausstrahlung, ihre blaublitzenden Augen hatten etwas Unwiderstehliches; sie wußte es und machte in ihrem geräuschvollen Leben davon Gebrauch. Ihr Erinnerungsbuch ist ein Spiegel des kulturellen Lebens ihrer Zeit, sie kannte alle Berühmtheiten, auf die es ankam. Nur Robert Musil hat in seinem „Mann ohne Eigenschaften" von ihr ein Bild vermittelt, das mit unverhohlener Bosheit ihr vorlautes, auftrumpfendes und Aufmerksamkeit heischendes Wesen karikiert (zu einer Zeit, als sie bereits mit Franz Werfel in der Wiener Gesellschaft auftrat).
Ich frage mich, wie der früh alternde und herzleidende Dirigent und Komponist die Ansprüche dieser derben und unersättlichen Gattin ertrug. Sicher liebte und verehrte sie ihn. Aber ihre beginnende Affäre mit dem Architekten Walter Gropius, der ihr Liebesbriefe schrieb, beunruhigte Mahler. Er selber litt zeitlebens an schweren Migränen und einem heiklen Magen. Sein aufreibendes Leben, Ungemach im Beruf und seelische Unausgeglichenheit führten zu einer Unterbrechung seiner ehelichen Beziehung. Auf Almas Rat suchte Mahler Sigmund Freud auf, der in einer Kurzanalyse diese Impotenz beheben konnte. Als ihm aber Dr. Freud eine längere analytische Behandlung vorschlug, lehnte er dieses Anerbieten mit der Begründung ab, er müsse sich seine kreative Kraft bewahren. In der Frühzeit der Psychoanalyse war die Meinung verbreitet, bei Künstlern könne eine Analyse die Kreativität zum Erlöschen bringen. Aus diesem Grunde riet Lou Andreas-Salomé, deren enge Verbundenheit mit Freud bekannt ist, Rilke ab, sich einer Analyse zu unterziehen. Aber Rilke bezeugte Freuds Heiltherapie seine Anerkennung. Kafka und Werfel waren im Gegenteil leidenschaftliche Gegner der Freudschen Lehre.
Viel Authentisches über Mahlers Leben und seine kompositorischen Probleme hat Natalie Bauer-Lechner aus Gesprächen mit ihm mitgeteilt, desgleichen Ludwig Karpath in seinen Aufzeichnungen. Redlich und von einer tiefen Anhänglichkeit an sein großes Vorbild zeugend, sind Bruno Walters Erinnerungen („Thema und Variationen"). Als Neunzehnjähriger kam Bruno Schlesinger, wie er von Geburt hieß, als Korrepetitor zu Mahler an die Hamburger Oper. Der mit seinen Mitarbeitern sonst streng und hart verfahrende Dirigent erkannte sogleich die Gaben dieses

Jünglings. Er schenkte ihm ein Vertrauen, das bis ans Ende seines Lebens in ungetrübter Freundschaft erhalten blieb. Mahler verschaffte dem jungen Mann eine Kapellmeisterstelle in Breslau, wo ihm der Intendant erklärte, in der schlesischen Hauptstadt könne er sich unmöglich Schlesinger nennen; seither führte er den Namen Bruno Walter. Sein Bericht über Gustav Mahlers Arbeit, Triumphe und Konflikte an der Wiener Oper, an die er ihm, als zweiter Kapellmeister, gefolgt war, gibt ein getreues Bild vom Wirken seines Meisters, das ein Höhepunkt war in der Geschichte dieses berühmten Opernhauses. Lange nachdem Mahler in New York gewirkt hatte, hat auch Bruno Walter infolge des Boykotts, mit dem ihn 1933 das Nazi-Regime aus seiner Dirigententätigkeit entfernte, in den Vereinigten Staaten ein neues und höchst erfolgreiches Tätigkeitsfeld gefunden.

Wegen des Films „Der Tod in Venedig", den Luchino Visconti nach Thomas Manns Erzählung gedreht hat, kam es vor ein paar Jahren zu einer Kontroverse. Der italienische Regisseur hat aus der Hauptfigur, Gustav von Aschenbach, der von Thomas Mann als Schriftsteller vorgestellt wird, einen Dirigenten und Komponisten gemacht. Der Film folgt der Handlung von Manns Buch genau; aber Visconti schildert in kurzen Rückblenden Episoden aus dem Leben des heftig umstrittenen Komponisten. In einem Interview stellte der Regisseur eine auch nur partielle Identifikation des Aschenbach mit Mahler in Abrede; aber er hat das Adagietto aus dessen Fünfter Symphonie als Hintergrundmusik zu seinem Film verwendet. Mahlers französischer Biograph Henry-Louis de La Grange griff in „Le Monde" Visconti empört an, indem er ihn beschuldigte, er habe in seinem Film der Figur des Aschenbach Mahlers Physiognomie verliehen und ihn zu einem Homosexuellen gestempelt, was er nicht gewesen sei. In einer Zuschrift an „Le Monde" versuchte ich, die Dinge richtigzustellen; der Darsteller des Aschenbach habe, schrieb ich, überhaupt keine Ähnlichkeit mit Mahler, auch habe Luchino Visconti nicht Mahlers Leben geschildert, sondern in der Haupthandlung sich bis in alle Einzelheiten an die literarische Vorlage, an Thomas Manns „Tod in Venedig", gehalten. – Übrigens frage ich mich, ob Thomas Mann nicht selber an Mahler dachte, als er dem Helden seiner venezianischen Erzählung den Vornamen „Gustav" verlieh. Die Bedeutung Mahlers war ihm bekannt; Thomas Mann war tief betroffen, als er den Tod des erst fünfzigjährigen Komponisten erfuhr.

Diese Dinge, diese Menschen und ihre Zeit, gehen mich etwas an, nicht

nur wegen ihrer kulturhistorischen Bedeutung. Außerdem gehen wir jetzt einem neuen Fin-de-siècle entgegen. Alma Mahlers Persönlichkeit machte auf mich Eindruck, als sie nach dem „Anschluß" Österreichs im Frühjahr 1938 nach Zürich kam. Ein Wort des Dankes hatte ich von ihr früher schon für mein Rilke-Buch erhalten. Mit ihren neunundfünfzig Jahren war sie noch eine stattliche Frau mit blonden Löckchen und geröteten Wangen; sie hatte etwas Stürmisches, Leuchtendes, Herrisches in ihrem Auftreten. Das Jüdische in Künstlern und Intellektuellen scheint sie angezogen zu haben, obgleich sie gern mit taktlosen Bemerkungen zu verstehen gab, daß sie selber keine Jüdin war. Wenn Werfels Biographin Lore B. Foltin glaubt, aus einem Brief Rilkes an die Fürstin Taxis schließen zu können, Sidonie Nádherný sei antisemitisch gewesen, weil sie Franz Werfel einen „Judenbub" genannt hatte, dann weiß sie nicht, daß Alma zu mir von ihrem Mann sagte: „Der Franzl is halt a guater Judenbuab." Alma nahm kein Blatt vor den Mund, als sie zur Frau des Schriftstellers Robert Neumann sagte: „Heiraten Sie auch immer Juden?" Im Hause Rieser in Rüschlikon, wo wir bei Werfels Schwester und Schwager zum Nachtessen geladen waren und beim Apéritif unter Männern ein Gespräch führten, rief Alma, die bei den Damen stand, herüber: „Sind wir hier in einer Synagoge, daß die Männer und die Frauen getrennt sind?" So konnte Alma reden; obgleich ja soeben Hitler mit seiner Wehrmacht in Wien eingezogen war, was sie zur Flucht gezwungen hatte, kümmerte sie sich nicht um den etwas peinlichen Eindruck, den ihre aus dem alten Österreich stammenden Redensarten über die Juden in einem solchen Augenblick machten. „Wenn ich in Zürich bleiben würde, dann würde ich dieses Städtchen auf den Kopf stellen", sagte Alma zu mir. Da hätte sie aber ihre blauen Wunder erleben können.
Werfel. Ein begabter Dichter und Literat, geschäftig, produktiv, feurig, menschenfreundlich, gefühlvoll, musikalisch, erfolgreich; aber sein Werk hinterläßt zwiespältige Gefühle. Er war in dem Kreis von Prager Schriftstellern groß geworden, die in doppelter Hinsicht Außenseiter waren: als Juden unter den böhmischen Deutschen, und als Deutsche unter den Tschechen. Kafka bewunderte einiges, was der junge Werfel geschrieben hatte, das spätere verabscheute er. Aber die beiden blieben in Verbindung, auch als Werfel bereits in Wien lebte. Die Ereignisse haben diese pragerdeutschen Schriftsteller in alle Winde verstreut. Werfel begegnete ich, als er 1938 aus Sizilien zu Alma nach Zürich kam; nach dem Krieg lernte ich Werfels Schulfreund Willy Haas in Berlin kennen; Max

Brod besuchte ich in Tel Aviv; den großen Schauspieler Ernst Deutsch, der auch zu diesem Freundeskreis gehörte, traf ich in Wien.
Franz Werfel, 1890 geboren, war elf Jahre jünger als Alma, sie hatte ihn mit allen ihr zur Verfügung stehenden Mitteln gefördert, als er nach Wien übergesiedelt war; aber sie sprang mit ihm um wie mit einem Schuljungen. Da sie bis zum „Anschluß" in Wien ein großes Haus führten und Geld nötig hatten, sagte Alma vor Zeugen: „Franzl, schreib a Reißer!" Werfels Verdi-Roman, eines seiner besten Bücher – das mit dazu beitrug, daß Verdis Opern in Deutschland eine Renaissance erlebten –, erschien Anfang April 1924. Als ich in diesem Monat Rilke besuchte, zeigte er mir dieses Buch und sagte mit etwas spöttischem Lächeln, es verwundere ihn, daß Werfel es ihm mit einer so verehrungsvollen Widmung geschickt habe, er stehe doch gar nicht besonders gut mit diesem Dichter. Rilke hatte, als sie erschienen, die frühen Gedichte Franz Werfels geschätzt und ihn persönlich kennengelernt; es ging ihm dann wie Kafka und anderen: die überbordende und künstlerisch anfechtbare Produktion Werfels war ihm nicht mehr lieb. Rilke hatte als der viel ältere, der Prag längst verlassen hatte, nicht zu dem erwähnten Kreis von Prager Schriftstellern gehört.
Ehrlich gesagt: Ich habe eine freundliche Erinnerung an meine Begegnungen und Gespräche mit Franz Werfel, damals in Zürich. Sein Wesen hatte etwas Sensibles, Verletzbares, Mitleiderregendes, das allerdings mit der Lage des Flüchtlings, des Verbannten, zusammenhing, der seine Habe und seine große Bibliothek in Wien hatte zurücklassen müssen. Er sagte, von nun an könnten geistige Menschen nur noch ein „Katakombendasein" führen. Werfel gab mir ein Stichwort, als er von meinem Aufsatz über den Anschluß Österreichs sagte: „Analyse ist die beste Polemik." Keine Analyse, sei es die eines Kunstwerkes oder einer Dichtung, eines politischen Ereignisses oder eines wissenschaftlichen Problems, ist in einem absoluten Sinn objektiv. Die „voraussetzungslose, wertfreie Wissenschaft" des Positivismus war eine Illusion. Das analysierende Subjekt muß von etwas ausgehen, das es zwar in redlichem Bemühen zu untersuchen unternimmt, um zu einem Ergebnis oder einer Schlußfolgerung zu gelangen; aber als Subjekt ist es am analysierten Objekt beteiligt. Der Analytiker ist keine allwissende und von menschlichen Absichten detachierte Gottheit. Er verrät seine Prämissen, seine Wertvorstellungen und seine Absicht.
Nach der Besetzung Österreichs durch Nazi-Deutschland wurde Gustav

Mahlers Portraitbüste von Rodin aus dem Foyer der Wiener Oper entfernt. Als alte Dame kam Alma Mahler nach dem Zweiten Weltkrieg noch einmal zu Besuch nach Wien, wo diese Büste wieder an den Platz im Foyer gestellt wurde, den alle Besucher dieses Opernhauses kennen. Alma Mahler-Werfel (Franz Werfel war in Kalifornien gestorben) war nun selber in den Augen ihrer ehemaligen Mitbürger zu einer Art Monument einer versunkenen Epoche geworden. Sie ließ Werfels Asche auf dem Zentralfriedhof bestatten. Wien bereitete Alma einen respektvollen Empfang; aber sie hatte die Klugheit zu verstehen, daß sie in dieser veränderten Umgebung keine Rolle mehr spielen konnte. Alma Mahler hatte sich in New York einen Kreis geschaffen, zu dem auch Bruno Walter und Thornton Wilder gehörten. Sie starb, ein halbes Jahrhundert nach Gustav Mahler, in New York, im Alter von dreiundachtzig Jahren. Auch Bruno Walter – den ich als Dirigent dem allzu tänzerischen und eitlen Furtwängler vorzog – erreichte ein hohes Alter. Ich sah ihn zum letztenmal, als er 1955 nach Zürich kam, um an der Feier zu Thomas Manns 80. Geburtstag auf der Bühne unseres Schauspielhauses die „Kleine Nachtmusik" zu dirigieren. Die Freundschaft zwischen diesen beiden fast gleichaltrigen Männern ging auf die Jahre des Ersten Weltkrieges in München zurück und bestand ihre Bewährungsprobe im amerikanischen Exil.

22. Juli

Eigentlich komisch, daß ich bei diesen (fast täglichen) Improvisationen mit dem Kugelschreiber auf einmal an so große Stoffe gerate. Mein „Mahler-Jahr" war 1980. Wochenlang las und hörte ich, machte ich Notizen. Nun ist alles plötzlich wieder aufgestoßen. Namen, Menschen, Gestalten tauchten wieder auf. Ein wenig gespenstisch. Es hat sich so viel geändert, seither. – Anruf von Graf Colloredo, er wollte am Nachmittag kommen, morgen früh fährt er nach München weiter; es ist mir heute leider nicht möglich. Er bringt immer so viel Welt mit sich. Wieder hat der alte Herr seine gewohnte Kavalierstour von Kanada über Mexiko, Marokko, Frankreich, mit Halt in Zürich hinter und Bayern und die Steiermark vor sich. Jérôme Colloredo ist menschenhungrig und treu. Er braucht Länder und befreundete Häuser. Er komme im Herbst wieder, sagte er. Ich kann seinen Besuch an diesem Nachmittag nicht empfan-

gen, weil ein Redaktor der „Weltwoche“ und Klara Obermüller zur Vorbesprechung eines von ihnen bestellten Artikels hierherkommen; nachher fahre ich mit ihnen nach Zürich. Es ging uns neulich auch mit Golo Mann so. Seit Manuels Tod war er nicht mehr in Brunegg. Er wollte genau an dem Tag kommen, an dem wir von Freunden in ihrem Haus am Zürichsee erwartet wurden. Er habe es sich gedacht, sagte er am Telephon, es würde uns nicht passen. Golo geht wieder in sein Haus im Tessin. Nun, E. und ich führen hier, genau besehen, ein häusliches Dasein, es kommen Besuche, und manchmal fahren wir aus. Dazu ein Bedürfnis nach Lektüre und nach Niederschrift dieser Notizen, die, fast gegen meinen Willen, ab und zu sich an einem größeren Stoff festbeißen. Ich möchte ja immer kurz, knapp sein, ich habe ein Ideal von „raccourci“, das selten gelingt. Professoral? Ich glaube nicht, es ist Anlage, Temperament – Lehrer bin ich vermutlich geworden, weil ich gern einen kritisch verarbeiteten Stoff ausführlich behandle und mir das Pädagogische liegt. Der Geschichtschreiber (wie der Geschichten-Schreiber) sei Epiker, sagen Leute, die es wissen müssen.
Auch Jürg Federspiel brachte Welt zu uns. Er lebt zwischen New York, der Schweiz und Südfrankreich, von wo er gestern zurückgekehrt ist. Er hatte mit seinem kleinen Sohn unter heißer Sonne Ferienausflüge an der Côte gemacht. Wir sahen ihn nicht mehr, seit er vor fünfzehn Jahren mit Max Frisch in unser damaliges Haus in Ascona kam. Es war Winter, ich verbrachte ein Sabbatical-Year im Tessin. Der Abend, gestern, war von Sommerwärme so erfüllt, daß wir auf der Terrasse aßen und bis spät in der Nacht im Freien sitzen blieben. Früh um 3 Uhr kam ein Gewitter, ich schlief; E. erzählte mir beim Frühstück, sie habe im Nebenzimmer und im Saal Läden schließen müssen, die gegen die Hausmauer schlugen. Nichts gehört, bis 7 Uhr tief geschlafen. Als ich mit Gioia ins Freie ging, regnete es tröpfelnd. Kaum kühler, sitze hier in leichter Hose und Hemd. Federspiel schickte mir unlängst seine Erzählung „Typhoïd-Mary“. In der Widmung schreibt er: „Die Geschichte einer fingierten Landsmännin.“ Ich sagte ihm, wie tief doch bei uns Bündnern die Schollenverbundenheit, der Lokalpatriotismus sitzt, auch bei den vielen Ausgewanderten. Als ich vor Jahren mit Alberto Giacometti bei „Lipp“ in Saint-Germain-des-Prés Choucroute alsacienne verzehrte, sprachen wir zuerst von unserem heimatlichen Bergell, von Stampa und Soglio – Giacometti hat jeden Sommer in seinem Elternhaus in Stampa bei seiner alten Mutter zugebracht. Dieser Neuerer hatte tiefe Wurzeln. Federspiel war wieder in

Davos, besuchte sein Elternhaus, das jetzt anderen Leuten gehört; er war dort zur Schule gegangen. Graubünden war ein armes Land, bevor der Verkehr und der Tourismus das Geld brachten. Als Soldaten in fremden Diensten, als Zuckerbäcker, als Gastwirte machten – oder suchten – sie in andern Ländern ihr Glück. Ich erzählte Federspiel die Geschichte jenes Bauernsohnes aus Igis namens Täscher oder Tascher, der im 18. Jahrhundert in einem Bündner Regiment in Frankreich diente, desertierte, auf einer Antilleninsel zu Geld kam. Sein Sohn hatte eine Plantage, nannte sich Tascher de la Pagerie; dessen Tochter Joséphine heiratete den General de Beauharnais, der in der Revolution unter der Guillotine starb. Dann nahm Napoleon sie zur Frau und machte sie zur Kaiserin der Franzosen. – Wußte Joséphine, daß ihr Großvater ein armer Bauernbub aus Graubünden war? Ich las gestern diese seltsame Geschichte zufällig, als ich in einer Familiengeschichte nach den beiden Fürstbischöfen von Chur aus dem Hause Federspiel suchte. Jürg F. sagte, sein Urgroßvater sei ein leidenschaftlicher Antiklerikaler gewesen und habe aus Protest gegen das vom Ersten Vatikanischen Konzil verkündete Unfehlbarkeitsdogma bei der Gründung der Altkatholischen Kirche in Basel mitgewirkt. An einem der Domherrenhäuser im bischöflichen Hof zu Chur ist das noble Wappen der Federspiel, die zum Bündner Adel gehörten, in Stein gemeißelt. Der bekannte dänische Politiker Per Federspil (ohne e) habe gesagt, sein Urgroß-(oder Groß-)vater sei aus Graubünden eingewandert.
Alter Ursprung, moderner Mensch und ein Schriftsteller, der dunkle, böse und skurrile Stoffe mit echter Teilnahme am Los der Zukurzgekommenen behandelt, aber außer der Klage – oder der Trauer – auch das Verschmitzte und leidvoll Komische zum Ausdruck bringen kann. Federspiel hatte für seine „Typhoïd-Mary" wenig Unterlagen. Er hörte diese Geschichte zuerst von einem Hippie-Mädchen. Leute in New York, denen er sie erzählte, glaubten sie nicht. Nur als eine seltsame Legende war sie im Untergrund der Bevölkerung noch lebendig geblieben. Hartnäckiges Suchen in amerikanischen Bibliotheken brachte zwei medizinische Artikel an den Tag, aus denen hervorgeht, daß eine Typhus-Trägerin unzähligen Menschen in New York den Tod brachte, ohne daß sie selber daran erkrankte. Sie war dreißig Jahre in einem Spital interniert, ehe sie 1938 im Alter von über achtzig Jahren starb. Solange sie lebte, gestattete das ärztliche Geheimnis nicht, darüber zu sprechen oder zu schreiben. Als nach ihrem Ableben der Fall von einem Arzt in einer Fachzeitschrift veröffentlicht wurde, brach in Europa der Krieg aus. Die amerikanischen

Zeitungen beachteten damals den ungeheuerlichen Fall dieses Todesengels nicht. Er geriet in Vergessenheit. Es ist medizinisch erwiesen, daß es solche Krankheitsträger gibt, bei denen die Krankheit nicht ausbricht. Ich habe Federspiels Geschichte mit Spannung und Genuß gelesen. Er hat sie mit großem Können, einer grausigen Ironie, verhaltenem menschlichen Mitleid erzählt. Die Anschaulichkeit seiner Schilderungen beruht auf einer scharfen Beobachtungsgabe. Hier schreibt einer, der es kann und über eine reine, harte Sprache verfügt, eine Geschichte, die kein Krimi, sondern ein parodistisch geschilderter Totentanz ist. Er bringt dem Leser das Gruseln in einem Werk bei, das literarischen Rang hat – grotesk, schauderhaft, mit schwarzem Humor, auch mit helleren Stellen. Das Wenige und Dürftige, was ein amerikanischer Arzt vor mehr als vierzig Jahren über diese Frau mitgeteilt hat, weckte die Fabulierlust eines Schriftstellers, der ein genauer Kenner der New Yorker Welt und ihrer erschreckenden Randerscheinungen ist. Seine todbringende Heldin beschreibt Federspiel als eine Köchin, die in vielen Häusern bei Menschen dient, deren Silhouetten er mit sicherem Griffel zeichnet. Daß diese Maria oder Mary, die von einem Einwandererschiff den verheerenden Typhusbazillus in die große Stadt einschleppte, einer Gruppe von süddeutschen Auswanderern angehörte, sei denkbar, sagte Federspiel. Aber warum Bündnerin? Nun, in Süddeutschland hätten viele arme Mädchen aus Graubünden als Mägde gedient, zu Hause habe man sie „Schwabemaitli" genannt. Der Name Caduff? Aus dem Domleschg. Also unsere „fingierte Landsmännin".
Es sind an die dreißig Jahre her, daß mir der Name von Jürg Federspiel in Film- und Buchbesprechungen in der Basler „National-Zeitung" zum ersten Mal auffiel. Heute ist seine Aussprache mehr baslerisch als bündnerisch. Später las ich seine Erzählungen und dann das in Schwarz getauchte „Museum des Hasses. Tage in Manhattan". Für die heutigen Intellektuellen, Künstler und Schriftsteller bedeutet New York das gleiche, was unserer Generation nach dem Ersten Weltkrieg Paris bedeutet hat. Sie kommen nicht los davon; aber sie lassen sich nicht von der berühmten Sky-line betören, die der Reisende bei der Ankunft erblickt, sondern sehen und kennen auch das Monströse dieser Monsterstadt. Federspiel hat in seinem Manhattan-Buch, mit dem ihm sein literarischer Durchbruch gelang, eine eindrückliche Vision und realitätsnahe Bilder von New York gestaltet.
Es war ein guter Abend, gestern. E.'s Freundin Jole Fontana hatte Jürg

Federspiel in ihrem Wagen zu uns gebracht. Er ist ein Literat ohne Pose, ohne Künstlichkeit – er hat es nicht nötig. Ein Mann von fünfzig Jahren, reif, in sich ruhend, der Körper großgewachsen und stämmig, weiße Fäden im kurzen schwarzen Kinnbart und im Haupthaar rund um eine Stirnglatze. Ein breiter Mund. Keine gymnasiastenhaften Überreste in seinem Wesen, wie man sie manchmal bei nicht mehr ganz jungen Intellektuellen entdecken kann. Keine Naivitäten. Ein gescheites Gespräch ohne Geistreichelei. E. hatte zum ländlichen Nachtmahl eine Churer Fleischtorte mit saftigen Sultaninen und eine provenzalische Ratatouille zubereitet. Wir tranken Beaujolais-Village dazu. Das Rezept der Fleischtorte hat E. von meiner Mutter geerbt. Man aß bei uns zu Hause gern Bündner Spezialitäten. Wir waren uns einig, daß der Verlust des Veltlins damals Graubünden ruiniert hat. Ob es wahr sei, fragte Federspiel, daß der Vertreter der Schweiz am Wiener Kongreß bei der Beratung der Veltliner Frage nicht zugegen gewesen sei? Dieser Gesandte, der Zürcher Bürgermeister Reinhard, wünschte, sagte ich, die Rückkehr des Veltlins zur Schweiz nicht, weil es dann noch mehr Katholiken gegeben hätte. Österreich, das später das Veltlin an Italien verlor, hätte es ohnehin nicht herausgegeben. Kaiser Franz soll zum Vertreter Graubündens gesagt haben: „Was wollen S', was man hat, gibt man nicht gern wieder heraus." Wir sprachen über das schöne Städtchen Chiavenna am Ausgang des Bergells.

29. Juli

Wolfgang Hildesheimer hat in seinem Buch „Marbot" ein Identifikationsmodell entworfen. Er hat dazu den Kunstgriff gebraucht, die Biographie einer fingierten Persönlichkeit zu schreiben und ihr Leben mit scheinbarer Forscher-Akribie darzustellen. Sein Held ist ein vornehmer und reicher junger Engländer, der am Beginn des 19. Jahrhunderts in England, Deutschland, Italien und Frankreich lebt und mit ausgesuchten Persönlichkeiten des damaligen Geisteslebens verkehrt. Was ich bei Romanen festgestellt habe, gilt auch für dieses Buch: die Hauptfigur und ihre Fabel ist fiktiv, die Nebenfiguren und die Umwelt sind historisch; Goethe, Byron, Shelley, Schopenhauer, Leopardi, Corot, Delacroix, Berlioz kommen im Leben Marbots vor. Das Leiden des Andrew Marbot, dessen Lebensinhalt die Kunst, und zwar die Malerei ist, besteht in seiner

Unfähigkeit, selber ein Kunstwerk schaffen zu können. Sein (fiktives) Œuvre ist ein kunstkritisches, das seiner Zeit weit voraus ist. Er sei für beinahe ein Jahrhundert der einzige gewesen, sagt sein Biograph, „der zum einzelnen Kunstwerk die Frage nach seiner Motivation im Unbewußten und damit seiner seelischen Herkunft gestellt" habe. Die Malerei habe er gewählt, nicht nur weil das Bild sein Lebensinhalt gewesen sei, „sondern auch sein Inbegriff des in sich geschlossenen unentstellbaren Kunstwerkes". Deshalb werde „das Bild zu einer Botschaft, die allen Zeiten gilt". Das Gemälde steht vor uns offen zur Interpretation, es bedarf keines Sängers, Spielers oder Schauspielers; es zeigt, was die Wirklichkeit hätte sein können, „wäre die Welt vom Künstler regiert". Dem gemalten Kunstwerk (der Autor spricht auffallenderweise nie vom statuarischen) stellt der Betrachter die Frage nach dem Wesentlichen. Aber es beantworte die Frage nach seinem größten Geheimnis niemandem, „nämlich die nach jener seelischen Notwendigkeit, dem es seine Entstehung verdankt". Dann folgt der Satz, auf den hin, wie mir scheint, das ganze Buch geschrieben ist: „Der Künstler spielt auf unserer Seele, aber wer spielt auf der Seele des Künstlers?"

An dieser Stelle wird Hildesheimers oft gebrauchtes Wort von der „metaphysischen Dimension" erst ganz verständlich. Zwar stehe die Antwort auf die Frage: „Wer spielt auf der Seele des Künstlers?" bis heute aus. Aber diese Frage steht im Raum, wenn wir Kunstwerke betrachten – oder auch hören oder lesen (der erfundene Andrew Marbot hat wenig Zugang zur Musik und zur Literatur). Das Fragen sei die Frömmigkeit des Denkens, sagt Heidegger; deshalb ist fragen so viel wichtiger als antworten. Die Frage nach dem, der auf der Seele des Künstlers – könnte es nicht auch heißen: auf der Menschenseele? – spielt, ist die metaphysische Frage par excellence. Daß die Antwort aussteht, betrifft denkende, was so viel heißt wie nicht glaubende Menschen. Der Verfasser schaltet das Problem der religiösen Gläubigkeit bei seinem Helden von vorneherein aus. Aber auch der religiös Nichtgläubige, wie dieser Marbot, kommt um die „metaphysische Dimension" nicht herum, wenn er zugibt, es sei eine nicht lösbare Frage, wer auf der Künstler-, auf der Menschenseele spiele. Denn derjenige, der aus seelischer Notwendigkeit etwas schafft oder tut, indem er gar nicht anders kann, erhält von undurchschaubarer, unerkennbarer Seite ein Signal, einen Antrieb, eine Motivation, die ihn ein großes Kunstwerk erschaffen oder eine denkwürdige Tat tun läßt. Er gehorcht einem inneren Befehl, von dem niemand sagen kann, woher er kommt. Das und nichts anderes kennzeichnet den Wert von Werken des Geistes, der Kunst und der Menschenwürde, die die Qualifikation des Metaphysischen verdienen. Was nur „gemacht“ ist, besitzt keine metaphysische Qualität.

Der fingierte Andrew Marbot begegnet im Boboli-Garten zu Florenz dem Philosophen Arthur Schopenhauer. Dessen „Welt als Wille und Vorstellung“ spielt im Denken des jungen Engländers eine bedeutende Rolle. Ich muß beifügen, daß von Anfang an der Biograph durchblicken läßt, sein Held werde freiwillig aus dem Leben scheiden. Der Selbstmord ist ein zentrales Thema dieses Buches – welcher denkende und verletzbare Mensch hätte nicht mindestens einmal in seinem Leben an Selbstmord gedacht? Marbot hadert mit Schopenhauers Ablehnung des Selbstmordes. Er erblickt darin einen Widerspruch zu dessen Pessimismus, der deshalb so echt wirke, weil er nicht im Persönlichen stecke, sondern im absolut Objektiven. Schopenhauer habe durchaus dem Leben auch seine guten Seiten abgewonnen, aber er habe die Menschen, wie sie sind, nicht geliebt. Seine Negation der Welt sei philosophisch begründet als „Verneinung des Willens“. Schopenhauer bezeichne den Optimismus als „eine nicht nur absurde, sondern auch wahrhaft ruchlose Denkungsart, einen bitteren Hohn über die namenlosen Leiden der Menschheit“.

Wenn ich aus eigenem etwas hinzufüge, so einen Hinweis auf Jacob Burckhardts Geschichtspessimismus – er wußte sich in Übereinstimmung mit Schopenhauer. Marbot, der ein entschiedener Verneiner ist, leugnet nicht, daß Schopenhauer recht hat; aber er hält dessen Philosophie in der Praxis nicht für durchführbar. Schopenhauer verwirft den Selbstmord, den er nicht als eine Antwort auf unsere Leiden und auf den Widersinn des Lebens gelten läßt; er empfiehlt, aktiv verneinend weiter zu leben. Marbot entgegnet, den Selbstmord könne man nicht als Flucht ins Nichtsein auffassen, „sondern als Verweigerung dessen, was die grausame Natur mit uns als einzelnen Individuen treibt oder vorhat (. . .). Schopenhauer behandelt dieses Thema zu dogmatisch, er berücksichtigt die Seele nicht. Man muß vom einzelnen Menschen ausgehen, von seinen Motiven, seinem Überdruß, seiner Verzweiflung. Aus Gehorsamkeit dem Naturgesetz gegenüber gelebt zu werden, ist das Leben nicht wert. Der Selbstmord ist die extreme Freiheit des Individuums, das mit der Wahl zwischen Sein und Nichtsein ernst macht.“ Andrew Marbot wählt den Freitod nicht aus romantischem Weltschmerz, sondern in aufrechter Haltung, im Bewußtsein der Vergeblichkeit eines sinnlosen Weiterlebens. Mit feinfühliger Kunst, diskret und würdig, läßt der Verfasser seinen Helden, der zuletzt in Urbino lebt, verschwinden, ohne dramatische Schaustellung. Andrew Marbots Leiche wird nie gefunden. Seine Geliebte entdeckt, daß eine seiner beiden wertvollen Duellpistolen aus ihrem Etui verschwunden ist. Der Selbstmörder selbst bleibt verschollen. Im Zusammenhang mit Montaignes „Essais" widersprach ich in diesen Notizen der Auffassung, philosophieren heiße, das Sterben lernen. Wolfgang Hildesheimers Biographie eines erfundenen Denkers behandelt ein seltsames, aber einleuchtenderes Thema: sein Held philosophiert, um seinen Selbstmord zu lernen. Mutig zieht dieser die Konsequenz aus seinem Denken.

30. Juli

Auf eine Erkundigung hin erhielt ich die Auskunft, Wolfgang Hildesheimer lebe einsam an einem Ort in Italienisch-Graubünden. Ein entfernter Verwandter? Die Frage ist nur halb ironisch, was die Geistesart betrifft. Ich kann aber seiner Lebensphilosophie auch nur halb zustimmen. Von Marbots (seinem eigenen?) Lebensgefühl sagt Hildesheimer, es sei durch die genaue Beobachtung seiner Erfahrung und der Erfahrungen anderer motiviert. Daß, wie er seinen Helden sagen läßt, der Mensch mit sich und der Welt allein sei, ist nichts Neues; sicher sind wir allein. Aber wenn er meint, glücklich könnten nur jene sein, die es nicht wissen und ihr gedankenloses, geselliges Leben für ein ausgefülltes Dasein halten, muß ich widersprechen. Die Kommunikation mit der Mitwelt, ein tätiges Leben also, das Kontaktfähigkeit mit andern Menschen erfordert, kann das Einsamkeitsgefühl mildern bis zum vorübergehenden Vergessen. Aber solchen Menschen vorzuwerfen, daß sie bloß ihre Zeit vertreiben, wäre ungerecht. Es muß dem Menschen erlaubt sein, die guten Seiten des Lebens zu genießen. Nie ist in diesem Buch von der Möglichkeit eines „nützlichen" Lebens die Rede, sondern nur von der Möglichkeit einer künstlerischen Kreativität, die denjenigen, denen sie gegeben ist, erlaubt, ihre Einsamkeit im Werk zu überwinden. Von den Privilegierten und Reichen (zu denen der fingierte vornehme Engländer gehört), die das Leben als Selbstzweck betrachten, heißt es, sie könnten sich nicht mehr davon versprechen „als eine wachsende Ansammlung von Erfahrungen, deren Qualität immer wieder die gleiche ist, weil sie der Veranlagung des Erfahrenden entspricht, die nun einmal nicht über seine Erlebnisfähigkeit hinausgehen kann". Diese Sätze diktiert der Autor seinem Helden in die Feder; desgleichen die Aussage, wer in der Hoffnung lebe, „daß sich ihm Größeres und Wesentlicheres offenbare als das, was er bereits erfährt, täuscht sich. Doch in dieser Täuschung zu leben, macht das Leben leichter."

Eine Ansammlung von Lebensweisheit, ich bestreite es nicht. Das Stichwort „Hoffnung" läßt der Selbstmordkandidat nicht gelten; denen, die nicht wie er sich jene äußerste Freiheit nehmen, das eigene Dasein auszulöschen, macht er mit freundlicher Verzweiflung das Zugeständnis, in einer Täuschung zu leben mache das Leben leichter.

Ich kenne die Versuchung, einer logisch in sich geschlossenen Argumentation wie dieser recht zu geben, zumal wenn sie klug und mit Fassung vom Argumentierenden vorgetragen wird. Mit Schopenhauer – der einen enormen Einfluß auf das deutsche Geistesleben des 19. Jahrhunderts hatte – geht es mir insofern anders, als mir das Hochfahrende dieses starken Geistes nicht behagt. Bei Jacob Burckhardt stört der Pessimismus nicht, weil er ihn nie rechthaberisch, sondern aus tiefer Einsicht in das historische Menschheitsschicksal mit einer unnachahmlichen Noblesse des sprachlichen Ausdrucks formulieren kann. Burckhardt hatte Erbarmen mit den Menschen. Schopenhauer konnte nur sagen, er liebe die Menschen nicht. War er denn selber kein Mensch? Dürfen wir mit Überheblichkeit über die Menschen, selbst über die schlichtesten und stumpfsten unter ihnen, urteilen? Irgend etwas sagt uns, daß sie trotz ihrer Gedankenlosigkeit, Torheit, Oberflächlichkeit, Passivität, sogar trotz ihrer Bosheit, Geschöpfe sind wie wir; auch wenn sie trotz allem, auch trotz ihrer Unempfänglichkeit für mitmenschliche Sympathie oder Solidarität, unzugänglich sind für unsere guten Absichten. Der religiöse Mensch würde sagen, alle Menschen seien Kinder Gottes.

Die junge Nachkriegsgeneration, die nicht mehr jung ist, glaubte an das „Prinzip Hoffnung". An eine Hoffnung, so meinte sie, die nicht auf Selbsttäuschung beruhe. Auf Katastrophen folgt immer Hoffnung. Katastrophen dürfen nicht wieder vorkommen, lautet die Parole. Es muß endlich anders, friedlicher, besser werden. Wenn die Gesellschaft verändert wird, glaubt man, kann das Böse, die Ausbeutung des Menschen durch den Menschen, der Machtmißbrauch und der Krieg ausgerottet werden. Man hofft auf das Erscheinen des „Neuen Menschen". Die Botschaft hört' ich wohl. Es wäre wunderbar. Aber Ideologie ist das Unwirkliche. Utopie schlägt Modelle vor, wie die Wirklichkeit sein könnte, wenn ... Ja. Aber wenn was? Eine Revolution dürfe sogar einen Blutzoll fordern, wenn es nachher besser wird. Warum verwehren die gleichen, die so denken, dem Krieg, einen Blutzoll zu fordern? Glauben nicht auch die, welche Krieg machen, er sei gerecht, weil hernach das Ungemach beschworen, der Friede, für den er geführt werde, das Bessere herbeiführen müsse und könne? Aber auch Krieg, wie Revolution, schafft neue Probleme. Außerdem werden Revolutionen und Kriege oft nur gemacht, um die eigene Macht aufzurichten, nachdem man eine andere, verhaßte Macht niedergeworfen hat.

Es gibt eine Skepsis, die Skepsis Montaignes zum Beispiel, die nicht standpunktlos ist, sondern im allgemeinen Leiden und Elend ein wenig Gutes und Gerechtes für die Menschen und für den Menschen in seiner besonderen Kondition herbeiführen möchte. Ich frage mich, ob der Skeptiker nicht menschenfreundlicher ist als der Ideologe, der mit seinem Haß Feindbilder schafft und im stillen hofft, mit diesem Feind werde er eines Tages abrechnen können, auch wenn dabei Blut fließen, Unrecht geschehen, Zerstörung und Willkür in Kauf genommen werden muß. Im extremen Fall kann es eine Ideologie des Kahlschlages sein, wie ihn Lenin vornahm: Tabula rasa machen, damit man ganz neu anfangen und aufbauen könne – selbst auf die Gefahr hin, daß eine, zwei, drei Generationen geopfert werden müssen, damit es die nachfolgenden Generationen endlich gut, schön, gerecht, friedlich, brüderlich haben werden und in echter Gleichheit und wahrer Freiheit werden leben können. Ideologie mit Aggression, Utopie mit Opfern. Ich denke mit diesem Gedankengang eine Logik der Geschichte samt ihren tragischen Erscheinungen zu Ende. Weil der Mensch nicht vollkommen ist, kann er nur selten etwas Besseres, nie etwas Vollkommenes schaffen. Wir sind – und da gebe ich Schopenhauer recht – Menschen, die man Mühe hat zu lieben, weil sie es machen wie alle Menschen, selbst in der besten Absicht. Darin erblicke ich den Vorzug nicht eines schwarzen Pessimismus, sondern der Einsicht in die Menschennatur wie sie ist. Es ist die Einsicht in das Vergebliche der Geschichte, in die Sinnlosigkeit der Gewalt, in die Korrumpierbarkeit derer, die etwas mit Idealismus angefangen und mit Realismus zu Ende geführt haben. Frankreich hatte Mühe, sich von den Schrecken und Folgen seiner Revolution zu erholen. Rußland hat sich von der seinen noch heute nicht erholt. Die Blutspur der iranischen, islamischen Revolution fließt gegenwärtig im Innern des Landes und nach außen gegen feindliche Nachbarn immer blutiger weiter.

Das wirkliche Geschehen der Vergangenheit und der Gegenwart rechtfertigt ein skeptisches Denken, das aus Menschenfreundlichkeit kommt, wie das Denken des Erasmus, des Montaigne, des Burckhardt: aus der schwierigen Liebe zum Menschen. So wie er ist, kann der Mensch zwar nicht verändert werden; aber man muß versuchen, ihm zu helfen, selbst wenn diese Hilfe, im Ganzen der Menschheitsschicksale betrachtet, uns vorkommt wie der oft genannte Tropfen auf dem heißen Stein. Solches, scheint mir, könnte mit Vorteil einem dogmatischen Ideologiedenken, das sich nur zu oft in seinen eigenen Finger schneidet – das heißt kontraproduktiv ist –, entgegengehalten werden. Mit der Einschränkung, die auch der Skeptiker sich auferlegen muß, daß vorgreifende Programme, reformträchtige Ansichten, politische Initiativen mithelfen können, das Los der Menschen ein wenig zu verbessern, Stückwerk-Verbesserungen vorzunehmen. Mit der andern Einschränkung, daß jede Verbesserung ihren Preis kostet, indem sie auch erhaltenswerte Zustände, die durch diese Verbesserung in Mitleidenschaft gezogen werden, zu verschlechtern droht. Damit rede ich keinem politischen Quietismus oder Immobilismus das Wort; ich möchte bloß die Dinge im Lichte der Erfahrung, mit Luzidität, ohne Naivität, übrigens mit Sympathie und einem Quentchen Mitleid mit der Spezies Mensch betrachten. Die Welt verändert sich immerfort. Die Summe der menschlichen Tugenden und Laster bleibt sich gleich.

Das einzelne Individuum muß, wenn es am Leben bleiben will, versuchen, das Leben zu meistern, obgleich es (außer dem religiös gläubigen Menschen) nicht weiß, wer der Meister ist. Es gehört Haltung, Gefaßtheit, eine schwer erträgliche Mischung von Hoffnung und Verzweiflung dazu, das Leben in einer Welt und unter Menschen durchzustehen, die es uns nicht leicht machen. Nur so kann man eines natürlichen Todes sterben. Der Verfasser des „Marbot" aber, der eine großartige Biographie von Mozart geschrieben hat, läßt in seiner neuen, diesmal fingierten Biographie seinen Helden durch Selbstmord umkommen. Der Autor selbst lebt in Graubünden einsam weiter, ich vermute, in aktiver Verneinung.

7. August

Gestern Interview für den „Sonntags-Blick". Gute Fragen, Konzentration beim Antworten, ein Photograph schwirrt herum, ermüdend. E. brachte Kaffee und Aprikosenkuchen. Natürlich Libanon. Beim Frager die Fragen, die sich jedermann stellt: Wie ist es möglich, wohin steuert Israel, warum spricht Amerika nicht ein Machtwort? Ich sage, daß die Bombardierung von galiläischen Dörfern durch palästinensische Kampfeinheiten eine Belastung für die Bevölkerung war; vielleicht hätte die Welt für einen israelischen Vorstoß in Südlibanon bis in etwa 40 Kilometer Tiefe Verständnis aufgebracht. Aber was als „Frieden für Galiläa" begonnen hatte, wurde zu einem ausgewachsenen Eroberungskrieg. Zerstörte Städte und Dörfer, die Zerstörung von Westbeirut, Tausende Tote nicht nur unter den palästinensischen Flüchtlingen, sondern auch unter der libanesischen Bevölkerung; Hunger und Elend, alle Grausamkeiten und Leiden eines großen Krieges.
Für einen Kleinstaat ist Eroberungspolitik gefährlich. In Israel leben nicht viel mehr als drei Millionen Juden. Dem amerikanischen Kriegsgerät verdankt die israelische Armee ihre militärische Überlegenheit. Mit den 1,3 Millionen Arabern, die Israel bereits vor dem Libanon-Krieg im Innern des Landes und im besetzten Cisjordanien und Gazastreifen beherrschte, kann es nur mit Zwangsmaßnahmen und Polizeiterror fertig werden. Es gibt nicht „gute" und „böse" Palästinenser, sondern nur Palästinenser, die für sich das Selbstbestimmungsrecht und Freiheit für ihre Heimat verlangen. Wenn jetzt auch noch Libanon als erobertes Land hinzu kommt, ist der Judenstaat überfordert. Einen solchen Machtanspruch kann ein Kleinstaat mit einer schwachen Wirtschaft nicht verkraften. Ich weise darauf hin, daß der Oppositionsführer Peres sagte, Amerika als großes Land habe Vietnam überstehen können, Israel wäre zu schwach, um eine Vietnamisierung zu bewältigen.
Amerika? Niemand kann verstehen, daß es dem Gemetzel und der Zerstörung in Libanon nicht rechtzeitig Einhalt gebot. Reagan versprach nach seiner Wahl eine Wiederherstellung der amerikanischen Macht. Bisher mit wenig Glück. Man hatte in Amerika große Worte gemacht; aber aus Angst vor den amerikanischen Juden, die man in einem Wahljahr nicht verärgern möchte, ist man in Washington unfähig, Jerusalem zur Raison zu bringen. Die Amerikaner wollten Mittelstreckenraketen in Deutschland, Belgien und Holland aufstellen; ihre europäischen Verbün-

deten haben sie zu Verhandlungen mit den Sowjets über dieses Problem gezwungen. Die Europäer sind auch wegen Reagans Eingriff gegen das Erdgasgeschäft mit Rußland verstimmt; sie wünschen verständlicherweise Frieden; deshalb haben sie die Entspannungspolitik oder mindestens den Kontakt mit Moskau nicht abgebrochen.
Adenauer sagte mir, man müsse in der Politik sich immer vorstellen, was man selber in der Lage des möglichen Gegners tun würde. In der gegenwärtigen Situation sieht sich Moskau, dem die Verständigung zwischen Amerika und China einen großen Schrecken eingejagt hatte, auf der einen Seite mit dem chinesischen Milliardenvolk, auf der anderen mit der amerikanischen, deutschen und türkischen Militärmacht konfrontiert. Die Aufrüstung der Sowjetunion hat aber auch die Nato-Staaten erschreckt. Faktisch dauert das Zaudern, das Schwanken und die Verlegenheit bei der Führung der amerikanischen Außenpolitik, ob in Lateinamerika, dem Nahen Osten, Europa, China oder anderswo, auch unter der Präsidentschaft Reagans an. Der Gigant hat kein Konzept. Es war immer klar, daß die Amerikaner unter keinen Umständen einen Krieg riskieren wollen, bei dem ihre Großstädte von russischen Langstreckenraketen zerstört und viele Millionen Amerikaner getötet würden. Es ist anzunehmen, daß auch die Russen ein ähnliches Risiko für ihre Städte, Produktionszentren und Bevölkerungen nicht eingehen möchten. Schlimm ist der permanente Spannungszustand und die erbitterte Rivalität der beiden Großen, die propagandistisch durch den ideologischen Gegensatz untermauert wird.
Europa hat seit 1945 eine seiner längsten Friedensperioden erlebt. Aber in anderen Weltteilen gibt es Kriege und Bürgerkriege, Gewalt und Zerstörung, Töten und Getötetwerden. Mit der Besonderheit, daß in keinem dieser „lokalen“ Konflikte Kernwaffen eingesetzt wurden. Auch nicht in Vietnam, wo die Amerikaner ihre Niederlage hinnahmen, weil es nicht denkbar und nicht entschuldbar gewesen wäre, wenn sie durch den Abwurf von Atombomben Nordvietnam vernichtet hätten. – Solche Stichworte eigneten sich für ein Presse-Interview.

8. August

In der gleichen Wochenzeitung sagte ein Journalist zu Bruno Kreisky, da er Jude sei, fühlten sich viele Menschen in Israel von ihm verraten. Seine

Antwort: „Es geht hier gar nicht um Jude oder Nicht-Jude. Es geht um etwas ganz anderes. Wir haben die Argentinier verurteilt, weil sie eine Aggression unternommen haben. Wir haben die Israelis genauso verurteilt, weil sie ebenfalls als Aggressoren auftreten. Aggression bleibt Aggression, egal ob es sich nun um eine im Südatlantik oder eine in Nahost handelt." Der Journalist insistierte: Kreisky habe gesagt, das Vorgehen der Israelis sei „semifaschistisch". Kreisky: „Ja, das habe ich gesagt und es auch erklärt. Ich bin auch heute noch der Ansicht, daß so ein Vorgehen, so ein Losbrechen eines Krieges (...) einer semifaschistischen Aktion ähnelt." Für viele, entgegnete der Journalist, handle es sich um eine lokale Aktion. Kreisky: „Eine lokale Aktion, bei der Tausende von Menschen, zum großen Teil unschuldige Frauen und Kinder, hingemetzelt werden? Nein, was da geschieht, ist ein Morden ..." Auch Mitterrand, fügt Kreisky hinzu, der im Sicherheitsrat den Antrag stellen ließ, daß sämtliche ausländischen Truppen aus Libanon zurückgezogen werden sollen, habe „genauso zur Beendigung des Mordens aufgerufen wie ich". Auch der ehemalige französische Ministerpräsident Mendès France, ein Jude, hatte sich im gleichen Sinn vernehmen lassen. Desgleichen Nahum Goldmann.

Offenbar haben Regierung und Armee in Israel verstanden, die Mehrheit der Bevölkerung mitzureißen. Wenige Stimmen stören diese Einigkeit. Unter ihnen der Jerusalemer Professor Leibowitz, der einst in Polen knapp den Nazi-Schergen entkommen war und in einer Kundgebung gegen den Libanon-Krieg vor dem Aufkommen eines „Judäo-Nazismus" warnte. Sein Kollege in Tel Aviv, der Professor für klassisches Altertum Benjamin Cohen, charakterisierte die Politik einer Ausrottung der PLO in Libanon wie Kreisky als „halbfaschistisch". Es ist dieses Phänomen, das die Welt erschüttert. Denn diese neue Realität steht in einem vollständigen Gegensatz zu dem, was man sich lange unter Israel vorgestellt hatte. Die Gründung einer Heimstätte in Palästina für vertriebene Juden war in der Weltöffentlichkeit mit Sympathie aufgenommen worden. Nach den Worten der Unabhängigkeitserklärung von 1948 sollte Israel „auf Freiheit, Gerechtigkeit und Frieden im Sinne der Visionen der Propheten gestützt sein" und „allen seinen Bürgern ohne Unterschied von Religion, Rasse und Geschlecht (...) soziale und politische Gleichberechtigung" zuteil werden lassen.

Nach dem israelischen Unabhängigkeitskrieg vor 35 Jahren entstand für die aus Palästina vertriebenen Araber ein neues Flüchtlingsproblem. In den arabischen Staaten kamen diese Heimatlosen in Lagern unter. Schon 1964 gegründet, trat nach dem Krieg von 1967 und der Besetzung von Cisjordanien und Gaza die palästinensische Befreiungsbewegung aktiv in Erscheinung; ihre Terroranschläge sind in aller Erinnerung. Es ist eine der Paradoxien der Geschichte, daß sich eine Situation in ihr Gegenteil verkehrt. Die ehemals Verfolgten wurden zu Unterdrückern, die neuen Verfolgten organisierten sich militärisch und in terroristischen Verschwörergruppen – indem sie das Vorbild der jüdischen Terrororganisationen Irgun und Stern nachahmten, die sich in Palästina unter den jüdischen Siedlern zur Zeit der englischen Mandatsverwaltung gebildet hatten. Die Illusion der Palästinenser war zu glauben, daß sie, wie vor ihnen die Juden, mit Gewalt ihre Heimat zurückgewinnen könnten. Auch die Idee eines „andern" Palästina, in dem Araber, Christen und Juden friedlich zusammenleben könnten, war eine Utopie – aus der Utopie des idealistischen und humanen Judenstaates ist inzwischen eine harte politisch-militärische Wirklichkeit geworden.

Der Krieg in Libanon werde vorbeigehen, hört man sagen, wie alle Kriege, und die Welt werde zur Tagesordnung zurückkehren. Das ist möglich. Aber dieser Krieg der Israeli hat neue Probleme geschaffen, die einen Schatten auf die Zukunft werfen. Ein jüdischer Journalist, Daniel Wiener, der zu Beginn des Libanon-Krieges in Israel war, hat im „TA-Magazin" in Zürich die Problematik des heutigen Israel schonungslos erörtert. Die tiefsitzende Angst des Volkes Israel vor Einkreisung durch den Feind, seine Furcht, ihm wehrlos ausgeliefert zu sein, habe die Machtpolitik dieses Staates herbeigeführt. Das nie bewältigte Trauma der Judenverfolgung durch das Dritte Reich habe diese Einkreisungsangst erzeugt. Die israelische Psychologieprofessorin Amia Lieblich kam nach zahlreichen Interviews und Traumanalysen zum Schluß, daß zwischen dem Naziterror gegen die Juden und dem israelischen Terror gegen die Araber in den besetzten Gebieten (und jetzt in Libanon) ein direkter Zusammenhang bestehe. In einer Publikation deutet diese Jerusalemer Dozentin den Machtwillen der Israeli als „Reaktion auf Ohnmacht und Hilflosigkeit", ihre Gewalttätigkeit als „Reaktion auf erlittene extreme Gewalt". Dem Holokaust, dem wehrlose Juden zum Opfer gefallen waren, entsprang die Überzeugung, daß Angriff die beste Verteidigung sei. Da die PLO in ihrer Charta sich die Zerstörung Israels zum Ziel setzt – wozu sie praktisch nie in der Lage war noch sein kann –, hat der israelische Militärstaat die Zerschlagung der palästinensischen Flüchtlingslager

und Guerillaorganisationen in Libanon geplant und durchgeführt. Aber es wird ihnen wie Hitler gehen: Eine Idee kann man nicht töten, indem man Häuser und Lager zerstört, Menschen vertreibt oder umbringt. Das Judentum hat Auschwitz überlebt, die vier Millionen Palästinenser, die auf mehrere Länder des Nahen Ostens verteilt leben, kann man nicht ausrotten. Auch darin kommt eine paradoxe Umkehrung der Zustände zum Ausdruck, daß in den Augen vieler Israeli die Araber und Palästinenser eine minderwertige Rasse sind, Untermenschen und Barbaren, mit denen man nicht von gleich zu gleich reden und leben könne. Der Araberhaß in Israel führte dazu, daß selbst solche Israeli, die für eine friedliche Koexistenz mit den Arabern sind, niemals mit einem Araber persönlich verkehren würden. Das schlechte Vorbild des Antisemitismus hat eine Nachahmung im antiarabischen Rassismus der Israeli gezeugt.
Ob, wie Daniel Wiener meint, Zion auf dem Weg zur Selbstzerstörung sei, kann ich nicht beurteilen. Daß aber Symptome eines politischen, wirtschaftlichen und moralischen Niedergangs in der uneinheitlichen und zerstrittenen Kollektivität Israels festgestellt werden können, ist offenkundig.

11. August

Dürrenmatt, „Stoffe". Er hatte mir das Buch zu meinem Geburtstag mitgebracht. Am Anfang dieses Lebens war ein einsam gebliebener junger Mensch und sein Chaos. Pfarrerssohn im Dorf, hernach in der Stadt. Ein schlechter Schüler, verläßt das Gymnasium. Dann entdeckt er die Physik, besteht die Maturitätsprüfung. Alles dient dazu, das Chaos in eine Ordnung zu bringen, die Visionen als Stoffe zu gestalten. Die Welt als Labyrinth: der Ausgangspunkt. Zeichnend zuerst. Ein Augenmensch. Er braucht Bilder, vom Bildhaften her wird er ein Schreibender, dem der sprachliche Ausdruck schwerfällt. Ein Jahr Zürich, immer noch chaotisch. Er lebt, zeichnet und schreibt in der Nacht, wandert durch die Stadt, kehrt frühmorgens in seine Bude zurück. Das Atelier von Walter Jonas ist für ihn wichtiger als die Vorlesungen an der Universität, die er nur kurze Zeit besucht; er hört den „pfarrherrlich" dozierenden Emil Staiger und die verworrenen Monologe des Philosophieprofessors Grisebach. Dürrenmatt meint, in Zürich habe man damals die französische

Malerei nur bis Cézanne gepflegt. Picasso sei noch kaum bekannt gewesen, Klee gar nicht. Wirklich? War es, weil ich in Paris im Café de Flore Abende am Tisch neben Picasso verbracht habe, daß er mir vertraut war? Was Klee betrifft: ein namhafter Zürcher Kunstkritiker nannte seine Malerei „Schizophrenelisgärtli".
Alles braucht seine Zeit. Auch Dürrenmatt brauchte sie. Er schrieb in Zürich am „Rebell". Es gelang nicht. Eine schwere Erkrankung und Rückkehr nach Bern. Der väterliche und mütterliche Glaube war ihm längst abhanden gekommen. Später betete die Mutter sogar für die Bühnenerfolge ihres Sohnes, dem soviel religiöser Eifer auf die Nerven ging. Ich glaube, Dürrenmatt hat mehr vom Großvater als vom Vater geerbt, was eine bekannte Regel der Erbfolge ist. Dieser populäre, aber auch verhaßte Satiriker der „Buchsi-Zytig", den F. D. nicht mehr erlebt hat, konnte als Journalist noch polemisieren, wie es heute in der Schweiz kaum mehr möglich ist (die Selbstzensur der Journalisten hat hierzulande bedauerliche Fortschritte gemacht). Die Dürrenmatts, Großvater und Enkel, wußten und wissen nichts von Selbstzensur oder „Ausgewogenheit". Mein Vater sprach mit heiterem Vergnügen von den journalistischen Keulenschlägen des „alten" Dürrenmatt, der die Freisinnigen, die Sozialisten und die Juden haßte. Für die Juden hat der „junge" Dürrenmatt viel übrig. Eine Tragödie dieses Volkes ereignete sich zwischen damals und heute. Die Freisinnigen läßt F. D. wortlos auf der Seite liegen; sie sind als bürgerliche Rechtspartei für ihn offenbar nicht interessant. Dürrenmatt glaubt an den Zerfall und das Ende des Kapitalismus und plädiert für einen Sozialismus, der echte Demokratie verwirklicht. Ein Parteimensch ist er nicht, kann er nicht sein. Aber ein sehr hellhöriger, sehr gescheiter Beobachter und Beurteiler der Politik. Das starr dogmatische Politbüro mit den steinernen Gesichtern der Breschnew, Suslow, Kossygin usw. hat er in Moskau an einer – ebenfalls dogmatischen – Tagung des Sowjetischen Schriftstellerverbandes mit eigenen Augen gesehen und mit eigenen Ohren ihre trockenen, leidenschaftslosen, systemkonformen Reden gehört. Auch die Mitglieder des Schriftstellerverbandes sprachen trocken und systemkonform. Den Kampf zwischen Hitler und Stalin legt F. D. als Kampf zwischen Kaiser und Papst aus. Zwischen einer völkischen Mystik, die von einem unfehlbaren und allmächtigen, wenngleich geistig unzulänglichen und perversen Führer repräsentiert wurde, und einem dogmatisch festgefrorenen System, das gleich einer Kirche von einer hierarchisch gegliederten, ihren vulgärmarxistischen

Glauben zelebrierenden Partei verkörpert und von einer unfehlbaren Persönlichkeit beherrscht wird. Diese Persönlichkeit bezeichnet Dürrenmatt als Nummer 1, eine andere, tiefere Nummer löst sie ab, wenn jene verschwindet. Wie ein unbeschränkt herrschendes Gremium an einer Sitzung die Nummer 1 zu Fall bringt und tötet, hat Dürrenmatt in seiner Erzählung „Der Sturz" geschildert. Ein Leitmotiv: Der Mensch wird dem Menschen zum Wolf.

Ich versuchte, auf einer langen Morgenwanderung Dürrenmatts „Stoffe" zu verdauen. Seine Sachen habe ich immer wie Schläge an die Seele empfunden. Sie schlagen auf den Zuschauer im Theater und auf den Leser der Prosaschriften mit rücksichtsloser Gewalt ein. Ich glaube, es sind letzten Endes Wohl-Taten; denn bei keinem andern heutigen Dichter empfinde ich wie bei Dürrenmatt die Werke als Taten. Aber Wohltaten – zu wessen Wohl? Oft zu meinem eigenen, weil ich, was ich bei der Lektüre der „Stoffe" als Schrecken empfinde, als eine Art Weckruf verstehe. Dürrenmatt als Erwecker: das ist seine theologische Seite. Er weckt auf aus verschlafenem Dasein, aus Gleichgültigkeit, aus Ausflüchten, aus konventionellen Vorstellungen, aus allem, was irgendwie konform ist, doch ohne einen neuen Konformismus zu begründen. Auch keinen literarischen. Denn an Dürrenmatts Sprache haftet nichts vom modischen „Literatureinheitsdeutsch", über das er mit dieser Wortschöpfung, ohne weiteren Kommentar, spottet. Es gab Kritiker, die Dürrenmatt Nachlässigkeit des sprachlichen Ausdruckes vorwarfen. Sind in früheren Werken saloppe Ausrutscher vorgekommen? Der Andrang von Gedanken, Ideen, Stoffen, Bildern war in seinem Kopf immer heftig. Ich halte ihn für gebändigt in den Werken, die er in der Gesamtausgabe überarbeitet hat. Im Band „Stoffe" übertrifft die sprachliche Disziplin, Prägnanz und Stärke vieles, was in der heute gängigen Literatur nur mit Geschicklichkeit gemacht wird.

Das liefert mir ein Stichwort: Dürrenmatt gehört nicht zu den „Geschickten". Die autobiographischen Abschnitte im Band „Stoffe" entlarven den ungeschickten Jüngling, Zeichner, Sucher, Leser, Schreiber, Plauderer, bevor er sich selbst und seine Stoffe in den Griff bekommt, das Handwerk beherrscht, ein Meister seines Stils wird. Ein Stil, von dem „Das dramatische Werk" in 17 Bänden und „Das Prosawerk" in 12 Bänden und jetzt die „Stoffe I–III" Zeugnis ablegen. Ungleich? Natürlich. Es bricht über uns herein wie eine Naturkatastrophe. Aber Katastrophen haben das Gute, daß sie die Menschen zur Besinnung bringen;

daß diese ihre eigenen Fehler, ihr ungenügend begründetes Denken und Handeln, ihr falsches Fühlen und Meinen zur Kenntnis nehmen.
Müssen wir ihm immer recht geben? Ihm alles abnehmen? Er würde lachen über so naive Fragen; er lacht laut und mächtig, wie einer seiner mythologischen Halbgötter (wobei er, wie alle Intellektuellen, auch oft rechthaberisch auf seinem Standpunkt beharrt). Die Mythologie: mit Verwunderung las ich, welch große Rolle in seiner Vorstellungswelt Schwabs „Sagen des klassischen Altertums" gespielt haben (ich schenkte dieses Buch meinem Enkel). Meine Mutter erzählte mir auf Spaziergängen diese Sagen. Ich konnte sie nicht im Gedächtnis behalten. Dürrenmatt ist von ihnen erfüllt, wie es Spitteler war – mit diesem verkannten Dichter verbindet ihn die Mythenbesessenheit und der Sprachhumor, den er in Spittelers „Olympischem Frühling" genießt. Aber davon spricht er in den „Stoffen" nicht. Auch die germanischen Sagen, die Nibelungen, haben den Pfarrerssohn mehr beschäftigt als der Unterricht in der Dorfschule; auch Märchen, Karl May und viel anderes anscheinend Kindliches, das auf verschlungenen Wegen in sein späteres Schaffen Eingang fand. Interessant die Bemerkung, nicht die Welt der Kinder, sondern die Welt der Erwachsenen sei nicht in Ordnung gewesen.
Mit Entsetzen las ich den „Winterkrieg in Tibet". Die Apokalypse als Realität nach dem Atomkrieg. Die Schweiz in Trümmern, die Menschen tot oder verseucht; eine furchtbare Schilderung. Dazu eine Satire der Regierung und des Parlamentes, die sich für das Volk halten, in den Felsengängen und Kammern der Blümlisalp eingesperrt sind, unversehrt weiter leben, an den Sieg glauben, derweil die Städte kaputt und ausgebrannt sind, das Volk selber nicht mehr da ist. Meine eigene Vision des Réduit-Gedankens, als im Zweiten Weltkrieg die Armee in ihren Alpen-Unterständen saß und wir, Menschen und Behausungen, einer Invasion des Feindes und seinen Repressalien schutzlos preisgegeben gewesen wären. Kein geringeres Grauen bei der Lektüre der „Mondfinsternis", einer Erzählung, die im „Besuch der alten Dame" dramatisiert vorkommt: Korruption einer Dorfgemeinschaft, die für die versprochenen Millionen eines heimkehrenden Landsmannes einen ihrer Mitbürger tötet. Der „Rebell", anscheinend ruhiger verlaufend, fast sanft, ohne dramatische Höhepunkte, aber in den sicheren Tod des Helden der Erzählung führend.
Man sollte nie nacherzählen. F. D. erzählt, daß einem der Atem stockt. Vor seinen eigenen Schreckensvisionen schreckt er nicht zurück, aber er

senkt sie in die Seele des Lesers tief ein. Er sagt, er habe nie gelernt zuzuhören; er redet und redet, schreibt und schreibt, es ist wie eine Offensive eines Geistes, der keine Religion, weder eine göttliche noch eine profane, verkündet, aber viel Wahrheit in sich hat und weitergibt, indem er spricht und schreibt. Außerweltliches durchdringt diese realistisch geschilderten Stoffe und phantastischen Visionen. Etwas Biblisches und Mythisches ist im ungläubigen Pfarrersohn haftengeblieben – der jetzt Vater eines Pfarrers ist. Man wird seine Herkunft nie ganz los, wie sehr man auch zerrt und zerrt und sich anscheinend losreißt. Friedrich Dürrenmatts Predigten sind begleitet von höhnischem Gelächter. Glauben ohne Glaubenssätze. Etwas Vor- und auch Überweltliches und zugleich ganz und gar real Weltliches. Ein riesiges Gebirge, sagt Dieter Bachmann, sei dieses Werk. Ein Gebirge mit metaphysischen Ausblicken.

Es war wunderbar heute morgen. Das Leseerlebnis ließ mich nicht los. Ich ging hinauf auf den Berg, kein Mensch und kein Vieh war oben, Stille und Einsamkeit, nur gedämpfte Geräusche, die aus der Ebene kamen. Seltsam, eine turtelnde Taube. Um diese Zeit keine Singvögel. Ich höre sie, wenn ich frühmorgens mit Gioia zum alten Gemüsegarten gehe, wo E. ein buntes Blumenbeet und Beerenstauden gezogen hat. Wir gingen – Gioia und ich – auf dem Gratweg. Schmal ist es dort oben, steinig und voll Überraschungen, hinauf und hinunter, ab und zu eine grüngestrichene Bank, auf die ich mich setze, bis der ungeduldig gewordene Hund mich anbellt und wir zusammen weiterwandern. Wanderung zwischen Büschen, Unterholz, Felsen und Bäumen, manchmal ein Ausblick auf die ruhige Landschaft. Auf dem Rückweg das weite Rechteck des „Ebnet“, fünf oder sechs Hektaren Grasfläche, rings umrandet von Wäldern. Ein Durchblick nach Osten; in der Ferne ein Hügel. Ein grüner Hochsommertag. Reife, immer noch Stille, in mir die Vision der Schrecken und der Eindruck von Dürrenmatts Buch. Bei mir der Boxer, der nicht von seinem Herrn weicht und einen Stecken im Maul trägt; wenn er ihn liegen läßt, reden wir miteinander in der magischen Sprache, die nur wir beide verstehen.

Zu Hause Post, rasch durchgesehen, ein frischer Trunk, zum Schreiben die Pfeife. Ist das ein Leben? Ich glaube ja, ein Leben auf der Neige, nicht mehr hochsommerlich, doch überwältigt von Gegenwart, vom Da-Sein. Im Garten Kinder. Dann setzen wir uns mit ihnen zu Tisch. Die Kaffeetasse nehme ich mit hinauf. Die Fenster stehen weit offen. Die Zeitung lese ich nachher. Später mit E. nach Lenzburg, Tabak kaufen. Wir sind mit Burgers zum Nachtessen am Hallwilersee verabredet. Auch ihre kleinen Buben werden dabei sein.

13. August

Gestern aufgeräumt. Zeitungen, Magazine, Zeitschriften, Broschüren, Propagandamaterial erbarmungslos in den Papierkorb geworfen. Dieser ist groß und breit wie ein Faß. Ich möchte wissen, wie viele Tonnen Papier ich im Lauf der Jahre weggeworfen habe. Und wie viele Bäume für dieses Papier geschlagen worden sind. Aber Bäume wachsen nach. Auf einer alten Photographie des Schlosses von Norden sieht man am Berghang keinen Baum, nur spärliches Unterholz. Das war 1892. Jetzt steht ein prächtiger Hochwald am Nordhang, und wir sind so sehr eingewachsen, daß man nur noch vom obersten Stock aus auf das Birrfeld blicken kann. Auch die gelesenen Bücher habe ich weggeräumt. Was soll ich jetzt lesen? Vor dem Einschlafen gestern versuchte ich, eine berndeutsche Erzählung von Rudolf von Tavel zu lesen. Ich entdeckte, daß ich einige Mundartwörter und -wendungen nicht mehr verstehe. Ob die heutigen Berner noch alles verstehen? Das Alte bröckelt, in der Stadt Bern half die Spitzhacke fleißig, den Bröckelungsprozeß zu beschleunigen. Etliche dieser Veränderungen und banalen Neubauten waren unnötig. Die Berner rühmen sich gern der Schönheit ihrer mittelalterlichen Stadtanlage. Aber sie haben auch aus Unachtsamkeit, mangelndem Stilgefühl, Bequemlichkeit und infolge der überall triumphierenden Gewinnsucht manches verdorben. Auch die Mundart in der Stadt hat sich verändert.
Dürrenmatt, der als Knabe aus dem Dorf in die Stadt kam, empfand sie als labyrinthisch, höhlenhaft, fremd. Dieses Gefühl hatte ich nicht, weil ich dort geboren war und mir in kindlichen Jahren das Stadtbild, die Häuser der Verwandten und der Schulweg als das natürlich Gegebene erschienen. Ich kannte lange nichts anderes, außer natürlich den Ferien in Brunegg oder in Graubünden. Rilke rühmte und liebte Bern, er lobte die wundervolle Organisation der alten Straßenzüge und Gassen. Die Junkerngasse mit ihren verschlossenen, unrepräsentativen Fronten nach der Gasse zu und ihren festlichen Fassaden Richtung Süden, die sich hoch über Terrassengärten erheben, entzückte ihn. Auch ich genieße sie heute noch, wenn ich meine alte Schwester in einem dieser Patrizierhäuser besuche, das innen eine gewundene, mit schmiedeeisernen Geländern verse-

hene Stiege hat – fast wie ein Wiener Stadtpalais – und große Fenster auf der Südseite, ins weit Offene.
Als ich heranwuchs, pubertär und voll innerer Unruhe, stieß ich mich an etwas Menschlichem, das zwar solid und zuverlässig war, aber auch trokken, verschlossen, terre-à-terre. Ich war begeisterungsfähig, wie meine Mutter, ich bewunderte gern, was nicht Berner Art ist. Diese ist bedächtig und schwerblütig. Aber auch das Eingehaltensein in das altertümlich geordnete Elternhaus, dessen Atmosphäre manchmal auf uns lastete, wenn der Vater unwirsch oder krank war, empfand ich, herangewachsen, als bedrückend. In Dingen, die mir wichtig waren oder mich innerlich bedrängten, fühlte ich mich unverstanden und eingeengt. Eine aufrichtige Ungezwungenheit den Eltern gegenüber war nicht immer möglich. Es war nicht eine Entfremdung, aber es gab Spannungen.
Nach meiner Rückkehr aus Berlin stürzte mich eine Liebesbeziehung in innere und äußere Konflikte. Die bewunderte, zauberhafte Frau war äußerst sensibel und phantasiebegabt, ein paar Jahre älter als ich und kränkelnd. Monique, die verheiratet war, stammte aus La Chaux-de-Fonds und verstand kein Wort Deutsch. Sie half mir, mich aus konventionellen Vorstellungen, vorgefaßten Meinungen und Verkrampfungen zu lösen. Ihr Lebenselement war die französische Literatur, mit der sie mich, von Baudelaire bis Proust und Gide, vertraut machte. Sie vermittelte auch meine Bekanntschaft mit Rilke, dessen „Malte Laurids Brigge" in französischer Übersetzung auf ihre spätere literarische Produktion Einfluß hatte. Nach den ersten Beglückungen wurde meine Beziehung zu Monique, die zu einer Abhängigkeit führte, eine Behinderung, aus der ich mich vergeblich zu befreien versuchte. Diese anscheinend zarte Frau besaß einen eisernen Willen und eine besitzergreifende Hand, die einen jungen Freund ungern freiließ. Madame de Meuron, die alles wahrnahm, was in der Berner Gesellschaft vor sich ging, fragte mich eines Tages: „Wär isch di Frou, mit dere Dir i der Stadt umeloufet?" Ich wollte nur noch hinaus aus dieser Umgebung, nur fort! Rilke, der nicht genug die Schönheit Berns bewundern konnte, lachte, als ich ihm sagte, in Bern sei ich ebenso unglücklich, wie er in seiner Jugend in Prag unglücklich war. Das Herausfinden aus einer spannungsvollen Hörigkeit und allerhand Schwierigkeiten stand mir noch bevor.
Mit Monique und ihrem Mann fuhr ich nach Paris, wo der tägliche Verkehr mit diesem Paar allmählich in ruhigeren, freundschaftlichen Bahnen verlief. Ich wohnte allein in einem Hotelzimmer und führte bei geregel-

ter Arbeit ein ungebundenes Leben. Unter dem angenommenen Namen Monique Saint-Hélier schrieb diese chronisch kranke Frau, die in den letzten fünfundzwanzig Jahren ihres Lebens ihr Bett nicht mehr verließ, ihre Romane.

Nach meiner Übersiedelung nach Zürich fand ich auch wieder zurück in meine Vaterstadt. Meine Mutter lebte noch in Bern im alten Haus an der Nydecklaube, außer wenn sie die Sommermonate in Brunegg verbrachte. Ich begab mich seither oft nach Bern, gern sogar, aber nicht mehr zum Bleiben. Um ihn lieben zu können, nachdem man sich einst losgerissen hat, soll man den Schauplatz seiner Kindheit und frühen Jugend nur noch tageweise aufsuchen. Ich mache heute mit Vergnügen lange Gänge durch die vertrauten Gassen der Altstadt, schaue mir die schönen Fassaden der Häuser und die erstaunlichen Brunnen an. Aber diese rückblikkend empfundenen Wanderungen enden immer am Bahnhof, wo ich ohne Bedauern wieder den Zug besteige. Ein solcher Tag ist dann gut und freundlich gewesen.

Ich hatte in meiner Jugend lange gebraucht, durch innere Arbeit an mir selbst das äußerlich Anerzogene und Entfremdende von mir abzustreifen. Man muß lernen, sich selbst nicht zu belügen; zu sich selber zu kommen. Die Psychologen bezeichnen diesen Vorgang als Individuationsprozeß. Erst dann ist innere Freiheit.

Aus Bern kam vor ein paar Tagen der deutsche Botschafter in Begleitung eines Mitarbeiters zu einem Morgenbesuch nach Brunegg. Man müsse Dinge besprechen, hieß es, die man am Telephon nicht sagen könne. Es handle sich um eine „kleine Freude", eine „Auszeichnung". Auszeichnungen sind eine Alterserscheinung. Als ich vor drei Jahren aus der Zeitung vernahm, daß Günter Grass, Siegfried Lenz und Heinrich Böll einen Orden, den Bundespräsident Scheel ihnen verleihen wollte, abgelehnt hatten, sagte ich – ich weiß nicht mehr zu wem –, ich fände das arrogant. Sind Schriftsteller nicht Bürger ihres Staates wie andere? Wie alle Schriftsteller finden auch diese drei viel auszusetzen an der Gesellschaft und Politik. Aber die Gesetze der Bundesrepublik gewähren ihnen eine Freiheit, die kein Politbüro und kein systemkonformer Schriftstellerverband ihnen raubt. Wenn sie von ihren politischen Gegnern angegriffen wurden, konnten sie antworten. Wer selber kritisch in die Öffentlichkeit spielt, muß mit Anfeindungen rechnen. Auch ich wurde oft kritisiert und angefeindet. Es ist nicht nötig, daß in der Demokratie alles friedlich und manierlich zugeht. Für meinen Teil bin ich dankbar einer

Demokratie, die uns nicht das Reden und Schreiben verbietet, wie es Diktaturen jeglicher Couleur mit ihren Intellektuellen zu tun pflegen.
Ich lehne es nicht ab, wenn eine demokratische Instanz mir für irgend etwas, selbst wenn ich selber an der Wichtigkeit meiner angeblichen „Verdienste“ zweifle, ihre Anerkennung ausspricht. Ein wenig erstaunt und verblüfft war ich aber doch, als bei einer Flasche Walliser Fendant, die E. den deutschen Gästen offerierte, ein großes Etui mit Kreuz und Stern zum Vorschein kam. Botschafter Dr. Redies überreichte sie mir mit freundlichen Worten; ich dankte ein wenig verlegen. Meine Schriften und Bemühungen, die Mitwirkung an der deutschen Hochschulreform – was weiß ich? – scheinen den Anlaß zu dieser anerkennenden Geste der Regierung in Bonn geboten zu haben.
Im Grunde meines Wesens bin ich dem Offiziellen und Zeremoniellen abhold. Meinem Land diente ich weder als Beamter noch als Offizier, auch nicht als Politiker. Als ich einmal auf der Lenzburg Bundesrat Furgler traf, wo er eine Rede über die Totalrevision der Bundesverfassung hielt, sagte er zu mir, in meinem Alter sei ich aufgeschlossener und fortschrittlicher als viele Junge. Mag sein. Aber ich zweifle, daß das, was ich für die Zukunft wünsche und erhoffe, in Erfüllung gehen wird.

18. August

Nach Sturm- und Gewitternächten, die Schaden angerichtet haben, fuhren wir am späten Nachmittag auf der bereits wieder trockenen Autobahn durch das besonnte Land. Großer Andrang zum Empfang von Bundespräsident Carstens im Bellevue-Palace in Bern. In den vielen großen Räumen mit den Buffets an den Wänden fanden die sechshundert Gäste an kleinen Tischen bequem Platz. Wir stießen am Eingang zum Empfangssalon auf Fritz und Lotti Dürrenmatt und auf den sehr alten Herrn Wahlen, der eine Legende ist; dank seinem Anbauplan haben wir in der Eingeschlossenheit der Kriegsjahre gerade noch genug zu essen gehabt. Auch als Außenminister hatte F. T. Wahlen großherzige Pläne – aber Politik ist nicht großherzig. Rasch grüßt uns der kleine Chevallaz, ein Gockel, der das Glück genießt, als Wehr-Hahn auf der Spitze unserer Militärpyramide zu sitzen. Freundlich wie immer die Bundesräte Furgler und Ritschard, bei großen Verschiedenheiten Vollblutpolitiker beide. Ich beobachte, wie Carstens und Außenminister Genscher Fritz Dürren-

matt mit betonter Ehrerbietung ins Gespräch ziehen. Und sonst? Bekannte und Unbekannte, auch der witzige päpstliche Nuntius, dem ich einmal sagte, es sei schwierig für mich, die Organisation der Vatikanregierung zu verstehen; wie sie denn sei? „Ich habe sie auch nie verstanden", erwiderte er. Es gibt nichts Schlaueres auf der Welt als die römischen Monsignori, von denen man nie weiß, was und wie sie wirklich denken.
Unsere Tafelrunde mit den Ehepaaren Genscher, Dürrenmatt und Buckwitz (mit dem ich einen freundschaftlichen Kontakt fand, als er Direktor des Schauspielhauses wurde) war unterhaltsam und heiter. Keine Politik. Das gehört sich bei einer solchen Gelegenheit nicht. Nur als Genscher anscheinend detachiert bemerkte, man könne zwischen zwei Stühlen zu sitzen kommen, sagte ich lächelnd, ich hätte nicht gewußt, daß das vorkomme. Als ich in Hamburg zu Marion Dönhoff sagte, man höre, Genscher sei ein Schlitzohr, schaute sie mich an wie einen naiven Schüler: „Aber Herr von Salis, ein Politiker . . ." Allerdings. Wer nicht schlau ist, verliert; manchmal verliert aber auch der Allzuschlaue. Herr Genscher, intelligent, unfeierlich und gelöst mit seinem runden, undurchdringlichen Gesicht, erzählt begeistert von einer Ferienwoche in einem kleinen Dorf im Tessin, wo er frei, unerkannt und ohne Leibwächter umhergehen konnte. „Ich stelle Ihnen keine politische Frage, aber eine psychologische: Wie kommt es, daß Sie am Fernsehen nie emotional wirken? Im letzten Bundestagswahlkampf, in der Runde mit den andern Spitzenpolitikern, regte sich Franz Josef Strauß auf, Helmut Schmidt war nervös und rauchte ununterbrochen Zigaretten, Herr Kohl, nun ja, Herr Kohl – aber er war auch unruhig. Nur Sie sprachen ganz sachlich und ohne Emotion." – „Das kann ich Ihnen sagen", erwiderte Genscher, „ich war vorher in der Sauna. Das entspannt, man ist hernach ganz lokker." Eine Antwort, wie sie ein pfiffiger Politiker bereit hat. Am liebsten sei ihm der Morgen. Er stehe Viertel nach sechs auf, dann schwimme er, lese die Zeitungen. Beim Frühstück seien drei Generationen vereint, seine alte Mutter, er und seine Frau und ihre Tochter. „Kochen Sie den Kaffee auch selbst?" – „Nein."
Auf der Fahrt nach Bern hatten wir im Autoradio Genschers Interview mit dem schweizerischen Rundfunk gehört. Auf die Frage nach der Rüstung in der Nato: „Die Amerikaner waren im Rückstand. Sie haben die allgemeine Wehrpflicht abgeschafft und ihre Armee und Ausrüstung vernachlässigt. Wir sind in Ordnung." Das Erdgasgeschäft mit der

Sowjetunion: „Wir werden den Vertrag, der wie jedes Geschäft beiden Partnern zum Vorteil gereicht, selbstverständlich einhalten." Die Beziehungen zur DDR: „Sie beruhen auf der festen Vereinbarung, daß dieses Verhältnis niemals zu einem Konflikt führen darf und als ein Beitrag zum Frieden zwischen West und Ost dienen soll." Ferner müßten Anstrengungen unternommen werden, um zu einer Abrüstung zu gelangen.

Als ich von einer Runde durch die Hotelräume zu unserem Tisch zurückkam, sah ich, wie E. in ihrer unbefangenen und heiteren Art in ein Gespräch mit ihrem Tischnachbarn vertieft war. „Sehen Sie, wie meine Frau und Herr Genscher miteinander flirten", sagte ich zu meinem Begleiter. Sie flirtet nicht, sie besitzt eine große Leichtigkeit und Klugheit im Umgang mit Menschen, was schon Thomas Mann an ihr schätzte. Ich hatte das Gespräch mit Bundespräsident Carstens gesucht. Ich erinnerte ihn an seinen ersten Chef, den Bremer Bürgermeister Wilhelm Kaisen, den ich 1949 in Wilton Park kennengelernt hatte und später in seinem Rathaus in Bremen besuchte. Carstens sagte, Kaisen sei ein integrer Politiker gewesen, er selber habe nicht zu seiner Partei gehört (Kaisen war Sozialdemokrat), aber er habe ihn sehr verehrt. Er habe ihn 1950 nach Amerika begleitet. Er sei selber ein gebürtiger Bremer, fügte er hinzu; wir sprachen dann von Clara Westhoff, auch einer Bremerin, die mit Rilke verheiratet war.

Dürrenmatt, der langsam in Fahrt kommt, bevor er aus sich herausgeht, erzählte an unserem Tisch eine seiner komischen Geschichten. Seinen ersten Literaturpreis habe er von der Stadt Bern bekommen, 700 Franken; das Budget habe keinen höheren Betrag zugelassen. Dann hätten ihm die Stadtväter gesagt, sie wollten noch ein mehreres tun; sie hätten nämlich einen Kredit für Repräsentation, der betrage ein Vielfaches des Literaturpreises. Sie luden ihn zu einem kolossalen Essen und Trinken ein, das habe von 5 Uhr nachmittags bis 5 Uhr am Morgen gedauert. Auch der Abwart des Erlacherhofes und der Chauffeur hätten mitgegessen. Da er nicht wußte, wer sie waren, auch nicht wußte, wie viele Gemeinderäte es gebe, habe er auch ihnen „Herr Gemeinderat" gesagt. Ich kann diese mit grotesken Einzelheiten ausgeschmückte Rede Dürrenmatts nicht wiedergeben, sie war so amüsant, daß alle gespannt zuhörten und andere Leute herzukamen, um stehend mitzuhören, unter ihnen auch Herr Jolles. – Am Tisch nebenan gab es ein Wiedersehen nach langen Jahren mit Anneliese Rothenberger und ihrem Mann (wir trafen sie

in Salzburg, als sie in der „Entführung aus dem Serail" sang und wir im gleichen Hotel wohnten).
Das Abklingen und Auseinandergehen eines Festes ist immer gleich und jedesmal sehenswert. Die Menschen laufen plötzlich wie eine aufgescheuchte Herde herum; einige haben zuviel getrunken, die Sitzfesteren sind noch in Gespräche vertieft. Die Ungezwungenheit wird vernehmbarer und sichtbarer. Man verabschiedet sich von seinen Bekannten. Dürrenmatt kam vom Telefon zurück, sein Sohn, der ihn nach Neuchâtel zurückfahren sollte, war unerreichbar; der sitze wohl noch im Kino. Nächtliche, schweigsame Heimfahrt. Nach Mitternacht wieder zu Hause. Gioia stürzt uns auf der Treppe entgegen. E. kommt noch zu mir ins hintere Zimmer, ehe sie zu Bett geht. „Ohne dich wäre ich nichts", sage ich. „Aber nein, ich wäre nichts ohne dich." Noch gelesen, heute wieder früh aufgewacht. Keine Müdigkeit.

21. August

Wenn ich zurückdenke, sehe ich zwei Niederlagen: die französische, die ich im Mai 1940 in Paris erlebte, und die deutsche, deren Zeuge ich im April 1945 war. Was mir beidemal am meisten Eindruck machte, war die vollständig veränderte Haltung und Mentalität der Bevölkerung angesichts des Krieges. Es läßt sich schwer beschreiben. Angst, Mißtrauen, Verwirrung, Panik, ein Rette-sich-wer-kann, als Kontrast zum Kampf-, Angriffs- oder Abwehrwillen der Armeen. Wut und Haß der einen, Furcht und Feigheit der andern Seite. Die schönsten Generalstabspläne und Befehlsausgaben ändern nichts am menschlichen Versagen, an der Unüberblickbarkeit der militärischen Operationen, an den unvermeidlichen Überraschungen, am Fallenlegen und In-die-Falle-Gehen, am Ungenügen oder Fehlen des nötigen Kriegsmaterials, am Töten und Getötetwerden. Es gab keine „Front", nur Keile und Taschen. Man ist überrascht, wenn in einem Gebiet, das man vom Feind für „gesäubert" hält, auf einmal Schüsse fallen, oder erstaunt, wenn dort, wo man ihn vermutet, kein Feind sichtbar ist. Ein geglückter Vorstoß in die Tiefe bewahrt nicht immer vor einem Überraschungsangriff des Gegners aus einer unerwarteten Richtung. Wie sich damals die Stadt Paris von Tag zu Tag von heimlich geflohenen Menschen leerte, aus dem Radio heroische Phrasen

tönten, die Sirenen heulten und die Flakgeschütze die Luft erschütterten, an einem Tag ein erfolgreicher Gegenangriff Hoffnung verbreitete, am nächsten Tag den Deutschen ein entscheidender Flußübergang gelang, überall besorgte Gesichter von Menschen, die Söhne an der Front hatten – kurz, es verbreitete sich jene schreckensvolle Verwirrung und Verzweiflung, die man den „Wind der Niederlage" nennt.
In Süddeutschland war es nicht anders. Massenhafte Zerstörungen, ausgebrannte Häuser in Dörfern glotzten aus tödlicher Leere, die Städte Karlsruhe und Stuttgart lagen in Trümmern, Freudenstadt brannte. In Tübingen waren die Brücken gesprengt, wir suchten lange vergeblich nach einem passierbaren Flußübergang. Wir fuhren das Ufer entlang, flußaufwärts, auf einmal eine Mühle in der leeren Landschaft. Wir hielten an, ich suchte und fand den Müller, der schimpfte und fluchte wutentbrannt über die „verrückten" und „verbrecherischen" Kerle, die trotz der hoffnungslosen Lage auf dem Rückzug noch alles kaputt machten, Brücken, Eisenbahnen und Straßen zerstörten, sinnlos und verheerend. Er konnte mir nicht sagen, wo wir noch einen Flußübergang finden könnten. Endlich entdeckten wir eine intakte Brücke. Später, auf einem Felskamm, die Burg Lichtenstein, der französische Brigadegeneral, der mit uns fuhr und deutsch konnte, rezitierte zu unserer Verblüffung Verse von Scheffel. Wir mußten anhalten, weil eine französische Feldbatterie in Stellung gebracht werden sollte. Es war Sonntag, die Soldaten zwangen deutsche Fußgänger, die trotz dem Kriegsgetümmel durch den grünenden Frühlingstag wanderten, an den Kanonen zu stoßen oder zu ziehen. Karl von Schumacher und ich halfen den Kanonieren. Verzweiflung der Einheimischen, Glück der Fremdarbeiter und Kriegsgefangenen, die mit ihren Habseligkeiten in Gruppen über Land zogen und zu Fuß heimgehen wollten – nach Holland, Rußland, Frankreich, Polen. In Vaihingen die bis auf die Knochen abgemagerten KZ-Häftlinge. „Fraternisieren" war der Truppe streng verboten, aber in einem schwäbischen Dorf zogen deutsche Mädchen Arm in Arm mit französischen Soldaten lachend und singend durch die Straße. „Que voulez-vous", sagte der Brigadier. Wir fuhren weiter. Pittoresk ein motorisierter Konvoi, auf dem in bunte Fetzen gekleidet arabische Weiber in offenen Lastwagen saßen; ein Bordell für die marokkanischen Soldaten, sagte der General, damit sie nicht deutsche Frauen vergewaltigen. Auf die besorgte Frage von Georges Rigassi, dem Chefredaktor aus Lausanne, ob es wahr sei, daß in den französischen Kolonialtruppen Homosexualität vorkomme, entgegnete der junge

Brigadegeneral lachend, es gebe ein Regiment, das stolz von sich sage, es genüge sich selbst.
Auch die Vision von Wien im ersten Nachkriegswinter war erschütternd. Beim Donaukanal, wo heftige Straßenkämpfe zwischen Russen und deutschen SS-Einheiten gewütet hatten, sah es aus wie auf den Bildern, die wir in den letzten Tagen am Fernsehen von Beirut betrachten konnten. Das Dach des Stephansdomes war eingestürzt, die Oper und das Burgtheater zertrümmert. Ein Heerlager von vier Siegermächten. Der alte Bürgermeister Theodor Körner, ehemaliger k. u. k. General und Sozialdemokrat, verwaltete gelassen eine arg mitgenommene, hungernde und von einem plündernden und „befreienden" Feind besetzte Großstadt. Körner konnte glücklicherweise Russisch. Mehr als zwanzig Stunden hatte meine Fahrt nach Wien auf unsicheren Gleisen und über notdürftig geflickte Eisenbahnbrücken gedauert. Die Alliierten gestatteten keine Flugverbindungen, keine Telefon-, Telegraphen- und Postverbindung mit dem Ausland. Da nur die Behörden eine solche Erlaubnis hatten, sandte der Bürgermeister von Wien ein Telegramm an E., alles sei gut und in Ordnung, unterzeichnet „Theodor Körner". Es war die einzige Möglichkeit, Nachricht von mir nach Hause zu senden.
Und jetzt? Kriege ändern im Ergebnis nichts. Frankreich steht wieder da wie früher, sogar viel besser, als ob nichts geschehen wäre. Deutschland hat politisch und wirtschaftlich wieder Weltgeltung. Mein Leben war so intim mit diesen beiden Ländern und Kulturen vertraut, daß ich heute die beinahe problemlosen und unbefangenen Beziehungen zwischen diesen beiden Staaten und Völkern mit Genugtuung betrachten kann – nachdem ich zwei deutsch-französische Kriege voll Haß, Massenmord, Wut, Vernichtung und Elend miterlebt hatte. Das „Kennen" ist etwas anderes. Die Franzosen sind ein lebensvolles, zwar in sich zerstrittenes, aber als Nation fraglos geeintes Volk von unbekümmerter Selbstgenügsamkeit, das kaum Kenntnis nimmt von der Denkart und Kultur anderer Völker. Die Deutschen sind aus Nationalisten Internationalisten geworden, tüchtig und anpassungsfähig, lebenswillig auch sie, voll Neugier für alles Fremde, dem Englischen mehr zugetan als dem Französischen, ohne dabei die alte und nie abgestorbene Sehnsucht nach Verständigung mit Rußland zu vergessen. Auch die Franzosen bewahren ihre traditionelle Sympathie für die slawische Welt, für die „bonne et belle alliance" mit Rußland (wie de Gaulle sich in seiner Rede in der Universität Moskau ausdrückte). Der heutige französische – sozialistische – Außenminister

Cheysson sagte vom Verhältnis zu Amerika: „Wir sprechen nicht die gleiche Sprache." So deutlich dürfen deutsche Politiker nicht sagen, was sie im geheimen denken.

Die beiden Weltkriege? Haben sie in Europa etwas verändert? Gerade so viel, daß die nationalen Ressentiments und Haßgefühle der Menschen abgebaut sind, ohne jedoch den nationalen Stolz zu zerstören – und das ist nicht wenig. Aber unser alter Kontinent, samt dem insularen England, lebt nach den sprachlichen, kulturellen und nationalen Gesetzen, nach denen er in der Geschichte angetreten ist. Ich nehme Rußland, als eine europäische Nation verstanden, davon nicht aus. Die historischen Muster kommen immer wieder zum Vorschein. Amerika, ob man es zugeben mag oder nicht, ist ein anderer Kontinent. Mit dem Unterschied, daß die Beziehungen zwischen Amerika und Europa auf allen Gebieten intensiver geworden sind; aber ohne ein tieferes politisches Verständnis füreinander.

Kriege? Die Franzosen hatten sich jahrelang in Algerien festgebissen. Ihre militärische Übermacht und die besseren Waffen konnten nicht verhindern, daß sie das algerische Volk freigeben mußten, das Unabhängigkeit verlangte. Ausgerechnet der nationalistische General de Gaulle war ausersehen, die Entkolonisierung durchzuführen, nachdem die parlamentarische Republik sich als unfähig dazu erwiesen hatte. Aber nach dem Algerienkrieg und der Entkolonisierung hat sich in Frankreich wenig geändert. Die politische Unabhängigkeit der ehemaligen europäischen Besitzungen in Afrika ist zwar heute eine Selbstverständlichkeit; aber wirtschaftlich und technologisch sind diese jungen Staaten immer noch auf die Hilfe ihrer ehemaligen „Beschützer" angewiesen. Der Vietnam-Krieg? Was hat sich geändert? Die Amerikaner zogen erfolglos ab, und die Kommunisten regieren in Vietnam. Dieses Ergebnis war für Kenner der Verhältnisse vorauszusehen; ich hatte mich nicht getäuscht. Nur die ewig Militärgläubigen, zu denen auch viele Schweizer gehörten, setzten auf den amerikanischen Sieg in Südostasien. Die militärisch-technische Überlegenheit des amerikanischen Kolosses konnte gegen die Zähigkeit und den Angriffsgeist eines kleinen Bauernvolkes nichts ausrichten. Ich fürchte, daß die Kriege und Eroberungen der Israeli, trotz ihrem amerikanischen Kriegsmaterial und Geld, am fundamentalen politischen Problem des kleinen Judenstaates inmitten der arabischen Welt, langfristig betrachtet, nichts ändern werden.

Goethes Geburtstag (233 Jahre). Seine „Maximen und Reflexionen“ sind ein Bergwerk voll Gescheitheit, Scharfsinn, Lebenserfahrung und Nachdenklichkeit. Ich brauche solche Merksätze. Zum Beispiel: Geschichte schreiben ist eine Art, sich das Vergangene vom Hals zu schaffen.
Die empirisch-sittliche Welt besteht größtenteils nur aus bösem Willen und Neid.
Aufrichtig zu sein, kann ich versprechen, unparteiisch zu sein, aber nicht.
Eine Chronik schreibt nur derjenige, dem die Gegenwart wichtig ist.
Mit den Irrtümern der Zeit ist schwer sich abzufinden; widersteht man ihnen, so steht man allein; läßt man sich davon befangen, so hat man auch weder Ehre noch Freude davon.
Der Handelnde ist immer gewissenlos; es hat niemand Gewissen als der Betrachtende.
Alles vortrefflich. Aber die nächste Maxime ist ein Stolperstein: Das Beste, was wir von der Geschichte haben, ist der Enthusiasmus, den sie erregt.
Nein. Nach den Vorgängen unseres Jahrhunderts bringen wir kaum noch Enthusiasmus für die Geschichte auf. Wie weit immer wir zurückblicken, reißt die Blutspur der Weltgeschichte nicht ab. Griechenland hat der Kultur des Abendlandes Fruchtbar-Unvergängliches geschenkt. Die Tyrannei der griechischen Stadtstaaten, ihre Sklaverei und ihre Kriege waren schreckensvoll. Die vielgerühmte athenische Demokratie hat Sokrates getötet. Rom ist ein Vorbild für Formen der politischen Herrschaft und von auf Gesetze gegründeter Machtausübung. Roms äußere und seine Bürgerkriege sind ein Epos voll furchtbarer Grausamkeit. Das Mittelalter ist eine Zeit des großen, geschlossenen Stils auf allen Lebensgebieten. Es ist trotzdem düster und ausgefüllt von Schreckenstaten. Die vielgerühmte Renaissance erlebte ihre Blüte unter skrupellosen Tyrannen. Die große spanische Kunst und Dichtung hatten als Korrelat die Inquisition. Die Reformation, als Wiege der menschlichen Freiheit gefeiert, war die Ursache von blutigen Religionskriegen in Frankreich und in Deutschland. Zur Zeit des Sonnenkönigs Ludwig XIV. gedieh die wunderbare französische Klassik und litt das Volk unter Armut, Elend und Krieg, von der entsetzlichen Hugenottenverfolgung nicht zu reden. Der große Friedrich hat Preußens Bedeutung mit zynischem

Machtmißbrauch und Raubkriegen begründet. Die Französische Revolution und Napoleon wateten durch ein Meer von Blut, bevor bürgerliche Freiheit, gepaart mit Ausbeutung des Vierten Standes, verwirklicht werden konnte. Wenige Bürgerkriege der Vergangenheit waren so abscheulich wie der amerikanische Sezessionskrieg – die Ausrottung der Indianer und die Sklaverei der Schwarzen gehörten in Amerika bereits der Vergangenheit an. Es gab, von 1870 bis 1914 in Europa eine lange und wohltuende Friedensperiode, weil zu dieser Zeit die Großmächte mit der Eroberung und Aufrichtung ihrer Kolonialreiche in Afrika und Asien beschäftigt waren. Von 1914 bis 1945 erlebten wir einen neuen Dreißigjährigen Krieg, unterbrochen von einer krisengeschüttelten Verschnaufpause und begleitet von Bolschewismus, Faschismus und Nationalsozialismus.

Was kann auf diesem düsteren historischen Hintergrund Enthusiasmus erregen? Ich füge einen ketzerischen Gedanken hinzu. Es ist nämlich nicht wahr, daß Kultur der Geistesfreiheit und der Menschenrechte bedarf. Alle diese leidvollen Epochen der Weltgeschichte haben Werke der Kunst und der Dichtung hervorgebracht, die man unsterblich nennt. Einer behauptete, nach Auschwitz könne man keine Gedichte mehr schreiben; wäre dem so, Gedichte, Epen, Theaterstücke und Romane wären nie geschrieben, Tempel, Kathedralen und Paläste nie gebaut, Bilder nie gemalt und Skulpturen nie gemeißelt, Musik, Gesang und Tanz nie gepflegt worden. Auschwitz ist nur ein Konzentrat dessen, was es immer gegeben hat und heute noch gibt.

Die aufgeklärte Rokokosozietät und die deutschen Klassiker sind Vorbilder der Toleranz und Geistesfreiheit. Die deutschen Staaten hatten aber damals keine Verfassungen, und die meisten ihrer Einwohner weder Freiheit noch Bildung und Wohlstand. Die einzige tröstliche Wahrheit der Geschichte ist, daß der Geist weht, wo er will; eine andere Wahrheit, daß der Mensch nicht ohne Hoffnung leben kann. Er kann sogar ohne Hoffnung auf Erfolg kämpfen für das, was er für richtig, vernünftig, wahr und gerecht hält. Es gibt Saaten; wenn sie aufgehen, gedeiht auch das Unkraut. Ich kann es redlicherweise nicht anders sehen: weil ich Geschichte kenne und weil mir die Gegenwart wichtig war und ist. Sicher soll man von Hitlers und Stalins Untaten reden; man möchte ja ihre Wiederholung den Mitlebenden und den Nachkommen ersparen. Dürfen wir deshalb die Untaten, die seither geschehen sind und täglich geschehen, entschuldigen? Erklären kann man alles, verzeihen nur weniges.

Nach Goethes Worten können wir, Geschichte schreibend, uns die Vergangenheit vom Halse schaffen. Offenbar hielt es Goethe für nötig; es ist ein Akt der Befreiung. Ich habe es nicht anders empfunden. Daß aber auch Goethe ein Mensch in seinem Widerspruch war, geht aus seiner (für mich unbegreiflichen) Aussage hervor, der Enthusiasmus, den Geschichte errege, sei das Beste, was wir von ihr haben. Vielleicht dachte er, als er so sprach, an die kulturellen und künstlerischen Werte, die – ja, auch sie – von Menschen im Lauf der Weltgeschichte geschaffen wurden. Wie dem auch sei, jeder von uns ist voll von Widersprüchen, in seinen Gedanken, in seinen Taten, in seinen Aussagen, in seiner Lebensführung. Ich weiß sehr wohl – ein anderer hat es gesagt –, daß Blut die Flüssigkeit ist, die am schnellsten trocknet. Dieser Zynismus, der einen chemischen Vorgang zu seiner Rechtfertigung heranzieht, verdrängt die Tatsache, daß vorher das Blut vergossen wurde. Ich weiß auch, daß ein anderer sagte, der Unterschied zwischen dem Tragischen und dem Komischen sei hauchdünn. Aus diesem Grunde könnte man zum Schluß kommen, die Geschichte sei grotesk. Man mag sie als eine Parodie auf die Menschennatur auffassen. Sie läßt uns trotz allem atmen, solange wir leben.

30. August

Ich bin mir im klaren über die Radikalität meiner Infragestellung der Weltgeschichte. Was aber die heutige Wissenschaft vor der gar zu optimistischen und leichtgläubigen des 19. Jahrhunderts voraushat, ist ihr insistentes Fragen, weil sie alles im wahren Sinn des Wortes für fragwürdig hält. Das Zweifeln verhilft dem Fragen erst zu seiner redlichen Denkarbeit.
Meine Infragestellung der Geschichte ist nur insofern radikal, als ich sie gegenläufig zum eigenen Glauben an die Notwendigkeit eines gut unterrichteten Geschichtsbewußtseins formuliert habe. Jedes wichtige Geschichtswerk interessiert mich aufs nachhaltigste, so auch die vortreffliche und an Information überaus reichhaltige Caesar-Biographie von Christian Meier (1982). Daß auch dieser Kenner der römischen Geschichte sein Buch als ein Kind seiner Zeit geschrieben hat, geht aus seiner Frage hervor: „Können wir nach Hitler noch im Sinne der alten europäischen Tradition mit großen Männern rechnen?“ Größe erscheine

heute unglaubwürdig. Die Frage sei nicht, ob sie segensreich sei, sondern ob es sie überhaupt noch geben kann. Der heutige Mensch hat kaum noch Ehrfurcht vor geschichtlichen Persönlichkeiten – auch und gerade nicht vor denjenigen, die im Zweiten Weltkrieg entscheidende (denn sie entschieden viel) Rollen gespielt haben. Man ist mißtrauisch geworden gegenüber dem politischen Handeln einzelner innerhalb der Gesellschaft und des Staates, kritisch gegenüber den individuellen Entscheidungen von Führerfiguren. Man bevorzugt kritische Aussetzungen am Tun von Männern, die Verantwortung trugen. Heldenverehrung und Bewunderung von Staatsmännern bestimmen nicht das Urteil unserer Zeitgenossen.

„Eine wissenschaftliche Biographie in erzählerischer Absicht" nennt Christian Meier sein Caesar-Buch. Hier schreibt ein Gelehrter, der Strukturgeschichte praktiziert hat, Ereignisgeschichte. Er bezieht seine Kenntnis der inneren Struktur der römischen Republik in seine Erzählung ein (diese Struktur sei „nur die Summe der Organe, Konventionen, Präzedenzfälle und Gesetze, durch die man die Gesellschaft politisch in Form gebracht, handlungsfähig gemacht hatte"). Für mich ein neuer Beweis, daß Strukturgeschichte die narrative Geschichte nicht überflüssig macht. Für beide ist die Auseinandersetzung mit Problemen wesentlich. Mir scheint, Meier habe seinen Bericht von Caesars Leben und Wirken im Kampf mit sich selbst geschrieben: gegen den Primat der Strukturanalyse und gegen den Zweifel an historischer Größe. Er hat aber seiner Einsicht in die Einzigartigkeit von Caesars Glanz und Macht nicht widerstanden; der Faszination seines Helden entrinnt er nicht. Er anerkennt dessen Bewährung im Krieg und in der Politik, verschweigt aber nicht Caesars Verachtung der anderen und seine Ratlosigkeit gegenüber den Problemen der staatlichen Institutionen und deren Konsolidierung. Das gibt diesem neuen Caesar-Bildnis Differenziertheit, Weite und Tiefe, was den Biographen sagen läßt: „Caesars Größe, Einsamkeit, Versagen gehören zusammen" – wobei ich ein Fragezeichen zu einigen Argumenten mache, mit denen Meier dieses wohl nur relative Versagen begründet. Daß Caesar Altes zerstört hat, nämlich das Regierungssystem der römischen Republik, das nach Meiers Ansicht „überfordert" war, als Rom über die mediterrane und gallische Welt herrschte, ist richtig; erst Caesars Adoptivsohn und Erbe Augustus hat das Neue, das römische Kaisertum, begründet, organisiert und beherrscht. Caesar selbst hatte angesichts der Desintegration der bisherigen senatorialen Ordnung und dank seiner Begabung und Leistung zu höchster Macht im Staate gelangen können. Er hatte sich im Lauf seines Lebens alles angeeignet und zunutze gemacht, was die damalige griechisch-römische Kultur einem hochintelligenten Mann bieten konnte.

Selbstverständlich ist Caesar unter den bedeutungsvollsten Persönlichkeiten der Weltgeschichte eine der größten. Meier zitiert Jacob Burckhardt, der ihn als „einen wundervoll organisierten Geist von unglaublicher Vielseitigkeit, Spannkraft, Schärfe, die größte Kühnheit und Entschlossenheit, verbunden mit Klugheit und Verschlagenheit" bezeichnet. Cicero, persönlich eng vertraut und bekannt mit Caesar, aber von dessen Ungestüm erschreckt und über seine Respektlosigkeit gegenüber dem republikanischen Herkommen erbittert, beklagte dessen „Lust, Unrecht zu tun, auch wenn er keinen Grund dazu hatte". Mommsens Caesar-Portrait wird von Christian Meier nicht so sehr widerlegt, als vielmehr facettenreicher, aber weniger eindeutig gestaltet; auch teilt er Mommsens abfällige Urteile über Cato und Cicero keineswegs. Doch den Schwung und die Wirksamkeit Caesars, seine hohe Bildung und literarische Qualität, seine Fähigkeiten als Stratege, Soldatenführer, Politiker, Diplomat und Herzensbrecher, auch seine Großmut und Milde anerkennt sein neuer Biograph ohne Einschränkung. Christian Meier ist von Caesars Persönlichkeit tief beeindruckt.

Etwas anderes ist die Einschätzung der historischen Größe. Von Hegel sagt Meier, in Caesar habe er einen „Geschäftsführer des Weltgeistes" erblickt. Caesars Zweck, die Weltherrschaft Roms, war nach Hegel „zugleich an sich notwendige Bestimmung Roms und der Weltgeschichte". Caesar sei, sagt Hegel, ein Mann, „der das vollbrachte, was an und für sich an der Zeit war". Von Mommsen sagt Christian Meier, er habe die römische Geschichte „so gedeutet, wie wenn sie auf Caesar zugelaufen sei". Mommsen meinte, Caesar habe „die Geschichte der Welt für die Gegenwart und Zukunft geordnet". Er habe erfüllt, was man eine „historische Mission" nennt.

Hier nun setzt mein Fragen ein. Ich glaube, daß Jacob Burckhardts geschichtsphilosophisches Verdienst unter anderem darin besteht, daß er den Begriff des „historisch Notwendigen" in Frage stellte, im Gegensatz zum deutsch-hegelianischen Absolutheitsanspruch (der auch von Karl Marx ebenso wie von den pseudodarwinistischen Theoretikern der Auslese der Besten und Tüchtigsten erhoben wurde). Es überrascht mich nicht, daß heute junge Politologen in diesen Zusammenhängen folgende

Fragen stellen: „Sind Ereignisse vorbestimmt? Unvermeidbar? Ist das Handeln von Menschen weniger wichtig oder wichtiger als außermenschliche materielle Ursachen?“ (Peter Reichel, 1981).
Nach Burckhardt sind große Individuen die Koinzidenz des Allgemeinen und des Besonderen. Nach ihm geben nur „schreckliche Zeiten“ den „höchsten Maßstab der Größe“; sie allein hätten „das Bedürfnis nach Größe“. Man kann mit C. Meier „von der sinnvollen Rolle großer Männer“ sprechen, die Macht nur in bestimmten Verhältnissen erlangen, wobei es wichtig sei, daß sie die Macht *über* die Verhältnisse haben. In der jüngsten Vergangenheit, im Zweiten Weltkrieg, sahen wir Männer politisch und militärisch am Werk, die nur dank den außerordentlichen Umständen zur Macht gekommen waren und von denen einige die Macht über die Verhältnisse eben nicht hatten, während andere gerade *diese* Macht erlangten und deshalb siegten.
Ich verwerfe den Gedanken an das „historisch Notwendige“, an das „Unvermeidliche“, an das „Vorbestimmte in der Geschichte“. Das wäre ein Schluß, der als notwendig, unvermeidlich oder vorbestimmt annimmt, was wirklich vorgefallen ist – und nicht bedenkt, daß auch etwas anderes hätte vorfallen können. Es gibt viele Zufälle in der Geschichte, die unvermutet jenes kleine Gewicht auf eine der beiden Waagschalen werfen, das sie zum Sinken bringt. Sicher kann der Historiker nur von dem berichten, was wirklich vorgefallen ist; aber die neueren Schulen messen dem „Ereignis“ keine so große Bedeutung mehr bei wie die traditionelle Geschichtschreibung, sondern zeigen, wie den „Strukturen“ eine längere Dauer beschieden ist; Braudel geht so weit (zu weit, denke ich), daß er die politischen und kriegerischen Ereignisse, denen die alte Schule ihr Augenmerk schenkte, als „Zwischenfälle“ bezeichnet. Ich habe neulich festgestellt, daß die historisch-politischen Muster auch nach großen Katastrophen und Veränderungen immer wieder zum Vorschein kommen. Das hängt alles mit der Frage nach dem Sinn der Geschichte zusammen. Das 19. Jahrhundert hat mit Beweisen für die Sinnhaltigkeit der Geschichte nicht gespart, wobei aber die philosophischen Schulen diesen Sinn verschieden auslegten. Es ist bemerkenswert, daß im 18. Jahrhundert einer der hervorragendsten Vertreter der Aufklärungsphilosophie, David Hume, ganz trocken in der Politik das erblickte, was sie wirklich ist: ein Kampf ohne Anfang und Ende (um 1740). Für ihn hatte die Geschichte keinen Sinn. Nichts in diesem Geschehen ist vor-bestimmt. Die Aufklärer waren nicht nur toleranter, sondern auch klüger als viele

namhafte Denker, Historiker und Staatsphilosophen des 19. Jahrhunderts (mit Ausnahme vor allem von Jacob Burckhardt, der wichtige Elemente des Geschichtsdenkens des 20. Jahrhunderts vorwegnahm). Burckhardt hat mit gewohnter Distanz zu allem Dogmatischen von den „großen Männern" gesagt, sie seien „in unserem Leben notwendig, damit die weltgeschichtliche Bewegung sich periodisch und ruckweise freimache von bloßen abgestorbenen Lebensformen und von reflektierendem Geschwätz" (hier hat auch Burckhardt von einer Notwendigkeit gesprochen).

Was gehört zur Größe? Außerordentliche Leistungsfähigkeit und Ethos, Durchschlagskraft, Format, Unerschütterlichkeit, entschlossener Gegensatz zur durchschnittlichen Pluralität und Anonymität der bloß Seienden. Größe muß nicht immer gut und heilsam sein, sie kann oder muß verletzen und stören und ist deshalb ambivalent. Sie ist Kapazität und Kraft und innere Freiheit; sie ist außerordentlich, das heißt außerhalb der gewohnten Ordnung der Dinge und Zustände. Zum Durchsetzungswillen gesellt sich der große Stil, manchmal auch ein höheres Komödiantentum, denn es braucht Glanz und Gloria, um groß dazustehen, wohl auch Härte und zuweilen sogar Schrecken. Aber eines darf man nicht übersehen: große Wirkung auf die Verhältnisse legitimiert keineswegs für sich allein die Größe eines handelnden Individuums. Es ist bezeichnend, daß ein heutiger deutscher Gelehrter wie Christian Meier, ehe er Caesars Größe anerkennt, die Frage stellt, ob wir nach Hitler noch im traditionellen Sinne mit großen Männern rechnen können. Kein englischer, französischer, schweizerischer usw. Historiker würde eine solche Frage stellen. Hitler und Stalin und mit ihnen viele Tyrannen und Schreckensmänner der Vergangenheit, gehören zu den folgenschweren „Zwischenfällen" der Geschichte, weil sie eine Wirkung ausgeübt haben. Es gibt aber keine „Größe" ohne Qualität. Die Frage lautet daher, ob solche germanische oder orientalische oder andere Despoten Qualität hatten, und welche Qualität, wenn überhaupt. Aber Wirkung allein, insbesondere wenn sie im Ergebnis die Verhältnisse nicht zu beherrschen vermag und an den eigenen Fehlern zugrunde geht, ist nicht Größe. Wobei, nebenbei bemerkt, im Gegensatz zu Hitler, Stalin, wenngleich mit äußerst harten Mitteln und einer kaum faßlichen Grausamkeit, dank seinem Durchstehvermögen den tief nach Rußland eindringenden Feind im Kriege besiegte und sein spezifisches Herrschaftssystem im eigenen Staat konsolidierte. Stalin nützte rücksichtslos alle Möglichkeiten aus, vermied aber

vorsichtig das Unmögliche. Hitler war zu unvorsichtig, als daß er das Unmögliche hätte möglich machen können.
Christian Meier bezeichnet Caesar als einen Außenseiter. Er war es innerhalb seines eigenen, aristokratischen Standes und allgemein gegenüber dem gesellschaftlichen Herkommen und der politischen Ordnung der römischen Republik. Er war ein einzelgängerisches Individuum innerhalb einer Kollektivität. Ich komme darauf zurück, daß Außenseitertum mir immer bemerkenswert vorkam. Es gibt Formulierungen, die ich gern selber gefunden hätte; zum Beispiel folgende aus Christian Meiers Caesar-Biographie:
„Außenseitertum hat – bei allen Schwierigkeiten, die es mit sich bringen kann – den großen Vorzug, daß man sich eine bestimmte Reinheit bewahrt. Es ist ja in der Tat auch eine Form der Unberührtheit, des Nicht-Tangiertseins – der Bewahrung jugendlicher Offenheit und hoher Erwartungen.
Alle Teilnahme an gewöhnlicher Lebenspraxis hat dagegen von außen betrachtet leicht etwas Komplizenhaftes. Erwachsenwerden erscheint dann wie die Einwilligung in ein Geflecht von Schwächen, Zumutungen, Halbheiten und Anrüchigkeiten. Allemal scheint es Konzessionsbereitschaft vorauszusetzen. So hat es seinen Reiz, sich da herauszuhalten."
In der Praxis, wenn man ihr nicht nur mit Verachtung oder mit Skepsis begegne, sagt dieser Autor, dürfe man allerdings nicht zu empfindlich sein; man müsse sich in manches fügen, was vorgegeben ist. Das könne um so bedenkenloser geschehen, je reiner man sich von gesellschaftlichen Begrenzungen und Verstrickungen wähne: „Man kann sich ja sogar um so besser und überlegener vorkommen, je weniger man eine brüchig gewordene Moral respektiert; das erschließt viele Möglichkeiten."
So in Christian Meiers „Caesar". Obgleich hier bezogen auf das Außenseitertum dieses großen Mannes, hat diese Aussage auch eine allgemeine menschliche, soziale und ethische Tragweite.

9. September

Für mich ist, entgegen heutigen Auffassungen, Größe denkwürdig. Natürlich eignet sich nur der Unorthodoxe, der Unkonventionelle, der Nichtkonforme, kurz der „intentionelle Außenseiter" (wie Hans Mayer

sagen würde) zur Größe. Diese ist ein Stück gesellschaftlicher und politischer Rebellion.
Napoleon definierte Größe als die Begegnung eines großen Charakters mit einem großen Zufall. Was für ein Zufall, daß der kleine korsische Offizier des Königs von Frankreich, Napoleon Bonaparte, 1789 zwanzig Jahre alt war! Es gibt zweifellos zu jeder Zeit und in jeder Gesellschaft große Charaktere, die keinem großen Zufall begegnen. Sie sind in ihrer sozialen Umwelt nur deshalb weniger verhaßt, als es große Männer oft sind, weil sie es nicht werden konnten. Man kann sich den Haß des kleinen Mannes gegen Größe kaum vorstellen. Roosevelt, der abtrünnige Patrizier, der Demokrat war und eine Sozialgesetzgebung einführte, war die Bête noire des amerikanischen Establishments. Daß er, cäsarengleich, die Vereinigten Staaten zur Weltmacht emporkämpfte, haben die Amerikaner vergessen. De Gaulle erzählte nach dem Krieg dem jungen Pompidou: „Ich sagte eines Tages zu Roosevelt, Amerika wird sich seiner Stellung als Großmacht bewußt. Frankreich ist es nicht mehr, aber es weiß, was es ist, eine zu sein. Wenn man eine Großmacht ist, duldet man keinen Widerstand. Man kennt nur Instrumente. Man diskutiert nicht, man befiehlt. Roosevelt sagte nicht nein."
Winston Churchill war ein Abenteurer von Format. Im Ersten Weltkrieg hatte er sich mit der Gallipoli-Expedition verheddert. Hernach hat ihn sein gesellschaftliches Milieu, hat ihn die konservative Partei von der Macht ferngehalten wie einen Aussätzigen. Am 10. Mai 1940 mußte ihn der König von England zum Premierminister ernennen. Als die britische Armee ohne ihre Waffen aus Dünkirchen auf ihre Insel zurückkehrte und Hitler mit seiner Wehrmacht Europa beherrschte, schien es absurd, ein Wahnwitz, den Krieg allein gegen Deutschland fortzuführen. Aber Churchill hatte den sicheren Instinkt des Volkes auf seiner Seite; das ist die Voraussetzung, sei es für Caesar, für Napoleon, für Roosevelt oder für einen anderen, etwas Großes zu leisten. Churchill stimmte mit dem Brigadegeneral de Gaulle, den er im Juni 1940 sogleich bei sich aufnahm, überein, in Frankreich habe man eine Schlacht verloren, aber der Krieg sei ein Weltkrieg; mit Hilfe des britischen Empire und der amerikanischen Industrie werde man ihn gewinnen können. Denn zum großen Charakter, der dem großen Zufall begegnet, muß außer der Kampfentschlossenheit die rationale Einsicht in die Möglichkeiten der vorhandenen Wirklichkeit treten. Wer die Möglichkeiten falsch einschätzt, wie es in den Jahren 1940 und 1941 Hitler tat, gelangt nicht zu Größe.

Ich erinnerte mich vage an einen Artikel, den vor vielen Jahren François Mitterrand in „Le Monde" der Person Charles de Gaulles gewidmet hatte. In der Schublade, wo das einschlägige Dossier liegt, fand ich ihn mit dem ersten Griff wieder. Kein anderer als der heutige Präsident der französischen Republik hat ihn am 23. September 1971 veröffentlicht: sechs Jahre, nachdem er als Führer der Linken in der Wahl für das Präsidentenamt gegen de Gaulle unterlegen war, ein Jahr nach dem Tod des Generals. Das Urteil dieses politischen Gegners de Gaulles ist ideologisch unverdächtig. 1940–1944, sagt Mitterrand, sei die „entscheidende Rolle des Mannes gewesen". Die Geschichte, meint er, werde in hundert oder zweihundert Jahren Charles de Gaulle seinen genauen historischen Platz zuweisen, und man werde dann wissen, „ob der Mann von vorgestern der Mann von übermorgen war". Frankreich werde sich dieser aus jeder Serie herausragenden Persönlichkeit erinnern, „die es gleichzeitig verkannt, umjubelt, erlitten, geliebt, fortgeschickt hat und die es jetzt ins Pantheon seines Ruhmes versetzt". Er habe, sagt Mitterrand von de Gaulle, „eine starke Seele und ein sicheres Urteil" gehabt. Er habe seine Zeitgenossen überzeugt, „daß er weitblickender war als sie. Dennoch scheint mir, daß er an wichtigen Ideen seiner Zeit vorbeigegangen ist." Der Führer der französischen Sozialisten konnte nicht anders reden; er stellte fest, daß das Wirtschaftssystem Frankreichs, das er selber jetzt als Präsident der Republik, unterstützt von einer sozialistischen Parlamentsmehrheit, verändern möchte, unter de Gaulles Präsidentschaft das gleiche geblieben ist wie vorher. Aber gerade ein soziologisch denkender Verstand wie Mitterrand hat erkannt, daß de Gaulle ein Außenseiter seines eigenen bürgerlichen Milieus war, gegen das er rebellierte, als sich die französische Bourgeoisie nach der Niederlage vom Juni 1940 um den Marschall Pétain scharte und sich mit Hitler zu verständigen versuchte. Hier die Interpretation, die Mitterrand von de Gaulles Rebellion formuliert:
„De Gaulle, ein meditierender, patriotischer, unbeugsamer Soldat, hat es mit einer disziplinwidrigen Anfangstat gewagt, seiner sozialen Klasse entgegenzutreten, die in der Verlegenheit der Niederlage die Sache ihrer Interessen ergriff und mit dem Sieger verhandelte. Und was für einem Sieger! Aber wenn sie hochgemut sind, entbindet die militärische Karriere die Söhne der Bourgeoisie von den Gesetzen ihres Milieus. Der Berufsoffizier besitzt keine materiellen Güter, er verachtet sie und ist stolz auf diesen Verzicht. Durch Berufung und dank seinem Stand hat er es nötig, sein Leben mit anderen Werten als mit dem Profit zu rechtferti-

gen. De Gaulle hat seinen Kummer geheilt, indem er am 18. Juni 1940 mit der etablierten Ordnung, der Ordnung seiner Mutter und der Seinen brach, da diese etablierte Ordnung Verrat beging (. . .). De Gaulle stand den Soldaten des Jahres II und den Poilus von 1914 näher als den Bourgeois seiner Generation. Er verdankte es diesem Anachronismus, wie ein Visionär zu sprechen. Indem er sich von den Seinen trennte, begegnete er dem Volk. Weder der eine noch die anderen haben sich in der Folgezeit ganz getrennt. Man muß die Geschichte der gaullistischen Republik unter diesem Gesichtswinkel lesen." (Nebenbei bemerkt: mit seinen Memoiren wollte de Gaulle nicht Geld verdienen; die Honorare überwies er einer wohltätigen Stiftung.)
Weiter in diesem Text, der kleingedruckt eine ganze Seite von „Le Monde" beansprucht. Mitterrand spricht von der „République gaullienne", die 1958 begann. Er erinnert sich, daß er selber Minister unter Robert Schuman und unter Pierre Mendès France war, die beide versuchten, sagt er, der Vierten Republik einen Stil zu geben: „De Gaulle hatte sicher mehr Stil, vielleicht weniger Ideen, aber keiner wie er sprach die Sprache des Staates. Mendès France war von der Leidenschaft entflammt, recht zu haben. Der gleiche Skrupel bewohnte Schuman, der immer fürchtete, er könnte unrecht haben. De Gaulle existierte. Seine Taten schufen ihn, und seine Überzeugung, Frankreich zu sein (. . .), rührte mich mehr, als daß sie mich irritierte. Ich fand diese Vereinnahmung nie lächerlich. Die viszerale, exklusive Liebe zu Frankreich verleitete ihn, sich mit Schatten zu schlagen (. . .). Das Vaterland war ein mythischer Boden, von Gottes Hand gezeichnet und von Ackerbauern und Soldaten bewohnt. In der Stunde der größten Gefahr gebar diese für das Volk bestimmte Erde natürlich den notwendigen Helden. Diesmal war er der Held (. . .). Indem sie Wirklichkeit wurde, hat die Hypothese de Gaulle die miteinander konkurrierenden Virtualitäten zusammengeschweißt, und sie allein stellt sich heute der Geschichte vor."
Es ist mir bewußt, und ich kann es verstehen, daß das Zeugnis von Männern unserer Generation (de Gaulle war etwas älter, Mitterrand und Pompidou etwas jünger als wir, aber sie gehören mit uns zur Generation des Zweiten Weltkrieges) für heutige Menschen nicht mehr recht verständlich ist. Aber wer entrinnt seiner Zeit? Als wir im unversehrt und friedlich gebliebenen Winkel der Schweiz im August 1944 die Befreiung von Paris mit Freunden feierten, nahm François Mitterrand, damals 27 Jahre alt, unter dem Vorsitz des Generals am ersten Ministerrat des befreiten

Frankreich teil: „Ich hörte zu, ich beobachtete, ich bewunderte. Indem ich historische Tage erlebte, deren Andenken verlorenging, bin ich sparsam mit solchen Emotionen geworden (. . .). Ich hatte auch einige Ursache, die Augen groß aufzuschlagen: es war der Beginn einer Epoche, und es war der General de Gaulle." Mitterrand sah ihn erst im Sommer 1945 wieder, 1959 stand er wieder vor ihm. De Gaulle war jetzt Staatspräsident. Die Vierte Republik, die nach Mitterrands Urteil „veraltete Einrichtungen" hatte, war „gestorben, wie sie gelebt hatte: kleinlich". Auf eine Formel gebracht: „Den Gaullismus abzulehnen bedeutet nicht notwendigerweise, seine Zeit abzulehnen."
Als ein Politiker, der zum Oppositionsführer gegen den Gaullismus emporwuchs, kann François Mitterrand, an dem nichts von der „Kleinlichkeit" der Vierten Republik haftengeblieben ist und der seit 1981 die Fünfte Republik auf seine Art fortsetzt, so reden. Er attestiert dem Gründer dieses erneuerten Staates, daß er „Frankreich neue politische Regeln hinterlassen hat. Das ist wichtig." Mitterrand nennt in diesem Zusammenhang das Referendum, die Wahl des Präsidenten durch das Volk, das Majorzsystem, die Entkolonisierung, den Austritt Frankreichs aus der Nato, die (wörtlich) „Rückkehr zu den Quellen unserer Außenpolitik, das Verlassen der Konstruktion Europas". Mitterrand erwähnt nicht seinen eigenen, mißglückten, recht ungeschickten Versuch, auf der Welle der Maiunruhen von 1968 in Paris mit Mendès France zusammen anstelle des Premierministers Pompidou eine Regierung zu bilden. In Georges Pompidous soeben (1982) postum erschienenem Buch „Pour rétablir une vérité" schildert der Verfasser ausführlich diese schwere Krise. Der Aufstand der Studenten des Quartier latin und die großen Manifestationen der Gewerkschaften und Kommunisten hatten de Gaulle, zum erstenmal in seiner politischen Laufbahn, entmutigt; an seiner Stelle hatte Pompidou mit Festigkeit und ohne Blut zu vergießen die Schlacht gewonnen. Diese schwere Krise endete mit einem überwältigenden Wahlsieg der Gaullisten. Daraufhin entließ de Gaulle Pompidou aus seinem Amt.
Auch Pompidous Zeugenaussage über de Gaulles Wirken von 1944 bis 1969, als dieser nach der Ablehnung seines Referendums durch das Volk endgültig von der politischen Bühne abtrat, ist lesenswert und ergreifend für alle, die von nah oder fern von diesen Ereignissen betroffen waren. De Gaulle sagte 1948 zu seinem jungen Mitarbeiter Pompidou: „Zwei Wege öffnen sich vor unserer Epoche. Auf der einen Seite die Demokra-

tie, auf der andern, etwas anderes zu machen, dessen Übertreibungen wir sahen: Kommunismus und Faschismus. Ich bin für den demokratischen Weg. Aber wenn er sich verschließen sollte, muß man daran festhalten." De Gaulle, der dem französischen Staat stabile Institutionen und dem Präsidenten große Befugnisse hinterlassen hat, verließ nie den demokratischen Weg. Selbst die wütendste Opposition gegen ihn konnte sich in den Zeitungen und in der politischen Öffentlichkeit frei äußern. Er tastete den Pluralismus der Meinungen nicht an. Das Parlament konnte die Regierung stürzen – und tat es einmal unter de Gaulles Präsidentschaft. Er selber wurde 1965 erst in einem zweiten Wahlgang wiedergewählt. Aber – und noch einmal zitiere ich Mitterrand: „Die Lebensbedingungen dieser Franzosen hängen von anderen Meistern ab als von Charles de Gaulle. Sie lieben es nicht, daß man sie stört. Als sie sich im April 1969 gestört fühlten, zögerten sie nicht, sich seiner zu entledigen." Was heißt: „*diese* Franzosen"? Die Bourgeoisie und der erwerbstätige Mittelstand. De Gaulles Referendum vom April 1969 hatte – unter anderem – die Mitbestimmung der Arbeiter und Angestellten zum Gegenstand. Das störte die großen wie die kleinen Patrons. Ein unheiliges Bündnis der Rechten, wo Giscard d'Estaing den Wortführer spielte, und der Linken, von Mitterrands Sozialisten bis zu den Kommunisten, brachte das Referendum zu Fall und schickte de Gaulle unwiderruflich in sein Heim nach Colombey-les-deux-Eglises zurück. Dort starb er am 9. November 1970. Pompidou folgte ihm nach.

Ich meditiere über Größe. Sie erschreckt, sie erregt Haß, sie mobilisiert Gegenkräfte. Attentate auf das Leben de Gaulles kamen nie von links, sondern von rechts. In Le Petit-Clamart entging er knapp dem Tod. Man sagte im Frühjahr 1969 mit Recht, der General sei „nach links gefallen" – wegen seines Entwurfs zur Demokratisierung des Wirtschaftsprozesses. Das trug zur geheimen Liebe Mitterrands zu dieser Gestalt bei. Pompidou mußte als Nachfolger seines Meisters im Elysée das Staatsschiff deutlicher nach rechts steuern. Voriges Jahr konnte Mitterrand bei der Präsidentenwahl über Giscard d'Estaing siegen. Die Stimmen der Linkswähler hätten dazu nicht ausgereicht. Die Stimmen vieler gaullistischer Wähler, die Giscard seinen Verrat von 1969 an de Gaulle und seine erbitterte Feindschaft gegen dessen Getreue und ihren Wortführer Chirac nicht verzeihen konnten, halfen François Mitterrand, sich im Elysée in den großen Fauteuil des Generals zu setzen. Er wird die gleiche Machtfülle haben wie seine Vorgänger.

Georges Pompidous nachgelassene Erinnerungen zeigen, daß es nicht nur erhebend, sondern auch schwierig und zuletzt enttäuschend war, de Gaulle zu dienen. Pompidou stellt nüchtern fest: „Seine Mitarbeiter sind für den General Instrumente." Natürlich! Sie waren es auch für Caesar, den seine eigenen Parteigänger und ehemaligen Mitarbeiter ermordeten. Nachdem Napoleon seinen Außenminister Talleyrand angeschrien hatte: „Sie sind nur Scheißdreck in einem Seidenstrumpf", legte sich Talleyrand mit einem schweren Fieberanfall ins Bett. Keine schöne Entlassung! Bismarck zerschmetterte unbotmäßige Mitarbeiter und verfolgte Katholiken und Sozialdemokraten. Churchill brach mit dem getreusten unter den Treuen, mit Anthony Eden, als dieser Premierminister wurde. De Gaulle hat seinen Nachfolger Pompidou, der ihm während eines Vierteljahrhunderts ausgezeichnete Dienste geleistet hatte, nie mehr bei sich empfangen. Pompidou fühlte sich verletzt von dieser Härte. Ich war betroffen von dem unverblümten Haß, mit welchem Adenauer im Gespräch mit mir von seinem Nachfolger, dem Bundeskanzler Erhard, sprach. Dieser war sein erfolgreicher Wirtschaftsminister gewesen. Aber auch für Adenauer, wie für andere herrschgewohnte Staatsmänner, waren seine Mitarbeiter nur Instrumente. Größe ist bewundernswert dank ihrer Charakterstärke und Leistung, oft aber auch furchterregend. Große Staatsmänner, gleich vielen großen Künstlern und Dichtern, sind ein Ausbund von Egozentrik, Rücksichtslosigkeit, Rechthaberei und Argwohn gegen ihre Umgebung; sie sind auch einsam. Ihre Macht, ihr Durchsetzungsvermögen erträgt keinen Widerstand.

Warum das alles? Aber wie könnte ich es vergessen? Mit einigen der Genannten hatte ich persönliche oder briefliche Kontakte. Es war meine Zeit. Die heutigen Menschen haben andere Interessen und Sorgen; vielleicht haben sie auch ihre Helden, obgleich solche nur, wie Jacob Burckhardt feststellt, in schrecklichen Zeiten erscheinen. Aktuell bleibt trotzdem einiges. In seinem jüngsten Buch sagt Mitterrand: „De Gaulle hatte recht." Die Nato nennt der jetzige französische Präsident „une drôle d'alliance". Was de Gaulle einst veranlaßte, Frankreich aus der militärischen Organisation der Nato herauszunehmen, nämlich die Furcht, von den Amerikanern in einen unerwünschten Krieg verwickelt zu werden, ist heute auch die Furcht der Deutschen, der Holländer und anderer europäischer Verbündeter der Vereinigten Staaten.

Kann es in einem Kleinstaat „große" Staatsmänner geben? Infolge der territorialen Begrenztheit und der schwachen Machtbasis, die keinen Einfluß auf die Politik der Großmächte gestatten, ist das kaum möglich. Die Schweizer haben nie große Männer, die sich zu viel herausnahmen, geduldet. Der Bürgermeister Waldmann wurde geköpft, Georg Jenatsch erschlagen, Alfred Escher fortgejagt. Die schweizerischen Kantone und Republiken hatten schon im Ancien régime Kollegialbehörden. Die Bundesverfassung von 1848 erteilte dem Bundesrat in seiner Gesamtheit Exekutivbefugnisse. Aber wir haben kein Staatsoberhaupt. Das Präsidium der obersten Behörde wechselt im Turnus alle Jahre. Ein fremdes Staatsoberhaupt muß vom Gesamtbundesrat in Bern empfangen werden; der Bundespräsident kann keinen Staatsbesuch im Ausland machen. Die einzelnen Bundesräte sind gleichzeitig Minister und hohe Verwaltungsbeamte. Die Politiker und die Parteien sehen es nicht gern, wenn ein einzelner Bundesrat seine Kollegen überragt, oder wenn einer von ihnen populär ist. In den letzten Tagen hat Bundesrat Furgler an der Spitze eines Krisenstabes und mit der Hilfe der Berner Polizei der Besetzung der polnischen Botschaft durch Terroristen mit ausnehmendem Geschick und großer Festigkeit ein Ende bereitet, die Geiseln befreit und die Terroristen verhaftet, ohne daß Blut floß. In seinem Bericht über diesen gefährlichen Zwischenfall sagte Kurt Furgler im Fernsehen oft „Ich" – dann fügte er hinzu: „. . . im Einvernehmen mit dem Bundesrat." Die Zeitungen sprachen in ihrer Berichterstattung vom Krisenstab und von der Polizei, kaum von Herrn Furgler. Sein Kollege Willi Ritschard ist populärer, was wiederum den bürgerlichen Politikern und Zeitungen auf die Nerven fällt.

Bundesrat Furgler, katholischer Politiker aus St. Gallen, Jurist, intelligent, gebildet, mit Begabung zur Machtausübung, spricht gern die „Sprache des Staates"; das ist in andern Ländern eine Selbstverständlichkeit, wenn es ein Premierminister, ein Bundeskanzler oder ein Präsident tut; in der Schweiz verursacht diese Sprache beim Bürger ein Mißbehagen. Es wunderte mich, daß Furgler in seinem Entwurf für eine neue Bundesverfassung das Wort „Staat" so stark hervorhob – was in der welschen Schweiz auf empörte Ablehnung stieß. Die Schweiz ist nicht ein Staat, sondern ein „Bund", der aus staatsähnlichen Kantonen zusammengesetzt ist. Aber während die geltende Bundesverfassung die Schweiz als

„Nation" bezeichnet, hat die Kommission Furgler in der Präambel zu ihrem Verfassungsentwurf diese Bezeichnung weggelassen. Der eidgenössische Bund, obgleich sich die Schweizer als ein „einig Volk von Brüdern" verstehen, ist ein Konglomerat von Minderheiten: kantonalen, regionalen, sprachlichen, konfessionellen, kulturellen, sozialen, parteipolitischen, wirtschaftlichen Minderheiten, die zusammen eine Partnerschaft eingegangen sind. Keine dieser Minderheiten kann infolge der Proporzwahl im Parlament die Mehrheit erringen (zur Zeit des Majorzwahlsystems, bis 1919, dominierte eine ziemlich homogene „freisinnige", liberal-radikale Mehrheit im Parlament und im Bundesrat). Jetzt sind wir eine „Konkordanzdemokratie", was das Regieren erschwert, weil (fast) alle mitreden. Darauf beruht die etwas schwerfällige Stabilität unseres heutigen Regierungssystems, die wir anscheinend der in andern Demokratien üblichen Abwechslung von Mehrheit und Minderheit, von Regierung und Opposition, vorziehen. Die großen Parteien bekämpfen sich ständig und beschließen zu guter Letzt gemeinsam.
Ist die Schweiz unregierbar geworden? Es kommt darauf an, was man darunter versteht. Die Schweiz ist vor allem verwaltet. Die Vielparteienregierung, die nach der sogenannten „Zauberformel" zusammengesetzt ist (zwei Freisinnige, zwei Christdemokraten, zwei Sozialdemokraten, einer aus der bäuerlich-gewerblichen Volkspartei), kann nicht im politischen Sinn und aufgrund eines Programms wirklich führen. Sie teilt ihre Exekutivbefugnisse mit der Legislative, welche Beschlüsse und den Budgetentwurf des Bundesrates abändern kann, ohne daß der betroffene Ressortminister zurückzutreten braucht. Das garantiert die Stabilität, aber auch eine gewisse Hilflosigkeit der Regierung. Was ich am entschiedensten an diesem System aussetze, ist das üblich gewordene „Vernehmlassungsverfahren", das strictu sensu verfassungswidrig ist (nur der Wirtschaftsartikel der Bundesverfassung macht der Regierung die Befragung der interessierten Kreise zur Pflicht). Der Bundesrat faßt keinen wichtigen Beschluß und formuliert keinen endgültigen Verfassungs- oder Gesetzesentwurf, ehe er ihn „in die Vernehmlassung geschickt" hat. Daraus entstand eine permanente Einflußnahme der öffentlichen und der privaten Körperschaften auf die Politik der Regierung; Kantone, Parteien, Verbände und Interessengruppen haben das Sagen. Der einzelne Bürger wird nie in diese Vernehmlassung einbezogen.
Sicher sind wir eine Referendumsdemokratie, und mit Recht wird das Volk als „Souverän" bezeichnet, dem die letzte Entscheidung zusteht –

und der sogar durch Volksinitiativen Regierung und Parlament zur Stellungnahme in einer Sachfrage und ihrer Beantwortung durch eine Volksabstimmung zwingen kann. Es ist, so betrachtet, eine sehr volksnahe Demokratie. Aber warum nehmen immer weniger Bürger und Bürgerinnen an Abstimmungen und Wahlen teil? Ist man nicht froh, wenn um die 30 Prozent der Stimmberechtigten an einem Referendum teilnehmen, und wenn bei Parlamentswahlen mühsam die 50-Prozent-Schwelle erreicht wird? Die Stimmabstinenz ist zum Krebsübel unserer Demokratie geworden. Abstimmungen, an denen weniger als ein Drittel der Stimmberechtigten teilnehmen, sind zur Regel geworden. Eine Beschränkung der Volksrechte ist unmöglich, auch dann nicht, wenn sie nur von einer kleinen Minderheit ausgeübt werden; aber niemand weiß ein Mittel, das die Bürger mobilisieren könnte. Die für unsere Verhältnisse typische Entpersönlichung der Politik, die zu dieser Desinteressiertheit beiträgt, kommt im Proporzverfahren zum Ausdruck, wobei der Bürger nicht für einen bestimmten Kandidaten, sondern für eine Parteiliste stimmen muß (mit der Möglichkeit des „Panaschierens"). Die Persönlichkeiten, deren Namen auf der Liste stehen, hat der Wähler kaum je von Angesicht zu Angesicht gesehen.
Das Desinteresse des Schweizer Volkes an der politischen Meinungsbildung macht den Politikern und den Parteien schwer zu schaffen. Die Optimisten meinen, die Schweizer seien eben zufrieden mit dem, was ohnehin gemacht wird; die Pessimisten glauben, daß das Volk seine Rechte nicht ausübe, weil es, enttäuscht über den Lauf und Leerlauf des landesüblichen Politbetriebes, sich sage, „die da oben machen ja doch, was sie wollen".
Jean Zieglers Behauptung, die Schweiz werde von einer „Oligarchie" regiert, ist in der öffentlichen Meinung auf heftigen Widerspruch gestoßen.
Historisch und soziologisch betrachtet, hatte die Ausübung der Regierungsgewalt in den eidgenössischen Ständen und im Bund seit dem Ancien régime zweifellos immer einen Zug zur Bildung von Oligarchien aufgewiesen. Die heutigen Oligarchien unterscheiden sich von denjenigen der Patriziate der alten Eidgenossenschaft dadurch, daß sie nicht in einem exklusiven Stand von „regimentsfähigen Familien" erblich sind. Jeder kann heute aufsteigen. Daß aber Körperschaften der Politik und der Wirtschaft in der Konkordanzdemokratie, gefördert durch das Vernehmlassungsverfahren, zur Bildung einflußreicher Oligarchien in unse-

rem Staatswesen geführt haben, steht für mich außer Frage. Und daß dabei das Geld am mächtigsten ist, kann in einem Staat, der aus der Handels- und Gewerbefreiheit und der privaten Initiative im Wirtschaftsleben seine Philosophie gemacht hat, nicht geleugnet werden. Das Erwerbs- und Profitdenken dominiert in der freien Marktwirtschaft und wirkt sich auch politisch aus. Ein verstorbener freisinniger Nationalrat, der Jurist und Professor in Basel war, hat in einer aufsehenerregenden, aber praktisch wirkungslos gebliebenen Broschüre über das „Helvetische Malaise" (1964) festgestellt, daß die heutige Schweiz der konservativste Staat in Europa sei. Dieser Staatsrechtslehrer und Politiker, Max Imboden, erinnerte sich, daß nach der demokratischen Revolution von 1848, die in den andern Ländern Europas brutal unterdrückt worden war, die Schweiz von den Demokraten des Auslandes als das Vorbild eines fortschrittlichen Staatswesens gepriesen wurde. Die bürgerlich-Radikalen waren damals in der Schweiz ein Motor der modernen Entwicklung und bei den reaktionären Regierungen in Europa als Revolutionäre verpönt.
Persönliche „Größe" ist in unserem politischen Alltag nach wie vor verdächtig. Aber die Macht von Körperschaften, Wirtschaftsverbänden und Banken, auch der Staatsverwaltung und der Gewerkschaften, ist in unserem öffentlichen Leben zweifellos wirksam. Zuviel Freiheit der Meinungsäußerung ist allerdings dem Schweizerbürger auch nicht genehm, wenn sie sich allzu kritisch in den Medien äußert. Der Schweizer, der an das in jeder Beziehung gemäßigte Klima unseres Landes gewöhnt und nicht allzu unzufrieden ist, kann besser mit sachlich begründeten Aussetzungen und daraus entspringenden Initiativen erreicht werden.
Ein englischer Staatsrechtler nannte die Wahldemokratie einen „legalisierten Bürgerkrieg". Aber England, Frankreich, Deutschland können diesen gesetzlichen Krieg mit Erfolg führen, weil sie das Majorzwahlrecht (mit Varianten) und zwei Blöcke – Rechts und Links – haben. Wir haben bei uns diese Blockbildung nicht so eindeutig ausgebildet, und beim Proporz fallen die Wahlen immer fast gleich aus. Keiner siegt klar über den andern. Dieser Immobilismus der Vielparteien-, Konkordanz-, Verbands- und Vernehmlassungsdemokratie rief bei uns heftig protestierende Randgruppen auf den Plan, die nach alternativen Lösungen suchen. Sie nennen unser Regierungssystem eine „Pseudodemokratie". Aber was ist eigentlich Demokratie? Gibt es denn deren nicht sehr verschiedenartige? Wichtig scheint nur die Frage zu sein: Wie kann man

Auswüchse einer Lobbyherrschaft abstellen? Entspricht aber unser eigenartiges Demokratieverständnis nicht doch dem engen Rahmen, in dem wir in der Welt zu überleben haben? Wird es nicht, trotz Kritik an der Politik und den Politikern, von den Bürgern, sogar auch von den Arbeitern – weil sie radikale Lösungen ablehnen – mit einigen Vorbehalten gebilligt? Ich bin selber manchmal beklommen, wenn ich sehe, wie fest verknotet und unbeweglich die Zustände bei uns sind und wie ohnmächtig die sind, die ein wenig Bewegung und Öffnung in die „Politik der Politiker" bringen möchten. Alles scheint unabänderlich zu sein. Die Verschonung von Krieg und Katastrophen ließ uns so werden.
Große Staatsmänner in der Schweiz? Aber wo bleibt der „große Zufall" in diesem statisch gebliebenen Staatswesen, der einem „großen Charakter" die Möglichkeit gäbe, etwas Bedeutendes zu tun? Nach 1848 war das möglich, weil ein neues Leitbild vorhanden war; heute nicht mehr. In meiner Rede zum 80. Geburtstag von Altbundesrat Willy Spühler, am 29. Januar 1982, sagte ich unter anderem: „Man kann bei uns nicht regieren, wie es Bruno Kreisky in Österreich tut. Tradition, Verfassung und Praxis der Regierung sind in der Schweiz anders. Ich hätte manchmal wissen mögen, wie es in den Herzen unserer Bundesräte aussieht, wenn sie gerade das, was sie fördern und erreichen möchten, der langsamen Gangart unseres Regierungssystems anpassen müssen." Dazu Montesquieu, der Schöpfer der Gewaltentrennung: „Überall wahr sein, sogar über sein Vaterland, denn wenn jeder Bürger für sein Vaterland sterben soll, ist niemand verpflichtet, dafür zu lügen."

12. September

Es gibt ein Phänomen Kreisky. Es bereitet den schweizerischen Politikern und Journalisten Unbehagen. In einem ebenfalls demokratischen und neutralen Kleinstaat ist ein einzelner zur volkstümlichen, das politische Spiel beherrschenden Vaterfigur aufgestiegen, die außerdem als international angesehener Staatsmann Größe zu repräsentieren scheint. Ist solches in einem von sieben Millionen Menschen bewohnten, geographisch exponierten Land möglich, das drei kommunistische und drei kapitalistische Länder zu Nachbarn hat? Daß diese Balance zwischen West und Ost wahrscheinlich nur bei Aufrechterhaltung des Friedens möglich ist, leuchtet ein.

Wenn der Mann Bruno Kreisky auf eine so andere Art Politik machen kann als ein schweizerischer Bundesrat, hat das verschiedene Gründe. Es ist eine merkwürdige Tatsache, daß ein hochgebildeter und wohlhabender Bürger Vorsitzender der Sozialistischen Partei Österreichs, Jude und ehemaliger Emigrant ist. Es ist erstaunlich, daß Bruno Kreisky in seiner politischen Karriere diese Handicaps überwinden konnte. Er sagte mir einmal bei Tisch, auf dem Gut seiner mütterlichen Großeltern in Böhmen, wo er als Junge die Ferien verbrachte, habe es ihm sein Großvater, Herr Felix, verboten, den Knechten Schnaps aufs Feld zu bringen. Im verborgenen habe er es aber doch getan. Und wörtlich: „Ich war immer für die Knechte."

Als ich 1947 in Wien lebte, war Kreisky noch nicht aus seinem Exil zurückgekehrt. Er hatte sich nach dem „Anschluß" Österreichs 1938 nach Schweden begeben, wo auch andere sozialdemokratische Emigranten aus Österreich und Deutschland bei ihren schwedischen Parteigenossen gastliche Aufnahme fanden. Aus jener Zeit stammt Kreiskys Freundschaft mit Willy Brandt. Er erzählte uns später, daß er bei seiner Rückkehr nach Wien die Räume an der Löwelstraße bewohnte, in denen ich zwei Jahre vor ihm gehaust hatte.

Sein Aufstieg gegen alle Hindernisse von Herkunft, Geistesart und gesellschaftlichem Rang innerhalb der neu konstituierten Sozialistischen Partei Österreichs und in der Regierung der Republik Österreich, verdankte er verschiedenen, einander widersprechenden Gaben. Der Sohn der Wiener Bourgeoisie als Spitzenfunktionär der Linkspartei, der brillante Intellektuelle, dessen analytischer Verstand und Vorliebe für den Schriftsteller Robert Musil und den Bildhauer Fritz Wotruba (Emigranten wie er) der intellektuellenfeindlichen Einstellung der Österreicher so wenig zusagt, in der Rolle des volksverbundenen Landesvaters: das ist ungewöhnlich. Es war ein katholisch-konservativer Bundeskanzler, der zur Zeit der großen Koalition zwischen Volkspartei und Sozialisten den jungen Heimkehrer als seinen Staatssekretär für Auswärtiges 1953 ins Bundeskanzleramt berief, ihn zwei Jahre später zur endgültigen Bereinigung des Staatsvertrages mit den Alliierten nach Moskau mitnahm und ihn 1959 zum Außenminister ernannte. Nach den Wahlen von 1970 kamen die Sozialisten mit Bruno Kreisky als Bundeskanzler zur Macht.

Kreisky war 1967 Parteichef geworden. Er hat sein politisches Credo nie verleugnet und seine ganze Kraft der Parteiarbeit gewidmet. Wien und Österreich haben kaum die Studenten- und andern Unruhen erlebt, die in der Schweiz 1968 und seit 1980 unseren Behörden so viel zu schaffen machten. Obwohl Bruno Kreisky mit zunehmenden Jahren eine Politik des sozialen Ausgleichs in einer demokratischen und freiheitlichen Ordnung machte, blieb er aus Treue zu seinen Idealen ein Schutzpatron der intellektuellen Linken.

Sein Bekenntnis zur Demokratie: „Die Möglichkeit für jeden, an politischen, wirtschaftlichen und kulturellen Entscheidungsprozessen mitzuwirken, und als funktionierende Kontrolle der Machtapparate durch die Öffentlichkeit." Ein weiteres Charakteristikum demokratischen Verhaltens ist nach Kreiskys Meinung der Respekt für den Gegner. Im Unterschied zur Schweiz kontrolliert der Staat in Österreich einen Großteil der Wirtschaft durch die staatseigene Industrieholding und durch seine Beteiligung an den beiden verstaatlichten Großbanken. Österreich ist ein relativ armes Land, es besaß nicht wie die Schweiz eine durch Kapitalbesitz mächtige Großbourgeoisie. Die sozialistische Regierung Kreisky, die Österreich zum Industriestaat gemacht hat, nahm eine Einkommensverteilung vor und führte ein hochentwickeltes System der sozialen Sicherheit ein. Der Lebensstandard der Bevölkerung stieg ununterbrochen. Österreich hat es nicht mehr wie in den 20er und 30er Jahren nötig, beim reichen Ausland um Kredite zu bitten. In der gegenwärtigen Wirtschaftskrise hat Österreich unter allen Industrienationen die geringste Arbeitslosenzahl.

Ich sehe noch, wie die massige Gestalt von Bruno Kreisky eines späten Abends oben an unserer Treppe in Brunegg erschien, ein gepflegter Herr mit einer tiefen Stimme, entspannt und ohne Pose bereit, an der im Gange befindlichen Geselligkeit teilzunehmen. Weder herablassend noch anbiedernd, eine Persönlichkeit, die in sich selbst ruht, konzentriert nachdenkend, langsam und präzis sprechend, gescheit, weltoffen, menschlich, auch wenn er bei andern Gelegenheiten, als Gastgeber oder als Vortragsredner, förmlicher auftritt. Es dürfte nicht ganz leicht sein, seine Freundschaft zu gewinnen, aber dann steht er treu dazu; zwar etwas distanziert, denn er bleibt der beschäftigte Staatsmann, der an viele denken, für vieles sorgen und manchmal Ordnung unter seinen Mitarbeitern schaffen muß, die durch ihren hemmungslosen Karrierismus und ihre nicht ganz sauberen Geldgeschäfte seine eigene Integrität verletzen. Wenn er im vertrauten Kreis frei reden kann, tut er es gern bis in späte Nachtstunden.

Ich fragte bei einem Glas Bier in einem kleinen Wiener Lokal meinen

Freund Hamann: „Wir wollen uns doch nichts vormachen; die Österreicher waren antisemitisch, die Schweizer waren oder sind es auch, wie ist es möglich, daß Bruno Kreisky bei euch keine Schwierigkeiten hat und immer die Wahlen gewinnt?" Das sei gar kein Problem, erwiderte Hamann, die einfachen Leute mögen ihn; in den Kleinstädten und Dörfern der Provinz, wo er bei seinen Wahlreisen in verständlichen, einfachen Worten zu den Menschen spricht, habe er treue Wähler. Kreisky flöße Vertrauen ein, und auch viele, die nicht zur Sozialistischen Partei gehören, stimmen für ihn. Es scheint, daß ihm alles gelingt. Einmal, als ich mit unserem Freund und Vetter Graf Hubert Mittrowsky und Günther Hamann weit nach Osten ins niederösterreichische Land zum Schloß der Gräfin Harrach fuhr, war es die Sensation des Tages, daß Kreisky aus Anlaß des Jubiläums der Europa-Union in Wien dem Kaisersohn Otto von Habsburg im Bundeskanzleramt die Hand gereicht und ihm die Räume am Ballhausplatz gezeigt hatte, wo die Minister seiner Vorfahren das Reich regierten. „Jetzt hat der Kreisky auch das noch fertiggebracht, daß er den Otto in Wien empfing, wozu unsere Leute nicht imstande waren", sagte die Gräfin lachend.
Bis 1938 waren die Österreicher anfällig für deutschnationale Parolen; viele jubelten, als Hitler kam. Selbst *vor* Hitler bezeichneten die österreichischen Politiker und Schriftsteller ihr Land und Volk als „deutsch". Das hört man aus österreichischem Munde, mit Ausnahme der in Graz und anderswo noch vertretenen, kleinen „Freiheitlichen" Partei, die mehr deutschnational als liberal ist, nicht mehr. Kreisky gelang es, sich auch mit diesen Leuten zu verständigen. Österreich ist ein Volk und ein Staat sui generis. Das ist nicht das Werk von Kreisky allein; unterdrückt durch die Nazis, verletzt durch Krieg und alliierte Besetzung, haben die Österreicher gelernt, ihre Unabhängigkeit und Freiheit, ihre eigenständige Kultur, ihren größeren Wohlstand und ihre soziale Demokratie zu schätzen, auch wenn sie noch so gern tratschen, spotten, raunzen, Witze reißen, was nun einmal zu ihrem Nationalcharakter gehört. Interessant ist es aber doch, daß Spott oder gar Verleumdung vor der Person des Bundeskanzlers halt machen.
Kreisky ist kein Zionist. Auch ihm, wie vielen europäischen Juden, ist die Vorstellung eines jüdisch-religiösen Nationalstaates fremd. Das ist kein Verrat an der Herkunft. Es ist absurd, wenn ihm Menachem Begin „jüdischen Selbsthaß" vorwirft. Kreisky hatte den Extremismus der Rechten und ihren Judenhaß zu spüren bekommen, als er vor den Nazis

ins Ausland fliehen mußte. Verwandte von ihm sind im deutschen KZ umgekommen. Die Österreicher, scheint es, erinnern sich gar nicht mehr, daß sie sich an den Judenverfolgungen beteiligt hatten. Da Österreich nach der Ansicht der siegreichen Alliierten ein von Hitler überfallenes und besetztes Land war, war es offenbar nach der Meinung seiner Bewohner nicht nötig, irgendeine Vergangenheit zu „bewältigen". Von einem Journalisten befragt, sagte Kreisky: „Die Österreicher wissen gar nicht, was schlechtes Gewissen ist." Er sagte es „mit einem Unterton von Spott, von Ironie, aber auch von Tatsächlichkeit – so ist es eben, es hat keinen Sinn, dem als Politiker nicht Rechnung zu tragen".

Bruno Kreiskys Leidenschaft für die Außenpolitik ist bekannt. Er ist zweifellos auf zwei Initiativen stolz, die sein Image in der Welt geprägt haben: auf seine Gesprächsbereitschaft mit den Oststaaten und auf den Dialog mit den Palästinensern. Das unabhängige, westlich-freiheitlich orientierte Österreich hat alles Interesse daran, mit den kommunistischen Staaten im Frieden zu leben. Kein Zweifel, daß Kreisky seinem Freund, dem damaligen Bundeskanzler Willy Brandt, den Weg zu dessen Ostpolitik geebnet hat. Ich erlebte eines abends in Wien einen recht unwirschen Kreisky, als er Brandts langes Zaudern beanstandete, der die bereits unterzeichneten Ostverträge dem Bundestag zur Ratifizierung nicht zu unterbreiten wagte: „Wenn das parlamentarisch nicht durchzusetzen ist, muß Brandt Wahlen ausschreiben. Dann sollen eben die Wähler sagen, was sie wollen." Bonn ratifizierte. Der ägyptische Präsident Sadat hatte Kreisky mit Yasir Arafat bekannt gemacht. Im Palästinenserproblem erblickte er früher als andere Regierungen das Kernstück eines künftigen Nahostfriedens. Die araberfreundliche Politik Kreiskys ist Österreich gut bekommen; es ist das einzige ölimportierende Land, das eine ausgeglichene Handelsbilanz mit den Opecstaaten hat.

Auch im Fall Kreisky wird die Geschichte das Urteil fällen müssen über sein historisches Gewicht, sein politisches Verdienst und seinen moralischen Wert. Hat er Österreich als unabhängige Staatsnation und als eine freie und demokratisch-soziale Republik dauernd verändert? Wird sich Österreichs politische Stabilität, seine wirtschaftliche Ordnung, seine soziale Ausgeglichenheit auch in Zukunft bewähren? Wird die Neutralität Österreichs nach schweizerischem Vorbild, die aber aktiver ist als diese, in unruhigeren Zeiten ihre Bewährungsprobe bestehen? Hat die Entspannungspolitik eine Chance, Europa den Frieden zu sichern? Wird die für Kreisky typische Gesprächsbereitschaft und seine Kunst des Dialogs mit verschiedenartigen Regierungen, Regimes, Ländern, Politikern und Völkern Nachahmer auch bei den anderen Staaten und Großmächten finden, in deren Händen das Schicksal des Friedens für unsern Weltteil liegt? Fragen über Fragen. Bruno Kreiskys Generation, die auch die meine ist, wird die Antworten wohl nicht mehr erleben und erfahren.

21. September

Die Natur steht still, meine Feder steht still, nachdem ich ziemlich fleißig war und gestern die Manuskriptblätter der letzten Wochen zur Abschrift abgeschickt habe. Ich komme mir hohl vor, ohne Initiative und Phantasie. Es verdrießt mich, wenn mir nichts einfällt. Unlustig. Wir werden ein paar Tage nach Deutschland fahren, das lenkt ab. Zwar bin ich in letzter Zeit etwas gehbehindert, Schmerzen in den Beinen. Die Ärztin, gestern, in Schinznach, rühmt zwar den guten Zustand meines Hüftgelenks, aber eine Arthrose am Knie bereitet mir Schmerzen.
Ich sollte eingezogener leben. Mir gefiel der Titel von Xavier de Maistres Buch: „Voyage autour de ma chambre“ (1794). Mit fortschreitenden Jahren kann man fast nur noch eine Reise ums eigene Zimmer machen. Ich habe hier und in Zürich Zimmer, mit denen ich reden kann. Sie enthalten keine Sammlungen: hier alten Hausrat, in der Stadt modernen Hausrat. Carl Burckhardt schrieb einen Essay über den Sammler; ich sagte ihm, ich sei kein Sammler. Seine Antwort: „Menschen wie wir sind nicht Sammler.“ Eine kluge Bemerkung. Bei Carl B. zu Hause deutete nichts auf Sammlertätigkeit; die Einrichtung verriet sein Bedürfnis nach Schönheit und Harmonie, aber es war nichts Auffallendes dabei. Ich habe im Lauf der Jahre einige gute graphische Blätter, einzelne schöne Gegenstände geschenkt bekommen. Man muß die Sachen, die man hat, in den Zimmern zu einer unaufdringlichen Geltung bringen, die Bilder richtig hängen, Überflüssiges ausscheiden, auf die Bücherbretter ein paar Sachen und Photographien stellen, damit sie nicht gar so steif und einförmig wirken; auflockern. Dann schaut man von seiner Schreibarbeit manchmal auf, zur Pendüle und den silbernen Kerzenhaltern, zu einer kleinen Plastik, zu dem Photo des Palazzo in Soglio, zu einer in verschiedenen Grüntönen gemalten Landschaft aus der Provence usw. Dann der Gang zu den Büchern, den alten Chroniken und zu den ebenfalls alten Ausgaben von Goethe, Jean Paul, Heine, Johannes von Müller, zu den

langen Reihen der Geschichtswerke, Biographien, Memoiren, die mir halfen, als ich „Weltgeschichte" schrieb. Die alten Porträts? Die meisten waren schon immer da. Dasjenige, das ich besonders liebe, vom Ende des 16. Jahrhunderts, das Werk eines venezianischen Meisters, fand ich, ohne Rahmen, mit einem Riß durchs Gesicht, auf dem Fußboden des Familienarchivs in Chur; Tante Meta, der es gehörte, schenkte es mir, mein Vater ließ es restaurieren. Die beiden Knabenbildnisse von 1792 habe ich als kleiner Bub zu Hause schon gern gehabt, sie leisten mir jetzt hier Gesellschaft. Der große Barocksekretär aus Chur ist auch hier, ich kann ihn gut gebrauchen, die Schubladen sind breit und tief. Auch was mütterlicherseits schon in Brunegg war, Guterhaltenes noch aus dem Berner Aargau, samt dem grünblauen Kachelofen und dem Funk-Spiegel, gibt dem Wohn- und Eßzimmer seine niemals langweilige Behaglichkeit. Merkwürdig, wie die technischen Geräte, Telephon, Transistor, Fernseher und Plattenspieler, sich natürlich einfügen – ich könnte Häßlichkeit nicht ertragen. Hauptsache: ein Haus muß leben. Es sah nie museal aus bei uns. Es ist ein Irrtum zu glauben, in einem alten Haus müsse die Einrichtung eines Zimmers einem einzigen Stil angehören. Die Epochen folgen sich, jede Generation hat etwas hinzugefügt. Eine Zimmereinrichtung muß lebendig bleiben. Im Schlafzimmer, wo Ofen, Schrank, ein Stuhl und das Bildnis eines Jünglings aus dem 17. Jahrhundert stammen, stört das Biedermeier des Bettes und der Kommode nicht; das moderne Sofa samt Sessel habe ich dazugekauft. An den Wänden die Serie der Römer Veduten, die der kunstliebende mütterliche Vorfahr, der lange in Italien lebte, am Anfang des 19. Jahrhunderts nach Hause mitgebracht hat. Den Stammbaum mit den Wappen im Saal hatte ich gemalt, als ich noch im Gymnasium war. Ich befasse mich schon lange nicht mehr mit Heraldik. Aber das Jugendwerk bleibt, man soll nicht verleugnen, was man einmal war und machte. Man ist inzwischen gewachsen – erwachsen. Was soll's? Ich gebe gern dem Leben recht.

Heute sehe ich, daß ich vom Extensiven zum Intensiven zurückkehre, vom Weiten zum Engen, vom Reisen zum Bleiben, vom Äußeren zum Innern, vom Großen zum Kleinen. Ich sagte neulich, als abends hier im Saal ein Stiftungsrat seine Sitzung abhielt, sie beschäftigten sich mit dem kulturellen Makrokosmos, ich müsse mich hier mit dem Mikrokosmos einer kleinen Dorfgemeinde auseinandersetzen. Weil Steinschlag von der alten Rebhalde beim Nachbarn am Fuß des Hügels Schaden angerichtet hat, mußte ich eine aufwendige Sanierung dieser steilen Halde vornehmen lassen. Weil im Winter ein Elementarschaden die elektrische Leitung, die mein Vater 1928 erstellen ließ, zerstörte, mußte diese Leitung erneuert werden. Vor ein paar Tagen wieder Blitzschaden an der Strom- und der Wasserversorgung. Weil die Fahne der Brunegger Schützengesellschaft schadhaft war, mußte ich vor ein paar Jahren helfen, eine neue Fahne zu entwerfen. Man mußte beitragen, als die Dorfgemeinschaft eine kleine Kirche baute und einen Friedhof anlegte – vorher wurden die Einwohner in Birr bestattet. Wir konnten früher den Gottesdienst nur in Birr besuchen. Es war ein weiter Weg. Nun ist auch Manuel, der vor drei Jahren starb, im neuen Dorffriedhof bestattet. Leben und Sterben, es klingt banal, sind uns aufgetragen; aber es ist das Wichtigste. Ich glaube, daß das Leben in dieser schweizerischen Alltäglichkeit, auf diesem Fleck Erde, besser, überblickbarer, menschlich näher ist als in den modernen, formlosen, unruhigen, künstlichen Städten. Es ist eine Reise ums eigene Zimmer, auch um den kleinen Gutsbetrieb, der besorgt und verwaltet sein will, wert. Mit Menschen, denen man in der Landwirtschaft, dem Forst und im Handwerk, manchmal auch bei den unvermeidlichen Anliegen der Gemeinde begegnet, steht man auf gutem Fuß. Der Ausblick von oben, ins weite Land, zum Schwarzwald im Norden, zu den Alpen im Süden, ist eine Kompensation. Dann ist keine Enge mehr. Man darf ins Weite schweifen. Und schließlich hat man mehr als genug „Welt", wenn man die Zeitungen liest, am Radio Nachrichten hört, abends am Fernseher sitzt. Das kann bedrückender sein als alles, was klein ist mit seinen täglichen Verrichtungen.

24. September

Wieder einer der (seltenen) Träume, die beim Erwachen noch deutlich, in ihrer phantastischen Dramaturgie, vor Augen stehen. In Paris, Abschluß eines Symposions, ich habe es eilig, möchte den Nachmittagszug nehmen. Einer der Teilnehmer, ein alter Gelehrter, ein wenig wirr und senil, redet auf mich ein. Er gleicht dem Akademiker Brichot aus dem Kreis der Madame Verdurin (ich lese allabendlich Proust, der unaufhörlich fließend an mein Lebensufer plätschert). Ungeduldig, bereits verspätet, raffe ich meine Sachen in den Handkoffer. Das Taxi führt mich in die falsche Richtung, über die Kurhausstraße zum Dolder (wo meine erste

Wohnung in Zürich war). Ich mahne den Chauffeur, scharf nach links zu wenden, zur Gare du Nord. (Warum eigentlich? Nach der Schweiz muß man doch in der Gare de l'Est einsteigen.) Der Chauffeur sagt, er habe dem Nachmittagsverkehr ausweichen wollen, er fahre oben durch. Endlich Gare du Nord. Der zweite Nachmittagszug ist bereits abgefahren. Ärgerlich gehe ich in den Direktionssalon. Dort sitzt Henri Berr, gelassen, die Ruhe selbst: „Nun, Sie nehmen eben den Nachtzug." Alle Nervosität fällt in der Gegenwart des alten Philosophen von mir ab. Warum er hier sei? Ob ich nicht wisse, daß er der Präsident des Verwaltungsrates der Compagnie des Chemins de fer du Nord sei? Diese feiere heute ihr Jubiläum.

27. September

Das war wunderbar, dieses Konzert für Violoncello und Streichorchester in B-Dur von Boccherini. Zuerst eine Überraschung, als ein Knabe mit offenem weißen Hemdkragen sich vorn aufs Podium setzte und mit der Kraft und Sicherheit eines bewährten Solisten den Bogen ansetzte. Ein herrliches, sonores Instrument, aber man muß es spielen können. Karl Münchinger, eine Kontrastfigur mit weißer Mähne zum kindlichen Solisten, dirigierte das Stuttgarter Kammerorchester. Es ist ein sehr eindrückliches Stück Musik, dieses altitalienische, nicht ohne Pathos, das Melodische ziehend und drängend, etwas Flehendes klingt aus der Baritonkantilene des Cellos. Der Junge ganz konzentriert auf sein Spiel, aber scheu; wenn er pausierte, blickte er nie ins Publikum. Der Saal (er nennt sich „Grafensaal") war phantastisch in seiner überbordenden Neugotik. Aus vier oder fünf riesigen Kronleuchtern spendeten unzählige weiße Kerzen Licht. Nur das Orchester erhielt aus montierten elektrischen Lampen einiges Kunstlicht; offenbar ist in dieser Burg die elektrische Beleuchtung nicht in allen Räumen installiert. Verlegen lächelnd nahm der Cello-Knabe den Applaus entgegen.
Es folgten andere Solisten: Aurèle Nicolet (dem wir an den Meisterkursen für Flöte unter der Leitung von Moïse vor Jahren in Boswil begegnet waren) mit seiner Frau Christiane in einem Konzert für zwei Flöten und Orchester von Domenico Cimarosa – eine etwas zu leichte Musik nach der vorhergegangenen, im Stil einer Opera buffa. Aber eingeholt an Sub-

stanz und Intensität wurde das Anfangsstück von Haydns phantasievoll erfundenem und durchgeführtem Klavierkonzert in D-Dur, mit Rudolf Buchbinder als Solist. Vortrefflich auch das Orchester.
Ich bin versucht, von „Stimmung“ zu reden; das wäre zu schwach, was den mich bewegenden musikalischen Eindruck angeht, andererseits nicht ganz zutreffend für das Publikum, das wohl mehrheitlich aus gesellschaftlichen Gründen der Einladung des Prinzen Louis Ferdinand von Preußen zu dem Konzert in die Burg Hohenzollern gefolgt war. Weil es das dreißigste Mal war, daß der fürstliche Hausherr, selber Musiker, auf seinem süddeutschen Familiensitz ein solches Wohltätigkeitskonzert veranstaltete, hat er, gleichsam als Jubiläumsgabe, diese aufwendige Zusammenstellung von Solisten veranlaßt. Er hatte am Eingang die Gäste mit Handdruck begrüßt, umgeben von Mitgliedern seiner Familie. Nachher, als der Saal ausgeräumt war und kleine Prinzessinnen silberne Tabletts mit Snacks herumreichten, konnten wir verschiedene Räume betreten, in denen alte Bildnisse und Stiche des preußischen Königshauses an den Wänden hängen. Prinz Louis Ferdinand ist, nachdem sein älterer Bruder im Zweiten Weltkrieg das Leben verlor, der älteste Erbe des preußisch-deutschen Kaiser- und Königshauses; dieses Erbe ist bescheiden, da die meisten Güter dieser Dynastie heute in Polen und der DDR liegen. Geblieben ist ihr im Schwabenland die seltsame, auf einem Bergkegel im 19. Jahrhundert von König Friedrich Wilhelm IV. neuerbaute Burg Hohenzollern. Diese Burg erhebt sich auf einem erloschenen, bewaldeten Vulkan über der weiten Landschaft. Es gab eine Zeit, da man die Neugotik, in der auch das britische Parlamentsgebäude in London errichtet ist, lächerlich fand. Jetzt erkennt man die Geschlossenheit dieser Bauart, ihre romantische Gesinnung und kluge Planung, ihre phantasievolle Lust am Dekorativen, das gute Material und das spielerische Detail. Friedrich Wilhelm IV. hatte Architektur bei Schinkel, dem Meister der Berliner Klassizistik, studiert; als er in jungen Jahren auf dem spitzen Berg über Hechingen die spärliche Ruine seiner Ahnenburg erblickte, schwor er, er werde sie neu aufbauen, wenn er König werde. Schinkels Schüler Stüler hat den Bau ausgeführt. Seine Vollendung hat der König nicht mehr erlebt. Friedrich Wilhelm IV. hinterließ zahlreiche architektonische Entwürde und Zeichnungen von seiner Hand.
Das erzählte uns Prinz Louis Ferdinand, der E. und mich am nächsten Vormittag zu einem Glas Sherry in seine Privatwohnung bitten ließ. Der Enkel des letzten deutschen Kaisers, ein ergrauter Herr Mitte Siebzig,

wirkt nicht zackig „preußisch"; er ist wohl eher geistesverwandt mit den musischen Mitgliedern dieses Hauses – der Wandschmuck des behaglichen kleinen Salons, wo wir über alles mögliche plauderten, steht diesem späten Erben zu: ein Porträt des großen Friedrich. Ich erzählte, wie ich als elfjähriger Bub in Bern Wilhelm II. sah, als er der Schweiz einen Staatsbesuch abstattete; und wie eine betagte Frau von Wattenwyl, die eine gebürtige Patriziertochter aus Neuchâtel war, damals sagte: „Je vais voir mon Roi." So viel Loyalität zum Fürstenhaus amüsierte den späten Nachkommen von Königen, der selber nie „Untertanen" hatte; er fragte, seit wann denn die preußischen Könige Fürsten von Neuenburg gewesen seien.

Ich begegnete gestern Louis Ferdinand zum ersten Mal persönlich; er hatte mir gleich nach Kriegsende, als die Alliierten den Deutschen noch keine Postsendungen ins Ausland gestatteten, durch eine schweizerische Krankenschwester einen Brief überbringen lassen, in dem er mir für meine Radiokommentare in den Kriegsjahren dankte. Er hatte der Widerstandsgruppe um Goerdeler nahegestanden. Es war erheiternd für uns, daß der alte Herr über das schlechte Benehmen der deutschen Nationalmannschaft an der Fußball-Weltmeisterschaft in Spanien so empört war, daß er sich über den Sieg der Italiener im Finalspiel freute. Wir erzählten ihm, mit welcher Begeisterung der Erfolg der Italiener in der Schweiz gefeiert wurde. Hinter dem höflichen und freundlichen Äußern dieses Prinzen verbirgt sich, schien uns, eine sensible Menschenseele, auch ein einsamer, vom Leben verletzter Mann, der seine Frau und, infolge eines Unfalls im Dienste der Bundeswehr, einen Sohn verloren hat. Der musikbeflissene Louis Ferdinand, wie einst der Kronprinz Friedrich in Rheinsberg, hat auch komponiert.

Apropos Friedrich II.: der Sarg des großen Königs, den ich in meiner Berliner Studienzeit in der Garnisonkirche in Potsdam gesehen hatte, steht jetzt sichtbar neben demjenigen seines strengen Vaters, des „Soldatenkönigs", in der Kapelle der Burg Hohenzollern.

Die Stiftung, die nach der verstorbenen Gattin von Louis Ferdinand „Prinzessin Kira von Preußen-Stiftung" genannt wird, belegt den größeren Teil der Burg, wo Berliner Schulklassen mit ihren Lehrern Ferien verbringen können. Wir frühstückten mit jungen Leuten in einem wie ein Schulzimmer eingerichteten Raum auf der Burg. Sie erzählten, daß sie nach dem Konzert bis 3 Uhr morgens mit Berliner Studienräten zusammengeblieben waren; auch der Kultursenator von (West-) Berlin

war mit diesen Studienräten gekommen, um sich die Verhältnisse dieses pädagogischen Stiftungsbetriebes anzusehen.
Herrlich waren diese vom Föhnwetter durchleuchteten und durchwärmten Herbsttage schon nach der Überquerung des Bodensees in Meersburg, hernach in der riesigen Barock-Basilika von Weingarten, wo allein die Kanzel als ein einzigartiges Kunstwerk die Reise wert gewesen wäre. Die erste Nacht verbrachten wir in der Stadt Ravensburg, ehe wir über Sigmaringen und Beuron nach Hechingen in den Gasthof fuhren, von wo wir am späten Nachmittag die Burg erreichten zum Besuch des Konzertes. Ich hatte Sigmaringen seit dem Ende des Krieges im April '45 nicht mehr gesehen.
Vor langer Zeit schrieb ich mir das Gedicht aus dem Westöstlichen Divan ab, das „Im Gegenwärtigen Vergangenes" betitelt ist. Es handelt vom „Ritterschloß" auf „des Gipfels Bogen". Goethe, sagen die Schriftgelehrten, habe Berg, Wald und Schloß gesehen, als er mit seinem Herzog an einer Jagd bei der Wartburg teilnahm. An Zelter schrieb der Siebzigjährige vom „unbedingten Ergeben in den unergründlichen Willen Gottes", von dem „heiteren Überblick des beweglichen, immer kreis- und spiralartig wiederkehrenden Erdentreibens". Beweglich und schwebend, den Garten pflegend, vom Wald umzogen, lebt es sich auch bei uns auf des „Gipfels Bogen" – von dem es in dem erwähnten Gedicht heißt, er lenke sich hin, „bis er sich dem Tal versöhnet". Und weiter:

Nun die Wälder ewig sprossen,
So ermutigt euch mit diesen,
Was ihr sonst für euch genossen
Läßt in andern sich genießen.
Niemand wird uns dann beschreien
Daß wir's uns alleine gönnen;
Nun in allen Lebensreihen
Müsset ihr genießen können.

Die beiden letzten Verszeilen:

Denn es ziemt des Tags Vollendung
Mit Genießern zu genießen.

Ich hatte in der Freundesgabe zu Manuel Gassers 70. Geburtstag das Gedicht aus dem „Divan" zu meinem Beitrag abgedruckt. Der bereits todkranke Mann sagte lächelnd, er wisse dieses Gedicht auswendig. Man darf, scheint mir, wenn es noch gute Tage gibt, sie sich zustimmend gönnen – wenn möglich nicht sich alleine; am besten mit andern Genießern.

2. Oktober

Die tragische Komödie, die gestern im Deutschen Bundestag gespielt wurde, trug die Handschrift Hans-Dietrich Genschers. Nachdem der Führer der Liberalen, Vizekanzler und Außenminister Genscher, dem Bundeskanzler Helmut Schmidt die Gefolgschaft gekündigt hatte, war dieser verloren. In der Debatte wurde viel vom „Wortbruch" gesprochen, den die Liberalen an den Sozialdemokraten begangen haben; sie hatten bei den Bundestagswahlen 1980 versprochen, während der Legislaturperiode als Koalitionspartner mit dem sozialdemokratischen Bundeskanzler Schmidt zu regieren. Jetzt haben sie ihm nach zwei Jahren die Treue gebrochen und die sozial-liberale Koalition gegen eine Koalition mit der konservativen CDU-CSU eingetauscht. Ein taktisches Manöver des Schlaumeiers Genscher, der damit in seiner eigenen Partei eine Scheidung der Geister herbeiführte. Liberale Redner und Rednerinnen in der gestrigen Debatte haben mit moralischer Entrüstung den Partnerwechsel ihres eigenen Parteiführers gebrandmarkt; allerdings hat der bisherige Innenminister Baum den Sozialdemokraten zugerufen: „Sie haben es uns verdammt schwergemacht!" So ist es. Es ist aber auch so, daß der linke Flügel der Sozialdemokraten dem Kanzler Schmidt das Regieren verdammt schwergemacht hat. Auch diese Partei war in sich gespalten.
Es ist in der heutigen Zeit für Liberale, in welchem Land auch immer, schwer zu entscheiden, wo sie politisch stehen sollen: mehr links oder mehr rechts. In Frankreich, in Holland und in der Schweiz stehen sie rechts, in England links, in der Bundesrepublik haben sie zwei Seelen in ihrer Brust; Herr Genscher mit seinem Wirtschaftsminister Lambsdorff hat eine Seele, welche die wirtschafts- und sozialpolitischen Postulate der Sozialdemokraten, die zu einer schweren Staatsverschuldung geführt haben, nicht mehr billigen konnte. Andere Liberale, eine Minderheit der FDP-Fraktion, empfanden diesen Partnerwechsel als eine Verletzung ihrer eigenen Seele, ihres ethischen Empfindens. Die Mehrheit optierte für

das kleinere Übel, für die Koalition mit den Konservativen unter dem gestern gewählten Bundeskanzler Helmut Kohl. Herr Genscher wird in Kohls Kabinett Vizekanzler und Außenminister bleiben und Lambsdorff Wirtschaftsminister.
Was gestern in der Bundestagsdebatte von keinem Redner auch nur angedeutet wurde, war die andere Seite der Intrige, die zur Konstituierung des Kabinetts Kohl-Genscher geführt hat. Denn nicht nur Helmut Schmidt, sondern auch Franz Josef Strauß verlangte sofortige Neuwahlen. Auch er hätte gern den Liberalen eine Wahlniederlage bereitet, die zu einem Zweiparteiensystem Rechts-Links geführt hätte. Wenn die Rechte die absolute Mehrheit im Bundestag gewonnen hätte, wäre Strauß und nicht Kohl der starke Mann in der Regierung gewesen; Genscher hätte sich dann zwischen zwei Stühle gesetzt. Die Art aber, wie Schmidt nach acht Jahren Kanzlerschaft vom Bundestag entlassen wurde, bedeutet auch eine Schlappe für Franz Josef Strauß. Für ihn ist kein Platz in der Regierung Kohl. Resultat: Sieg einer Mitte, die auch der Sieg einer so mediokren Figur wie Helmut Kohl über den redegewaltigen und unberechenbaren Bayern ist. Neuwahlen am 6. März 1983? So steht es im verbindlichen Abkommen zwischen Kohl und Genscher, zwischen CDU-CSU und FDP. In dieser Frage wird Bundespräsident Carstens das letzte Wort haben; ihm steht laut Grundgesetz die Entscheidung darüber zu, das Parlament aufzulösen. Die neue Regierung möchte eine Besserung der Wirtschaftslage, eine Stärkung der Währung und eine Stabilisierung des Staatshaushaltes herbeiführen – alles Dinge, zu denen die abgewählte Sozialdemokratie im Bund mit ihren liberalen Partnern nicht mehr imstande war. Genscher wird nicht verhindern können, daß in der Innenpolitik ein Rechtsrutsch erfolgt; aber er kann es mit seiner Zähigkeit und Geschicklichkeit fertigbringen, daß die Kontinuität der Außenpolitik gewährleistet ist. Der gestrige Regierungswechsel war zweifellos gesetzeskonform. Aber er war sensationell, weil ein großer Staatsmann gestürzt wurde.
Später. War inzwischen mit Gioia auf dem „Ebnet", wo die Rinder weiden. Rudi war da, er gab mir einen Sack Nüsse. In den vorigen Jahren fraßen die Eichhörnchen die Nüsse; es scheint, daß hier infolge einer Krankheit die Eichhörnchen fast ausgestorben sind.
Was ich heute früh notierte, riecht nach Leitartikel. Journalismus schreibt kurzfristig, Historie denkt langfristig. Politische Ereignisse seien Zwischenfälle in der langen Dauer der Geschichte, lautet das heutige

Credo der Fachhistoriker. Es fragt sich aber, ob politische Ereignisse: der Wechsel von Carter zu Reagan in Amerika, von Giscard d'Estaing zu Mitterrand in Frankreich, von Schmidt zu Kohl in Deutschland im geschichtlichen Ablauf bloß unerhebliche Zwischenfälle sind. Sie verändern in der westlichen Welt die politische und soziale Landschaft. Gewiß, nach kurzer Zeit schon erinnert man sich nicht mehr an vergangene Wahlkämpfe, noch an die Umstände bei einem Regierungswechsel.

Als ich 1922 in Berlin war, löste eine nationalistische Rechtsregierung unter dem (längst vergessenen) Reichskanzler Cuno die (ebenfalls vergessene) Regierung Wirth ab, die den Versuch gemacht hatte, die Bedingungen des Versailler Friedensvertrages zu erfüllen; fortan sollte diesem verhaßten Vertrag der Kampf angesagt werden. Auch Herr Cuno war eine blasse, mittelmäßige Figur. Als ein Grünschnabel, der ich war, machte ich im Demokratischen Klub in Berlin einem liberalen Politiker gegenüber meiner Empörung über diesen Kanzlerwechsel Luft. Er lachte natürlich über den schweizerischen Studenten, der sich über diese Schwenkung in der deutschen Politik ereiferte. Aber die liberalen Demokraten von damals, die die geistigen Vorgänger der heutigen liberalen FDP waren, haben elf Jahre später, 1933, geschlossen für das Ermächtigungsgesetz gestimmt, mit dem der Reichstag Adolf Hitler diktatorische Vollmachten erteilte. Auch sie waren ohne festen Standort.

Es ist die Tragik des im 20. Jahrhundert heruntergekommenen Liberalismus – nicht nur in Deutschland –, daß er keine geistige Heimat, keinen erkennbaren Standort mehr hat und imstande ist, bald mit der Linken, bald mit der Rechten zu paktieren. Sicher ist der neue Bundeskanzler Kohl ein Gemäßigter und ein anständiger Mann, der lieber mit Genscher als mit Strauß regiert. Solche Männer aber, farblos, schwankend zwischen Sowohl und Als-auch, können, ohne es zu wollen, den Weg für gefährliche Entwicklungen ebnen. Solche Erscheinungen muß man langfristig beurteilen. Sie führen die parlamentarische Demokratie in eine ungewisse Zukunft. Der parlamentarisch-taktische Zwischenfall, der ohne Konsultierung der deutschen Wähler Schmidt stürzte und Kohl zum Kanzler machte, dürfte nicht ohne langfristige Folgen bleiben. Helmut Schmidt machte nach der Meinung der bekennenden Linken eine allzu pragmatische Politik; dieser Linken mißfiel sein Festhalten an der freien Marktwirtschaft und am Bündnis mit Amerika; sie strebt innerhalb der Sozialdemokratischen Partei einen radikalen Wechsel des innen- und des außenpolitischen Kurses an. Auf der andern Seite möchte Helmut Kohl, trotz Konzessionen an seinen rechten Flügel, grosso modo die Politik Schmidt-Genscher fortsetzen; ihn könnte in dem Lager, das ihn jetzt zum Bundeskanzler erkor, sehr wohl eines Tages eine härtere, radikalere Rechte in Bedrängnis bringen.

Solche Überlegungen leiten vom journalistisch protokollierten und kommentierten Tagesgeschehen zu geschichtlichen – zukunftsgeschichtlichen – Perspektiven über, die früher oder später das Gesicht Europas verändern könnten. Ich glaube nach wie vor, daß außer dem Sozialen auch das Nationale im Schicksal der Völker eine geschichtsbildende Kraft ist. Daher auch Emotionales, Irrationales. Als Helmut Schmidt vor einiger Zeit in einem Gespräch mit einem Philosophen im Fernsehen sagte, er sei immer für ein „rationales Geschichtsverständnis" eingetreten, schrieb ich ihm einen zustimmenden Brief; er hat ihn mir freundlich bestätigend beantwortet. Sicher ist, daß vielen jungen Intellektuellen und dem linken Flügel seiner eigenen Partei Schmidts Stil nicht behagte. Sie möchten mehr „Weltanschauung", weniger Pragmatismus. Schon 1975 schrieb ein Publizist der Rechten, Herbert Kremp, in einem Aufsatz: „Für irrationale Vorgänge im politischen Leben hat Schmidt jedoch keinen ausgeprägten Sinn. Er bemüht sich, «Tatsachen» und «Philosophie» auseinanderzuhalten, und streitet die gegenseitige Abhängigkeit ab. Damit sind wir bei einem der wichtigsten Gründe für die gegenwärtigen und künftigen Mißerfolge des Bundeskanzlers angelangt." Dieser Autor spricht von der „Feindschaft zwischen ihm (Schmidt) und dem Typus des Ideologen und Utopisten, der sich nicht nur in der Sozialdemokratischen Partei eingenistet hat, sondern heute zu den bestimmenden Kräften im intellektuellen Leben der Republik zählt." Ein SPD-Kanzler sei „moralisch zum Linkssein verpflichtet", sagt Kremp. Schmidt habe die „publizistisch-propagandistische Unterstützung der intellektuellen Medien- und Bildungsmafia" verloren (im Gegensatz zu Willy Brandt, in dem diese „Mafia" ihren Protektor erkennt).

Diese in den deutschen Medien, bei Schriftstellerverbänden und in Lehranstalten der Bundesrepublik tonangebende Linke hat zweifellos zum Sturz von Helmut Schmidt das Ihre beigetragen. Sie hat die Zerrissenheit der regierenden Sozialdemokratie begünstigt und dem liberalen Koalitionspartner seine Mitwirkung in dieser Regierung erschwert. So wie die Dinge liegen, können zwar die alternativen Gruppierungen, Grüne und Pazifisten, in der Bundesrepublik Wahlerfolge verzeichnen; aber die linksintellektuellen Verweigerer bewirken einen Abwehrreflex sowohl der politischen Klasse als auch der Mehrheit der Wählerschaft. Schmidts Sturz führte den Erfolg der bewahrenden Kräfte in der Bundesrepbulik herbei.

Alles in allem hatte Helmut Schmidt in seiner achtjährigen Regierungszeit die Statur eines international angesehenen und einflußreichen Staatsmannes. Sein rationales Geschichts- und Politikverständnis möchte die Gesellschaft und die Staatenwelt in einem vernünftigen Gleichgewicht erhalten. Das war seine Stärke. Vielleicht fehlte es ihm an Witterung und Phantasie. Denn Gesellschaft und Politik stehen nie still. Es könnte einmal zu Brüchen, zu einer Umkehrung der Lage kommen.

4./5. Oktober

Zwei Tage vor dem Machtwechsel in Bonn ein interessanter Abend in der deutschen Botschaft in Bern. Der Botschafter der Bundesrepublik, Dr. Redies, wünschte ein Essen zu meinen Ehren zu geben. Er bat mich, die Gästeliste zusammenzustellen. Bundesrat Kurt Furgler war gekommen, ferner meine Familie und Verwandte, zwei ehemalige Berner Schulfreunde, der Präsident der ETH aus Zürich, auch mein Zürcher Verleger und eine leitende Persönlichkeit von Radio und Fernsehen. Natürlich mit den Damen. Einleitend eine Ansprache des Botschafters – unvermeidliche Laudatio, die mich bewegte und auch in Verlegenheit brachte. Man muß sich in einer solchen Situation selbst prüfen, ob das Verhältnis zwischen Ehrung und Verdienst einigermaßen stimmt. Das mir verliehene „Große Verdienstkreuz mit Stern", betonte der Botschafter, sei der „höchste Rang" und – außer Staatsoberhäuptern und Ministern – bisher nur Coudenhove-Kalergi, Kokoschka und Madariaga zugesprochen worden; er erwähnte die Wirkung, die meine Radiokommentare im Krieg auf große Teile der deutschen Bevölkerung ausgeübt hatten. In meiner improvisierten Dankantwort sagte ich, daß mir in jener Zeit „andere Deutsche" Untreue gegenüber dem Deutschtum vorgeworfen hätten; das Deutschtum, dem ich treu war und blieb, sagte ich, sei dasjenige Lessings und Goethes, Schillers und Beethovens, Büchners und Kleists, Schopenhauers und Rilkes; Thomas Manns Freundschaft hätte ich als eine Ehre empfunden, und es habe mich gefreut, daß Bundespräsident Carstens den Friedhof in Kilchberg aufsuchte, wo wir 1955 Thomas Mann das letzte Geleite gaben.

Bei Tisch sagte ich zu Bundesrat Furgler, ich hätte ihn beim Final der Fußball-Weltmeisterschaften in Madrid auf der Tribüne hinter König Juan Carlos erblickt. Furgler ist selber ein Sportsmann – es schien ihn zu verwundern, daß ich in meiner Berner Schulzeit auf dem Sportplatz beim Dählhölzliwald auch Fußball spielte. Er erwähnte, daß soeben beim Europacup der Landesmeister der Zürcher Grasshoppers Club mit 0 zu 3 gegen Dynamo Kiew das Spiel verlor. Es war mir immer klar, schon als ich als junger Pariser Journalist die „Tour de France" verfolgte, daß das Massenphänomen Sport einen emotional-politischen Background hat. Wenn ich nach der modernen Schule über Gegenwartsgeschichte schreiben würde, mit Berücksichtigung der Mentalität der heutigen Massengesellschaft, würde ich dem Sport ein ausführliches Kapitel widmen.
Ich erzählte Furgler und unserer Gastgeberin auch, wie Herr Genscher neulich in Bern an unserem Tisch Zuflucht gesucht hatte, weil er offensichtlich an jenem Abend nicht mit den anwesenden Diplomaten und Politikern sprechen wollte. Als ich mich bei Genscher entschuldigte, daß wir uns zwischendurch in der Mundart unterhielten, habe Dürrenmatt gesagt: „Das ist nicht eine Mundart, das ist eine Nationalsprache!"
In der Gesprächsrunde beim Kaffee konnte ich einmal mehr die geistige Spannweite, die Sicherheit des Urteils und den Scharfsinn von Herrn Furgler feststellen. Ich kann verstehen, daß ein Staatsmann wie Helmut Schmidt einmal das Bedürfnis hatte, sich mit Kurt Furgler vier Stunden lang über seine Probleme auszusprechen. Es gibt über Parteigrenzen hinweg eine Frage des persönlichen Formates und des politischen Verstandes, die zwischen solchen Männern ein Vertrauensverhältnis schafft. Professor Ursprung, der gerade von Washington zurückgekehrt war, sagte, dort habe man mit Bewunderung von „your Kurt Furgler" gesprochen, der die Geiseln in der polnischen Botschaft in Bern befreite und die Terroristen verhaftete, ohne daß ein Schuß fiel. Diese Leistung werde in der übrigen Welt mehr geschätzt als in der Schweiz.
Ich fragte, warum eigentlich bei uns ein Gemeinde- und ein Stadtpräsident jahrelang das Zepter führen kann, in den Kantonsregierungen und im Bundesrat aber das Kollegialsystem ein mehrjähriges Präsidium nicht zulasse. Furgler antwortete, jeder Bundesrat sei auch für die sechs anderen Departemente verantwortlich – ich äußerte Zweifel, ob ein einzelner auch die Departemente seiner Kollegen überblicken könne. Einen Einblick und Überblick könne man schon haben, meinte Furgler. Außerdem, wenn es einen Ministerpräsidenten aus der deutschen Schweiz gäbe,

könnte er höchstens acht Jahre regieren, dann würde die französische Schweiz das Amt für sich beanspruchen. Ich konnte mich nicht enthalten zu bemerken, daß die Schweizer nicht gern eine einzelne Persönlichkeit zu groß werden lassen; ich sei heute noch überzeugt, daß Motta ein bedeutender Staatsmann gewesen sei, daß man es aber bei uns nicht zur Kenntnis genommen habe.
Meiner Ansicht, daß unsere Vielparteienregierung eine Unbeweglichkeit der politischen Führung zur Folge habe, widersprach der deutsche Botschafter. Die CDU-CSU in der Bundesrepublik sei kein einheitliches Gebilde; man habe in dieser Partei verschiedene Tendenzen vereinigt, was zu inneren Auseinandersetzungen Anlaß gebe. Ihm scheine es sinnvoll, daß es vier bürgerliche Parteien in der Schweiz gebe, die ihre Identität bewahrt haben. Das Zusammenwirken mehrerer Parteien im Bundesrat sei in einer Krisenzeit ein Vorteil, wenn auch bei unserem System eine gewisse Langsamkeit des Entscheidungsverfahrens in Kauf genommen werden müsse. Einig war sich unsere Gesprächsrunde darin, daß das Referendum als ein Mittel demokratischer Willensbildung eine gute Sache sei.
Furgler widersprach mir, als ich sagte, Helmut Schmidt werde sich der Parteiarbeit widmen können, wenn er von der Regierungslast befreit sei; er werde, meinte er, ein Altbundeskanzler sein wie andere Altbundeskanzler; die Zugehörigkeit zum Parteivorstand bedeute nicht viel. Schmidt habe vor einiger Zeit Hans-Jochen Vogel nach Berlin entsandt, aber nach der Wahlniederlage der dortigen Sozialdemokraten habe Vogel die Rolle eines Oppositionsführers übernehmen müssen. Er glaube, daß Schmidt sich Vogel zu seinem Nachfolger wünsche. Ich erinnerte Furgler daran, daß er uns vor einigen Jahren zu einem Abendessen im „Lohn" mit Vogel eingeladen hatte, als ihm dieser in seiner damaligen Eigenschaft als Justizminister einen offiziellen Besuch in Bern abstattete. Die beiden Politiker scheinen ein gutes persönliches Verhältnis zu pflegen; Furgler erwähnte, daß er aus amtlichen Gründen sowohl mit den Justiz- als auch mit den Innenministern in Bonn, Paris und Wien zusammenarbeiten müsse und dabei erlebe, daß es Unterschiede oder Gegensätze zwischen diesen Ressortchefs innerhalb der gleichen Regierung gebe (in Frankreich heute Badinter für Justiz, Defferre für Inneres). Ich konnte damals mit Vogel ein längeres Gespräch führen und hatte den Eindruck, daß er ein intellektueller Typ ist. Ich kann mir nicht recht vorstellen, daß dieser nachdenkliche, sympathische Politiker eine ebenso starke Hand wie Helmut Schmidt bei der Führung einer Regierung haben könnte. Ich

fragte den Botschafter, ob sich nach Schmidts Sturz nicht so etwas wie ein „Effekt Mitterrand", das heißt eine bis weit nach links reichende Sammlung in der deutschen Sozialdemokratie ereignen könnte; es gebe ja jetzt auf der französischen Linken bereits einen Effekt Rocard, war die Antwort.

So ungefähr – aus dem Gedächtnis – und noch viel anderes wurde an diesem anregenden Abend bis spätnachts gesprochen. Nach Dank und Abschied sagte ich zu Thomas, wir hätten dem armen Herrn Furgler zugesetzt. „Du hast ihm zugesetzt", antwortete er. Das täte mir leid, ich schätze diesen Staatsmann. Übrigens hatte sich Kurt Furgler mit einer so freundschaftlichen Geste und herzlichen Worten von mir verabschiedet, daß ich nicht glaube, er könnte mir etwas nachtragen. Dann, wie schon so oft, wieder auf der Autobahn nach Hause gerollt.

13. Oktober

Die Unbequemlichkeit, im Bett zu schreiben (Pestalozzi schrieb immer liegend, mir „liegt" das nicht). Schon fünf Tage bettlägerig, mit Umschlägen am Knie und Medikamenten. Es war wie ein Dolchstoß ins Knie, plötzlich, dann konnte ich nicht mehr stehen, der Schmerz war zu arg. Heute zum erstenmal, den Stock in der Hand, zum Frühstück ins Eßzimmer gehumpelt. E. pflegt den Patienten. Der bei uns weilende Enkel ist ganz Aufmerksamkeit und Hilfsbereitschaft. Er brachte seine neue B-Klarinette, System Böhm, mit; und einen kleinen Freund, der Trompete bläst. Am Knabenschießen in Zürich „machte" unser Enkel 32 Punkte, der Schützenkönig, der sein Klassenkamerad ist, 34 Punkte. Ich lächle nicht, jedes Lebensalter hat ein Recht auf das ihm gemäße Verhalten. Bisher interessierte er sich vor allem für die Waffen im oberen Stockwerk. Diesmal entdeckte er die alten Römer Veduten in meinem Schlafzimmer, die ich ihm erklären mußte – besonders das Forum und das Pantheon. Typisch für die heutigen Jungen: er war schon in den Vereinigten Staaten und in Kanada, auf den Balearen, in Tunesien und in Irland, aber noch nie in Rom und Paris. Ich versprach ihm, daß wir zusammen nach Rom gehen werden, wo wir diese Stadt besichtigen können.

E. sagte neulich, sie sei im Leben immer zufrieden gewesen. Ich selber hatte mit dem Leben mehr Mühe. Herbstzeit ist oftmals Depressionszeit – aber mit zunehmendem Alter ist's leichter zu ertragen. Gioia kann

nicht begreifen, daß ihr Herr in seinem Bett liegt, statt mit ihr auszugehen. Sie ist verlegen, wenn sie ins Schlafzimmer kommt und läßt die Ohren hängen. Mit ihren Bernsteinaugen blickt sie mich fragend an; sie läßt sich von mir die behaarte Schnauze streicheln; aber sie bleibt nur kurz und verläßt rasch und still das unverständlich gewordene Schlafgemach, wo ich sonst zu ihrer übermütigen Freude morgens die Wanderschuhe für unsern Spaziergang anziehe.
Noch vor diesem Kniezwischenfall, gegen Abend, war der Nachbar, Hermann Burger, der seit dem Frühjahr mit seiner Familie das alte Pächterhaus bewohnt, heraufgekommen. Er brachte mir die „Frankfurter Allgemeine", in der Marcel Reich-Ranicki auf einem großen, engbedruckten Zeitungsblatt, in der Mitte ein Photo von Burger, dessen Buch „Die künstliche Mutter" besprochen hat. Es ist nicht eine gewöhnliche Buchbesprechung, sondern eine ausführliche, rühmende Würdigung, in der mich unter anderem der erleichterte Stoßseufzer des Rezensenten frappierte, endlich rage hier ein Buch aus der allgemeinen Mittelmäßigkeit heraus. Nachdem bereits die Kritikerin der NZZ ihre Rezension dieses Buches mit der zusammenfassenden Bezeichnung „außerordentlich" geschlossen hatte, sagte ich zu dem glücklichen Schriftsteller: „Das ist der Durchbruch." Er begab sich am folgenden Morgen zur Frankfurter Buchmesse. Vorhin hat er sich, heimgekehrt, telephonisch auf den Nachmittag zur Berichterstattung angemeldet.
Ich tauchte aus der Lektüre der „Künstlichen Mutter" durchgeschüttelt und ein wenig verstört auf. Die Laune steht mir nicht danach, den professionellen Kritiken eine solche des unbefangen aufnehmenden Lesers hinzuzufügen. Dieses Buch ist offensichtlich aus Empörung entstanden; mit dem flammenden Zorn eines Mannes, dessen Leben von mangelnder Mutterliebe schmerzvoll-krankhaft gezeichnet ist. Und der ohne Rücksichten und Schonung sein seelisch-körperliches Leiden vor dem verblüfft in diesen anklägerischen Strudel gerissenen Leser ausbreitet. Es ist die Geschichte des gelehrten, in seiner Laufbahn zurückgesetzten Dozenten namens Schöllkopf, der sich auch Doktor Infaustus nennt. Denn dieses Buch ist, auf eine stellenweise burleske Art, auch das Werk eines von vielen Gedanken bedrängten und gequälten Mannes. Keine Parzelle der Heimsuchung, von der er sich schreibend zu befreien vornimmt, bleibt seinem kritischen Geist verborgen. Die List der Vernunft aber triumphiert an mancher Stelle der Erzählung über das Leiden, indem sie sich selbstkritisch und satirisch darüber lustig macht. Der Held des Romans

und Alter ego seines Biographen ist trotz seinen Qualen kein Verdammter dieser Erde, die er anprangernd, aber auch genußvoll in harten Farben schildert. Ich gewann bei dieser Lektüre den Eindruck, daß der erfindungsreiche Erzähler an manchen Stellen mit verschmitzter Ironie und Pfiffigkeit die Wege und Umwege seiner Mangelkrankheit und ihrer therapeutischen Behandlung in der Stollenklinik des Gotthard kommentiert. In diesem barocken Überborden einer zauberischen Sprachkunst, in diesem wortverliebten Lebensbericht geht es oft zu wie in einem Gewitter, das blitzt, donnert und prasselt, aber manchmal auch einen blendenden Sonnenstrahl durchläßt oder über dem Wald einen Regenbogen aufbaut. Man schaut dieser wirbelnden Vokabelnartistik mit der gleichen Spannung zu wie Trapezkünstlern im Zirkus – aber das Spiel hat eine tiefere Bedeutung. Denn das Können ist hier auch ein Kennen – und ein Erkennen.

Mit Recht erwähnt Reich-Ranicki auch die Anmut von Burgers Stil. Die peinvolle Heftigkeit dieser Geschichte findet an einigen Stellen ihre Auflösung in witzigen Floskeln. Hermann Burgers Buch ist voll von spielerisch-ausgelassener Phantasie, so daß sein lautes Wehklagen wie von putzigen Engeln – oder von einer nordischen Helena, die von Hamburg kommend den unglücklichen Helden in Göschenen besucht – anmutig umschwebt wird. Es ist in einem Wort ein barockes Werk, barock wie die heutige Zeit: eine festliche Höllenfahrt, eine tragische Komödie. Lange rieselt es auf den erschrockenen Leser wie ein kleinerer Bergsturz; am Schluß aber, wenn der Schauplatz vom eisig winterlichen Gotthard und von der dröhnenden Schöllenenschlucht in den Tessin verlegt wird, atmet er erleichtert unter südlich warmem Licht. Keine „leichte“ Lektüre. Nichts darin ist süß oder lau, sondern protestantisch und protestierend „Ja, ja, nein, nein“. So, nun habe ich eben doch über dieses Lese-Erlebnis schreiben müssen.

14. Oktober

Besuch von Graf Colloredo an meinem Bett, in dem mich das kranke Bein festhält. Er erzählt von Spanien – von Ronda, das Rilke liebte, von Gibraltar, wo die Engländer unerschütterlich bleiben. Als sich herausstellte, daß der treue Hausfreund im vorigen Juni 70 Jahre alt wurde, holte E. eine Flasche Champagner. In seiner Bescheidenheit hatte Jérôme

Colloredo seinen „runden“ Geburtstag nicht gefeiert. Er ist ja auch, mit Ausnahme der fünf Wintermonate in Kanada, immerzu unterwegs. – Bei der Lektüre von Prousts „Recherche . . . Sodome et Gomorrhe“ fiel mir eine Bemerkung auf, die ich festhalten möchte. Der Liftboy des Hotels sagt zum Erzähler: „Der Herr, mit dem Sie gestern ausgingen.“ Dieser glaubt zuerst, er meine Robert de Saint-Loup, aber der Liftboy sprach vom Chauffeur: „Indem er ihn mit den Worten: «Der Herr, mit dem Sie ausgingen» bezeichnete, lehrte er mich bei dieser Gelegenheit, daß ein Arbeiter auch ein Herr ist, wie ein Mann von Welt.“ Proust knüpft daran die Bemerkung: „Ich hatte nie einen Unterschied gemacht zwischen den Arbeitern, den Bürgern und den Grandseigneurs, und ich habe unterschiedslos die einen und die anderen zu Freunden angenommen. Mit einer gewissen Vorliebe für die Arbeiter, und nach ihnen für die Grandseigneurs, nicht aus Geschmack, sondern weil ich wußte, daß man von ihnen mehr Höflichkeit gegenüber den Arbeitern verlangen kann, als man sie von den Bürgern erhält, sei es, weil die Grandseigneurs die Arbeiter nicht verschmähen, wie es die Bürger tun, oder weil sie gern gegen jedermann höflich sind, wie die hübschen Frauen, die glücklich sind, wenn sie mit ihrem Lächeln anderen eine Freude machen.“
Das ist wie so vieles, was aus Prousts Riesenwerk wert wäre, zitiert zu werden, gut beobachtet – auch die fast unmerkliche Zwiespältigkeit, die den vornehmen Herrn zwar zur Höflichkeit gegen die Arbeiter wie zu etwas Selbstverständlichem veranlaßt, was beim Bürger nicht der Fall ist, aber eine unbewußte Koketterie nicht ausschließt, die einfachen Leuten mit einem freundlichen Lächeln eine Freude machen will. Ich denke dabei an den Grafen Colloredo und an andere vornehme Herren, auch an meinen Vater. Man prüft sich bei solchen Zitaten, die einem einen Spiegel vorhalten, auch selbst. Ich weiß nicht genau, warum ich zu Arbeitern höflich bin – es sein muß. Aber ich teile mit Proust die Erfahrung, daß ich unterschiedslos Freunde unter Arbeitern, Bürgern und Aristokraten hatte (habe).

15. Oktober

Ich weiß nicht, warum mir eine kleine Begebenheit in den Sinn kommt, die sich vor mehreren Jahren zugetragen hat. Sie nahm übrigens meine Aufmerksamkeit nur während ein paar Sekunden in Anspruch. Ich kam an einem Abend, es war warm, im Spätsommer, mit dem Hund von einem Spaziergang auf dem „Ebnet" zurück. Ich ging nicht, wie üblich, auf dem Weg am Waldrand, sondern querfeldein über das Wiesland. Der Hund, der einer Fährte folgte, war vorausgelaufen. Als ich am Ende der Wiese eine kleine Böschung hinunterkam, erblickte ich vor mir zwei nackte Gestalten, ein Liebespaar, die im hohen Gras lagen; fast zu meinen Füßen zwei blonde, ineinandergepreßte Pilzköpfe. Es überraschte mich, daß der Junge auf dem Rücken lag, das Mädchen auf ihm; es rieb mit seiner Hand das Glied des Knaben, der gerade aufstöhnte, als ich lautlos vorüberging. Als ein unfreiwilliger Voyeur, der seinen Schritt beschleunigte, verließ ich rasch diese Stelle. Die eng verschlungenen Liebenden hatten mich nicht bemerkt. Es war etwas Antikes, Heidnisches, das mich an dieser Szene faszinierte. Zwei junge Menschen, entblößt und ohne Scheu, die im offenen Feld beieinanderlagen und miteinander trieben, was sonst im Verborgenen geschieht. In der windstillen Dämmerung stand eine dunkle Baumgruppe aufrecht und bewegungslos im Hintergrund. Daphnis und Chloe, dachte ich, Kinder im Liebesspiel, oder Romeo und Julia auf dem Dorfe – aber sicher ohne tragische Folgen. Im Dorf hatten sie keine schützende Ecke gefunden; der abendlich helle Himmel über dem Berg war für sie Schutz genug. Auf dem Heimweg fand ich den Hund wieder. Ich behielt das Geheimnis der beiden Unbekannten für mich, als wäre ich der Komplize ihres Glücks gewesen.

21. Oktober

Pierre Mendès France gestorben. Er war ein Politiker aus Leidenschaft, aber kein glückhafter. Ich bemerkte ihn zum erstenmal, als er 1932 zum Abgeordneten gewählt wurde. Er gehörte der siegreichen Radikalen Partei an, deren Führer Edouard Herriot damals Ministerpräsident wurde. Ich hatte politischen Ehrgeiz und sah nicht ohne Neid, wie der fünfundzwanzigjährige Mendès auf den Bankreihen des Palais Bourbon seinen Sitz einnahm, während ich, fünf Jahre älter als er, als Zeitungskorrespondent oben auf der Tribüne der Auslandspresse saß. Im Kriege vernahm ich, daß sich P. M. F. den Freien Franzosen de Gaulles in London angeschlossen hatte und als Militärpilot an den Kämpfen teilnahm. Nach der Befreiung Frankreichs 1944 ernannte ihn General de Gaulle zu seinem Wirtschaftsminister. Der Bruch erfolgte, als Mendès dem verarmten, darbenden Land eine Austerity-Kur zur Bekämpfung der Inflation auferlegen wollte, was de Gaulle aus sozialen Gründen ablehnte. Die große Stunde in Mendès Frances Laufbahn schlug zehn Jahre später, als er Ministerpräsident wurde. Kurz entschlossen und mutig setzte er dem vergeblichen Krieg der französischen Armee in Vietnam ein Ende; die Genfer Konferenz von 1954, an der auch Amerika und die Volksrepublik China teilnahmen, anerkannte die Unabhängigkeit dieser französischen Kolonie (deren Teilung in den kommunistischen Norden und den kapitalistischen Süden auf dieses Jahr zurückging). Unter der Regierung Mendès Frances lehnte das französische Parlament den Plan einer „Europäischen Verteidigungsgemeinschaft" ab, was im Westen ein konsterniertes Aufsehen erregte. Mendès hat, als er gemeinsam mit Marschall Juin Tunis besuchte, diesem französischen Protektorat die innere Autonomie gewährt.

Dieser Beginn der französischen Entkolonisierungspolitik – die nach weiteren zehn Jahren von de Gaulle zu Ende geführt wurde – trug Mendès den Haß der nationalistischen Rechten und eines Teils seiner eigenen Gefolgschaft ein. Pierre Mendès France stieß außerdem in seiner Laufbahn auf die gleichen Schwierigkeiten und aus dem gleichen Grund wie vor ihm Léon Blum. Daran ändern die Lobreden, die jetzt in Frankreich dem Toten gewidmet werden, nichts. Seine Regierung wurde nach sieben Monaten gestürzt. Der sozialistische Ministerpräsident Guy Mollet nahm Mendès in seine Regierung auf. Aber er trat aus Protest gegen den Krieg in Algerien bald danach von seinem Ministeramt zurück. Mendès blieb bis 1967 Abgeordneter. Aber er hatte keine Hausmacht. Er war ein Außenseiter der Politik, angesehen, aber auch gemieden. Sein Kampf gegen die Europäische Wirtschaftsgemeinschaft trug ihm neue Feindschaften ein. Der europäischen Integration zog Mendès die wirtschaftliche Selbständigkeit der Staaten vor. Seine Freundschaft mit dem zehn Jahre jüngeren François Mitterrand ging auf ihre gemeinsame Opposition gegen den 1958 wieder an die Macht gekommenen General de Gaulle zurück – ihren Chef in der Zeit der Résistance und der Befreiung Frankreichs. Es war paradox: beide hatten in der Referendumskampagne – ohne Erfolg – gegen den Verfassungsartikel gekämpft, der die Wahl des Präsidenten der Republik durch das Volk einführte. Beide, Mendès France und Mitterrand, wollten nicht die Parlamentsherrschaft vom unvermeidlichen Prestige eines plebiszitären Staatsoberhauptes um ihre Macht bringen lassen. Als aber im Mai 1981 im Elysée-Palast die Einsetzung von François Mitterrand in sein auf plebiszitärem Weg errungenes Präsidentenamt feierlich vollzogen wurde, war unter den geladenen offiziellen Gästen Pierre Mendès France der einzige, den Mitterrand umarmte. Ich hatte einmal mit Mendès ein Gespräch in der schweizerischen Botschaft in Paris. Der damalige Botschafter Soldati, der dank seiner französischen Frau und seinem großen Reichtum nach den Worten eines französischen Diplomaten eine „unvergleichliche gesellschaftliche Stellung" in Paris einnahm, hatte diesen Empfang im Anschluß an die Vernissage einer Ausstellung schweizerischer Plastik veranstaltet. Auch Marschall Juin war unter den Gästen, der einst Mendès nach Tunis begleitet hatte. Ich traf dort auch Alberto Giacometti und andere hervorragende Persönlichkeiten des kulturellen und politischen Lebens. Ich erinnere mich, daß mir Pierre Mendès France erzählte, er habe Kuren in der Klinik Bircher-Benner in Zürich gemacht.

22. Oktober

In Frankreich stieß Begins Aussage, es sei ein Fehler gewesen, als sich die Franzosen aus Algerien zurückzogen, auf Verständnislosigkeit. Mehr als neunzig Prozent der französischen Wähler hatten vor zwanzig Jahren in einem Referendum ihre Stimme für die Unabhängigkeit Algeriens abgegeben. Begin ist freilich konsequent mit seiner eigenen Politik der Beherrschung von arabischen Gebieten durch ein fremdes, in diesem Fall das israelische Volk, wenn er es für falsch hält, wenn eine „weiße" Kolonialmacht wie Frankreich seine eigenen Siedler in Nordafrika zugunsten der arabischen Mehrheitsbevölkerung preisgab. Genau das aber kann Israel für sich selbst nicht wünschen.
Unlängst beklagte sich Baron Rothschild in einem Artikel im „Monde" über die schlechte Behandlung, die seine Familie in Frankreich erfahren habe; ihr Vermögen war unter dem Vichy-Régime beschlagnahmt worden, weil zwei führende Mitglieder des Bankhauses Rothschild im Krieg nach Amerika geflohen waren; er selber, der sich in London de Gaulle angeschlossen hatte, sei nach dem Krieg nicht mit einer offiziellen Funktion, die ihm vorher in Aussicht gestellt worden sei, betraut worden. Jetzt sei im Zuge der Verstaatlichung der Banken durch die Regierung Mitterrand auch das Bankhaus Rothschild, das in der Vergangenheit unzählige humanitäre und kulturelle Werke in Frankreich gegründet und

finanziert habe, enteignet worden. In seiner Bitterkeit sagt Rothschild in diesem Zeitungsartikel, seine Familie sei in Frankreich wie „Parias" behandelt worden. Er ziehe daraus die Konsequenzen und werde fortan „streiken".

Ein ganz anderes, zeitlich näheres Problem ist das des Verhaltens der französischen Polizei unter der deutschen Besetzung im Zweiten Weltkrieg. Ein Advokat namens Klarsfeld, Mitglied der Pariser Anwaltskammer, hatte gegen die Polizeibeamten, die auf deutsches Geheiß – mit Zustimmung der Vichy-Regierung – Juden samt ihren Kindern für den Abtransport nach Osten brutal zusammentrieben, ein Strafverfahren beantragt. Der leidenschaftlich anklägerische Stil, in dem Klarsfeld diese Polizeioffiziere als Schwerverbrecher anprangerte, verfehlte in Frankreich seine Wirkung. Dieser Rächer seiner verschleppten und ermordeten Glaubensgenossen hatte sich im Ton vergriffen und mußte sich sagen lassen, in der französischen Geschichte seien schon oft abscheuliche Dinge vorgekommen. Die Angelegenheit verlief im Sande; die betagten Ex-Polizisten leben heute noch unangefochten im Ruhestand. In einem eingesandten, im „Le Monde" abgedruckten Artikel wurde Klarsfeld vorgerechnet, daß in der Geschichte Frankreichs vom Massaker der Tempelherren zu Beginn des 14. Jahrhunderts bis zur blutigen Unterdrückung der Pariser Kommune 1871 mehrmals große Verbrechen begangen worden sind. Es trifft zu, daß nach dem Terror und den Massenhinrichtungen der Jakobinerdiktatur von 1793 Frankreich zur Tagesordnung überging. Schon Heinrich IV., dem Paris eine Messe wert war, hatte nach den Greueln der Bartholomäusnacht und der Religionskriege aus Gründen der Befriedung des schwergeprüften Landes und Volkes versucht, die blutige Vergangenheit auf sich beruhen zu lassen (worauf er von einem fanatischen Mönch ermordet wurde). Diese Hinweise auf längst verjährte Ereignisse und Schreckenstaten rufen uns die simple Tatsache in Erinnerung, daß Geschichte und Politik grausam ist und buchstäblich über Leichen geht. Und die andere Tatsache, daß die Menschen vergessen wollen; sie verdrängen das vergangene Geschehen, weil es ihre Lebenslust belasten würde. Weil sie immer wieder neu anfangen wollen.

30. Oktober

Wieder Aufbruch. Oktobersonne, wundervolle Verfärbung des Waldes. Wegräumen der Gegenstände in ihre „Verstecke", die leicht zu finden wären. Aber Schutz vor den Unbilden des Winters. Selber ziemlich angeschlagen, das Bein hat Behandlung bitter nötig. Gestern mit Gioia im Mörikerwald, heute nur kurz im Freien. Es kamen noch der Pächter und der Förster.
Vorgestern letzter Abschied von Hans Gygi, der am Schreibtisch tot zusammenbrach. Was man einen „schönen" Tod nennt. Im Krematorium in Aarau große Versammlung. Der Dorfpfarrer von Möriken mit seinem offenherzigen, unsentimentalen Mundwerk vortrefflich. Das übliche: Musik (gute), Lebenslauf, Würdigung durch einen Vertreter der Firma, Predigt. Was übrig war von dem armen Hans hatte in einer Urne Platz, die anschließend begraben wurde. Wir waren gute Nachbarn und Freunde; eine Woche vor seinem Tod war Hauskonzert und Mittagessen bei ihm in zahlreicher Gesellschaft; er schien heiter gestimmt. Hans gab mir sechs Flaschen Bordeaux mit auf den Weg. Wir haben jahrelang in uneingeschränktem Vertrauen im Verwaltungs- und im Stiftungsrat Holderbank zusammengearbeitet. Hans Gygi war fünf Jahre jünger als ich. Er war nicht mehr richtig beschäftigt, hätte Aktivität nötig gehabt.

3. November

Seit vorgestern in Schinznach Bad. E. führte mich hin, eine knappe Autoviertelstunde von zu Hause. In einer Talmulde lieblich gelegenes, traditionsreiches Kurhaus, genauer zwei alte Häuser, die auf einem Stich von 1708 dargestellt sind. Der klassizistische Rundbau, in dem sich die Badekabinen, ein Schwimmbassin und die Therapieräume befinden, entstand ein Jahrhundert später. Am liebsten sind mir die wundervollen Baumbestände des weitläufigen und erholsamen Parks, und der Uferweg am Aarestrand mit dem Ried und seiner Vogelwelt. Fischreiher und Entenarten. Alles altvertraut, auch die Tennisplätze, über die E. herrschte, als sie Präsidentin des hiesigen Tennisklubs war. Auch ein landschaftlich schöner Golfplatz, der aber nur neun Löcher hat. Das Haus mit salonartiger Halle, in der Art des vorigen Jahrhunderts möbliert. Mein Zimmer geräumig, Fauteuil, Schreibtisch, zwei Fenster, gute Lampen, alles hier ein

kleines organisatorisches Kunstwerk. Nicht ohne eine gewisse, unaufdringliche Künstlichkeit, die durch die Zweckbestimmung als Kurbetrieb gegeben ist. Alte, gebrechliche Hotelgäste.
Das Schwimmen im Schwefelwasser hat mich an den beiden ersten Tagen ermüdet und eine Reaktion, das heißt peinvolle Schmerzen am Knie und fast völlige Gehbehinderung hervorgerufen. Außerdem: Therapie mit Eisumschlägen und elektrischer Stromeinwirkung. Dazu Diätkost, weil Übergewicht. Ich bin seit einiger Zeit schwer, ungelenk und ein wenig erschöpft. Tiefer Schlaf, auch eine „Reaktion" auf das Schwefelbad. Gestern bereits Besuch von E. mit Gioia, die ihrer Freude über das Wiedersehen hündisch-possierlichen Ausdruck gab. E. brachte Blumen aus dem Garten. Ich kann mich nicht entsinnen, daß es in den vergangenen Jahren zu dieser Zeit noch keine Nachtfröste gab. Hier ein blühendes Rosenbeet, die roten und gelben Blumenköpfchen bereits ein wenig kümmerlich. Nebenan die sogenannte Masséna-Scheune, heute Kunstgalerie, an den Aufenthalt des Generals Masséna erinnernd, der 1799 mit seiner republikanischen Armee die Österreicher und Russen aus Zürich und der Ostschweiz vertrieb. Es gäbe viele erinnerungswürdige Namen zu nennen von früheren Kurgästen dieses behaglichen Hauses.

4. November

Mid Term Election in den Vereinigten Staaten. Kein Erdrutsch, aber zwei Dutzend Demokraten mehr im Repräsentantenhaus, wo sie bereits die Mehrheit hatten, und etliche neue demokratische Gouverneure (jetzt in 33 von 50 Staaten). In acht Staaten, im District of Columbia und in mehreren Städten Referenden zugunsten des „nuclear freeze", der nuklearen Einfrierung. Nur einer von den neun befragten Staaten hat das „freeze" abgelehnt. Reagans Wirtschaftspolitik ist zwar in den Finanz- und Wirtschaftskreisen umstritten, aber da der Dollar fester, die Zinssätze etwas tiefer, Anzeichen einer Erholung vorhanden sind, steht in Amerika, unabhängig von der Regierungspolitik, vermutlich eine Konjunkturbelebung in Aussicht. Wichtiger in politischer Hinsicht ist, daß die sogenannte Neue Rechte, die vor zwei Jahren eine Rolle bei der Formulierung von Reagans Regierungsprogramm spielte, infolge der Wahlen an Einfluß verliert. Die Demokraten müssen ihrerseits trachten,

durch Verzicht auf gewisse progressistische Postulate die Wählerschaft, die sie vor zwei Jahren verloren haben, wieder für sich zu gewinnen.
Vor genau zwanzig Jahren konnte Kennedy die Russen zwingen, ihre Raketen aus Kuba abzuziehen; aus dem einfachen Grunde, weil Amerika damals der Sowjetunion militärisch überlegen war. Das ist heute nicht mehr der Fall. Moskau hatte aus jener Schlappe den Schluß gezogen, daß sich etwas Derartiges nicht wiederholen dürfe. Heute muß sich Amerika daran gewöhnen, daß es von gleich zu gleich der Macht der Sowjets gegenübersteht. Der Ehrgeiz der Administration Reagan, von neuem eine militärische Überlegenheit über die Russen zu erlangen, ist aussichtslos. Bei den Gesprächen über nukleare Abrüstung in Genf können die Amerikaner, unter dem Druck nicht nur der europäischen, sondern auch eines beträchtlichen Teils der amerikanischen Öffentlichkeit, nicht länger ihrem sowjetischen Partner ihn entscheidend schwächende, demütigende Bedingungen stellen. Es ist für Europa ein Vorteil, daß Reagan sich jetzt auf die Nahostfrage konzentrieren, das heißt, sich um eine Vermittlungspolitik im Konflikt zwischen Israel und der arabischen Staatenwelt bemühen muß. Das wird eine schwierige und langwierige Aufgabe sein. In dem Durcheinander, das im Nahen Osten herrscht, verhalten sich die Russen zurückhaltend. Sie können warten und zuschauen, wie die Dinge sich entwickeln. Um so eher, als die konservativen arabischen Staaten sich mehr vor innenpolitischen Umstürzen, auch vor dem Iran Khomeinis, als vor einer Intervention der Sowjetunion fürchten.
Heute Gespräch mit Alfred Zehnder, der nacheinander Botschafter in Moskau und in Washington war, die Verhältnisse der beiden Supermächte aus eigener Erfahrung kennt. Er sei pessimistisch, sagte Botschafter Zehnder. Wie er das meine? Nicht Krieg, es werde keinen Krieg geben; sondern weil die soziale Lage, die Strukturen und das Verhalten der modernen Gesellschaft sich tiefgehend verändert haben. Einverstanden. Ich berichte ihm von einem Gespräch, das ich unlängst, beim Frühstück in der Burg Hohenzollern, mit einem alten, bürgerlichen deutschen Professor hatte. Er sagte, was auch andere Deutsche sagen, daß das Gebiet der Bundesrepublik in einem Ost-West-Krieg nicht gehalten werden könnte; wenn aber Deutschland von den Russen besetzt wäre, würden die Amerikaner Deutschland bombardieren, wie sie im letzten Krieg Frankreich, als es von den Deutschen besetzt war, bombardiert haben. Ich fügte hinzu, ich wüßte im Kriegsfall nicht, was für eine Freiheit der Bundesrepublik Deutschland, Hollands und anderer Staaten man vertei-

digen könnte, wenn diese Länder von Atombomben zertrümmert und ihre Bevölkerung verseucht und getötet würde.
Die Schweizer glauben offenbar an Krieg, in der stillen Hoffnung, sie könnten sich zum dritten Mal heraushalten; ein Abwurf von Atombomben über Süddeutschland und Norditalien würde aber auch unser Land und Volk in Mitleidenschaft ziehen. Ich sagte zu Zehnder, unsere Mitbürger seien so militärbegeistert und von der Wirksamkeit der Landesverteidigung überzeugt, weil sie nie den Krieg im eigenen Land hatten. Die Deutschen haben zwei Weltkriege, zwei Niederlagen, ungeheure Verluste und Zerstörungen und obendrein fremde Besetzungen hinter sich, so daß sie unter allen Umständen einen neuen Krieg vermeiden möchten. An dieser Grundstimmung des deutschen Volkes werde auch die Regierung Kohl nichts ändern können.

5. November

Also Kurgast (siehe Hermann Hesse). Erholsam nach der etwas anstrengenden Unruhe dieses zu Ende gehenden Jahres. Man gewöhnt sich auch an das Nichtstun und an das Stillesitzen. Gestern Röntgenaufnahme in Aarau. „Raubersches Meniskuszeichen" am rechten Knie nennt der Arzt die Diagnose. Auf der Röntgenaufnahme ist eine kleine Absplitterung am Knochen sichtbar. Ob ich einen Unfall gehabt hätte, fragt der Arzt. Ja, vor eineinhalb Jahren einen harten Sturz auf den Asphaltboden beim Gang zur Fraumünsterpost in Zürich, mit heftigem Schmerz an der gleichen Stelle des Knies, die jetzt wieder wehtut. Ich fragte, warum denn damals dieser Schmerz nach zehn Tagen verging und nun plötzlich wieder auftrat? Das sei so bei derartigen Meniskusschäden, irgendeine Bewegung könne diesen Schmerz wieder aufrühren; vermutlich werde er wieder vergehen, sich zwei oder mehr Jahre ruhig verhalten. Ich sagte dem Doktor, da ich in ein paar Wochen 81 Jahre alt werde, könne ich ruhig zwei Jahre warten.
Neues von Henry Kissinger („Weltwoche", 3. November): „Die Amerikaner hören nicht gern vom Kräfteverhältnis; in dieser Beziehung braucht es noch viel Erziehung. Ich denke, aus mehreren materiellen und psychologischen Gründen können die USA nicht «Suprematie», nicht eine absolute Führungsrolle auf sich nehmen. Sie haben dazu nicht die

Ausdauer, auch nicht genug Sachkenntnis, auch nicht die nötigen Mittel. Und, vor allem, sie wünschen das nicht (. . .).
Tatsächlich ist dieser (nukleare) «Regenschirm» weniger glaubwürdig als noch vor zehn Jahren. Das liegt an der immer größeren Zerstörungskraft der Waffen (. . .). Wenn die USA auf die Stationierung neuer Waffen in Europa verzichten, dann ist es den Sowjets gelungen, sowohl die Neutronenbombe als auch die Mittelstreckenwaffen zu verhindern. Und eine derartige Entwicklung würde nur die europäischen Neutralisten stärken (. . .).
Wenn wir der Sowjetunion die Möglichkeit geben, gegenüber unserer Wirtschaft als Partner auf dem freien Markt aufzutreten, muß sie dafür keinen politischen Preis zahlen, und wir dürfen unsererseits von solchen Wirtschaftsbeziehungen keinen politischen Vorteil erwarten (. . .).
Ich glaube, am gefährlichsten wäre es, wenn es uns nicht gelingt, die Veränderungen, die auf politischem Gebiet überall in der Welt stattgefunden haben, zu verkraften, wenn wir nicht fähig sind, uns richtig zu orientieren. Doch entgegen meiner allgemeinen Neigung bin ich für das eben erst begonnene Jahrzehnt nicht allzu pessimistisch."
Reagan hat Kissinger vor der Tür stehen lassen. Dieser war der unentbehrliche Staatssekretär der Präsidenten Nixon und Ford und hielt sich bei der Präsidentenwahl vor zwei Jahren wieder für unentbehrlich. Er täuschte sich, hat heute keinen maßgebenden Einfluß. Es mag auch sein, daß ihn der Reagan-Kreis als „unamerican" empfindet. Nicht ganz zu Unrecht: Kissinger, ein gebürtiger Deutscher, räsoniert außenpolitisch in der traditionellen Art europäischer Staatsmänner – eben in den Kategorien von „Kräfteverhältnissen", von Staaten und Mächten, ihren Herrschaftsinstrumenten und ihrem Interesse am Kräftegleichgewicht. Schon Walter Lippmann kritisierte die amerikanische Neigung, alles aus moralisch-ideologischen Gesichtspunkten zu beurteilen. Man sieht und fürchtet überall „Kommunisten", die zu bekämpfen sind, und gibt sich nicht die Mühe, die Beweggründe und Interessen anderer Staaten zu verstehen. Zehnder sagte neulich, daß „die russische Außenpolitik unabänderlich" sei. Dieses Axiom galt für die Zaren und gilt gleichermaßen für den sowjetischen Führungskreis. Das war und ist zwar unbequem für die andern Staaten; aber auch für diese heißt das Problem, wie man mit Rußland leben kann. Das ist nicht bloß eine Frage militärischer „Suprematie" (die nicht möglich ist), sondern primär eine politische Frage.

8. November

Gestern Besuch von Peter Mieg und dem jungen Maler Beat Müller aus Lenzburg. Gespräch über die Notwendigkeit, daß man alles, was man tut, ob als Komponist, Schriftsteller, Maler oder als Wissenschaftler, vor sich selbst verantworten muß. Man darf sich nicht von Wünschen anderer und von Modeströmungen, die auf allen diesen Gebieten kommen und gehen, beeinflussen lassen, weil man sich selbst und dem, was man zu tun hat und tun kann, untreu würde. Jeder trägt die Verantwortung für seine eigene Kunst, wenn er echt bleiben und sich vor Künstlichkeit bewahren will, allein. Peter kennt wohl und beherrscht die Reihen-(Zwölfton-)Technik; er hat sie in einigen wenigen Werken, aber nicht atonal, angewandt. Dann kehrte er wieder zu der Tonsetzung zurück, die ihm gemäßer ist. Die Kritik, sagte er, habe ihm vorgeworfen, er sei in konservativere Bahnen zurückgefallen; er wolle und könne sich aber nicht zu etwas verführen lassen, das ihm nicht liegt. Wir waren uns einig, daß Schönberg bereits historisch ist. Ich sagte, daß auch ich im Widerspruch zu der herrschenden Schule auf wissenschaftlicher Basis „Ereignisgeschichte" in erzählender Form geschrieben habe; vor zwanzig Jahren, als meine „Weltgeschichte" erschien, sei ich als ein Nachzügler der vorangegangenen Geschichtsschreibung eingestuft, das heißt, als unzeitgemäß beurteilt worden. Jetzt, bei der Neuauflage des gleichen Werkes, hätte ich die Überraschung erlebt, daß jüngere Historiker die Legitimität, ja die Notwendigkeit der „narrativen Geschichte" anerkannten. Zu Beat sagte ich, er solle sich auch nicht von Meinungen und Wünschen unkompetenter Leute in seiner Malerei beirren lassen, sondern das machen, was ihn innerlich dazu treibt, sich als Maler auszudrücken. Allerdings, sagte ich zu dem jungen Mann, etwas ganz anderes sei der Rat, die Kritik, die Anweisungen eines Lehrmeisters. Jeder Anfänger müsse Lehrmeister haben. Frank Martin war Peter Miegs Lehrmeister, auch ich hatte Lehrmeister.

Peter Bichsel schickte mir das schmale Buch „Der Leser. Das Erzählen. Frankfurter Poetik-Vorlesungen". Er weiß, wovon er spricht, er ist ein genuiner Erzähler, seine Handschrift stimmt in jedem Satz. Ich schrieb ihm, Goethe habe in seinen „Maximen" eine scharfe Trennung von Poesie und Geschichtsschreibung vorgenommen; er habe aber vergessen zu sagen, daß beide erzählen müssen. Beide können sich nur durch das Wort, das ihr Material ist, ausdrücken; wobei die einen erfundene Ge-

schichten schreiben, die anderen nur Geschichte über wirklich Vorgefallenes. Ihre Verwandtschaft bestehe darin, daß „das Erzählen" ihre Aufgabe sei und beide „den Leser" nötig haben.
Schöner Tag und stärkere Schmerzen. Vom Thermalbad aus, das große Glasfronten zu einem Rosengarten hat, sieht man Tag für Tag, wie die alten, hohen Ahornbäume ihre Blätter verlieren, die immer dichter gelblich-braun auf dem grünen Gras liegen. Es ist Föhn in der Luft, der Himmel bläulich-grau, das Tageslicht hell. Im Ganzen fühle ich mich hier wohl und geborgen, aber beim Gehen am Stock behindert. Die strenge Diät verursacht kein Hungergefühl, die Eiskompressen und die Elektrotherapie sind angenehm.
In Schinznach kamen früher oft Franzosen zur Kur, aus dem Elsaß vor allem, auch Süddeutsche. In den alten Brunegger Gästebüchern sind Namen von Menschen eingetragen, die zweifellos von Schinznach herüberkamen. Vornehme oder berühmte Leute wie die herzogliche Familie von Württemberg in Begleitung des Dichters Friedrich von Matthisson, auch Ludwig Uhland (dessen Balladen wir in der Schule auswendig lernen mußten) im frühen 19. Jahrhundert. Scheffel, der vom Seetal herüber kam, wo er sich wiederholt aufhielt, hinterließ Zeichnungen des Schlosses. In der zweiten Hälfte des vorigen Jahrhunderts kamen aus Schinznach elsässische Verwandte zu meinen Großeltern auf Besuch, unter ihnen die Siegfried aus „Mulhouse", vor dem 1870er Krieg. Sie waren die Eltern des bekannten französischen Nationalökonomen und Soziologen André Siegfried, den ich noch kannte, und hatten meinen Eltern zu ihrer Hochzeit eine kleine Pendüle geschenkt, die an der Wand meines Bibliothekzimmers leise tickt.
Auch zu uns kommen manchmal Badegäste aus Schinznach herüber. Vor dreißig Jahren hatte mich unser Gesandter in Lissabon gebeten, dem Ex-König Carol II. von Rumänien, der in Portugal lebte, die Langeweile ein wenig abzukürzen, wenn er seine Frau, die frühere Madame Hélène Lupescu, zu ihrer Kur nach Schinznach begleiten werde. Nach einem Tee mit einigen Gästen ging ich mit ihm in mein Bibliothekszimmer; zu meiner Verblüffung sah ich, daß der König stutzte, Tränen in den Augen hatte. Ich sagte: „Das ist doch nur mein bescheidenes Arbeitskabinett"; dann er: „Ach was, bescheiden, es ist schön hier." Es erinnerte ihn vermutlich an sein verlorenes Sinaia oben in den Karpatenwäldern, in das er nie zurückkehren würde. Er kam dann noch einmal abends, es war im Juli, auf die Bockjagd, in Begleitung des Direktors von Bad Schinznach.

Wir ließen ihn mit dem Wildhüter auf den „Ebnet" zum Stand gehen. Ohne daß ein Schuß gefallen war, kam Carol nach einiger Zeit zurück. Ob kein Bock ausgetreten sei? Doch, aber das Gewehr sei nicht losgegangen. Etwas verstimmt über dieses Mißgeschick kam er noch zu einem Imbiß nach Hause. Er schien es mir nicht übelzunehmen, es war ja nicht meine Waffe, und lud uns zum Nachtessen nach Schinznach ein. Seine Frau, die etwas älter als Carol war, hatte Reste großer, noch sichtbarer Schönheit an sich, Pfirsichteint, kluge Augen, wundervolles Haar, blonder Typ. Wir konnten gleich bemerken, daß sie ans Herrschen gewöhnt war; die rumänischen Politiker und Generäle hatten den Einfluß der damaligen Madame Lupescu auf den König ungern geduldet. Carol, der sich mir gegenüber scharf gegen den Antisemitismus geäußert hatte (seine Frau war vermutlich Jüdin), hatte in seiner Regierungszeit blutig mit der Führung der faschistischen „Eisernen Garde" abgerechnet. Als Hitler nach seinem Sieg im Westen Truppen nach Rumänien schickte, zwang er König Carol zur Abdankung und Flucht. Carol fragte bei Tisch, ob ich mit Pater Nicolaus von Salis verwandt gewesen sei? Gewiß, ja. Mein Onkel, Konvertit und Benediktiner in Beuron, weilte oft als Schloßkaplan und Hausfreund in Sigmaringen beim Fürsten von Hohenzollern, aus dessen Dynastie die rumänische Königsfamilie stammte. „Wir Kinder hatten ihn gern", sagte Carol von meinem Onkel, und ich: „Wir hatten ihn auch gern." Seine Frau war über dieses Gespräch sichtlich erstaunt. Es kam ihr sonderbar vor, daß zwischen ihrem königlichen Gatten und ihrem schweizerischen Dinner-Gast Familienbeziehungen bestanden.
Von Schinznach aus begab sich das exilierte Königspaar nach Sigmaringen zu Carols Vetter, dem dortigen Fürsten, der nicht, wie einst die pingelige Mrs. Eleanor Roosevelt, die Frau des Präsidenten der USA, dem Paar den Affront machte, seinen Besuch abzulehnen. Jene tugendhafte Dame wollte die frühere Madame Lupescu nicht im Weißen Haus empfangen.
Als neulich E. und ich das Schloß Sigmaringen und das Kloster Beuron besuchten, sprachen wir über diese alten Geschichten und meinen gütigen Benediktiner-Onkel. König Carol war durch seine Mutter ein Urenkel der Königin Victoria von England, der er im Profil ähnlich sah. Er erzählte uns an jenem Schinznacher Abend, wie seine Mutter ihn und seine Schwester nach Nizza mitgenommen habe, um sie der greisen Ahnin vorzustellen. Zu unserer Belustigung ahmte Carol mit einer

Fistelstimme die alte Queen nach, wie sie „oh, the nice children" zu ihnen gesagt habe. Unangenehmer sei es später gewesen, als ihn seine Mutter mit sich an den Hof von St. Petersburg schleppte, wo sie ihn mit einer der Zarentöchter verheiraten wollte. Das war gar nicht nach seinem Geschmack. Carol II. starb im portugiesischen Exil ein Jahr nach unserem Zusammentreffen an einem Herzschlag.

10. November

Unter den „distinguished people", die ab und zu die Thermalbäder von Schinznach aufsuchen, befand sich ein paar Jahre später auch der Präsident von Tunesien, Habib Bourguiba. Er ließ uns durch seinen jugendlichen Botschafter in Bern auffordern, einen Sonntagnachmittag mit ihm zu verbringen. Es war ein interessantes, ein wenig skurriles Erlebnis. Als wir unten am Fahrstuhl des Parkhotels auf sein Erscheinen warteten, standen schon tunesische Leibwächter bereit. Ein klein gewachsener Mann bestandenen Alters, der sich stramm aufrecht hielt, blitzende Augen, dunkles Haar, olivfarbener Teint, ein gut modelliertes Gesicht, nicht verbindlich, aber höflich, mit autoritären Manieren, begrüßte uns und forderte uns auf, mit ihm einen Spaziergang zu machen. Voran schritt ein Aargauer Polizist, dicht hinter uns ein züricherischer, offenbar beauftragt, das mögliche Opfer eines Anschlags mit seinem Körper zu schützen; zu jeder Seite schritten je drei tunesische Gorillas, einer mit einer länglichen Tasche in der Hand, die vermutlich eine Tragbahre enthielt, alle zweifellos bewaffnet – so gingen E. und ich neben dem afrikanischen Staatschef, gefolgt von dem Botschafterpaar. Wir wanderten eine Stunde lang durch die idyllische Aarelandschaft. Ehe wir in ein Gehölz traten, eilten einige Leibwächter voraus in das Dickicht, das sie nach möglichen Attentätern absuchten. Der Präsident ging völlig unbekümmert, mit raschen Schritten, lebhaft redend, und gab sich den Anschein, von dieser Schutztruppe keine Kenntnis zu nehmen. Bourguiba sprach ein flüssiges Französisch, er hatte seine Ausbildung zum Advokaten in Frankreich erworben und in seiner Redeweise die typische Art eines französischen Advokaten. Er klagte über Schlaflosigkeit und darüber, daß ihn die in der Nacht vorüberfahrenden Eisenbahnzüge störten. Da seither zwanzig Jahre vergangen sind, scheint der oft kränkelnde Staatsmann, der heute noch regiert, mit eiserner Energie seine Leiden überwunden zu

haben. Wir sahen in einem späteren Jahr im Wachsfigurenkabinett der Madame Tussaud in London die Figur Bourguibas, dessen Gestalt und Physiognomie gut getroffen waren; aber wir stellten auch fest, daß der Wachskünstler sein Modell kaum gesehen haben kann; denn er gab ihm eine sehr helle Gesichtsfarbe, während sie in Wirklichkeit dunkler ist.
Habib Bourguiba sprach von seinen Problemen in Tunesien, von der Versorgung mit Energie, die mangels Erdölvorkommen und genügender Elektrizitätserzeugung Probleme schaffe. Man sei dazu übergegangen, die Häuser mit Sonnenenergie zu versorgen. E. sagte, solche Sonnenheizvorrichtungen hätten wir in Israel an den Häusern gesehen, was den arabischen Herrscher nicht zu schockieren schien. Er hatte sich mit dem ägyptischen Staatschef Gamal Abdel Nasser überworfen, der ihm vorwarf, er dulde das Existenzrecht des Staates Israel. Bourguiba war längere Zeit von den Franzosen inhaftiert gewesen, die ihr Protektorat über Tunesien lange nicht aus der Hand gaben. Als de Gaulle, vorsichtig, weil von seinen Nationalisten und den Armeeführern bekämpft, seine Entkolonisierungspolitik durchführte, empfing er unter strengen Sicherheitsmaßnahmen in einem Schloß außerhalb von Paris den tunesischen Führer. Ich glaube, die Sicherheitsvorkehrungen, in die wir nun selbst auf dem langen Gang am Flußufer einbezogen waren, hatten gute Gründe. Bourguibas gefährlichster Gegner unter den tunesischen Politikern, der in die Schweiz geflohen war, wurde eines Tages ermordet in seinem Hotelzimmer in Zürich aufgefunden. Natürlich sind weder der Mörder noch seine Auftraggeber jemals entdeckt worden. Habib Bourguiba regierte und regiert selbstherrlich. Ausschreitungen der Opposition sind in Tunesien hart unterdrückt worden.
Als wir ins Areal der Kuranstalt zurückkehrten – es war ein warmer, wolkenloser Sommernachmittag –, gelangten wir zu den Tennisplätzen. Bourguiba wünschte, den Spielern zuzuschauen. Wir traten zu dem hohen Maschendraht beim Tennisplatz. Es waren viele Spaziergänger unterwegs, die an diesem Sonntag im Park von Schinznach Erholung suchten. Sogleich bildeten die Leibwächter einen Kreis hinter uns, damit sich niemand ihrem Herrn und Meister nähern konnte. Wir sprachen über das Tennisspiel, das Elsies bevorzugte Domäne ist. Bourguiba sagte lächelnd: „Wir waren zu arm, um Tennis spielen zu können, wir spielten in unserer Jugend Fußball auf den Straßen der Stadt." Der Stolz, es vom Straßenjungen in einem französischen Protektorat zum Präsidenten eines souveränen Staates gebracht zu haben, war unüberhörbar. Das erinnerte mich

an ein treffliches Wort von Talleyrand. Eine Dame sagte von dem jungen Adolphe Thiers, der nach der Pariser Julirevolution von 1830 zu politischen Ämtern und Ehren gelangt war: „C'est un arriviste." Talleyrand replizierte: „Vous voulez dire qu'il est arrivé."
Viele Politiker in den ehemaligen Kolonialreichen, nachdem sie lange von den herrschenden Europäern verfolgt oder eingekerkert worden waren, sind im Zuge der Entkolonisierung „angekommen": Nehru in Indien, Ho Chi Minh in Vietnam, Nasser in Ägypten, Ben Bella in Algerien, eben auch Bourguiba in Tunesien, viele andere mehr. Sie alle haben die Ära der „Dritten Welt" in den neuen Staaten eingeleitet, über die die „Weiße Welt" lange geherrscht hatte. Mir scheint, daß für die weiße Welt auf der nördlichen Hemisphäre unseres Planeten diese zu politischer, aber kaum zu wirtschaftlicher Unabhängigkeit gelangte farbige Welt des Südens das schwierigste Problem darstellt. Der Verantwortung für den Fortschritt der Dritten Welt können wir uns nicht entschlagen. Sie bildet recht eigentlich das neue Weltproletariat, sie ist unser Armenhaus, auch unsere zukünftige Konkurrenz.

11. November

Das Fernsehen rief an, bat mich um einen Nachruf auf den verstorbenen Leonid Breschnew. Das ist unmöglich. Ich erwachte mit Heiserkeit und etwas Fieber, von der Gehbehinderung ganz abgesehen.
Achtzehn Jahre Ausübung der höchsten Gewalt in einem Riesenreich ist viel. War Breschnew ein „großer" Staatsmann? Wohl kaum, aber ein ungeheuer fleißiger, ein Arbeitstier, das seine Aufgabe ernst nahm, beharrlich, phantasielos, aber immer am Ball, und ein vorsichtiger Politiker. Dem Schutz des unveränderbaren Regimes und dem Aufbau eines ihm ergebenen Parteiapparates galt seine bürokratische Kleinarbeit; ferner dem militärischen Schutz und der Weltgeltung der Sowjetunion. In dem System, mit dem er sich identifizierte, sind die Sprache des Staates und die Sprache der Partei ein und dieselbe. In seinen „Erinnerungen", die in meiner Dokumentenmappe liegen, sagt Breschnew, die drei großen Aufgaben der Sowjetregierung seien eine politische, eine ideologische und eine organisatorische. Auf die Reinheit der Ideologie, die einem westlichen Denken primitiv vorkommt, legte er großen Wert. Dort heißt es: „Die ideologische Arbeit war und bleibt immer eine erstrangige Aufgabe

der Kommunistischen Partei (. . .). Es ist gefährlich, auch nur eine Zeitlang oder in einzelnen Bereichen das ideologische Element im Leben von Staat und Gesellschaft zu vergessen, sich mit ideologischen Fehlern auszusöhnen." Ein solcher Fehler könne einen „riesigen Schaden anrichten". Er zitiert Lenins Lehrsatz, jede Herabminderung, jedes Abweichen von der sozialistischen Ideologie bedeute zugleich „eine Stärkung der bürgerlichen Ideologie". Abweichler in Rußland sind Staatsfeinde.

Breschnew war kein selbständiger Denker, er hielt sich an die Lehre, deren Verteidiger er als Politiker und Parteichef war. Von Haus aus und in seinen Tätigkeiten war er der „Homo Faber", wie er im Buche steht. Alles ist berechenbar und machbar. Der Arbeitersohn war selber Arbeiter in der Fabrik und in der Landwirtschaft, an deren Kollektivierung er in jungen Jahren mit leidenschaftlicher Konsequenz und Härte beteiligt war. Dann studierte er Chemie, Mathematik und Physik und qualifizierte sich an einer Technischen Hochschule mit einer Diplomarbeit über „Das Projekt einer elektrostatischen Hochofengasreinigung". Der Ausbildung von qualifiziertem Personal für die Industrie und die Landwirtschaft widmete der junge Mann seine Aufmerksamkeit. Denn auch das Pädagogische stand seinem wachen Verstand nicht fern.

Es ist eine der Paradoxien der heutigen Zivilisation, daß sie, unabhängig von Ideologien und Staatsformen, auch von Menschenrechten, der Technologie und ihren praktischen Anwendungen den Vorrang vor allen andern Gedankenarbeiten und Tätigkeiten einräumt und unvermeidlicherweise überall auf der Welt die gleichen Verfahren anwendet und ähnliche Resultate erzielt. Aber die Sowjetrussen halten diese Beschäftigung für einen Dienst an der Verwirklichung des Sozialismus, während die kapitalistischen Länder überzeugt sind, daß die technischen Errungenschaften sich am effizientesten innerhalb der freien Marktwirtschaft entfalten können. Tatsache ist – die Ära Breschnew legt davon Zeugnis ab –, daß im Sowjetsystem die technologische und auch die landwirtschaftliche Entwicklung in letzter Zeit in Verzug geraten ist.

Mir scheint, daß man in der heutigen politischen und soziologischen Forschung gewisse Faktoren: Klima, Volkscharakter, Traditionen, ethnographische Besonderheiten zu sehr vernachlässigt. Das russische Volk sei träge und stumpf und kompensiere den unvermeidlichen Zwang, unter dem es zur Arbeit, zur Produktion angetrieben wird, mit seiner angeborenen Leidensfähigkeit. Denn freiwillig würde der Russe zwar für sich selbst und seine bescheidenen Bedürfnisse arbeiten, für andere arbeite er

aber nur, wenn er dazu gezwungen werde. Das sei unter den Zaren so gewesen, und so sei es geblieben, sagte Zehnder, als wir abends über Rußland sprachen.
Auch das Politische muß im Zusammenhang mit alten, moskowitischen, byzantinischen, vielleicht tatarischen Erbmassen verstanden werden. Es wäre abwegig, von Rußland zu verlangen, daß es sich eine auf Gewaltentrennung beruhende Staatsform geben, ein parlamentarisches Regime mit mehreren Parteien, die sich nach freien Wahlen an der Macht ablösen würden, einführen könnte. Die Russen würden nicht verstehen, daß die Macht im Staate auf verschiedene Instanzen verteilt werden sollte: sie wissen nichts von Montesquieu. Es ist auch unwahrscheinlich, daß mehrere Parteien, die verschiedene Ideologien und Interessen vertreten, sich miteinander vertragen, auf Kompromissen beruhende Beschlüsse gemeinsam fassen könnten. Eine Partei ist in Rußland dazu da, den anderen Parteien Macht und Einfluß zu entreißen und diese nicht mehr aus der Hand zu geben. Ein Mann wie Solschenizyn, wenn er Rußland regieren könnte, würde nichts anderes machen, mit vertauschten Vorzeichen. In dieser absoluten Fixierung auf eine unantastbare Staatsphilosophie, deren Reinheit von der Partei gewährleistet wird, war Breschnew ebenso russisch-bolschewistisch wie Lenin. Bei solcher Geistesart ist es aber unmöglich, dieses Land in Freiheit zu regieren.
Vor der Revolution von 1917 regierte der Zar autokratisch, nach dem Willen Gottes und im Geiste des Heiligen Synods. Seine Bürokratie war allmächtig, und eine weitverästelte Polizei sorgte dafür, daß liberale oder sozialistische Gruppen und Politiker, unliebsame Schriftsteller, religiöse Sekten und die nicht-russischen Völkerschaften des Reiches, auch die Juden, verfolgt und unterdrückt wurden. Seit der Revolution regieren die kommunistischen Parteigremien, mit ihrem Generalsekretär an der Spitze und mit perfektionierten Polizeimethoden.
Trotzdem gibt es große Unterschiede zur früheren Zeit. Dieses riesige Land mit seinen vielen Völkerschaften hat enorme Fortschritte gemacht. Das Schulwesen, die Alphabetisierung des Volkes, die höhere Bildung, verbreitete Kenntnisse, die Elektrifizierung und die Schwerindustrie, die Fähigkeit, zivile und militärische Güter nach modernen Methoden zu produzieren, der Sputnik und was daraus folgte, die Atomspaltung und ihre Anwendungen, kurz, eine sichtbare und bedeutungsvolle Hebung des zivilisatorischen und technologischen Niveaus, zuletzt die Machtausdehnung nach dem Sieg über Hitler 1945, hat Rußland dem Regime zu

verdanken, das aus der Oktoberrevolution von 1917 hervorgegangen ist. Daß dennoch der Wohnungsbau, die Versorgung der Bevölkerung mit lebensfreundlichen Konsumgütern und gesunden Nahrungsmitteln, auch die Landwirtschaft, immer noch große und drückende Mängel aufweisen, muß Fehlplanungen, mehr noch der schwerfälligen Staatsbürokratie, auch dem engen ideologischen Denken, das keine kritischen Korrekturen zuläßt, endlich der Produktion und den hohen Kosten für militärische Zwecke angelastet werden. Immer noch liegt eine Bleidecke über den Völkern dieses großen Staatswesens.
Wir dürfen, in unseren Urteilen über Sowjetrußland, etwas sehr Wichtiges nicht vergessen: den tiefen Patriotismus des russischen Volkes, der ihm, samt der eisernen Disziplin und dem unerschütterlichen Kampfwillen, gestattete, den Sieg über die weit in russisches Gebiet eingedrungene Wehrmacht Hitlers zu erringen. Dank dem gleichen Patriotismus besiegte es schon Napoleon. Leonid Breschnew beginnt den zweiten Teil seiner „Erinnerungen" mit den Worten: „Das Heimatgefühl ist bei uns allen sehr stark ausgeprägt. Ein schönes Gefühl! Und es wird natürlich nicht nur durch die Betrachtung der Schönheit unserer Erde genährt. Man muß sozusagen mit der Wurzel in sie hineinwachsen, und wenn der Mensch im Schweiße seines Angesichts auf dieser Erde arbeitet, Getreide anbaut, eine Stadt gründet, eine neue Straße errichtet oder Schützengräben aushebt, um diese Erde zu verteidigen, dann wird er sich dessen voll bewußt, was die Heimat ist." Breschnew erkannte in seiner Heimatliebe einen „Charakterzug: Alle Gegenden, in denen ich zu tun hatte, sind mir auch heute nah, sie sind mir ans Herz gewachsen. Mir gefallen die weißgrünen Inseln der ukrainischen Dörfer inmitten der Weizenfelder, die schlichte, aber herzergreifende Schönheit der Bjelorussischen Landschaft, die üppige Blütenpracht der Gärten Moldaviens und die endlosen Steppen Kasachstans, besonders im Frühling, wenn sie ein einziger Teppich von Tulpen und Klatschmohn bedeckt . . . Und in jenen vierzig Tagen sah ich das ganze Land vor meinen Augen vorbeiziehen, und ich konnte seine Weiten nicht genug bewundern."
Ein Herzton des Technokraten, Bürokraten, Politikers und Ideologen Leonid Breschnew. Man sollte ihn allgemein bei den Russen nicht überhören. Demütigungen und den Hochmut anderer Völker ertragen sie schlecht. Man sagt nicht mehr das „Heilige Rußland", denn die Sowjetunion denkt materialistisch und ist säkularisiert; aber Rußland blieb auch nach der Revolution das Vaterland. Ganz selbstverständlich haben die

kommunistischen Machthaber den Kampf gegen den deutschen Eindringling im Zweiten Weltkrieg nie einen „revolutionären" Krieg genannt, sondern den „Großen Vaterländischen Krieg".

13. November

Vorgestern Abend, in der Halle des Parkhotels, sprach mich ein unbekannter junger, intelligent aussehender Mann an, der Fragen stellte. Er sei Assistent an einem betriebswissenschaftlichen Hochschulinstitut. Zuerst Präliminarien: Ich hätte in drei Jahrhunderten gelebt, vom 19. bis zum 21.! „Machen Sie mich nicht älter, als ich bin, ich bin am Anfang dieses Jahrhunderts geboren; wenn das 21. beginnt, wäre ich hundert Jahre alt!" Er meine, die Welt des 19. sei mir noch vertraut gewesen, und durch meine historischen Ausblicke hätte ich die Entwicklung zum 21. vorausgesehen, wenn auch nicht in seinen Einzelerscheinungen. Das sei schwierig, antwortete ich. Die gesellschaftlichen Strukturveränderungen, die Verstädterung, die Massengesellschaft, neue Verhaltensweisen der Menschen lassen uns bereits erkennen, daß weder die an öffentlichen Dingen kaum interessierten Durchschnittsbürger, Angestellten und Arbeiter, noch die akademisch gebildete Elite einen bestimmenden Einfluß auf die beiden faktischen Mächte der Jetztzeit ausüben können: auf das industrielle Management und auf die Staatsbürokratie. Selbst unsere Beratungen in Fachkreisen und unsere Analysen und Gutachten üben kaum eine Wirkung auf die Entscheidungen dieser Mächte aus. Die vom und in den Tag lebenden „einfachen" Leute können trotz Wahlrecht, Referendum und allerlei Mitspracherechten nur geringfügige Änderungen in der Politik erzielen, geschweige denn eine effektive Mitbestimmung an der Geschäftsführung von Industriebetrieben und Banken ausüben. Das liege, meinte ich, weitgehend an der Kompliziertheit der Materien in der heutigen Wirtschaft, Finanz, Technik, Verwaltung und Politik.
Ein großes Volk, die Amerikaner, wählt mittelmäßige Präsidenten wie den provinziellen Jimmy Carter und den so zweifelhaften Filmschauspieler Ronald Reagan. Viel sei in der heutigen Massen- und Fernsehdemokratie der Propaganda, der Werbung, der Demagogie und der Manipulation überlassen, was zu einem Qualitätsverlust führt; bei der zunehmenden Personalisierung der Politik machen nach ihrer Wahl die führenden Staatsmänner, was sie wollen, richtiger: unter dem Druck von Sachzwän-

gen, die oft stärker sind als der politische Wille, was sie überhaupt zustandebringen können. Wenn ich ans 21. Jahrhundert denke, sei mir bange für die westliche, aus dem 19. Jahrhundert stammende, in unserer Zeit bereits weitgehend umgebildete Form der freiheitlichen Demokratie, die ich zeitlebens verteidigt habe. Vielleicht sei die Schweiz, dank ihrer besonderen, übersichtlichen politischen Struktur mit ihren vielen kleinen Gemeinwesen, ein bißchen besser dran als große Staaten. Aber in Wirtschaftszentren wie der Zürcher City und der Basler Chemischen seien diese Überblickbarkeit und die Möglichkeiten der Einflußnahme eines Angestellten- und Arbeiterheeres, das kaum die größeren Zusammenhänge verstehen kann und sich auf spezialisierte Aufgaben konzentrieren muß, sehr eingeschränkt.
Ich würde vom 21. Jahrhundert vermuten, daß die Demokratie in irgendwelchen Formen autoritäre Züge einer verwalteten Gesellschaft annehmen könnte. Das Autoritäre liegt bereits in der Luft; die Bereitschaft zum Dialog und zur Toleranz ist heute schon in allen politischen Lagern weitgehend geschwunden. Jedes beliebige Regime kann sich das Etikett „Demokratie" zulegen, was in gewissen Fällen mit einem Populismus gerechtfertigt wird, der Ruhe, Ordnung und materielle Sicherheit einem von Unruhestiftern und Terroristen erschütterten Zustand vorzieht. Die Förderung von volkstümlichen Gewerkschaften hat zur Zeit Peróns in Argentinien die Folterung von politischen Gegnern nicht verhindert. Der soziale Wohlfahrtsstaat kann seinerseits zwar mehr materielle Sicherheit und Gleichheit der Eigentumsverhältnisse, wie in Schweden, herbeiführen, aber um den Preis von weniger Freiheit; denn er bedarf einer Gesetzgebung und eines Verwaltungsapparates, den manche als drückend empfinden und der faktisch die Bewegungsfreiheit der Bürger einschränkt. Ich glaube auch nicht, daß die Staaten auf ihre Souveränitätsrechte verzichten werden; die Verschiedenheiten der Staatsform und der Gesetzgebung und der Sacro egoismo der Nationen lassen drastische Souveränitätsbeschränkungen kaum zu.
Eigentlich merkwürdig, daß dieser junge Betriebswissenschafter von einem Radiointerview angetan war, in dem ich mich neulich zur Musik von Gustav Mahler bekannte. Auch er liebe diesen Komponisten. Ich sagte, es sei eher selten, daß Absolventen unserer Technischen Hochschulen und der Hochschule St. Gallen, die sich in der Regel ziemlich einseitig an den materiellen Realien der Technologie und der Ökonomie orientieren, Sinn für das Musische haben. Das verdanke er seinem Elternhaus,

erwiderte er. Seine letzte Frage in diesem mich überrumpelnden Frage-und-Antwort-Spiel war die schwierigste: „Was war der stärkste Eindruck in Ihrem Leben?" O Gott! Ich überlegte, tastete. Also, ich versuchte: Mir kommt in den Sinn, wie ich zum ersten Mal Tolstois „Krieg und Frieden" las, in der Nacht, bis der Schein der Kerze verblaßte, als die Morgenröte das Zimmer erhellte. Nicht nur die wunderbare Erzählung und die unvergeßlichen Figuren ergriffen mich, auch das politische und militärische Geschehen, die lebendig geschilderte Gesellschaft, und wie die Leute oft töricht reden und die jungen Offiziere mit naiver Begeisterung in den Krieg ziehen und dabei ihr Leben verlieren, diese ganze Allegorie von einem Volk, das sich aufrafft, um den fremden Eindringling aus dem Land zu jagen, machten auf mich einen starken Eindruck. Aber der „stärkste" Eindruck? Sehen Sie, es ist merkwürdig, daß die furchtbaren Eindrücke von zwei Weltkriegen, insbesondere das Leiden am Hitler-Krieg, mir letzten Endes nicht einen „starken" Eindruck hinterlassen haben, weil Schrecken und Angst, ein Massenmorden, auch der Tod von Freunden und Verwandten in diesen Kriegen, nicht Eindrücke im Sinn eines positiven Wertes sein können. Kummer ist kein bleibender Eindruck – das Leben geht mit seinen wechselvollen und rasch vorübergehenden „Eindrücken" weiter. Auch die Politik ist kein bleibender Eindruck, sie wechselt zu oft und ist, wie Bismarck sagte, ein „flüssiges Element"; für mich war sie eine persönliche Leidenschaft, aber ohne die Möglichkeit zur Mitwirkung oder Einflußnahme. Selbst die ethischen und rechtlichen Ideale und Normen unterliegen den wechselnden gesellschaftspolitischen Verhältnissen.

Ein starker Eindruck kann nur von etwas kommen, das einen permanenten, gleichsam einen Ewigkeitswert hat. Wir waren keine sehr religiöse Generation. Das ewige Leben? Man sagte uns Kindern, wir würden in den Himmel kommen, wenn wir brav seien. Jetzt würden aber die Seelen der Verstorbenen im Himmel allen möglichen Sputniks, Satelliten und Raumschiffen begegnen. Wir beide, sagte ich zu dem insistenten Frager, sind von unserem Fach her Wissenschaftler. Auch das bietet uns leider wenig permanente Werte. Eine wissenschaftliche Erkenntnis wird von einer neueren überholt, und eine Entdeckung löst eine frühere ab. Die Theorien ändern sich. Neulich widmete die Bibliothek unserer ETH dem preußischen Mediziner Du Bois Reymond, einem positivistischen Forscher des 19. Jahrhunderts, eine Ausstellung. Dieser Mann, der sein Leben der Wissenschaft gewidmet hat, sprach von „Welträtseln". Die Wis-

senschaft könne, sagte er, das Wesen von Materie und Kraft nicht erklären, auch nicht die Entstehung des Lebens, noch das Denken und die Sprache, geschweige denn die Zweckmäßigkeit der Natur. Als Wissenschaftler ist es sicher unsere Pflicht, unverdrossen zu arbeiten und zu forschen – aber permanente, vollkommene Werte? Stärkste Eindrücke? Wir vermögen sie auf diesen Gebieten nicht festzustellen.
Ich glaube, schloß ich, ich kann es jetzt sagen: Starke Eindrücke sind Tolstois Roman und andere Werke großer Dichtung. Sie sind unvergänglich. Nicht nur das. Ich glaube, die Kunst, in ihren verschiedenen Ausdrucksformen, vermittelt uns den Eindruck von etwas, das in seinen besten Hervorbringungen an Wert nichts verliert. Die Kunst weckt in uns die Ahnung, daß es Ewiges gibt. Ich denke an eine Manet-Retrospektive vor vielen Jahren in Paris, an Michelangelos Skulpturen in Florenz, an Raffaels Stanzen im Vatikan. Im halbzerstörten, hungernden Wien nach dem Kriege hörte ich eine vollkommene Aufführung von „Figaros Hochzeit". Als ob es nichts anderes auf der Welt gäbe. Frisch wie am ersten Tag. Etwas, das alles überdauert. Das war der stärkste Eindruck.

15. November

Es ist erstaunlich, mit welch eigensinniger Zähigkeit eine intellektuelle Linke in der Schweiz am Postulat der Selbstverwaltung festhält. Sie ist zwar gestern in Lugano am Parteitag der Sozialdemokraten bei der Verabschiedung des neuen Parteiprogramms in der Minderheit geblieben; aber diese „gauchistes" werden in ihrem Schifflein diesen großen ideologischen Fisch weiterhin an einer Harpune an Land zu schleppen versuchen, bis er von kapitalistischen oder (und) kommunistischen Haien gefressen ist. Nüchterner ausgedrückt: Ich kann diesen Ruf nach Selbstverwaltung der Wirtschaftstätigkeit nur als das Ergebnis einer ungenügenden, geradezu abhanden gekommenen Analyse der Industriegesellschaft, der technologischen Entwicklung und der komplexen Organisationsformen der modernen Zivilisation in West- wie in Osteuropa diagnostizieren. Nicht nur die klassische Nationalökonomie, auch Karl Marx hat die Feindschaft eines utopischen Sozialismus und Anarchismus gegen die industrielle Produktionstechnik (und damit gegen die Entwicklung der Wirtschaft) verurteilt. Selbstverwaltungsversuche würden beim heutigen Stand der Dinge zu desorganisierenden, das heißt negativen Ergebnissen führen. Sie wären in ihrer Konsequenz eine Verarmungsstrategie. Es sei denn, man wolle die Menschen zu einem kleinbäuerlich-handwerklichen Frühzustand zurückführen, auf Grund des Wunsches nach mehr Lebensqualität. Aber die moderne Gesellschaft ist, trotz ihrem neuerdings offenen Ohr für ökologische Forderungen, an ihren vom technischen Fortschritt abhängigen Lebensstandard zu sehr gewöhnt, als daß sie bereit wäre, Lebensqualität um den Preis von primitiveren Lebensbedingungen oder gar von Armut zu erwerben. Der Drang zum Landleben, das Wandern in freier Natur, die Liebe für Blumen, Wälder und Tiere sind *eine* Sache; aber die Menschen, die solchen Idealen zugänglich sind, sind die gleichen, die sich der elektrischen Energie, des fließenden Wassers im Hause, des Explosionsmotors ihres Autos, der modernen Küchengeräte und Waschmaschinen und der elektronischen Medien bedienen. Ihre natürliche Lebensform ist bürgerlich geprägt. Selbstverwaltung der Wirtschaft würde der Herstellung und Verteilung solcher Bequemlichkeiten großen Schaden zufügen. Sie wäre nicht effizient, und Feindschaft gegen Effizienz entspringt einer Nostalgie.

Sozialistisch regierte (westliche) Staaten, wie Schweden und Österreich, bauen ihre Wirtschaft nicht auf das Selbstverwaltungsprinzip auf. Dieses hat bei der sozialistischen Parlamentsmehrheit in Frankreich überzeugte Verfechter. Aber was taten Mitterrand und seine Minister? Sie ließen durch gesetzgeberische Maßnahmen die Banken verstaatlichen (in Österreich stehen die Großbanken auch unter der Kontrolle des Staates), desgleichen einige Schlüsselindustrien (wie in Österreich). Aber in allen diesen Fällen blieb das Management bestehen, mit dem Unterschied, daß die geschäftsführenden Manager, statt von einem Verwaltungsrat, von der Regierung ernannt werden – wobei die Regierung Mitterrand-Mauroy dafür Sorge trug, daß erfahrene und kompetente Persönlichkeiten auf diese Posten berufen wurden. Für die Angestellten und Arbeiter macht das keinen großen Unterschied, es sei denn den, daß man ihnen sagen kann, der Betrieb und die Bank gehörten jetzt „ihnen", das heißt dem Staat. Ein moralischer Trost, aber keine Selbstverwaltung. Die am Steuer sitzende Betriebsführung muß die Unternehmen nach kommerziell tragbaren Grundsätzen innerhalb einer (nicht mehr ausschließlich privaten) Marktwirtschaft führen. Die Verfechter der Selbstverwaltungsidee in der sozialistisch regierten Französischen Republik dürften enttäuscht sein; aber sie können es nicht ändern.

17. November

Zauberhaft der Blick aus dem Fenster auf den besonnten Hotelgarten mit seinen letzten Rosen; darüber erhebt sich der Nordhang eines Hügelzuges, schon weitgehend kahl, mit grünen und goldbraunen kleinen Bauminseln, Tannen und Laubbäumen, an denen noch Blätter haften. Als halber Invalider konnte ich vorige Woche leider nicht an der Habsburg-Jagd teilnehmen. Ich schieße zwar seit zehn Jahren nicht mehr, nicht aus tierschützerischen Gründen; denn die Hege des Wildes ist ebenso wichtig wie der geregelte Abschuß, zu dem es gehört, daß bestimmte Tierarten – die seltener gewordenen Hasen und die Kitzen – nicht geschossen werden dürfen und eine bestimmte Anzahl Abschüsse nicht überschritten werden darf. Leider fordert der Autoverkehr auf den Überlandstraßen bereits mehr Opfer unter den Tieren des Waldes als die Jagd. Aber ich nehme bei der nahen Habsburg gerne Teil an dem festlichen Aser (Mittagessen) an einem langen Tisch im Wald, an dem der Jagdherr seine Gäste mit einer Bernerplatte und Rotwein bewirtet. Am Tisch nebenan essen die Jagdhüter und Treiber; auf der Waldstraße steht der Wagen des Habsburgwirtes, auf dem er die Speisen herangebracht hat. Etwas abseits liegt die „Strecke" mit den am Morgen erlegten Rehen, Füchsen, vielleicht auch zwei oder drei Hasen. Ihrer viele gingen infolge des Verkehrs und des industriell-chemischen Landbaus in den letzten Jahren zugrunde.

Ich denke mit Vergnügen an die Zeit zurück, da ich jahrelang Gast der Brunegger Jagdgesellschaft war. Sie war aus Bernern, Aargauern und Waadtländern zusammengesetzt (alle der alten Republik Bern zugehörig), mit Gästen aus Genf, Zürich und dem Tessin. Im Aargau ist Revierjagd; die Gemeinden verpachten das Revier aus ihrem eigenen und dem Privatwald an einer Steigerung gegen gutes Entgelt. Warum habe auch ich das Jagdfieber gekannt? Das Verhalten des Wildes in freier Wildbahn, auch das des Jägers, ist spannend und oft unberechenbar. Plötzlich und unhörbar taucht beim Stand ein Tier auf, rasch muß der Jäger zielen, manchmal ist das Reh oder der Fuchs schon verschwunden, ehe der Schuß fällt; aber wenn man Glück hat, trifft man mit *einem* Schuß das Wild, das sofort fällt und nach ein paar Zuckungen verendet. Auf solche Überraschungen muß einer, der an der Jagd teilnimmt, gefaßt sein; der Funke, der in ihm aufspringt, gehört zu den besten unter seinen Erlebnissen – ein wenig Herzklopfen bleibt ihm angesichts des toten Wildtieres nicht erspart. Ungut ist dem Jäger zumute, wenn er das Wild nur angeschossen hat und das weidwunde Tier rasch im Unterholz verschwindet. Wir hatten einen trefflichen Mann dabei, der mit seinem Vorstehhund auf die Nachsuche ging und dem Wild den Fangschuß gab, wenn es noch lebte.

Ein geschossenes Wild wird vom Jäger mit seinem Horn totgeblasen, mit drei Hornstößen das Reh, mit zweien der Fuchs, mit einem der Hase. Manchmal tauchen Wildschweine – Schwarzwild – auf, die als Rudel in harten Wintern aus dem Schwarzwald nach Überquerung des Rheins herüberkommen. Sie können in kurzer Zeit erstaunlich lange Strecken zurücklegen. Wildschweine haben mehr als einmal auf unserem „Ebnet" Kartoffeläcker aufgewühlt und zerstört. Immer hat der Jäger stärkere Patronen bei sich, die zur Erlegung einer Wildsau nötig sind. Einmal, auf dem Grat des Kestenberges, tauchte vor einem unserer Jagdkameraden eine Bache (die weibliche Wildsau) in Begleitung eines Frischlings, ihres Jungen, auf. Er hatte nicht die Geistesgegenwart oder das Herz, die Muttersau zu schießen, wofür er beim Nachtessen vom Jagdleiter weidlich verspottet wurde. Mir war das Verhalten dieses Jägers sympathisch. Das Wildbret gehört der Jagdgesellschaft, der Schütze muß es, wenn er es wünscht, kaufen. Auf diese Art lernte ich meinen Freund Paul May kennen, der mich höflich fragte, ob er die von mir erlegte Geiß kaufen dürfe. Die Trophäe, das heißt das Gehörn des Reh- und Gamsbocks und das Geweih des gekrönten Hirsches, gehört dem glücklichen Schützen. Einige Trophäen in Brunegg stammen von meinen Vorfahren, darunter Damhirschgeweihe und Sechzehnender aus Böhmen. Bescheidenere Trophäen stammen von selbstgeschossenen Rehböcken. Darunter befindet sich ein „Spießer", das ist ein zu kurz und spießig geratenes Gehörn eines Rehbocks; ich hatte, von oben nach unten zielend, diesen Bock mit einem einzigen Schuß erlegt, als er im Mörikerwald eine sogenannte „Hune" heraufkam.

Frühmorgens, bei der Eröffnung der Treibjagd, neben der Feldscheune in Möriken, begrüßte uns der Jagdleiter mit einer Ansprache. Er rief uns die Gesetze weidmännischen Verhaltens ins Gedächtnis und bezeichnete die Wildarten, die geschont gehören. Wer diesen Vorschriften zuwiderhandelt, verliert die Achtung seiner Jagdkameraden. Der Jagdleiter und seine Gehilfen führten die Jäger auf ihren Stand, den keiner vor dem Abblasen der Jagd verlassen durfte. Man wartete, am Fuß eines Baumes, mucksmäuschenstill, bis der Trieb begann; dann ertönte im Wald das Klopfen und Rufen der Treiber und das Gekläffe der Hunde. Wer einen Bock schoß, erhielt vom Jagdleiter den „Bruch", ein grünes Tannenreis, das er sich an den Hut steckte. Vor und nach der Jagd erfreuten uns die Treiber mit ihrem nicht immer ganz rein klingenden Blasen auf ihren Jagdhörnern.

Bei der Mittagspause im Wald, auch wenn Schnee lag oder an den Ästen der Bäume der Reif in der kalten Wintersonne glitzerte, setzten sich die Grünröcke auf den mit einem Ledersitz versehenen Jagdstock rund um das Aserfeuer. Den Rucksäcken oder der Jagdtasche entnahmen wir das mitgenommene Fleisch, das wir an aufgelesenen Holzspießen im Feuer brieten. Es war auch immer genug Wein vorhanden; großzügige Jagdteilnehmer ließen eine Kiste mit Zigarren kreisen. Aber, nach wohlberechneter Frist, befahl der Jagdleiter den Aufbruch. Die Nachmittagstriebe begannen. Abends saß man lange in einem Dorfwirtshaus beisammen.

Hübsche Erinnerungen bewahre ich an die Weihnachtsjagd. Der Aser findet dann in der Jagdhütte statt, wo ein Kaminfeuer brennt und die Jäger sich an schmalen Tischen zusammendrängen. Manche klopften nach der Jagd einen Jaß. Es gab ein großes Gelächter, als einmal ein Wildhüter, ein ältlicher, kleiner dicker Mann mit rotem Kopf (der wie eine Karikatur aus alten „Fliegenden Blättern" aussah), beim Spiel mit Bundesrat Kobelt diesen mit den Worten anfuhr: „Herr Bundesrat, was mache Sie da für en Seich!" Zur Weihnachtsjagd gehörte ein Ritual, das sicher nicht christlich ist (trotz der vorangegangenen Ansprache des zu diesem festlichen Jagdtag eingeladenen Pfarrers), aber einen Volkskundler interessieren müßte. Man versammelte sich vor der Jagdhütte um ein loderndes Feuer, den Hut in der Hand, und hörte einer Gedenkansprache auf die während des Jahres verstorbenen Kameraden zu. Dann gingen wir an dem Feuer vorbei, einen Bruch in der Hand, den wir nacheinander ins Feuer warfen. Hernach warteten wir stillschweigend, bis der von den verbrennenden Tannreisern erzeugte weißliche Rauch sich in Luft aufgelöst hatte.

Es gehört übrigens ein wenig Aberglauben zum Pirschgang, zum Weidwerk. Den drolligsten fand ich in den Jagderinnerungen, einem hübschen Privatdruck, meines ehemaligen väterlichen Chefs, des Bundesrats Philipp Etter, der ein unverbesserlicher Romantiker war – welche Eigenschaft er mir lachend eingestand. Er schreibt, daß es dem Jäger Weidmannsheil verspreche, wenn er beim Abschied von zu Hause eine oder, besser noch, zwei unberührte Jungfrauen über seine Büchse springen läßt. Es gehört ein wenig Magie zu der weidmännischen Sache, zum Wald überhaupt, wo ich mich, auch ohne zu jagen, irgendwie geheimnisvoll bewegt und aufgehoben fühle, wenn ich die stummen Bäume bewundere. Es ist Chthonisches, Erd- und Naturverbundenes im Spiel, wie auch beim Alpinismus, auf der Jagd, beim Reiten, beim Gehen auf Wanderwegen, in Gärten, im Umgang mit Pflanzen und Tieren. Der Mensch, bedrängt, hart arbeitend, im Streß, muß aus der Stadt Wege finden an die frische Luft, in die freie Natur, auf die eine oder andere Art.

Ich konnte auch die Jägersprache nie lächerlich finden. Ihr Wortschatz ist noch nicht schriftsprachlich abgeschliffen, die Ausdrücke sind ursprünglich und anschaulich, ihre Altertümlichkeit ist unter Jägern lebendig geblieben. Reh und Hirsch haben nicht Ohren, sondern „Lauscher", keine Beine, sondern „Läufe", ihre Augen heißen „Lichter", das Maul nennt man „Äser". Der Bock, der sein Gehörn abgeworfen hat, heißt „Kahlbock", der Nase sagt man „Windfang", der Zunge „Lecker", dem Hals „Träger", den Hufen „Schalen". Der Fuchs hat nicht einen Schwanz, sondern trägt seine „Lunte" oder „Standarte". Hirsch und Reh gehen „flüchtig" ab, der Hase „hoppelt", der Fuchs „schnürt". Von „Jägerlatein" geht viel die Rede. Ich habe wenig davon gehört; denn in der Regel hütet sich ein Jäger davor, seinen Kameraden unwahrscheinliche und lächerliche Erlebnisse zu erzählen. Die Jagdherren von Brunegg und Habsburg, die mich einst aufforderten, als ihr Gast mit ihnen zu jagen, waren fast alle älter als ich. Sie sind inzwischen gestorben. Unter Jägern entsteht eine besondere Art von Kameradschaft, die ich in keiner anderen Gesellschaft so eindrücklich und menschlich verbindend angetroffen habe. Ihre Nachfolger treffe ich manchmal zur Jagdsaison auf Waldwegen an, wenn sie auf dem Pirschgang sind. Der Sohn und Nachfolger des Habsburger Jagdherrn hat uns die Treue gehalten, denn er lädt wie sein Vater auch Elsie zu dem solennen Aser unterhalb der Stammburg des österreichischen Kaiserhauses ein; er hatte früher gelegentlich auch den Sohn des letzten Kaisers, Otto von Habsburg, zur Jagd in seine Stammheimat eingeladen.

Eine „elitäre" Beschäftigung? Wie man's nimmt. Zugegeben, die Jagdpächter sind gutbetuchte Herren. Aber aufgepaßt: Leo Trotzki war ein leidenschaftlicher Jäger! Und hierzulande weiß ich manchen bescheidenen Mann, Handwerker oder Angestellten, der es sich nicht nehmen läßt, dem Weidwerk zu frönen.

18. November

Professor Hans Peter Tschudi, lange Zeit Amtsnachfolger von Philipp Etter an der Spitze des Eidgenössischen Departements des Innern, wollte einmal von mir Jagdgeschichten hören. Dann fragte er: „Fischen Sie auch?“ Entrüstet antwortete ich: „Nein! Die Jagd ist ein ehrlicher Kampf zwischen Mensch und Tier, das ihn oft genug an der Nase herumführt; um ein leidenschaftlicher Fischer zu sein, muß einer tückisch sein.“ – „Wollen Sie sagen“, fragte der Bundesrat lächelnd, „Herr Nationalrat B. (als mein Intimfeind bekannt) sei tückisch?“ Grinsend erwiderte ich: „Ich sagte, es müsse einer tückisch sein, um gern zu fischen.“ Im Berner Bundeshaus, das mich immer ein wenig einschüchterte, pflegte ich mich vorsichtig auszudrücken. Übrigens war Karl von Schumacher, „Weltwoche“-Gründer und -Chef, am See, auf dessen Insel sein Schloß Mauensee steht, auch ein passionierter Fischer. Schumacher selbst hatte einen Fischkopf und einen Mund wie ein Hecht. Meine lange Freundschaft mit diesem auf eine intuitive Art intelligenten, in seinen Urteilen äußerst treffsicheren Journalisten, blieb zeitlebens ein wenig förmlich. Was Vertrauen und Einverständnis im Politischen keineswegs ausschloß. In den Kriegsjahren, wenn Schumacher abwesend war, schrieb ich den Leitartikel der „Weltwoche“.

Jacques de Bourbon Busset sagte in seiner Akademierede, als Jäger habe er die Leidenschaft seines Vorgängers in der Académie française, Maurice Genevoix, für die Fischerei schlecht verstanden: „Diese beiden Arten von Beutesuchern verstehen einander nicht immer. Der Jäger findet den Fischer grausamer als sich selbst, und der Fischer verachtet den Mangel an Subtilität des Jägers.“ Fein ausgedrückt! Wörtlich sagt Bourbon Busset nicht „Arten“, sondern „Rassen“ von Beutesuchern, denen Jäger und Fischer angehören. Das klingt stärker. Und es gibt zwischen Menschenarten Trennmauern, die sie nicht überwinden können. Wer „Weidmannsheil“ sagt, sagt nicht „Petriheil“, wer nur auf das Alte Testament schwört, kann nicht auch auf das Evangelium schwören, wer . . . Genug! Es gibt ohnehin zuviel Streit zwischen verschiedenen Menschenarten. – Es war schön in Schinznach Bad. Am Fuße der Habsburg. Im Haus und im Park. Am Aareufer. Heute holt mich E. im Wagen nach Zürich zurück

19. November

In unserer Stadtwohnung. Gestern abend das österreichische Fernsehen mit einer Art Briefkastenonkel, einem bebrillten, bürgerlich aussehenden und gekleideten, freundlichen Moderator, der Briefe verliest, daran Fragen an die Zuschauer knüpft und einige Briefschreiber und -schreiberinnen, schlichte Menschen, vor der Kamera persönlich nach ihren Anliegen befragt. Zum Beispiel einen Mann, der samt seinen Arbeitskollegen von einer pleite gegangenen Firma entlassen wurde und mit einigen seiner arbeitslos gewordenen Kollegen selbständig ein kleines Unternehmen aufgebaut hat; dabei stießen diese Männer auf behördliche und andere Widerstände; sie haben Investitionsschwierigkeiten und sind trotzdem bereits mit einem neuen Produkt seit einem Jahr auf den Markt gekommen. Ein Beispiel von Bekämpfung der Arbeitslosigkeit, das über den Kopf der politischen Instanzen hinweg von fleißigen Arbeitern, auf genossenschaftlicher Basis, möglich gemacht und vom Fernsehen der Öffentlichkeit vorgestellt wurde. Diese unternehmerisch gewordenen Arbeiter sind in der Gewerkschaft geblieben. Die Bemühung von Fernsehmoderatoren, auch in Deutschland, „Leute aus dem Volk" vor der Kamera zum Sprechen zu bringen, zeigt neue Möglichkeiten auf, außerhalb des öffentlichen Herrschaftsbereiches Sorgen und Wünsche der Bevölkerung, Lücken und Mißbräuche der politischen und wirtschaftlichen Mächte diesen selbst und dem Publikum nahezubringen. Das verhindert keineswegs, daß auch die Regierenden und die Politiker verschiedener Richtung im Fernsehen zu Worte kommen. Wir haben in den letzten Jahren erlebt, wie sich zwei herausragende Staatsmänner, Charles de Gaulle und Helmut Schmidt, eine Art von telegener Fernsehdemokratie aufgebaut hatten: dank ihrer wirkungsvollen Darstellungs- und präzisen Formulierungskunst und der originalen Stärke ihrer Persönlichkeit haben sie am Bildschirm eine erfolgreiche Werbung für ihre Politik entfalten können. In Amerika war Jimmy Carter vor der Kamera ziemlich hilflos, Ronald Reagan dank seiner Erfahrung als Filmschauspieler begünstigt. Auf diesem Gebiet ist Präsenz der Persönlichkeit alles.

Unsere gedruckte Presse hat gut sagen, es dürfe über die elektronischen Medien nicht eine „Vierte Gewalt" im Staate entstehen. Die Zeitungen haben aber die Möglichkeit, in ihren Kolumnen Kritik an den Sendungen zu üben. Fehlt es bei uns an publikumswirksamen Moderatoren und Showmen? Einige der besten unter ihnen sind vom deutschen Fernsehen

geschnappt worden; auch sind gute Sendungen und populäre Shows vom schweizerischen Fernsehprogramm leider abgesetzt worden. Bernhard Turnheer, ein Jurist, der volkstümlich reden kann, betreut heute mit Talent dieses Fach; desgleichen die unübertreffliche „Karussell"-Equipe. Ich fürchte, daß der Druck der politischen Instanzen und einer gewissen Presse sich nachgerade ungünstig auf die Freiheit des Fernsehens und des Radios auswirkt – nicht ohne die Unterstützung einer verbreiteten Intoleranz des Publikums selbst; was zur Folge hat, daß in wichtigen Sparten unser Fernsehen nicht mehr mit dem deutschen und österreichischen gleichziehen kann – die nun mit Vorliebe von den Schweizern eingeschaltet werden. Soeben ist der Chefredakteur der katholischen Freiburger „Liberté" mit lautstarkem Protest aus dem leitenden Gremium der Radio- und Fernseh-Gesellschaft ausgetreten mit der Begründung, daß der Generaldirektor, Herr Schürmann, ein Politiker, die wichtigen Posten im Radio und Fernsehen nach dem Proporzsystem unter die politischen Parteien verteile. Natürlich widersprach Herr Schürmann energisch diesem Freiheits- und Toleranzverteidiger. Ich widerspreche meinerseits nicht weniger energisch der Meinung, Radio und Fernsehen seien „öffentliche Dienste" wie Post und Eisenbahn. Könnte denn diese wichtige Institution der Staatsmacht gegenüber nicht ebenso viel Autonomie bewahren wie – sagen wir wie die Nationalbank! In anderen westlichen Demokratien protestiert die geschriebene Presse nicht gegen die Denk- und Sprechfreiheit der elektronischen Medien, sondern gegen die Versuche der regierenden Partei, diese Freiheit zu beschneiden. Ganz abgesehen davon, daß in Amerika die Fernsehgesellschaften privat und deshalb unkontrollierbar sind und die gedruckte Presse gegenüber den politischen Mächten sich eine Unabhängigkeit und „Indiskretion" herausnimmt, die hierzulande undenkbar wären.
Es ist freilich sehr schweizerisch, aus Gründen der Machtverteilung zwischen den regierenden Parteien den Proporz überall anzuwenden. Das war bis zu einem gewissen Grad auch im Stiftungsrat der Pro Helvetia der Fall, neutralisiert durch unabhängige Mitglieder und das Bekenntnis zur Qualität des kulturellen Schaffens. Der Proporz ist zweifellos in der Schweiz populär, weil als gerecht empfunden. Das ist faktisch nur mit Einschränkungen der Fall. Denn nicht nur marginale politische Gruppen und Parteien kommen dabei zu kurz; auch die Freiräume in der öffentlichen Meinungsbildung und die Erörterung von berechtigten Anliegen und Wünschen der Bevölkerung werden dadurch eingeengt. Es ist offen-

kundig, daß von Behörden, Parteien, medienfeindlichen Vereinen und der Wirtschaft ein Druck auf die Instrumente der Meinungsbildung und einer vielseitigen Information ausgeübt wird.

Im und nach dem Kriege konnte ich einige Erfahrungen mit den elektronischen Medien sammeln. Meine Radiosendungen im Zweiten Weltkrieg wurden – wie mir oft versichert wurde – nicht nur vom Bürger zu Hause, sondern auch von den Aktivdienst leistenden Soldaten und Offizieren abgehört; aber den hohen Chargen der Armee, auch manchen Politikern und gewissen Zeitungen waren sie ein Dorn im Auge. Sie trugen mir von der damaligen Chef- und Auslandredaktion der NZZ, die für sich ein Monopol der politischen Meinungsbildung beanspruchte, eine Gegnerschaft bis weit in die Ränge der freisinnigen Partei ein.

Diese Erfahrung kümmert mich heute nicht mehr – es sind alte Geschichten. Ich sehe aber eine Gefahr für die Freiheit des Bürgers in der sogenannten „Konkordanzdemokratie". Es ist unmöglich, daß in einer pluralistischen Gesellschaft und in einem grundsätzlich freien Staatswesen alle Meinungen konform sind. Der politische Dialog und berechtigte Kritik sollten möglich bleiben. Die Schweiz hat im Verlauf ihrer Geschichte große Veränderungen durchgemacht, und da sich die Verhältnisse wiederum – insbesondere seit dem letzten Kriege – gewandelt haben, kann man das öffentliche Leben nicht einfach zum Stillstand bringen. Ohne Meinungsverschiedenheiten, in welchem Staate auch immer, kann es bei dem Prozeß offenkundiger Wandlungen der inneren und äußeren Bedingtheit der Politik und des sozialen Gefüges nicht abgehen. Wenn aber Bürger verschiedener Richtungen einander das Gehör verweigern, gegenseitig ihre Ansichten verketzern und den einzelnen, der sich zum Wort melden möchte, aus der Gemeinschaft der Staatsbürger ausschließen, kann es kein freies politisches Leben geben. Leider hat in unserem Land die Verdächtigung der Meinungsfreiheit Fortschritte gemacht. Sogar der alte, konservative Adenauer hat zu mir gesagt: „Ein Politiker muß sich alle Ansichten anhören können." Das ist echte, aber beinahe altmodische Liberalität.

Das Fehlen einer Solidarität zwischen einem Teil der gedruckten Presse und den elektronischen Medien, die doch ähnliche Standesinteressen zu verteidigen hätten, finde ich bedauerlich. Statt miteinander ihre Freiheit zu verteidigen, streiten sie miteinander. Ich leugne nicht, daß Medienschaffende, schreibende und redende, nicht immer ein intellektuelles Niveau haben oder eine Sprache führen, die den Leser und Hörer verhindern könnte, gereizt zu reagieren. Ich verlange aber weder Konzilianz, noch die vielgenannte „Ausgewogenheit", die oft bloß auf ein Wischiwaschi herauskommt. Übrigens kann man sich, wenn man ausländische Zeitungen liest oder Sendungen sieht und hört, manchmal auch ärgern. Das Ärgern, denke ich, ist ebenfalls ein Menschenrecht! Alle Medienschaffenden, redende und schreibende, sind dazu da, die enger gewordenen Freiräume der politischen, kulturellen und sozialen Meinungsbildung und des menschlichen Lebens offenzuhalten. Es schadet der Demokratie nicht, wenn die Medien eine Art „Vierte Gewalt" im öffentlichen Leben darstellen. Sie sollen ein Gegengewicht bilden zu den offiziellen Parolen und zum politischen und gesellschaftlichen Konformismus. Dieser ist ohnehin mächtig genug.

Ein von unabhängigen und gebildeten Redaktoren und Moderatoren wirksam, ohne unnötige Provokation oder sachlich unrichtige Behauptungen vorgetragenes Fernseh- und Radioprogramm könnte der notwendigen Auflockerung einer in unserem Land ein wenig erstarrten Behörden- und Parteiendemokratie gute Dienste leisten. Wenn dann das Fernsehen auch interessante Parlamentsdebatten ausstrahlen würde (wie neulich im Deutschen Fernsehen die Bundestagsdebatte, die zum Sturz von Helmut Schmidt und zur Wahl von Helmut Kohl zum Kanzler führte), dann wäre das auch begrüßenswert. Dem Schweizerbürger ist es durchaus willkommen, wenn Bundesräte am Bildschirm ihre Politik erläutern. Alles wirklich Informative ist willkommen. Was allzusehr fehlt, ist die „vox populi", das Erscheinen des Bürgers, auch des einfachen Mannes und der einfachen Frau am Bildschirm, die ihre Erfahrungen, Anliegen, Wünsche und Enttäuschungen frei von der Leber weg vortragen würden. Dazu brauchen sie die Hilfe guter Moderatoren. Ich mißtraue den Politikern, die gegenwärtig an einem Radio- und Fernsehartikel der Bundesverfassung basteln.

20./21. November

Äußerungen des alten Alberto Moravia im Fernsehen. Schneeweißes Haar, buschige weiße Augenbrauen, schmaler Mund mit kleinen Schneidezähnen. Kann nicht lächeln. Bequem in scharlachroter Jacke auf einem Liegestuhl. Süditalienische Landschaft, Atmosphäre von Wohlhabenheit. „Man muß mit der Verzweiflung leben." (Wörtlich.) Das Leben, sagt Moravia, sei, wie es ist; Illusionen solle man nicht haben. Ob er für die Ewigkeit schreibe oder für das 20. Jahrhundert? Für die Ewigkeit. Ewigkeit sei für ihn, während er schreibe. Nicht nachher. Vom Nachher wissen wir nichts. Das 20. Jahrhundert interessiere ihn überhaupt nicht. Über Sex hätten nur die alten Griechen und Römer richtig geschrieben, weil sie noch wußten, was Sex ist. Für sie gab es einfach Sex, nichts darum herum. Später hätten die Menschen geglaubt, es gehöre noch irgend etwas dazu. Das sei ein Irrtum. Es gebe nichts, was dazugehöre, es sei einfach Sex.

Das ist sehr mediterran gedacht. Eine Haltung, die aus Rom, Süditalien, Sizilien stammt, auch aus Spanien. Sie stammt auch aus Griechenland und Nordafrika. Dazu gehört das natürlich Unbekümmerte der Mittelmeervölker, ihre Erfahrung von Genuß und Gewalt, von Lebenslust und Verzweiflung. Ich glaube, daß solche Menschen nichts mit einer Psychoanalyse anfangen könnten. Sie sind offen, expansiv, teilen sich mit. Das Mittelalter, sagte der Historiker Seignobos, habe „die Liebe erfunden". Das ist kein Scherz. Die Troubadours, die höfische Minne, der Dienst an der Dame sind im Mittelalter entstanden, mit einem in dieser Literatur „niedere Minne" genannten Freiraum für das bloß Triebhafte. Das Altertum kannte nichts dergleichen; auch nicht diesen Wertunterschied von „hoch" und „niedrig" in der Liebe. Abälard und Heloïse, Tristan und Isolde, Madame Bovary oder Anna Karenina sind „Erfindungen" des Mittelalters und der Neuzeit. Keine „Briefe der Portugiesischen Nonne", noch die verzehrende, gefühlsinnige Liebesdichtung, sondern begehrliche Liebeswerbung und erfüllter Genuß findet sich bei den Griechen und Römern der heidnischen Antike.

Das Christentum hat die Liebe moralisiert; indem sie das Innenleben pflegte und bereicherte, hat die Kirche aus der Ehe ein Sakarament gemacht und Schuldgefühle geschaffen, die im Sexleben des antiken Menschen unbekannt waren. Der Apostel Paulus vor allem hat als Saubermann die Freiheit der geschlechtlichen Liebe zur Sünde gestempelt – Christus selbst, nach den Evangelien zu urteilen, hat sich dazu nicht geäußert; menschlichen Schwächen gegenüber war er nachsichtig, die Ehebrecherin hat er nicht verstoßen. Mit heftiger Anklage wandte sich ein keineswegs irreligiöser Dichter wie Rilke gegen eine christliche Sexualmoral, die die Sünde an das Geschlecht gebunden habe.

Der Aufstand gegen die traditionelle Sexualmoral ist, scheint mir, einer der revolutionärsten Aufstände unseres Jahrhunderts. Es war unvermeidlich, daß die Säkularisierung von Staat und Recht und die fortschreitende Entchristlichung der europäischen Gesellschaft die Fesseln des Geschlechtslebens sprengte. Diese moderne Gesellschaft bezeichnete der Jesuitengeneral Arrupe im Gespräch als „heidnisch", und er hatte damit nicht unrecht. Der heutige Mensch kann jedoch nicht zu einem problemlosen Unschuldszustand zurückkehren, den Moravia im Sexleben des griechisch-römischen Altertums zu entdecken glaubt. Es bleibt eben auch für Menschen, die den religiösen Glauben verloren haben, etwas haften, ein moralischer, aber verdrängter Atavismus des christlichen Europäers. Das erzeugt Schuldkomplexe, Komplikationen des Seelenlebens, Konflikte, Neurosen.

Das Liebesleben hat zu lange von Emotionen gezehrt, sich an Gefühlen entzündet, Zärtlichkeit gebraucht und bei Verstößen gegen eine traditionelle – gesellschaftlich abgesicherte – Sexualmoral ein schlechtes Gewissen gehabt, als daß es den gleichsam blanken Sex, den Moravia in seinen Büchern preist, ohne Schwierigkeiten verkraften könnte. Zweifellos ist das heutzutage blühende Sexgewerbe samt der sich in der Literatur, der Presse, im Film und im täglichen Leben breitmachenden Permissivität der Sitten eine Protestkundgebung gegen die traditionelle Moral; sie kann aber nicht unbedingt als ein Beweis jener unbeschwerten Freiheit des geschlechtlichen Verhaltens bewertet werden, die für die Menschen der Mittelmeerländer im Altertum selbstverständlich war. Daß in sexueller Hinsicht auch heute, wie sie es immer waren, die mediterranen Völker unbefangener geblieben sind, mag zutreffen; der nordische Mensch ist komplizierter, vor allem emotioneller in seinem Geschlechts- und Gefühlsleben. Die Psychoanalyse hat den Versuch unternommen, die aus dem Bereich des Geschlechtlichen stammenden Störungen und Konflikte durchschaubar und rational erlebbar zu machen.

27. November

Woityla ist ein außergewöhnlicher Papst. Er bezeichnete sich als „Sohn der polnischen Nation (. . .), als Slawe unter den Lateinern und als Lateiner unter den Slawen, als Bischof von Rom und Hirte der Universalkirche". Ich kann die Stärke seiner Persönlichkeit und seine Ausstrahlungskraft um so unbefangener einschätzen, als ich nicht an die Glaubenslehre der römischen Kirche gebunden bin. Ich denke überdies, daß es gut ist für diese zerrissene und gefährdete Menschheit, wenn es eine weltumspannende Instanz gibt, die eine klare Gegenposition zu den Tendenzen unserer Zeit einnimmt. Für jeden Kenner des Mittelalters hat es etwas Bewegendes, wenn das Oberhaupt der katholischen Kirche in dem uralten Pilgerort Santiago de Compostela im spanischen Galizien daran erinnert, daß aus allen Teilen Europas Menschen zum Grab des Jakobus gepilgert waren. Im Mittelalter gab es eine Einheit des Glaubens – die freilich nicht ohne den Gebrauch des Schwertes und des Scheiterhaufens gegen Abtrünnige und Ketzer auskam; diese Einheit wurde von den Reformatoren des 16. Jahrhunderts zerstört. Verlust der Einheit, sicher, aber auch Beginn einer neuen Freiheit in Europa. Dennoch haben Humanisten wie Erasmus Luther bekämpft, und mußten die Aufklärer des 18. Jahrhunderts sich auch gegen protestantische Orthodoxie und Unduldsamkeit auflehnen. Lessing stritt gegen pfäffische Sturheit lutherischer Pastoren.

Dieses christliche Europa, das Johannes Paul II. in seiner Rede in Santiago de Compostela ermahnte, sich auf seinen Ursprung zu besinnen, seine Wurzeln zu beleben und seine echten Werte zu achten, ist nicht nur konfessionell gespalten. Der Papst weiß und sagt es. Trotzdem glaubt er, daß Europa dank dem Christentum in Jahrhunderten „zum homogenen und geistig geeinten Kontinent wurde". Zweifellos verdankt Europa der Christianisierung eine Art geistige Einheit, die auch dort nachwirkt, wo das Geistesleben und die Kultur aus den Gehegen der Kirche und ihrer Lehren ausgebrochen sind. Europäische Identität, meint der polnische Papst, sei ohne das Christentum nicht verständlich, weil in ihm sich jene „gemeinsamen Wurzeln finden, aus denen die Zivilisation des Kontinents erwachsen ist, seine Kultur, seine Dynamik, seine Unternehmungslust, seine Fähigkeit zu konstruktiver Ausbreitung auch in andere Kontinente, kurz, alles, was seinen Ruhm ausmacht".

In den Krisen der europäischen Kultur und Zivilisation erblickt Johannes Paul „unnatürliche Brüche", die das politische und geistige Leben „durch die Auswirkung säkularisierter Ideologien" erlitten habe. Für ihn ist es nur ein Schritt, der von der „Leugnung Gottes und der Beschränkung der Religionsfreiheit bis zur Überschätzung des wirtschaftlichen Erfolges gegenüber den menschlichen Werken der Arbeit und der Produktion reicht"; und ein zweiter Schritt, der zum „Nihilismus" führt und den „Willen zur Auseinandersetzung mit entscheidenden Problemen (...) lähmt, während er dem Terrorismus Waffen in die Hand liefert".

Es fragt sich, ob die „Brüche", die die Einheit Europas in Frage stellen, „unnatürlich" waren und sind. Die Säkularisierung von Staat und Gesellschaft ist ein Erbe des 19. Jahrhunderts, das der Vormundschaft der Kirche über das staatliche und gesellschaftliche Leben ein Ende bereitet hat. Denn der Liberalismus des vorigen Jahrhunderts war antiklerikal, seine Wissenschaft areligiös; er hat den Einfluß der Kirche auf das staatliche Leben bekämpft und die Gesetzgebung laisiert. Die materialistische Philosophie mit ihren ideologischen und politischen Konsequenzen war ein Kind der bürgerlich-antikirchlich-positivistischen Kultur und ihrer Wissenschaft. Daß dem Inhaber des höchsten Lehramtes in der katholischen Kirche dieser von unseren Vorvätern vollzogene Bruch „unnatürlich" vorkommt, ist seines Amtes; für die Menschen und Staaten, die im 19. Jahrhundert in Europa diesen Bruch vollzogen hatten, war er eine Befreiung von dem Autoritätsanspruch der christlichen Kirchen und ihrer Geistlichkeit, wie für die Menschen vor ihnen die Reformation und die Aufklärungsphilosophie. Die bürgerlich-liberale Gesellschaft wurde einer sie bedrohenden Folge ihrer Emanzipation von den religiös-kirchlichen Fesseln erst inne, als ihr wirtschaftliches Herrschaftsinstrument, das Privatkapital, von ihrem revolutionären Gegner, dem Sozialismus, in Frage gestellt wurde. Beide aber waren dank der Säkularisierung von Staat und Gesellschaft stark geworden.

Die katholische Soziallehre, wie sie seit einem Jahrhundert von den Päpsten verkündet wird, mit ihrer Anklage gegen die Säkularisierung des öffentlichen Lebens, gegen die Gottesleugnung und gegen den Materialismus, bekämpft beide: die bürgerlich-liberale Wirtschaft und den proletarischen Sozialismus. Beide huldigten mit gegensätzlichen Doktrinen einer säkularisierten Ideologie, beide brachen mit dem politischen Herrschaftsanspruch der Kirche, beide entfernten sich vom Gottesglauben, beide strebten nach wirtschaftlichem Fortschritt. Die Kirche hat ihrerseits – zunächst vorsichtige, heute deutlichere – Schritte in die Richtung auf eine ethische Auffassung der menschlichen Arbeit gemacht, indem sie sich gegen die Wirtschaftsphilosophie des liberalen Manchestertums wandte, das die menschliche Arbeitskraft als eine Handelsware betrachtete, die wie jede Handelsware dem Gesetz von Angebot und Nachfrage untergeordnet sei. Erst in jüngster Zeit hat sich auch der Liberalismus zur „sozialen" Marktwirtschaft bekannt.

Was Johannes Paul II. in Santiago de Compostela predigte, war ein Aufruf zur Einheit Europas im Geiste des Christentums. Dem Zeitgeist kommt er entgegen, wenn er „Achtung gegenüber den anderen Religionen und den echten Freiheiten" fordert; ferner, wenn er meint, Europa könne eins sein bei „Berücksichtigung aller seiner Unterschiede, einschließlich der verschiedenen politischen Systeme". Der Papst aus dem kommunistischen Polen verdammt keines dieser Systeme, mit dem Vorbehalt, daß sie alle „mit der gebührenden Achtung und Ehrfurcht vor Gott, in dem jedes Recht und jede Gerechtigkeit gründet, handeln"; von diesem Europa erwartet er, daß es „keine Angst hat, die Grenzen der Staaten, die wirtschaftlichen und politischen Systeme, die weiten Bereiche der Kultur" der „rettenden Macht" Christi zu öffnen. Darin, und nur darin, erblickt der Papst die wahre Einheit Europas.
Es ist nicht „die" Freiheit, wie sie der Liberalismus des 19. Jahrhunderts emanzipatorisch verstand, die Johannes Paul verlangt; denn diese ist für ihn nicht primär von politischen und wirtschaftlichen Systemen und Bedingungen abhängig; ohne Unterschied dieser Systeme verlangt er von ihnen, daß sie zum Geist des Christentums, zu den Wurzeln der christlich geprägten europäischen Gesittung zurückkehren. Die Freiheit, die er meint, ist die Freiheit der Menschen, sich zu Christus bekennen zu dürfen. Ein polnischer Papst kann so reden; er geht dabei das Risiko ein, auf beiden Seiten, im Westen wie im Osten, nicht richtig verstanden zu werden. Im Westen, weil Woityla angesichts der Gottes- und Kirchenferne, in der auch die Völker der westlichen Welt weitgehend leben, die freidenkerisch-undogmatisch verstandene Freiheit verurteilt; im Osten, weil diesem seine materialistische Theorie nicht erlaubt, die Einheit Europas in einer Rückkehr zum christlichen Glauben zu suchen.

6. Dezember

Meine Leidenschaften sind im Lauf der Jahre abgekühlt, die Körperkräfte vermindert. Ich erlebe es trotzdem, daß ich mich erregen kann; an Ursachen fehlt es nicht. Aber was man im inneren Monolog manchmal mit zornigen Worten zu sich selbst sagt, soll man nicht niederschreiben. Denn während man, unhörbar für andere, in sich hineinschimpft, Abwesenden eine Schelte erteilt, ein Ereignis verwünscht, mit seiner Fassung ringt, hört man im Inneren sotto voce auch eine Stimme, die zum eigenen Ich sagt, diese Angelegenheit oder dieser Mensch oder jene Politik habe noch andere Aspekte. Nichts ist eindeutig. Dann kommt die Ruhe am Schreibtisch. Die Formulierung ändert sich, weil auf die Erregung die Überlegung folgt. Die Betroffenheit ist noch vorhanden, sie bildet den Anstoß zur Schreibarbeit; aber das kritische Differenzierungsvermögen kommt zu seinem Recht. Mein Tagebuch erhielt Anstöße aus Leidenschaft, aber ich schrieb diese Selbstgespräche in gefaßter Ruhe nieder. Ich blicke nicht im Zorn auf die Welt.

Ich kann bei dieser Beschäftigung – wieder einmal mit Proust – sagen, das literarische Werk sei ein „Zeichen des Glücks, weil es uns lehrt, daß in der Liebe das Allgemeine neben dem Besonderen liegt, und uns veranlaßt, vom zweiten zum ersten überzugehen, dank einer Gymnastik, die gegen den Kummer stärkt, indem sie uns dessen Grund vernachlässigen läßt, um sein Wesen zu vertiefen". Kummer, Unwillen, Enttäuschung sind oft der Grund, der den Anstoß gibt; wenn ich ihn als Ursache meiner Betrachtung wegschiebe, liefert er mir die Möglichkeit, zum Allgemeinen zu gelangen, das Wesen der Dinge zu erfragen (zu „hinterfragen" ist das Modewort). Wenn es möglich ist, Scharfsinn mit Feinsinn zu verbinden, wird man als Schreibender die anfängliche Emotion auf sich beruhen lassen und seine Analyse vertiefen („differenzieren").

Proust denkt in jenem Passus an die Liebe zu einer Frau, unter der er (oder eine seiner Romanfiguren) litt, was er das kummervolle „Besondere" nennt; es ist aber gerade das, was ihm, wenn er schreibt, hilft, zur Klarheit über die verschlungenenen Wege der menschlichen Gefühle zu gelangen: zu einer allgemeinen Wahrheit vorzustoßen. –

Der Mensch kann auch etwas anderes lieben als eine Frau oder einen Freund; Prousts letzte Bände, in denen vom Krieg (dem Ersten Weltkrieg) die Rede geht, verraten seine tiefe Liebe zu Frankreich. Das Thema des Patriotismus, der Verteidigung des Vaterlandes, der siegeswilligen Tapferkeit der Soldaten, wird im „Temps retrouvé" in einer für einen distanzierenden Geist wie Marcel Proust überraschend solidarischen und mitfühlenden Ausführlichkeit abgehandelt. Was der Autor nachdrücklich ergänzt durch eine Schilderung des oberflächlichen Lebens in dem vom Kriege verschonten Paris, samt der Frivolität und den Lastern seiner Bewohner, auch samt der Feigheit der einen und dem großsprecherischen Chauvinismus der anderen. Marcel Prousts ganzes Werk ist in letzter Konsequenz ein Lehrstück von intellektueller Redlichkeit, ein Zeugnis absoluter Unbestechlichkeit, einer Instinktsicherheit und Luzidität, die keinen Vorwand und kein Versteckspiel bei der Suche nach Wahrheit zuläßt.

Ich vergesse nicht, daß für die griechischen Philosophen die Liebe des Bürgers zur eigenen Polis eine Tugend, ihre Mißachtung ein Grund zum Tadel war. Unlängst fragte mich ein Reporter von Radio Bern, warum ich eigentlich die Schweiz liebe und sogar regelmäßig am 1. August vor der versammelten Gemeinde eine Ansprache halte. Keine leichte Frage in den heutigen Zeitläuften, von denen man behauptet, das Nationale sei überholt; wichtig und zukunftweisend seien angesichts der Verflechtungen aller Art nur übernationale Zusammenschlüsse – europäische und weltumspannende, so daß es nach Weizsäckers Wort am Ende dieser Entwicklung nur noch eine „Welt-Innenpolitik" geben könne. Wie verträgt sich das eine mit dem anderen? Zweifellos sind in den heutigen Ländern und Großstädten die Menschenmassen ein Konglomerat aus so vielen verschiedenartigen Elementen, daß die alten Begriffe, das „Volk" oder die „Nation" sei eine Gemeinschaft, eine Art Familie, in die ein Mensch eingebettet, in der er als Bürger aufgehoben sei, unwirklich scheinen. Die moderne Freizügigkeit, gefördert durch die freie Wahl des Wohnsitzes und Arbeitsplatzes und den jede Distanz überwindenden Verkehr, hat die menschliche Gesellschaft, in welchem Staat auch immer, durcheinandergeschüttelt und mit so vielen fremden Zuzügern vermischt, daß eine ethnisch ausgewiesene „Familienähnlichkeit" fast nur noch in ländlichen Gegenden (und auch da nur noch mit Einschränkungen) zu erkennen ist. Also Desintegration des Nationalen, des spezifisch als solches Erkennbaren. Aber wie kommt es, daß Nationen und Städte nachweislich eine Integrationskraft entfalten, die das fremde Element aufnimmt, aufsaugt, einordnet, assimiliert, bis es ähnlich lebt, spricht, denkt, reagiert und fühlt wie die betreffende städtische oder nationale Gemeinschaft? Es gibt „gute" Zürcher, Pariser, Münchner usw., die es von Herkunft keineswegs sind – es gibt bei uns bereits Asiaten, Schwarze, die ein waschechtes Schweizerdeutsch reden und sogar von den widerborstigsten „Schweizermachern" ins Bürgerrecht aufgenommen wurden.

Was also konnte ich dem Reporter antworten? Zunächst fiel mir ein, ich könnte nichts anderes sein als Schweizer; ich sei nun einmal kein Deutscher, Franzose oder Italiener. Zwei durch ihr Werk und Leben so eng zu Pariser „Schulen" gehörende Künstler, der Komponist Arthur Honegger und der Bildhauer Alberto Giacometti, blieben Schweizer – obgleich sie gewisse Vorteile genossen hätten, wenn sie sich in Frankreich naturalisiert hätten (nur der mit seinem Herkunftsland überworfene Le Corbusier wurde Franzose). Auch Einstein blieb zeitlebens Schweizer. Natürlich verdanke ich Frankreich, Deutschland, Italien, England in meinem Leben sehr viel; da die Schweiz, zumindest geographisch, eng ist, hätte ich auf das, was mir diese und andere Länder und Völker bedeuteten und boten, auf ihre Wissenschaft, ihre Kultur, ihre Schönheiten, ihren literarischen und künstlerischen Reichtum nicht verzichten können. Aber ich hätte mich anderswo ebensowenig naturalisieren wie die angestammte Konfession gegen eine andere eintauschen können. Es ist dabei nicht nötig, kirchlich „bekennend" zu sein, noch möglich, mit seinem Vaterland und dessen Vorurteilen, Unarten und Irrtümern vorbehaltlos einverstanden zu sein. Man ist dort trotzdem daheim. Das ist nicht Chauvinismus, es ist angestammte Zugehörigkeit, innere, selbstverständliche Verbundenheit.

Als wir zu Hitlers Zeiten das Gefühl einer Bedrohung hatten, weil die nationalsozialistische Ideologie von uns ein Bekenntnis zum deutschen Volkstum heischte und die Politik des Dritten Reiches offensichtlich auf den Krieg zusteuerte, standen auf einmal die Schweizer, auch die politischen Parteien, in gemeinsamer Abwehr zusammen. Gefahr erzeugt Einheit des Verhaltens. Ich glaube, der beste Beweis für das Vorhandensein und die Legitimität des Patriotismus ist die Solidarität, die sich in solchen Augenblicken spontan manifestiert. Der gemeinsame Abwehrreflex gilt als Gütezeichen der Heimatverbundenheit. Damals, im Jahre 1939, bekannten wir uns an der Landesausstellung in Zürich zu den Werken und dem Wesen der eigenen, so und nicht anders gearteten Heimat. Das war in einem positiven Sinn naiv, das heißt zustimmend und natürlich.

Ich weiß wohl, daß die nachgeborenen Generationen in der Schweiz unseren damaligen Bekenntniseifer zum Vaterland nicht nachvollziehen, die damalige Abwehrentschlossenheit nicht verstehen können. Sie wissen nicht, daß wir mit dieser Berufung auf die Eigenart und den Eigenwert des Schweizertums auf die Parolen und Drohungen des Nationalsozialismus reagierten. Es gibt junge Leute, die den „Landigeist" von 1939 verketzern, als ob wir alle Faschisten gewesen wären; sie können es nicht fassen, daß auch die antifaschistische Linke, nicht anders als die bürgerlich-demokratische Mitte (ich klammere eine anpasserische, nicht sehr zahlreiche, den autoritärfaschistischen Stil Mussolinis und Hitlers bewundernde Rechte aus) an dieser Landesausstellung Bestätigung und Ermutigung erfuhr. Natürlich weiß ich, daß damals ein gewisser „Heimatstil" Mode wurde; er war ein vorübergehendes Nebenprodukt einer wesentlich wichtigeren Manifestation des infolge der äußeren und ideologischen Bedrohung erwachten Gefühls für das eigene Land und seine Lebensform. Übrigens war die Architektur dieser Ausstellung durchaus modern konzipiert.

Wir leben heute seit fast vierzig Jahren wieder im Frieden mit einer Welt, die uns im Unterschied zu damals weit offen steht. Daher sind auch die Emotionen jener ferngerückten Zeit durch andere ersetzt worden, die sich nicht zuletzt gegen die Ruhelosigkeit, Zersiedelung, Verwüstung und Verhunzung eines Landes richten, wo Bedrängnisse, Ärgernisse und Überforderungen aller Art den Einwohnern zu schaffen machen. Das Alte ist verwischt, das Neue ist Gegenstand von Kritik und Auflehnung. Das Wort „Vaterland" kann kaum mehr in den Mund genommen werden, konventionelle patriotische „Sprüche" finden kein Gehör mehr, die Menschen der Vorstädte, der Autobahnen, der verunstalteten Landschaft und der verpesteten Luft glauben nicht mehr an eine „heile Schweiz". Ich habe selber, belehrt durch tätige Erfahrung, in dem Jahr der Studentenunruhen von 1968 ein Buch unter dem Titel „Schwierige Schweiz" veröffentlicht. Wieder ist es das Besondere, das Grund zu Kummer und Protest gibt; wieder müssen wir versuchen, zum Allgemeinen vorzudringen, damit wir das Wesen dieser Probleme verstehen und die Wahrheit, auch über die veränderte Heimat, erfahren können.

8. Dezember

Von 8 Uhr früh an am Fernseher der Wahl von zwei neuen Bundesräten durch die vereinigte Bundesversammlung zugeschaut. Ich hatte die Demission von Bundesrat Hans Hürlimann bedauert. Er war an der Spitze des Departements des Innern (das ich aus kulturpolitischen Gründen am besten kannte) Nachfolger meiner ehemaligen Chefs Etter und Tschudi. Ein menschlicher Politiker, ernst und klug, ohne Schaustellung seiner Person und, was wichtig war, mit Respekt vor der Freiheit der kulturell Schaffenden. Fritz Honegger, der andere Demissionär, war mehr Fach- als Staatsmann; in allen Sparten der Volkswirtschaft kannte er sich aus – ein kompetenter Mann, aber ohne Ausstrahlung, ein Manager, was er bereits in der Privatwirtschaft gewesen war. Zürcherisch trocken, wenn er sprach, humorlos; Format, das er besaß, hat dieser korrekte Bürger sorg-

fältig verborgen. Dankansprachen des Parlamentspräsidenten, Hürlimanns Abschiedsworte bewegend, Honeggers Abgesang im altgewohnten Geschäftston.
Interessant das vollbesetzte Halbrund mit den 245 Parlamentariern und die Publikumstribünen. Verblüffend, wie alles wie am Schnürchen, in der Lobby abgeredet und daher undramatisch verlief. Die Maschine des Großen Helvetischen Rats hatte keine Panne. Überraschungen konnte es nicht geben, die Szenenfolge war vorgeplant, die neuen Bundesräte, Alphons Egli aus Luzern, Rudolf Friedrich aus Winterthur, zwei Advokaten, wurden im ersten Wahlgang gewählt. Politiker der konservativen Rechten beide, noch ohne Regierungserfahrung, keine Manager (was vielleicht ein Vorteil ist); schlau und undurchschaubar der Katholik vom Vierwaldstättersee, drahtig und gescheit der gutbetuchte Junggeselle, der Zürich in der Regierung vertreten wird. „Volksnähe" besitzen und suchen beide nicht. In unserem Regierungssystem ist Volksgunst anscheinend nicht gefragt.
Der Eindruck? Die Kollegialität des „Machtkartells", wie sich Nationalrat Sigmund Widmer in einer kurzen Erklärung ausdrückte, spielte perfekt. Zauberformel bei der Zusammensetzung des Bundesrates, Konkordanz im Verhalten der Bundesratsparteien, stehen festgegründet im Berner Bundeshaus. Ob auch in der Erde der Eidgenossenschaft? Ich glaube nicht, daß dieses ausgeklügelte Einigkeitsschauspiel, bei dem sich die Sozialdemokraten schön still verhielten – worauf deren Kandidaten zum Bundespräsidenten und zum Vizepräsidenten gewählt wurden – populär ist. Jedes plebiszitäre Element wird bei der Bestellung unserer Regierung sorgfältig ausgeschaltet. Das Wahlspektakel war ein Staatsakt, der längst eroberte Machtpositionen befestigte. Ein wenig Bewegung und Spannung oder gar eine Kampfwahl hätten vielleicht „Herrn und Frau Schweizer", die am Bildschirm saßen, mehr befriedigt.

26. Dezember (Stefanstag. Sonntag)

Ein sonniger Nachweihnachtstag, nicht zu kalt, nicht warm, ohne Schnee, der Himmel blaßblau, silbern, kühl. Die große, breite, neue Terrasse vor dem Semperbau des alten Polytechnikums, die die Stadt überragt, war von der Sonne erhellt, menschenleer, das Gebäude wegen der Festzeit verlassen. Ich stand allein, bei mir Gioia, schaute ungestört die

harmonisch gegliederte Fassade an, ein Denkmal nachgoetheschen Formempfindens, nobel in seiner stillen Größe. Gottfried Semper war am frühen Eidgenössischen Polytechnikum ein Kollege Jacob Burckhardts, auch ein Freund von Gottfried Keller. Er hat mit diesem Bau ein besseres Werk geschaffen als nach seiner Berufung nach Wien die dortigen Museumsbauten. In Zürich republikanisch unprätentiös, in der Kaiserstadt mit neo-barockem Pomp monumental. Es war richtig empfunden, als in Wien zwischen den beiden Semperschen Museen das riesige Denkmal für die Kaiserin Maria Theresia plaziert wurde. Unsere heutigen Architekten, die der Schmucklosigkeit huldigen, haben von der großflächigen Terrasse vor der Hochschule die Steinfiguren entfernt, die die alte Terrasse bevölkerten. Diese Architekten können mit Plastik nichts mehr anfangen, zierendes Pathos verträgt sich nicht mit geometrischer Sachlichkeit. Eine abstrakte Plastik wäre denkbar, doch lieber gar nichts. Oder eine der Phantasiemaschinen von Jean Tinguely, die mit ihrem zweckfreien Geklapper beim Publikum großen Anklang finden? Aber Tinguelys maliziöse Werke sind eine Parodie auf den technischen Fortschritt, dem unsere Technische Hochschule geweiht ist. Merkwürdigerweise überlebte Sempers klassizistische Architektur unversehrt die Zeiten. Weil dieses Gebäude nicht laut noch pathetisch ist, sondern einfach und klar gegliedert, mit seinen langen Fensterreihen und dem hochragenden, mit Säulen verstrebten Mittelbau, betont dieser bloß die Bedeutung des Haupteingangs: des Zugangs zu einem bürgerlichen Tempel der Wissenschaft. Etwas weiter unten ist das viel später, zu Anfang dieses Jahrhunderts von Karl Moser erbaute Hauptgebäude der Universität mit seiner etwas unruhigen und dekorativen Monumentalität mehr veraltet als Sempers ETH.
Ich verharrte heute früh am Rande der breit ausladenden Terrasse, bis das letzte Bimmeln des sonntäglichen Geläutes der Kirchenglocken verklungen war. Es ist ein schöner Blick auf die Stadt, sie erscheint von dieser Stelle aus gefällig und freundlich. Von ferne gemahnt sie an Prag, vom Hradschin aus gesehen, aber nicht königlich wie Prag und ohne Adelspaläste. Türme überragen die schlichten, alten Häuserzeilen, es ist eine bewegte Variation in diesem Stadtbild. Von der Polyterrasse aus ist mir dieser Anblick Zürichs lieb und vertraut. Rechts unten der Bahnhof, ein Zeuge guten Bauens des 19. Jahrhunderts. Alte Kirchen, auch ehemalige Klosterkirchen, und ein burgähnlicher Turm erheben sich über die graue Altstadt, auf der Sonnenreflexe spielten. Jenseits des Flusses steht hoch und breit der bäuerliche Kirchturm vom St. Peter mit seinem

riesigen Zifferblatt. Schlank und elegant das Fraumünster; seine gotischen Chorfenster (von hier aus natürlich nicht sichtbar) ertragen klaglos Chagalls bunte Glasgemälde. Als Abschluß gegenüber das sanfte Horizontprofil des Uetliberges, das, wenn ich jetzt von der Schreibunterlage aufsehe, mit seiner schroffen Abhangwand dem überquellenden Häusergewühl Halt gebietet.
Ich bin gern wieder in der Stadt. Wir hausen in unserer kleinen Wohnmaschine im fünften Stock eines Miethauses, leben zurückgezogen und einvernehmlich. Ich höre, wie E. in der Küche hantiert. Gestern, am späten Nachmittag, waren die Jungen hier, drei Genrationen, uns mitgerechnet. E. hatte den Weihnachtsbaum geschmückt, bunt und glitzernd, wie wir es beide seit unserer Kindheit gewöhnt sind. Tee und Gebäck, Geschenke, mir hat Thomas eine Pfeife gebracht samt einem erlesenen Tabak. Der Enkel-Klarinettenspieler war glücklich über eine Schallplatte des unübertrefflichen Benny Goodman. Von E. für mich die „Chartreuse de Parme" in Leder gebunden. Nach dem Ausblasen der roten Kerzchen noch ein Glas Bordeaux, dann verließen sie uns. Später sahen und hörten wir einen vorzüglich gestalteten Fernsehfilm über Mozarts Kindheit und frühe Jugend. Ich mußte lachen über den erzürnten Colloredo, Erzbischof von Salzburg, der den „arroganten, undisziplinierten und nachlässigen" Wolfgang Mozart hinauswirft aus seiner Stadt und aus seinem geistlichen Fürstentum. Genauso hatte es sich zugetragen. Ein Vergleich mit unserem Freund Colloredo, der dieser hochadeligen Familie angehört, bildet einen modernen Kontrast zu jenem geistlichen Fürsten des 18. Jahrhunderts. Jérôme Colloredo ist ein menschenfreundlicher und belesener Mann voll Verständnis für die heutige Zeit und ihre Jugend. Einem späten und einsichtigen Nachkommen der vornehmen Rokokosozietät bleibt heutzutage nichts anderes übrig, als auf aristokratische Großspurigkeit zu verzichten. Wäre dem nicht so, dann wären wir Narren, die sich etwas vormachen ...
Denn alles im Leben der Gesellschaft und der Individuen, aus denen sie sich zusammensetzt, ist eine Frage der Zeit – besser: der Zeiten. Und des Raumes, der Räume, in denen sich Geschichte abspielt auf der Drehbühne der Welt und ihrer rasch wechselnden Dekorationen. Vor kurzem las ich die beiden letzten Bände von Prousts Romanwerk zu Ende: „Le Temps retrouvé". Ich wundere mich fast, daß die Faszination durch Prousts Schilderungen und Analysen mir nie abhanden gekommen ist: in der langen Reihe der „Recherche" zuerst die „Verlorene Zeit", zum

Schluß die „Wiedergefundene Zeit". Auf einer der letzten Seiten des Werkes der Passus: „Übrigens spürt jedermann, daß wir einen fortwährend sich vermehrenden Platz in der Zeit einnehmen, und diese Universalität konnte mich nur erfreuen, da es die Wahrheit ist, eine Wahrheit, von der jeder eine Ahnung hat und die ich deutlich zu machen hatte. Jedermann spürt nicht nur, daß wir einen Platz in der Zeit einnehmen, aber auch der Schlichteste kann ihn annähernd ermessen, wie er denjenigen ermessen kann, den wir im Raum einnehmen . . ."

Die vergangene, verlorene Zeit wiederzufinden, den längst entschwundenen Kollektivitäten und Individuen den Platz anzuweisen, den sie in ihrer Zeit und in ihrem Raum einnahmen; die schwierige Wissenschaft und Kunst, diese Zeiten und Räume mit dem Mittel des Wortes heraufzurufen, sie zu bevölkern und lebendig darzustellen: bedeutet denn Geschichte erforschen und schreiben etwas anderes? Der Historiker muß ein Verstehender sein, wie der große Romanschriftsteller ein Verstehender ist. Beide müssen aus ihrer Kenntnis der Details das bewegte und vielfach verknüpfte Gespinst des Lebens zusammenschauen – und wohl ihnen, wenn sie, wie Marcel Proust, meinen, daß sie daraus „große Gesetze" ableiten können: die Gesetze des Typischen, des sich Wiederholenden, des Kreislaufs des Geschehens, des Bezeichnenden im menschlichen und gesellschaftlichen Verhalten, der verschiedenen Faktoren, die es mitbestimmen. Doch mir scheint, daß die *Lehre vom historischen Verstehen,* die Hermeneutik, die Grundlage von allem ist. Was über das Verstehen hinausgeht: die kühnen Entwürfe einer absichtsvollen Menschheitsentwicklung oder die Philosophie eines wirkenden Weltgeistes oder die Determiniertheit durch den wirtschaftlichen Unterbau, würde an das kritisch differenzierende Fassungsvermögen des Forschers und Analytikers unüberwindliche Anforderungen stellen. Ob es ein prophetisches Erkenntnisvermögen gibt, ob messianische Vorstellungen möglich sind, weiß ich nicht. Aber ich kann nicht glauben, daß wir Gottes unerforschlichen Ratschluß enträtseln, noch wissen können, was ein hypothetischer Weltgeist oder das Schicksal mit der Gesellschaft und den Einzelnen im Schilde führen. Meine Absicht war bescheidener: ich nahm mir vor, die „verlorene Zeit" zu recherchieren und sie „wiederzufinden". Die Lehre vom Historischen, glaube ich, beinhaltet kaum etwas anderes. Ein Verstehender zu werden ist schon recht viel. Ich hatte nie den Ehrgeiz, *mehr* zu sein.

Ich hätte in dem zu Ende gehenden Jahr mein „goldenes Doktorjubiläum" feiern können. Ein Pariser Bekannter riet mir, bei dieser Gelegenheit ein Fest zu veranstalten. Ich sagte ihm, meine akademischen Lehrer seien längst tot; und die meisten der damaligen Studienkollegen hätte ich, falls sie noch leben, aus den Augen verloren. Aber ich entsinne mich, wie bei meiner Thesenverteidigung in der Sorbonne der „rapporteur", Charles Seignobos, eine Stelle des Vorwortes zu meiner Sismondi-Biographie zustimmend hervorhob und ausführlich zitierte: „Etwas anderes ist die menschliche Sympathie und die geistige Wahlverwandtschaft, die uns helfen, einen Mann und ein Denken, vielleicht sogar eine ganze Epoche zu verstehen. Analysieren und erklären ist nicht alles: man muß auch nach dem Leben, der Stimme, dem Atem einer entschwundenen Welt suchen. Dann ist es, je mehr man in die Intimität der Toten eindringt, um so unerläßlicher, uns unserer eigenen Denkgewohnheiten zu entledigen. Es ist nicht der geringste Zauber, den Recherchen dieser Art bieten, uns allmählich mit dem Leben von ehemals vertraut zu machen, zu lernen, wie Menschen räsonierten und fühlten, die sich für ihre Reisen der Schnellpost bedienten und für welche die Bücher der Herren de Chateaubriand und von Goethe die große literarische Aktualität bedeuteten." Dieser Passus schließt mit der Bemerkung, ich hätte mich bemüht, die Physiognomie der Welt, der Sismondi angehörte, zu entziffern, seine Silhouette in ihrer Besonderheit und ihrer Attraktivität zu entwerfen, oder einfach darzustellen, was an dieser Persönlichkeit bezeichnend für das Milieu war, in der sie lebte.

Dieses Selbstzitat mag die Cocktail Party ersetzen, die ich in Paris zur Erinnerung an meine vor fünfzig Jahren stattgefundene Doktorpromotion nicht arrangiert habe. Schon damals habe ich zu meinen wissenschaftlichen Arbeiten eine literarische „Begleitlektüre" nötig gebraucht. Ein fernes Echo von Prousts „Recherche" mag in dem Vorwort zu meiner Dissertation angeklungen haben. Ob Seignobos Proust gelesen hat, weiß ich nicht; ich möchte es bezweifeln; dieser Geschichtsprofessor war fünfzehn Jahre älter als Marcel Proust (der damals, 1932, seit zehn Jahren tot war). Was mir aber bei dieser Doktordisputation auffiel, war die lobende Zustimmung des scharfsinnigen und nicht selten höhnisch kritisierenden Historikers alter Schule zu der Art, wie ich meine Auffassung vom „historischen Verstehen" formuliert hatte. Es war zweifellos eine Auffassung, die deutliche Spuren literarhistorischer Gesinnung an sich trägt.

28. Dezember

Hans Wysling schickte mir seinen neuen Band der Thomas-Mann-Studien: über „Felix Krull“; „Narzissmus und illusionäre Existenzform“, lautet der Titel. Ich las zuerst den umfangreichen Apparat mit den Nachweisen. Das pflege ich mit wissenschaftlichen Werken immer zu tun, damit ich weiß, worauf sie sich stützen. An einem Abend im Schauspielhaus, nach einer Vorstellung der „Minna von Barnhelm“, sah ich einen alten Herrn vorsichtig die Treppe ins Foyer herunterkommen. Bei der Begrüßung sagte ich: „Nach einem Krieg kann man eigentlich nur noch Komödien schreiben.“ Thomas Mann stutzte einen Augenblick, schaute mich an, stimmte zu. Er hatte die Arbeit am „Krull“, der Schelmen- und Hochstaplergeschichte, wieder aufgenommen, und er war, enttäuscht und skeptisch, entronnen den Erregungen, Polemiken und politischen Leidenschaften der Hitler- und Emigrationszeit. Vorhin, als Gioia beim Spaziergang am Boden schnüffelte und mich warten ließ, kam mir das Entzücken meines Vaters nach der Lektüre von „Herr und Hund“ in den Sinn. Mich freute es, als zu Weihnachten mein Sohn voll Bewunderung und Begeisterung über „Mario und der Zauberer“ sprach.
„Buchenswert“ – wie Thomas Mann sich auszudrücken pflegte – kommt mir das zustimmende Verhältnis von drei Generationen zu diesem eindringlichen Schilderer und untrüglich beobachtenden Geist vor. Sein Werk handelt aufs kritischste, klügste und einsichtsvollste vom Menschen und seiner psychischen Organisation, auch von seiner fragwürdigen Existenzform. Ironie, Parodie, im „Krull“ Humor, sind seine Kunstmittel, wenn er das „Illusionäre“, die Täuschung, den bewußten oder unbewußten Selbstbetrug seiner Figuren als ein Kundiger des Lebens und der menschlichen Lebensführung entlarvt und darstellt. In Thomas Manns Werk kommt keine „Verniedlichung“ vor. Dem Mythischen, das am Ursprung aller lebendigen Kultur ist, war er zugetan, nicht weniger den Erkenntnissen der modernen Psychologie. Beides, Mythos und Psychologie, sagte er, habe er in seinen Josephgeschichten zu einer Übereinstimmung zu bringen versucht.

1983

8. Januar

Vicolo delle Olive, an der schmalen Gasse, die von der Piazza zum Collegio Papio hinaufführt. Ein Haus mit Garten, dessen Besitzerin derweil in unsere Zürcher Wohnung eingezogen ist. Wenn nichts dazwischenkommt, soll dieser Wohnungstausch bis Ende Februar dauern. Hier großer Wohnraum mit guten Bildern und zwei Plastiken von Germaine Richier. Erinnerung an diese früh verstorbene Künstlerin. Die große Stille, weil kein Verkehr neben dem Haus. Der vertraute Glockenton vom nahen Campanile. In einem Gemälde von Dubuffet kommt Tradition französischer Malerei zum Ausdruck; auch dieses heutige Bild hat Anmut, Leichtigkeit, Licht. Großformatige Moderne, Holländer und Amerikaner, an die ich mich gewöhnen muß. Dazu der Komfort solider Möblierung und reichlich vorhandener Ausstattung mit den praktischen Notwendigkeiten. – Ich fuhr voraus in der Eisenbahn, E. traf am gleichen Abend im Wagen mit Gepäck und Hund hier ein. Freudiger Einzug in diese neue Bleibe. Wir vergnügten uns wie junge Leute bei einem bollito misto im nahen Ristorante Borromeo. Man hörte nur italienisch reden.
Bereits tags darauf Besuch von Herrn Gerd Bucerius zum Tee. Großer Zeitungsverleger aus Hamburg. Ihm gehört die „Zeit", außerdem hat er bedeutende Anteile an anderen Verlagen. Er beteiligt die Redaktoren am Gewinn; die letzten fünf Jahre erarbeitete die „Zeit" Überschüsse. Was 1983 bringen werde, sei ungewiß. Da bei den Bundestagswahlen am kommenden 6. März die Sozialdemokraten, vielleicht mit den Grünen, gewinnen könnten, beurteilt Bucerius die Aussichten für die nächsten vier Jahre in der Bundesrepublik ziemlich pessimistisch. Wer würde unter solchen Umständen noch investieren? Die Sozialdemokratie rücke seit Helmut Schmidts Sturz nach links. Ich sagte, Hans-Jochen Vogel habe auf mich einen bürgerlichen Eindruck gemacht, Professorensohn und katholisch. Die Linke unterstütze ihn aber, auch Schmidt wolle sich im Wahlkampf für die Partei einsetzen. Daß Schmidt ein hervorragender Staatsmann war, anerkennt B. vorbehaltlos; er sei ein Mann von außergewöhnlichen Gaben. Marion Dönhoff habe gesagt, Schmidt habe „die

schönste Entlassung seit Bismarck" gehabt. Bucerius war CDU-Abgeordneter, bis er sich Anfang der sechziger Jahre von der Partei trennte. Wir tauschen Erinnerungen an Adenauer aus: seine große Höflichkeit, seine Herrenhaftigkeit. Damals, sagt B., habe Fred Luchsinger als Korrespondent der „Neuen Zürcher Zeitung" in Bonn Adenauer „gemacht"; denn er sei lange umstritten gewesen, auch die „Welt" war gegen ihn. Adenauer habe seinen Leuten mit Stolz Luchsingers Artikel gezeigt. Heute sei die Information der „Frankfurter Allgemeinen" reichhaltiger als die der „NZZ". Am besten könne man sich in der „International Herald Tribune" informieren. Er lese sie täglich. Ich frage, was für eine Außenpolitik die Sozialdemokraten im Wahlkampf vertreten werden? Sich von Amerika distanzieren, ohne das Bündnis zu gefährden (augenblicklich ist Vogel mit einigen Parteifreunden in Washington, er sprach mit Reagan; von dort geht er nach Moskau und Paris).
Ob es denn für einen souveränen Staat nicht eine Demütigung bedeute, wenn eine fremde Macht, selbst eine verbündete, auf deutschem Territorium Raketen mit Atomsprengköpfen aufstellen wolle? Die Amerikaner sagten, entgegnet Bucerius, die Deutschen könnten es ja selber machen; aber die anderen Verbündeten, Franzosen, Holländer, Dänen usw., seien gegen deutsche Atombewaffnung. Ich sage, daß Kissinger in einem Interview meinte, wenn die Kurzstreckenraketen nicht gebaut würden, werde der Neutralismus in Europa Fortschritte machen. Antwort: Der könnte zuerst in Amerika aufkommen, wo manche der Meinung seien, wenn die Europäer den amerikanischen Schutz nicht mehr wollten, sollten sie doch selber für sich sorgen! Aber wir sind uns einig, daß die Amerikaner aus wirtschaftlichen Gründen ein Interesse an ihrer Präsenz in Europa haben, ferner aus Gründen der Verbindung mit dem Nahen Osten, die über Europa führt. Ich erinnere Bucerius an die Vision Adenauers: Er sagte mir, Rußland werde nicht militärisch vorgehen, militärisch werde nichts geschehen; Rußland sei stark, es könne warten, bis Deutschland und Frankreich schwach seien, dann werde es sie nicht als Satelliten, sondern als intakte Länder benützen, um der Sowjetunion zu helfen, ihre Wirtschaft aufzubauen. Das Sowjetsystem, glaubt Bucerius, erlaube eine solche Aufbauhilfe nicht. Rußland sei fünfzig Prozent hinter der westeuropäischen Wirtschaft zurück; es sei schwierig, 250 Millionen Menschen mit allem Nötigen zu versorgen; da der einzelne in diesem System keine Initiative besitze und keine Entscheidungen treffen könne, bleibe die Wirtschaftstätigkeit sehr schwerfällig. Meine Frage, warum in

Deutschland das Nationalbewußtsein so schwach sei, beantwortet B. mit dem Hinweis auf die Teilung Deutschlands, auf die prekäre Lage von Berlin und allgemein damit, daß das Nationalbewußtsein nur lebendig sein könne, wenn man auf etwas stolz sein könne. Auf welche Geschichte soll man sich in Deutschland berufen? Die Bundesrepublik ist klein: „Wohin gehören wir eigentlich?" Adenauer habe aus diesem Grund auf den Europarat gesetzt. Europa hätte die fehlende Weite eingebracht. Die Wiedervereinigung? Die Russen würden die DDR nicht aufgeben. Es habe vielleicht einen Augenblick gegeben, da Moskau Ulbricht hätte fallenlassen; das sei nach dem Berliner Aufstand von 1953 nicht mehr möglich gewesen.
Mir scheint, daß die „Deutsche Frage", die zur Zeit Bismarcks, Wilhelms II. und Hitlers Europa Furcht einflößte, heute deshalb zu Furcht Anlaß gibt, weil dieses dreimal zerstückelte (denn ein Drittel ist polnisch geworden), von sich selbst entfremdete, an der Wiederherstellung seiner Einheit und Unabhängigkeit verhinderte Deutschland inmitten von intakten europäischen Nationen gleichsam verlorengegangen ist. Das fürchte ich mehr als die Ost-West-Spannung, die immer wieder in der friedlichen Koexistenz eine Lösung finden wird.
Beim Mittagessen im Hause Bucerius am nächsten Tag war der Nebel, in dem ein politisches Gespräch immer stecken bleibt, verflogen. Dieses Haus ist weit oben über Brione erbaut, der Blick von hier über die Landschaft des Lago Maggiore einzigartig. Ein wundervoll gelegenes, modernes und geräumiges Haus, auch ein sehr gastliches, Hausherr und Hausfrau ungemein freundlich zu uns – und zu Gioia, die wir mitnehmen durften. Herr Bucerius ist fünf Jahre jünger als ich, hager, diszipliniert, enorm leistungsfähig, aber entspannt und heiter, ein Mann von hoher Intelligenz, großer Sachkenntnis und Fähigkeit zur Zusammenschau der Dinge. Das Gespräch vor, bei und nach Tisch lebhaft und voll von Reminiszenzen an journalistische und persönliche Erfahrungen. Die Welt ist klein, wir haben (oder hatten) viele gemeinsame Bekannte und Freunde. Viel über die „Weltwoche" und ihre Redaktoren, über die „Zeit" und über Menschliches, Allzumenschliches. Bucerius sagte, Karl von Schumacher und ich seien in der Schweiz die einzigen gewesen, die konsequent gegen den Nationalsozialismus geschrieben und gesprochen hätten. E. bemerkte, das treffe auch für Bretscher zu. Ich bestätigte, daß Herr Bretscher von Anfang an Hitler gehaßt habe; aber im Verwaltungsrat der NZZ saßen finanzstarke Herren, die es mit dem Dritten Reich

nicht verderben wollten, daraus erkläre sich eine gewisse Vorsicht dieser Zeitung in jenen Jahren.

9. Januar

In Schinznach las ich den neuen Band von Thomas Manns Tagebüchern: Amerika 1940 bis Ende 1943, 663 Seiten; mit dem Anhang und Register von Peter de Mendelssohn 1200 Seiten! Krieg und Exil. Politisches, Persönliches und Literarisches. Es ist staunenswert, daß T. M. inmitten einer rastlosen Existenz, die ihn mit der Welt in ununterbrochener Geselligkeit in Verbindung brachte, von ihm akademische Vorlesungen und Vorträge forderte, ihn einem Ansturm von Hilfegesuchen aussetzte, zu einem Leben unter Emigranten und Amerikanern nötigte und zu schriftlichen und mündlichen Stellungnahmen, Interviews und Rundfunksendungen zwang, weder seine umfangreichen Lektüren noch seine schriftstellerische Produktion unterbrach. Er nahm Bücher und angefangene Manuskripte mit auf seine Reisen, las und schrieb in der Eisenbahn und in Hotels. Kaum war „Lotte in Weimar" vollendet, schrieb er inmitten der Erschütterungen des Jahres 1940 die „Vertauschten Köpfe", nahm die Arbeit an seinen Josephgeschichten wieder auf, vollendete im Januar 1943 den Band „Joseph der Ernährer", begann die Moses-Erzählung „Das Gesetz", vollendete sie bereits im März, machte sich an die Arbeit am „Doktor Faustus", unternahm zwischendurch ermüdende Vortragsreisen durch die Vereinigten Staaten und Kanada, kam mit seinem Buch rasch voran. Weil dieser Tagebuch-Band mit dem 31. Dezember 43 zu Ende geht, ist die schwere Erkrankung und der chirurgische Eingriff in Chicago noch nicht verzeichnet – Thomas Mann, siebzigjährig, überstand eine Operation an der Lunge, erholte sich, rauchte wieder seine Zigarren, vollendete den „Doktor Faustus" noch in Amerika, kam im Frühjahr 1947 zum erstenmal wieder nach Zürich, wo er am internationalen Pen-Kongreß einen Vortrag über Nietzsche hielt . . .
Es ist bei dieser bewundernswerten Schaffenskraft und den sie begleitenden Auftritten in Gesellschaft und seinem Wirken in der Öffentlichkeit befremdlich, daß Thomas Mann in seinen Tagebuchaufzeichnungen oft über Unwohlsein klagt; er ist nervös, depressiv, erregt, er leidet unter Magenbeschwerden und Schlaflosigkeit. „Reizbar, verstimmt, müde" (17. 12. 1943). Seine Beziehung zu sich selbst bereitet ihm Schwierig-

keiten: „Mein Leiden ist eine Art Verwöhnung, die mich ratlos macht" (6. 4. 43). Er stellt auch seine Beziehungsschwäche zu Menschen fest. Thomas Mann behauptet, seit „Tonio Kröger" habe er kein Buch mehr mit Emotion geschrieben (7. 6. 42). Ein Jahr später spricht er aber, nachdem er die ersten 70 Seiten des „Doktor Faustus" in einem „stürmischen Anlauf" geschrieben hatte, von der diesem Buch „innewohnenden Erregung" (19. 9. 43). Er vergleicht ein schweres Kunstwerk mit einer Schlacht; es bringe „Seesturm, Gefahr, Gott am nächsten, indem es den frommen Aufblick nach Segen, Hilfe, Gnade, eine religiöse Seelenstimmung erregt" (6. 12. 43). Kein Buch mehr mit Emotion geschrieben? Verständlich, daß Thomas Mann zur Zeit der Arbeit an diesem Werk den „wachsenden Wunsch, in Ruhe gelassen zu werden", verspürt. Er ist der vielen Geselligkeit überdrüssig. Er hatte aber auch Selbstbestätigung nötig, las alles, was über ihn geschrieben wurde, genoß Lob und Zustimmung, litt unter Angriffen und Spötteleien – Emil Ludwigs alberne Parodie „Tommy in Weimar" verletzte ihn über Gebühr – und schrieb an Kahler: „Ich habe mich nie für groß gehalten, aber ich liebe es, mit der Größe zu spielen und auf einem gewissen vertraulichen Fuße mit ihr zu stehen" (1. 1. 42). Ein Fragezeichen auch hier. In Thomas Manns Emigrationszeit ist eine tapfere Seele und ein kämpferischer Geist mit einem großen Ereignis, dem Krieg gegen Hitler, zusammengetroffen. Er merkte sich die Reihe der humanistischen Denker an, über die ein in Yale erschienenes Buch 1943 handelte. Ihre Namen: Chaucer, Erasmus, Rabelais, Montaigne – Matthew Arnold, William James, Thomas Mann. Ich glaube, dieser geistesgeschichtliche Stammbaum ist korrekt.

Die Fragwürdigkeit des bekennerischen Tagebuchschreibens entging Thomas Mann nicht. Er spricht (am 8. 2. 42) „über das Falsche, Schädliche und Kompromittierende des Tagebuch-Schreibens, das ich unter dem Choc des Exils wieder begann und fortführte, um diese Geschichte zusammen mit meinem Alltag zu notieren". Thomas Mann hat ein großes Konvolut seiner früheren Tagebücher vernichtet. Die noch vorhandenen Tagebücher wurden und werden noch (nach der Frist, die der Autor letztwillig vorgeschrieben hatte) veröffentlicht. Sie enthüllen einen Menschen, der ein Meister des Verschweigens und Verbergens war. Seine Autobiographie ist verschlüsselt in sein literarisches Werk eingegangen. Thomas Mann war im Umgang mit Menschen zurückhaltend, taktvoll, verbindlich, ein höflicher Herr. Das gehörte zu seinem urbanen Wesen und seiner guten Kinderstube. Er konnte aber diese Eigenschaften verleugnen, wenn er in seinen Romanen Menschen, mit denen er freundliche Beziehungen gepflegt hatte, als Modelle zu seinen erfundenen Figuren verwendete. Die Betroffenen waren leicht wiederzuerkennen und nicht selten verstimmt, wenn sie sich in einem seiner Bücher, ironisch verfremdet, porträtiert fanden. Dazu eine Tagebuchstelle: Thomas Mann hatte in frühen Aufzeichnungen eine Notiz über seine liebende Freundschaft mit Paul Ehrenberg wieder gelesen, der für die Figur des Rudi Schwerdtfeger im „Doktor Faustus" Modell stand: „Scham und Rührung beim Wiedersehen mit diesen Jugendschmerzen. Man kann die Liebe nicht stärker erleben. Schließlich werde ich doch sagen können, daß ich alles ausgebadet habe. Das Kunststück war, es kunstfähig zu machen" (17. 3. 43). Für solche Aufschlüsse sind wir der Publikation von Thomas Manns Tagebüchern zu Dank verpflichtet.

10. Januar

Es liegt auf der Hand, daß Thomas Manns literarische Urteile in seinem Tagebuch aufrichtiger sind als in seinen für die Öffentlichkeit bestimmten Schriften. Er beklagte wohl Stefan Zweigs Selbstmord und Franz Werfels Tod. Ihre Werke schätzte er aber nicht hoch ein. Mit Franz und Alma Werfel verkehrten die Manns in Kalifornien recht intensiv. Thomas Mann hört zu, wenn Werfel seinen „Jakobowsky und der Oberst" vorliest (das Stück wurde nach dem Krieg im Zürcher Schauspielhaus uraufgeführt). Er verzeichnet ein Gespräch mit Strawinsky über Schönberg im Hause Werfel. Von einer „Massenparty" bei Frau Viertel sagt T. M., sie sei „greulich und sinnlos" gewesen mit ihren Disputationen und einer „round table" mit Werfel, Bruno Frank und anderen. „Entnervend, degradierend, dumm, den Stolz und die Einsamkeit verletzend" (4. 2. 1942). Tags darauf die Eintragung: „Die gestrige Werfelei, verstimmt, müde, reuevoll . . . Über Werfel zornig." Gleichen Tags waren die Manns in ihr neues Haus in Pacific Palisade eingezogen. Im Dezember 1943 ist Werfel hoffnungslos krank. Thomas Mann besucht den Sterbenden: „Das Sterben als eine Zermürbung in Form eines Sich-selbst-fremd-werdens." Er begibt sich zur Totenfeier, der Werfels Frau Alma fernbleibt.
Überraschend ist die Freundschaft mit Hermann Broch, mit dem Thomas Mann 1940 in Princeton gern verkehrte. Aber von Brochs Roman „Der

Tod des Vergil" heißt es am 11. 9. 1941 im Tagebuch: „noble ennui". Das klingt an das Urteil über Stifters „Nachsommer" an, den T. M. im gleichen Jahre liest, „enorm langweilig und faszinierend-lächerlich vor Reinheit" findet. In Kalifornien trifft er mit Lion Feuchtwanger zusammen, der über „Planwirtschaft als allgemeines Ziel des Krieges" peroriert (4. 6. 1941). Arthur Koestler war klüger, als er im Gegensatz zu vielen Emigranten, die eine sozialistische Revolution bei Kriegsende in Europa prophezeiten, eine „conservative victory" voraussagte (20. 2. 43). In diesen Zusammenhang gehört auch der „strenge Brief", den Thomas Mann von Bertolt Brecht erhält, der ihm mangelnden Glauben an die deutsche Demokratie vorwirft; dazu die Eintragung: „Die Sorge um die «deutsche Demokratie» höchst voreilig und absurd" (8. 12. 1943).
Es fällt auf, wie wenig empfänglich Thomas Mann für die Literatur in englischer Sprache ist. In Washington notiert er nach einer Aufführung von Thornton Wilders Stück „Wir sind noch einmal davongekommen": „Sehr mangelhafte Allegorie" (2. 12. 1942). Aber aufschlußreich die Bemerkung: „Ich kenne im Stilistischen eigentlich nur noch die Parodie, stehe darin Joyce nahe" (19. 9. 43). Von „Großartigkeit" spricht T. M. nach einer Lektüre von Jeremias Gotthelfs „Uli der Knecht"; dieses Werk gehöre zu den „unwillkürlichen Büchern" (8. 10. 43). Es gab Zerwürfnisse zwischen emigrierten Schriftstellern. Ich lese von dem anscheinend freundlichen Verkehr mit Döblin; Thomas Mann nimmt mit seinem Bruder Heinrich an der Feier zum 65. Geburtstag Döblins teil (14. 8. 43). Er war völlig überrascht, als nach dem Kriege Döblin, der als Offizier der französischen Besatzungsmacht in Deutschland wirkte, eine Haßkampagne gegen ihn führte. Die Beziehung zu seinem Bruder Heinrich, dem Thomas Mann finanziell beistand und über den er liebevoll spricht, war belastet durch Heinrichs Ehe mit einer etwas primitiven, streit- und trunksüchtigen Frau.
Das dem Tagebuch anvertraute Urteil Thomas Manns über Präsident Roosevelt ist kritisch: „Freilich stand Wilson reiner da als Roosevelt, der finasseur" (11. 9. 41 – also *vor* dem Eintritt der Vereinigten Staaten in den Krieg). Ich glaube, daß Roosevelt angesichts des Widerstandes, dem er auf dem Capitol in Washington und beim amerikanischen Establishment begegnete, das „Finassieren", seine Schlauheit des Taktierens, nötig hatte. Roosevelt war ein besserer Politiker als der „reine" Idealist Woodrow Wilson, dem die Geschicklichkeit im Umgang mit den Congressmen abging – und der an diesem Mangel scheiterte.

Thomas Mann war für den Schutz, den er in den Vereinigten Staaten fand, nicht undankbar. Aber sein Verhältnis zu Amerika war ambivalent. Der europäische Schriftsteller, dessen Werke zwar in Amerika eine beträchtliche Leserschaft fanden, konnte sich in dieser seinem Wesen fremden Umgebung nicht heimisch fühlen. Da er nur einen tschechoslowakischen Paß besaß und die Tschechoslowakei von den Deutschen besetzt war, lag es für ihn nahe, die amerikanische Staatsbürgerschaft zu erwerben. Das war mit Formalien verbunden, von denen es im Tagebuch heißt: „Die alberne und wenig sympathische Ceremonie der Bürger-Prüfung steht mir beschämend und ärgerlich vor" (31. 12. 43). Thomas Mann hatte eine Vorliebe für die Schweiz. „Oft sage ich, daß ich wieder in der Schweiz leben möchte. Das Eigentliche ist, daß ich dort sterben möchte und nicht hier" (4. 7. 41). Über Deutschland: „Es wird zwar nicht ein Vergnügen sein, ein Deutscher zu sein nach dem Kriege, aber von Vernichtung ist nicht die Rede. Nur von Entmachtung" (22. 8. 41). Deutschland und Rußland faßt er in das Gesamturteil zusammen: „Die gleiche Abgesperrtheit und Einbildung, allein das Heil zu besitzen" (15. 10. 41). Später heißt es: „Zu den Deutschen geh' ich nimmermehr" (20. 2. 43).

11. Januar

Thomas Mann war sich von Anfang an des Unnatürlichen und Abnormalen des Lebens in der Emigration bewußt: „. . . diese Emigranten-Inzucht, in einer abgelaufenen Epoche lebend und an Hand gehegter Dokumente zu Erinnerungen zwingend, über die man hinausgewachsen, ist keineswegs das Rechte und sehr unzuträglich" (23. 9. 40). In Chicago im Gespräch mit seiner Tochter Elisabeth und ihrem Gatten Borgese, einem italienischen Antifaschisten: „Über die Zweifelhaftigkeit des Emigrantentums, deutsch, französisch, italienisch" (27. 4. 40). Über eine Party bei Horkheimer, der als Haupt der Frankfurter Schule einer der maßgebenden Theoretiker der intellektuellen Linken wurde, notiert Thomas Mann: „Diese Juden haben einen Sinn für die Größe Hitlers, den ich nicht ertrage" (12. 7. 41). Er sei „mit vielen Vogerln" an dieser Party gewesen; „Vogerln" war ein scherzhaft-abschätziger Ausdruck, den Erika Mann für die unersprießliche Emigrantengesellschaft geprägt hatte. „Hundertmal Durchgekautes" werde in solcher Gesellschaft wiederholt.

Ein Jahr später berichtet Thomas Mann, Horkheimer spreche vom Nationalsozialismus als einer „hoch-respektablen Revolution" (7. 6. 42). Schon Victor Hugo, der unter Napoleon III. aus Frankreich geflohen war, sagte: „L'exil est impie." Jacob Burckhardt, der in seinem Leben vielen deutschen, französischen und italienischen Flüchtlingen begegnet war, spricht in seinen „Weltgeschichtlichen Betrachtungen" über die Tragik des politischen Emigrantenschicksals. Das war und ist in unserer Zeit nicht anders. Emigranten und sogenannte Dissidenten, Opfer der Politik, werden von den einen als Helden gefeiert, bei anderen sind sie unbeliebt; sie leben in einem gastlich-ungastlichen Asyl. Sie werden geduldet, nur in Ausnahmefällen gut behandelt; die meisten darben, viele verzweifeln, und am Ende werden sie vergessen. Schriftsteller und Gelehrte können sich in fremder Umgebung nicht in ihrer Muttersprache ausdrücken, bestenfalls werden ihre Werke übersetzt; einige erhalten eine Professur, andere werden vom Gastland zu politischen Zwecken ge- oder mißbraucht. Wenn sie zurückkehren, was viele deutsche Flüchtlinge nach der Niederlage Hitlers taten, wird ihnen von den Daheimgebliebenen vorgehalten, sie hätten die „Bombennächte" nicht erleben müssen, wenn man ihnen nicht geradezu Untreue gegen das Vaterland vorwirft. Ich erinnere mich, wie Kurt Hirschfeld einmal zu mir sagte: „Teddy Adorno (der nach seinem Exil in Amerika eine Professur in Frankfurt erhielt) muß sich seine Emigration verzeihen lassen." In Italien und in Frankreich war man den Heimkehrern gegenüber weit toleranter.
Die Befreiung von der Emigranten-Existenz in Amerika, auch von dem Druck der Politik und den Ängsten des Krieges, befähigte den innerlich frei gebliebenen Dichter zu dem Vergnügen, mit dem er nach dem Kriege die parodistisch stilisierte Geschichte des Schlitzohrs Felix Krull in seinen letzten Lebensjahren zu Ende schrieb. Er hatte schon in Los Angeles zu Franz Werfel, der sich über Zukünftiges ereiferte, gesagt, es sei ihm „in tiefster Seele gleichgültig, was nach dem Débâcle des National-Sozialismus geschieht" (7. 12. 42). Thomas Mann besaß die beneidenswerte Fähigkeit, sich kühl und detachiert zu verhalten, wenn es die Umstände gestatteten. Der Künstler in ihm hatte zeitlebens den Vorrang vor dem politisierenden Bürger.

Über Thomas Manns Verhältnis zur Politik ist viel geschrieben und daran auch manches ausgesetzt worden. Wohl war es ein weiter Weg, der von den „Betrachtungen eines Unpolitischen", in denen viel deutsch-romantisch Konservatives, gegen westliche Zivilisation und fade Aufklärung Gerichtetes steht, zu dem antifaschistischen Kämpfer für Demokratie und Freiheit führte. Bei näherem Zusehen aber erscheint die angebliche Untreue gegen sich selbst in einem anderen Licht. Wer Bescheid weiß über die humanistische Tradition in Europa, weiß sehr wohl, daß solche Geister notwendigerweise zwischen den Fronten stehen, das Alte nicht in Bausch und Bogen verwerfen, das Neue zwar erkennen, aber für dessen Fragwürdigkeiten und Irrtümer hellhörig sind. Erasmus und Montaigne sind nicht zur Reformation übergetreten, die Aufklärer waren keine Jakobiner, Goethe fand sich mit den Wechselfällen der Verhältnisse in Deutschland ab, und Thomas Mann wurde nicht Kommunist. Humanisten haben Meinungen, sie können sich empören, sie geben ihrem Widerspruch Ausdruck, da sie kritisch gestimmt sind, und sie hassen Exzesse, woher sie auch kommen mögen. Aber Reformatoren, Revolutionäre oder politische Führergestalten können Humanisten nicht sein – ihre Bestimmung ist eine andere.

Für die Emigranten freilich zu Hitlers Zeiten war Thomas Mann ein Glücksfall. Er war nicht Jude, aus großbürgerlichen Verhältnissen, liberal, ein berühmter Schriftsteller und ein Kämpfer gegen die nationalsozialistische Barbarei: Das genügte. Wichtig für sie war die Tatsache, daß dieser Mann die Fahne im Streit wider das Unrecht hochhielt. Aber das Tagebuch Thomas Manns bringt an den Tag, wieviel Widerrede es gab zwischen ihm und manchen Repräsentanten der Emigration. Nichts scheint nachträglich begreiflicher als Bert Brechts „strenges" Urteil über Thomas Manns Unglauben an das, was dieser Dichter für deutsche Demokratie hielt.

Mir kommt dieser Mensch, der sich seiner eigenen Lage wegen mit der politischen und jüdischen Emigration öffentlich identifizierte, dem aber die Verwirrung der Geister sowie allerhand Pläne und Urteile gewisser Emigrantengruppen und einiger ihrer herausragenden Persönlichkeiten zuwider waren, vor, wie ein hadernder Einzelgänger in der Gesellschaft, in die ihn sein Schicksal verschlagen hatte. Aber Thomas Mann hielt dennoch tapfer zu seinen Leidensgenossen. Seine heftige Ablehnung dessen, was in Deutschland geschehen war, entsprang seiner enttäuschten Liebe zu Deutschland. Die Verirrung seines Volkes verletzte sein tiefsitzendes Zugehörigkeitsgefühl zum Deutschtum. Daraus erklärt sich auch ein gewisser Mangel an Gerechtigkeit gegenüber den daheimgebliebenen Deutschen. Er konnte nicht einsehen oder nicht wissen, wie tief viele Deutsche unter Hitlers Gewaltherrschaft litten; sie konnten nicht laut aussprechen, was sie dachten – sie waren von der Gestapo an Leib und Leben bedroht.

Man muß bedenken, daß die in Amerika ausharrenden Emigranten von den inneren Vorgängen in Deutschland und von den Leiden vieler Deutschen keine Kunde hatten – haben konnten. Von Emigranten und Dissidenten würde man Unmögliches fordern, wenn man von ihnen ein objektives Urteil über die Verhältnisse erwarten wollte, deren Opfer sie geworden sind. Übrigens habe ich nie und nirgends in Thomas Manns Schriften und Äußerungen etwas gefunden, das den Vorwurf einer „Kollektivschuld" der Deutschen enthielte. Sein Vortrag in Washington über „Deutschland und die Deutschen", der nach dem Kriege in einer deutschen Zeitschrift erschienen ist, faßt am eindrücklichsten zusammen, wie in seinem Geiste das Deutschtum sich spiegelte; besonders aufschlußreich ist sein Widerspruch gegen die im Ausland verbreitete Auffassung, man müsse zwischen einem „guten" und einem „bösen" Deutschland unterscheiden. Nach seiner Meinung sind alle diese Eigenschaften und Widersprüche gleichzeitig in der Mentalität dieses Volkes vorhanden. Thomas Mann dachte in den Kategorien einer Völkerpsychologie. Seine eigenen Widersprüche sind, glaube ich, die Widersprüche des Deutschtums seiner Zeit und seiner Generation. Seine Äußerungen über die Weimarer Republik und das Dritte Reich waren *auch* „Betrachtungen eines Unpolitischen", der sich aber berufen fühlte, zur Politik Stellung zu nehmen.

Thomas Mann bekannte sich zu einer sittlichen, toleranten und freiheitlichen Gesellschaftsordnung, doch ohne eine Doktrin zu formulieren. Alles Dogmatische war ihm ebenso fremd, wie es Goethe fremd gewesen war, und wie dieser war er kein Politiker. In der menschlichen Kultur herrschen andere Gesetze als im Staat. Es war absurd, als deutsche Emigrantenkreise vorschlugen, Thomas Mann sollte nach Hitlers Niederlage der erste Präsident einer deutschen Republik werden. Nach dem Kriege stellte er sich gelegentlich die Frage, ob die stark vereinfachenden Parolen, zu denen er sich als Emigrant bekannt hatte, seiner würdig gewesen seien. Sein Geist war differenzierter, sein Verstand ironischer, als es seine manchmal massive Polemik gewesen war.

Thomas Manns amerikanisches Tagebuch zeugt jedoch von der Aufmerksamkeit, mit der er das politische Geschehen im Weltkrieg verfolgte. Er war alles andere als ein Phantast. Es finden sich viele zutreffende Bemerkungen zum Zeitgeschehen in diesen täglichen Aufzeichnungen. Als auch bei uns manche mit einer raschen Niederlage der Russen rechneten, fällt Mann die Stärke des russischen Widerstandes auf (12. 7. 41). Gespräche mit seinem Sohn Golo helfen ihm, „über Kontinuität und Unvergleichlichkeit im Historisch-Politischen" nachzudenken (1. 9. 41). Nach dem japanischen Angriff auf Pearl Harbour merkt er sich an, daß die Engländer die Vormachtstellung der Russen in Europa für unvermeidlich halten (4. 3. 42). Vier Monate später: „Washington als Hauptstadt der Welt. Die bescheidene Rolle, die Europa bestimmt ist" (20. 7. 42). Gleich danach: „Katastrophe, der Deutschland entgegengeht."

Der gleichen Sorge, die uns in Europa damals erfüllte, gibt auch Thomas Mann Ausdruck, wenn er von der „Unbereitschaft" Amerikas für den Krieg spricht. Er notiert die Langsamkeit der amerikanischen Kriegsbereitschaft, die Streiks, von denen das Land geplagt ist, das Zurückbleiben der Produktion, die Opposition der Isolationisten gegen die Kriegspolitik, die Fragwürdigkeit des Zustandes in den Vereinigten Staaten (13. 8. 42). Schon einen Monat früher vermerkte Thomas Mann die Erbitterung Rußlands über das Ausbleiben westlicher Hilfe (24. 9. 42). Wendell Willkee, der als Präsidentschaftskandidat der Republikaner gegen Roosevelt unterlegen war, aber die Kriegsanstrengung der demokratischen Administration unterstützte, hatte Stalin in Moskau besucht; auch er drängte zu der Eröffnung einer zweiten Front in Westeuropa. Willkee protestierte gegen die Schwäche der alliierten Kriegführung (27. 9. 1942). Man kann nachträglich sagen, daß die Russen und Polen nicht das halbe Deutschland hätten an sich nehmen, daß Moskau Ungarn und die Tschechoslowakei nicht zu sowjetischen Satelliten hätte machen können, wenn die Amerikaner und Engländer dem Drängen Stalins nach einer baldigen Eröffnung einer zweiten Front in Westeuropa stattgegeben hätten.

Ich konnte nicht wissen, daß T. M. in seinen Tagebüchern den gleichen Sorgen über die Verspätung der amerikanischen Kriegsbereitschaft Ausdruck gab, die ich in der Schweiz in meinen Radiosendungen wiederholt feststellte. Im folgenden Jahr verzeichnet Thomas Mann die Uneinigkeit zwischen den Angelsachsen und den Russen über die Gestaltung des Nachkriegs-Europa und die Erbitterung der Russen über das Ausbleiben der zweiten Front (23. 8. 43). Das waren die Vorboten dessen, was wir später als „Kalten Krieg" zwischen West und Ost erlebt haben. Am 3. Dezember 1943, nach den Gipfeltreffen der Regierungschefs in Kairo und Teheran: „Einzigartig dominierende Stellung Rußlands auf dem Kontinent."

Auch wir, in einem verschonten Land, verfolgten diese dramatische Entwicklung mit einer Mischung von Hoffnung und Sorge. Thomas Manns Tagebücher von 1944 und 45 kennen wir noch nicht. Die Landung der Alliierten in der Normandie erfolgte endlich am 6. Juni 1944, an Thomas Manns 69. Geburtstag. Er hat, neben Alltagserlebnissen und literarischen Kommentaren, mit klarem Verstand, ohne Illusionen, in seinen Tagebüchern, wie er einmal notierte, ein „Résumé der Epoche" geschrieben.

16. Januar

Wir sind für den vielen Schnee, in dem wir voriges Jahr hier steckten, durch sonniges, noch kühles Wetter und einen hellen italienischen Himmel entschädigt. Die braunen Abhänge der Berge sind aper, der See klar und ruhig. Ich wandere am Vormittag mit dem Hund zum Bagno Publico, ein wenig hinkend, den Stock in der Hand, weil bei jedem Schritt das beschädigte Knie sich in Erinnerung ruft. Am Strand sitzen, Gioia scharrt wild im Sand, ihr Vergnügen ist auch meines. Es ist eine gesegnete Landschaft, der Blick schweift zu den beiden Ufern und ihren Ortschaften, nach Süden bis Brissago. Auf Berggipfeln ein wenig Schnee, wie von einer Puderquaste hingestreut. Im Garten blühen blutrot die Kamelien. Das Gedächtnis der Hunde: jedesmal, wenn wir an der Via Lido am Haus vorbeikommen, das wir vor einem Jahr bewohnten, steht Gioia vor dem Gartentor still, möchte hinein. Als neulich abends Dieter Bachmann, der in Ronco weilt, zu uns kam, führte Gioia, die ihn lange nicht gesehen hatte, einen Freudentanz auf – sie erkannte den ehemaligen Nachbarn wieder. Italo und Anne Valenti, die uns dieses Haus vermittelt haben, kamen zu einem Drink; sie wohnen schräg gegenüber. Italo, zart, schlank, nicht groß, nicht jung, spielte mit schelmischer Witzigkeit den Buffone. Annes Mutter war eine Nichte Jacob Burckhardts; die alte

Dame erinnerte sich. Ein Gemälde von Valenti, das bei Manuel in Brunegg war, hängt jetzt in diesem Haus neben dem großen Kamin. Italo sagte, seine eigenen Bilder, nach Manuels letztem Willen ihm zurückerstattet, habe er nicht wieder an sich nehmen wollen. Valenti saß wegen antifaschistischer Tätigkeit in den Gefängnissen Mussolinis. Er verabscheut alles Autoritäre, die Hierarchie der Römischen Kirche nicht weniger als Diktaturen. Eine freie Künstlerseele, ein bedeutender Maler. Wir werden hier nicht allein sein. Vor kurzem, erzählten die Valentis, seien die Rosenbaums aus Amerika zurückgekehrt, wo sie in San Francisco ihren Sohn Bernd besuchten. Mit seinen 88 Jahren sei Ro, der zum erstenmal in Amerika war, munter und mit neuen Kräften von der langen Reise heimgekehrt.

Mit der hiesigen Gegend, ihren Menschen, ihrer südlichen Vegetation, ihrer befreienden und beruhigenden Atmosphäre stimme ich zutiefst überein. Es ist nicht Italienschwärmerei des nordischen Menschen. Der lombardisch-venezianische Süden ist mein Herkunftsland, uralte Heimat. Es ist nicht richtig, wie heute wieder von Historikern behauptet wird, daß die Schweiz „natürliche Grenzen" habe. Das Tessin ist ein aus der Lombardei herausgeschnittenes Stück Landschaft, das Veltlin wurde zur gleichen Zeit erobert und ging nach dreihundert Jahren wieder verloren. Drei italienische Talschaften blieben bei Graubünden. Die Bevölkerung des Tessins, die einen lombardischen Dialekt spricht, die Lorbeerbäume, die Architektur und die angestammte Kultur bilden eine regionale Einheit mit dem Mailändischen. Staatsgrenzen, aus historischen Gründen entstanden, haben etwas Willkürliches, sie zerschneiden Zusammengehöriges. Carl Burckhardt erzählt, daß ihn in seiner frühen Jugend das Wort „Grenze" tief erschreckt habe. Denn auch Basel ist ein Teil der elsässisch-südbadischen Landschaft. Schaffhausen ragt rechtsrheinisch weit ins Schwabenland, was dieser Stadt im letzten Kriege ein mörderisches Bombardement bescherte (auf den Karten der amerikanischen Bomberpiloten waren keine Staatsgrenzen eingezeichnet). Der Jura ist durch eine alte politische Grenze von der Franche Comté abgetrennt. Kein Grund zu unpatriotischen Betrachtungen, sondern zu solchen, die Landschaftliches, Sprachliches, Kulturelles, volkhaft-menschlich Verbundenes zum Gegenstand haben. Zufälle der Geschichte ließen die europäischen Staaten entstehen, ließen sie größer, kleiner werden.

Sonne, Licht, Wärme haben einen Regentag überwunden. Hier können Häuser farbig sein, gegenüber sind sie ockergelb, rosa, blau, dann wieder weiß. Eine hohe Mauer umgibt das Collegio Papio wie ein Kloster; aber in den Pausen höre ich fröhliches Rufen und Schreien der Schüler. Der schlanke Campanile des Collegio mit seinem Spitzdach wie ein Obelisk. Wie gut, daß auch die Kinder der hier ansässigen Deutschschweizer eine italienische Schule besuchen müssen! Der Gang durch das Borgo ist mir der liebste, die kleinen Läden; ich habe dort voriges Jahr mein bestes Paar Schuhe gekauft. Ich finde auch den gewohnten Tabak und die neusten Bücher. Die schmalen Gassen, die vom Borgo Richtung See führen, haben Überraschungen bereit in ihren Butiken, Blumenläden, bei Antiquaren, italienische Küche in den Restaurants. Am liebsten ist mir die kleine Bar für Einheimische am Borgo, wo ich den Merlot aus einem Boccalino trinken und eine Pizza essen kann. Hinter der reichen Barockfassade der Casa Serodine sitzt Ro wieder in seinem engen Gemach, das voll antiker Schätze ist. Nebenan eine Kunstgalerie mit teuren Modernen, ihr gegenüber eine Metzgerei. Die Piazza am Ufer festlich, einige Häuser sind alt, andere, die ich noch kannte, sind durch Neubauten ersetzt, die sich mehr schlecht als recht in die lange Fassadenfront einfügen. Bereits sitzen Menschen vor dem „Al Porto" und anderen Gaststätten im Freien beim Kaffee oder Apéritif. Aber es ist glücklicherweise nicht „Saison"; nur an Sonntagen bevölkert sich das Dorf mit Leuten, die aus dem nördlichen Tessin und aus Italien kommen; abends lange Autokolonnen, die durchs Borgo nach Süden, über die Piazza nach Norden heimfahren. Wir sind nicht mehr „ausgegangen" zum Essen, die Häuslichkeit ist bequem, die von E. bereiteten Speisen sind bekömmlich. Das in Schinznach zurückgelassene Körpergewicht will ich nicht wieder aufladen! Vom Schreibtisch aus die hohen, immergrünen Bäume des Gartens, links dahinter der Monte Tamaro mit einem winzigen, in der Sonne glitzernden Schneekäppchen. –

Ich fuhr mit E. zum Lido. Dort wanderten wir auf dem Fußweg zwischen Ufer und Golfplatz, auf dem vor einem Jahr eine Schneedecke lag und wo jetzt gespielt wird. Nachmittagssonne blendet auf dem Seespiegel. Viele Spaziergänger, auch sie mit Hunden. Schwarzseher meinen, diese Welt sei am Ende. Sie hat schwere Probleme, aber sie steht noch. Sie wird noch lange stehen. Es gab immer Zeiten mit Weltuntergangsstimmung. Als

Kind sagte ich, grand-mère sei so alt, daß sie den Weltuntergang nicht erleben müsse. Als alter Mann glaube ich nicht mehr an den Weltuntergang.

Diese Tessiner Gegend ist lieblicher als unsere Bündner Täler, auch als die Täler, die nach Süden abfallen und deren Bewohner italienisch sprechen. Ich war schon lange nicht mehr im Bergell, im Kastanienwald von Soglio, im Stammhaus, das als Gasthaus dient; den alten Hausrat, die großen Schränke, die Familienportraits, das breite Ehebett mit dem Baldachin, die Bibliothek läßt der Gastwirt unangetastet. Der Filmemacher Daniel Schmid hat das Geviert der Palazzi von Soglio mit ihrem Hof, den Treppen und Gemächern in einem Spielfilm verwendet, den er nach C. F. Meyers Novelle „Die Richterin" gedreht hat. Pierre Jean Jouve siedelte seine Erzählung „Dans les années profondes" in diesen traditionsreichen Häusern und in dem Palazzo von Bondo an. Rilke zog sich in Soglio in die Bibliothek zurück, wenn er sich von den Hotelgästen absondern wollte. Auch Hermann Burger hat eine seiner Erzählungen in die verzauberte Atmosphäre dieses Bündner Dorfes versetzt. Fremde, die dort abstiegen, wollten mir oft mit einer Ansichtskarte von Soglio eine Freude machen. Es war immer die gleiche. Wohl habe ich in anderen Gegenden der Schweiz mein Leben verbracht. Das Gefühl, eine Heimat verloren zu haben, bin ich aber nie ganz losgeworden. Im Geiste blieb ich ein Nachbar von Alberto Giacometti, der in Stampa zu Hause war. Varlin lebte, malte und starb in Bondo, dem Heimatort seiner Frau Franca. Nichts ist für mich bewegender als die Fahrt vom Maloja jäh hinunter, über Casaccia, Vicosoprano, Promontogno, durch das Tal der Mera, die sich weit unten mit der Adda vereinigt; auf kurzer Strecke führt die Talstraße durch das Bergell aus der hochalpinen in eine südliche Vegetation. Nirgends ist das Harte und das Weiche, Hochgebirge und ein venezianischer Himmel, eine so zauberhafte Symbiose eingegangen.

In Paris sagte mir einer meiner Professoren nach dem Abschluß meines Studiums, als ich gekommen sei, hätten sie gefürchtet, ich könnte wie Gonzague de Reynold von meinen Ahnen sprechen; sie seien angenehm überrascht gewesen, als ich es nicht tat. Ein Snob ist ein Mensch, der sich für etwas besseres hält, als er ist, und gesellschaftlich weniger begünstigte Menschen mit Verachtung behandelt. Ich war kein Snob. Etwas anderes ist das Bewußtsein der Herkunft und der Überlieferung, das Geheimnis des Ursprungs. Man soll's nicht verleugnen, es ist übrigens mehr mit Problematik als mit verblaßtem Ruhm belastet. Rühmliche Taten der Politik

und des Krieges, die meistens mit Katastrophen enden, werden schnell vergessen; Historiker zeichnen sie auf, nicht immer begabt mit tieferem Eindringen in die Atmosphäre und Lebensart früherer Zeiten und in die Mentalität vergangener Geschlechter. In jungen Jahren ging ich ihnen nach, forschte in Archiven und Bibliotheken. Später bin ich darüber hinausgewachsen. Die neue Zeit holte mich ein, ihr widmete ich meine Aufmerksamkeit und bemühtes Verstehen. Vielleicht treffen auf meine Schriften die erwähnten Worte aus einer Maxime von Goethe zu: „Eine Chronik schreibt nur derjenige, dem die Gegenwart wichtig ist." Meinen Kritikern ist nicht aufgefallen, daß das, was ich über die Gegenwart, auch zurückblickend über die neuere Zeit, sagte und schrieb, der Tradition der Bündner Chronisten nahesteht, eines Fortunat Sprecher, der deutsch schrieb, und der italienischen „Memorie" des Marschalls Ulysses Salis aus der Zeit des Dreißigjährigen Krieges. Italienisch war die Sprache meiner Vorfahren. –
Ich las soeben in der neuesten Nummer des „Tages-Anzeiger-Magazins" Dieter Bachmanns Reportage über Wolfgang Hildesheimer. Er hat ihn in Poschiavo, wo dieser Schriftsteller-Maler seit fünfundzwanzig Jahren lebt, besucht. Der Verfasser der Mozart-Biographie und der Lebensgeschichte des von ihm erfundenen Andrew Marbot hat eine intime Beziehung zur Geschichte. Seine Werke sind randvoll von historischen Kenntnissen. Die Gemeinde Poschiavo hat den berühmten fremden Einwohner, der kaum noch irgendwo eine Heimat hatte, aber ihrem Dorf die Treue hielt, zu ihrem Ehrenbürger ernannt. Das Puschlav, über den Berninapaß erreichbar, führt hinunter nach Tirano. Zu Bachmann sagte Hildesheimer: „Mich interessiert die Schweiz überhaupt nicht. Mich interessiert Graubünden allerdings sehr, aufgrund seiner Geschichte, wegen unserer Freunde. Es ist für uns sehr schön, Bündner geworden zu sein, zumal sich ja die Bündner sehr für uns eingesetzt haben, ohne daß wir von uns aus das Geringste tun mußten . . . Nun kann man sagen, Poschiavo ist noch relativ interessant, es hat immerhin in verschiedenen geschichtlichen Zusammenhängen eine Rolle gespielt. Nicht bloß Poschiavo, auch das Puschlav, das Veltlin, das alles hat eine gewisse Geschichte . . ." Der Journalist kommentiert, dieser Schriftsteller lebe „mit dem Rücken gegen sein Publikum, mit Blick in einen Süden, der ein paar Kilometer unter Poschiavo mit dem Veltlin auch wirklich beginnt – wie nah ist dann jenes Italien, das er kennt und liebt!"
Es geht auch mich etwas an, wenn ich lese, daß der misanthropische Bio-

graph des Andrew Marbot, den er in Urbino leben und sterben läßt, wo er selber lange gelebt hatte, in einem Patrizierhaus im Dorfkern von Poschiavo wohnt. Mit seinem Gast stemmt er die schwere Haustür auf, steigt mit ihm „durch das kälteatmende, granitbelegte Treppenhaus in den ersten Stock“. Ich kenne viele solche alten Bündner Häuser und Schlösser, mit ihren Steinfliesen, kalten Gängen, mühsamen Treppen und schönen Stuben – in einem solchen ist noch mein Vater zur Welt gekommen. Mit E. bin ich vor ein paar Jahren über den Julier- und den Berninapaß ins Puschlav gefahren; wir haben in Poschiavo einen Halt eingeschaltet. Am nächsten Tag fuhren wir hinunter nach Tirano, besuchten den barocken Palazzo Salis, an dem Spuren des Verfalls sichtbar sind. Einer seiner Besitzer kämpfte im frühen 19. Jahrhundert als Anhänger des Risorgimento für die italienische Freiheit; das trug ihm eine Kerkerstrafe in Österreich ein, weshalb Straßen in Tirano und in Mailand nach ihm benannt sind. Sein Erbe, Graf Sertoli Salis, war abwesend, als wir den Palazzo besichtigten. Dann Reise durch das langgestreckte, breite Veltlin mit seinen reichen Weinbergen und Ortschaften. Wir suchten die Kirche von Teglio auf, wo zur Zeit der Gegenreformation die Protestanten eingesperrt und lebendig verbrannt wurden.

In Chiavenna – auch dort ein stattliches Familienhaus aus dem 18. Jahrhundert, aber der Eingang und die Fensterläden waren hermetisch geschlossen – stand einst das Denkmal eines bündnerischen Gouverneurs (ein Salis aus der Bondo-Linie), von dem es eine zeitgenössische Abbildung gibt. Auf der Inschrift des Denkmals wurde die gute Verwaltung, die Menschenfreundlichkeit des also Geehrten gerühmt. Nicht anders als viele Anhänger der reformerisch gesinnten Aufklärungsphilosophie fiel dieser Mann – zwar nicht persönlich, aber in effigie – während der Revolution der Volkswut zum Opfer. Ein Arzt in Chiavenna, der in seinem Haus ein Heimatmuseum einrichtete, hatte den verstümmelten Torso der Denkmalfigur aufgefunden; eines Tages entdeckte er bei einem Krankenbesuch auf dem Kaminsims des Zimmers den dazugehörigen Kopf, dessen Nase zerbrochen war. Wir erblickten, an der Außenwand dieses kleinen Museums befestigt, diese Reste des Standbildes eines Repräsentanten der Bündner Herrschaft im Veltlin. Manuel Gasser, der diesen Arzt, der auch ein Freund von Alberto Giacometti war, aufgesucht hatte, veröffentlichte in seiner Zeitschrift DU eine großformatige Photographie der verstümmelten Plastik aus Chiavenna. Konfessioneller und ideologischer Fanatismus hatte auch im Veltlin Opfer gefordert.

Wir fuhren weiter, nach Süden, den Comersee entlang, über Lugano und den Ceneri nach Ascona, wo wir, aufatmend, die Nacht verbrachten. Ich erinnere mich, wie Papa einmal in einer Aufwallung von Unmut sagte: „Ich wäre lieber noch Weinbergbesitzer im Veltlin als Arzt in Bern." Altes und Verlorenes läßt sich nicht wiederherstellen (weshalb „Restauration" immer ein vergebliches Bemühen ist). Auch zu Nostalgie ist kein Anlaß, aber es gibt Kontinuität – obgleich die Geschichte irreversibel ist.

19. Januar

Wenn einer das Lob Italiens gesungen und mit Liebe die norditalienischen Landschaften gerühmt hat, dann war es Stendhal in seiner „Chartreuse de Parme". Nicht von einem Historiker – keiner war weniger pedantisch –, von einem dichterisch beflügelten Erzähler und Schilderer wird hier die Po-Ebene beschrieben, das Panorama der Alpenkette heraufgerufen, werden die zauberhaften Ufer der norditalienischen Seen gefeiert, die Menschen geschildert. Von der Wirklichkeit ausgehend hat Stendhals Auge in seinem Werk verwendet, was es von der schönen Welt aufgenommen; in diese hat er die erfundenen Figuren seines Romans hineingestellt. Vieles, was es in Parma gab, hat Stendhal in sein Buch eingebracht; manches hat er verändert oder hinzugefügt, Kirchen, Paläste, Zitadellen, Staatsgefängnisse, Türme, die es überall gibt in den historischen Städten Italiens, die dieser Schriftsteller alle kannte. Immer wieder, seit seiner ersten Reise nach Italien im Jahr 1800, als Stendhal die Borromäischen Inseln besuchte, kehrte er an die Ufer dieser Seen zurück; der Held der „Chartreuse", Fabrice del Dongo, und seine junge Tante, die Herzogin Sanseverina, stammen aus einem vornehmen Geschlecht, das am Comersee sein herrschaftliches Haus und seine Besitzungen hat. Stendhal schrieb einmal: „Ave Maria! In Italien, zur Stunde der Zärtlichkeit, des Vergnügens der Seele, der Melancholie: der Eindruck wird vom Geläute der schönen Glocken verstärkt. Stunden der Freude, die nur durch die Erinnerung an die Sinne greifen." Der in Paris geschriebene Roman lebt von der Erinnerung an Italien.

Als Fabrice del Dongo in Parma im Farnese-Turm (den es dort nicht gibt) gefangensitzt, genießt er aus seiner Zelle den Blick auf die schneebedeckten Gipfel der Alpen und auf die grünen Felder des Piemont und des Mailändischen. Es ist nicht glaubhaft, daß es diese Aussicht von dort, zumal aus einer Gefängniszelle, gibt. Poetische Lizenz gestattet es. Stendhal, der eine „Histoire de la peinture en Italie“ (1817) geschrieben hat, siedelte seinen Roman vielleicht deshalb in Parma an, weil es die Stadt des Corregio ist. Auch die italienische Musik liebte er – er veröffentlichte ein Buch über Rossini. Das Turmgefängnis in Parma hat viel Ähnlichkeit mit der Engelsburg in Rom; Fabrices Ausbruch aus dem hochgelegenen Verlies mit Hilfe eines langen, geknoteten Seils erinnert an den Ausbruch Alexander Farneses aus der Engelsburg (diese Persönlichkeit war das Modell für Fabrice del Dongo) und an die Geschichte, die Benvenuto Cellini in seinen Memoiren von seiner Flucht aus diesem Gefängnis erzählt. Stendhal hat Elemente und Gestalten der Renaissance in das frühe 19. Jahrhundert versetzt, in die Restaurationszeit, als Österreich über das Lombardo-venezianische Königreich herrschte, in den kleinen Herzogtümern Modena und Parma absolute Monarchen regierten und im Kirchenstaat korrupte geistliche und weltliche Beamte die Länder des Papstes verwalteten. Aber die italienischen Seen, die Stendhal über alles liebte, leihen immer wieder den Hintergrund für die bewegte Geschichte des Romanhelden; sie haben den Schriftsteller mit ihrer weichen Schönheit und Reinheit bezaubert. Sogar noch in seinem Buch „Rome, Naples et Florence“ feiert er die Pracht dieser Seen. Nach seinem Ausbruch aus dem Gefängnis in Parma flüchtet Fabrice del Dongo in die Schweiz, hält sich in Locarno verborgen; die Besitzung der Sanseverina, die ihrem geliebten Neffen nachreist, heißt Belgirate, nach einer „schönen Bucht“ am Langensee, halb Lombardei, halb Tessin.

Es scheint zuzutreffen, daß Stendhal die „Chartreuse“ in 53 Tagen niedergeschrieben hat, was fast unglaublich klingt, wenn man die 537 Druckseiten durchgelesen hat. Er schrieb rasch, ununterbrochen, in einem Rausch, ohne Reflexion, er nannte es „narrativ erzählen“. Sein Vorbild war Ariosto, der in seinen Augen der größte Meister des Erzählens war. Das Buch hat etwas Regelloses, der Stil ist da und dort nachlässig, der Duktus drängend, wie eine Flucht nach vorn. Aber diese Sprache ist erkennbar als Fortsetzung der französischen Prosa des 18. Jahrhunderts, eines Voltaire, eines Marivaux: flüssig, knapp, klar, keine Emphase, kein Pathos. Stendhal hält sich nicht auf mit philosophischen Gedanken, mit psychologischen Analysen, mit tiefsinnigen Bemerkungen. Kein Zweifel, daß sein „Le Rouge et le Noir“ gewichtiger ist, mehr intellektuelle Substanz, auch eine soziale Dimension hat wegen des Konfliktes zwischen den Klassen der Vornehmen und der Bürger. In der „Chartreu-

se“ fallen dem Autor die Details, die Episoden und Anekdoten im Überfluß zu.
Stendhal war gegen die Romantiker, die ihn ablehnten; aber Balzac schrieb ihm, er habe das Buch „verschlungen“. Mit Respekt hörte Stendhal dem erfolgreichen Balzac zu, als er ihm zufällig auf dem Boulevard in Paris begegnete und der große Meister des Romans, mit viel Wohlwollen übrigens, dem Verfasser der „Chartreuse“ einige Aussetzungen an seinem Werk machte. In einem Brief an Balzac hatte Stendhal geschrieben: „Ich habe nie an die Kunst, einen Roman zu machen, gedacht . . . Ich hatte keine Ahnung von den Regeln.“ In einem 1840 erschienenen Artikel über die „Chartreuse de Parme“ attestierte Balzac diesem Buch, das Sublime erscheine auf jeder Seite, nur hochgestimmten Seelen sei es beschieden, es zu verstehen. Interessant ist Balzacs Bemerkung, dieser Roman sei der moderne „Principe“; Machiavelli hätte dieses Buch geschrieben, wenn er in dieser Zeit gelebt hätte. Diese Zeit: In Frankreich regierte der Bürgerkönig Louis Philippe mit liberalen Ministern, aber über die deutschen und italienischen Staaten herrschte das „System Metternich“ – die Restauration, das „Bündnis von Thron und Altar“. Tatsächlich beschreibt Stendhal im Herzogtum Parma die politisch-theologische Einheit der absoluten Fürstenherrschaft und der offiziell anerkannten Autorität der Römischen Kirche und ihrer Hierarchie.

20./21. Januar

Stendhal hatte anfangs der 1830er Jahre eine Sammlung von Chroniken aus dem Italien des 16. und 17. Jahrhunderts angelegt. Manche dieser „casi tragici“ hat er in der „Chartreuse“ verwendet, insbesondere den „Fall“ des Kardinals Alexander Farnese, der sich in einer „sfrenata lascivia“ auslebte, Frauen entführte und vor Morden nicht zurückschreckte. Als er unter dem Namen Paul III. Papst wurde (Tizian hat ihn porträtiert) wurde Farnese ein Vorbild christlicher Sittenstrenge. Fabrice del Dongo, obgleich er, wie Farnese, dem geistlichen Stand angehört, ein Prälat und großer Kanzelredner ist, hat ein Leben als Frauenheld geführt. Er ist eine hemmungslos verliebte Natur, stürzt sich in viele Abenteuer, folgt unbedacht seinen Instinkten. Er ist schön, liebenswert, aber unfähig, seine Impulse zu beherrschen, sein Leben zu ordnen. Den einzigen Halt findet er bei der ihn liebenden Sanseverina; sie verzeiht ihm alles,

auch die Ermordung eines Rivalen, die ihm jene Kerkerstrafe in dem Turm einträgt, aus dem sie ihm ausbrechen hilft. Seine letzte Liebe, Clelia, ist die Tochter des Festungskommandanten, ein junges, zartes, frommes Mädchen; sie heiratet einen anderen, nachdem Fabrice sie in seiner Gefängniszelle in einer leidenschaftlichen Aufwallung entjungfert hatte. Das Kind, welches als legaler Sohn von Clelias Gatten heranwächst, will Fabrice, sein leiblicher Vater, zu sich nehmen. Es gelingt ihm, den kleinen Sandrino zu entführen, der bald danach stirbt. Auf diese Geschichte des Knaben Sandrino hin hatte Stendhal seinen Roman konzipiert, wobei ihm das Mißgeschick passierte, daß sein Verleger die Sandrino-Episode zum größten Teil wegließ, weil ihn die Länge des Manuskriptes erschreckte. Wenigstens konnte nach diesem Massaker bei der Drucklegung der „Chartreuse" Fabrice del Dongo, um Buße zu tun, sich am Schluß des Buches in die Kartause von Parma zurückziehen und dort sterben.
Ein Liebes- und Abenteuerroman, eine Kolportagegeschichte, von einem genialen Schriftsteller erzählt, der bei den meisten Zeitgenossen keinen Anklang fand, aber überzeugt war, daß er 1880 gelesen würde. Er wird auch 1980 noch gelesen, neu aufgelegt, kommentiert, seine Werke von Philologen mit Eifer und Liebe erforscht. Stendhal hatte mit freudigem Staunen entdeckt, wie im Rom der Renaissance die Borgia, die Farnese Papst werden konnten, wie dabei Frauen die Hand im Spiele hatten und die großen Adelsgeschlechter ihre Fortüne „einer oder zwei Huren" verdankten. Er merkte an, wie verschieden die italienische Gesellschaft jener Zeit von der amerikanischen und modernen sei, die tugendhaft sein wolle und uns „zu einem unaufhörlichen Gähnen" zwinge.
Stendhal wollte in diesem Buch den Charakter des italienischen Volkes schildern. Er liebte die Italiener, seitdem er in jungen Jahren in das von Napoleon geschaffene Königreich Italien gekommen war, in dessen Hauptstadt Mailand Napoleons Stiefsohn Eugène de Beauharnais als Vizekönig Hof hielt. Für Stendhal war dies die schönste Zeit seines eigenen amourösen Lebens. Nach Napoleons Sturz, in der Restaurationszeit, erschien sie ihm rückblickend auch als die glücklichste Zeit Italiens. Bei den französischen Philosophen des 18. Jahrhunderts hatte Stendhal gelesen, daß die politischen Zustände, insbesondere die Institutionen, unter denen die Völker leben, den Volkscharakter prägen. Die Freiheit und Energie der Italiener hatte in den Jahrhunderten der Stadtrepubliken des Mittelalters ihren Höhepunkt und ihre Blüte erlebt. Das traurige Ende dieser Republiken, als kleine Tyrannen zur Macht kamen, insbesondere

der Fall von Florenz im Jahre 1535 und die Fremdherrschaft in Italien, hatten dieses Land und den Charakter seiner Bewohner verändert. Diese Auffassung hatte Stendhal der „Histoire des Républiques italiennes du Moyen-Age“ von Sismondi entnommen. Er machte sich (mit Vorbehalten) auch den pessimistischen Ausspruch des italienischen Dramatikers Alfieri zu eigen, das moderne Italien sei heruntergekommen bis auf einen Nullpunkt.
Stendhal glaubte jedoch, auch bei den modernen Italienern etwas von den alten Eigenschaften dieses Volkes zu erkennen, Energie und Liebe zur Freiheit. Die Schriftsteller und Helden des Risorgimento waren ihm bekannt, er verkehrte in Florenz in ihrem Kreise und las Silvio Pellico. Die Figuren der „Chartreuse“ sind ein Amalgam seiner Vorbilder aus der Renaissance und der Menschen, die er in Italien gekannt hatte. Als er seinen Roman schrieb, hatte er seine früheren idealistischen Ansichten über die Theorie vom „größten Glück der größten Zahl“, die auf fortschrittliche Institutionen und ein liberales Regime ihre Hoffnungen setzten, bereits abgelegt. Was Stendhal jetzt suchte und in seinem Buch rühmte, war die innere Freiheit des Menschen, die keinem Konformismus huldigt, keine Vorurteile kennt und den Mut aufbringt, nur auf seinen Instinkt und die eigene Meinung zu vertrauen. In der „Chartreuse de Parme“ wollte er Elite-Menschen gestalten. Die drei Hauptfiguren, Gina Sanseverina, Graf Mosca und Fabrice del Dongo gehören einer Welt an, die energisch, leidenschaftlich und intelligent ist und für delikate Feinheiten Sinn hat, die die große Masse nicht kennt.
Nur ein völlig undoktrinärer Geist konnte es wagen, ein vorurteilsloses Bild von Italien zu zeichnen, wo kleine Tyrannen, wie Stendhals Herzog von Parma, und ihre Kreaturen das Land regierten. Selbst der Premierminister von Parma, Graf Mosca, der das Gute will, die Verfolgung von politischen Gegnern zu verhindern sucht, den intriganten Höflingen und den Inhabern der Polizeigewalt entgegenzuwirken trachtet, bringt trotz seiner Bildung und Distinktion nicht die Charakterstärke auf, dem Inhaber der absoluten Macht im Staate, seinem Fürsten, entgegenzutreten. Mosca bleibt der Erste Minister des Herzogs, weil er die Macht liebt und sich bereichern will. Graf Mosca, der Geliebte der Sanseverina und Beschützer des Fabrice del Dongo, ist die interessanteste Figur, die Stendhal in diesem Roman gelungen ist. Der vornehme Skeptiker weiß, daß er, solange er an der Macht bleibt, was ihm mit staatsmännischem Geschick gelingt, nicht jedes Verbrechen und jedes Unglück verhüten kann. Er

begnügt sich mit relativen Erfolgen, in der Überzeugung, daß die Willkür und das Unrecht der Staatsmacht nun einmal das Los der Menschheit sei. Was Mosca nicht verhüten kann, läßt er geschehen.
Stendhal konnte sich selber der Faszination der Macht und der Machtmenschen nicht entziehen. Ihn interessierten die Condottieri der Renaissance, und er glaubte, in gewissen Italienern seiner Zeit diesen Typus wiederzuerkennen. In seinen Augen war Napoleon, dem er in Italien, Deutschland und Rußland gedient hatte, den er verehrte und dessen Lebensgeschichte er in zweien seiner Bücher geschildert hat, der größte aller Condottieri. Sein Fabrice hat etwas von einem Condottiere, einem jener tollkühnen, unberechenbaren und gewalttätigen Draufgänger, deren Handlungen nicht klug berechnet und daher zum Scheitern verurteilt sind. Stendhal dachte dabei an die Herzöge von Mailand aus dem Hause Sforza und an den venezianischen Söldnerführer Bartolomeo Colleoni. „Stendhal", schreibt Professor Adam in seiner Einleitung zur „Chartreuse", „war sehr beeindruckt von dem Ungenügen der Reflexion bei diesen Männern, die in Wirklichkeit große Abenteurer waren." Stendhal sagt, Machiavelli habe sie im „Principe" beschrieben, aber er habe nicht bedacht, daß plötzlich ausbrechende Leidenschaft die klug überlegten Schachzüge dieser Herrscherpersönlichkeiten oft zuschanden werden ließ. Das Scheitern gehört zu diesem Menschentyp, mit dem Stendhal sich selbst und seine Kunstfigur Fabrice identifizierte. Aus diesem Grund ist auch sein Heros Napoleon gescheitert. Nicht dieser Eroberer und Kaiser war ein großer Politiker, sondern Talleyrand. Nicht Fabrice del Dongo führt sein Leben zum Erfolg, sondern der Graf Mosca.
In diesem im tempo vivace und prestissimo geschriebenen Roman fehlt es manchmal an künstlerischer Zucht und Knappheit; aber der Leser kommt auf seine Rechnung, wenn er Sinn für höheres Vergnügen aufbringt. Es bereitete mir außerdem Spaß, wenn Stendhal für einige seiner Figuren Namen von lombardischen und venezianischen Familien verwendet, die mit meinen frühen Vorfahren verschwägert waren. Als ich einmal in Venedig, vor einer kleinen Bar sitzend, einen Campari trank und von dort aus in Ruhe das Reiterstandbild des Colleoni von Verrocchio betrachtete, mußte ich innerlich lachen bei dem Gedanken, daß dies mein monumentalstes „Ahnenbild" sei. Enkel des Condottiere, die sich zur Reformation bekannten, mußten unter dem Druck der Verhältnisse aus Italien fliehen; im protestantischen Bergell fanden sie ein schützendes Asyl. Eine Tochter heiratete in unsere Familie. Alles hängt mit allem

zusammen, die Geschichte selbst ist in manchen ihrer Episoden, tragischen und komischen, ein Kolportageroman.
Stendhal war ein Vorläufer des Renaissance-Kultus, Fabrice del Dongo selbst war, was man einen „Renaissance-Menschen" nennt. Jacob Burckhardts „Kultur der Renaissance in Italien" erschien zwanzig Jahre nach der „Chartreuse de Parme". Kein Wunder, daß dieser Roman unlängst für das Fernsehen verfilmt wurde. Die schöne Schauspielerin Marthe Keller verkörperte glaubhaft und glanzvoll die Herzogin Sanseverina – und der Schauspieler Gian Maria Volontè, der den verbannten Antifaschisten im Film „Christus kam nur bis Eboli" dargestellt hatte, erbrachte in der Rolle des Grafen Mosca den Beweis seiner erstaunlichen Wandlungsfähigkeit. (In diesen Zusammenhängen hatte ich auch die Bekanntschaft mit Luchino Visconti gesucht, dessen Filme mich etwas angehen.)
Stendhal war von 1831 bis 1841, unter König Louis Philippe, französischer Konsul in Civitavecchia. Mein Pariser Lehrer Paul Hazard widmete ihm eine Biographie. Mit Hazard führte ich Gespräche über Stendhal und über Sismondi, über den sich Stendhal abfällig geäußert hat; das wohl, meinte Hazard, aber für seine eigenen Bücher habe er Sismondi „geplündert". Die „Chartreuse" diente mir als Anlaß und Vorwand, wieder einmal über Stendhal nachzudenken, der mit bürgerlichem Namen Henri Beyle hieß. Auch mit seinem Pseudonym lieferte er ein Beispiel seiner Vorliebe für Verstellungen. Er war ein Genie der Verwandlungsfähigkeit und Wandelbarkeit. Stendhal erlitt in Civitavecchia seinen ersten Schlaganfall. Er begab sich nach Paris in Urlaub, wo ihn ein Jahr später ein neuer Schlaganfall auf offener Straße zu Boden streckte. Er war 59 Jahre alt, als er 1842 starb. Im gleichen Jahr wie Sismondi . . .

25. Januar

Zwei Todesfälle von gleichaltrigen Freunden gingen mir nahe. Vorige Woche starb Alfred Zehnder, der hervorragende Diplomat und warmherzige Mensch, den ich vor zwei Monaten im Bad Schinznach wiedersah. Er erzählte mir ein Gespräch, das er mit Marschall Schukow, dem russischen Heerführer des vorigen Weltkrieges, geführt hatte. Zehnders zweite Muttersprache war das Russische, was ihm den Zugang zu den leitenden Persönlichkeiten in Moskau sehr erleichtert hat. Schukow hatte

1941 Moskau verteidigt und 1945 Berlin erobert, als Zehnder dort die Interessen der Schweiz unter den schwierigen Verhältnissen von Verwüstung und Besetzung wahrnahm; aber das erwähnte Gespräch fand statt, als Alfred Zehnder Botschafter in Moskau war. Er fragte den Marschall, ob die Sowjetunion die Absicht habe, eine militärische Aktion gegen den Westen zu unternehmen. „Wo haben Sie Ihre militärische Ausbildung genossen?" fragte Schukow. „Ich habe keine solche Ausbildung", entgegnete Zehnder. Schukow: „Das sieht man. Wie stellen Sie sich das vor? Die Eroberung Westeuropas würde in erster Linie eine Besetzung von Großstädten bedeuten. Das würde eine enorme Truppenzahl in Anspruch nehmen. Ich müßte alle meine Soldaten dazu verwenden, diese Städte zu besetzen und zu sichern. Für etwas anderes wären keine Truppen mehr vorhanden. So viele Soldaten habe ich nicht. Eine solche Operation ist unmöglich." –

Vor einem Jahr hatte die Nato Maßnahmen für den Fall geplant, daß die Sowjetunion infolge der Wirren in Polen militärisch gegen dieses Land vorgehen würde. Man war im Westen überrascht, als Moskau von einer solchen Intervention absah. Aber man untersuchte nicht die Gründe dieser Enthaltung. Die drohende Verschlechterung der Ost-West-Beziehungen als Folge eines eventuellen militärischen Eingreifens der Russen in Polen mag einer dieser Gründe gewesen sein; man sollte ihn jedoch nicht überschätzen, denn vordringlich ist für die Sowjetunion die Sicherung des osteuropäischen Staatensystems und ihrer langen Grenzen in Asien. Ausschlaggebend war zweifellos die Sorge, daß gleichzeitig mit dem Krieg in Afghanistan die Besetzung der polnischen Städte und die Unterdrückung der aufständischen polnischen Massen ein allzu großes Truppenaufgebot erfordert hätte. Weder die eigene innere und äußere Sicherheit, noch die finanzielle Lage gestattete der Sowjetregierung, Truppen zur Besetzung Polens aufzubieten. – Der aus innenpolitischen Propagandabedürfnissen im Westen gegen die kommunistische Macht im Osten Europas ausgeschlachtete Verdacht, die Sowjetunion könnte mit Truppenmacht Westeuropa angreifen und besetzen wollen, war aus militärischen und anderen Gründen nicht plausibel. Die Regierungen der Natostaaten haben kaum ernstlich geglaubt, daß Rußland mit Truppenmacht gegen den Westen vorgehen werde.

Etwas anderes ist die Frage der Atombewaffnung, um die sich heute von neuem die Diskussion dreht. Reagan hat für Kurzstreckenraketen die sogenannte „Null-Lösung" vorgeschlagen, die unrealistisch, dagegen

machtpolitisch und propagandistisch motiviert ist. Die Regierung Kohl-Genscher in Bonn hat sich die Null-Lösung zu eigen gemacht. Franz Josef Strauß hat diese „Lösung“ der Raketenfrage mit seiner gewohnten Grobschlächtigkeit, aber zu Recht, als „unsinnig“ angeprangert. Schlimm ist, daß in letzter Zeit die politischen Zustände im Westen auf ein ziemlich tiefes intellektuelles und moralisches Niveau gesunken sind. – Das sind Gedanken, die ich gern noch einmal mit Alfred Zehnder ausgetauscht hätte, wie wir es zum letzten Mal an den Abenden in Schinznach-Bad taten. Wir waren uns in manchen Fragen der Politik seit der Zeit, da er Generalsekretär des Politischen Departements in Bern und engster Mitarbeiter von Max Petitpierre war, einig.
Ein anderer gleichaltriger Freund ist vor etwas mehr als zwei Jahren gestorben. Werner Kaegi in Basel war in der deutschen Schweiz der Fachkollege, dem ich persönlich und geistig am nächsten stand. Bei ihm und bei mir zu Hause und in vielen Briefen haben wir eine Beziehung gepflegt, die vornehmlich seine monumentale Biographie von Jacob Burckhardt zum Gegenstand hatte. Er sagte mir einmal, ich sei in der Schweiz der einzige Historiker, dessen Geschichtsdenken von Jacob Burckhardt ausgehe, ich hätte seine Auffassungen weitergeführt und aktualisiert. Ich kann auch Kaegis – bekennerischer – Auffassung zustimmen: „In der bildenden Kunst spricht man viel von der Aussagekraft der Skizze, des Nonfinito. Die Geschichtschreibung hat bekanntlich nicht nur die Pflicht zur Wahrheit, sondern ist auch eine Muse auf dem Parnass. Sie darf in gewissen Fällen auf das Recht Anspruch erheben, nicht allein nach dem Wissen des Tages, sondern auch nach den Gesetzen der Kunst beurteilt zu werden.“ Diese Äußerung steht im 7. Band von Kaegis Burckhardt-Biographie, der postum (1982) veröffentlicht wurde, da sie vom Autor nicht mehr vollendet werden konnte. Merkwürdig, daß das „Nonfinito“ – in einem etwas andern Sinn – nun auch auf dieses kostbare Werk der Geschichtschreibung angewendet werden muß. Werner Kaegi hat in mönchischer Verzichtleistung auf Anderes und Eigenes, mit Forscherfleiß, glühender Begeisterung und sensibler Einfühlung in die komplexe Persönlichkeit Jacob Burckhardts vier Jahrzehnte seines Lebens der Arbeit an dieser Biographie gewidmet. In dem unvollendet gebliebenen Schlußband fehlt nur wenig; Kaegi wollte noch Burckhardts öffentlicher Vortragstätigkeit in Basel unter dem Titel „Der Erzieher der Bürgerschaft“ ein Kapitel widmen, ein anderes seinem Verhältnis zu den Verwandten; ein drittes sollte „Rubens – Beiträge zur Kunstgeschichte

Italiens" heißen. Die letzten Lebensjahre, Alter, Krankheit und Tod des großen Historikers hatte Kaegi bereits im 6. Band geschildert.

Werner Kaegis Burckhardt-Biographie weitet sich aus zu einer Kulturgeschichte nicht nur der Stadt Basel, sondern auch der Kulturen und Kunstwerke Europas, mit denen sich Burckhardt in seinem Leben befaßt hatte.

Dieser Lebensbericht über den seßhaften Basler Gelehrten, der Berufungen an deutsche Universitäten abgelehnt hat, wäre nicht so umfangreich ausgefallen, wenn Kaegi nicht anhand der nachgelassenen Vorlesungsmanuskripte Burckhardts die unbekannten Teile seines Lebenswerkes an den Tag gebracht hätte. Mit Eigensinn hatte J. B. nach der Veröffentlichung seiner Frühwerke über Konstantin den Großen und über italienische Kunst und Kultur es abgelehnt, seine Kenntnisse und Interpretationen von weltgeschichtlich relevanten Epochen im Druck erscheinen zu lassen. Zwar ist seine Vorlesung „Über das Studium der Geschichte" nach seinem Tode unter dem Titel „Weltgeschichtliche Betrachtungen" erschienen, desgleichen die „Griechische Kulturgeschichte". Mit erläuternden Kommentaren vermittelte nun Werner Kaegi seinen Lesern wertvolle Einblicke in Burckhardts Auffassungen von andern Epochen der Geschichte. Interessant im vorliegenden 7. Band dieses Werkes ist Kaegis Bemerkung, daß der Pessimismus nicht den ganzen Burckhardt ausmache, sondern „auf der andern Seite der Seelenwaage" ein Mann erscheine, der an die Wirkung des gesprochenen Wortes „auf die Menschen seiner Umgebung" glaubte.

26. Januar

Benedetto Croces Frage „Contro chi?" trifft auf Burckhardts „Griechische Kulturgeschichte" zu – denn gerade die fruchtbaren Bücher werden gegen etwas oder jemanden geschrieben. Kaegi, in dessen 7. Band die Analyse von Burckhardts Spätwerk von zentraler Bedeutung ist, meint, dieses sei erstens gegen das allzu optimistische Griechenbild der klassischen Tradition, und zweitens gegen die Philologen gerichtet. Die ästhetisch-harmonische Vision des Griechentums in der deutschen Klassik, die in Schillers „Die Götter Griechenlands" zelebriert wird, war unvereinbar mit der historischen Wirklichkeit. Schon Burckhardts Lehrer Boeckh sagte: „Die Hellenen waren unglücklicher als die meisten glauben"; die

Griechen seien „erstens Mörder von Mitgriechen und zweitens kunstsinnig“ gewesen. Goethe, dessen Aufmerksamkeit nichts entging, sagte zu Riemer: „Die Griechen waren Freunde der Freiheit, ja! aber jeder nur seiner eigenen, daher stak in jedem Griechen ein Tyrannos, dem es nur an Gelegenheit fehlte, sich zu entwickeln.“ Burckhardts „Griechische Kulturgeschichte“ entsprach dem Bedürfnis einer realistisch urteilenden Generation. Er schätzte zwar die „Griechische Geschichte“ des etwas älteren Zeitgenossen Ernst Curtius, aber das Werk dieses Archäologen huldigte noch weitgehend der klassischen Tradition. Kaegi läßt den Vorwurf, Burckhardt habe die wirtschafts- und sozialgeschichtliche Fragestellung vernachlässigt, nicht gelten; zwar habe er keine Abschnitte unter diesen Vokabeln geschrieben, aber ihre Problematik analysiert: die Geschlechtsgemeinschaften, den Privatbesitz, die Untertanenverhältnisse, die Sklaverei. Stichwörter Burckhardts, die Kaegi zitiert: „Die Ansprüche an die Reichen und deren Ausbeutung. Die Verstärkung des Gefühls für Klassenunterschiede. Die Klassenkämpfe, etc.“
Für Burckhardts Denkart aufschlußreich ist seine Ansicht, der Mythos sei als kulturschaffende Kraft der allgemeine geistige Lebensgrund der Nation. Homer sei für die Griechen ihr Religionskodex, ihr Kriegslehrer, ihre alte Geschichte, an welcher ihre spätere Geschichte anknüpfte. Dazu Kaegi: „Entmythologisierung war für Burckhardt nicht der Anfang, sondern das Ende der Kultur.“ J. B.'s zweiter Hauptgedanke ist die Polis. Über ihre Anfänge wußte er ebensowenig Bescheid wie Fustel de Coulanges in seinem klassischen Werk „La Cité antique“. Er kannte nicht Johann Jakob Bachofens Forschungen über Gemeinschaftsbildung und Gemeinschaftssymbolik. Diese beiden Basler Gelehrten hatten ein sehr kühles Verhältnis zueinander. Gräbersymbolik interessierte Burckhardt nicht – Bachofen wurde wegleitend für die spätere Symbolforschung eines Karl Kerényi, eines C. G. Jung, und auch Thomas Manns Interesse ging in diese Richtung, als er seine Josephgeschichten schrieb. Burckhardt sei, sagt Kaegi, kein Erforscher seelischer Hintergründe und Anfänge gewesen.
Gleichviel: die griechische Polis hat in ihm einen ihrer bahnbrechenden Darsteller gefunden. Das Kollektiv, nicht der Bürger, sei bestimmend gewesen, der Stadtstaat das handelnde Wesen im Guten wie im Bösen. Der griechische Volksstaat habe das Individuum eingeengt und keine Abweichungen erlaubt. Burckhardt nannte die traditionelle optimistische Beurteilung der griechischen Polis „eine der allergrößten Fälschun-

gen des geschichtlichen Urteils"; er stellte eine Parallele zu den grausamen Parteikämpfen in den italienischen Stadtrepubliken zur Zeit Dantes her.
Nietzsche, der ein Vierteljahrhundert jünger war als Burckhardt, bewunderte ihn und schloß Freundschaft mit ihm, als er 1869 Professor für klassische Philologie in Basel wurde. Zunächst schilderte Nietzsche Burckhardt als einen „geistreichen Sonderling". Schopenhauer war aber ihr gemeinsamer Denklehrer. Nietzsche berichtet in einem Brief, Burckhardt sei von den Entdeckungen seines Buches „Die Geburt der Tragödie aus dem Geiste der Musik" „für die Erkenntnis des griechischen Wesens fasziniert". Geistig und menschlich hat den Alten und den Jüngeren viel verbunden; den Begriff des Dionysischen hat Burckhardt von Nietzsche übernommen. Wo Burckhardt lapidar ausspricht: „Die Gewalt ist wohl immer das Primus", sagt Nietzsche ausführlicher: „Die Gewalt gibt das erste Recht und es gibt kein Recht, das nicht in seinem Fundament Anmaßung, Usurpation, Gewalt ist." Der postum unter dem Titel „Weltgeschichtliche Betrachtungen" veröffentlichten Vorlesung Burckhardts entnahm Nietzsche den Vorwurf, daß bisher Geschichte „vom Standpunkt des Erfolgs" geschrieben worden sei „mit der Annahme einer Vernunft im Erfolg"; auch in der Naturwissenschaft, sagt Nietzsche, herrsche „diese Vergötterung des Notwendigen". Beide, B. und N., wandten sich gegen Hegels Geschichtsphilosophie. Sie sahen nicht nur die zweifellos vorhandene Kette von Notwendigkeiten in der Geschichte, sondern auch die nicht erfüllten Möglichkeiten, die im historischen Ablauf verborgen liegen. Weshalb Burckhardts Biograph ihn nicht als einen Philosophen der Einheit, sondern als einen Philosophen der Vielheit bezeichnet.
Was das Verhältnis zwischen Burckhardt und Nietzsche betrifft: Gewisse Autoren meinten einen Bruch oder einen Konflikt zwischen ihnen feststellen zu können. Richtig ist, daß Burckhardt von Nietzsches späteren Schriften als von „Gratwanderungen" sprach. Er lehnte Nietzsches Ansicht, wer Großes erreichen wolle, müsse die Kraft haben, anderen großes Leid zuzufügen, ab; Nietzsches Verurteilung des Mitleids war ihm zuwider. Von der „historischen Größe" forderte Burckhardt die Fähigkeit zur Versöhnung und Vermittlung und ein Gran Güte (weshalb er Napoleon einen „bösen Mann" nannte). Es fragt sich aber, ob die großen Männer der Weltgeschichte diesen Willen und die Fähigkeit, die Menschen zu versöhnen und mit Güte für sich zu gewinnen, besaßen; die historischen

Persönlichkeiten, an die ich denke, lassen diesen Schluß kaum zu. Wie dem auch sei, Nietzsche nannte Burckhardt „unsern großen, größten Lehrer". Einen seiner letzten Briefe an ihn schloß Nietzsche mit den Worten: „In herzlicher Liebe Ihr N." Der tiefere Unterschied: Burckhardt betrachtete die Kontemplation als „unsre Freiheit mitten im Bewußtsein der enormen allgemeinen Gebundenheit und des Stromes der Notwendigkeiten". Friedrich Nietzsche war ein Prophet des Aktivismus. Anstoß erregte die zwei Jahre nach Burckhardts Tod veröffentlichte „Griechische Kulturgeschichte" bei den Philologen. Burckhardt hatte es geahnt und deshalb selber auf die Publikation verzichtet. Er dürfe sie nicht wagen, schrieb er an Gelzer, er sei nur „ein armseliger Fremdling, der außerhalb des Zunftkreises steht". Und weiter: „Ich bin ein Ketzer und ein Ignorant und würde mit meinen bedenklichen Ansichten von den viri eruditissimi arg zerzaust werden ... Je connais ces gens! Auf meine alten Tage bedarf ich der Ruhe." Der Altphilologe Ulrich von Wilamowitz-Moellendorff, der schon als 22jähriger Nietzsches „Geburt der Tragödie" in einer Broschüre in Grund und Boden verdammt hatte, schrieb 1899 über Burckhardts nachgelassenes Werk: „Das Buch existiert nicht für die Wissenschaft." Es enthalte „weder von der griechischen Religion noch vom griechischen Staate (etwas), was Gehör verdiente ... Das Griechentum Burckhardts hat ebensowenig existiert wie das der klassischen Ästhetik".

Ich habe als junger Student in Berlin Vorlesungen des berühmten Wilamowitz gehört. Einer meiner Studienfreunde machte mir Vorwürfe wegen meines Verkehrs im Hause Wilamowitz, weil dieser Nietzsche so scharf angegriffen hatte. Nun war dieser deutsche Gelehrte als Haupt und Vorbild der klassischen Philologie hoch angesehen; ich wagte es nicht, ihn nach seinen Angriffen gegen jene großen Männer zu fragen (wozu gesagt werden muß, daß Wilamowitz ein paar Jahre später in seinem Lebensrückblick über seine Jugendschrift gegen Nietzsche sagte: „Ich war ein tumber Knabe, der sich seines anmaßlichen Wesens gar nicht bewußt war"). Der alte Herr behandelte mich wohlwollend und schenkte mir seine Abhandlung über Geschichtschreibung.

Die Kritik an Burckhardts „Kulturgeschichte" wirft eine wichtige grundsätzliche Frage auf. Muß ein Werk der Geschichtswissenschaft, um als Leistung und nach seinem inneren Wert und Gehalt beurteilt zu werden, nach dem sattsam bekannten „neuesten Stand der Forschung" be- oder gar verurteilt werden? Kaegi spricht in diesem Zusammenhang von

einem „Notstand im Bereich der Klassischen Philologie“, die nicht imstande sei, eine Gesamtdarstellung der griechischen Kultur zu geben. Burckhardt, glaubt sein Biograph, habe nicht die Wissenschaft vermehren, sondern dem lebendigen Leser und seinen Fragen dienen wollen: „Burckhardts ganze Geschichtschreibung hatte wirklich dem «Leben» gedient, das heißt: das Bewußtsein der mitlebenden Zeitgenossen zu klären versucht.“ Ich füge hinzu, nicht nur der Mitlebenden, denn 1977 ist die „Griechische Kulturgeschichte“ in Deutschland in einer Taschenbuchausgabe neu aufgelegt worden.
Was ist Wissenschaft? Kann man Burckhardt, weil er Regeln der Zunft mißachtete, die Würde eines gelehrten Wissenschafters absprechen? Anders gefragt: Ist wertlos, was in der Geschichtswissenschaft nicht oder nicht mehr dem neuesten Stand der Forschung entspricht? Herbert Lüthy bezeichnete einmal einen Fachkollegen, der sich Freiheiten herausnahm, als „unorthodoxen Historiker“. Der Ausdruck könnte auch auf Burckhardt zutreffen. Immerhin fiel, im Widerspruch zu Wilamowitz, die Rezension von Burckhardts „Griechischer Kulturgeschichte“ in der „Historischen Zeitschrift“ zustimmend aus. Das Erfassen der Grundtatsachen, schrieb C. Neumann, sei das Ziel der Geschichtschreibung und biete die „größtmögliche Sicherheit und Wahrheit der Erkenntnis“. Neumann spricht von Burckhardts „wahrhaft genialer Nüchternheit der Beobachtung“. Ein anderer Rezensent sprach von der „tiefgründigen Wandlung, welche das historische Urteil über die Griechen in der zweiten Hälfte des 19. Jahrhunderts erfahren hat“. Burckhardts Werk habe dem „Idealgemälde des Musterstaates der demokratischen Legende“ eine Absage erteilt; mit schneidender Schärfe komme bei ihm zum Ausdruck, was Plato den „Staat im Fieberzustand“ genannt habe (Poehlmann).
Man warf also vom philologischen Standpunkt Burckhardt vor, er habe eine Menge Krimskrams der wissenschaftlichen Forschung nicht gekannt. Sicher war es so. Ich verachte diesen Krimskrams keineswegs; er liefert Mosaiksteinchen zum Gesamtgemälde. Jedes Werk der Geschichtschreibung „veraltet“ in dem Maße, als neue Mosaiksteinchen zum Vorschein kommen, die einzelne Details eines Gesamtwerkes ergänzen oder verändern können. Es ist die Geschichte vom Kärrner und vom König. Auch Kärrner sind nötig. Sie können aber das Wirken der Könige nicht ungeschehen machen. Eine letzte Bemerkung. Von Hippolyte Taine abgesehen hat in der französischen Geschichtswissenschaft kaum jemand von Burckhardt Kenntnis genommen; der heutige „König“ der

französischen „Nouvelle Histoire", Fernand Braudel, weist jetzt ausdrücklich auf ihn hin.
Als ich in Bern studierte, nahm mich mein Vater, der Jacob Burckhardt las und verehrte, in einen Vortrag von Heinrich Wölfflin über seine Erinnerungen an den Basler Historiker mit. Ich entsinne mich der Bemerkung Wölfflins, es sei schade, daß Jacob Burckhardt sich nicht von seiner fachwissenschaftlichen Arbeit gelöst und kein Buch über eine allgemein weltanschauliche Thematik geschrieben habe; er könnte sich vorstellen, daß es Burckhardt in einem ähnlichen Sinne wie Montaigne in den „Essais" getan hätte. Wölfflin war in jungen Jahren Jacob Burckhardts Nachfolger auf dem Lehrstuhl für Kunstgeschichte in Basel gewesen. Ein Jahr vor seinem Tode, der 1897 eintrat, sagte Burckhardt, Heinrich Wölfflin sei „doch der einzige, mit dem ich etwas über Kunst reden kann". Wölfflins akademische Karriere verlief steil; aber als er in Berlin auf ihrer Höhe stand, bekannte er 1911 seiner Mutter: „Ich strebe über den Professor hinaus zum Menschen, meine Seele hat Sehnsucht, aus dem Bau eines Fachstudiums herauszukommen." Es ist ihm nicht ganz gelungen, denn neue Professuren in München und in Zürich nahmen ihn in Anspruch. Er lebte im Ruhestand, als ich meine eigene Professur in Zürich antrat; eine einzige kurze Begegnung mit ihm hatte keine Gesprächsfolgen. Er war als alter Mann ziemlich unnahbar.
Jetzt liegen Wölfflins Autobiographie, Tagebücher und Briefe in einem Band vor, der bis zu einem gewissen Grad seinem eigenen Wunsch nach einer gleichsam „nicht-professoralen" Publikation entspricht. Er beklagt, daß ihm eigenes künstlerisches Schaffen versagt war, „was ich allein für das geistig Beglückende halte"; das ewige Reden über Kunst sei doppelt fatal, „wenn man nichts Künstlerisches *machen* kann" (die Klage des Andrew Marbot avant la lettre!). Was mich an Wölfflins Äußerungen am persönlichsten angeht, sind seine Bemerkungen über das Verhältnis des Gegenwärtigen zur Geschichte. Er war nicht ein Rückwärtsgewandter. Er schrieb 1887: „Historische Bildung hat erst dann Sinn, wenn man mit der Gegenwart sich auseinandergesetzt hat. Aber da ohne Grund und Richtschnur in irgend eine Periode der Vergangenheit zu springen und dort sich umzusehen, vor dem heutigen Tag, vor der heutigen Sonne die Augen zuzumachen, ist unsinnig." Und 1903: „Es ist doch nur dem Historiker Vertrauen zu schenken, der die Phänomene der Gegenwart zu beobachten und aufzunehmen imstande ist." Über vergangene Zustände könne man nur urteilen, wenn man an der Gegenwart „sich eine Empfin-

dung für den Reichtum und die Tiefe des Lebens" anerzogen habe. Man müsse zuerst, heißt es 1893, „etwas Ganzes, etwas Selbständiges" sein, ehe man auch Geschichte treiben könne.
Wölfflins zitierte Äußerungen haben etwas Tröstliches für mich. Es gibt Vertreter meiner Wissenschaft, die nichts von der Gegenwart wissen wollen, sie „ablehnen", kein tieferes Verhältnis zum Ganzen des Lebens und der Welt haben. Sie mißtrauen einem Kollegen, der Journalist in Paris war und im Krieg am Radio sprach. Sie halten es für unwürdig eines Historikers, in die Zeitungen zu schreiben und an den elektronischen Medien zu reden. In berechtigter Bescheidenheit, aber mit Überzeugung glaube ich, daß meine Gegenwartserfahrungen, politische, kulturelle und menschliche, mir auch in meinem Amt als Geschichtsprofessor und in meinen historischen Schriften zugute gekommen sind.

28. Januar

Wenn ich mir überlege, welche Thematik ich behandeln würde, wenn ich heute am Beginn meiner wissenschaftlichen Tätigkeit stünde, kämen ungefähr folgende Probleme in Betracht. Es gibt in der Geschichte langfristige Erscheinungen, die eine Wirkung auf das Leben der menschlichen Gesellschaft ausüben. Diese Erscheinungen haben sich in typischen Kollektivitäten konkretisiert. Ich nenne sie die verschiedenen „Internationalen", die in Europa seit dem Fall des römischen Weltreichs entstanden sind und samt der europäischen Expansion in andere Kontinente weltweite Bedeutung erhielten.
Die älteste Internationale ist zweifellos die Römische Kirche. Als Verkünderin des Christlichen Glaubens, im Schatten des römischen Imperiums entstanden, ist sie eine Institution, hierarchisch organisiert, mit dem Pontifex Maximus an ihrer Spitze. Der geistliche Stand der katholischen Kirche bildet seit Jahrhunderten eine Kollektivität, die einen bestimmten Menschentyp und Lebensstil herangebildet hat. Ein Typus und Stil, denen eine Mentalität eigen ist, die zwar bis zu einer gewissen, durch die Glaubenslehre gesetzten Grenze verschieden geartet ist. Beispielsweise hat jeder Mönchsorden seine eigene psychische und intellektuelle Signatur. Die Jesuiten als disziplinierte Kampforganisation wurden zum Schreckgespenst nicht nur der „Ketzer", sondern auch aller „Aufgeklärten" und Liberalen. Sie waren eine Zielscheibe des Antiklerikalismus.

Neben den Jesuiten die Dominikaner als Träger der Inquisition usw. Das Wirken der katholischen Internationale war und ist wandelbar, wie alles Geschichtliche; aber sie hat trotz diesen Bewegungen als einheitliche, durch das Dogma gebundene Kollektivität, als Machtfaktor, als Menschentypus bis heute in der Geschichte, weltweit, eine große Rolle gespielt.

Die nächste Internationale entstand mit dem grundbesitzenden Feudaladel, gleichzeitig Träger der monarchischen Gewalt in Europa und als Ritterstand auch ein selbständiger, mit Rechtsamen ausgestatteter Machtfaktor innerhalb und gegen die Autorität der Kaiser und Könige. Die spätere Aristokratie, insbesondere die höfische im Zeitalter des Absolutismus, war verschieden und vor allem weniger selbständig als der früh- und hochmittelalterliche Feudaladel. Ihre wirtschaftliche Grundlage blieb aber agrarisch. Vom Adel war eine (nicht organisierte) Internationale begründet worden, die als gesellschaftliche Oberschicht bis zur Französischen Revolution und darüber hinaus in Mittel- und Südeuropa auch politisch einflußreich war. Sie hat einen Lebensstil ausgebildet. Die aristokratische Internationale ist politisch entmachtet, gesellschaftlich hat sie mehr oder minder überlebt. Sie ist durch weitverzweigte Verwandtschaften untereinander verbunden. Sie hatte einen Menschentyp geschaffen.

Gegen Fürsten, Bischöfe und Adel entstand in den Städten des Mittelalters das gewerbe- und handeltreibende Bürgertum; in Stadtrepubliken gelangte es zu politischer Macht. Das moderne Bürgertum verdankt diesem Ursprung seine psychische und gesellschaftliche Prägung und seine wirtschaftliche Gesinnung. Es ist aber vielgestaltiger, diffuser als die Geistlichkeit oder der Adel. Es gibt Reiche und Arme, Großbürger und Kleinbürger; ideologisch und politisch sind seine Stellungnahmen uneinheitlich. Entscheidend an der (nicht-organisierten) bürgerlichen Internationale war ihre Fähigkeit, eine bestimmte, auf dem Wirtschaftsdenken beruhende Lebensform hervorzubringen, die in der neueren Zeit vorherrschend wurde. Industrie und Verstädterung haben sie überallhin verbreitet. Leistung, Beharrlichkeit und Geduld sind die Tugenden des Bürgertums. Es hat weniger Stil und mehr Ideen als die Aristokratie. Und es hat dank seinem Erwerbssinn, seiner Beherrschung der industriellen Produktion, des Handels und des Kreditwesens, aber auch dank seiner Bildungsbeflissenheit und Schulung, den Adel wirtschaftlich und politisch entmachtet und ihn intellektuell überflügelt. Denn Sparsamkeit, Profitden-

ken, Kapitalbildung waren nicht aristokratische Eigenschaften. Spitz ausgedrückt: der Aristokrat gibt gern Geld aus, ist verschwenderisch, macht Schulden, betreibt kein einträgliches Geschäft, denn kaufmännisches Tun ist nicht „standesgemäß"; der Bürger erwirbt und vermehrt sein Eigentum, das bewegliche und das unbewegliche, wuchert mit seinem Pfund, pflegt Bildung, ist technisch begabt, erwirbt höheres Wissen. Die bürgerliche Internationale entledigte sich nach der Französischen Revolution der wirtschaftlichen Schranken des Merkantilismus und des Zunftwesens und begründete eine Wirtschaftsfreiheit, die den freien Wettbewerb ermöglichte. Individualismus und politisches Freiheitsstreben waren das notwendige Korrelat des wirtschaftlichen Liberalismus. Diese Entwicklung erzeugte Arbeitsmoral und Leistungsfähigkeit; schlichte Kleidung ersetzte den aristokratischen Kleiderluxus. Die Fähigkeit des Haushaltens selbst mit bescheidenen Mitteln zeichnete das Kleinbürgertum aus. Schulwesen für alle war eine Notwendigkeit dieses Systems. Hochschulen bildeten eine Elite aus, in die aufzusteigen auch der Ehrgeiz der Bescheidenen war. Bürgerliche Lebensweise zog allmählich die meisten in ihren Bann, Vornehme sowohl wie wirtschaftlich Schwache, da sie an ihren Vorteilen und ihrer Sicherheit teilhaben wollten.
Gegen das Bürgertum und seine wirtschaftliche Macht entstand die Internationale des Proletariates. Die sozialistischen Denker des 19. Jahrhunderts nahmen sich des traurigen Loses der Lohnabhängigen und Ausgebeuteten an. Sie sagten dem liberalen Manchestertum den Kampf an, zumal die politische Freiheit die wirtschaftliche Ungleichheit der Menschen unangetastet ließ, diese Ungleichheit sogar vergrößerte. Erst in der zweiten Hälfte des 19. Jahrhunderts erlangten Arbeitergewerkschaften gesetzliche Anerkennung; das Genossenschaftswesen entstand als Widerpart zu der individualistischen Handelstradition. Die Sozialistische Internationale organisierte sich als politische Kampfpartei gegen das kapitalistische Bürgertum, das als politisch herrschende Klasse auftrat. Die Zielsetzung des Sozialismus war die Revolution, welche die bürgerlich-liberale Gesellschaft in eine klassenlose, das Privateigentum namentlich an den Produktionsmitteln in kollektives Eigentum umzuwandeln strebte.
Die Spaltung in zwei Internationalen, in eine demokratisch-sozialistische und in eine kommunistisch-autoritäre, war ein Ergebnis der Russischen Revolution. Was im Machtbereich der Sowjetunion entstanden ist (und seine ideologische Verlängerung in den kommunistischen Parteien der nicht-sozialistischen Welt hat), der sogenannte real existierende Sozialis-

mus in Osteuropa, erblickt im „Bourgeois“ den Klassenfeind schlechthin. Abweichungen von der offiziellen Lehre der Kommunistischen Partei werden als eine Begünstigung bürgerlichen Denkens bekämpft und unterdrückt. Zweifellos hat auch der Kommunismus einen bestimmten, leicht identifizierbaren Menschentyp hervorgebracht.

Der Typus der demokratischen Sozialistischen Internationale, die innerhalb der westlichen Welt eine reformistische Politik betreibt, ist von dem kommunistischen nach Art, Gesinnung und politischem Tun grundsätzlich verschieden. Seine Ziele, was die Besserstellung, die Sicherheit und den Einfluß der arbeitenden Massen betrifft, unterscheiden sich vom Kommunismus dadurch, daß der demokratische Sozialist im Rahmen des legal existierenden Staates, unter Anerkennung einer freien und pluralistischen Gesellschaft, die Verwirklichung nicht nur der politischen, sondern auch der wirtschaftlichen Gleichheit der Menschen auf seine Fahne geschrieben hat. Im Westen können die Sozialdemokraten auf allen Ebenen des existierenden Staates und seiner Rechtsordnung Einfluß auf die Gesetzgebung ausüben, Ämter bekleiden, an der Regierung teilnehmen oder sie gar allein stellen, wenn sie aufgrund von demokratischen Wahlen die Mehrheit im Parlament errungen haben. Die Sozialdemokraten im Westen haben mit ihrem legalistischen Klassenkampf nicht wenig Erfolg gehabt. Der moderne Wohlfahrtsstaat wäre ohne ihren politischen Kampf nicht möglich geworden. Die moderne Gesellschaft nimmt die mit dem Wohlfahrtsstaat verbundenen Vorschriften, finanziellen Lasten, eine unvermeidliche Bürokratisierung, sogar Einschränkungen der individuellen Freiheit in Kauf, wie dies im „Schwedischen Modell“ besonders augenfällig ist.

Das Bürgertum ist vielgestaltiger, als es politisch-polemische Schlagwörter seiner Gegner vermuten ließen. Es hat verschiedene weltanschauliche Strömungen und gesellschaftlich-politische Typen hervorgebracht. Die Französische Revolution erzeugte den Typus des Jakobiners, dessen politischer Macht jedoch kurze Dauer beschieden war; aber auch die Jakobiner anerkannten die Unantastbarkeit des Privateigentums. In Frankreich ist der Typus des Jakobiners nie ganz ausgestorben; er herrschte ideologisch über die Radikale Partei, die mit ihren reformerischen, antiklerikalen, schulpolitischen Parolen den laizistischen Staat begründete und die Trennung von Kirche und Staat herbeiführte. Ihr Herz, sagte ein spöttisches Wort, schlage links, ihr Portemonnaie trage sie rechts.

Ohne Zweifel ist ein soziologisch unschwer feststellbarer Kleinbürgertyp zum politischen Träger des Faschismus im 20. Jahrhundert geworden. Die Behauptung, daß das kapitalistische Bürgertum unweigerlich in den Faschismus münde, ist fragwürdig. Es trifft zwar zu, daß zur Bekämpfung von Sozialismus und Kommunismus das Großkapital den Faschismus begünstigt hat. Doch hat es auch die wirtschaftlichen Nachteile dieses diktatorischen Regimes zu spüren bekommen. Die faschistische Ideologie ist gleichzeitig antisozialistisch und antiliberal. Die letztere Eigenschaft steht aber im Widerspruch auch zum bürgerlichen Wirtschaftsdenken. Dieses bedarf eines gewissen Maßes von politischer Freiheit; sein wirtschaftspolitisches Ordnungsprinzip ist die individuelle Initiative, die freie Marktwirtschaft, der Freihandel, die freie Konvertibilität der Währungen, das internationale Kreditgeschäft usw. Der deutsche Nationalsozialismus hat das alles eingeschränkt; statt internationalem Warenaustausch huldigte er dem Protektionismus und führte er wirtschaftliche Autarkie ein; der Geld- und Kreditverkehr war einer Zwangsbewirtschaftung unterworfen.

Die Widersprüche im politischen Denken und Verhalten des internationalen Bürgertums zeugen von seiner sozialen und weltanschaulichen Uneinheitlichkeit. Dieser bürgerliche Pluralismus bewirkt zwar Anpassungsfähigkeit an verschiedene Situationen, aber er bewirkt auch eine gewisse Schwäche. Bürgerlichkeit ist nicht nur wandelbar, sondern auch verwundbar. Die bürgerliche Internationale und ihre repräsentativen Parteien haben heute einen beträchtlichen Teil ihres politischen Einflusses eingebüßt. Sie konnten auch Veränderungen der Lebensart und der Sitten nicht verhindern.

Ich zögere in diesem Zusammenhang, von einer protestantischen Internationale zu sprechen. Die Reformation hat verschiedene, einander bekämpfende Kirchen, Gruppen und Sekten hervorgebracht. Ihr gemeinsames Kennzeichen ist die Verantwortung des individuellen Gewissens vor Gott. Die Einheit, die der Katholizismus dem unbestrittenen Lehramt des Bischofs von Rom verdankt, geht den „Reformierten" ab. Doch haben auch sie ausgebildete Typen hervorgebracht, insbesondere den Typus des Puritaners; puritanische Moral und Lebensdisziplin hatte gesellschaftliche, wirtschaftliche und in einigen ihrer Exponenten auch politische Folgen. Wenn man Herbert Lüthys „Banque protestante" liest, erfährt man viel über eine finanziell tätige und erfolgreiche bürgerlich-protestantische Internationale, die zum wirtschaftlichen Aufstieg des Bürgertums seit Ludwig XIV. einen großen Beitrag geleistet hat.

Man sollte trotz der immer von neuem unbequemen Problematik des Judentums als Historiker und Soziologe nicht zögern, seinen Beitrag zum wirtschaftlichen und intellektuellen Erfolg der europäischen – und amerikanischen – bürgerlichen Internationale zu erforschen; daß ein anderer Zweig des intellektuellen, politisch progressiven Judentums auch in der sozialistischen Internationale eine bedeutende Rolle gespielt hat, müßte in eine Studie über die historisch-ideologisch-gesellschaftliche Rolle des Judentums einbezogen werden. Hitlers Judenverfolgung hat im internationalen Judentum einen Solidarisierungseffekt erzeugt, der vorher fast nur in den Kreisen des religiösen Judentums in Erscheinung trat. Vor Hitler war nur eine Minderheit der Juden „zionistisch"; die Unterstützung des Staates Israel durch das internationale Judentum ist eine neue Erscheinung. Als ein menschlicher Typus ist das Judentum in der Geschichte sozial, wirtschaftlich, geistig und kulturell unbestreitbar in Erscheinung getreten.
Worauf es mir in dieser Skizze einer systematischen Erforschung der verschiedenen „Internationalen" ankommt, sind aber nicht kurzfristige, durch politische Ereignisse und Zwischenfälle verursachte Schwankungen, sondern die langfristig feststellbaren Grundstrukturen und die von der Gesinnung oder Mentalität der Betroffenen gestützten Verhaltensweisen von typischen Kollektivitäten. Denn sie sind allesamt historisch relevant.
Nicht nur die protestantischen Bankiers haben in Frankreich, von Ludwig XIV. bis Napoleon und im protestantischen Europa und Amerika als soziale Gruppe eine kontinuierliche Rolle gespielt, sondern auch das bürgerliche Beamtentum. Der große französische König, der dem frondierenden Adel mißtraute und ihn an seinem Hof domestizierte, regierte mit bürgerlichen Beamten (die er zwar aus gesellschaftlich-höfischen Rücksichten in den Adelsstand erhob, was an der bürgerlichen „Mentalität" eines Colbert, Louvois usw. nichts änderte). Meine Frage: Gibt es so etwas wie eine Internationale des Beamtentums? Dieses ist selbstverständlich in erster Linie an die Interessen des Staates gebunden, dem es dient. Aber als Typus ist der Beamte weltweit erkennbar an dieser Treue zum Staat, an seinem Fleiß, an seiner formellen Korrektheit, an seiner beruflichen Kompetenz und Dienstleistung; negativ am starren Festhalten an Formeln, Regeln, Präzedenzfällen, an einer kalten Pedanterie, die als Bürokratismus überall auf der Welt sich ausgebreitet hat.
Sichtbarer als die Verwaltungsbeamten bilden die Diplomaten eine Inter-

nationale. Auch sie dienen in erster Linie den Interessen ihres eigenen Staates. Aber sie bewahrten noch lange einen aristokratischen Lebensstil in ihren Umgangsformen, ihrer Diskretion, einem gewissen Raffinement des Verhaltens und des Verhandelns. Diese gesellschaftliche Färbung ist heute kaum mehr erkennbar; aber als einem Beamtenstand besonderer Art, in dessen Kreisen sich alle persönlich kennen und der die Aufgabe hat, dem Frieden zwischen den Staaten zu dienen, haftet der Diplomatie zweifellos eine Würde an, die als eine tätig wirkende „Internationale" mit typischen Eigenschaften in Erscheinung tritt.

Im Ganzen der gesellschaftlichen Erscheinungen sind diese verschiedenen Typen heute mehr oder weniger verbürgerlicht. Ich würde nicht einmal sowjetische hohe Beamte und Diplomaten ganz davon ausnehmen; in Kleidung, Auftreten und Sprache, allerdings in ausgeprägt russischer Tradition, hat der Dienst an einem „realen" sozialistischen Staat nicht verhindern können, daß sie bürgerlich wirken und leben. Molotow entstammte dem handeltreibenden Bürgertum und war in seinem „approach" von bürgerlicher Korrektheit und Steifheit; Gromyko wird von seinen westlichen Kollegen als hervorragender Außenminister eingeschätzt, dem nichts „Proletarisches" anhaftet, usw. Sie waren und sind treue Diener am Staat und insofern typische Beamte des „Apparates". Jeder Staat regiert mit einem Verwaltungsapparat, der dem jeweiligen politischen Regime dient.

Eine Sonderstellung innerhalb des Bürgertums nimmt seit dem 18. Jahrhundert die Freimaurerei ein. Dem Außenstehenden ist wenig von ihr bekannt. Aber sie gehört zu jenem Typus der bürgerlichen Internationale, der den Idealen des Aufklärungszeitalters anhängt, Solidarität pflegt, wirtschaftlich tüchtig, „fortschrittlich" und menschenfreundlich ist, aber niemals revolutionär; einen Beitrag zum politischen Liberalismus und Radikalismus im 19. Jahrhundert – vielleicht bis ins 20. hinein – haben die Freimaurer zweifellos geleistet. Sie gehören dem ideologisch unverkennbar antifaschistisch gesinnten Teil des Bürgertums an. Mussolini und Hitler verfemten die Freimaurer, und es sind erst wenige Jahre verflossen, seit wir am Bildschirm die letzte Rede des spanischen „Caudillo" Franco hörten, in der er die Freimaurerei als eine große Gefahr bezeichnete. Dieses Bekenntnis weckte Erinnerungen an die bedeutende Rolle, die das Freimaurertum als aufklärerisch-bürgerliche „Internationale" seit der Zeit gespielt hat, da die englischen Whigs, die deutschen und schweizerischen Freisinnigen, die französischen und italienischen Radika-

len einen Rückhalt an den Logen hatten. Die Katholische Kirche hatte den Gläubigen verboten, einer Freimaurerloge beizutreten. Aber auch die Sozialisten waren gegen die Freimaurer, weil sie eine typisch bürgerliche Erscheinung sind.
Es könnte nur auf den ersten Blick befremdlich erscheinen, auch das Militär, genauer den Offiziersstand, als eine Internationale zu verstehen. Er ist es nicht nur aus beruflichen Gründen und wegen des gemeinsamen Interesses an der Kriegswissenschaft, der Strategie, Taktik, Bewaffnung, Ausbildung usw. Berufsoffiziere bilden einen „Stand", der einen Stil pflegt und auch eine ethische Grundlage hat; sie huldigen mit Ehrbegriffen, mit dem Glauben an den Dienst, mit Unterordnung, hierarchischer Gliederung, diszipliniertem Verhalten, Gehorsam gegenüber der politischen Führung einer gemeinsamen Ideologie. In ihren besten Repräsentanten waren sie einst die Erben des ritterlichen Menschentums. Begegnungen, Manöverbesuche, Kurse in ausländischen Militärschulen gehören zum Offiziersleben. Eine Armee hat zwar den Krieg vorzubereiten, aber Offiziere wollen voneinander lernen. Ich habe oft beobachten können, wie gut Offiziere verschiedener Nationalitäten einander verstehen. Der Offiziersstand hatte oder hat, wie die erwähnten „Internationalen", ebenfalls politischen Einfluß.

30. Januar

Diese Grundriß-Skizze würde nach Aufriß und Ausgestaltung verlangen; sie ist schlagwortartig und bietet bloß eine Typisierung von komplexen Vorgängen. Da ist einmal die Frage nach den Ursprüngen – sie ist in der Geschichte eine der schwierigsten. Man kann nie ganz „am Anfang anfangen", zumal das, was die Archäologen, Gräberforscher, Religionshistoriker, Namensforscher finden, wenn sie in die Urgeschichte vordringen, immer mit etwas schon Vorhandenem zu tun hat. Das Primitive und das Archaische sind bereits Erzeugnisse irgend einer mehr oder weniger organisierten Gesellschaft und ihrer Kultur. Das gilt auch für die vorgeschichtlichen Höhlenzeichnungen und andere Zeugen der Vorzeit. Es ist sicher schade, daß Burckhardt die Arbeiten seines älteren Mitbürgers und Zeitgenossen Bachofen über Gemeinschaftsbildung und Gemeinschaftssymbolik nicht in sich aufgenommen hat, und daß seelische Hintergründe und Anfänge ihn nicht interessierten. Aber tun es denn die heutigen Historiker – wenn man von Ägyptologen, Urgeschichtsforschern und Ethnographen absieht? Es gibt Keimzellen der Gesellschaft, ihrer Mythen, Religionen, bildlichen Vorstellungen. Die Gräbersymbolik, die zum Beispiel bei der Erforschung des alten Ägypten in allen ihren Verästelungen interpretiert wurde, erteilt Auskünfte über geschichtliche Ursprünge. Sie ist aber auch schon Zeugnis einer vorhandenen, entwickelten Kultur.

Es kann nicht in Abrede gestellt werden, daß der Mythos als kulturschaffende Kraft, als Lebensgrund der abendländischen geschichtlichen Welt zu gelten hat. Das auf einen orientalischen Mythos gegründete Christentum, wie es die Kirche verkörpert und überliefert hat, ist der Lebensgrund der Hervorbringungen und Sitten unserer Welt und ihrer Gesellschaft. Man muß unterscheiden zwischen der christlichen Glaubenslehre und der Kultur, die ihr entsprungen ist. Was uns die Kunst und Dichtung des Mittelalters und der Renaissance, auch noch des Barocks, überliefern, fußt auf dem religiösen Weltbild und seinen augenfälligen Motiven: Mariae Verkündigung, Christi Geburt, die Flucht nach Ägypten usw. bis zu den Heiligenlegenden.

Es ist schwer, in der Geschichte die seelische Motivation aus dem Unbewußten zu erforschen. Aber man sollte nach den tieferen Ursprüngen fragen und auch die Bedeutung des Irrationalen im historischen Ablauf nicht unterschätzen. Emotionen und Affekte sind stärker als die Vernunft, das Sinnliche mächtiger als das Sittliche, Gewalt kommt vor Recht, Entscheidung nach Macht fällt leichter als der Dialog. Vollends wirksam sind die mythischen Muster in den Vorstellungen der Kollektivitäten. Aber die Historiker urteilen oft zu rasch nach bloß rationalen Kriterien. Der Kunst- und Literaturgeschichte scheint es leichter zu fallen, das Mythische und Symbolische mit seinen Attributen und Stilisierungen aufzuspüren. Der Gesellschaftshistoriker tut sich schwerer mit der symbolischen Auslegung und der allegorischen Stilisierung der sozialen Erscheinungswelt. Er könnte bei den Tiefenpsychologen und den Ethnographen Hilfe finden, wenn er seelische Hintergründe, mythisch-volkstümliche Anfänge und ihre fortwirkenden Leitbilder verstehen möchte.

Am ehesten gelänge eine solche Betrachtungsweise bei der ältesten Internationale unserer Kultur: der Kirche und ihren Riten. Ihre Sakramente, Symbole, Formeln und die dazu gehörenden Gotteshäuser, Altäre, Hymnen, Reliquien, Bilder und Ornate sind symbolische Auslegungen und

Stilisierungen, die in seelische Tiefen reichen; ihnen gilt die Verehrung der Gläubigen. Wenn man die Bezugnahme des geschichtlichen Hellenentums auf Homer als seinen Glaubens- und Verhaltenskodex zum Vergleich heranzieht, liegt zweifellos die biblische Geschichte dem Verhalten der abendländischen, christlichen Menschheit, ihren Auffassungen und ihrem Lebensgefühl zugrunde. Die spätere Distanzierung von biblisch-christlicher Gläubigkeit im Humanismus, der Aufklärung, dem Positivismus und dem Materialismus bedeutet den Verfall einer ganz bestimmten, in sich geschlossenen Kultur. Es gab und gibt natürlich weiterhin profane Kultur: Philosophie, Wissenschaft, Kunst, gesellschaftliche Sitten; aber sie ist in gewissem Sinne abtrünnig; der Glaube an das Urbild ging verloren. Verlust des Stils, der Einheit, der Geschlossenheit sind Folgen der Entmythologisierung; an ihre Stelle trat Vielgestaltigkeit und Wandelbarkeit. Die von neueren Theologen vorgeschlagene Entmythologisierung der christlichen Religion droht vollends, das Gotteshaus, in dem es keinen verbindlichen Glauben mehr gäbe, zum Einsturz zu bringen.

Die monarchisch-feudale Welt des Mittelalters hat eine reiche, auf den kirchlichen Glauben bezugnehmende, aber selbständige, weltliche Symbolik hervorgebracht. Ihr verdankt die adlige Internationale ihren Stil. Man hat, scheint mir, bei der Betrachtung ihrer Geschichte den mythischen Gehalt des Rittertums, seiner Spiele und Fehden, seiner Symbole, Orden, Banner und Wappen, seiner Ehrbegriffe und seines schloßgesessenen und landschaftlichen Daseins als wehrhaft-agrarischer Stand nicht immer genügend gewürdigt. Denn auch da sind seelische, instinktive Motivationen und archetypische Muster gesellschaftsbildend am Werk gewesen. Natürlich gab es im Lauf der Jahrhunderte Auflösungserscheinungen, Veräußerlichungen, eine allegorische Formelhaftigkeit, die sich mit Dekorativem und Repräsentation Genüge tat: Verleugnung oder Vergessen der Ursprünge und ihres gläubig-ethischen Gehaltes. Was wiederum, wie jede Entmythologisierung, auf einen Kulturverlust herauskommt und in eine weltlich-spielerische, profan-raffinierte Gesellschaftskultur mündete (wie sie Proust im Umkreis seiner Guermantes als letzter überliefert hat).

Die Stadt und ihre Bürgerschaft hat auch ihre legendäre Geschichte. Alte Stadtchroniken berichten von sagenhaften Vorgängen, von Kämpfen für Freiheit, das heißt für Emanzipation vom Feudalismus, für Selbstverwaltung oder gar Selbstregierung; sie geben Kunde von den „Anstrengungen des Bürgertums, zwischen Rittern und Priestern etwas zu werden und zu bleiben" (um noch einmal Jacob Burckhardt zu bemühen). Es handelt sich offenkundig um einen Klassenkampf. „Stadtluft macht frei." Der Wirtschaftshistoriker wird vom Übergang von der Naturalwirtschaft zur Geldwirtschaft, von den Anfängen des Kapitalismus reden. Die theologische Macht der Kirche hat aber noch im 13. Jahrhundert der Stadt Florenz übel mitgespielt, als der Papst die unbotmäßige Bürgerschaft mit dem Bann belegte; die florentinischen Kaufleute und Bankiers konnten nicht über ihre auswärtigen Guthaben verfügen, diese blieben bis zur Aufhebung des Banns eingefroren. Kanonisches Recht hatte vorübergehend den Mechanismus der frühkapitalistischen Wirtschaft lahmgelegt. Man darf die Symbolkraft und das Beharren auf Angestammtem des frühen Stadtbürgertums nicht unterschätzen. Seine Fahnen, seine Gebräuche, seine Zünfte und Milizen, seine Städtebünde, seine Bekleidung, seine Architektur und Wohnkultur, sein Handwerk und seine Kunst, auch gewisse politische Riten, wie der jährlich erneuerte Schwur der Bürgerschaft und ähnliches haben den Stil zumindest der herrschenden Schicht des älteren Bürgertums geprägt. Das hat zwar die Entwicklung der bürgerlich-kapitalistischen Wirtschaft und der individuellen Freiheit verzögert, zeugte aber, nebst Klassenegoismus, von Treue zum Herkommen und von Verantwortung für das Gemeinwesen. Hat auch der „Vierte Stand" eine Symbolkraft entwickelt, hat auch er seine Helden, Legenden und Märtyrer? Man kann es nicht leugnen, obwohl ja gerade die Armut des frühen, aus der ersten Industrierevolution hervorgegangenen Proletariates dekorative Schönheit des Stils verbot. Aber die Sozialistische Internationale scharte sich um das Rote ihrer Fahne. Die Kommunisten erkannten sich unter dem Zeichen von Hammer und Sichel. An Führerfiguren, die als Helden in der Geschichte der Arbeiterbewegung fortleben, fehlt es nicht. Barrikadenkämpfe gehören in die Zeit der romantischen Revolutionsgeschichte (Delacroix hat sie allegorisch auf dem Gemälde der „Liberté" verewigt). Die moderne Kampftaktik des „revolutionären Krieges" wurde seit Lenin und Trotzki anders; sie erfordert die Besetzung von Regierungsgebäuden, öffentlichen Betrieben, Rundfunkstationen usw. Aus der älteren Geschichte der Arbeiterbewegung sind Fabrikbesetzungen und „Maschinenstürme" bekannt, die blutig unterdrückt wurden. Gerhart Hauptmann hat in seinem Drama „Die Weber" eines Aufstandes von armen schlesischen Webern gedacht. Streiks und Demonstrationen sind Kampfhandlungen.

Der Umzug und die Versammlungen des 1. Mai haben sich als eine rituelle Feier der Arbeit überall eingebürgert. Daß im Gegensatz zu den Festen der Wohlhabenden der Prunk fehlt, spricht für die bescheidene soziale Stellung der Lohnarbeiterschaft. – Etwas ganz anderes ist die sogenannte „Subkultur". Sie entsteht zwar auch in der Armut, ist aber nicht ständisch oder politisch gebunden.
Ich stelle mir vor, daß diese rasche Skizze zu einer interessanten Studie ausgeführt werden könnte.

4. Februar

Vor ein paar Tagen ging eine Flut von publizistischen und visuellen Reminiszenzen an Hitlers Machtergreifung vor fünfzig Jahren über uns nieder. Als ich zwanzig Jahre alt war, 1921, konnte man in dem besiegten, zur demokratischen Republik verwandelten, an den Folgen von Krieg und Niederlage leidenden Deutschen Reich des 50. Jahrestages der Kaiserproklamation von Versailles gedenken. Es mochte für die Deutschen damals ein bitterer Gedenktag an einen Sieg und an vergangene Größe gewesen sein. Da wir jung waren, kamen uns Bismarck, Moltke und Wilhelm I. als historische, das heißt vergangene, unwirklich gewordene Figuren vor. Heute ist die Hälfte der deutschen Bevölkerung nach 1945 geboren; es scheint mir unvermeidlich, daß das große Spektakel um Ereignisse und Männer, die vor fünfzig Jahren das nationalsozialistische Regime begründeten, von den meisten Zeitgenossen als etwas endgültig Vergangenes, Unwirkliches, mit der Gegenwart in keiner Beziehung Stehendes empfunden wird.
Man muß wirklich achtzig Jahre alt sein, um noch eine persönliche Erinnerung an die Weimarer Republik, ihren Reichstag und ihre Parteien und an einige ihrer Politiker, Diplomaten, Professoren und Journalisten zu haben. Ich könnte sie schildern, darüber berichten. Indessen kommen sie mir heute so fern und fremd, so vergangen vor, daß ich sie kaum einer Erwähnung wert finde. Die Ernennung Hitlers zum Reichskanzler durch den Reichspräsidenten von Hindenburg am 30. Januar 1933 habe ich in Paris erlebt; wir empfanden sie als einen Schock, ein Unglück, einen Vorboten von Katastrophen, als eine Kriegsgefahr. Aber auch diese Emotionen vermag ich nicht mehr zu aktualisieren; es hat sich zwar alles erfüllt, was wir damals befürchteten, und noch viel mehr. Aber es geht mit der

selbsterlebten Geschichte so, wie mit allem, was man hat wirken, geschehen, vergehen und sterben sehen. Das Herz, zwar nicht vergeßlich, vermag sich mit dem, was es einst schmerzlich schlagen ließ, nicht mehr zu identifizieren.

Historische Darstellung und Erläuterung ist wichtig, ich habe sie selber versucht und das Geschehene in einem Geschichtswerk aufgezeichnet. Daß man aus der Geschichte lernen sollte, ist zwar ein ideales – und berechtigtes – Postulat; aber wir wissen, daß der einzelne Mensch und die Völker selbst immer wieder Fehler machen und sie erst rückblickend bereuen. Sicher bereuen die Deutschen die Scheußlichkeiten, welche die Nazi in ihrem Namen sich haben zuschulden kommen lassen. Aber ich kann mir schwer vorstellen, daß jene Mehrzahl der Deutschen, die selber keine Schuld daran haben, heute noch von Schuldgefühlen geplagt werden. Das wäre, meine ich, unnatürlich. Vergangenes ist nun einmal vergangen; ich frage mich sogar, ob die künstliche Aufbereitung von Hitlers Machtergreifung mit allem Drum und Dran, in Zeitungen, Büchern, Versammlungen, Reden, Ausstellungen, am Radio und Fernsehen, weniger einer (nicht mehr aktuellen) „Vergangenheitsbewältigung“ als einem Unterhaltungsbedürfnis diente. Einiges davon könnte sogar eine kontraproduktive Wirkung gehabt haben; denn die Aufmärsche, Fahnen, Führerpersönlichkeiten hatten anfänglich auch die Bedeutung, Deutschland aus der Misere der Wirtschaftskrise und Massenarbeitslosigkeit (die es von neuem gibt) herauszuführen – und einem von einer Niederlage und fremdem Diktat gedemütigten Volk einen Weg zu nationalem Stolz, zu einer vaterländischen „Erhebung“ zu weisen. Ein deutsches Mädchen, lange nach 1945 geboren, das einen Film über die Anfänge des Nationalsozialismus gesehen hatte, sagte mir neulich, es wäre damals auch dabei gewesen. Natürlich wäre es dabei gewesen; denn gerade diese enttäuschten, verstörten und für irgend ein anscheinend hoffnungsvolles Ideal zugänglichen deutschen Jungen und Mädchen sahen wir vor fünfzig Jahren unter den Hakenkreuzfahnen begeistert mitmarschieren und dem „Führer“ zujubeln.

Aber auch das ist längst verklungen. Was folgte, war der Krieg, Siege und Leid, unzählige Tote, zertrümmerte Städte, Konzentrations- und Vernichtungslager, fremde Besetzung, die Scham über das Geschehene. Ein Zeitungskorrespondent aus Bonn meint, man könne sich nicht des Verdachtes erwehren, daß „manche Leute in erster Linie daran interessiert sind, diesen «runden» Gedenktag zu einem spektakulären Medienereignis aufzublähen, das sich unter dem Stichwort Vergangenheitsbewältigung noch mit moralischem Anspruch vermarkten läßt" („NZZ", 2. Februar 1983). Mit Golo Mann bin ich der Meinung, daß uns die fünfzig Jahre zurückliegenden Reden und Bilder aus der Nazizeit „so fremd wie das alte Rom" vorkommen.

Es kann gar nicht die Rede davon sein, daß in Deutschland in absehbarer Zeit etwas ähnliches wie das militaristische Nazi-Regime und seine Kriegsbegeisterung entstehen könnte. Sicher kann man heutzutage besser, als es an dem im Jahre 1921 kalendarisch entsprechenden fünfzigjährigen Gedenktag an die Reichsgründung von 1871 möglich war, dem Publikum die Vergangenheit nahebringen. Denn man besitzt 1983 noch alle Bilder und die Wochenschau- und Propagandafilme des Jahres 1933. Mit filmischen Mitteln hat man sogar die Schrecken des „Holokaust" den Zeitgenossen nahegebracht.

Was bleibt davon hängen? Unsere Zeit ist schnellebig; im Fernsehen werden wir täglich mit Dokumentarfilmen gefüttert. Wir sahen und sehen die Schrecken der Kriege in Vietnam und im Libanon, das Massaker von Beirut, Widerstandskämpfer in Afghanistan, die fürchterlichen Bürgerkriegsszenen aus mittelamerikanischen Republiken, die Bilder von irgendwelchen Katastrophen und das ganze Elend der Dritten Welt. Leider stumpft es die Menschen ab, weil es unmöglich ist, Tag für Tag und Nacht für Nacht die Missetaten, Massenmorde, Qualen, Zerstörungen, Terrorszenen, Kriegshandlungen, Polizeieinsätze, Folterungen, Natur- und Hungerkatastrophen in der Erinnerung zu behalten. Das ist aber Gegenwart! Man würde verrückt, wenn man sich ununterbrochen in der Trauer und der Empörung über menschliche Schlechtigkeit, Grausamkeit, Mordsucht und Gewalt verzehren müßte. Es ist nicht Stärke, welche uns diese Dinge zu verkraften erlaubt; es ist aber auch nicht nur Schwäche, Gleichgültigkeit oder Zynismus. Es ist ganz einfach Selbsterhaltungszwang und Lebensnotwendigkeit. – Ich fragte mich, selber betroffen von den vielen Veranstaltungen zum Gedenken des verhängnisvollen 30. Januar 1933, ob weniger nicht mehr gewesen wäre: Eine Schweigeminute, eine Kranzniederlegung, eine Ansprache des deutschen Bundespräsidenten. Außerdem ernsthafte Bücher und Artikelfolgen über das damalige Geschehen – das jetzt in jedem Wortsinn „historisch" ist. –

Der Vergleich von heutiger aufsässiger und rebellischer Jugend mit den braunen Horden der SA wäre absurd. Wenn überhaupt Ähnliches vermutet werden sollte, würde es sich auf die Verneinung der staatlichen und gesellschaftlichen Zustände beziehen. Was man heute soziale „Randerscheinungen" nennt, ist ein Protest gegen die Verhärtung der Verhältnisse und gegen eine als feindlich empfundene Umwelt, Ausbrüche von Anarchismus und Zerstörungswut. Aber die Zielsetzung dieser „Alternativen" und „Grünen" ist eine der militaristischen und chauvinistischen der 1930er Jahre entgegensetzte. Es ist ein Protest gegen eine zwanghaft geordnete Welt, ein Bedürfnis nach Befreiung aus einer formelhaft gewordenen Politik, einem wirtschaftlichen Leistungsdruck und aus der Unwirtlichkeit der Großstädte. Man protestiert ja gerade gegen alles, was eine totale Beanspruchung und Einordnung des Menschen ist und ihm die natürliche Lebensfreude und Freiheit verkümmert. Als „Grüne" sind sie für Umweltschutz, als Pazifisten gegen militärische Rüstung und Kriegsgefahr, als Neutralisten gegen eine gefährliche Politik von Machtblöcken, die sich mit Atomwaffen zu bekämpfen drohen. Das Bürgertum, das die manchmal gewalttätig werdende Stadtjugend als „Chaoten" bezeichnet und die Gefahr von links wittert, scheint nicht zu bemerken, daß diese jungen Leute den Zwangsstaat nach sowjetischem Muster nicht weniger ablehnen als jede andere Staatsform, die auch als „Rechtsstaat" Zwang ausübt: gelegentlich ausüben muß, wenn er seine Gesetze, Vorschriften und Beschlüsse gegen Widerstände durchsetzen will. Kurz, es besteht keine Parallele zwischen der Mentalität der Nazi und der Mentalität von Alternativen, Umweltschützern, Pazifisten und Neutralisten. Die Friedensbewegung könnte der Sowjetpolitik nützen, fürchtet man; dieses Argument betrifft aber die Formulierung der Außenpolitik der westlichen Welt. Das verbreitete Bedürfnis nach Friedenserhaltung und Abrüstung ist zweifellos dem kriegerischen Geist und Ziel des Nationalsozialismus und neuerer militaristischen Tendenzen entgegengesetzt.

In einer Rede sagte der Kanzler-Kandidat der deutschen Sozialdemokraten, Hans-Jochen Vogel, es sei normal in einer Demokratie, wenn eine Partei eine andere an der Regierung ablöse; es sei aber auch in einer Demokratie erlaubt, daß außerhalb der etablierten Parteien neue politische Gruppen sich bildeten und am Meinungsbildungsprozeß teilnähmen. Ich meine, wenn die Demokratie in der Bundesrepublik Deutschland normal funktioniert, muß sie auch mit innenpolitischen Schwierigkeiten ohne Freiheitsverlust fertig werden können. Außerdem ist Friedenserhaltung das oberste Interesse der Deutschen (und nicht nur der Deutschen). Umweltprobleme haben wir alle; die Politiker müssen lernen, sie ernstzunehmen. Ob endlich die sogenannten West-West-Beziehungen, die seit längerer Zeit gestört sind, zu einer Distanzierung der Bundesrepublik und der EG-Staaten von Amerika führen könnten, ist ein schwerwiegendes Problem; auch ohne die bisherige Präsenz von „alternativen" Abgeordneten im Bonner Bundestag bereitet es seit einiger Zeit den deutschen Politikern und ihren Wählern Kopfzerbrechen. Mir scheint, daß dieser Blick auf aktuelle Probleme und Situationen beweist, wie verschieden sie von denjenigen sind, welche vor fünfzig Jahren die Übernahme der Macht im Deutschen Reich durch Adolf Hitler und seine Trabanten ermöglich haben. Die „Deutsche Frage" ist keine der Kriegsgefahr, wie damals, sondern eine solche der Kriegsverhütung. Wenn sie auch eine nationale Frage sein sollte, dann wäre es eine Frage der deutsch-deutschen Beziehungen und ihrer ferneren Entwicklung.

19. Februar

Es waren noch gute Tage und Abende in Ascona. Zwischendurch Schnee, der nicht lange liegenblieb. Sonne und kühl. Jeden Morgen eine Dreiviertelstunde mit Gioia, einmal hier, dann dort. Diese Landschaft ist so sehr in mich eingegangen, daß ich sie nicht mehr beschreiben könnte. Nachmittags oft noch ein kurzer Gang ins Dorf, trotz der Hartnäckigkeit, mit der das kaputte Knie sich meldet. Kennt man noch Christian Morgensterns Verse über das Knie? An einem Abend in zahlreicher Gesellschaft erzählte Rosenbaum von Amerika. Er habe nur die „Sonnseite" gesehen, bemerkte er, eine Universität, Museen und Kunstsammlungen, intelligente, hilfreiche und gebildete Menschen. Vom Getty-Museum in Los Angeles: „Tradition kann man nicht machen, Tradition hat man." Dieses Museum, das pro Jahr 50 Millionen Dollar ausgeben muß, täusche Tradition nur vor. Erfreuliches bei Malern und Professoren. Über San Francisco anschaulich.
Gestern besuchten wir Aline Valangin; trotz ihrer 94 Jahre ging kein Gran ihrer überragenden Intelligenz verloren. Wir waren von neuem voll Bewunderung für diese außerordentliche Frau. An einem Abend bei uns die Valentis. Nach langen Beratungen zu dritt fand Dieter Bachmann den Titel für dieses Buch; denn nun soll diese unwillkürlich und planlos begonnene Schreiberei, die dem Müßiggang ihre Entstehung verdankt, doch noch die Probe einer Veröffentlichung bestehen.

Leo Kok erzählte zum erstenmal, seit ich ihn kenne, vom Leben im Konzentrationslager Buchenwald. Als Häftling arbeitete er dort in einem Steinbruch. Die Hauptsorge sei gewesen, nicht zu verhungern. Schon bei der Befreiung durch die Amerikaner sei die Solidarität der Häftlinge in die Brüche gegangen. Man habe ein Klavier ins Freie geschleppt. Die Kommunisten wollten, daß man die „Internationale" spiele. Die andern wollten das nicht. Aber sie waren sich auch nicht einig. Die Franzosen wünschten die „Marseillaise", die Holländer ihre Nationalhymne; Leo Kok ist selber Holländer. Die Gemeinsamkeit der Leiden in der Lagerhaft löste sich übergangslos in die Partikularismen der politischen und nationalen Gruppen auf.

Leo Kok ist beweglicher als ich. Er geht mit raschen Schritten durchs Dorf. Leo Kok reist viel; in Paris, auch hier, benützt er das Fahrrad. Er steht in seinem 90. Jahr; Musiker und lange Jahre Buchhändler in Ascona. Er erzählte von Guy Lévi Mano, dem französischen Dichter, der Typograph wurde und in Paris in wundervoller drucktechnischer Ausführung und kleinen Auflagen Gedichte von Aragon, Eluard, Breton, Char, Jouve und anderen druckte. Der bücherbesessene Kok gehörte zu den habitués der kleinen Druckerwerkstatt und Verlegerbutik an der Rue Huyghens in Montparnasse. G L M, wie ihn seine Freunde nannten, ist vor kurzem gestorben. Zum Katalog seines Verlages hatte Pierre Jean Jouve ein Nachwort beigetragen.

Kok lieh mir ein von der Rassenforschungsstelle der NSDAP 1940 herausgegebenes Lexikon der jüdischen Musiker. Eine Seltenheit. Keiner ist vergessen, auch kein Schlager- oder Operettenkomponist, kein Librettist, kein Orchestermusiker, keine Klavierlehrerin, alles mit deutscher Gründlichkeit und wissenschaftlicher Akribie auf Grund von standesamtlichen Dokumenten erarbeitet. Selbstverständlich sind, wie ein böses Dreigestirn, Mendelssohn, Meyerbeer und Mahler als Schädlinge des deutschen und internationalen Musiklebens in diesem Verzeichnis hervorgehoben. Nichts wird ausgelassen, auch kein (halb-)jüdischer Kritiker wie Hanslick, der sich die Frechheit herausnahm, Richard Wagner zu kritisieren. – Übrigens war am 13. Februar Wagners 100. Todestag. Die würdige Feier in Bayreuth, Orchesterstücke und Rede, war über Eurovision zu sehen und zu hören. Es hätte die ehemaligen Deutsch-Völkischen empört, daß der Franzose Boulez dieses Konzert dirigieren durfte, und die Nazis zur Raserei gebracht, daß er als letztes Stück dieser Matinee das Finale von Gustav Mahlers Neunter Symphonie spielen ließ. Am Schluß begab sich

Wagners Enkel Wolfgang zum Podium und drückte Boulez die Hand. Karneval auf der Piazza. Gedränge, fast nur Einheimische, fröhlich, bescheiden und natürlich. Kinder mit bemalten Gesichtern, zwei oder drei Wagen, wenig Kostüme, Musik aus einem Lautsprecher, Konfetti. Darüber der reinste Himmel. Erinnerung an den Blumenkorso auf der Promenade des Anglais am Karneval von Nizza: Reichtum und Luxus. Wir standen mit vielen anderen eng gedrängt an, lange, bis wir einen Teller mit Risotto und einer Wurst erhalten konnten; ein Geschenk des Municipio „an die Einheimischen und die Touristen". Touristen waren wenige da, die Italianità herrschte vor. An langen Tischen, Mensch an Mensch, Eltern mit Kindern, konnte man den vortrefflichen Risotto verzehren. Für zwei Dezi Roten bezahlte man 1 Franken – 33 Rappen pro Becher, hieß es im Lautsprecher, steuere die Gemeinde bei. Das Ausruhen zu Hause tat wohl, aber wir hatten uns gefreut wie Kinder.

20. Februar

Von Frau Bucerius zu einem Abendessen mit Andreas Kohlschütter und seiner Frau eingeladen, konnte ich endlich die Bekanntschaft dieses bemerkenswerten Reporters machen. Es ist in der Schweiz ziemlich selten, daß ein Reporter Osteuropa, den Nahen Osten, Asien und Afrika kennt, auch Sprachen spricht, unermüdlich viele Länder bereist und in klugen, konkret-schildernden Berichten über Gesehenes, Erlebtes und Gehörtes schreiben kann. Kein Wunder, daß der Bucerius-Verlag diesen Journalisten – einen Berner – in Pflicht genommen hat; man kann seine Beiträge aber auch in der „Weltwoche" lesen. Kohlschütter war tags zuvor aus Ghana zurückgekehrt, nachdem er die Tragödie der plötzlichen, brutalen Austreibung der Ghanaer aus Nigeria miterlebt hatte. In keiner Zeitung habe ich diese schrecklichen Vorgänge, bei denen unzählige von den mehr als 500.000 Flüchtlingen elend zugrunde gingen, so eindrücklich dargestellt gefunden wie bei Kohlschütter. Dieser Mann im besten Alter, kräftig, ausdauernd, intelligent, stellte im Gespräch ein wenig bedrückt fest, daß die Hoffnungen, die er, wie alle damals Jungen, in der Nachkriegszeit gehabt habe, zerronnen sind. Die gewöhnliche Wirklichkeit, die man gern ein wenig schöner und freundlicher gemacht hätte, sei wieder da, unverbesserlich, grausam, eine Wiederholung alles Früheren. Und hier in Europa, scheinbar weit entfernt, aber nur fünf Flugstunden von Ghana, nimmt man kaum Kenntnis von dem, was in Afrika geschieht. Wie ich mich denn dazu stelle, daß Geschichte sich immerzu wiederhole?

Ich glaube, daß der Unterschied zwischen einem Journalisten und einem Historiker darin besteht, daß jener dem Tagesgeschehen dient, kurzfristig, aktuell, und dieser, forschend, fragend und nachdenklich, die Dinge in ihrer längeren Dauer betrachten und verstehen muß. Ich sagte zu K., es sei richtig, daß die alten Muster immer von neuem zum Vorschein kommen; nachdem sich die äußeren Verhältnisse verändert haben, benehmen sich die Individuen, Kollektivitäten und Nationen, unter neuen Bedingungen, immer wieder ähnlich. Daher läßt auch die Politik kaum je andere Verhaltensweisen zu. Gegen Kurzsichtigkeit, Fehler, Täuschungen, List, Drohung und Gewalt ist die Politik nicht gefeit.

Muß aber das „Prinzip Hoffnung" für immer verlassen werden? Auch darüber gibt menschliches Verhalten Auskunft: Der Mensch kann ohne Hoffnung nicht leben. Jeder Arzt vermag das zu bestätigen. Es gibt ein berühmtes Wort des Wilhelm von Oranien: „Point n'est besoin d'espérer pour entreprendre, ni de réussir pour persévérer." Ob man hofft oder nicht, an den Erfolg glaubt oder nicht: Man unternimmt etwas, das man für richtig hält, und man tut es mit Ausdauer. Vermutlich sind die edelmännischen Worte des Oraniers in ihrer sentenziösen Form zu hochgemut, als daß sie die in den Tag und für den Tagesablauf lebenden Menschen verstehen könnten. Die Sprache des Satirikers Johann Nestroy, der für das Wiener Volkstheater schrieb, dürfte verständlicher für das Publikum auch der heutigen Vorstädte und der Großstädte sein. Nestroys Rede lautet: „Es ist unmöglich, die Menschen glücklich zu machen. Ihre eigene Natur duldet es nicht. Alles, was man erreichen kann, ist eine allgemeine, mäßige Unzufriedenheit, bei möglichst großer Sicherheit des Daseins."

Ist das wirklich alles? Der Mensch möchte doch ein wenig Freiheit zur Gestaltung seines Lebens haben und ein wenig Lebensfreude. Er hat Ansichten oder ein Ideal und möchte ihnen Ausdruck geben können. Er muß freilich Rücksicht auf den Nebenmenschen nehmen, wenn er von diesem auch Rücksicht verlangt. Was mir in unserer westlichen Welt auffällt: Die Ideen der Freiheit, der Toleranz und der Menschenrechte werden lautstark zur Polemik gegen Staaten und Regimes gebraucht, die sie nicht respektieren. Aber respektieren die, welche sie in schönen Reden und Zeitungsartikeln preisen, auch gegen ihre Widersacher im eigenen

Land? Begeht die Staatsmacht, begeht der Parteipolitiker und der einzelne Bürger im Rechtsstaat nicht auch Rufmorde, schafft nicht auch er Meinungsdelikte? Gibt es wirklich keine Repression? Sie mag gering sein im Vergleich zu tyrannischen Regimes. Aber man sollte gewissenhaft sein und den Anfängen wehren. – Frau Bucerius sagte, daß ihr Mann mit Helmut Schmidt in Japan sei, wo beide Vorträge halten.

22. Februar

Als nach dem letzten Kriege Europa darniederlag und über die Folgen des entfesselten Nationalismus nachdachte, entstand eine Bewegung, die ein vereinigtes Europa forderte. Schon nach dem Ersten Weltkrieg hatte Graf Richard Coudenhove-Kalergi seine Europa-Union gegründet und die maßgebenden Politiker für seine Idee zu gewinnen versucht. Ich habe nach dem Zweiten Weltkrieg mit den Staatsmännern, die ein integriertes Europa machen wollten, mit Robert Schuman, Paul-Henri Spaak, Walter Hallstein, Konrad Adenauer sprechen können. Aber ich hatte den Eindruck, daß sie mit dem Vertrag von Rom, welcher die Europäische Gemeinschaft begründete, nicht den richtigen Weg einschlugen; denn diese war in erster Linie und blieb bis heute eine Wirtschaftsgemeinschaft. Was seither in dem bürokratischen Apparat in Brüssel, in der Europa-Kommission und bei den Ministerberatungen geschah, war und ist ein Gerangel um konkurrierende Interessen und ein Feilschen um Vorteile, wie in einem gigantischen orientalischen Bazar. Es ist einfach nicht wahr, daß eine Wirtschaftsintegration eine politische Union zur Folge haben kann. In einzelnen außenpolitischen Fragen gelang es der EG, „mit einer Stimme zu sprechen“; in Fragen des Außenhandels gibt es gemeinsame Interessen, die von der EG gegen den amerikanischen und den japanischen Wirtschaftsimperialismus verteidigt werden müssen.
Ich stelle diese Vorteile nicht in Abrede. Aber ich sehe auch die Nachteile des europäischen Bekenntnisses zum Freihandel, indem gerade diese Doktrin Europa wehrlos gegen die amerikanische und asiatische Konkurrenz macht. Es war mir von Anfang an klar, daß es eine in sich geschlossene europäische Wirtschaft nicht geben kann, nachdem seit dem 19. Jahrhundert die universale Verflechtung des Handels und Verkehrs eine Welt-Wirtschaft herbeigeführt hat. Die sogenannten Weltwirtschafts-Gipfel sind wichtiger als die Bemühungen in Brüssel; was das

Kreditgeschäft und den Welthandel betrifft, kann Europa dem Internationalen Währungsfonds, der Weltbank, der OECD, dem GATT und dem Zehner-Klub nichts gleichwertiges entgegensetzen: im Gegenteil, die Europäer sind auf diese Institutionen, denen ihre Staaten angehören, in ihrem eigenen Interesse angewiesen. Heute kann zum Beispiel das bedrohliche Problem der Verschuldung von osteuropäischen, südamerikanischen und afrikanischen Staaten nur – wenn überhaupt – durch eine enge Zusammenarbeit der Banken der gesamten westlichen Welt gelöst werden. Aber auch die westliche Wirtschaft ist nicht unabhängig von anderen Produzenten; ihre Kreditgeschäfte und ihre Währungsprobleme sind von den Kapitalströmen, die sich aus den ölfördernden arabischen Staaten über die Welt ergossen haben, in Mitleidenschaft gezogen worden.

Es ist kein Wunder, daß die Idee einer europäischen Einigung ihre Probe schlecht bestanden hat. Die Frage der europäischen Integration ist aber schon von Anfang an unrichtig gestellt worden. Man kann Europa nicht „machen". Es *gibt* Europa, das vorhandene, das traditionelle Europa, das so wurde, wie es ist, nämlich ein zwar kleiner, doch wichtiger, tüchtiger, fleißiger, hochzivilisierter Kontinent, der aus Nationen und Staaten besteht. Das ist etwas ganz anderes als die kleinen englischen Kolonien in Amerika mit ihren vier Millionen Einwohnern, die sich im Jahre 1776 entschlossen, sich zu vereinigen – aus denen dann die großen, reichen und mächtigen Vereinigten Staaten von Amerika entstanden sind: geeint in der gleichen Sprache, auf Grund einer biblischen Ethik, einer aufklärerischen Philosophie und einer demokratischen Staatsform.

Vereinigte Staaten von Europa müßten, wenn sie Wirklichkeit werden sollten, auf Gleichheiten der Kultur, der Sprache, der Mentalität, der Rechtsordnung, vor allem aber des Glaubens an die Gemeinsamkeit gegründet werden. Dieser Glaube war bei einigen führenden Persönlichkeiten und in politischen Konventikeln vorhanden; aber sie gingen an einer tieferen historischen Wirklichkeit vorbei. Robert Schuman, der an Europa glaubte, gab mir ausdrücklich recht, als ich sagte, dieses Europa könne nur entstehen, wenn es von einer gemeinsamen emotionellen Zustimmung seiner Völker getragen werde. Das hätte aber eine gemeinschaftliche Tradition, eine auf ihr beruhende Gemeinschaftsbildung und ein von allen gewünschtes und gewolltes Gemeinschaftsverhalten zur Voraussetzung gehabt. Man konnte Europa ebenso wenig „machen", wie man eine Tradition machen kann. Das Ideologische, desgleichen das

Technokratische, genügten zu einer radikalen Umgestaltung Europas nicht. Ideologie ist wesenhaft wirklichkeitsfremd, Technokratie bietet organisatorische Erleichterungen an, aber keinen Glauben. Es war zu viel Rationalismus und zu wenig Geschichtsverständnis in den Köpfen, die die Europäische Gemeinschaft gegründet und sie gefördert haben; ich erinnere mich, wie mich einer von ihnen entgeistert anschaute, als ich ihm sagte, Europa habe keine Fahne, es könne nicht unter einer gemeinsamen Fahne marschieren. Solche Menschen können nicht verstehen, daß am Anfang ein Mythos sein muß, und daß dieser Mythos Symbole hervorbringen und symbolkräftig sein muß.

Nur die Völker haben Symbole und Fahnen. Jeder internationale sportliche Wettkampf, jede Olympiade bringen es an den Tag. Die Mannschaften marschieren unter ihren Nationalfahnen in die Kampfarena. Die Gewinner werden mit dem Abspielen ihrer Nationalhymne geehrt. Es hat mich immer gewundert, daß die Politiker diese Zeichen nicht wahrnehmen. Sicher sind die Völker innerhalb ihrer Staatsgrenzen auch nicht einig unter sich, oft zerstritten, in Parteien und Klassen aufgespalten. Wenn ich aber in Paris oder Rom über die Straße gehe oder ein öffentliches Verkehrsmittel benütze, kann ich den Menschen, denen ich begegne, nicht ansehen, welcher Partei sie angehören. Ich kann bestenfalls erkennen, ob sie wohlhabend oder arm sind; doch hat die heutige Bekleidung selbst solche Unterschiede verwischt. Was oder wen ich auch sehe: Es sind Franzosen, sind Italiener – oder Deutsche in der Bundesrepublik, anderswo Holländer, Dänen, Amerikaner, Polen oder Ägypter.

Was die Völker und Staaten Europas gemein haben, ist die Zugehörigkeit einzelner ihrer Bevölkerungsgruppen zu bestimmten, international existierenden weltanschaulichen oder sozialen Gemeinschaften. Es gibt vermutlich überall in Europa Katholiken und Protestanten, Kapitalisten und Sozialisten, Reaktionäre und Demokraten, Diplomaten und Freimaurer usw. usw. Aber alle gehören durch ihre Sprache und Kultur einer Nation an (und kümmern sich mehrheitlich nicht um die Sprache und Kultur anderer Nationen – solches Interesse ist, wie man heute sagt, „elitär"). Und alle haben eine Staatsbürgerschaft, was zur Folge hat, daß sie den politischen, rechtlichen und administrativen Normen ihres Staates verpflichtet sind – mehr noch: daß sie, trotz verschiedener Ansichten und Meinungen, ein Zugehörigkeitsgefühl, einen gemeinschaftlichen Instinkt, Patriotismus haben. Mit welcher Selbstverständlichkeit feiern die Franzosen das nationale Ritual des „Quatorze Juillet", ob Bürger oder

Kommunisten! Mit welcher Begeisterung feierten die Italiener im vorigen Sommer während einer ganzen Nacht den Sieg ihrer Fußballmannschaft in Madrid! Mit welcher Überzeugung nehmen die Engländer an einer Krönungszeremonie teil oder billigten sie eine Flottenexpedition gegen einen Angreifer im fernen Ozean. Es wäre besser, wenn Politiker, Männer der Wirtschaft, Technokraten, Intellektuelle und Journalisten auf solche Symptome achten würden, statt sie als lächerlich und absurd abzutun. Staaten und Völker, die Tradition und Zusammengehörigkeitsgefühl haben, sind lebenskräftig und haben Bestand.

Wir müssen trotzdem in der Politik versuchen, über die Mauern zu klettern, welche Völker und Staaten voneinander trennen. Wir müssen Hindernisse überwinden. Ich betrachte den Europarat in Straßburg als einen Fortschritt und die europäische Menschenrechtskonvention als eine Wohltat. Die UNO hielt ich seit ihrer Gründung für wichtig und unentbehrlich. Sie ist ein Weltforum, das nicht nur erlaubt, die ganze heutige Menschheit mit ihren Gegensätzen und Spannungen zusammenzuführen; die UNO und ihre Nebenorganisationen haben auch Leistungen vorzuweisen, die trotz aller Kriege und Konflikte der letzten Jahre das Bewußtsein der faktischen Schicksalsgemeinschaft der Erdbewohner gestärkt haben. Ich habe auch nie geglaubt, daß ein Beitritt der Schweiz zur UNO ihrer aus verschiedenen Gründen notwendigen Neutralität Schaden zufügen würde. Ein solcher Beitritt könnte im Gegenteil die allzu starke Bindung unseres Landes an überholte Vorstellungen von Sicherheit unter dem Schutz der Nato lockern. Im Glashaus am East River in New York könnten wir besser als bisher unsere neutrale Haltung zwischen den Kontinenten und den Machtblöcken unter Beweis stellen.

Ende Februar

Schlußakkorde, wie sie am Ende von Symphonien vorkommen, haben mich immer erschreckt. Es ist, wie wenn einer, der einem etwas Schönes oder Interessantes erzählt hat, beim Verlassen des Zimmers die Tür mit einem Knall hinter sich zuschlägt. Neuere Komponisten vermeiden den knallenden Schlußakkord. Das ist freundlicher, auch weiser. Denn es gibt keinen Schluß. Auch Sterbende, am Ende ihres Leidens angelangt, gehen leise hinüber. Leben, Denken, Geschichte, Dichtung, Musik können nur verklingen, aufhören. Abgerundet oder unvollendet, wer könnte es sa-

gen. Ich kann nicht erklären, warum ich zu schreiben aufhöre – ebenso wenig, wie ich verstehen könnte, warum ich zu schreiben anfing.
Es war aber, wenn ich es mir überlege, eine Art Maß-Nehmen, also ein Bedürfnis dessen, der nicht mehr tätig ist und sich besinnt. Ich glaube nicht, daß es nur den inneren Weg desjenigen geben kann, der sich vom Gewimmel und Getümmel der Welt in sich selbst zurückgezogen hat; und ich glaube auch nicht, daß der äußere Weg dessen, der ausschließlich am aktiven Leben teilhat, seiner menschlichen Bestimmung Genüge tun kann. Eine gewisse, wenngleich unvollkommene Erfüllung des zwar unbekannten, aber uns dennoch vorgegebenen Auftrags kann nur von einer Kombination aus Handeln und Denken, aus Tat und Reflexion hervorgehen. Vita activa und vita contemplativa müssen sich ergänzen. Die eine und die andere mag in verschiedenen Lebensperioden einseitiger hervortreten; aber sie können sich gegenseitig und oft gegenläufig nicht vollständig ausschließen. Ich meine das nicht im Sinne einer Pflicht-Ethik, die uns Aufgaben den Mitmenschen oder der Gesellschaft gegenüber auferlegt, sondern im Sinne einer Ausbildung der eigenen Individualität.
Es gibt für den abendländischen Menschen zwei traditionelle Lebenslehren, die griechisch-römische der Antike und die christliche. Die von vielen Philosophen des Altertums eingenommene Haltung empfiehlt uns die Absage an die Mächte der Außenwelt, unter denen der Mensch seine Kraft sinnlos verschleudere. Er verliere sich ohne Nutzen an Leidenschaften, suche enttäuschende Genüsse, zerstreue sich und ende in irgendeiner Abhängigkeit. Umgekehrt finde er sich selbst, wenn er sich in sich zurückziehe, sodaß alles wertvoll, stabil und überblickbar wird. Wenn der Mensch sich all dessen, was nicht er selber ist, entledigt und es sich versagt, nach Äußerlichkeiten zu haschen oder einer illusionären Zukunft nachzulaufen, kann er gemäß dieser Philosophie die Substanz seines Ichs unverdorben erhalten und in der Welt bestehen. Seine Handlungen bleiben, wenn er kein Tor ist, im Rahmen des Hier und des Jetzt. Das erfordert Verzicht auf den Schein, auf das bloß Äußerliche und Künstliche, und erlaubt die Verwirklichung des Seins im Wahren und Wesentlichen. Es bedarf, um solchen Vorschriften nachleben zu können, einer stoischen Haltung, die mit innerer Stärke und im Wissen um die Vergeblichkeit des Eingreifens ins öffentliche Geschehen eine Existenz in der Zurückgezogenheit führt.
Ein solches Ideal der reinen Ichbezogenheit ist aber schwer erreichbar, und es ist fragwürdig. Auch das christliche Gebot des reinen In-sich-

Gehens, um die Stimme Gottes zu hören und sich ihr zu unterwerfen, ist kaum erfüllbar. Es ist in der Welt nicht möglich, es sei denn einem Mönch in der Abgeschiedenheit und unter der Disziplin seines Klosters, der mit seiner Unterwerfung unter den Willen Gottes für die Errettung vom Bösen und für das Heil der Seele zu leben entschlossen ist. In beiden Fällen, in demjenigen antiker, stoischer – oder auch epikuräischer – Weisheit, und in demjenigen christlicher, asketischer und jenseitsbezogener Frömmigkeit, bleibt die Frage nach dem Leben des Menschen in gesellschaftlicher Umgebung unbeantwortet.

Jeder lebt in der Welt, denn außerhalb der Welt ist Leben nur in Ausnahmefällen möglich. Jeder lebt auch nicht nur im Geist, sondern in und mit seinem Körper. Ich habe mit beiden gelebt, mit dem Geist und mit dem Körper, und ich habe nie der Welt entsagt. Indessen kommt der Augenblick, wo alles dazu führt, daß man in vorgerückten Jahren wieder auf sich selbst angewiesen, auf sein Ich zurückgeworfen, gleichsam getrennt ist von dem, was man im Leben tun konnte und schlecht oder recht getan hat. Für mich war dieser Augenblick, als ich überzählig und daher müßig wurde, nicht schmerzlich. Hatte man nicht schon im tätigen und geselligen Leben gewußt, daß man allein, ein wesenhaft Isolierter ist? Jeder Geist, jeder Körper ist einmalig, individuell, unverwechselbar. Jeder Mensch wird einzig geboren und stirbt allein. Was einer im Zustand des Übergangs von der Aktivität zum passiven Verhalten tun kann, ist Kontemplation, Innenschau, Rückschau und Ausschau. Das bedeutet ein In-sich-Gehen, bei dem alle Gedanken und Bilder, das Abgerundete und das Unvollendete, noch einmal bewußt werden. Vielleicht ein wenig deutlicher bewußt als früher. Was bewirkt, daß das Zweifeln, das Fragen, das Nachdenken das Gefühl eines nicht endenwollenden Endes hervorrufen.

*

Einen Tag nach der Niederschrift dieser Zeilen, einen Tag vor der geplanten Abreise von Ascona, beim letzten Spaziergang dort, wurde Gioia von einem vorüberfahrenden Automobil getötet. Dem blinden Instinkt folgend, lief sie plötzlich nach einer Katze über die Straße. Den Automobilisten, der ausstieg, seine Unschuld beteuerte, traf denn auch keine Schuld. Ich trug das schwere, todwunde Tier von der Straße. Kein Jammerlaut, stummes Verwirrtsein, keine Wunde, der äußerlich unveränderte Schädel vermutlich gebrochen, lahme Pfoten, Gehirnschaden. Fragende, unendlich traurige Augen, die mich anblickten, als ich neben ihr kauerte, sie streichelte, unbeholfen zu ihr redete. Bis sich ein langer Blutstrom aus ihrem Maul ergoß. Eine Tierleiche. Ein freundlicher Mann half, den schönen toten Hund in den Kofferraum seines Wagens zu legen. Vitale Unvernunft der Kreatur, Tier wie Mensch. Nicht-verstehen-Können und lautlose Ergebenheit ins physische Ende. Als E. nach Hause kam, lag Gioia ausgestreckt an einer schattigen Stelle unseres Gartens. Das kurzhaarige, goldbraun gestromte Fell fühlte sich noch warm an.

Zürich, 4. März 1983